新版
ワイン
基礎用語集

監修:遠藤 誠

はじめに

「ワインの勉強を始めると、初めて目にする語句が多く、どの本を選び、どこを調べたらいいのかがわからない」……そんな声に応えるため、『必携 ワイン基礎用語集』を出版したのが2011年のことです。それから6年の間に、新しい産地が登場したり、さまざまな国でワイン法が改正されるなど、多くの動きがありました。そこで、全面的に改訂をし、最新の情報に書き直したのが本書です。

とはいえ、初心者を対象に、受験に必要な用語を網羅した用語集をつくろうというモットーは変わりません。たとえば「マルサネ」という単語はブドウの品種名なのかワイン名なのか。ワイン名とはわかっても、それがどの国、どの地方のものなのか。そこで役立つのが、巻末の索引であり、これこそ本書の大きな特徴です。本文はテーマごとに章立てをしていますが、索引を日本語、原語、略語で整備しているため、未知の単語も素早く知ることができます。上級者の方であっても、普段手元に置いて簡単に調べられるよう、主要なワインの情報を網羅しました。

執筆者はワインスクールなどで実際に教鞭をとっている現役の講師やソムリエの方々です。改訂にあたり、ブドウ品種の解説も500種から600種へと大幅に増強。さらに、主要な産地の位置を理解しやすいようにあらたに地図も加えました。

この本が皆さまのワインの知識向上の一助になることを願ってやみません。

2017年10月
遠藤 誠

新版 ワイン基礎用語集 目次

はじめに —— 003
凡例（本書の使い方）—— 008

I章　ワインの基礎知識

1 ……ワイン・酒類概論 —— 010

II章　各国の基礎知識

1 ……日本 —— 038

2 ……フランス —— 044

3 ……フランス（ボルドー）—— 045
　　　○ボルドー　格付シャトー一覧 —— 050

4 ……フランス（ブルゴーニュ）—— 060
　　　○代表的なモノポール一覧 —— 076

5 ……フランス（シャンパーニュ）—— 079
　　　○シャンパーニュの甘口／辛口表示 —— 082
　　　○ドサージュをしないシャンパーニュの名称一覧 —— 082

6 ……フランス（ロワール）—— 083

7 ……フランス（ローヌ）—— 088

8 ……フランス（南仏）—— 093
　　　プロヴァンス／コルシカ／ラングドック＝ルーション

9 ……フランス（その他）—— 099
　　　アルザス／ジュラ・サヴォワ／南西／地方料理

10 ……ドイツ —— 109

11 ……イタリア —— 118

12 ……スペイン —— 148

13 ……ポルトガル —— 156

14 ……ヨーロッパ（その他）—— 160
　　　イギリス／ルクセンブルク／スイス／オーストリア／スロヴェニア／
　　　クロアチア／ハンガリー／ルーマニア／ブルガリア／ギリシャ

15 ····· アメリカ —— 181

16 ····· カナダ —— 185

17 ····· 南半球 —— 187
　　　オーストラリア／ニュージーランド／アルゼンチン／チリ／南アフリカ

Ⅲ章　ソムリエの基礎知識

1 ······ テイスティング —— 208
　　　○テイスティング(唎き酒)用語 対訳集 —— 212

2 ······ サービスと販売管理 —— 229

3 ······ チーズ —— 237

4 ······ 日本酒 —— 248

Ⅳ章　ブドウ品種600 — 253
　　　○まず覚えたい、シノニム(別名)のあるブドウ品種20 —— 254

付録　各国の主要産地一覧 — 312

索引　50音順索引／アルファベット順索引／略語索引 — 397

巻末　地図で覚えるワイン産地

デザイン：岡本洋平・島田美雪(岡本デザイン室)

編集：安孫子幸代・鍋倉由記子(柴田書店)

監修・執筆

遠藤 誠（えんどう・まこと）

東京都生まれ。「日本輸入ワイン協会」事務局長、「日本ワインを愛する会」副会長。アカデミー・デュ・ヴァン講師。外務省在外公館課にて日本ワイン講座を担当。日本ワインコンクール審査員。ボルドー、ブルゴーニュ、シャンパーニュの3大ワイン騎士団を始め、多くのワイン騎士の称号を持つ。著書に『ワイン事典』(学研パブリッシング)、『3つの法則で選ぶおいしいワイン』(永岡書店)、共訳に『地図で見る 世界のワイン』(ヒュー・ジョンソン著、ガイアブックス)など多数。

執筆

五味丈美（ごみ・たけみ）

山梨県生まれ。1991年より「銀座レカン」に勤務、99年同シェフソムリエに就任。2003年FFCCレストランサービスコンクール「メートル・ド・セルヴィス杯」準優勝。05年ラ・コンフレリー・サン・テチィエンヌ・ダルザス授与。09年より日本料理店「銀座 小十」のソムリエ。2010年7月、山梨県勝沼町に「ビストロ・ミルプランタン」をオープン。(株)サヴール五味代表取締役社長。

情野博之（せいの・ひろゆき）

神奈川県生まれ。国際ソムリエ協会認定インターナショナル・ソムリエ。 東京・有楽町のフランス料理店「アピシウス」シェフソムリエ。女子栄養大学非常勤講師。シャンパーニュ騎士団認定オフィシエ。1998年第6回ポメリースカラシップ優勝。2002年第3回全日本最優秀ソムリエコンクール第3位。シャンパーニュ・アンリオ アンバサダー。雑誌『ワイン王国』の企画「ザ・ベスト・バイ・ワイン」のテイスターを担当する。

元場章人（もとば・あきひと）

静岡県生まれ。(株)サンティール田崎真也ワインサロン取締役支配人。JSA認定シニアソムリエ。ボルドーワイン委員会認定講師。田崎真也ワインサロン専任講師として、ワイン初級、ワイン中級、JSA認定試験対策講座、ボルドーワインコースなど数多くの講座を担当。2006年第1回ロワールワインアドバイザーコンクール準優勝。2007年第7回JSAワインアドバイザー全国選手権大会優勝。

冨永純子（とみなが・じゅんこ）

茨城県生まれ。ワイン&チーズエデュケーター。JSA認定シニアソムリエ、WSET® Diploma。世界のワインとチーズに魅せられて学びはじめ、現在は世界70ヵ国以上で展開されるワイン教育システムWSET®認定講師、そしてNPO法人チーズプロフェッショナル協会の理事を務める。共著に『チーズの教本』(小学館)、『ワインを愉しむ基本大図鑑』(講談社)など。

林 洋介（はやし・ようすけ）

東京都生まれ。(株)遠藤利三郎商店・代表取締役。JSA認定シニアソムリエ。アカデミー・デュ・ヴァン講師。コマンドリー・ド・ボルドー コマンドゥール。都内のレストランやワインバーでの勤務を経て、オープン時より東京・押上のワインバー「遠藤利三郎商店」の店長に就任、人気店に築き上げる。2017年9月にグループ5店舗目となるフランス料理店「ラ・ルレヴ」をオープン。共著に『ワインの事典』(学研パブリッシング)。

山崎和夫（やまさき・かずお）

岡山県生まれ。1994年からワインスクールで講師をしてきた講師歴20年以上のワインエデュケーター。今までに数千名のソムリエ、ワインエキスパート合格者を生み出してきた。現在は「ワイン受験.com」というサイトを運営、独学でソムリエ、ワインエキスパートの資格を取りたい全国のワイン愛好家を支援している。本業はITエンジニア。

田辺公一（たなべ・こういち）

山口県生まれ。レストランのシェフソムリエなどを経て、現在レコール・デュ・ヴァンのワインディレクター、講師を務める。株式会社MAIAM ワイン事業部取締役。酒販店「東京葡萄酒」のブランドコンサルタント、「レストラン アニス」ワインディレクター。2005年第6回ロワールワインソムリエコンクール ファイナリスト、2007年第6回キュヴェ・ルイーズ・ポメリーソムリエコンテスト優勝。

紫貴あき（しだか・あき）

石川県生まれ。JSA認定シニアソムリエ。アカデミー・デュ・ヴァン講師。WSET® Diploma ／ Recommended Tutor ／ Internal Assessor. 米国ワインエデュケータ協会認定CWE。「オーストリアワイン大使」選抜コンテスト金賞。WSET®「The Wine Australia Scholarship Award」。2016年第10回JSAワインアドバイザー全国選手権大会優勝。入門者から上級者まで明快で密度の高いレッスンに定評がある。

地図データ作成協力：木村雄太
校正：齋藤智之・高田由香・横山武信

凡例　本書の使い方

見出し語について：
・本文の見出し語は、テーマ別に章ごとに分類し、各章もテーマごとにまとめました。知りたい用語を検索する場合には、巻末にある50音順・アルファベット順・略語の索引が便利です。

・各章は大きく分けて概要、産地の順に並んでいます。なお、産地の記載順については、北から南など、その国(地方)で慣例的に使われている順序にのっとって記載しています。

・見出し語は、カタカナ語として一般的に使われている語以外は、原語の発音に準じてカタカナに直しています。ただし、発音をどのようにカタカナ表記するかは、人それぞれですから、注意が必要です。2通りの発音が一般的になっている場合は、索引で両方をとり上げている場合もありますが、知りたい用語が見つからない場合はよく似た音も探してみてください。

・「プレスュラージュ」のように、ワイン全般に使われる意味のほかに、特定の地方において独自の意味を持つ場合には、ワイン概論とその地方(この場合はシャンパーニュ地方)の章それぞれに同じ用語の項目を立てています。

原語の表記について：
・酸味　Acidité(仏)　Acidity(英)
のように、単語の後にカッコ書きで何語かを記載しています。Ⅱ章については、当該国の原語で表記しているため、基本的にその記載はありません。

・ドイツ語の表記は、ßはssに、ssはßに置き換えることが可能です。地名や固有名詞は一般的に広く使われている表記を採用しています。

ブドウ品種について：
・主要な品種であるカベルネ・ソーヴィニヨン、カベルネ・フラン、メルロ、ピノ・ノワール、シャルドネ、リースリングを除き、ブドウ品種には「〜種」とつけて表記しています。

その他：
・Ⅲ章1「テイスティング」内、テイスティング(唎き酒)用語 対訳集のコメント用語は、索引には掲載していません。

・Ⅲ章3「チーズ」において、🍷の後には代表的な組合せとして知られるワインを記載しています。

・文中の人名は原則として敬称を略しました。

・索引の記号🍇はブドウ品種を、🍴はⅡ章、Ⅲ章に掲載した料理とチーズの名称を表しています。

・本書のデータは基本的に編集時(2017年9月)のものです。

I章　ワインの基礎知識

1　ワイン・酒類概論

I ··· ワイン・酒類概論

概要

酒類
日本の酒税法で「(室温)15℃においてアルコール分1度以上のもの」と定義される飲料のこと。発泡性酒類・醸造酒類・蒸溜酒類・混成酒類に大別される。

発泡性酒類
日本の酒税法上での分類で、ビール・発泡酒・その他の発泡性酒類の3つに分別される。

醸造酒類
日本の酒税法上での分類で、清酒・果実酒・その他の醸造酒の3つに分別される。

蒸溜酒類
日本の酒税法上での分類で、品目としては連続式蒸溜しょうちゅう・単式蒸溜しょうちゅう・ウイスキー・ブランデー・スピリッツ・原料用アルコールの6つに分別される。

混成酒類
日本の酒税法上での分類で、品目としては合成清酒・みりん・甘味果実酒・リキュール・粉末酒・雑酒の6つに分別される。

醸造酒
果実、もしくは糖化させた穀物を原料として、アルコール発酵させたもの。ワイン、ビール、日本酒などがある。

蒸溜酒
醸造酒を蒸溜することで、アルコール度数を高

めたもの。ブランデー、ウイスキー、ウォッカ、ジン、ラム、焼酎などがある。

糖化
日本酒やビール、ウイスキーなど、穀物原料の醸造酒・蒸溜酒を造る工程のひとつ。穀物に含まれるデンプン質の温度を上げることで、酵素の働きを活性化させ、糖分に変えること。アルコール発酵の前に行なわれる。

混成酒
醸造酒や蒸溜酒をブレンドし、草根木皮(そうこんもくひ)などで香りづけや味つけをしたもの。ヴェルモットやリキュールなど。

ワイン
ブドウの果実を原料として醸造した酒。

ローマ帝国
ギリシャ時代の後にワインを西欧に広めた国。

アンリ4世　Henri IV
ブルボン王朝初代国王(1553年〜1610年)。在位中から現代までフランス国民に人気の高い王で、「大アンリ」「良王アンリ」と呼ばれる。『よき料理、よきワインがあれば、この世は天国』という言葉を残した。

修道院
キリスト教の儀式に必要なワインを造り、ヨーロッパに根づかせるなど、ワインの歴史では欠かせない重要な場所。

EUワイン改革
EU(欧州連合)が、内外のワイン生産国との競争力を高めるため、2008年に転換したEUの

ワイン政策。2009年8月に新たなワイン法を発令、ラベル表示などが改訂された（→下記表）。

A.O.P.　エー・オー・ピー

Appellation d'Origine Protégéeの頭文字。「原産地呼称保護」と訳される。EUのワイン法の下で使われるEU内産ワインの最上位ランクに位置する品質分類。EU内農作物が対象で2009年ヴィンテージから適用される。フランスではA.O.C.、イタリア、スペイン、ポルトガルではD.O.P.、ドイツではg.U.と表記する。

I.G.P.　アイ・ジー・ピー

Indication Géographique Protégée。「地理的表示保護」と訳され、A.O.P.より規定が緩和されている。イタリア、スペイン、ポルトガルではI.G.P.。ドイツ語ではg.g.A.と表記する。

・・・・・・・・・・・・ワインの特性・・・・・・・・・・・・

アルコール発酵

ブドウに含まれる糖分（ブドウ糖、果糖など）が酵母の働きにより、エタノールと二酸化炭素に分解されること。このメカニズムをフランスの科学者であるジョセフ・ルイ・ゲイ＝リュサック（1778〜1850年）が「$C_6H_{12}O_6 \rightarrow 2C_2H_5OH + 2CO_2$」という化学式で表した。

ブドウ糖　Glucose（英）

別名グルコース。自然界に最も多く存在する代表的な単糖類。果物や穀類などに多く含まれる。日本ではブドウから発見されたため、ブド

ウ糖と呼ばれている。

エチルアルコール
Ethylalcohol（仏）　Ethanol（英）

糖類のアルコール発酵によって生成する、無色で芳香性のある液体。揮発性が強く燃えやすい。酒類の主成分。化学式C_2H_5OH。一般的にアルコール、酒精、エタノールなどと呼ばれる。

二酸化炭素　Dioxyde de Carbone（仏）
Carbon dioxide（英）

アルコール発酵時に生成される、無色・無臭の気体。空気中に約0.03%存在する。化学式CO_2。炭酸ガス、無水炭酸とも呼ばれる。

ジョセフ・ルイ・ゲイ＝リュサック
Joseph Louis Gay-Lussac

フランスの化学者、物理学者で、アルコール発酵の概念を捉えた人物。気体の体積と温度の関係を示す「シャルルの法則」の発見者の一人でもある。

ルイ・パストゥール　Louis Pasteur

フランスの生化学者、細菌学者（1822〜1895年）。「科学には国境はないが、科学者には祖国がある」という言葉でも知られる人物。アルコール発酵の酵母による発酵のメカニズムを解明した。

エミール・ペイノー　Émile Peynaud

フランスの醸造学者でボルドー大学の教授（1912〜2004年）。伝統的なワイン造りの現場に近代醸造学を導入し、ボルドーワインの品質

●EU加盟国におけるワイン法の品質分類（地理的表示のワイン）

EU	フランス	イタリア	ドイツ	スペイン	ポルトガル
A.O.P.	A.O.C.	D.O.P（旧D.O.C.G./D.O.C.）	g.U.	D.O./D.O.Ca./V.P./V.P.Ca./V.C.I.G.	D.O.C.
I.G.P.	I.G.P.	I.G.P（旧I.G.T.）	g.g.A.	Vino dela tierra	V.R.
—	Vin	Vino	Deuthcerwein	Vino	Vinho

を高めた。

仕込み水　Eau(仏)　Water(英)

穀物原料の醸造酒に用いられる、デンプン質を
希釈させるために加える水のこと。ワインに使
われることは、まずない。

酸味　Acidité(仏)　Acidity(英)

人間の舌で感じられる味覚のひとつ。「すっぱ
い」と形容される。

酒石酸　Tartaric Acid(英)

ブドウに含まれる有機化合物「ワイン有機酸」
のうち最も多い、25～30%(1.5～4.0g/ℓ)を占
める酸。

リンゴ酸　Malic Acid(英)

ブドウ果汁に多く含まれ、ワインにおいては天
候のよい年には少なく、悪い年には多い。ブド
ウ果汁の熟成度の鍵となる。品種によって、多
いものと少ないものに分かれる。リンゴから見
つかったことからこの名がついた。

クエン酸　Citric Acid(英)

ブドウ果汁や柑橘系果実に多い。リンゴ酸が
多い年はクエン酸も比例して多くなる。ワイン
の鉄混濁やバクテリア腐敗を防ぐ役割を果たし
ている。

コハク酸　Succinic Acid(英)

アルコール発酵によって生成される酸。貝類に
含まれる旨味成分でもあり、ワインには酸味、
塩辛味、苦味などを与える。

乳酸　Lactic Acid(英)

アルコール発酵後に、微量に生成される酸。リ
ンゴ酸が乳酸菌によって乳酸と炭酸ガスに分解
される、**マロラクティック発酵**の過程で生成さ
れる。

酢酸　さくさん　Acetic Acid(英)

酢酸菌によって生成される酸。通常0.3g/ℓ程度
ワインに含まれているが、0.9g/ℓ以上では**酢酸**

腐敗と呼ばれる。

グルコン酸　Gluconic Acid(英)

蜂蜜やワイン、果物の中に少量存在する酸。ワ
インにおいてはpH調整の役割を果たす。

ガラクチュロン酸
Galacturonic Acid(英)

ボトリティス・シネレアという菌が繁殖してで
きる有機酸。貴腐ワインに多く含まれる。

粘液酸　Mucic Acid(英)

ワインの熟成中にガラクチュロン酸が酸化され
て変化する酸。

粘液酸カルシウム

ワイン中に含まれる粘液酸がカルシウムと結合
して生成される白色結晶の物質で、結合して**澱**
(おり)となる。

酒石／酒石結晶
Tartre(仏)　Tartar(英)

ワインに含まれる酒石酸水素カリウムや酒石酸
カルシウムが結晶化したもの。白ワインにおい
ては輝いて見えるので、ワインの宝石とも呼ば
れる。第二次世界大戦中、酒石酸は潜水艦のソ
ナーの重要な材料であったため日本各地のブド
ウ産地でワイン造りが奨励された。

ロッシェル塩　-えん

学術的には、酒石酸カリウムナトリウム。いわ
ゆる「酒石酸塩」のこと。初めて合成したフラ
ンスのラ・ロッシェルに住む薬学者ピエール・
セニエットにちなんでの名前。**セニエット塩**と
も呼ばれる。

pH　ペー・ハー／ピー・エイチ
Potential Hydrogen(英)

水素イオン濃度を表す時に用いる水素指数のこ
と。酸性、アルカリ性の度合いを示し、PH値7
は中性、7以上はアルカリ性、7以下は酸性を表
す。ワインは2.9～3.6の数値を表す。

HDL　High Density Lipoprotein（英）

生物学用語で高密度リポタンパク。「善玉コレステロール」と俗に呼ばれている。

フレンチ・パラドックス
French Paradox（英）

直訳すると「フランスの逆説」。アメリカでは一般的に動物性脂肪を多く摂取すると心疾患による死亡率が高くなるとされていたが、動物性脂肪を多く摂取するフランス人は心疾患による死亡率が少ないという実態について言った言葉。1990年代前半にアメリカで発表された。

LDL　Low Density Lipoprotein（英）

生物学用語で、低密度リポタンパクのこと。俗に、心疾患を引き起こす「悪玉コレステロール」と呼ばれている。

ポリフェノール　Polyphenols（英）

植物が持つ色素や苦味、渋味の成分。赤ワインに多く含まれるが、お茶、チョコレートなどの食品にも多く含まれる。

フラボノイド　Flavonoids（英）

植物すべてに含まれるポリフェノールの一種。

リスベラトロール　Resveratrol（英）

ブドウなどに含まれるポリフェノールの一種。

ジョン・ペズット　John Pezzuto

「ワインに含まれるリスベラトロールには抗がん作用がある」と1997年の雑誌『サイエンス』に発表した、米・イリノイ大学の医学博士。

ジャン＝マルク・オルゴゴソ
Jean=Marc Orgogozo

フランス・ボルドー大学病院センターの医学教授。1997年に、適度なワイン摂取が老人性痴呆症やアルツハイマーの発症予防に効果があるとの疫学研究結果を発表した。

クラウス・ユング　Klaus Jung

ドイツ、ヨハネス・グーテンベルク大学の教授。

1997年に白ワインの冠状動脈性心疾患に対する効果は赤ワインと同等以上だと発表。

アセトアルデヒド
Acétaldéhyde（仏）　Acetaldehyde（英）

酒類の主成分であるエタノールが酸化して生成される無色の液体。アセトアルデヒドの酸化が進むと酢酸になるので（酢酸腐敗）、二酸化硫黄（亜硫酸）を添加し、結合させて酢酸が生成されるのを防ぐ。化学式はCH_3CHO。

チオール

有機化合物。ソーヴィニヨン・ブランの第一アロマであるグレープフルーツを思わせる香りはチオールの一種によるもの。また、硫黄系異臭と呼ばれる欠陥臭の主因でもある。

⋯⋯⋯⋯ ワインの分類 ⋯⋯⋯⋯

スティル・ワイン　Still Wine（英）

ワインの分類において、発泡性を呈していないワイン全般のこと。通常アルコール度数は9〜15度。赤・ロゼ・白がある。味わいは甘口から辛口までさまざま。

赤ワイン　Red Wine（英）

黒ブドウから造るワイン。フランスでは**ヴァン・ルージュ** Vin Rouge、ドイツでは**ロートヴァイン** Rotwein、イタリアでは**ヴィーノ・ロッソ** Vino Rosso。

ロゼワイン　Rose Wine（英）

赤ワインと同様に黒ブドウから造るが、早めに果皮を取り除き、色づきを薄くする。二次発酵はしない。赤ワインと白ワインをブレンドして造る方法もある。フランスでは**ヴァン・ロゼ** Vin Rosé、ドイツでは**ロゼヴァイン** Roséwein、イタリアでは**ヴィーノ・ロザート** Vino Rosato。

白ワイン　White Wine（英）

白ブドウから造るワイン。フランスでは**ヴァン・ブラン** Vin Blanc、ドイツでは**ヴァイスヴァイ**

ンWeißwein、イタリアではヴィーノ・ビアンコVino Bianco。

スパークリング・ワイン
Sparkring Wine（英）

炭酸ガスを液体に封じ込めた発泡性のあるワインのこと。ガス圧3気圧以上を**発泡性ワイン**といい、フランスでは**ヴァン・ムスー**（Vin Mousseux）、イタリアは**スプマンテ**（Spumante）、ドイツは**シャウムヴァイン**（Schaumwein）という。ガス圧1気圧以上3気圧未満は**弱発泡性ワイン**といい、フランスでは**ペティヤン**（Pétillant）、イタリアは**フリッツァンテ**（Frizzante）、ドイツは**ペールヴァイン**（Perlwein）。

気圧　**Atmosphenic Pressure**（英）

気体の圧力を意味し、スパークリング・ワインのガス圧もこの気圧で表現する。1気圧は大気を意味するatmosphereから、atmという記号が使われ、「アトム」と読む。日本では1気圧を1kgf/cm^2（重量キログラム）と表現するが、これをISO（国際標準化機構）で換算するとおよそ98kPa（キロパスカル）になる。

フォーティファイド・ワイン
Fortified Wine（英）

アルコール発酵中・発酵後のブドウ果汁に度数の高い（40〜80度）アルコールを添加して造られるワイン。結果としてワインそのもののアルコール度は15〜22度にまで高まり、ワインの保存性も向上する。代表的なものに、シェリー、ポルト、マデイラ、マルサラなどがある。フランスのヴァン・ドゥー・ナテュレルやヴァン・ド・リケールもフォーティファイド・ワインである。**酒精強化ワイン**とも呼ばれる。

フレーヴァード・ワイン
Flavored Wine（英）

ワインに薬草、果物、甘味料、エッセンスなどを加え、独特な風味を添えたもの。**アロマタイズド・ワイン**ともいう。代表的なものにリレ、レッツィーナ、サングリアがある。

シェリー
Xérèz（仏）　**Sherry**（英）　**Jerez**（西）

スペイン・アンダルシア地方で造られるフォーティファイド・ワイン。

ポート・ワイン／ポルト・ワイン
Port wine（英）

ポルトガル語でヴィーニョ・ド・ポルト（Vinho do Porto）。ポルトガル・ドウロ川上流（アルト・ドウロ地区）で造られ、河口のヴィラ・ノヴァ・デ・ガイヤで熟成、対岸のポルト市から出荷されるフォーティファイド・ワイン。現在は産地からの出荷も認められている。

マデイラ　**Madère**（仏）　**Madeira**（英）

ポルトガル・マデイラ島で造られるフォーティファイド・ワイン。

ヴァン・ドゥー・ナテュレル
Vin Doux Naturel（V.D.N.）

天然甘口ワイン。アルコール発酵中に強いアルコールを添加することで発酵を止めて造る、甘口のフォーティファイド・ワイン。

ヴァン・ド・リケール
Vin de Liqueur（V.d.L.）

アルコール発酵前のブドウ果汁に強いアルコールを添加して造るリキュール・ワイン。フォーティファイド・ワインの分類に入る。

ピノー・デ・シャラント
Pineau des Charentes（仏）

コニャック地方で、未発酵のブドウ果汁にコニャック（アルコール度数60度以上）を加えて造るV.d.L.。白とロゼがある。ピノー・シャラント（Pineau Charentais）ともいう。

リレ　**Lillet**（仏）

フランス・ボルドー地方で造られているフレーヴァード・ワイン。赤・白があり、柑橘系の香りがする爽やかな甘口が特徴。

サングリア　Sangria（西）

スペインで飲まれる、オレンジやレモンなどフレッシュな柑橘系フルーツをワインに漬け込んで造るフレーヴァード・ワイン。ベースとなるワインには、主に赤ワインを用いる。

貴腐ワイン　Vin de liquoreux（仏）
Noble-rotted wine（英）

貴腐菌の繁殖により干しブドウ状になったブドウからつくる極甘口のワイン。フランス・ボルドー地方の「**ソーテルヌ**」、ドイツの「**トロッケンベーレンアウスレーゼ**」、ハンガリーの「**トカイ・アスー・エッセンシア**」が世界の3大貴腐ワインと呼ばれる。

……ブドウとブドウ栽培……

ブドウ

ブドウ科（Vitaceae）のブドウ属（Vitis）に属する冬季落葉性のつる性植物。

ヴィティス・ヴィニフェラ
Vitis Vinifera（英）

ワイン用ブドウの主要品種。中近東原産とされ、ヨーロッパに自生する唯一の種である。乾燥した気候とアルカリ性の土地によく育ち、フィロキセラ耐性がない。

ヴィティス・ラブルスカ
Vitis Labrusca（英）

北米大陸原産のブドウ品種。耐病性が強く、湿度の高い気候にも適応する。**フォキシー・フレーヴァー**といわれる固有の甘い香りがある。

ヴィティス・リパリア　Vitis Riparia（英）

北米起源の3品種（ヴィティス・リパリア Vitis Riparia, ヴィティス・ルペストリス Vitis Rupestris, ヴィティス・ベルランディエリ Vitis Berlandieri）のひとつで、ヴィニフェラの台木に使われる。石灰質土壌には向かない。

ヴィティス・アムレンシス
Vitis Amurensis（英）

アジア原産のブドウ種。マンシュウヤマブドウともいう。

ヴィティス・コワニティ
Vitis Coignetiae（英）

古来から日本に自生するブドウ品種。「ヤマブドウ」と呼ばれ、アジア系ブドウ種に属する。

蠟質　ろうしつ　Pruine（仏）　Bloom（英）

ブドウの成長過程において、果実から自然に分泌されるロウ状の天然の膜。果実の水分蒸発を防ぎ、雨などの湿気や菌によるブドウの疾病を防ぐ役割を果たす。また収穫後に必要な自然酵母を付着させる働きもある。

果肉　Pulpe（仏）　Pulp（英）

ブドウの果肉。主に水分、その他糖分と酒石酸、リンゴ酸、クエン酸などの酸味を有する。糖度は果皮の内側が最も高い。

果汁　Jus（仏）　Juice（英）

果肉に含まれる水分。ブドウジュース。

種子　Pépin（仏）　Seed（英）

ブドウの種。カテキンやタンニンなどを含み、味覚的にはワインに苦味や渋味を与える。種子数が多ければ果粒の重量は重く、酸度も増すが、逆に糖度は下がる。

果皮　Pellicule（仏）　Skin（英）

ブドウの皮。アントシアニン、フラボノイド、リスベラトロールを多く含む。ワインに色素やタンニン、フレーヴァーを与える。

梗　こう　Pédicelle（仏）　Stalk（英）

果梗（かこう）とも呼ばれる。ブドウの粒がついている小さな枝のこと。ワイン醸造では使用しないことが多いが、搾汁を容易にするために、この枝を取り除く作業（除梗）を行なわない場合もある。

I

ワイン・酒類概論

015

ブドウの生育

樹液の溢出 じゅえきのいっしゅつ　Pleurs（仏）
ブドウの生育サイクルのひとつ。冬眠から覚めたブドウが活動を再開し、冬期剪定した枝の切り口から樹液が滴ること。

萌芽 ほうが
Débourrement（仏）　Bud-Break（英）
発芽とも呼ぶ。ブドウの芽が萌え出ること。またはその芽の意。

展葉 てんよう　Feuillaison（仏）
発芽後に葉が生成されること。

蕾 つぼみ
Montre, Bouton（仏）　Bud（英）
花の蕾。

開花　Floraison（仏）　Flowering（英）
ブドウの樹に花が咲くこと。

結実 けつじつ
Nouaison（仏）　Berry set（英）
ブドウの実がなること。実を結ぶこと。

果実肥大 かじつひだい
ブドウの果粒が大きくなること。

着色 ちゃくしょく
Véraison（仏）　Colouring（英）
ブドウの果粒が大きくなり、収穫間近に色がつくこと。**ヴェレゾン**。

成熟　Maturité（仏）　Maturation（英）
ブドウ果の酸度が下がり糖度が上がる、ブドウ収穫間近の状態。

休眠　Dormance（仏）　Dormancy（英）
収穫を終えたブドウの樹の状態。この時期にブドウ栽培者は土寄せと剪定を行なう。

ブドウの栽培

収穫
Vendange（仏）　Grape harvest（英）
ブドウの収穫を指す。通常開花から100日後といわれ、収穫の方法は手摘みと機械収穫に分かれる。

土寄せ　Buttage（仏）
収穫を終え、冬が来る前にブドウ樹の根元に土を寄せること。それにより土壌に空気を与え、かつ寒さからブドウ樹が凍ることを防ぐ。

剪定 せんてい
Taille（仏）　Pruning（英）
冬期剪定のことを指す。収穫を終えたブドウ樹の余分な枝を切ること。整枝。

夏季剪定　Rognage（仏）
必要以上に成長した新梢や副梢を切り、ブドウ樹の形を整えること。

摘房 てきぼう
Éclaircissafe（仏）　Green harvest（英）
余分で未熟なブドウ房を落とすことで、残りのブドウにより多くの養分を与えるようにすること。**グリーン・ハーベスト**。

栽培条件
ブドウの栽培に適する環境条件のこと。①年間平均気温が10〜20℃（とくにワイン用の場合は10〜16℃）、②緯度は北緯30〜50度、南緯30〜50度、③日照は1000〜1500時間／年間（ブドウの生育期間中）、④降水量は500〜900mm／年間、⑤土壌は水はけのよい痩せた土地。

CEC（陽イオン交換容量）
カリウムなどの陽イオンを引き付ける容量。この容量が多いほど肥沃な土地ともいえる。

クローン　Clone（仏／英）
ギリシャ語で木の枝を指す。

クローン・セレクション
Sélection Clonale（仏）

クローンとはブドウの枝や苗木のことを指し、畑で栽培されている「よいブドウ」をつけるブドウの木を選んで新たに増殖させる方法。

マサル・セレクション
Sélection Massale（仏）

畑の中で最も優れた果実をつける株を選び、穂木を取って他所の畑に移植すること。集団選抜とも呼ばれる。

ジュール・エミール・プランション
Jules Emile Planchon

フランスで流行したフィロキセラ対策のために1870年代にフランスからアメリカに渡り、抗フィロキセラの台木を見つけたモンペリエ大学の教授。

ヴィティス・ルペストリス
Vitis Rupestris

北米系のブドウ品種で主に台木として使われるが、石灰質土壌に適性能力がない。

ヴィティス・ベルランディエリ
Vitis Berlandieri

北米系のブドウ品種で主に台木として使われるが、石灰質土壌では根が張りづらい。

3309

リパリア種×ルペストリス種の交雑種、石灰分が少ない土壌に適した台木。

101-14

リパリア種×ルペストリス種の交雑種、石灰分が少ない土壌に適した台木。

SO4

ベルランディエリ種×リパリア種の交雑種、石灰分が中程度の土壌に適した台木。

5BB

ベルランディエリ種×リパリア種の交雑種、粘

土質土壌に向いている。

AXR-1

アラモン種×ルペストリス種の交雑種、穂木の樹勢が強いため、かつてワイン新興国であったアメリカで台木として流行したが、フィロキセラの新しいタイプ（バイオタイプB）の餌食となった。

ジュール・ギヨ　Jules Guyot

19世紀にブドウの剪定を広めた、フランスの植物博士。

垣根仕立て　Guyot, Cordon（仏）

世界的で広く実施されているブドウ樹の栽培方法。主な垣根仕立て法はギヨー、コルドンなど。

長梢　ちょうしょう

枝の基の部分から5〜15芽残す長い枝。

短梢　たんしょう

枝の基の部分から2〜4芽残す短い枝。

ギヨー・ドゥーブル　Guyot Double（仏）

垣根仕立てのひとつ。ブドウが房をつける枝（結果母枝）が主幹から2本伸びている剪定方法。

ギヨー・サンプル　Guyot Simple（仏）

垣根仕立てのひとつ。ブドウが房をつける枝（結果母枝）が主幹から1本伸びている剪定方法。

コルドン　Cordon（仏）

垣根仕立てのひとつ。フランス全土で広く用いられる剪定方法。

ボーゲン　Bogen（独）

ドイツなどでの仕立てで、主幹に添えた棒にブドウが房をつける枝を2本ハート型に結ぶ剪定方法。棒仕立てのバリエーション。

I

ワイン・酒類概論

棒仕立て　Mosel（独）
ブドウ樹の栽培方法。ドイツ・モーゼルなどの急斜面で用いられる。

株仕立て　Goblet（仏）
ブドウ樹の栽培方法。雨が少ない乾燥地で行なわれることが多い。

棚仕立て　Treille（仏）
ブドウ樹の栽培方法。日本など湿度の高い栽培地や日差しの強い産地において用いられることが多い。**ペルゴラ Pergola** とも呼ばれる。

——ブドウの病気と対策——

花振い　はなぶるい　Coulure（仏／英）
開花結実期に低い気温や多雨などが影響し、果房に果粒がつかない現象。若木や強い剪定をしたブドウ樹、ホウ酸欠乏、窒素過多なども花振いを引き起こす。

結実不良　けつじつふりょう
花振いなどで、ブドウ果が結実しない状態。結実しても肥大しないで房に残る状態を**ミルランダージュ（Millerandage）**という。

ベト病
Mildiou（仏）　Downy Mildew（英）
1878年にヨーロッパで発見されたカビによるブドウの病害。白いカビがブドウの花や葉、果実に付着し落果させる。病原菌名Plasmopara Viticola（プラズモパラ・ヴィティコラ）。

ボルドー液
Bouillie Bordelaise（仏）
Bordeaux Mixture（英）
ベト病の防除対策の農薬名。硫酸銅、生石灰、水を混合したボルドー液をブドウ樹に散布して防ぐ。

灰色カビ病
Pourriture Grise（仏）　Grey Mold（英）
ボトリティス・シネレア菌がブドウ果に付着し、着色不良や不快な香りをつけるブドウの病害。ところが、この菌が一定の条件下で収穫間近の完熟ブドウにつくと貴腐 Pourriture Noble（仏）、Noble Rot（英）菌と呼ばれ、ブドウは貴腐果となり偉大な甘口ワインの原料となる。

イプロジオン水和剤
灰色カビ病を防ぐ農薬名。ロブラール水和剤ともいう。

ウドンコ病
Oidium（仏）　Powdery Mildew（英）
1850年頃にヨーロッパに伝播したブドウの病害。病原菌 Uncinula Necator が生育中のブドウ果に付着して白い粉状の胞子が繁殖し、ブドウ果を覆って果皮成長を妨げる。

遅腐病／晩腐病　ちふびょう／ばんぷびょう
Ripe Rot（英）
日本において最大の被害を出したブドウの病害。収穫期のブドウ果を腐食させる。Glomerella Cingulataを病原菌とする。菌に冒されたブドウ枝をブドウ園から取り除く作業を行なって防除する。予防剤にベンレートがある。

ベンレート　Benomyl（仏）　Benlate（英）
遅腐病を予防する農薬。ベノミル剤とも呼ばれ、ブドウ休眠期に散布する。

ウイルス病　Virus Disease（英）
約20種類のウイルスによるブドウの病気の総称。**リーフロール（ブドウ葉巻病）、フレック、コーキーバーク**などのウイルス病をもたらす。ウイルスフリーのブドウ苗や抗体のあるクローンを選抜して対処する。

ブドウリーフロール／リーフロール
Leafroll Disease（英）
ブドウ葉巻病とも呼ばれる、ウイルス性のブドウの病。ウイルスによりブドウの葉のふちが巻かれてしまうため、光合成が行なわれずブドウの成熟を妨げる。

フレック　Fleck（英）

ウイルス性のブドウの病。葉が黄色になり、光合成を行なわせずブドウの成熟を妨げる。リーフロールとフレックが合併すると**味無果**（あじなしか）になってしまう。

コーキーバーク　Corkey Bark（英）

ウイルス性のブドウの病。ブドウ樹がコルク樹皮のようになり、ブドウの樹勢と品質が低下する。**ルゴースウッド症状**とも呼ぶ。

ピアス病　Pierce's Disease（英）

リーフホッパー（ヨコバイ科）の一種であるグラッシー・ウイングド・シャープシューターという虫が媒介して発生するブドウの病。ブドウ樹を枯死させる。アメリカ農務省に所属していたピアス博士が命名した。

フィロキセラ
Phylloxéra Vastatrix（ラテン）

ブドウネアブラムシ。1859年命名。ブドウの根について樹液を吸い、ブドウ樹を枯死させる病虫であり、その病害も指す。対処法はリパリア種などの北米系品種のフィロキセラ耐性のあるブドウ樹を台木にした。

·············ワインの醸造·············

亜硫酸（二酸化硫黄）
**Dioxyde de Soufre /
Anhydride Sulfureux**（仏）
Sulfur Dioxide（英）

ワインにおける酸化防止や雑菌の繁殖を抑える役目を果たす。また赤ワインにおいては色素の抽出を促す。ピロ亜硫酸カリウムとも呼ばれる。化学式はSO_2。

ラッカーゼ

フェノールオキシダーゼPhenoloxidaseの酸化酵素で、フェノール類を酸化する能力を持つ。

チロシナーゼ

フェノールオキシダーゼPhenoloxidaseの酸化酵素で、フェノール類を酸化する能力を持つ。

遊離亜硫酸

ワイン中に漂っている、亜硫酸のこと。酸化防止剤としての有効な働きをする。SO_2 freeと呼ばれる。

結合亜硫酸

元は遊離していたが、他の物質と結びついていて、酸化防止の役目を果たせない亜硫酸。

酵母　Levure（仏）　Yeast（英）

ブドウに含まれる糖分をアルコールに変える働きをする菌類で、$5\sim10\mu m$（マイクロメートル）の単細胞微生物。

サッカロミセス・セレヴィシエ
Saccharomyces Cerevisiae（ラテン）

アルコール発酵を行なう酵母の学名。サッカロミセスは酵母の一群を指す。使用目的に応じてビール酵母・日本酒用酵母・パン酵母などと呼ばれる。ワイン界では培養酵母と蔵付酵母に分けられる。

乳酸菌

マロラクティック発酵を行なうために必要な菌、嫌気的状況下で友好的な働きをする。日本酒の製造に関しては乳酸菌が生み出す乳酸が雑菌の汚染を防ぐ。

マロラクティック発酵
Fermentation Malo-lactique（仏）
Malo-lactic Fermentation（英）

ワイン中に含まれるリンゴ酸が乳酸菌の働きにより乳酸に変化する発酵。ワインの酸味がやわらげられてまろやかになり、酒質に複雑性を増す。また分子量においては酸が減酸されるため、減酸発酵とも呼ばれる。**M.L.F.**と略されることが多い。

澱引き おりびき
Soutirage（仏）　**Racking**（英）

発酵を終えたワインの澱（酵母主体のワインの沈殿物）を取り除く作業。樽熟成期間中に数回行なわれる。

清澄化 せいちょうか
Collage（仏）　**Fining**（英）

でき上がったワインを澄ます作業。赤ワインの清澄化には卵白（アルブミン）、タンニン、ゼラチン、白ワインにはベントナイト、カゼインなどを使用する。

タンニン　**Tanins**（仏）　**Tannin**（英）

植物界に存在する水溶性化合物。タンパク質を凝固させる働きがある。

ゼラチン　**Gélatine**（仏）　**Gelatin**（英）

動物の皮・骨に含まれる、冷やすとゼリー状に固まる性質を持ったタンパク質の一種。ワインの清澄化に使われる。

ベントナイト　**Bentonite**（仏・英）

粘土の一種で、白ワインの清澄に使われる。

濾過 ろか　**Filtrage**（仏）　**Filtration**（英）

ワインを瓶詰めする際に、フィルター・プレス、遠心分離機、ミクロフィルターなどを使って澱を取り除くこと。すべてのワインで行なわれるわけではない。

ステンレスタンク

温度管理がしやすく、酸素に触れる量もある程度制限できることから世界的に流行している、ワインのアルコール発酵タンク。扱いやすいが初期投資がかかるため、金銭的に余裕がある生産者が導入している。ボルドーの有名シャトーでは、ラトゥールや オー・ブリオンが採用している。

コンクリートタンク

ワインのアルコール発酵に使用するタンクの素材を指し、フランス・ボルドー地方のシャトー・ペトリュスなどが使用している。タンク間の隙間がないので狭い醸造所では有効的にスペースを使える。色素の抽出が強いものの生まれるワインの味わいはなめらかで、厚みのあるワインになる場合が多い。

木桶

ワインのアルコール発酵に使用するタンクの素材を指し、フランス・ボルドー地方のシャトー・ラフィットを筆頭にシャトー・マルゴーやシャトー・ムートンでも使用している。空気接触が多くワイン自体が丸みを帯びた味わいに仕上がる。しかし樽の維持に手間がかかりステンレスタンクよりコストがかかる。

樽熟成
Élevage en Fût（仏）
Barrel Aged / Cask Aging（英）

アルコール発酵を終えたワインを木樽に移し替え、熟成させること。その間、補酒や澱引きなどの作業も行なう。主な目的としては、空気との接触、樽の成分をワインに移す、ワインの清澄化を促す、赤ワインの色素を安定させる、香りなどの風味を複雑にするなどが挙げられる。

オーク　**Chêne**（仏）　**Oak**（英）

ブナ科の植物。カシ・ナラなどの仲間。しばしば樫（カシ）と訳されるが、むしろミズナラに近い。樽材の主材料となり、産地や種類により性質が異なる。

セシル・オーク
Quercus Petraea（学名）

フランスのアリエ、アルゴンス、トロンセー、ヴォージュなど銘醸樽の産地で生育されている樽材。程よいタンニンとアロマをもたらす。ロシアの樽もこのセシル・オークに属する。

ペドンキュラータ・オーク
Quercus Robur（学名）

ブランデーなど蒸溜酒に使われる樽材。フランスのリムーザンで広く生育され、アロマが少ない割には高いタンニンをもたらす。

アメリカン・ホワイト・オーク
Quercus Alba（学名）

東アメリカで生息するオークの種類。ミネソタやウイスコンシンが最良とされる。早い成長、広域で生息し、タンニン分が少ない。ワイン産地としてはスペイン・リオハ、オーストラリアのシラーズ種、カリフォルニアのジンファンデル種に用いられる。

トロンセ　Tronçais（仏）

ワイン樽に使われるフランスのオークの産地。アリエの森の一部分。オークの中では硬い部類に入る。

アリエ　Allier（仏）

トロンセを含むフランスのオークの産地。この地のオークは中程度のタンニンとほどよい香りをもたらす。

リムーザン　Limousin（仏）

フランスのオークの産地。この地のオークはQuercus Robur種の樹からつくられ、シャルドネやコニャックに使用される。

ヴォージュ　Vosges（仏）

北フランスの樽に使われるオークの産地。高いタンニンをもたらす。

選果

健全かつワイン醸造に向いているブドウを選ぶこと。フランス語で「**トリアージュ（Triage）**」と呼ばれる。

破砕　はさい
Foulage（仏）　Crushing（英）

ブドウ果をつぶすこと。白ワインは圧搾しやすくなり、赤ワインはアルコール発酵時に色素が十分に抽出できるようになる。

除梗　じょこう
Égrappage（仏）　Destemming（英）

破砕時にブドウの果梗を取り除くこと。生産者によっては完全に除梗しない場合もある。

イソブチル

ワインの持つ香りの成分。一般的にはバナナが持つ主な香気成分。

メトキシピラジン

ワインの持つ香りの成分。カベルネ・ソーヴィニョンに代表されるピーマンのような香りを指す。

IBMP

ワインの持つ香りの成分。2-メトキシ-3-イソブチルピラジン の略で「青っぽい」香り。果梗と果皮に多く含まれている。

発酵／主発酵
Fermentation Alcoolique（仏）
Alcoholic Fermantation（英）

ブドウが持つ糖分が酵母の働きによってアルコールに変わること。アルコール発酵と呼ぶ。

果醪　かもろみ　Moût（仏）　Must（英）

発酵時の果汁からアルコールに変わりつつある状態の液体。

シャプタリザシオン／補糖　ほとう
Chaptalisation（仏）　Chaptalization（英）

ワイン醸造時、糖分を添加する作業のこと。甘味をつけるのではなくワインのアルコール度数を高めることを目的とする。フランス語ではシャプタリザシオンといい、1801年に考案したフランス農務大臣ジャン・アントワーヌ・シャプタル（1756〜1832年）の名に由来する。

醸し　かもし
Macération（仏）　Maceration（英）

日本語ではアルコール発酵のことだが、しばしば「マセラシオン」の訳語として使用される。語義的には「噛む」から来る。古代・弥生時代日本酒を造る工程で、人間の唾液に含まれる酵素アミラーゼで米のデンプン質を糖化し、発酵させる「口噛み」に由来する。

ワイン・酒類概論

I

マセラシオン
Macération（仏） **Maceration**（英）

直訳は漬け込むこと。浸漬(しんし)。ワイン用語では「醸し」と訳される。主に赤ワインの発酵中または発酵後、色素やタンニンなどさまざまな成分を抽出させるためワインに種皮を漬け込んでおくこと。

果帽 かぼう
Chapeau（仏） **Cap, Hat**（英）

赤ワインの発酵中、発生した炭酸ガスによりブドウ果汁の表面に浮いてくる種皮の層のこと。放置すると雑菌の繁殖を招くほか、色素などの抽出の阻害となるので取り除く場合もある。

ルモンタージュ
Remontage（仏） **Pumping Over**（英）

主に赤ワインの発酵の際、発酵タンク槽下部から抜き出した果汁を果帽にふりかけ、種皮から色素などの抽出を促進する作業。フランス・ボルドー地方で主に用いられる。

ピジャージュ
Pigeage（仏） **Punching the Cap**（英）

人や機械によって櫂で果帽をタンク内に強制的に漬け込む作業。フランス・ブルゴーニュ地方で一般的に行なわれる。

圧搾／プレスュラージュ
Pressurage（仏） **Pressing**（英）

ブドウの果皮を搾ること。赤ワインでは発酵が終わったタンク内の果帽を搾り、白ワインでは発酵前のブドウ果を搾ること。

デブルバージュ
Débourbage（仏） **Must Settling**（英）

白ワイン用の果汁をしばらくおいて不純物を沈殿させる作業。

バトナージュ
Bâtonnage（仏） **Lees Stirring**（英）

熟成中のタンク内のワインを撹拌すること。これにより澱の旨味成分をワインに抽出させる。

セニエ法　**Saignée**（仏）　**Bleeding**（英）

ロゼワインと赤ワインの醸造法のひとつ。発酵の初期段階で、ある程度色素の抽出が行なわれた果醪から種皮を分離させるために液体だけを取り出す作業。血を抜くように見えることから「しゃ血(血抜き)＝セニエ」と呼ばれる。ロゼワインの醸造においては最長で皮と果汁を24時間浸漬させてから皮を取り除き、アルコール発酵させる。赤ワインの醸造においては果醪から果汁の1割ほどを抜き取ることにより、残った果汁に対する果帽の比率を相対的に高めることで、色素が濃く凝縮感あるワインができる。

直接圧搾法　**Pressurage Direct**（仏）
Direct Pressing（英）

ロゼワインの製造法のひとつ。黒ブドウを直接プレスにかけて皮の色素をブドウ果汁につけ、醸造する方法。この方法で造ったワインを英語圏では「**ブラッシュワイン**」、フランスでは「**ヴァン・グリ**(灰色のワイン)」と呼ぶ。

混醸法
Vendange Mixte（仏） **Mixed Crop**（英）

ロゼワインの醸造法のひとつ。白ブドウと黒ブドウを混植して同時に収穫を行ない、その白・黒ブドウを同じタンクで醸造する製法。この方法で造ったワインには、ドイツのロートリングなどがある。

マセラシオン・カルボニック
Macération Carbonique（仏）
Carbonic Maceration（英）

赤ワインの醸造法のひとつ。炭酸ガス浸漬法。炭酸ガスを充填したタンクにブドウを破砕せずに房ごと入れて密封し、仕込む。タンニンが控えめでフルーティーなワインが仕上がる。フランス・ブルゴーニュ地方のボージョレ・ヌーボーが有名。**MC法**と略される。

シュール・リー
Sur Lie（仏） **On the Lees**（英）

直訳すると「澱の上」という意味になる。一般的に白ワインの醸造に用いられる用語。アルコ

ール発酵後のタンクの下部に沈んだ酵母が自己消化され、旨味成分になり比較的瘦せた白ワインの味わいにボリュームや複雑さを持たせることができる。

スキンコンタクト
Macération Pelliculaire（仏）
Skin Contact（英）

一部の白ワインの醸造前に行なう作業。ブドウの皮と果汁を漬け込み、皮に含まれるさまざまな成分を果汁に移すことが目的。皮には果汁を褐変（茶色にさせること）させるポリフェノール・オキシダーゼ酵素が含まれるため、この作業は低温（10℃以下）で行なう。

トラディショナル方式
Méthode Traditionnelle,
Méthode Classique（仏）
Traditional Method（英）

瓶内二次発酵をさせて造るスパークリング・ワインの製法。**ルミュアージュ**（動瓶）と**デゴルジュマン**（口抜き）を行なう。**シャンパーニュ方式**（Méthode champnoise）とも呼ぶ。Flasehengärung（独）、Metodo classico（伊）、Cap classique（南ア）はそれぞれの国での名称。

シャルマ方式　Méthode Charmat /
Méthode Cuvée Close（仏）

発明者の名前がついているスパークリング・ワインの製法。タンク内で二次発酵を行なう。コストがかからず大量生産できる。

トランスファー方式
Transfert（仏）　**Transfer**（英）

スパークリング・ワインの製法。瓶内二次発酵を終えたワインを加圧したタンクに入れてワインに残っている澱を取り除き、ボトル詰めを行なう製法。トラディショナル方式のルミュアージュ（動瓶）とデゴルジュマン（口抜き）を省ける分、コストダウンが図れる。

リュラル方式
Méthode Rurale, Méthode Ancestrale（仏）

アルコール発酵途中のワインを瓶に詰めて、発酵を続けるスパークリング・ワインの製法。**田舎方式**ともいう。アルコール度数はトラディショナル方式より低くなる。

炭酸ガス注入方式
Gazéifié, Carbonated Sparklingwine
Gazeification（仏）　**Gasification**（英）

大量消費用スパークリング・ワインの製法。スティル・ワインに人工的に炭酸ガスを注入するが、泡の品質は原酒の持つタンパク質、多糖類、ガス圧に左右されており、原酒の品質がスパークリング・ワインに向いていれば、注入式で品質のよい（泡が細かく泡持ちがよい）スパークリング・ワインを造ることができる。

コルク臭　Bouchonné（仏）

「**ブショネ**」や「**TCA香**」と呼ばれることが多い。ワインにおける不健全な香り。コルク臭の原因になる物質、トリクロロアニゾールが原因とされる。

圧搾コルク　Bouchon Aggloméré（仏）

細かく砕かれたコルクチップを化学的に無臭にしてつくる、人工コルク。

合成コルク　Bouchon Syntétique（仏）

プラスティックなどコルク以外のものからつくるワインの栓。

スクリューキャップ　Capsule à Vis（仏）

ステンレス製のワインの栓。2000年にオーストラリアのクレア・ヴァレーが発祥とされる。

ブドウの生産地域分布

大陸性気候　Climat Continental（仏）
Continental Climate（英）

陸地内部の気候。昼夜の寒暖差があり、夏と冬

に気温の差が大きい気候。主に中央ヨーロッパ
など。

海洋性気候　Climat Maritime（仏）
Marine Climate（英）

海沿いの気候。湿度が高く秋が比較的長いの
で、晩熟型ブドウの栽培に向いている。フラン
ス・ボルドーやオーストラリア・クナワラなど。

地中海性気候
Climat Méditerranéen（仏）
Mediterranean Climate（英）

温暖だが夏は暑く乾燥しており、冬は雨が多い
気候。地中海と名前は付いているが、アメリカ
やオーストラリアなどの一部地域も指す気候の
表現。

高山性気候
Climat des Montagnes（仏）
Alpine Climate（英）

昼夜の寒暖差が大きく、大陸性気候を厳しくし
た気候。フランス・ヴォージュ山麓、アルプス
山系など。海抜2,000m以上ぐらいの山岳の気
候。高山気候ともいう。

———————— 土壌 ————————

黄土層　おうどそう
ローム質の肥沃な土壌を指す。シルト粒子と粘
土粒子が堆積した土壌で、石英や石灰岩を含み
さらさらとして水はけがよい。滑らかで優雅、
かつ芳香性もよく柔らかな酸味のワインを生み
出す。

火山性土壌　かざんせいどじょう
火山活動により噴出したマグマが冷えて固まっ
た玄武岩、安山岩、流紋岩などを母石として構
成された土壌。太陽の熱を十分に蓄える。酸が
生き生きとした個性の強いワインを生む。

砂質土壌　さしつどじょう
土壌中粒子のうち直径0.05〜2mmのものを砂
といい、砂の比率の多い土壌を砂質土壌とい

う。水はけが非常によく、ブドウ本来の個性が
出やすい土壌。軽くマイルドなワインを生む。

石灰質土壌　せっかいしつどじょう
細かくなった石灰岩を多く含む土壌。炭酸カル
シウムを多量に含む堆積岩が石灰岩で、白亜は
その純粋な状態のもの。石灰質土壌は世界で
7%の分布だが、フランスでは全体の半分以上
を占める。ミネラル質に富み、酸が豊かだが、
アロマが強くふくらみのあるワインを生む。

粘土質土壌　ねんどしつどじょう
粘土が多く含まれる土壌。土壌構成粒子のうち
直径0.002mm以下のものが粘土。水分や栄養
分を多く保持することができるため、粘土が多
いと土壌の肥沃度が上がり、ブドウの樹勢が強
くなる傾向にある。黒ブドウ向きとされ、滑ら
かで深みがあり、デリケートなワインを生む。

粘板岩土壌　ねんばんがんどじょう
粘土岩、泥板岩、泥岩などが強い圧力を受けた、
堆積岩の一種。板状に剝離しやすい性質を持
ち、石が熱を吸収して、ブドウの成熟を助ける
ため、低い気温でもブドウが育てやすい。「スレ
ート土壌」ともいわれる、モーゼルの主な土壌。
酸味が冴え、ミネラル感の強い爽やかなワイン
を生む。

コイパー　Keuper
泥灰岩。主にフランケン、モーゼル、ファルツ、
バーデン、ヴュルテンベルグに見られる土壌
で、約2億年前にできた岩石。

デヴォン紀　Devonian Period
地質時代の区分のひとつ。約4億1600万年前
から、約3億5920万年前までの時期を指す。イ
ギリス南部のデヴォン州に分布するシルル紀の
地層と石炭紀の地層に挟まれる地層をもとに設
定された地質時代。魚類の種類や進化の豊かさ
と出現する化石の量の多さから、「魚の時代」と
も呼ばれている。

ブドウ栽培と
ワイン醸造の新技術

有機農法
**Agriculture Biologique /
Viticulture Biologique**（仏）
**Organic Farming /
Organic Viticulture**（英）

化学肥料、除草剤、殺虫剤などの農薬を使用せず、なるべく自然の状態で農業を行なうこと。農作物の作付け前2年、作付け後3年以上経過しないと有機農法を謳うことは認められない。1991年よりEUの中で規定された。

有機ワイン
Vin Biologique（仏）　**Organic Wine**（英）

公的機関の有機農法の認証を受けたワイナリーが有機農法によって栽培したブドウを使用して造るワイン。日本では「有機農産物加工酒類」と表記される。

バイオダイナミックス／ビオディナミ
Biodynamie（仏）　**Biodynamics**（英）

1924年6月にオーストリア人**ルドルフ・シュタイナー**が説いた農業講座をもとにした、天体の運行の影響などを取り込んだ自然農法の手法のひとつ。

マセラシオン・ア・ショー
Macération à Chaud（仏）
Flash Heating（英）

南フランスでしばしば行なわれる赤ワインの醸造方法。破砕したブドウ果汁の醪（もろみ）を80℃まで加熱して果皮の色素を果汁に強制的に抽出し、その後20℃程度の温度で発酵させる方法。濃い色のわりにはタンニンが少なく、若いうちから飲みやすい赤ワインに仕上がる。

プレファーメンテーション・コールド・マセラシオン
Preformentation Cold Maceration（英）

赤ワインの醸造方法。アルコール発酵前にタンクの温度を下げてブドウ果皮と果汁を漬け込むこと。これにより色素とアロマが高くなる。

樽発酵　**Fermentation en Fût**（仏）
Barrel Fermantation（英）

ブドウ果汁をオークの小樽で発酵させる白ワインの醸造方法。しばしば新樽を使用する。発酵後、そのまま小樽で熟成させることが多い。

クリオ・エキストラクシオン
Crio-Extraction（仏）

白ブドウを凍らせたのち、プレスをかけ糖度の高い果汁を得る作業。フランス・ボルドー地方ソーテルヌ地区で最初に行なわれた。日本ではこの方法で得た果汁で造った極甘口のワインを「氷果ワイン」と称することもある。

逆浸透膜　**Osmose Inverse**（仏）
Reverse Osmosis（英）

濾過膜の一種で、水は通すがイオンや塩類など水以外の不純物は透過しない性質を持つ膜のこと。この膜を使って海水を真水にする技術を用い、ブドウ果汁の水分のみを抜いてエキス分を凝縮させる。1987年、フランス・ボルドー地方メドック地区のシャトー・レオヴィル・ラス・カーズで初めて採用された。

常温減圧濃縮　**Concentration sous Vide à Basse Température**（仏）
Entropy Evaporation（英）

減圧させたタンク内でブドウ果汁の水分のみを抜いて果汁の濃度を高める方法。EUでは濃縮の条件がある。

ミクロ・オキシジェナシオン／ミクロ・ビュラージュ
Micro-Oxygénation, Micro-Bullage（仏）
Micro-Oxygenation（英）

ワインの発酵または熟成中に微細な酸素の気泡をタンク内に送り込む醸造法。これによりタンニンを和らげ、香りを高めることができる。1991年、フランス・南西地方マディラン地域で開発された。長期熟成を目的とするワインには

不向きとされる。

ノン・フィルトラシオン
Non Filtration, Non Filtré（仏）
Unfiltered（英）

タンク内のワインを瓶詰めする際にいっさいフィルターをかけないこと。これにより多少の澱は発生するが、ワインに複雑味と風味が増す。

ノン・コラージュ
Non Collage（仏）　Unfining（英）

発酵後、瓶詰め前のワインを清澄させない方法。ワインの味わいに複雑味が増す。

········ その他酒類・飲料········

──────── ビール ────────

麦芽 ばくが
大麦などの穀物に適度の水分と温度を与えて発芽したところで、熱風によって焙煎し発芽をとめた状態のもののこと。ビール、ウイスキーの原料となる。

ホップ
アサ科のつる性多年草。雌雄異株といって雄と雌がある。ビールの原料に使われるのは雌株の毬花（まりばな）。松かさに似た花のようなものだが本当の花ではない）で、そこには「ルプリン」と呼ばれる黄色の粒子が存在し、ビール造りに大きく貢献する。日本では東北地方や北海道で栽培されている。

ルプリン
ホップの雌株に含まれる黄色の粒子。ビール造りにおいて次の効果が期待できる。①ビール特有の苦みや香りをもたらす、②泡もちをよくする、③雑菌の生育を抑える。

ラガービール　Lager Beer（英）
下面発酵方式で、低温で醸造・熟成するビール。15世紀、ドイツのミュンヘンで最初に造られた。呼び名はドイツ語のlagern（ラーゲルン／貯蔵する）に由来する。香りが穏やかで爽快な味が特徴。

下面発酵 かめんはっこう
アルコール発酵時に槽の下部に生育する酵母のことを下面発酵酵母と呼ぶ。その酵母を使用し低温（6〜15℃）で発酵を行なうこと。発酵が終わると酵母がタンクの底に沈降するのでこの名が付けられた。19世紀以降、世界的な主流となったビールのほとんどがこのタイプ。

上面発酵 じょうめんはっこう
アルコール発酵時に槽の上部に生育する酵母のことを上面発酵酵母と呼ぶ。その酵母を使用し、やや高めの温度（20〜25℃）で発酵を行なう醸造法。イギリスでは現在でもこのタイプが多く残っている。フルーティな香味が特徴。

ピルスナー　Pilsner（独）
チェコのプルゼニ地方発祥で、下面発酵で造られるビールスタイルのこと。淡い色でホップの苦みを特徴とする。世界で最も普及しており、日本においてもビールといえばこのタイプのことを指すことがほとんどである。

ボック　Bock（独）
ドイツ中部アインベック発祥の下面発酵のビール。もともとはアインベックという呼び名だったが、ミュンヘンで訛ってボックと呼ばれるようになった。かつては修道士たちの断食期に唯一摂取できた「液体のパン」でもあり、宗教改革を行なったマルティン・ルターも飲んだとのエピソードがある。麦芽風味が強く、ホップの苦味も強い。元は濃色だったが現在は淡色ものが多い。アルコール度数は6.0〜6.5度。

アルト　Alt（独）
ドイツ、デュッセルドルフを中心に発展した上面発酵ビールのスタイル。上面発酵のほうが下面発酵に比べると醸造法として歴史が長いことから、「古い」（ドイツ語でアルト alt）が名前になった。黒褐色でホップ香味が強い。アルコール

度数は4.5〜5.0度。

バイツェン　Weizen（独）

ドイツ南部、バイエルン地方で発展したビール。weizen（ドイツ語で小麦）の名の通り、小麦麦芽を使用して造られたビールで、欧州では「貴族のビール」と呼ばれることもある。上面発酵ビールで、苦みが少なくフルーティな香りが特徴。アルコール度数は5.0〜5.5度。

トラピスト　Trappist

ベルギー発祥のビール。醸造施設を持つトラピスト会修道院で造られるビールだけが「トラピストビール」を名乗れる。色や味はさまざまで、アルコール度数は6〜10度と高めである。

スタウト　Stout（英）

イギリス発祥のビール。主にアイルランドやイギリスで造られる。黒くなるまでローストした大麦を使用し上面発酵を行なう濃厚・濃色ビール。stout（強い）の名前の通り、ホップ由来の苦みだけでなく酸味も強くしっかりとした味わい。アルコール度は4〜8度。代表的銘柄に「ギネス」がある。

ランビック　Lambic

ベルギー、ブリュッセル発祥のビール。ビールの醸造では培養酵母が一般的に使われるが、ランビックでは野生酵母を用いる。強い酸味が特徴。グーズのほか、フランボワーズ、クリークなど、ワインのような味わいを持つ果実系のものもある。アルコール度数は5〜6度。

―――――― 蒸溜酒 ――――――

減圧蒸溜　げんあつじょうりゅう

真空ポンプを使い釜の中を減圧状態にして蒸溜すること。真空状態に近くなることで、通常の大気圧よりも沸点が下がり、40℃〜50℃くらいで沸騰する。香りがやわらかく淡麗な味わいの蒸溜酒になる。

常圧蒸溜　じょうあつじょうりゅう

古くから行なわれている手法で、通常の大気圧（1気圧）の条件下で蒸溜すること。90℃〜100℃の沸点で蒸溜される。なかでも、直接火を釜に当て蒸溜する「直火地釜蒸溜」と、ボイラーを使って蒸溜する「ボイラー蒸溜」がある。原料の風味がよく引き出された蒸溜酒になる。

―――――― 焼酎 ――――――

連続式蒸溜焼酎　れんぞくしきじょうりゅうしょうちゅう

一般的に糖蜜などの発酵液を連続式蒸溜器で蒸溜した焼酎。アルコール度数は36度未満と定められている。税法上では「焼酎甲類」と呼ばれることもある。

単式蒸溜焼酎　たんしきじょうりゅうしょうちゅう

米、麦、芋などバラエティ豊かな原料を使用し単式蒸溜機で蒸溜した焼酎。単式蒸溜器は構造がシンプルなので、原料の香味成分が反映された焼酎になる。アルコール度数は45度以下。税法上では「焼酎乙類」と表記されることもある。

一次醪　いちじもろみ

焼酎酵母を育てるため麹と水を混合して造った醪のこと。清酒の酒母に相当するが、焼酎では蒸米を加えず麹だけで仕込む点が異なる。

二次醪　にじもろみ

一次醪に主原料（麦、米、そば、芋など）と水を加えたもの。もとは米を使うのが主流だったが、江戸時代においては米は貴重品だったため、麦、そば、芋といった各地の特産品が使われるようになった。一次醪に芋を加えれば芋焼酎、麦を加えれば麦焼酎となる。このような伝統が現在でも引き継がれ、風土色豊かな焼酎が製造されている。

壱岐焼酎　いきしょうちゅう

長崎県壱岐市において造られた麦焼酎の総称。その歴史は16世紀にまでさかのぼり、1995年には世界貿易機関（WTO）の「地理的表示」が認められた。

027

I

ワイン・酒類概論

球磨焼酎 〈くましょうちゅう〉

熊本県球磨郡または人吉市の地下水で造られた、米100%を原料とする本格焼酎。1995年には世界貿易機関(WTO)の「地理的表示」が認められた。

薩摩焼酎 〈さつましょうちゅう〉

鹿児島県(名護市・大島郡を除く)のサツマイモを使用した本格焼酎。その歴史は1700年代にも遡り日本を代表する芋焼酎ということから「地理的表示」が認められている。

琉球泡盛 〈りゅうきゅうあわもり〉

沖縄県内で製造された泡盛の総称。2004年から「地理的表示」が認められた。その背景には、かつては沖縄県以外でも泡盛が造られて商品化されていた歴史があり、県外産泡盛と沖縄産泡盛との差別化を図るという意図があった。

泡盛 〈あわもり〉

日本最古の蒸溜酒。その歴史は15世紀初頭にさかのぼる。泡盛は焼酎のひとつとされることが多いが、次の4点で特殊である。①原料は主にタイ米を使う、②黒麹菌を使う、③全麹仕込みである、④古酒文化がある。

黒糖焼酎 〈こくとうしょうちゅう〉

黒砂糖と米麹で造った単式蒸溜焼酎。サトウキビを使うという観点から、一見ラムと似ているが、①米麹を使うこと、②鹿児島県薩南諸島の奄美大島周辺だけで製造が認められているという点で異なる。

黒麹菌 〈くろこうじきん〉

泡盛を造る際に使われる菌。通常、焼酎造りでは白麹菌が使用されるが、泡盛では黒麹菌が用いられる。黒麹菌はもともと沖縄に根付いていたものであることから、同地の高温多湿にも影響を受けにくく、醪を腐敗させるリスクがない。そのため伝統的に用いられるようになった。独特な風味形成にも欠かせない。

--------- ウイスキー ---------

ウィスキー Whisky ／ Whiskey

大麦、ライ麦、トウモロコシなどの穀物を糖化・発酵後に蒸溜した蒸溜酒の総称。

二条大麦 〈にじょうおおむぎ〉

主にビールやウィスキーなど酒用に使われる麦。穂についている実の列数が2列なのが特徴(主に食用にされる六条大麦は6列)。六条大麦と比べ、一粒一粒が大きく、デンプンの含有量が多いことから酒用に適す。

モルトウィスキー

二条大麦のみを使用し、単式蒸溜器で2回蒸溜したウィスキー。

グレーンウィスキー

トウモロコシなどの穀類を主原料に連続式蒸溜器で蒸溜したウィスキー。

ブレンディッドウィスキー

モルトウィスキーとグレーンウィスキーをブレンドしたもの。

スコッチウィスキー
Scotch whisky(英)

世界5大ウィスキーのひとつで、スコットランドで生産されるウィスキー。麦芽を乾燥させる時ピート(泥炭)を燃焼させることで、煙のような独特な香りがつく。この香りは「スモーキーフレーバー」と呼ばれ、スコッチウィスキー独特なものになる(スモーキーの中でも、燻製のようなよい香りを「ピーティー」、ヨード香を「メディシナル」と分けて表現するテイスターもいる)。

アイリッシュウィスキー
Irish whiskey(英)

アイルランドで生成されるウィスキー。世界5大ウィスキーのひとつ。麦芽乾燥時にはピート香でなく、石炭や木材が使われるのでまろやかな風味が特徴になる。

バーボンウィスキー
Bourbon whiskey（英）

アメリカ合衆国ケンタッキー州を中心に生産されているウィスキー。世界5大ウィスキーのひとつ。原料の51％以上がトウモロコシであること、アルコール分80度未満で蒸溜され、新樽で熟成させることなど規定がある。この規定ゆえ、バーボンウィスキーには強い樽香がある。

カナディアンウィスキー
Canadian whisky（英）

その名の通り、カナダで造られるウィスキー。世界5大ウィスキーのひとつ。カナディアンウィスキーの主流はブレンデッドウィスキーで、軽やかな飲み口が特徴。

ジャパニーズウィスキー
Japanese whisky（英）

日本国内で生産されるウィスキー。スコッチウィスキーを手本として造られ始めた。スコッチウィスキー特有のスモーキーフレーバーは抑えられており、軽い口当たりに仕上げられているのが特徴。モルトウィスキーとグレーンウィスキーを混合するブレンデッドウィスキーがジャパニーズウィスキーの主流。

―――――ブランデー―――――

ブランデー　Brandy（英）
フルーツを原料にした蒸溜酒の総称。その原料は、ブドウ、リンゴ、ナシ、サクランボなど多岐にわたる。

マール　Marc（仏）　Marc Brandy（英）
ワイン醸造時に産出されるブドウの搾りかすに水と糖分を入れて発酵・蒸溜して造ったブランデー。シャンパーニュ地方、ブルゴーニュ地方のものが評価が高い。

グラッパ　Grappa（伊）
ブドウの搾りかすから造られるイタリア産ブランデー。イタリア全土で産出されるが、ヴェネツィアの北西にあるバッサーノ・デル・グラッ

パ村が特に有名。

カルヴァドス　Calvados（仏）
フランス・ノルマンディ地方で造られるリンゴを主原料とする蒸溜酒。A.O.C.対象となっており、この地域以外で造られたものは「アップル・ブランデー」と呼ばれる。

ノルマンディ地方
Normandie（仏）　Normandy（英）

フランス北西部のイギリス海峡に面する地方。人口は約330万人である。切り立った海岸線のエトルタの断崖や、印象派画家たちが描いた数々の絶景、モン・サン・ミッシェルなどの観光名勝地がある。

ポモー　Pommeau（仏）
フランス北西部でリンゴ果汁に、カルヴァドスを添加して造った酒精強化ワインのこと。ポモー・ド・ノルマンディやポモー・ド・ブルターニュがその代表例。

ポモー・ド・ノルマンディ
Pommeau de Normandie（仏）

フランス、ノルマンディー地方で産出されるリンゴの酒精強化ワイン。リンゴ果汁にカルヴァドスを加え18ヵ月以上オーク樽で貯蔵する。

カルヴァドス・デュ・ペイ・ドージュ
Calvados du Pays d'auge（仏）

カルヴァドスのA.O.C.。カルヴァドス、オルヌ、ユールの3県で産出され、最低2年以上の熟成を要する。

カルヴァドス・ドン・フロンテ
Calvados Domfrontais（仏）

カルヴァドスのA.O.C.。オルヌ、マンシュ、マイエンヌの3県で産出され、最低3年以上の熟成を要する。

シードル　Cidre（仏）　Cider（英）
リンゴをアルコール発酵して造る醸造酒。発泡性であることが多い。フランスのブルターニュ

Ⅰ

ワイン・酒類概論

地方とノルマンディ地方が有名。カルヴァドスの原料となる。

ポワレ Poiré (仏)

洋ナシをアルコール発酵して造る醸造酒。発泡性であることが多い。カルヴァドスの原料として、15%以内で使用できる。

オー・ド・ヴィー・ド・フリュイ
Eaux de Vie de Fruits (仏)

ブドウ以外のフルーツを原料としたブランデーのこと。主にフランス、ドイツ、スイスなどの寒冷地で産出され、その原料にはスモモ、黄色プラム、紫色プラム、コケモモ、木イチゴ、黒スグリ、アンズ、サクランボ、洋ナシがある。一般的には無色透明で、アルコール度数は40度前後のものが多い。

———————— コニャック ————————

ポワトゥー＝シャラント地域圏
Poitou-Charentes (仏)

フランスの西部、大西洋に面する約2.5万km²の地域圏。シャラント県などを包括する。2016年、アキテーヌ地域圏、リムーザン地域圏と統合し、アキテーヌ＝リムーザン＝ポワトゥー＝シャラント地域圏と広域になった。

シャラント県 Charentes (仏)

ポワトゥー＝シャラント地方に位置する人口約35万人の県。県を流れるシャラント川にその名は由来。県庁所在地はアングレーム。コニャックの銘醸地である。

グランド・シャンパーニュ
Grande Champagne (仏)

コニャックで最高品質のA.O.C.。石灰質土壌が中心で、繊細で力強くボリューム感のあるコニャックになる。面積は約1.3万ha。

プティット・シャンパーニュ
Petit Champagne (仏)

コニャックでグランド・シャンパーニュに次ぐ

高品質のA.O.C.。石灰質土壌中心に形成されており、グランド・シャンパーニュと比べるとブドウは早熟である。面積は約1.6万ha。

ボルドリー Borderies (仏)

コニャックのA.O.C.。土壌は珪土を含む粘土質。ブレンド用に使われることが多い。面積は約0.4万ha。

ファン・ボワ Fins Bois (仏)

コニャックのA.O.C.。粘土を含む石灰質土壌で、味わいは柔らかく、飲み頃を迎えるのが比較的早いのが特徴。面積約3.3万haでコニャックを造るA.O.C.の中では最大である。

ボン・ボワ Bons Bois (仏)

コニャックのA.O.C.。砂質土壌から形成される。面積約1万ha。

ボワ・オルディネール
Bois Ordinaires (仏)

コニャックのA.O.C.。砂質土壌から形成される。面積が約0.16万haとコニャックを造るA.O.C.の中で最小である。

フィーヌ・シャンパーニュ
Fine Champagne (仏)

グランド・シャンパーニュとプティット・シャンパーニュを混合したA.O.C.。グランド・シャンパーニュは50%以上と定められている。

コント Compte (仏)

コニャックの熟成を表す。収穫翌年の4月1日から起算していく。コント2なら2年、コント6なら6年の意味。最長はコント10である。

XO エックス・オー

コニャックの熟成表示。コニャックにおけるXOの熟成年数基準が変更され、2018年4月1日以降に出荷されるXOの最低熟成年数は、10年目以降（コント10以上）となった。

ピノー・デ・シャラント
Pineau des Charentes（仏）

シャラント県で造られるフォーティファイド・ワイン（V.d.L.）。アルコール発酵前のブドウ果汁にコニャックを添加して造られる。日本では白ワインタイプがメジャーだが、赤・ロゼタイプもある。

──────アルマニャック──────

アルマニャック　Armagnac（仏）

フランス南西部ガスコーニュ地方ジェールGers県、ランドLande県、ロット・エ・ガロンヌLot-et-Garonne県で造られるブランデー。

ガスコーニュ地方　Gascogne（仏）

フランス南西部に位置し、スペインの国境近くまで広がる歴史的地方名のこと。ガスコーニュの中央部一帯ではアルマニャックが盛んに産出されてきた。

バ・ザルマニャック
Bas-Armagnac（仏）

アルマニャックで最高品質のA.O.C.で全体の栽培面積の57%を占める。香り豊かで洗練された味わい。砂地土壌で形成されている。

アルマニャック・テナレーズ
Armagnac-Ténarèze（仏）

アルマニャックのA.O.C.のひとつで、全体の栽培面積の40%を占める。バ・アルマニャックに次いで品質が高い。その土壌は粘土石灰で形成される。

オー・タルマニャック
Haut-Armagnac（仏）

アルマニャックのA.O.C.。土壌は石灰質中心からなる。柔らかい味わいになる。

ブランシュ・アルマニャック
Blanche Armagnac（仏）

名前の通り無色透明のアルマニャック。通常は木樽熟成されるが、タンクなど不活性の容器で

最低3ヵ月熟成される。

フロック・ド・ガスコーニュ
Froc de Gascogne（仏）

フォル・ブランシュ種、コロンバール種、グロ・マンサン種、ユニ・ブラン種などの白ブドウから造られた果汁に、アルマニャックを添加して造ったV.d.L.。

──────スピリッツ──────

スピリッツ　Spirit（英）

広義の意味では蒸溜した酒の全般を指す。しかし日本の酒税法においては、焼酎や原料用アルコールを除く。代表的なものには、ジン、ウォッカ、テキーラ、ラムなどがある。

──────ジン──────

ジン　Gin（英）

世界四大スピリッツのひとつ。大麦、ライ麦、ジャガイモなどの穀類を原料とした蒸溜酒。ジュニパー・ベリー（ネズの実）やコリアンダー、オレンジピールなどのハーブによって香りづけがされているのが特徴。

シュタインヘーガー　Steinhäger（独）

ドイツで産出されるジン。製法が他のジンと異なり特徴的である。生のジュニパー・ベリーを発酵・蒸溜しジュニパー・ベリーのスピリッツを造り、これとは別に造っておいた穀類のスピリッツとブレンドし再蒸溜する。香りが穏やかで柔らかい味わいが特徴。

ジュネヴァー　Genever（蘭）

オランダで産出されるジン。同国はジンの発祥地で、17世紀半ばに熱病の特効薬として広まった。単式蒸溜器で2〜3回蒸溜した後にボタニカルを加えて再度蒸溜するため、風味が濃厚で原料の麦芽の香りが残っているものが多い。

ロンドン・ドライ・ジン
London Dry Gin（英）

イギリスで産出されるジン。単式蒸溜器ではなく連続式蒸溜器で蒸溜される。19世紀以降、連続式蒸溜器が普及し、イギリスで軽やかな風味のジンに発展した。単式蒸溜器を使ったオランダのジュネヴァーと区別する意味で、ロンドン・ドライ・ジン、またはブリティッシュジンと呼ばれる。

ボタニカル　Botanical（英）

直訳では「植物」の意。ジンにおいては香りづけに使われるハーブ類のことを指す。ジュニパー・ベリー（ネズの実）、オレンジピール、オリスの根、コリアンダーの種、アンジェリカの根、リコリス、レモンピールなどがその代表例である。ハーブによる香りづけこそがジンのレシピの基盤であり、どのようなものが、どんな割合で使われているかは非公開になっている。

ジュニパー・ベリー　Juniper Berry（英）

ネズの実のこと。ヒノキ科に属する針葉樹。ジンの香りづけの基本になる。暗紫色の丸い果実を乾燥させたもので、甘い香りと、かすかに苦味を感じさせる松やにに似た印象がある。フランス語はジュニエーヴル Genièvre。

─────ウォッカ─────

ウォッカ　Vodka（英）

世界四大スピリッツのひとつ。穀物（大麦、小麦、ライ麦、ジャガイモなど）を原料とし蒸溜後、白樺の炭で濾過される。このためほぼ無味無臭だが、香味づけされたウォッカもある。

白樺炭

ウォッカの醸造工程で使われる。銅またはステンレス製の円筒に20本程度の白樺炭が詰められている。この中にゆっくりとウォッカを流すことにより、不純物からくる好ましくない香りや味がとれ、まろやかな酒になる。

フレーヴァード・ウォッカ
Flavored Vodka（英）

一般的にウォッカは無味無臭だが、フルーツやハーブで香りづけされたタイプのこと。代表例にズブロッカやアブソルートがある。

─────テキーラ─────

テキーラ　Tequila（西）

世界四大スピリッツのひとつ。メキシコ西部のハリスコ州とその周辺で竜舌蘭（アガベとも呼ばれる）という植物から造られる蒸溜酒。特に竜舌蘭の中でもブルー・アガベという品種を51％以上使っている必要がある。

メスカル　Mezcal（西）

メキシコで、竜舌蘭を使用して造られる蒸溜酒のこと。

ブルー・アガベ
Blue Agave（英）　Maguey（西）

竜舌蘭の一種。一見サボテンのようにも見えるが、どちらかというとアロエに近い。葉ではなく地面近くの球茎が原料として使われる（球茎がパイナップルのような形をしていることからスペイン語で Piña ピニャとも呼ばれる）。

ハリスコ州

メキシコ中部に位置する人口約750万人の州。州都はグアダラハラ。テキーラの銘醸地で、テキーラを含む四市の古い産業施設群と竜舌蘭の景観はユネスコの世界遺産に登録されている。

テキーラ・ブランコ
Tequila Blanco（西）

スペイン語でブランコは「白」の意味で、その名の通り無色透明のテキーラである。蒸溜後、短期間（蒸溜後60日以内）の熟成を経て瓶詰めされる。シャープな香りが特長。Silver Tequila とも呼ばれる。

テキーラ・レポサド
Tequila Reposado（西）

「レポサド＝休息」に由来し、その名の通り2ヵ月以上、1年以内熟成したテキーラのこと。薄い黄色で、ほのかに樽の香りが感じられる。Gold Tequilaとも呼ばれる。

ホーベン　Joven（西）
スペイン語でホーベンは「若い」の意味で、テキーラ・ブランコとテキーラ・レポサドをブレンドしたもの。ブランコにはカラメルで着色したものも含む。

テキーラ・アニエホ
Tequila Anejo（西）

Anejoは「熟成した」の意味。オーク樽で1年以上貯蔵熟成することが義務づけられている。

エキストラ・アニエホ　Extra Anejo（西）
Extraは「余分な」を表す。すなわちExtra Anejoで「より多く熟成した」という意味になる。オーク樽で3年以上貯蔵熟成することが義務づけられている。

――――――――― ラム ―――――――――

ラム　Rhum（仏）　Rum（英）
世界四大スピリッツのひとつ。サトウキビの搾り汁や糖蜜を発酵、蒸溜したもので西インド諸島で生産される。もともとヨーロッパの国々がこれらの地で砂糖を生産して商業化するために持ち込んだという経緯があり、原料よりも占領した国の技法が味わいの特徴に表れている。

糖蜜　とうみつ
砂糖を製造する際に生じる副産物、残液のことである。もしくは廃糖蜜。

ラム・アグリコール　Rhum Agricole（仏）
アグリコールはフランス語で「農業生産品」の意味。サトウキビの搾り汁のみを発酵・蒸溜させたラムのこと。

マルティニーク　Martinique（仏）
西インド諸島の中のフランス領マルティニク島で生産されるラム。A.O.C.に認定されており、①ラム・アグリコールを使うこと、②連続式蒸溜器の使用、③オーク樽で最低12ヵ月の熟成、などの規定がある。

マルティニーク・ブラン
Martinique Blanc（仏）

無色透明なラムのA.O.C.。最低3ヵ月以上の熟成が必要とされる。

マルティニーク・ヴュー
Martinique Vieux（仏）

フランス語でヴューは「古い」。長期熟成されたラムのA.O.C.。650ℓ以下の樽で3年以上の熟成が必要とされる。

――――――――― リキュール ―――――――――

リキュール　Liqueur（仏／英）
蒸溜酒に果実やハーブなどで香りづけを行ない、砂糖やシロップ、着色料などを添加し調製した酒のこと。

アブサン　Absinthe（仏）
主にニガヨモギなどのハーブで風味づけしたリキュール。19世紀のオランダ人画家ゴッホやロートレックにも愛飲されたことで知られる。オリジナルのアブサンとはニガヨモギに含まれているツヨンという成分によって幻覚などの向精神作用が引き起こされるため、20世紀初頭に製造・販売が禁止された。1981年、ツヨンの許容量を10ppm以下に抑え再販されるようになった。外観は緑色、アルコール度数40～70度。水を加えると白濁する。

アニゼ　Anisés（仏）
アニス（Anis。セリ科の一年草。古くから香料や薬草として利用されてきた）の種子を主体にしたリキュールの総称。水を入れると白濁する。

ワイン・酒類概論

ベルジェ・ブラン　Berger Blanc(仏)

アニスで香りづけされたリキュール。甘草は使われない。白色アニスに分類される。外観は無色透明。

ペルノ　Pernod(仏)

アニスシードをはじめ15種類のハーブから造られるフランス産リキュール。外観は黄緑色だが、水を入れると白濁する。アルコール度数は40度。

パスティス　Pastis(仏)

アニス、甘草などのハーブで香りづけされているリキュールの総称。健康を損ねることが判明したアブサンの製造・販売が20世紀初頭に禁止されたために、それに代わるリキュールとしてポール・リカール氏がアブサンの製法を改良して造った。名前はフランス語「se pastiser＝似せる」に由来。

リカール　Ricard(仏)

フランスを代表するパスティスのブランド。外観は琥珀色、アルコール度数は45度。

マリー・ブリザール　Marie Brizard(仏)

マリー・ブリザール女史によって造られたフランス産アニス・リキュール。18世紀、西インド諸島から来た船乗りを看病したお礼に、同女史がレシピを教わったことといわれる。外観は無色透明。アルコール度数は25度。

ウゾ　Ouzo(英)

ギリシャとキプロスで生産されるリキュール。アニスを中心としたハーブ類で香りづけされている。外観は無色透明だが水を加えると白濁する。アルコール度数は40度。

シャルトリューズ　Chartreuse(仏)

フランス産リキュール。歴史が古く、アルプス山麓のヴォワロン修道院によって開発された。レシピ非公開だが、130種類ものハーブを使っているとされている。スパイシーな Verte(緑色タイプ)、まろやかなハチミツ風味の Jaune(黄色タイプ)が有名。ほかにも8年間樽熟成を経た V.E.P.、アルコール度数が71度もある Elixir Végétal(エリクシル・ヴェジェタル)などがある。

ベネディクティン　Bénédictine(仏)

ブランデーをベースとするフランス産リキュール。1510年、ノルマンディー地方にあったベネディクト派の修道院で造られたのが始まり。レシピの確認できるリキュールとしては最古ともいわれている。ジュニパー・ベリーなどを中心とし27種類のハーブで香りづけされている。琥珀色の外観、アルコール度数は40度。

スーズ　Suze(仏)

フランス産リキュール。リンドウ科の植物であるゲンチアナ(ジェンシアンと同義)の根で香りづけを行なう。ピカソにも愛飲されたことで知られる。味わいはカンパリと似ているが、その色から、「黄色いカンパリ」と呼ばれることもある。アルコール度数は15度。

カンパリ　Campari(伊)

イタリア人ガスパーレ・カンパーリによって1860年に開発されたリキュール。ビター・オレンジ、キャラウェイ、コリアンダー、リンドウの根など、60種類にのぼる材料が風味づけに使われているといわれている。赤色の外観。アルコール度数は25度。

アマーロ　Amaro(伊)

さまざまなハーブを使ったイタリア産リキュールの総称。「苦い」の意味通り、ほろ苦い印象。「肝臓や胃腸によい」という理由から食後酒として飲まれることが多い。アヴェルナ、ルカーノ、モンテ・ネーグロがその代表例。

サンブーカ　Sambuca(伊)

イタリア産リキュール。主にアニスシード、エルダーベリー、リコリスなどで香りづけされる。従来から製造されてきたサンブーカは無色透明だが、近年「オパール・ネラ・サンブーカ」という黒い外観のものもある。ともにアルコー

ル度数は40度前後。

チナール　Cynar(伊)

イタリア産のアーティチョーク(別名チョウセ
ンアザミ)を中心にして13種類のハーブを使用
したリキュール。外観はこげ茶色をしており、
アルコール度数は16度程度と比較的低い。

イエガーマイスター　Jägermeister(独)

ドイツ産のリキュールで、アニスや甘草など、
56種類のハーブが使われているとされている
が、詳細は公開されていない。こげ茶色をした
外観、アルコール度数は35度。

ドランブイ　Drambuie(英)

スコットランドで誕生したリキュール。数十種
類のモルト・ウィスキーをベースにハチミツや
ハーブで香りづけしたもの。琥珀色の外観、ア
ルコール度数は40度。

グリーン・ティー　Green Tea(英)

日本産のリキュール。風味づけに緑茶が使われ
る。緑色の外観、アルコール度数は25度。代表
的な銘柄に玉露を使った「ヘルメス・グリーン
ティー・リキュール」がある。

ホワイト・キュラソー　White Curaçao(蘭)

オレンジの果皮で香りづけした無色透明のリ
キュールの総称。コアントローやトリプルセック
がその代表的銘柄。

オレンジ・キュラソー
Orange Curaçao(蘭)

オレンジの果皮で香りづけした琥珀色のリキュー
ルの総称。グランマルニエが代表的銘柄。

マラスキーノ　Maraschino(伊)

イタリア産マラスカ種のサクランボを発酵・蒸
溜したリキュール。ナポレオン戦争時に兵士の
間で人気が高まり知名度を上げた。無色透明の
外観、アルコール度数は24～32度。有名な銘
柄にルクサルドLuxardoがある。

クレーム・ド・カシス
Crème de Cassis(仏)

1841年、フランスのブルゴーニュ地方で誕生
したリキュール。カシス(黒すぐり)による香り
づけ、糖分含有量が400g/ℓ以上と非常に甘み
が強いのが特徴。アルコール度数は15～20度。

サザン・カンフォート
Southern Comfort(英)

アメリカ、ニューオーリンズ発祥のリキュー
ル。ピーチを中心とした数十種類の果物のおよ
びハーブで香りづけされている。外観は琥珀
色、アルコール度数は21度。

リモンチェッロ　Limoncello(伊)

イタリア・カンパーニア州出身のリキュール。
レモンの果皮で香りづけされる。冷蔵庫や冷凍
庫(凍結はしない)などでよく冷やし、食後酒と
してストレートで飲まれるのが一般的。

アマレット　Amaretto(伊)

イタリア産のリキュール。アマレットはイタリ
ア語で「すこし苦いもの」の意味。アンズの核
で香りづけされているため、杏仁豆腐のような
香り。外観は琥珀色。

フランジェリコ　Frangelico(伊)

イタリア産のヘーゼルナッツ・リキュール。ヘー
ゼルナッツを主な原料とし、数種類のベリー
とその花弁から抽出したエキスを配合、熟成し
て造られる。淡い琥珀色。

アドヴォカート　Advocaat(蘭)

オランダ産のクリーム状のリキュール。卵黄、
少量のバニラで香りづけされている。淡いイエ
ローの外観、アルコール度数は15度。

ティフィン　Tiffin(独)

ドイツ・ミュンヘンで造られる紅茶のリキュー
ル。香りづけにはダージリン紅茶を使用してい
る。赤褐色の外観、アルコール度数は24度。

―――――中国酒―――――

白酒 ぱいちゅう
中国の穀物を原料とする蒸溜酒のこと。

黄酒 ほわんちゅう
中国の米を原料とする醸造酒のこと。その代表例は紹興酒である。

硬度 こうど
水1000ml中に溶けているカルシウムとマグネシウムの量を表した数値を「硬度」と呼ぶ。単位はmg/ℓ。

軟水 なんすい
WHO(世界保健機関)の基準において、硬度が120mg/ℓ未満を「軟水」、120mg/ℓ以上を「**硬水**」と呼ぶ。

ナチュラルウォーター
農林水産省のガイドラインでは、特定の水源から採水された地下水を原水とし、沈殿、濾過、加熱殺菌以外の物理的・化学的処理を行なわないものとされている。

ナチュラルミネラルウォーター
農林水産省のガイドラインでは、特定の水源から採水された地下水を原水とし、沈殿、濾過、加熱殺菌以外の物理的・化学的処理を行なわず、加えてミネラル分が溶解した地下水を原水としたものとされている。

Ⅱ章 各国の基礎知識

1 日本
2 フランス
3 フランス(ボルドー)
4 フランス(ブルゴーニュ)
5 フランス(シャンパーニュ)
6 フランス(ロワール)
7 フランス(ローヌ)
8 フランス(南仏)
9 フランス(その他)
10 ドイツ
11 イタリア
12 スペイン
13 ポルトガル
14 ヨーロッパ(その他)
15 アメリカ
16 カナダ
17 南半球

I···日本

概要

日本
ワインの年間生産量は輸入原料によるものも含め、約2万5,000t。県別では山梨県の約8,600tを筆頭に、長野県約6,700t、北海道約3,700t、山形県約2,400tと続く。代表的なワイン用ブドウとしては日本オリジナルの甲州種、マスカット・ベーリーA種があり、それ以外にも1980年代よりカベルネ・ソーヴィニヨン、メルロやシャルドネなどの国際品種への本格的な取り組みも始まっている。

日本ワイン
国産ブドウのみを原料とし、日本国内で製造された果実酒のことを指し、国税庁によって2015年10月30日に定められた（ラベル表示のルールは2018年10月に施行される）。原料ブドウの受入数量としては山梨県を筆頭に長野県、北海道、山形県と続き、品種別の生産量としては甲州種（白）、マスカット・ベーリーA種（黒）、ナイアガラ種（白）、コンコード種（黒）の順である。

X字剪定　えっくすじせんてい
日本の伝統的なブドウの棚づくりにおける剪定方法。棚の上の部分をX字に長梢を伸ばしていく。甲州種の大半で採用。

一文字短梢剪定　いちもんじたんしょうせんてい
日本の棚づくりを利用した剪定方法。棚の上の部分を一文字に短梢を伸ばしていく方法。作業効率がよい。

H字短梢剪定　えいちじたんしょうせんてい
日本の棚づくりを利用した剪定方法。棚の上の部分をH字に枝を伸ばしていく方法。作業効率がよい。

長梢剪定　ちょうしょうせんてい
枝の基の部分から5〜15芽残して長く剪定すること。

短梢剪定　たんしょうせんてい
枝の基の部分から2〜4芽残して短く剪定すること。

高畝式　たかうねしき
畝を盛り上げて造成した土地で、ブドウを栽培する方法。ブドウ根への水分供給を制御してブドウにストレスを与える。これにより着色や成熟をよくすることができる。

スマートマイヨーガー
長野県塩尻市で行なわれているブドウの栽培方法。H字短梢剪定の一種。

委託醸造　いたくじょうぞう
カスタムクラッシュともいう。ワイナリー設備を持てない小さなワイナリーやブドウ栽培家が、ブドウを持ち込み、ワイン醸造、熟成、貯蔵、瓶詰めまで共同で行なう。カリフォルニアで始まり、今やブルゴーニュなど世界的に導入されていワイン生産の方法。

歴史

ぶどう酒共同醸造所
−しゅきょうどうじょうぞうじょ

山梨県に存在した日本最初のワイン醸造所。**山田宥教**(やまだひろのり)、**詫間憲久**(たくまのりひさ)によって開かれた。山田宥教が僧侶だったため大法院の境内に建てられ、境内の土蔵を改装して醸造場にしたと伝えられている。

開拓使葡萄酒醸造所

1876年(明治9年)に日本政府の殖産興業政策によって、北海道・札幌につくられたワイナリー。1900年初めに廃業した。

大日本山梨葡萄酒会社
だいにほんやまなしぶどうしゅがいしゃ

山梨県勧業課の葡萄酒醸造振興により、勝沼町の実力者たちが発起人となり、1877年(明治10年)につくられた民間初のワイナリー。明治19年に生産量が減り、創業を停止した。別名、**祝村葡萄酒醸造株式会社**。現在のシャトー・メルシャン。

合同酒精 ごうどうしゅせい

1880年(明治13年)に神谷傳兵衛が浅草に開業した「みかはや銘酒店」を始まりとし、1903年に茨城県牛久にシャトーカミヤをスタートさせ、日本のワイン黎明期をつくった。

寿屋 ことぶきや

1921年(大正9年)に設立された洋酒メーカー。現在のサントリー。

大黒葡萄酒株式会社
だいこくぶどうしゅかぶしきがいしゃ

1934年(昭和9年)に大日本山梨葡萄酒会社から生まれたワインメーカー。31年に塩尻に進出した。

珍陀酒 ちんたしゅ／ちんだしゅ

室町時代後期から使われていたワインの和名。

1551年に宣教師フランシスコ・ザビエルが大内義隆公にポルトガルワインを献上している。ポルトガル語のVinho Tinto(ヴィーニョ・ティント。赤ワインの意)に由来する。

行基 ぎょうき／ぎょうぎ

奈良時代の高名な僧侶。現在の大阪府堺市で生まれ、東大寺の大仏像造営に携わり日本最初の大僧正の位に就いた。718年に甲斐の国(現在の山梨県)に甲州種のブドウを伝えたといわれる。

雨宮勘解由 あめみや・かげゆ

1186年に甲州種のブドウを発見して栽培に成功し、源頼朝に献上したといわれる人物。甲州種のルーツは行基説とこの雨宮勘解由説の二説が存在するが、ともに伝説の域を出ない。

大善寺 だいぜんじ

行基の夢に現れた「葡萄を持った薬師如来」の像を刻んで安置したのが始まりとされる、勝沼ぶどう郷駅付近の寺。本堂は国宝に指定されている。別名「ぶどう寺」。

川上善兵衛 かわかみ・ぜんぺえ

1868年、新潟県上越高田(現在の上越市北方)生まれ。品種交雑の中からマスカット・ベーリーA種をはじめ、川上品種群と呼ばれる約40種の優良品種を世に送り出した「日本のワイン用ブドウの父」。**岩の原葡萄園**を開いた。

高野正誠 たかの・まさなり

大日本山梨葡萄酒会社の社員として、25歳で土屋龍憲とともにワイン醸造を習得するため、フランスに派遣された人物。

土屋龍憲 つちや・りゅうけん

大日本山梨葡萄酒会社の社員。高野正誠とともにワイン醸造を習得するため、19歳の若さでフランスに派遣された人物。

日本

法律

バルクワイン
ワインを輸入する際、大きな容器に入れられていて瓶詰めされていないワインのこと。

濃縮マスト
発酵していないブドウジュースの水分を抜いて濃縮(濃く)したもの。日本では、主にこれを海外から輸入し水分を足してから、発酵させワインにしている。日本への輸入の関税は無税という利点がある。

酒税法
1953年に制定された酒税の賦課徴収・酒類の製造および販売免許等を定めた法律。40年の旧酒税法を改正して制定された。度数90度以上で産業用のアルコールについては、「アルコール事業法」という別の法律で扱われる。

酒類の地理的表示に関する表示基準
世界貿易機構の酒、ワインと蒸溜酒の保護の観点から認定された産地および名称。山梨(ワイン)、白山(日本酒)、壱岐、薩摩、琉球、球磨(焼酎)が認定されている。

果実酒等の製法品質基準表示
2018年10月に施行される国税庁管轄のワインにおけるラベル表示のルール。

国産ワイン
日本国内で製造または輸入ワインと混和されたワインの表示。2006年より導入された、ワイン表示問題検討協議会で定められた基準。

国内製造ワイン
輸入原料も含む、国内で造られたワイン全般を指す。日本ワインも含まれる。

O.I.V.
L'Organisation International de la Vigne et du Vin。国際機関のひとつである「国際ブドウ・ワイン機構」のこと。国際ソムリエ協会もオブザーバー参加している。

山梨
WTO(世界貿易機関)加盟国の酒類に関する保護の観点から、「地理的表示に関する表示基準」に指定されているワイン産地としては日本唯一の呼称。

甲州市原産地呼称ワイン認証制度
2010年に施行された山梨県甲州市の認証制度。甲州市および山梨県産のブドウを使い、自社で製造したワインを対象としている。

長野県原産地呼称管理制度
2002年から始まった長野県産のブランド化を目指した制度。ワイン、日本酒、米、焼酎、シードルが対象で「長野県で生産・製造された」物に限られている。

信州ワインバレー構想
長野県の「信州ブランド戦略」の基に進められる「NAGANO WINE」のワイン産地をアピールした構想。2013年に策定。**桔梗ヶ原ワインバレー**、**日本アルプスワインバレー**、**千曲川ワインバレー**、**天竜川ワインバレー**の4つの産地で構成されている。

産地

山梨県

甲府盆地東部 こうふぼんちとうぶ
甲州市、山梨市、笛吹市を含む日本ワインの発祥の地。塩山、勝沼、大和、笛吹市なども含まれ、県内の7割以上のワイナリーがある。

甲府市 こうふし
山梨県中部に位置する、同県の県庁所在地。ブドウの産地として知られる。

勝沼町 かつぬまちょう
山梨県甲府盆地東端に位置する町。甲州市に含まれる。甲州の栽培が最初に始まった地といわれ、今日ではブドウとワインの産地として知られている。

鳥居平 とりいびら
甲州市勝沼町の東側にある南西に向いた斜面で、高品質の甲州が栽培される。お盆の送り火で鳥居形に焼く山の裾野の斜面に広がるところからこの名前がついた。

塩山市 えんざんし
山梨県北東部にあった市。勝沼町と大和村と合併し、現在は甲州市。戦後はブドウなどの果樹栽培が増加した。

一宮町 いちのみやちょう
山梨県中部に存在した町であったが、2004年10月12日に一宮町を含む周辺6町村と合併して笛吹市となり、その名称は消滅した。第二次大戦後、養蚕から果樹栽培へと転換し、現在ではモモの産地としても知られる。

登美の丘 とみのおか
山梨県甲斐市に1909年「登美農園」として開かれたブドウ農場。現在はサントリー㈱のワイナリーがある。

城の平 じょうのひら
山梨県甲府盆地東端に位置するブドウ栽培地。「シャトー・メルシャン 城の平カベルネ・ソーヴィニオン」が1995年にスロヴェニア共和国で開催された**リュブリアーナ国際ワインコンクール**で金賞を受賞するなど、高品質なカベルネ・ソーヴィニヨンを産出することで有名。

·················· 長野県 ··················

塩尻市 しおじりし
明治時代からワインの醸造が行なわれていた、長野県のほぼ中央に位置する市。古くからワイン製造業が集まり、ナイアガラ種、コンコード種などを多く栽培している。メルロの名産地として有名な桔梗ヶ原も、塩尻市内にある。

上田市 うえだし
長野県東部に位置する。ブドウやリンゴなど多くの果樹栽培が行なわれている。

小諸市 こもろし
長野県東部に位置。この地は雨が少なく、寒暖の差が大きいため果物の栽培に適している。

東御市 とうみし
長野県千曲川に面するワインの産地。平均雨量が年間1000mm以下、標高が約1000mまであるため、ブドウ栽培地としては冷涼な産地に分類され、昼夜の寒暖差がある。それゆえに果樹の糖度ののりがよい。近年生食用の巨峰だけでなくヨーロッパ系品種が多く栽培されている。

桔梗ヶ原 ききょうがはら
長野県塩尻市街の北方から西方に展開する火山性土壌の台地のことを指し、その土地一帯の名称でもある。長野県下随一のブドウの作付面積を誇る。メルロの産地として名高い。

善光寺平 ぜんこうじだいら
千曲川の流域一帯の千曲市、長野市、須坂市、小布施町、高山村、飯綱町、中野市にかけて広がる長野盆地の古くからの呼び名。

日本酒・ワイン振興室
長野県の行政機関である「ものづくり振興課」に属する。長野県産の地酒(日本酒・ワイン)、原産地呼称、ワインバレーなどの振興を担当。

山形県

天童市 てんどうし
山形県の行政市。ブドウやサクランボをはじめ果樹栽培が盛ん。とくに洋梨の「ラ・フランス」の生産量は日本一。

寒河江市 さがえし
山形県の行政市。農村部は果樹栽培が盛んでサクランボとバラの生産が有名だが、ブドウも多く栽培されている。

上山市 かみのやまし
山形県の行政市。宮城県との県境になる蔵王を擁する。市内にはフルーツラインと呼ばれる道があり、観光名所になるほど果樹の栽培が盛んである。

かみのやまワイン特区
ワイン用ブドウの栽培が盛んな上山市が行なう「かみのやまワインの郷プロジェクト」の一環として、2016年に取得した構造改革特区。新しいワイナリーの開設に向けた支援などを行なう。年間最低製造数量の引き下げなどにより、新たにワイン醸造に携わる参入者のハードルを下げている。

赤湯 あかゆ
山形県の南陽市赤湯町。一帯を置賜(おきたま)地方という。温泉で有名だが、県内有数のブドウの栽培地。

北海道

空知地方 そらちちほう
北海道の道央エリアに属する、新興のワインの産地を有する地方。浦臼町など。

後志地方 しりべしちほう
余市町、小樽市などを有する北海道・道央西部の地方。ワイン用ブドウの栽培面積、収量とも

北海道トップ。

富良野市 ふらのし
北海道上川支庁の市、ラベンダー畑やスキーの観光で有名。富良野市ぶどう果樹研究所がありブドウ栽培、醸造も行なう。

浦臼町 うらうすちょう
北海道空知支庁に属する町。北海道・小樽に本拠を置く北海道ワイン株式会社が所有する、日本最大の栽培面積(150ha)を誇る鶴沼ワイナリーがある。

余市町 よいちちょう
北海道後志支庁に属する町。ソーラン節発祥の地として知られる。垣根仕立ての広大なブドウ畑が広がり、北海道内や本州のワイナリーへもブドウを供給する。1934年(昭和9年)から稼働する余市蒸溜所もこの町にある。2011年にワイン特区認定。

十勝 とかち
北海道の支庁のひとつ。酪農が有名だが、ワインで十勝といえば中川郡池田町を指す。池田町は町営でブドウの栽培とワイン醸造を行なっているため「ワインの町」として知られている。

道立中央農業試験場
北海道の農業関連の研究がなされている、地方独立行政法人北海道立総合研究機構に属する試験場。

ナイアガラ
北海道の主要品種。他にケルナーなどドイツ系の白用品種の栽培が盛ん。

その他

新潟ワインコースト
新潟市南西部の海岸沿いで操業するワイナリー5社が、その地のテロワール(日本海に面した砂質土壌)を生かしたブドウ栽培とワイン造りを

行なっている一帯の場所。

大阪ワイナリー協会
昭和初期、ブドウ産地として栽培面積全国1位
だった大阪の伝統を引き継ぐワイン産地とし
て、河内地域のワイナリーが発起して発足した
協会。現在6社のワイナリーが加盟している。

安心院町 あじむまち
大分県北部、宇佐市に属する町。ブドウ栽培が

盛んで、秋にはブドウ狩りなど県内外から誘致
を行なっている。安心院葡萄酒工房など、九州
を代表するワイナリーがある。

都農町 つのちょう
宮崎県にあるブドウ産地、1996年にワイナリ
ーが設立され、キャンベル・アーリー種主体の
ワインが造られている。宮崎県内のワイナリー
数は4軒。

II

I

日本

2···フランス

概要

フランス　France

生産量、伝統、品質、バラエティの豊かさで世界最高峰のワイン生産国。ボルドー地方、ブルゴーニュ地方などの名醸地を擁し、北部のノルマンディ地方やフランドル地方を除いてほぼ全土でワインを生産する。ワインの生産量は年間約5,200万hℓ、栽培面積は約88万ha。世界で生産されているカベルネ・ソーヴィニヨン、メルロ、シャルドネなど、国際品種と呼ばれるブドウ品種のほとんどがフランス原産である。

···············ワイン法···············

A.O.P.　エー・オー・ピー

原産地名称保護、**アペラシオン・ドリジーヌ・プロテジェ**（Appellation d' Origine Protégée）。EUにより定められた法律で、フランスのワイン法ではA.O.C.に相応する。

A.O.C.　エー・オー・シー

アペラシオン・ドリジーヌ・コントローレ（Appellation d'Origine Contrôlée）の略で、1935年に制定。A.O.V.D.Q.S.よりさらに厳しい規制が課せられる、フランスにおける最高級ワインのカテゴリー。2008年、EUの新しいワイン法でA.O.Pとして登録。原産地統制名称ワイン。

I.G.P.　アイ・ジー・ピー

地理的表示保護、**インディカシオン・ゲオグラフィック・プロテジェ**（Indication Géographique Protégée）。EUによって定められ、フランスではヴァン・ド・ペイに相応する。

ヴァン・ド・ペイ　Vins de Pays

地ワインの意。2009年8月よりI.N.A.O.が管轄し、I.G.P.と表記するようになった。153あったヴァン・ド・ペイがI.G.P.では75となった。

A.O.V.D.Q.S.

エー・オー・ブイ・ディー・キュー・エス

原産地名称上質指定ワイン。**アペラシオン・ドリジーヌ・ヴァン・デリミテ・ド・カリテ・スペリュール**（Appellation d'Origine Vin Délimité de Qualité Supérieure）の略。1949年より施行されていたが2011年に廃止され、A.O.C.またはI.G.P.に移行した。

ヴァン　Vin

EUの新しいワイン法を反映したカテゴリーで、地理的表示のないワインのこと。**フランス・アグリ・メール**（FranceAgriMer）が管轄。任意でブドウ品種、収穫年の表示ができる。

I.N.A.O.　イナオ

1935年に創設された国立原産地・品質研究所。**アンスティテュート・ナシオナル・デ・ザペラシオン・ドリジーヌ・デ・ヴァン・エ・デ・オー・ド・ヴィー**（Institut National des Appellations d'Origine des Vins et des Eaux-de-Vie）の略称。農産物のA.O.C.などを管理する公的機関。

アレテ　Arrêté

フランスの法律において、一般的または個別的効力のある執行的決定のこと。大臣（大臣アレテ、共同大臣アレテなどと呼ばれる）またはその他の行政庁によって発せられる。

3……フランス（ボルドー）

概要

ボルドー地方　Bordeaux

フランス南西部、ジロンヌ県全土に広がる地方で、いわずと知れた世界で最も有名なワイン産地のひとつ。海洋性気候。ここで造られるワインのほぼすべてがA.O.C.ワインであり、フランスA.O.C.ワインの約26%を占める。12世紀半ばから約300年間イギリス領だった時代があったり、貿易港として非常に栄えたりしたことから、高級ワインが多く生産されるようになった。複数のブドウ品種から造ったワインをブレンド（**アサンブラージュ**）することも、ボルドーワインの大きな特徴である。**→MAP-8**

月の港　Port de la Lune

ボルドーは川と海という水運に恵まれ、フランスの重要な貿易港として栄えた。ボルドー市内でガロンヌ川が大きく三日月状に蛇行するため、「月の港」とも呼ばれている。2007年に「月の港ボルドー」という名でユネスコの世界遺産に登録された。

リブルヌ　Libourne

ボルドー地方、ドルドーニュ川右岸側にある都市名。この町を中心にサン・テミリオンやポムロールなどの有名ワイン産地があるが、かつてはボルドー市と競争関係にあり、1855年の公式格付では完全に無視されている。左岸地域が大規模なシャトーが多いのに比べ、右岸地域は小規模なシャトーが多い。リブルヌ市一帯の地域をリブルネ（Libournais）地域という。

ジロンド川　Estuaire de la Gironde

ボルドー地方を流れる川。ボルドー市の北でガロンヌ川とドルドーニュ川が合流してジロンド川となり、大西洋に注ぐ。両岸に優れたワイン産地があり、とくに左岸のメドック地区からはボルドーを代表するワインが数多く生産されている。

ガロンヌ川　Garonne

スペインとの国境にあるピレネー山脈を源流とし、フランスのトゥールーズを通ってボルドー地方まで流れる。ボルドー市の脇を流れ、その北でドルドーニュ川と合流し、ジロンド川となる。

ドルドーニュ川　Dordogne

フランス中央山塊のオーヴェルニュ地域圏を源流とし、ボルドー地方まで流れる川。サン・テミリオンの脇を流れ、ボルドー市の北でガロンヌ川と合流、ジロンド川となる。

シロン川　Ciron

ボルドー地方のソーテルヌ地区とバルサック地区の間を流れる川。シロン川は水温が低いため、ガロンヌ川との合流地点で温度差によって霧が発生することがある。この霧がソーテルヌ地区とバルサック地区において貴腐菌を効率よく繁殖させ、質の高い貴腐ブドウを生み出す要因となる。

……………………用語………………………

アサンブラージュ　Assemblage

ブレンドすること。異なるブドウ品種から造られたワインのブレンドだけでなく、同じ品種で

045

も異なる区画からのワインのブレンドも行なう。アサンブラージュの目的は、風味の複雑さの向上や味わいのバランスをとることに加え、収穫時期や成長速度の異なるブドウ品種をそれぞれ栽培し、ブレンドすることによって品質低下のリスクを回避する効果もある。ブレンド比率は年によって異なることが多く、ロスが出ないようにある程度作付面積に準じる。

ボルドー大学　Université de Bordeaux

ボルドーがイギリス領だった1441年に設立。第1から第4大学まで分けられるが、ボルドー第2大学の醸造学部は世界的にあまりにも有名である(現在は第3大学以外は統合)。ジャン・リベロー・ガイヨン、エミール・ペイノー、ドゥニ・デュブルデューなどワイン界に大きな影響を与えた偉大な人物を多数輩出している。

アリエノール・ダキテーヌ
Aliénor d'Aquitaine

現在のボルドー地方一帯を治めていたアキテーヌ公国の女公(1122〜1204年)。1152年にアンジュー伯であったアンリ・プランタジュネと結婚。夫であるアンリがイングランド王ヘンリー2世として即位し、その結果ボルドー地方が英国領となる。これによりボルドーは英国とのワイン貿易で繁栄することとなる。

ヘンリー2世　Henry II

元は現在のフランス・ロワール地方のアンジュー伯で、アンリ・プランタジュネと呼ばれた。1152年にアキテーヌ公国のアリエノールと結婚。その後イングランド王ヘンリー2世となる。

パリ万博
Exposition Universelle de Paris

パリ万国博覧会。過去に複数回開催されているが、ワインの世界で有名なのは1855年に行なわれた初めてのパリ万博。皇帝ナポレオン3世統治下で行なわれ、ボルドーワインを展示物として出展。その際に第1級から第5級までシャトーの格付をした。これが有名な「1855年の格付」であり、後世にも大きな影響を与えた。

ジロンド党（ジロンド派）　Girondins

ボルドー・ジロンド県のブルジョワ階級が中心となり立ち上げた政治派閥で、フランス革命時に非常に重要な役割を果たした。ちなみにフランス革命の時にはジロンド党という名は存在せず、後につけられた名称である。

モンテーニュ
Michel Eyquem de Montaigne

ミシェル・エケム・ド・モンテーニュ(1533〜1592年)。16世紀の哲学者でボルドーの近くペリゴール地方で生まれ、1580年に『エセー(Essais)』をボルドーにて刊行。これはのちのエッセイ(随筆)の語源となる。

モンテスキュー
Charles-Louis de Montesquieu

シャルル=ルイ・ド・モンテスキュー(1689〜1755年)。ボルドー近郊で生まれ、ボルドー大学法学部を卒業。1748年に『法の精神』を出版。三権分立を説いた。

ガルフ湾流　Gulf Stream

メキシコ湾流とも呼ばれる。北赤道海流に起源を持ち、フランスの大西洋沿岸などを流れる。太平洋の黒潮と並び最大規模の海流。南から暖かい海水を運んでくるため暖流となり、フランスが緯度の割には温暖な気候であるのはこの海流のおかげといえる。

シャトー　Château

直訳すると、「城」の意味。ワインにおいては「生産者」という意味になり、自ら所有する畑のブドウによってワインを醸造する生産者を指す。もともとは居城(シャトー)を構え、その敷地内でブドウ栽培とワイン醸造を行なったことが始まり。フランス・ボルドー地方にはシャトーを名乗る生産者が非常に多い。

クリュ・クラッセ・デュ・メドック
Crus Classés du Médoc

メドックの格付。1855年パリ万国博覧会の際、ナポレオン3世の命令によりつくられた。同時

にソーテルヌの格付もつくられている。

クリュ・ブルジョワ　Crus Bourgeois
1932年に正式に認められたメドック地区の格付。2000年にはクリュ・ブルジョワ・エクセプショネル(Crus Bourgeois Exceptionnels)、クリュ・ブルジョワ・シュペリュール(Crus Bourgeois Supérieur)、クリュ・ブルジョワ(Crus Bourgeois)が設定されたが、現在はクリュ・ブルジョワのみで、ヴィンテージごとに格付を行なっている。2014年ヴィンテージの審査では、278のクリュ・ブルジョワが認定された。

クリュ・アルティザン　Crus Artisans
ボルドー地方において、畑の面積が5haに満たない、小規模だが秀逸な生産者を指す。2006年にメドック地区の8つのアペラシオンを対象に、44の生産者がクリュ・アルティザンに認定された。2012年にはさらに6の生産者が加わり、現在は50の生産者が認定されている。

セカンドワイン／スゴン・ヴァン
Second Wine(英)/ Second Vin(仏)
樹齢の若い樹からのブドウ、品質が劣る区画、醸造段階で品質的に劣ると判断されたワインなど、メインとなるワイン以外のワインのこと。いわゆる「2軍」的な存在。とくにボルドー地方では、現在ほとんどの有名シャトーが生産している。これによってワインやブドウのセレクションが非常に厳しくなり、メインのワインの品質向上に大きな役割を果たしている。セカンドラベルともいう。

クルティエ　Courtier
仲買人。主にボルドーでワイン生産者とネゴシアンを取り持つ業種。

ネゴシアン　Négociant
英語ではシッパー Shipperだが、現在英語圏でもネゴシアンが使われる。フランス語のNégocier(交渉する)に由来する。ボルドー地方では卸売り業者を指し、「ワイン生産者→クルティエ→ネゴシアン→インポーター→ワイン小売り店」といったワイン流通の一部。自ら生産者を兼ねる例もある。

産地

メドック　Médoc
ジロンド川左岸にあり、この地区で造られるワインはカベルネ・ソーヴィニヨンやメルロが主体である。赤ワインのみがA.O.C.メドックとして認められている。

オー・メドック　Haut-Médoc
ボルドーを代表する高級ワイン産地。ジロンド川左岸のメドック地区の上流部に位置する。ワインは主にカベルネ・ソーヴィニヨンやメルロを主体にして造られる。赤ワインのみがA.O.C.オー・メドックとして認められている。また、この地区には下流から順にサン・テステフ、ポイヤック、サン・ジュリアン、マルゴー、ムーリス／ムーリス・アン・メドック(Moulis / Moulis en Médoc)、リストラック・メドック(Listrac-Médoc)の6村があり、村名A.O.C.を名乗れる。また村名A.O.C.を名乗ることはできないが、優れたワインを産出する村としてリュドン(Ludon)、サン・ローラン(Saint-Laurent)、マコー(Macau)などがある。

サン・テステフ　Saint-Estèphe
オー・メドック地区内にある村で、単独のA.O.C.を名乗ることが許されている。ワインはカベルネ・ソーヴィニヨン主体で造られる。A.O.C.として認められるのは赤ワインのみ。華やかさに欠けるといわれるが、酸やタンニンの強いたくましいワインを産出する。

ポイヤック　Pauillac
オー・メドック地区内にある村で、単独のA.O.C.を名乗ることが許されている。ワインはカベルネ・ソーヴィニヨン主体で造られる。

A.O.C.として認められるのは赤ワインのみ。スケールが大きく威厳のあるワインが特徴で、格付一級シャトーが3つ（シャトーラフィット・ロッチルド、シャトー・ラトゥール、シャトー・ムートン・ロッチルド）もある。

サン・ジュリアン　Saint-Julien

オー・メドック地区内にある村で、単独のA.O.C.を名乗ることが許されている。ワインはカベルネ・ソーヴィニヨン主体で造られる。A.O.C.として認められるのは赤ワインのみ。ポイヤックとマルゴーの中間的な味わいのワインを産出する。

マルゴー　Margaux

オー・メドック地区内にある村で、単独のA.O.C.を名乗ることが許されている。ワインはカベルネ・ソーヴィニヨンやメルロ主体で造られる。A.O.C.として認められるのは赤ワインのみ。メドック地区の中では比較的女性的で繊細なワインを生み出す。また、隣接するスーサン（Soussans）、カントナック（Cantenac）、ラバルド（Labarde）、アルサック（Arsac）の村で造られたワインはA.O.C.マルゴーとして出すことができるので、6つの村名A.O.C.の中では最大の栽培面積（1,489ha）となる。また、格付シャトーも最多の21銘柄が認定されている。

グラーヴ　Graves

ボルドー地方の地区。ガロンヌ川左岸にあり、この地区から造られるワインにはメルロ主体の赤ワインと、セミヨン種主体の白ワインの両方がある。赤・白ともにA.O.C.グラーヴとして認められている。グラーヴとは「小石、砂利」の意味で、その名の通りこの地区の土壌は砂利を多く含んでいる。

ペサック・レオニャン
Pessac-Léognan

ボルドー地方のグラーヴ地区内北部にあるA.O.C.。ペサック（Pessac）、タランス（Talence）、レオニャン（Léognan）、マルティヤック（Martillac）、カドジャック（Cadaujac）、ヴィル

ナーヴ・ドルノン（Villenave-d'Ornon）といった村から構成される限定地区。赤ワインと白ワイン両タイプの生産が認められている。ここで造られるワインは赤・白ともに高品質で、グラーヴの格付シャトーはすべてこのA.O.C.ペサック・レオニャン産である。

ソーテルヌ　Sauternes

ボルドー地方の地区で、世界的に有名な甘口ワイン・貴腐ワイン「ソーテルヌ」の産地。甘口の白ワインのみがA.O.C.ソーテルヌとして生産することができる。地区内に含まれる村にはボンム（Bommes）、ファルグ（Fargues）、プレニャック（Preignac）がある。ワインはセミヨン種を主体に造られる。

バルサック　Barsac

ボルドー地方の地区で、ソーテルヌと並び世界的に有名な貴腐ワインの産地。甘口の白ワインのみがA.O.C.バルサック（A.O.C.ソーテルヌとして出すことも可能）として生産することができる。

アントル・ドゥー・メール
Entre-Deux-Mers

アントル・ドゥー・メールとは「2つの海の間」という意味で、その名の通りガロンヌ川とドルドーニュ川の間に位置する。辛口の白ワインのみがA.O.C.アントル・ドゥー・メールとして生産することができ、軽快で親しみやすいワインが多い。A.O.C.ボルドーの赤ワインの原料となる黒ブドウが多く栽培されている地域でもある。

ポムロール　Pomerol

ボルドーを代表する高級ワイン産地。ドルドーニュ川右岸の粘土質土壌地区で、多くのワインはメルロを主体にして造られる。赤ワインのみがA.O.C.ポムロールとして認められ、小規模ながら高品質のシャトーが多いのもこの地区の特徴。

サン・テミリオン　Saint-Émilion

ドルドーニュ川右岸にあるボルドーを代表する高級ワイン産地。この地区のワインは主にメルロとカベルネ・フラン種を主体にして造られる。赤ワインのみがA.O.C.サン・テミリオンとして認められている。またサン・テミリオンの北部にサン・テミリオン衛星地区と呼ばれる**リュサック・サン・テミリオン**(Lussac Saint-Émilion)、**モンターニュ・サン・テミリオン**(Montagne Saint-Émilion)、**サン・ジョルジュ・サン・テミリオン**(Saint-Georges Saint-Émilion)、**ピュイスガン・サン・テミリオン**(Puisseguin Saint-Émilion)のA.O.C.がある。中世から栄えたサン・テミリオンの街やその周辺のブドウ畑などの景観も含めて、1999年に「サン・テミリオン歴史地区」という名でユネスコの世界遺産に登録された。これはブドウ畑が世界遺産に登録された最初の例である。

サン・テミリオン・グラン・クリュ
Saint-Émilion Grand Cru

A.O.C.サン・テミリオンより厳しい基準で造られるA.O.C.で、より高いアルコール度数や長い熟成期間などが求められている。メルロ主体のワインが多く、赤ワインのみの生産が認められている。ボルドーを代表する高級ワインが多く、サン・テミリオンの格付はこのA.O.C.に認定されたものしか対象にならない。

コート・ド・ボルドー
Côtes de Bordeaux

ドルドーニュ川右岸のワイン産地、プルミエール・コート・ド・ボルドー(白は独立したA.O.C.のまま)、コート・ド・カスティヨン、ボルドー・コート・ド・フラン、プルミエール・コート・ド・ブライは2009年にこのA.O.C.コート・ド・ボルドーの名称で統合された。

ボルドー・クレーレ　Bordeaux Clairet

ボルドー地方のA.O.C.ワインで、赤に近い濃い色のロゼ。ボルドーワインはもともと色の薄い赤だったので「薄い、明るい」という意味のフランス語・クレール(clair)から、イギリスではクラレット(Claret)と呼ばれ、ボルドーワインの代名詞となった。一般にセニエ法による醸造が多く用いられ、ボルドー・ロゼよりマセラシオン期間が長く、黒ブドウのみで造られるため色調は濃くなる。

ボルドー・ロゼ　Bordeaux Rosé

ボルドー地方のA.O.C.ワイン。ボルドーでは各シャトーがメインの赤ワインを生産する際、濃縮度を高めるためマセラシオンの段階で果汁を抜き取り(セニエ)、抜き取った果汁からロゼを造ることも多い。一般的にボルドー・クレーレよりもマセラシオン期間が短く、白ブドウを20％までブレンドすることができるため淡い色調のものが多い。フレッシュさを保つためにマロラクティック発酵を行なわない。

クレマン・ド・ボルドー
Crémant de Bordeaux

ボルドー地方で造られる、シャンパーニュと同じく瓶内二次発酵方式で造られる白かロゼの発泡性ワイン。

ボルドー　格付シャトー一覧

ブドウの略称

［赤］	［白］

CS —— カベルネ・ソーヴィニョン　　Sm —— セミヨン
Mr —— メルロ　　　　　　　　　　　SB —— ソーヴィニョン・ブラン
CF —— カベルネ・フラン　　　　　　Ms —— ミュスカデル
PV —— プティ・ヴェルド
Ml —— マルベック

◎日本語表記においては冒頭の「シャトー」を省略している。

● メドックの格付　Crus Classés du Médoc

村名(A.O.C.)	銘柄名	ブドウ品種（単位：%）＊				
		CS	Mr	CF	PV	その他

プルミエ・グラン・クリュ　Premiers Grands Crus

村名(A.O.C.)	銘柄名	CS	Mr	CF	PV	その他
ポイヤック　Pauillac	ラフィット・ロッチルド Ch. Lafite-Rothschild	85〜 90	5〜 20	5	0〜 5	
	ラトゥール　Ch. Latour	80	18	1	1	
	ムートン・ロッチルド Ch. Mouton-Rothschild	77	12	9	2	
マルゴー　Margaux	マルゴー　Ch. Margaux	75	20	5		
ペサック　Pessac	オー・ブリオン　Ch. Haut-Brion	45	37	18		

ドゥジエム・グラン・クリュ　Deuxième Grands Crus

村名(A.O.C.)	銘柄名	CS	Mr	CF	PV	その他
マルゴー　Margaux	ローザン・セグラ　Ch. Rauzan-Ségla	54	40	1	5	
	ローザン・ガシー Ch. Rauzan-Gassies	65	25	5	5	
	デュルフォール・ヴィヴァンス Ch. Durfort-Vivens	70	24	6		
	ラスコンブ　Ch. Lascombes	45	50		5	
カントナック（マルゴー） Cantenac(Margaux)	ブラーヌ・カントナック Ch. Brane-Cantenac	55	40	4.5		Cr 0.5
ポイヤック　Pauillac	ピション・ロングヴィル・バロン Ch. Pichon-Longueville Baron	62	35	3		
	ピション・ロングヴィル・ コンテス・ド・ラランド Ch. Pichon-Longueville Comtesse de Lalande	45	35	12	8	

＊数字は一般的に公表されているもの。実際の比率はヴィンテージにより異なる。

村名(A.O.C.)	銘柄名	ブドウ品種(単位：%)				
		CS	Mr	CF	PV	その他
サン・ジュリアン Saint-Julien	レオヴィル・ラス・カーズ Ch. Léoville-Las-Cases	65	19	13	3	
	レオヴィル・ポワフェレ Ch. Léoville-Poyferré	65	25	2	8	
	レオヴィル・バルトン Ch. Léoville-Barton	72	20	8		
	グリュオ・ラローズ Ch. Gruaud-Larose	60	30	5.5	3	Ml 1.5
	デュクリュ・ボーカイユ Ch. Ducru-Beaucaillou	70	30			
サン・テステフ Saint-Estèphe	コス・デストゥルネル Ch. Cos d'Estournel	60	40			
	モンローズ　Ch. Montrose	65	25	10		

トロワジェム・グラン・クリュ　Troisièmes Grands Crus

村名(A.O.C.)	銘柄名	CS	Mr	CF	PV	その他
ラバルド（マルゴー） Labarde(Margaux)	ジスクール　Ch. Giscours	55	40			CF+ PV 5＊
カントナック（マルゴー） Cantenac(Margaux)	キルヴァン　Ch. Kirwan	40	30	20	10	
	ディッサン　Ch. d'Issan	65	35			
	ボイド・カントナック Ch. Boyd-Cantenac	60	25	8	7	
	カントナック・ブラウン Ch. Cantenac Brown	65	30	5		
	パルメール　Ch. Palmer	47	47		6	
	デスミライユ　Ch. Desmirail	60	39	1		
マルゴー　Margaux	マレスコ・サン・テグジュペリ Ch. Malescot Saint-Exupéry	50	35	10	5	
	フェリエール　Ch. Ferrière	80	15		5	
	マルキ・ダレーム・ベッケール Ch. Marquis d'Alesme-Becker	65	35		5	
リュドン（オー・メドック） Ludon(Haut-Médoc)	ラ・ラギュンヌ　Ch. La Lagune	60	30		10	
サン・テステフ Saint-Estèphe	カロン・セギュール　Ch. Calon-Ségur	65	20	15		
サン・ジュリアン Saint-Julien	ラグランジュ　Ch. Lagrange	65	28		7	
	ランゴア・バルトン Ch. Langoa Barton	72	20	8		

＊CFとPVを合わせて5%。

村名(A.O.C.)	銘柄名	ブドウ品種(単位：%)				
		CS	Mr	CF	PV	その他

カトリエム・グラン・クリュ　Quatrièmes Grands Crus

村名(A.O.C.)	銘柄名	CS	Mr	CF	PV	その他
カントナック(マルゴー) Cantenac(Margaux)	プージェ　Ch. Pouget	60	30	10		
	プリウレ・リシーヌ Ch. Prieuré-Lichine	56	34		10	
マルゴー　Margaux	マルキ・ド・テルム Ch. Marquis de Terme	55	35	3	7	
サン・ジュリアン Saint-Julien	ベイシュヴェル　Ch. Beychevelle	62	31	5	2	
	サン・ピエール　Ch. Saint-Pierre	75	15	10		
	ブラネール・デュクリュ Ch. Branaire-Ducru	70	22	5	3	
	タルボ　Ch. Talbot	66	26	5	3	
ポイヤック　Pauillac	デュアール・ミロン・ロッチルド Ch. Duhart-Milon-Rothschild	70〜80	20〜30			
サン・ローラン (オー・メドック) Saint-Laurent (Haut-Médoc)	ラ・トゥール・カルネ Ch. La Tour Carnet	51	40	6	3	
サン・テステフ Saint-Estèphe	ラフォン・ロッシェ　Ch. Lafon-Rochet	59	31	4	6	

サンキエム・グラン・クリュ　Cinquièmes Grands Crus

村名(A.O.C.)	銘柄名	CS	Mr	CF	PV	その他
ポイヤック　Pauillac	ポンテ・カネ　Ch. Pontet-Canet	60	33	5	2	
	バタイィ　Ch. Batailley	70	25	3	2	
	オー・バタイィ　Ch. Haut-Batailley	65	25	10		
	グラン・ピュイ・ラコスト Ch. Grand-Puy-Lacoste	70	25	5		
	グラン・ピュイ・デュカス Ch. Grand-Puy-Ducasse	60	40			
	ランシュ・バージュ　Ch. Lynch-Bages	75	17	6	2	
	オー・バージュ・リベラル Ch. Haut-Bages-Libéral	80	17		3	
	ダルマイヤック　Ch. d'Armailhac	57	23	18	2	
	ペデスクロー　Ch. Pédesclaux	50	45	5		
	クレール・ミロン　Ch. Clerc-Milon	46	39	12	2	Cr 1*
	クロワゼ・バージュ　Ch. Croizet-Bages	54	38	8		
	ランシュ・ムーサ　Ch. Lynch-Moussas	70	30			

＊Cr＝カルムネール

村名(A.O.C.)	銘柄名	ブドウ品種(単位：%)				
		CS	Mr	CF	PV	その他
ラバルド(マルゴー) Labarde(Margaux)	ドーザック　Ch. Dauzac	52	48			
アルサック(マルゴー) Arsac(Margaux)	デュ・テルトル　Ch. du Tertre	40	35	20	5	
サン・テ・ステフ Saint-Estèphe	コス・ラボリ　Ch. Cos-Labory	60	35	5		
サン・ローラン (オー・メドック) Saint-Laurent (Haut-Médoc)	ベルグラーヴ　Ch. Belgrave	44	48	4	4	
	ド・カマンザック　Ch. de Camensac	50	40	0.5	0.5	
マコー(オー・メドック) Macau(Haut-Médoc)	カントメルル　Ch. Cantemerle	50	40	5	5	

● ソーテルヌの格付　Crus de Sauternes et de Barsac

村名(A.O.C.)	銘柄名	ブドウ品種(単位：%)		
		Sm	SB	Ms

プルミエ・クリュ・シュペリュール　Premier Cru Supérieur

ソーテルヌ　Sauternes	ディケム　Ch. d'Yquem	80	20	

プルミエ・クリュ　Premiers Crus

村名(A.O.C.)	銘柄名	Sm	SB	Ms
バルサック　Barsac	クーテ　Ch. Coutet	75	23	2
	クリマンス　Ch. Climens	100		
ボンム(ソーテルヌ) Bommes(Sauternes)	ラ・トゥール・ブランシュ Ch. La Tour Blanche	83	12	5
	ラフォリ・ペラゲ Ch. Lafaurie-Peyraguey	90	8	2
	クロ・オー・ペラゲ Ch. Clos Haut-Peyraguey	90	10	
	ド・レーヌ・ヴィニョー Ch. de Rayne-Vigneau	80	20	
	シガラ・ラボー　Ch. Sigalas Rabaud	85	14	1
	ラボー・プロミ　Ch. Rabaud-Promis	80	18	2
ファルグ(ソーテルヌ) Fargues(Sauternes)	リューセック　Ch. Rieussec	90〜95	5〜10	
プレニャック (ソーテルヌ) Preignac(Sauternes)	スデュイロー　Ch. Suduiraut	90	10	
ソーテルヌ(Santernes)	ギロー　Ch. Guiraud	65	35	

村名(A.O.C.)	銘柄名	ブドウ品種(単位：%)		
		Sm	SB	Ms

ドゥジェム・クリュ　Deuxièmes Crus

村名(A.O.C.)	銘柄名	Sm	SB	Ms
ファルグ（ソーテルヌ） Fargues(Sauternes)	ロメール　Ch. Romer	90	5	5
	ロメール・デュ・アヨ Ch. Romer du Hayot	70	25	5
プレニャック （ソーテルヌ） Preignac(Sauternes)	ド・マル　Ch. de Malle	69	28	3
ソーテルヌ(Santernes)	ダルシュ　Ch. d'Arche	90	9	1
	フィロ　Ch. Filhot	60	36	4
	ラモット　Ch. Lamothe	85	10	5
	ラモット・ギニャール Ch. Lamothe-Guignard	70	25	5
バルサック　Barsac	ブルースト　Ch. Brouset	70	25	5
	カイユ　Ch. Caillou	90	10	
	ドワジ・デュブロカ Ch. Doisy-Dubroca	100		
バルサック （ソーテルヌ） Barsac(Sauternes)	ド・ミラ　Ch. de Myrat	86	10	4
	ドワジ・デーヌ　Ch. Doisy-Daëne	87	12	1
	ドワジ・ヴェドリーヌ Ch. Doisy-Védrines	80	15	5
	ネラック　Ch. Nairac	90	6	4
	スオ　Ch. Suau	80	10	10

● グラーヴの格付　Crus Classés de Graves

◎グラーヴは赤白ごとに格付があるため、銘柄名の後に赤＝R、白＝Bで示した。

村名(A.O.C.)	銘柄名	ブドウ品種（単位：%)							
		CS	Mr	CF	PV	SB	Sm	Ms	その他
ペサック　Pessac	オー・ブリオン Ch. Haut-Brion（R)	45	37	18					
	パプ・クレマン Ch. Pape Clément（R)	60	40						
レオニャン　Léognan	オー・バイイ Ch. Haut-Bailly（R)	64	30	6					
	ド・フューザル Ch. de Fieuzal（R)	48	48	3	1				
	カルボニュー Ch. Carbonnieux（R)	60	30	8	1				Ml 1

村名(A.O.C.)	銘柄名	ブドウ品種(単位：%)							
		CS	Mr	CF	PV	SB	Sm	Ms	その他
	カルボニュー Ch. Carbonnieux（B）					65	34	1	
	ドメーヌ・ド・シュヴァリエ Domaine de Chevalier（R）	65	30	2.5	2.5				
	ドメーヌ・ド・シュヴァリエ Domaine de Chevalier（B）					70	30		
	マラルティック・ ラグラヴィエール Ch. Malartic-Lagravière（R）	45	45	8	2				
	マラルティック・ ラグラヴィエール Ch. Malartic-Lagravière（B）					80	20		
	オリヴィエ　Ch. Olivier（R）	45	45	10					
	オリヴィエ　Ch. Olivier（B）					40	55	5	
マルティヤック Martillac	スミス・オー・ラフィット Ch. Smith Haut-Lafitte（R）	55	34	10	1				
	ラ・トゥール・オー・ブリオン＊1 Ch. La Tour Haut-Brion（R）	42	23	35					
	ラトゥール・マルティヤック Ch. Latour-Martillac（R）	60	35		5				
	ラトゥール・マルティヤック Ch. Latour-Martillac（B）					40	55	5	
カドジャック Cadaujac	ブスコー　Ch. Bouscaut（R）	40	45						Ml＊2 15
	ブスコー　Ch. Bouscaut（B）					50	50		
タランス　Talence	ラ・ミッション・オー・ブリオン Ch. La Mission Haut-Brion（R）	48	45	7					
	ラヴィユ・オー・ブリオン Ch. Laville Haut-Brion（B）					27	70	3	
ヴィルナーヴ・ドルノン Villenave-d'Ornon	クーアン・リュルトン Ch. Couhins-Lurton（B）					100			
	クーアン　Ch. Couhins（B）					50	50		

＊1　2005年ヴィンテージを最後に生産が中止された。
＊2　Ml＝マルベック

● サンテミリオンの格付　Crus Classés de St-Émilion

銘柄名	ブドウ品種（単位：%）				
	Mr	CF	CS	MI	その他

プルミエ・グラン・クリュ・クラッセ（A）　Premiers Grands Crus Classés（A）

銘柄名	Mr	CF	CS	MI	その他
アンジェリュス　Ch. Angélus	50	47	3		
オーゾンヌ　Ch. Ausone	45	55			
シュヴァル・ブラン　Ch. Cheval Blanc	42	58			
パヴィー　Ch. Pavie	60	30	10		

プルミエ・グラン・クリュ・クラッセ　Premiers Grands Crus Classés

銘柄名	Mr	CF	CS	MI	その他
ボーセジュール・デュフォ・ラガロス Ch. Beauséjour-Duffau-Lagarrosse	70	20	10		
ボー・セジュール・ベコ　Ch. Beau-Séjour-Bécot	70	24	6		
ベレール・モナンジュ　Ch. Bélair-Monange	60	40			
カノン　Ch. Canon	75	25			
カノン・ラ・ガフリエール　Ch. Canon-la-Gaffelière	55	40	5		
フィジャック　Ch. Figeac	30	35	35		
クロ・フルテ　Clos Fourtet	80	15	5		
ラ・ガフリエール　Ch. La Gaffelière	80	10	10		
ラルシス・デュカス　Ch. Larcis Ducasse	78	22			
ラ・モンドット　La Mondotte	75	25			
パヴィー・マカン　Ch. Pavie Macquin	80	18	2		
トロロン・モンド　Ch. Troplong Mondot	90	5	5		
トロットヴィエイユ　Ch. Trottevieille	50	45	5		
ヴァランドロー　Ch.Valandraud	70	30			

グラン・クリュ・クラッセ　Grands Crus Classés

銘柄名	Mr	CF	CS	MI	その他
ラロゼ　Ch. L'Arrosée	60	20	20		
バレスタール・ラ・トネル　Ch. Balestard La Tonnelle	70	25	5		
バルド・オー　Ch.Barde-Haut	75	25			
ベルフォン・ベルシェ　Ch. Bellefont-Belcier	70	20	10		
ベルヴュ　Ch. Bellevue	80	20			
ベルリケ　Ch. Berliquet	70	25	5		
カデ・ボン　Ch. Cadet-Bon	70	30			

銘柄名	ブドウ品種（単位：%）				
	Mr	CF	CS	Ml	その他
カップ・ド・ムルラン　Ch. Cap de Mourlin	65	25	10		
ル・シャトレ　Ch. Le Chatelet	80	20			
ショーヴァン　Ch. Chauvin	75	20	5		
クロ・ド・サルプ　Ch. Clos de Sarpe	85	15			
ラ・クロット　Ch. La Clotte	80	15	5		
ラ・コマンドリー　Ch. La Commanderie	80	20			
コルバン　Ch. Corbin	80	20			
コート・ド・バロー　Ch. Côte de Baleau	70	20	10		
ラ・クスポード　Ch. La Couspaude	75	20	5		
ダッソー　Ch. Dassault	69	23	8		
デステュー　Ch. Destieux	66	17	17		
ラ・ドミニク　Ch. La Dominique	86	12	2		
フォジェール　Ch. Faugères	85	10	5		
フォリ・ド・スシャール　Ch. Faurie de Souchard	75	20	5		
ド・フェラン　Ch. De Ferrand	75	15	10		
フルール・カルディナル　Ch. Fleur Cardinale	70	15	15		
ラ・フルール・モランジュ　Ch. La Fleur Morange	70	30			
フォンブロージュ　Ch. Fombrauge	89	8	1	2	
フォンプレガード　Ch. Fonplégade	60	35	5		
フォンロック　Ch. Fonroque	85	15			
フラン・メーヌ　Ch. Franc-Mayne	90	10			
グラン・コルバン　Ch. Grand Corban	68	27	5		
グラン・コルバン・デスパーニュ Ch. Grand Corban-Despagne	75	24			CS+ Ml 1＊
グラン・メーヌ　Ch. Grand-Mayne	76	13	11		
レ・グランド・ミュライユ　Ch. Les Grandes Murailles	95	5			
グラン・ポンテ　Ch. Grand-Pontet	75	15	10		
ギュアデ　Ch. Guadet	75	25			
オー・サルプ　Ch. Haut-Sarpe	70	30			
クロ・デ・ジャコバン　Ch. Clos des Jacobins	80	18	2		
クーヴァン・デ・ジャコバン Ch. Couvent des Jacobins	75	25			
ジャン・フォール　Ch. Jean Faure	45	50		5	

＊CSとMlを合わせて1%。

銘柄名	ブドウ品種（単位：%）				
	Mr	CF	CS	MI	その他
ラニオット　Ch. Laniote	80	15	5		
ラルマンド　Ch. Larmande	65	30	5		
ラロック　Ch. Laroque	87	11	2		
ラローズ　Ch. Laroze	68	26	6		
クロ・ラ・マドレーヌ　Clos la Madeleine	60	40			
ラ・マルゼル　Ch. la Marzelle	80	13	7		
モンブスケ　Ch. Monbousquet	70	20	10		
ムーラン・デュ・カデ　Ch. Moulin du Cadet	100				
クロ・ド・ロラトワール　Clos de l'Oratoire	90	5	5		
パヴィ・デュセス　Ch. Pavie-Decesse	90	10			
ペビ・フォジェール　Ch. Peby Faugères	100				
プティ・フォリ・ド・スタール Ch. Petit-Faurie-de-Soutard	65	30	5		
ド・プレサック　Ch. de Pressac	69	18	9	2.5	1.5
ル・プリウレ　Ch. Le Prieuré	85	15			
キノー・ランクロ　Ch. Quinault l'Enclos	83	12	5		
リポー　Ch. Ripeau	60	30	10		
ロシュベル　Ch. Rochebelle	85	15			
サン・ジョルジュ・コート・パヴィ Ch. Saint-Georges Côte Pavie	80	20			
クロ・サン・マルタン　Clos Saint-Martin	70	20	10		
サンソネ　Ch. Sansonnet	85	15			
ラ・セール　Ch. La Serre	80	20			
スタール　Ch. Soutard	63	28	7	2	
テルトル・ドーゲイ　Ch. Tertre Daugay	60	40			
ラ・トゥール・フィジャック　Ch. La Tour Figeac	65	35			
ヴィルモリーヌ　Ch. Villemaurine	80	20			
ヨン・フィジャック　Ch. Yon Figeac	86	10			4

● ポムロールの代表的なワイン　Pomerol

銘柄名	ブドウ品種（単位：%）		
	Mr	CF	CS
ペトリュス　Ch. Pétrus	95	5	
セルタン・ド・メイ　Ch. Certan-de-May	70	25	5
ドメーヌ・ド・レグリーズ　Domaine de l'Eglise	95	5	
ラ・コンセイヤント　Ch. La Conseillante	80	20	
レヴァンジル　Ch. L'Évangile	80〜90	10〜20	
ラ・フルール・ペトリュス　Ch. La Fleur-Pétrus	85	15	
ガザン　Ch. Gazin	90	3	7
ラフルール　Ch. Lafleur	50	50	
ラトゥール・ア・ポムロール Ch. Latour à Pomerol	90	10	
ネナン　Ch. Nénin	75	25	
ド・サル　Ch. de Sales	70	15	15
プティ・ヴィラージュ　Ch. Petit-Village	75	8	17
ル・パン　Le Pin	92	8	
トロタノワ　Ch. Trotanoy	90	10	
ヴュー・シャトー・セルタン Vieux Château Certan	60	30	10

◎ポムロール地区には公式な格付はない。

4····フランス(ブルゴーニュ)

概要

ブルゴーニュ地方　Bourgogne

フランス北東部、コート・ドール県、ソーヌ・エ・ロワール県、ヨンヌ県、ローヌ県にまたがる地方。ボルドーと並ぶ銘醸地であり、ブドウ畑はオーセール(Auxerre)からディジョン(Dijon)、マコン(Mâcon)を経てリヨン(Lyon)まで、南北約300kmに渡り広がる。北からシャブリ、コート・ド・ニュイ、コート・ド・ボーヌ、コート・シャロネーズ、マコネ、そしてボージョレの6つの地区に分かれる。半大陸性気候。
→MAP-4

オーセール　Auxerre

ヨンヌ川が流れるフランス中央部に位置するブルゴーニュ地域圏の都市。

ディジョン　Dijon

フランス中部に位置する都市で、コート・ドール県の県庁所在地。かつてはブルゴーニュ公国の首都であった。マスタードやクレーム・ド・カシスの生産地としても有名。

リヨン　Lyon

フランス南東部に位置するフランス第二の都市で、ローヌ県の県庁所在地。ローヌ川とソーヌ川が流れる。

コート・ドール　Côte d'Or

フランスを代表するワイン生産地。コート・ド・ニュイ地区とコート・ド・ボーヌ地区の両地区をあわせてコート・ドールと呼ぶ。フランス語で「黄金の丘」という意味で、南北方向に約60kmに広がる丘陵地帯。秋になるとボーヌ近郊の広いブドウ畑が金色のじゅうたんの様になることから名づけられた。コート・ドールが含まれるフランス東部ブルゴーニュ地域に位置する県名でもある。

ソーヌ・エ・ロワール　Sâone et Loire

コート・シャロネーズ地区とマコネ地区を含む、フランス南東部に位置する県。

ヨンヌ　Yonne

ブルゴーニュ地域にある県。県中央を流れるヨンヌ川の支流・スラン川沿いにシャブリ地区がある。

ローヌ　Rhône

地中海にそそぐ大河の名前であると同時に、沿岸の県名でもある。ローヌ県は南北2つの郡に分かれ、北部がワイン産地のボージョレ地区になる。

························ 用語 ························

テロワール　Terroir

ワインに現れる畑の個性のこと。その形成要因は土壌、気候、地形、標高といった自然環境である。

キンメリッジ階　Kimméridgien

化石となった牡蠣の貝殻が数多く含まれる粘土石灰質土壌で、イギリス・ドーバー海峡沿岸のキンメリッジ(Kimmeridge)村から名づけられた。シャブリ産ワインの味わいを特徴づけているといわれる。

クリマ　Climat

区画された畑を指す用語。主にブルゴーニュ地方で使われる。シングル・ヴィンヤード（Single Vineyard）のこと。

クルティエ　Courtier

ブローカーの意味。仲買人。ワイン生産者とワイン卸業者を取り持つ橋渡し的な役割を持つ。

ドメーヌ　Domaine

ブルゴーニュ地方ではブドウ栽培から醸造、瓶詰めまでを一貫して行なうワイン生産者。

ネゴシアン　Négociant

ブドウ栽培農家から、ブドウあるいはワインを樽買いして醸造・ブレンドし、自社のブランドでワインを売るワイン生産者の形態。

モノポール　Monopole

ブルゴーニュ地方では珍しい単独所有畑のこと。フランス大革命の際、ブルゴーニュでは教会や貴族が所有していた銘醸畑は革命政府に没収され、細分化したうえで競売にかけられたこともあり、名のある畑は複数の生産者に分割所有されているのが一般的である。結果として、畑名が同じワインでも所有者（生産者）が違えば味わいや品質が異なる複数のワインが存在し、ブルゴーニュ・ワインを消費者にとって複雑なものにしている。→p78

コミューン　Commune

フランスにおける行政の最小単位で、市町村のこと。マコンやボージョレなどにおいては、指定されたコミューンが規定の条件を満たした場合にその名を付記できる。

──────A.O.C.の用語──────

レジオナル　Régionales

ブルゴーニュの3つあるA.O.C.区分のうちのひとつで、地方や地区など、広域の名称を名乗るワインを表す。A.O.C.生産量全体の51%を占める。

コミュナル　Communales

3つあるA.O.C.区分のひとつ。直訳すると「公共の名称」の意味で、ブルゴーニュでは村名ワインを表す。コミュナル（プルミエ・クリュを含む）でA.O.C.生産量全体の47.5%を占める。

プルミエ・クリュ　Premiers Crus

コミュナルのうち、とくに一級（プルミエ・クリュ）に認められている畑から採れたブドウで造られたワインを示す。

グラン・クリュ　Grands Crus

3つのA.O.C.区分のうちのひとつ。特級（グラン・クリュ）の畑から採れたブドウで造ったワインを指し、一級（プルミエ・クリュ）より収量や最低アルコール度数など厳しい規定がある。

産地

············· シャブリ地区 ·············

シャブリ　Chablis

シャブリ地区。パリから南東170kmに位置し、ブルゴーニュ地方の最も北にある、地方を代表する辛口白ワインの産地。土壌のキンメリッジ階はシャルドネに最適とされ、ワインの品質等級によってシャブリ・グラン・クリュ（Chablis Grand Cru）、シャブリ・プルミエ・クリュ（Chablis Premier Cru）、シャブリ（Chablis）、プティ・シャブリ（Petit Chablis）の4つのA.O.C.に分類される。シャブリ地区ではシャルドネをボーノワ（Beaunois）とも呼ぶ。

シャブリ・グラン・クリュ（特級）
Chablis Grand Cru

シャブリの特級畑。7つの畑がグラン・クリュに認められている。栽培面積は合計約100ha。

ブランショ（特級）　Blanchot

7つの特級畑の東端にあり、全特級中で最も繊細なワインを生む。栽培面積は12.68ha。

ブーグロ（特級）　Bougros

最も西側にある特級畑。栽培面積は15.07ha。

レ・クロ（特級）　Les Clos

最も高名な特級畑。面積も特級畑中最大で、25.87ha。

グルヌイユ（特級）　Grenouilles

「カエル」という名の畑。スラン川に最も近く、カエルが多く畑にいたため命名されたといわれる。シャブリの特級では9.38haと最小の畑。

レ・プリューズ（特級）　Les Preuses

グラン・クリュ群の最上部に位置し、キレのあるシャープなワインを生み出す。栽培面積は10.81ha。

ヴァルミュール（特級）　Valmur

レ・クロとグルヌイユに挟まれ、華やかなワインを産出する。10.55ha。

ヴォーデジール（特級）　Vaudésir

やや南向きの斜面でブドウが育つため、比較的力強いワインを生み出す。15.43ha。

ムートンヌ（特級）　Moutonne

レ・プリューズとヴォーデジールにまたがる区画なので、グラン・クリュ扱いされるが正式にはグラン・クリュではない。ドメーヌ・ロン・デパキ（D.Long-Depaquis）［アルベール・ビショ社］の単独所有。

シャブリ・プルミエ・クリュ（一級）
Chablis Premier Crus

シャブリの一級畑のこと。40の畑が一級を名乗ることができる。

モン・ド・ミリュ（一級）
Mont de Milieu

スラン川東側に位置していて土壌的には恵まれている畑。

モンテ・ド・トネール（一級）
Montée de Tonnerre

グラン・クリュの畑群のすぐ南に位置し、土壌的には評価が高い畑。

フルショム（一級）　Fourchaume

特級畑の近隣に位置し、5つの小地区から成り立っている一級畑。

ヴァイヨン（一級）　Vaillons

スラン川左岸に位置する。南東向きの区画のため日照条件がすこぶるよい畑。

モンマン（一級）　Montmains

モンマン、レ・フォレ、ビュトーの3区画からなる畑。それぞれの畑名で売れるが、ブレンドしてモンマンの名でも売ることができる。

プティ・シャブリ　Petit Chablis

シャブリ地区で最下層のA.O.C.。土壌はキンメリッジ階ではなく、ポートランディアンというキンメリッジ階に似た土地。シャブリの4つのA.O.C.の中では最も軽快なスタイル。

グラン・オーセロワ地区

グラン・オーセロワ
Grand Auxerrois

シャブリ地区南西、ヨンヌ川右岸に2つのA.O.C.産地が広がる。

サン・ブリ　Saint-Bris

ブルゴーニュ唯一のソーヴィニヨン・ブラン種を主体とするレジオナル白ワインのA.O.C.。

イランシー　Irancy

ヨンヌ県唯一の村名付赤ワインのA.O.C.。ピノ・ノワール主体で、補助品種はピノ・グリ種、セザール種が認められている。

コート・ド・ニュイ地区

コート・ド・ニュイ
Côte de Nuits

コート・ドール地区を二分した北側の地区。ディジョンの町から始まる南北約20kmの細長い丘陵地帯で、標高はディジョン近郊で270m〜300m、南部で230m〜260m。石灰質土壌にブドウ畑が広がり、赤ワインが約90%を占める。世界最高峰の赤ワインのグラン・クリュが集中している地区。→**MAP-5**

ブルゴーニュ・オート・コート・ド・ニュイ
Bourgogne Hautes-Côtes de Nuits

コート・ド・ニュイの丘陵地帯を見下ろす標高300〜400mに広がる地域で、赤・ロゼ・白を生産し、品種はブルゴーニュA.O.C.に準ずる。

コート・ド・ニュイ・ヴィラージュ
Côtes de Nuits-Villages

コート・ド・ニュイのフィサン、ブロション、プレモ・プリセィ、コンブランシアン、コルゴロワンの5つの村で造ることができ、フィサンはA.O.C.フィサンかA.O.C.コート・ド・ニュイ・ヴィラージュのいずれかを選択できる。他の4つの村は村名を名乗れずA.O.C.コート・ド・ニュイ・ヴィラージュを名乗る。

マルサネ村

マルサネ　Marsannay

赤・白のA.O.C.を持つ村だが、ロゼが有名で、ロゼだけのA.O.C.がある。今は赤の生産量が多い。

マルサネ・ロゼ　Marsannay Rosé

マルサネ村のロゼだけの独立したA.O.C.。

フィサン村

フィサン　Fixin

ジュヴレ・シャンベルタン村の北に位置し、白ワインも生産するがほとんどが赤。特級畑はない。生産者はコート・ド・ニュイ・ヴィラージュを名乗ることもできる。

クロ・ド・ラ・ペリエール（一級）
Clos de la Perrière

1700年代にはシャンベルタンと同格の値段で取り引きされていた伝説の区画。

クロ・ナポレオン（一級）
Clos Napoléon

遠征の途中に立ち寄ったナポレオンに「おいしい」といわしめた、との言い伝えがある区画。

ジュヴレ・シャンベルタン村

ジュヴレ・シャンベルタン
Gevrey-Chambertin

ブルゴーニュを代表する村のひとつ。男性的で力強いワインを生み出す。栽培面積は400haにもおよび、品質の差が激しいといわれる。

シャンベルタン（特級）　Chambertin

7世紀のクロ・ド・ベーズの隣畑の所有者である、農民ベルタンの名前が由来。「ル・シャン・ド・ベルタン」が訛った。ここが名高い理由のひとつに、ナポレオンが愛飲していたことが挙げられる。現在所有者は23以上。栽培面積は

063

13.62ha。

シャンベルタン・クロ・ド・ベーズ
（特級）　Chambertin Clos-de-Bèze
7世紀にベネディクト会のベーズ修道院によって植樹された、ブルゴーニュ地方最古の単一畑。かつてはクロ・ド・ベーズとのみ呼ばれていたが、隣のシャンベルタン畑が有名になったため、シャンベルタン・クロ・ド・ベーズと名乗るようになる。現在は、A.O.C.シャンベルタンの名で販売も可能。栽培面積は14.67ha。

シャルム・シャンベルタン（特級）
Charmes-Chambertin
シャルムの名はフランス語の「魅力」からではなく、ショーム（chaume＝藁や麦などの切り株の意）にちなむ。栽培面積は28.43ha（一般に統計での面積はマゾワイエールの畑でシャルムを表示しているものを含む）。

マゾワイエール・シャンベルタン
（特級）　Mazoyères-Chambertin
ジュヴレ・シャンベルタン村特級畑最南端に位置する1.82haの畑。シャルム・シャンベルタンを名乗れるため、ほとんどの生産者がシャルムの名を選んでラベル表記している。

シャペル・シャンベルタン（特級）
Chapelle-Chambertin
グリオットの北にある5.48haの畑。今はないが、かつてベーズ修道院の修道士が建てた小さな鐘楼（シャペル）に由来する。

グリオット・シャンベルタン（特級）
Griotte-Chambertin
クロ・ド・ベーズとグラン・クリュ街道越しの反対側にある2.65haの畑。ジュヴレ・シャンベルタン村のグラン・クリュの中では比較的早熟タイプのワインを造る。

ラトリシエール・シャンベルタン（特級）
Latricières-Chambertin
「小さな奇跡」の意味。16世紀に開墾された

7.31haの特級畑。

マジ・シャンベルタン（特級）
Mazis-Chambertin
Mazysとも綴る。8.27haの特級畑。

リュショット・シャンベルタン（特級）
Ruchottes-Chambertin
ジュヴレ・シャンベルタン村特級畑の中で2番目に小さい畑で3.25ha。特別区画クロ・デ・ルショット（Clos des Ruchottes）はドメーヌ・アルマン・ルソーのモノポール。

❦

クロ・サン・ジャック（一級）
Clos Saint-Jacques
次期グラン・クリュとの呼び声があり、高く評価されている。

オー・コンボット（一級）
Aux Combottes
ラトリシエール・シャンベルタンとクロ・ド・ラ・ロッシュの2つの特級畑の間にある。

レ・カズティエ（一級）　Les Cazetiers
村の中では北側に位置し、エレガントなワインを生む。

……モレ・サン・ドニ村……

モレ・サン・ドニ
Morey-Saint-Denis
男性的なジュヴレ・シャンベルタンとエレガントなシャンボール・ミュジニーに挟まれて、中間的な性格を持つ。主に赤ワインを産する。

❦

ボンヌ・マール（特級）　Bonnes-Mares
モレ・サン・ドニ村とシャンボール・ミュジニー一村にまたがる畑。大半がシャンボール村、残りがモレ村のアペラシオン。フルボディで熟成に時間のかかるワインが生まれる。

クロ・デ・ランブレ(特級)
Clos des Lambrays

ほぼ全区画をサイエ家(Domaine des Lambrays)が所有。まだ数畝の畑は他の栽培者(トプノー・メルム)が所有。

クロ・ド・ラ・ロッシュ(特級)
Clos de la Roche

モレの特級の中で色調が深く、濃密なワインを生む。畑は岩だらけで水はけがよい。

クロ・ド・タール(特級) Clos de Tart

12世紀以来シトー派修道院所有だったが、フランス革命後、個人に売却された。1932年にモメンサン社がここを獲得。ランブレの南隣7.5haの特級畑。

クロ・デ・ゾルム(一級)
Clos des Ormes

グラン・クリュに隣接する区画のために評価が高くなっている。

モン・リュイザン(一級)
Mont-Luisants

赤・白ともに産出している区画。ニュイ地区一級区画の白ワインの産出は全体の1%以下で希少な存在。

シャンボール・ミュジニィ村

シャンボール・ミュジニィ
Chambolle-Musigny

ブルゴーニュ地方を代表する村のひとつ。コート・ド・ニュイ地区の中で最も石灰質土壌の影響が強く、この村から生まれるワインは全体的にエレガントさを兼ね備えている。

ミュジニィ(特級) Musigny

コート・ド・ニュイの特級畑で唯一赤・白を生産する畑。10.77haのうち最大の所有者はドメーヌ・コント・ジョルジュ・ド・ヴォギュエで、所有する畑のうち、0.4haの区画のシャルドネからほんのわずかだけMusigny Blancを生産している。1992年のブドウ樹の植えかえ以降格下げしてBourgogne Blancとして売られていたが、2015年ヴィンテージから復活した。

ボンヌ・マール(特級) Bonnes-Mares

モレ・サン・ドニ村とシャンボール・ミュジニー村にまたがる約15haの畑。大半がシャンボール村、残りがモレ村のアペラシオン。フルボディで熟成に時間のかかるワインが生まれる。

レ・ザムルーズ(一級)
Les Amoureuses

「恋人たち」という名前の区画。一部の生産者は特級のボンヌ・マールと同価で取り引きされ、「恐るべき一級畑」といわれる。

ヴージョ村

ヴージョ Vougeot

コミュナルと4つの一級畑は合計約15haで、村の大半は特級畑のクロ・ド・ヴージョに占められている。少量の白ワインも産する。

クロ・ド・ヴージョ(特級)
Clos de Vougeot

シトー派修道院が12世紀前半から14世紀前半にかけて取得、開墾した約50haの特級畑。コート・ド・ニュイの特級畑で最大の面積。土壌の質に応じて斜面上部から下部に向かって畑を3つに区分していた。それぞれの名称は、「教皇の畑」「王の畑」「修道士の畑」。フランス革命後、民間の所有により細分化され、現在50haの土地に80以上の所有者がいる。畑内に建つ城館シャトー・ド・クロ・ド・ヴージョはシュヴァリエ・デュ・タストヴァン(ブルゴーニュワインの騎士団)の本拠地としても有名。

ル・クロ・ブラン（一級）　Le Clos Blanc

シャルドネのみから造られる、ヴィーニュ・ブランシュ（白いブドウ畑）と名づけられた区画。

……ヴォーヌ・ロマネ村……

ヴォーヌ・ロマネ
Vosne-Romanée

7世紀に村はVaono（ヴァオナ）の名で知られ、代々ブルゴーニュ公お気に入りの場所であった。ロマネ・コンティ、ラ・ターシュ、リシュブールなどの特級畑があり、ブルゴーニュを代表する村のひとつ。

ロマネ・コンティ（特級）
Romanée-Conti

世界で最も高名な畑。ドメーヌ・ド・ラ・ロマネ・コンティ（D.R.C.）のモノポールで1.77haと小さなグラン・クリュ。ヘクタール当たり20〜25hℓの低収量。年間生産量はわずか5,000本程度。15世紀以降、サン・ヴィヴァン修道院がクローネンブール家に売却するが、1760年コンティ公ルイ・フランソワ・ド・ブルボンが購入し、後に「ロマネ・コンティ」の名となる。

ラ・ロマネ（特級）　La Romanée

0.85haとブルゴーニュ特級畑で最小。ロマネ・コンティの上部にあり、Domaine du Château de Vosne-Romanéeのモノポール。

ロマネ・サン・ヴィヴァン（特級）
Romanée-Saint-Vivant

1232年、ブルゴーニュ公爵夫人より、ベネディクト派のサン・ヴィヴァン修道院に寄贈された畑（他にもロマネ・コンティ、リシュブール、ラ・ロマネ、グラン・エシェゾーも寄贈された）。1789年のフランス革命まで所有を続けたが、その後、民間に渡る。修道院の建物もいったん破壊されたが、現在修復が進められている。

ラ・ターシュ（特級）　La Tâche

5.08haの畑はD.R.C.のモノポール。かつて1.4345haだった畑が1932年、隣のレ・ゴーディショから一部を吸収することがフランス政府から認められ、現在の広さになった。

リシュブール（特級）　Richebourg

1930年代、一級畑レ・ヴァロワルー全体を包摂して、5haから7.68haに畑が広がった。

ラ・グランド・リュ（特級）
La Grande Rue

ロマネ・コンティ、ラ・ロマネとラ・ターシュの間に挟まれた特級畑。長らく一級だったが1992年に特級に昇格した。ドメーヌ・フランソワ・ラマルシュのモノポール。

オー・マルコンソール（一級）
Aux Malconsorts

ラ・ターシュの隣の区画に位置し、所有者は4軒のみ。

レ・ボーモン（一級）　Les Beaux-Monts

エシェゾーに隣接する区画で、ソフトなワインが生産される。

レ・スショ（一級）　Les Suchots

特級畑に挟まれており、一級ながらもこの区画の評価は高い。

クロ・デ・レア（一級）　Clos des Réas

1995年を境に親のジャンからミッシェルに代替わりしている。Michel Grosのモノポール。

レ・ショーム（一級）　Les Chaumes

街に近い区画で、平地の土壌。

フラジェ・エシェゾー村

フラジェ・エシェゾー
Flagey-Echézeaux

エシェゾー、グラン・エシェゾーの二大有名畑のある村だが、村としてのA.O.C.が認定されていないため、これらの畑はA.O.C.上はヴォーヌ・ロマネ村になる。

グラン・エシェゾー（特級）
Grands Echézeaux

クロ・ド・ヴージョの石垣の北側に広がる8.84haのグラン・クリュ。

エシェゾー（特級）　Echézeaux

35.26haと広大なグラン・クリュ。

ニュイ・サン・ジョルジュ村

ニュイ・サン・ジョルジュ
Nuits-Saint-Georges

作付面積では175haと広めだが、ニュイの町を境にしてプレモー村とニュイ・サン・ジョルジュ村に分かれ、味わいが微妙に異なる。コミュナルと一級畑のみで、特級畑はない。

レ・ヴォークラン（一級）　Les Vaucrains

レ・サン・ジョルジュの真上にある一級畑。レ・サン・ジョルジュに匹敵する高評価。

レ・サン・ジョルジュ（一級）
Les Saint-Georges

村の原名になっている区画。最も特級に近い一級畑といわれる。

オー・ブード（一級）　Aux Boudots

ヴォーヌ・ロマネ村に隣接するため、味わいも優しくヴォーヌ・ロマネ風に仕上がる。

レ・ポレ（一級）　Les Porrets

Poretsと綴られる場合もある。

コート・ド・ボーヌ地区

コート・ド・ボーヌ
Côte de Beaune

コート・ドール地区の南側の地区。ボーヌの町を中心に南北に広がり、石灰岩・泥灰岩質などの土壌が変化に富んでいるため、さまざまな個性のワインが多い。3分の2が赤ワイン、3分の1が白ワインを生産し、とくに白ワインは世界的に有名な銘醸ワインが多い。→MAP-6

ブルゴーニュ・オート・コート・ド・ボーヌ
Bourgogne Hautes-Côtes de Beaune

コート・ド・ボーヌの丘陵を見下ろす標高280〜450mに広がり、赤、ロゼ、白を生産。

コルトン（特級）を生み出す村

ラドワ・セリニィ
Ladoix-Serrigny

コルトン（赤・白）とコルトン・シャルルマーニュを産出する村。赤が4分の3ほどを占める。コート・ド・ボーヌ・ヴィラージュとして瓶詰めされることも多い。

アロース・コルトン
Aloxe-Corton

コルトンの丘の東斜面の村。コルトンの赤・白、コルトン・シャルルマーニュ、シャルルマーニュが認められている。

II

4

フランス ― ブルゴーニュ

ペルナン・ヴェルジュレス
Pernand-Vergelesses

コルトンの丘の西側に位置する村。コルトン
（赤のみ）、コルトン・シャルルマーニュ、シャ
ルルマーニュがある。

コルトン（特級）　Corton

ラドワ・セリニィ村、アロース・コルトン村、
ペルナン・ヴェルジュレス村にまたがるグラン
・クリュ。ほとんどが赤ワインを生産するが、
若干の白ワインも生産する。畑名ではないが、
コルトン・アンドレ、コルトン・グランセはシャ
トーを有する。

コルトン＋畑名（特級）
Corton+Climat

コルトンは複数の畑が名乗れるグラン・クリュ
名。いくつかの畑をブレンドした場合はコルト
ンとなるが、単独の畑のブドウだけで造った場
合、畑の名称をコルトンの後につけてラベルに
表記することが21の畑に対して認められてい
る。赤、白を産出。

コルトン・シャルルマーニュ（特級）
Corton-Charlemagne

アロース・コルトン、ラドワ・セリニィ、ペル
ナン・ヴェルジュレスにまたがる畑で、コルト
ン丘陵の森のすぐ下、石灰岩土壌が広がる畑に
ある白ワインのみのグラン・クリュ。コルトン
と異なり、畑の名称をコルトン・シャルルマー
ニュの後に付記できない。シャルルマーニュ大
帝がアロース・コルトンに領地を所有していた
ことから名付けられた。シャルドネにとって世
界有数の最適地。

シャルルマーニュ（特級）
Charlemagne

アロース・コルトン、ペルナン・ヴェルジュレ
スで産出されるグラン・クリュ。コルトン・シ
ャルルマーニュ、あるいは、シャルルマーニュ

のいずれかのアペラシオンを名乗ることができ
るが、これは生産者が選択できる。しかし、現
在シャルルマーニュのアペラシオン表示は事実
上使用されていない。

ラ・コルヴェ（一級）　La Corvée

ラドワ・セリニィ村にある7つのプルミエ・ク
リュの中で最も広い。

レ・ヴァロジェール（一級）
Les Valozières

コルトンの丘南東に位置し、アロース・コルト
ン村のプルミエ・クリュ最大の面積を誇る。

アン・カラドゥ（一級）　En Caradeux

ペルナン・ヴェルジュレス村にある区画。20世
紀後半から白ブドウの作付けが増えている。

イル・デ・ヴェルジュレス（一級）
Ile des Vergelesses

ペルナン・ヴェルジュレス村にある標高260〜
280mに位置し、斜面上部の区画。

.... サヴィニィ・ ....
レ・ボーヌ村

サヴィニィ・レ・ボーヌ
Savigny-les-Beaune

主に赤ワインを産する。ボーヌの赤ワインに似
て繊細で軽やか。一級畑は丘陵上部で産する。

バス・ヴェルジュレス（一級）
Basses Vergelesses

村は異なるが、イル・デ・ヴェルジュレスの斜
面下部に位置する区画。

オー・ゲット（一級）　Aux Guettes

この村の最良の区画はペルナン・ヴェルジュレ
ス側に位置し、この区画もそれに該当する。

ショレイ・レ・ボーヌ村

ショレイ・レ・ボーヌ
Chorey-lès-Beaune

ほとんどが平地で軽やかな赤ワインと少量の白ワインを産する。格付畑はない。赤ワインは、A.O.C. コート・ド・ボーヌヴィラージュを名乗ることができる。

ボーヌ村

ボーヌ　Beaune

特級畑はなく、力強さやエレガントさはないものの、芳醇でソフトなワインを産する。全体生産量の75%が一級畑を占める。村名と一級畑は赤、白を産する。**オスピス・ド・ボーヌ**による11月第3曜日のチャリティー・オークションには、世界中のワイン関係者が集まる。

レ・グレーヴ（一級）　Les Grèves
ボーヌ最大の一級畑。

グレーヴ・ヴィーニュ・ド・ランファン・ジェジュ（一級）
Grèves Vigne de l'Enfant Jésus

レ・グレーヴの中にある最良の区画。「幼子イエスの葡萄樹」という意味。

クロ・デ・ムーシュ（一級）
Clos des Mouches

ボーヌの区画上部に位置し、ブドウがよく熟す。

クロ・デュ・ロワ（一級）　Clos du Roi
「王の囲い」と名づけられている区画。

ポマール村

ポマール　Pommard

力強い赤ワインを産する。特級はないが素晴らしい一級畑がいくつかある。

レ・グラン・ゼプノ（一級）
Les Grands Epenots

この区画とレ・プティ・ゼプノを混ぜて**レ・ゼプノ**（Les Epenots）として売られる場合が多い。

レ・プティ・ゼプノ（一級）
Les Petits Epenots

この区画とレ・グラン・ゼプノを混ぜてレ・ゼプノ（Les Epenots）として売られる場合が多い。

クロ・ブラン（一級）　Clos Blanc
シトー派の修道士がかつて白ブドウを植えていたために「ブラン（白）」と名付けられている。

レ・リュジアン（一級）　Les Rugiens
ヴォルネイ側に位置しポマールの中の一級畑では最も評価が高い。上部（オー Haut）と、下部（バー Bas）に分かれる。

ヴォルネイ村

ヴォルネイ　Volnay
ポマールの南に隣接しコート・ド・ボーヌで最もエレガントな赤を産する。

カイユレ（一級）　Caillerets
ヴォルネイ村の3つの小区画からなる、特級になり得る区画。

クロ・デ・シェーヌ（一級）
Clos des Chênes

ヴォルネイのプルミエ・クリュで最大の面積。

シャンパン（一級）　Champans
際立った個性を持つヴォルネイ村のプルミエ・クリュで2番目の面積を誇る区画。

クロ・ド・ラ・ブース・ドール（一級）
Clos de la Bousse d'Or
ドメーヌ・ド・ラ・プス・ドールのモノポールの区画で1967年まではドメーヌと同じ名前の「プス」であったが、その後「ブース」に登記変更された。

サントノ（一級）　Santenots
この畑のほとんどがムルソー村に位置するが、赤ワインを産出する6区画がヴォルネイのA.O.C.に属する。白ワインの場合は一級ではなくムルソーを名乗る。

-------- モンテリ村 --------

モンテリ　Monthélie
ムルソーとヴォルネイの西側にあり、ヴォルネイにやや似た赤ワインを主に産する。一級畑はあるが、特級畑はない。15ある一級畑のうち、13はヴォルネイ側に位置し、ひとつはモンテリとオーセイ・デュレス両村にまたがる。

--- オーセイ・デュレス村 ---

オーセイ・デュレス
Auxey-Duresses
ムルソーを流れるサン・ロマン川の上流にある。より標高が高く涼しい位置にある。赤、白を産出し、モンテリに隣接する丘斜面には一級畑も広がる。特級畑はない。

-------- サン・ロマン村 --------

サン・ロマン　Saint-Romain
オーセイ・デュレスよりさらに上流にある。畑は標高280〜400mにあり、コート・ド・ボー

ヌの中でも高い場所にある。赤、白を産出するが村名のみ。

-------- ムルソー村 --------

ムルソー　Meursault
ムルソーはほとんど白で、芳醇な香りとリッチな味わいが特徴的。特級畑はないが、それに匹敵するような一級畑が存在し、ブルゴーニュを代表する村のひとつ。赤ワインも少量生産している。

❦

ペリエール（一級）　Perrières
最も優れたエレガントなムルソーの一級畑とされ、現在はほぼ特級並みの評価を受けている。

シャルム（一級）　Charmes
最大面積を誇る一級畑で、非常に高い評価を受けている。

ジュヌヴリエール（一級）　Genevrières
ペリエールより味わいは柔らかで、ペリエールに近い評価を受ける。

ポリュゾ（一級）　Poruzot
Porusotと綴られる場合もある。

レ・グート・ドール（一級）
Les Gouttes d'Or
「黄金の雫」と名付けられている区画で、非常に高い評価を受けている一級畑。

レ・ブーシェール（一級）
Les Bouchères
ポリュゾと隣り合わせの区画。

-------- ブラニィ村 --------

ブラニィ　Blagny
ムルソーとピュリニィ・モンラッシェの斜面上

方に位置し、赤の場合はブラニィ、ブラニィ・プルミエ・クリュのA.O.C.を名乗り、白の場合ムルソー側の畑はムルソー・ブラニィ（プルミエ・クリュ）、ピュリニィ側の畑は、ピュリニィ・モンラッシェ、ピュリニィ・モンラッシェ・プルミエ・クリュのA.O.C.を名乗る。生産量は年間2万本程度と非常に少なく、日本ではほとんど見かけることができない。

スー・ブラニィ（一級）　Sous Blagny
この区画の白ブドウはムルソー・ブラニィ・プルミエ・クリュとラベル表記される。

スー・ル・ド・ダヌ（一級）
Sous le Dos d'Ane
この区画の白ブドウはムルソー・ブラニィ・プルミエ・クリュとラベル表記される。

ピュリニィ・モンラッシェ村

ピュリニィ・モンラッシェ
Puligny-Montrachet
ブルゴーニュで最も偉大な白ワインを生み出す村。モンラッシェやシュヴァリエ・モンラッシェなどの堂々たる特級畑を持つ。ブルゴーニュを代表する村のひとつ。

モンラッシェ（特級）　Montrachet
シャサーニュ村とピュリニィ村にまたがる世界的に偉大な白ワインのみの特級畑。ラシェ山（裸山もしくははげ山の意）の斜面に由来する。この畑も多くの生産者が分割所有しているため、各社の生産量も希少であり高価なワイン。

シュヴァリエ・モンラッシェ（特級）
Chevalier-Montrachet
モンラッシェの斜面上部に隣接する畑で、すべての区画がピュリニィ・モンラッシェ村内にある。勾配が強く、表土は薄い。また主に石灰岩

土壌のため、ワインはミネラルに富んだものとなる。

バタール・モンラッシェ（特級）
Bâtard-Montrachet
ピュリニィ村とシャサーニュ村にほぼ均等に広がる畑で、晩熟タイプのワイン。Bâtardは「私生児」の意味。

ビアンヴニュ・バタール・モンラッシェ（特級）
Bienvenues-Bâtard-Montrachet
ピュリニィ村内にある特級で一番小さな畑で、バタール・モンラッシェと一般畑ピュセルに挟まれている。早熟タイプのワインとなる。

レ・コンベット（一級）　Les Combettes
ピュリニィ村の傑出した一級畑で、隣村ムルソーの一級畑レ・シャルムに隣接し、熟成向きのワイン。

レ・ピュセル（一級）　Les Pucelles
バタールとビアンヴニュの特級畑の北側に隣接した畑で、優れたワインを産出する。

レ・カイユレ（一級）　Les Cailleret
モンラッシェの北隣に位置する、4ha弱の優美な畑。「レ・ドモワゼル」という小区画0.6haを含む。

レ・フォラティエール（一級）
Les Folatières
約17haの一級畑内で最大の畑で、斜面の傾斜や土壌、標高等、シュヴァリエ・モンラッシェに似たワインを造り出す。

クラヴァイヨン（クラヴォワヨン）（一級）
Clavaillon（Clavoillon）
2つのドメーヌが所有している区画だが、そのほとんどはドメーヌ・ルフレーヴのもの。

シャン・カネ（一級）　Champ Canet
この区画に「クロ・ド・ガレンヌ」がある。

············ シャサーニュ・ ············ モンラッシェ村

シャサーニュ・モンラッシェ
Chassagne-Montrachet
モンラッシェとバタール・モンラッシェの2つの偉大な特級畑をピュリニィ・モンラッシェ村と分け持つ村。残りの畑のおよそ半分は一級畑で、白・赤両方を造るが赤の比率が高い。ブルゴーニュを代表する村のひとつ。

❧

モンラッシェ（特級）　Montrachet
p71 モンラッシェ参照。

バタール・モンラッシェ（特級）
Bâtard-Montrachet
p71 バタール・モンラッシェ参照。

クリオ・バタール・モンラッシェ（特級）
Criots-Bâtard-Montrachet
シャサーニュ・モンラッシェ村にある畑で、バタール・モンラッシェの南側に隣接する。1.6haと非常に小さな特級畑。

❧

クロ・サン・ジャン（一級）
Clos Saint-Jean
白・赤ともに生産する銘醸畑。

ラ・マルトロワ（一級）　La Maltroie
白・赤ともに生産する銘醸畑。

モルジョ（一級）　Morgeot
最も広い一級畑で、赤も多い。

········ サン・トーバン村 ········

サン・トーバン　Saint-Aubin
ピュリニィ・モンラッシェとシャサーニュ・モンラッシェの間にある谷間の奥にある。赤、白を産出し、軽やかなワインが多い。一級畑も存在する。

············ サントネイ村 ············

サントネイ　Santenay
どちらかといえばコート・ド・ニュイに近い土壌で赤ワインが主体。一級畑もある。

············ マランジュ村 ············

マランジュ　Maranges
コート・ド・ボーヌ最南端の3つの村（シュイィ・レ・マランジュ、ドゥジーズ・レ・マランジュ、サンピニィ・レ・マランジュ）から生まれる赤、白を生産。一級畑もある。1989年にA.O.C.認定を取得した。

········ コート・ ········ シャロネーズ地区

コート・シャロネーズ
Côte Chalonnaise
コート・ド・ボーヌ地区の南部に位置し、標高250〜370mの粘土石灰岩などの丘陵地が広がる。フルーティーさと軽やかな均整の取れた、コストパフォーマンスのよい白・赤が造られる。一級畑はあるが、特級畑はない。

❧

ブルゴーニュ・コート・シャロネーズ
Bourgogne Côte-Chalonnaise
赤、ロゼ、白を産出。ブルゴーニュ全域のBourgogne A.O.C. に同じ。

ブルゴーニュ・コート・デュ・クショワ
Bourgogne Côte du Couchois
赤ワインを産出。ブルゴーニュ全域のBour-gogne A.O.C.に同じ。

꙰

ブーズロン　Bouzeron
アリゴテ種による白ワインを産する。一級畑はない。シャルドネやピノ・ノワールも植えられ、A.O.C.ブルゴーニュ・コート・シャロネーズとなる。1997年に名称が変更された。

リュリー　Rully
フルーティーではつらつとした白ワインを産する。赤も良質。一級畑もある。クレマン・ド・ブルゴーニュの誕生の地でもあり、多く造られている。

メルキュレ　Mercurey
白ワインも産出されるが、高品質な赤ワインを生み出す、コート・シャロネーズ地区最大の面積の村。一級畑もある。

ジヴリ　Givry
ほとんどが赤でメルキュレより軽やかなワインを生み出す。一級畑もある。

モンタニィ　Montagny
シャルドネ種から白ワインのみのA.O.C.。一級畑もある。

·········· マコネ地区 ··········

マコネ　Mâconnais
コート・シャロネーズ地区の南に約50kmにわたって広がる産地。土壌は多様で、褐色石灰質やカルシウム質の土壌から、マコンやマコン・ヴィラージュなどの爽やかでフルーティーな白ワインを生産する。この地区の85％がシャルドネ。また粘土質、砂質土壌などはガメイ種に向き、軽やかな赤ワインが造られる。

マコン　Mâcon
マコネ地区のほとんど全域で生産されるA.O.C.で、赤、ロゼはピノ・ノワールとガメイから、白はシャルドネから生産される。

マコン＋村名　Mâcon+Commune
赤、ロゼ、白が造られ、指定された村で規定条件に従った場合、村名を付記することができる。赤、ロゼはガメイから、白はシャルドネから生産される。

マコン・ヴィラージュ
Mâcon-Villages
指定された村で規定条件に従った場合、シャルドネから造った白のみが認められる。

꙰

サン・ヴェラン　Saint-Véran
1971年に認定されたA.O.C.。プイイ・フュイッセより軽やかでフルーティーな白を産出。

プイイ・フュイッセ　Pouilly-Fuissé
ボージョレ地区と隣接する産地。軽やかなワインが多いマコネ地区において、この白ワインは重厚なスタイルとして有名。ヴェルジッソンとソリュトレの2つの岩山の裾野に広がる。

ヴィレ・クレッセ　Viré-Clessé
ヴィレとクレッセの2村を中心に広がる。1999年村名A.O.C.に認定。シャルドネから白のみを生産。

プイイ・ロッシェ　Pouilly-Loché
ロッシェ村とヴェンゼル村の周囲に広がる規模の小さな独立したA.O.C.。力強いタイプの白ワインが造られる。

プイイ・ヴァンゼル　Pouilly-Vinzelles
ロッシェ村とヴェンゼル村の周囲に広がる規模の小さな独立したA.O.C.。力強いタイプの白ワインが造られる。

········· ボージョレ地区 ·········

ボージョレ　Beaujolais
ほとんどがガメイ種で造られる赤ワインで、ルビー色、若々しくフルーティーで軽快なワインが多い。白、ロゼも生産される。北部は緩やかな丘が続く花崗岩質土壌から村名を名乗れるクリュ・デュ・ボージョレ(Cru du Beaujolais、10ヵ村が認められている)や、良質なボージョレ・ヴィラージュが生産される。南部は北部より土壌も肥沃で平坦な部分が多く、一般的なボージョレやヌーボーを生産する。

ボージョレ・シュペリュール
Beaujolais Supérieur
A.O.C.ボージョレより最低アルコール度数の規定が高く、赤ワインのみの生産。

ボージョレ＋村名
Beaujolais＋Commune
指定された村は既定の条件を満たした場合、村名を付記できる。赤、ロゼ、白。

ボージョレ・ヴィラージュ
Breaujolais-Villages
ボージョレ地区北部の38の村が名乗ることができ、ボージョレよりも厚みのある味わい。赤、ロゼ、白を生産し、その3分の1はボージョレ・ヌーボーである。

サン・タムール　Saint-Amour
「聖なる愛」と名付けられている区画。

ジュリエナス　Juliénas
ジュリアス・シーザーを名前の由来にする。「ジュリエナス」は英語読み。

シェナス　Chénas
ルイ13世が食事で愛飲したとされる、古くから評価が高い。

ムーラン・ア・ヴァン　Moulin-à-Vent
「風車」を意味するこの地には歴史的建造物として実際に風車が実存する。ボージョレの中でも複雑さがあり、熟成しても楽しめるタイプである。

フルーリー　Fleurie
「花で飾られた」という愛らしい名前の区画。

シルーブル　Chiroubles
標高が高いため、エレガントなワインを生み出している。

モルゴン　Morgon
「腐った岩」を語源に持つ区画ではあるが、ワインはクリュ・デュ・ボージョレの中では最も力強い。

レニエ　Régnié
1988年からクリュ・デュ・ボージョレに仲間入りした。

ブルイイ　Brouilly
クリュ・デュ・ボージョレ最南端の区画で、粘土を含む砂岩はフランスで最も硬い土壌とされている。

コート・ド・ブルイイ　Côte de Brouilly
ブルイイの上部の区画で、この地では珍しくピノ・グリ種の栽培も認められている。

········· 全域 ·········

ブルゴーニュ　Bourgogne
ブルゴーニュ全域のA.O.C.。赤、ロゼ、白を生産でき、赤はピノ・ノワール主体。ヨンヌ県のみ補助品種としてセザールが認められている。クリュ・ボージョレのA.O.C.地域のみ補助品種としてガメイが認められる。ロゼは、ピノ・ノワール、ピノ・グリ種が主体。ヨンヌ県のみ補助品種としてセザールが認められる。白は、シャルドネ主体。

ブルゴーニュ・ル・シャピートゥル
Bourgogne Le Chapitre

コート・ド・ニュイ北部に位置するワイン産地。
デイジョンとマルサネの間にあるシュノーヴ
（Chenove）で造られているワイン。

ブルゴーニュ・パス・トゥー・グラン
Bourgogne Passe-Tout-Grains

ピノ・ノワール3分の1以上、ガメイ種3分の2
までで造られる赤ワインとロゼワイン。

コトー・ブルギニョン
Coteaux Bourguignons

シャルドネ、アリゴテ種、ムロン・ド・ブルゴ
ーニュ種、セザール種、トレッソ種、サシー種、
ピノ・ノワール、ガメイ種など、この地方に昔
から存在する品種が使用可能で、赤・白・ロゼ
を生産。ただし、ヨンヌ県のみセザールの使用
が認められている。ロゼは、Clairet と記載する
こともできる。

ブルゴーニュ・アリゴテ
Bourgogne Aligoté

アリゴテ種で造られる白。酸味が強くアルコー
ル度数が低めのフレッシュさを楽しむワインが
多い。

クレマン・ド・ブルゴーニュ
Crémant de Bourgogne

瓶内二次発酵9ヵ月以上熟成が規定されている
スパークリングワイン。ピノ・ノワール、ピノ
・グリ種、ピノ・ブランシュ種、シャルドネが
30％以上、補助品種であるガメイ種は20％ま
で、その他アリゴテ種、ムロン種、サシー種。
ロゼと白が生産される。

ブルゴーニュ・ガメイ
Bourgogne Gamay

クリュ・デュ・ボージョレのA.O.C.の地域のみ
を対象とするガメイ種で造る、赤のみのA.O.C.。

コトー・デュ・リヨネー
Coteaux du Lyonnais

リヨン周辺で造られるガメイ種主体の軽やかな
赤ワイン主体の産地。アリゴテ種、シャルドネ
も主要品種。ロゼ・白も造られる。

● 代表的なモノポール一覧

村名	畑名	面積(ha)	所有者
Chablis	クロ・デ・ゾスピス Clos des Hospices	2.14	Christian Moreau Père et Fils, Louis Moreau
Gevrey-Chambertin	クロ・タミゾ　Clos Tamisot	1.45	Pierre Damoy
	クロ・デ・ルショット Clos des Ruchottes	1.06	Domaine Armand Rousseau
	クロ・デュ・フォントネ Clos du Fonteny	0.67	Domaine Bruno Clair
Morey-Saint-Denis	クロ・ド・タール　Clos de Tart	7.5	Mommessin
Vougeot	クロ・ブラン・ド・ヴージョ Clos Blanc de Vougeot	2.28	Domaine de la Vougeraie
Vosne-Romanée	クロ・デ・レア Clos des Réas	2.12	Domaine Michel Gros
	ラ・グランド・リュ La Grande Rue	1.65	Domaine François Lamarche
	ラ・ターシュ La Tâche	6.06	Domaine de la Romanée-Conti
	ラ・ロマネ La Romanée	0.85	Domaine du Château de Vosne-Romanée
	ロマネ・コンティ Romanée-Conti	1.8	Domaine de la Romanée-Conti
Nuits-Saint-Georges	クロ・デ・ポレ・サン・ジョルジュ Clos des Porrets Saint-Georges	3.5	Henri Gouges
Ladoix-Serrigny	クロ・デ・シャニョ Clos des Chagnots	2.5	Pierre André
Aloxe-Corton	クロ・デ・コルトン Clos des Cortons	3.01	Faiveley
	クロ・デ・メ　Clos des Meix	1.64	Domaine Comte Senard
Beaune	グレーヴ・ヴィーニュ・ド・ランファン・ジェジュ Grèves Vigne de l'Enfant Jésus	3.92	Bouchard Père & Fils
	クロ・サン・ランドリ Clos Saint-Landry	1.98	Bouchard Père & Fils
	クロ・デ・ズュルシュル Clos des Ursules	2.75	Louis Jadot
	クロ・ド・ラ・ムース Clos de la Mousse	3.36	Bouchard Père & Fils
	クロ・ド・レキュ　Clos de l'Ecu	2.37	Faiveley
Pommard	クロ・ド・ラ・コマレーヌ Clos de la Commaraine	3.75	Louis Jadot

村名	畑名	面積(ha)	所有者
Volnay	クロ・デ・ソワサント・ウーヴレ Clos des 60 Ouvrées	2.39	Domaine de la Pousse d'Or
	クロ・デ・デュック Clos des Ducs	2.15	Domaine Marquis d'Angerville
	クロ・ド・ラ・ブース・ドール Clos de la Bousse d'Or	2.13	Domaine de la Pousse d'Or
	フルミエ・クロ・ド・ラ・ルージョット Fremiets Clos de la Rougeotte	0.45	Bouchard Père & Fils
Meursault	クロ・デ・ペリエール Clos des Perrières	1	Domaine Albert Grivault
	クロ・ド・ラ・バール Clos de la Barre	2.1	Comtes Lafon
Puligny-Montrachet	クロ・ド・ラ・ガレンヌ Clos de la Garenne	1.8	Louis Jadot
	クロ・ド・ラ・ムーシェール Clos de la Mouchère	3.92	Henri Boillot
Chassagne-Montrachet	モルジョ・クロ・ド・ラ・シャペル Morgeot-Clos de la Chapelle	4.5	Louis Jadot
Mercurey	クロ・デ・ミグラン Clos des Mygland	6.31	Faiveley

モノポールのはなし

　モノポール Monopole(p61)とは「単独所有畑」、つまり「1区画の畑を1生産者(個人や企業)が単独で所有している」ということ。このモノポールが、希少で価値があるといわれているのはなぜだろう。

　フランスには、相続の際に「均等分割相続(相続人で均等に分けなければならない)」というルール(ナポレオン民法)がある。簡単に説明すると、ある畑を相続する際に、子供(相続人)が4人ならば4分の1ずつ、10人いれば10分の1ずつ分割相続しなければならないため、世代が交代するたびに畑は細切れになっていく。ところがモノポールでは世代が変わっても細分化されず、ひとつの生産者が単独で所有しているため、ひとつの畑を複数の生産者で分割所有するのが一般的な現代では、希少価値が高いといえるのだ。

　その一方で、畑の賃借や売買、相続した子供同士の婚姻による新ドメーヌの立ち上げなどにより、複数の生産者が入り混じってモザイク画のようになっているのも、ブルゴーニュの畑の特徴。たとえば現在、特級畑である「ラ・ロマネ」の所有者はドメーヌ・デュ・コント・リジェ・ベレール(Ch.ド・ヴォーヌ・ロマネ)だが、2001年までは大手ネゴシアンであるブシャール社が生産・販売を引き受けていたため、ワインはブシャール社のラベルで販売されていた。これは賃借契約によってモノポールの所有者と生産者が異なるケースで、契約の終了に伴い、2002～05年の間はラ・ロマネはブシャール社とリジェ・ベレール社で折半され、その間はそれぞれのラベルで販売されていた。モノポールなのに、2社のラベルが存在したわけである(06年からはリジェ・ベレール社が単独でリリースしている)。これは、両社の契約によって起こった非常に珍しいケースだろう。

　このように、畑の所有者や生産者が変わることも多々あり、一見ラベルのデザインは同じでも、よく見るとドメーヌ名が子供の名前に変わっていた、などということもよくある。モノポールに限らず、このようなエピソードはまだまだ隠されているはず。ぜひご自身で探し出してみてください。

(齋藤智之)

5…フランス（シャンパーニュ）

概要

シャンパーニュ地方　Champagne

パリの北東約150kmにあるワイン産地。マルヌ県、オーブ県、エーヌ県、セーヌ・エ・マルヌ県、オート・マルヌ県の5県にまたがる。もとは赤ワインの産地だったが、17世紀後半より発泡性ワインの産地へと変貌を遂げた。現在は、世界で最も高名で高品質な発泡性ワインの産地として知られる。シャンパーニュ地方で造られた発泡性ワインのみ「シャンパーニュ」を名乗ることができる。A.O.C.はシャンパーニュのほか、スティルワインのコトー・シャンプノワ、ロゼ・デ・リセーの3つのみ。→MAP-3

ランス　Reims

シャンパーニュ地方の中心都市で、ゴシック様式のランス大聖堂が有名。大手メゾンがひしめく。大手4社（ヴーヴ・クリコ Veuve Clicquot、テタンジェ Taittinger、ポメリー Pommery、ルイナール Ruinart）が熟成用のセラーとして使用する洞窟は、古代ローマ人が掘ったもの。

エペルネ　Épernay

ランスの南20kmほどのところにあるシャンパーニュ地方のもうひとつの中心地。市内にはランス同様大手メゾンが軒を連ねる。

マルヌ県　Marne

シャンパーニュ全体の80%を産出する。

ドン・ペリニヨン　Dom Pérignon

ベネディクト派の修道僧であり、シャンパーニュの父と称される人物。本名はピエール・ペリニョン。ブドウの栽培技術を向上させ、異なるブドウ畑のブドウを芸術的にブレンドし、黒ブドウから白ワインを造る圧搾法を生み出した。モエ・エ・シャンドン社が造るプレスティージュ・シャンパーニュの名前にもなっている。

マダム・クリコ　Madame Clicquot

ポンサルダン家の令嬢バルブ・ニコル・ポンサルダン。フィリップ・クリコと結婚するが、わずか4年で夫を亡くし、27歳で未亡人（ヴーヴ）となる。夫のシャンパーニュにかけた情熱を無駄にできないと、メゾン経営に乗り出す。「ルミュアージュ」を考案し、シャンパーニュ業界に革命を起こした。

ポンパドール夫人
Madame de Pompadour

ルイ15世の公妾。その立場を利用して政治に強く干渉し、七年戦争では、オーストリア・ロシアの2人の女帝と組んでプロイセンと対抗した。有名な言葉は「私の時代が来た」。

ジャンヌ・ダルク　Jeanne d'Arc

フランスの国民的ヒロインで、カトリック教会における聖人でもある。フランス軍に従軍して百年戦争で活躍し、後にランス大聖堂で行なわれたシャルル7世の戴冠に貢献した。

藤田 嗣治　ふじた・つぐはる

ランスの大手メゾンG.H.マムの援助を受け、20世紀後半に活躍した日本人画家・彫刻家。

──────A.O.C.──────

シャンパーニュ　Champagne

瓶内二次発酵方式で造る発泡性ワイン。白とロ

ゼがある。使用品種はピノ・ノワール、シャルドネ、ムニエ種。A.O.C.シャンパーニュは「グラン・クリュ」または「プルミエ・クリュ」の付記が可能で、グラン・クリュは17、プルミエ・クリュは42のコミューンが指定されている。

コトー・シャンプノワ
Coteaux Champenois

シャンパーニュ地方のスティルワインで赤・白・ロゼが造られる。使用品種はシャンパーニュと同じ。

ロゼ・デ・リセー　Rosé des Riceys

リセー村で伝統的に造られているスティルワインのロゼ。ピノ・ノワール100%。

―――――――地区―――――――

モンターニュ・ド・ランス
Montagne de Reims

ランスの丘を取り巻く斜面に広がる地区。主にピノ・ノワールを産出する。

ヴァレ・ド・ラ・マルヌ
Vallée de la Marne

マルヌ川沿いに広がる地区。主に果実味豊かなムニエ種を生産。

コート・デ・ブラン　Côte des Blancs

エペルネから南に広がる石灰を有する地区。優れたシャルドネを生む。

コート・ド・セザンヌ　Côte de Sézanne

コート・デ・ブランのすぐ南に位置する、セザンヌ市周辺の地区でシャルドネ主体の産地。

コート・デ・バール　Côte des Bar

ブルゴーニュの最北端に隣接しているシャンパーニュ最南端の地区。

オーヴィレール　Hautvillers

ヴァレ・ド・ラ・マルヌ地区に存在する村。ドン・ペリニヨンが1668年から亡くなる1715年までの47年間を過ごしたオーヴィレール修道院が有名である。

―――――――醸造―――――――

プレスュラージュ　Pressurage

圧搾。シャンパーニュの場合、黒ブドウの果皮の色素が抽出されないよう、この地方独特の広く浅い垂直式プレス機を用いてゆっくり搾る。

ラ・キュヴェ　La Cuvée

一番搾りの果汁。4,000kgのブドウから搾る最初の2,050ℓを指す。小樽（ピエス）10樽分の量。**テート・ド・キュヴェ**（Tête de Cuvée）ともいう。

ピエス　Pièce

シャンパーニュ地方で使用される小樽の呼称。容量は205ℓ。ブルゴーニュ地方では容量が228ℓの樽の名称。

タイユ　Taille

二番搾りの果汁。500ℓまで搾汁が許される。シャンパーニュで使用できるのは二番搾りまで。

プルミエール・フェルマンタシオン
Premiere Fermentation

一次発酵。畑やブドウ品種ごとにそれぞれタンクや樽を使用して果汁を発酵させ原酒を造る。

アサンブラージュ　Assemblage

調合。通常30〜50種類程度の原酒とヴァン・ド・レゼルヴをブレンドし、各メゾンのイメージに合った味わいに調合する。

ヴァン・ド・レゼルヴ　Vins de Réserve

前年以前に収穫したブドウから造られ、保存されていた原酒。リザーヴ・ワインともいう。

ティラージュ　Tirage

瓶詰め。アッサンブラージュしたワインをリキュール・ド・ティラージュとともに瓶詰めする。一般に王冠を使用して密封するが、高級品にはコルクで栓をすることもある。

リキュール・ド・ティラージュ
Liqueur de Tirage
原酒に酵母と蔗糖(しょとう)を混ぜたもの。

ドゥジエム・フェルマンタシオン・アン・ブテイユ
Deuxième Fermentation en Bouteille
瓶内二次発酵。瓶詰め時に添加された酵母と蔗糖により、瓶内でアルコール発酵が起こる。発生した炭酸ガスは密閉されているため逃げることができずワインに溶け込んでいく。

マチュラシオン・シュール・リー
Maturation sur Lie
発酵終了後、働きを終えた酵母は澱となり沈殿する。澱は自己分解(オートリゼ)し、アミノ酸を生み出す。これがワイン中に溶け込むことで、ワインに旨味が加わる。

ピュピトル　Pupitre
澱を瓶口に集めるために、ボトルを逆さまに差して並べることのできる穴のあいた板。

ルミュアージュ　Remuage
動瓶。5〜6週間に渡りピュピトルに差した瓶を毎日振動を与えながら8分の1ずつ回転させ、傾けていく。澱を瓶口に集めるための作業。現在では効率的なルミュアージュが可能な**ジロパレット**(Gyroparette)という機械を使用することが多い。

デゴルジュマン　Dégorgement
澱抜き。瓶口をマイナス20℃の塩化カルシウム水溶液(ソミュール液)に漬け、澱の部分を凍らせてから抜栓する。氷に閉じ込められた澱はガス圧により瓶より飛び出す。

ドザージュ　Dosage
デゴルジュマン後に行なうリキュール添加。リキュールに加える蔗糖の量により、シャンパーニュの甘口/辛口が決まる。

リキュール・デクスペディシオン
Liqueur d'Expédition
「門出のリキュール」の意。原酒に蔗糖を加えたもの。ドザージュで使用する。

ブシャージュ　Bouchage
打栓。コルクを打ちミュズレで固定する。

ミュズレ　Muselet
シャンパーニュのコルクを固定する針金。「口を封じる、(犬などに)口籠をはめる」が語源。

セニエ法　Saignée セニエ
シャンパーニュを含むロゼ・ワインの造り方のひとつ。→p022

ブレンド法　Coupage クーパージュ
ロゼ・シャンパーニュは、赤ワインと白ワインを混ぜて造ることが許されている。

.... 用語 ....

ミレジメ　Millésimé
ヴィンテージ・シャンパーニュ。ヴァン・ド・レゼルヴ(リザーヴ・ワイン)を使用しない、良年にのみ造られる。ヴィンテージが記載される。ティラージュ後最低3年の熟成が必要。

ノン・ミレジメ　Non Millésimé
シャンパーニュは通常複数年の原酒を使用するのでヴィンテージは記載できない。ティラージュ後最低15ヵ月の熟成が必要。

グラン・クリュ　Grand Cru
100%に格付けされた17村(p320別表参照)のこと。またグラン・クリュの村の畑や、そこで産出されたブドウから造られたシャンパーニュのことも指す。シャンパーニュを産する村は「エシェル・デ・クリュ(クリュの等級)」があり、それぞれのブドウの取引価格によって80〜100%で格付けがされていた。EUによって1999年にこの制度は廃止されたが、格付は品質の基準として現在も慣例上残っている。

プルミエ・クリュ　Premier Cru

90%以上で格付けされた村のこと。そこで造られたシャンパーニュも指す。

プレスティージュ　Prestige

キュヴェ・ド・プレスティージュ（Cuvée de Prestige）のこと。各メゾンが特別に造った最高級品。ヴィンテージの有無、白やロゼなどさまざまなスタイルがあり、法的な規制はない。

ブラン・ド・ブラン　Blanc de Blancs

「白ブドウから造られた白いシャンパーニュ」の意味。シャルドネだけで造ったものを指す。

ブラン・ド・ノワール　Blanc de Noirs

「黒ブドウから造られた白いシャンパーニュ」の意味。ピノ・ノワールかムニエ種の一種のみ、または両方のブドウを合わせて造る。

メゾン　Maison

メゾン・ド・シャンパーニュ（Maison de Champagne）の略で、シャンパーニュ・メーカーの習慣的な呼称。

────────業態別登録記号────────

N.M.　エヌ・エム

ネゴシアン・マニピュラン（Négociant-Manipulant）。原料ブドウを一部、あるいは全部を外部から購入してシャンパーニュを製造しているメーカー。

C.M.　シー・エム

コーペラティヴ・ド・マニピュラン（Coo-pérative de Manipulant）。生産協同組合。組合員が栽培したブドウで製造販売する。

R.M.　アール・エム

レコルタン・マニピュラン（Récoltant-Manipulant）。自社畑のブドウだけでしかシャンパーニュを生産できないブドウ栽培農家。

M.A.　エム・エー

マルク・ダシュトゥール（Marque d'Acheteur）。レストランやホテルなど顧客の商標で生産されるもの。プライベート・ブランド。

R.C.　アール・シー

レコルタン・コーペラトゥール（Récoltant-Coopérateur）。加入している協同組合から原酒または完成品を買い取り、自社ブランドでシャンパーニュを販売するブドウ栽培農家。

S.R.　エス・アール

ソシエテ・ド・レコルタン（Société de Récoltant）。ブドウを栽培してシャンパーニュを造る同族などで構成されるブドウ栽培農家の団体。

●シャンパーニュの甘口／辛口表示

名称	残留糖度
エクストラ・ブリュット　Extra Brut	0～6g/ℓ
ブリュット　Brut	12g/ℓ未満
エクストラ・セック　Extra Sec	12～17g/ℓ
セック　Sec	17～32g/ℓ
ドゥミ・セック　Demi-Sec	32～50g/ℓ
ドゥー　Doux	50g/ℓ超

◎±3%の許容範囲が認められている。

●ドザージュをしないシャンパーニュの名称一覧

ブリュット・ナチュール　Brut Nature	
パ・ドゼ　Pas Dosé	
ドザージュ・ゼロ　Dosage Zero	

◎これらの用語はドザージュをしていないもののみに使うことができる。正確には残糖量が3g/ℓ未満。

6 フランス(ロワール)

概要

ヴァル・ド・ロワール／ロワール川流域　Val de Loire

フランス中部から北西部のワイン産地で、全長1,000kmを超えるフランス最長のロワール川沿いに広がる。古城が点在する風光明媚な観光地としても有名であり「フランスの庭園」とも呼ばれる。栽培面積約5.5万ha、年間生産量は約268万hℓ。ワインの生産は、ペイ・ナンテ、アンジュー＝ソーミュール、トゥーレーヌ、サントル・ニヴェルネの4地区に大別され、地区ごとにワインのスタイルや使用品種が異なる。
→MAP-9

──────地理(町)──────

ナント　Nantes

ロワール地方ロワール・アトランティック県に属する都市。人口約29万人。ワイン産地ペイ・ナンテ地区の中心地である。付近にはミュスカデなどのA.O.C.がある。

アンジェ　Angers

ロワール地方メーヌ・エ・ロワール県に属する都市。人口約15万人。ワイン産地アンジュー＝ソーミュール地区の中心地である。付近にはサヴニエール、コトー・デュ・レイヨンなどのA.O.C.がある。

トゥール　Tours

ロワール地方アンドル・エ・ロワール県に属する都市。人口約13万人。ワイン産地トゥーレーヌ地区の中心地である。付近にはヴーヴレ、シ

ノン、ブルグイユなどのA.O.C.がある。

産地

┈┈┈ ペイ・ナンテ地区 ┈┈┈

ペイ・ナンテ地区　Pay Nantais

ロワール地方にある4つのワイン産地のうち最も河口寄りに位置する、海洋性気候の地区。ナントを中心に白ブドウが栽培されており、ブドウ栽培面積は約1.3万ha、年間生産量は約70万hℓである。主に辛口白ワインが生産され、シュール・リー製法で造られた辛口白ワインのミュスカデが有名である。

ミュスカデ　Muscadet

ロワール川河口の都市ナントを中心に広く広がるA.O.C.。極辛口のフレッシュで軽やかな白ワインを生産する。澱とワインを一緒に熟成させたシュール・リー製法のものが多く、しばしば微発泡が見られる。品種：(白)ミュスカデ。

ミュスカデ・ド・セーヴル・エ・メーヌ　Muscadet de Sèvre et Maine

ミュスカデの名がつく4つのA.O.C.の中で栽培面積、生産量ともに一番多い。ミュスカデを生産する最良の区域に畑が広がる。2011年にクリッソン(Clisson)、ゴルジュ(Gorges)、ル・パレ(Le Pallet)がA.O.C.の後にコミューン名をつけることが認められた。品種：(白)ミュスカデ。

ミュスカデ・コトー・ド・ラ・ロワール
Muscadet Coteaux de la Loire

1994年に認定されたA.O.C.。品種：(白)ミュスカデ。

ミュスカデ・コート・ド・グランリュー
Muscadet Côtes de Grandlieu

1994年に認定されたA.O.C.。グランリュー湖の周辺に広がり、ブドウの熟し方が早い。品種：(白)ミュスカデ。

.... アンジュー＝ ....
ソミュール地区

アンジュー＝ソミュール地区
Anjou-Saumur

ロワール地方にある4つのワイン産地のうち河口から2番目に位置する、海洋性気候の地区。アンジェを中心に畑が広がり、ブドウ栽培面積は約1万ha、年間生産量は約54万hℓである。シュナン・ブラン種から辛口から甘口の白ワインが、グロロー種からロゼワインが、カベルネ・フランから赤ワインが生産されている。

アンジュー　Anjou

古城で有名なアンジェの周辺に畑が広がる。白ワインは辛口のものと半甘口のものが存在する。品種：(赤)カベルネ・フラン、カベルネ・ソーヴィニヨン、(白)シュナン・ブラン種。

カベルネ・ダンジュー
Cabernet d'Anjou

カベルネ・フラン、カベルネ・ソーヴィニヨンから造られる半甘口のロゼ。この地区の中でブドウ栽培面積、生産量ともに一番多いA.O.C.である。品種：(ロゼ半甘口)カベルネ・フラン、カベルネ・ソーヴィニヨン。

ロゼ・ダンジュー　Rosé d'Anjou

フランスを代表するロゼワインのひとつ。グロロー種から造られ、淡い色で少し甘口である。直接圧搾法とセニエ法の両方で生産したものがある。この地区のロゼワインのA.O.C.は4つあるが、このA.O.C.のみがグロロー種であり、残りはカベルネ・フラン主体である。品種：(ロゼ半甘口)グロロー種。

ソミュール　Saumur

ソミュール付近のロワール川左岸に畑が広がる産地。品種：(赤)カベルネ・フラン、カベルネ・ソーヴィニヨン、(白)シュナン・ブラン種。

ソミュール・シャンピニィ
Saumur Champigny

アンジェの東約50km、ソミュール付近のロワール川左岸に畑が広がる。主にカベルネ・フランから爽やかな赤ワインが生産されている。品種：(赤)カベルネ・フラン、カベルネ・ソーヴィニヨン。

コトー・デュ・レイヨン
Coteaux du Layon

アンジェの南、ロワール川左岸に畑が広がる。シュナン・ブラン種の貴腐または過熟ブドウから、やや酸味の強い甘口ワインが生産されている。品種：(白甘口)シュナン・ブラン種。

カール・ド・ショーム
Quarts de Chaume

コトー・デュ・レイヨンの区画内にある条件のよい畑で別A.O.C.となっている。貴腐または過熟ブドウからやや酸味の強い甘口ワインが生産されている。A.O.C.名にグラン・クリュと付記することができる。品種：(白甘口)シュナン・ブラン種。

ボンヌゾー　Bonnezeaux

コトー・デュ・レイヨンの区画内にある条件のよい畑で別A.O.C.となっている。貴腐または過熟ブドウからやや酸味の強い甘口ワインが生産されている。品種：(白甘口)シュナン・ブラン種。

ショーム　Chaume

コトー・レイヨン・ショーム（Coteaux du

Layon Chaume)が2007年に廃止されてショームとなったが、これも2009年に廃止された。2011年よりA.O.C. コトー・デュ・レイヨン・プルミエ・クリュ・ショーム(Coteaux du Layon Premier Cru Chaume)と名乗れるようになった。品種:(白甘口)シュナン・ブラン種。

サヴニエール　Savennières

アンジェの東約10km、ロワール川右岸にある小さなA.O.C.。シュナン・ブラン種よりしっかりした辛口から甘口の貴腐ワインまでさまざまな白ワインを生産する。ロワール川を挟んで反対側には甘口貴腐ワインを生産するコトー・デュ・レイヨンがある。品種:(白辛口〜甘口)シュナン・ブラン種。

サヴニエール・クーレ・ド・セラン
Savennières Coulée-de-Serrant

サヴニエールの区画内にある条件のよい畑で別A.O.C.となっている。ビオディナミで有名なニコラ・ジョリーという生産者が単独所有するモノポールである。品種:(白)シュナン・ブラン種。

サヴニエール・ロッシュ・オー・モワンヌ
Savennières Roche-aux-Moines

サヴニエールの区画内にある条件のよい畑で別A.O.C.である。品種:(白)シュナン・ブラン種。

ロゼ・ド・ロワール　Rosé de Loire

この地方で生産されているフルーティーなロゼワインで、生産地区はアンジュー=ソーミュール地区とトゥーレーヌ地区にまたがっている。品種:(ロゼ)カベルネ・フラン、カベルネ・ソーヴィニヨン。

クレマン・ド・ロワール
Crémant de Loire

この地方で生産される爽やかなスパークリングワインで、瓶内二次発酵方式で生産されている。生産地区はアンジュー=ソーミュール地区とトゥーレーヌ地区にまたがっている。品種:(ロゼ)カベルネ・フラン、カベルネ・ソーヴィ

ニヨン、(白)シュナン・ブラン種。

………トゥーレーヌ地区………

トゥーレーヌ地区　Touraine

ロワール地方にある4つのワイン産地のうち河口から3番目に位置する。トゥールを中心に畑が広がり、海洋性気候と大陸性気候に分かれる。付近には中世からの古城が建ち並び、風光明媚なところでもある。ブドウ栽培面積は約1.5万ha、年間生産量は約75万hlである。シュナン・ブラン種からは辛口〜甘口の白ワインが、カベルネ・フランからは赤ワインが生産されている。

シュヴェルニイ　Cheverny

この地区で一番上流寄りにあるA.O.C.。白ワインの主要品種はシュナン・ブラン種ではなくソーヴィニョン・ブラン種。品種:(赤・ロゼ)ピノ・ノワール、(白)ソーヴィニョン・ブラン種。

クール・シュヴェルニイ
Cour-Cheverny

シュヴェルニイで生産される白ワインだが、ソーヴィニョン・ブラン種ではなく、この地方でわずかに栽培されている土着品種であるロモランタン種から生産される。A.O.C. シュヴェルニイとともに1993年にA.O.C.となった。品種:(白)ロモランタン種。

トゥーレーヌ　Touraine

トゥールの東側に広く畑が広がる。この地区のA.O.C.の中で栽培面積、生産量ともに最大である。白ワインは大半が辛口。品種:(赤・ロゼ)カベルネ・フラン、カベルネ・ソーヴィニョン、ガメイ種、(白辛口〜甘口)ソーヴィニョン・ブラン種。

ブルグイユ　Bourgueil

シノンとロワール川を挟んで反対側の右岸に畑が広がる。シノンとほぼ同じスタイルだが、よ

Ⅱ

6

フランス ― ロワール

り骨格のしっかりした赤ワインを生産する。品種：(赤・ロゼ)カベルネ・フラン。

サン・ニコラ・ド・ブルグイユ
Saint-Nicolas-de-Bourgueil

ブルグイユの北西部に広がる産地。ブルグイユとよく似ているが、やや軽めの赤ワインに仕上がる。品種：(赤・ロゼ)カベルネ・フラン。

シノン　Chinon

トゥールから西へ約40km、ロワール川支流のヴィエンヌ川沿いに畑が広がる。生産量のほとんどはカベルネ・フランから造られる華やかな香りの赤ワイン。品種：(赤・ロゼ)カベルネ・フラン、(白)シュナン・ブラン種。

モンルイ・シュル・ロワール
Montlouis-sur-Loire

トゥールのすぐ東側に畑が広がる小さなA.O.C.。2002年にA.O.C.モンルイから名称変更された。品種：(白辛口～甘口)シュナン・ブラン種。

ヴーヴレ　Vouvray

トゥールの東約10km、ロワール川右岸に畑が広がる産地。シュナン・ブラン種から造られる半辛口ワインが一般的だが、辛口から貴腐ワインまでさまざまな白ワインを生産する。一般にブドウの熟度が低い年には辛口が多く生産され、熟度が高い年には甘口が生産される。品種：(白辛口～甘口)シュナン・ブラン種。

ヴーヴレ・ムスー　Vouvray Mousseux

ヴーヴレで生産される発泡性ワイン。瓶内二次発酵方式により生産され、12ヵ月以上の熟成が義務づけられている。品種：(白)シュナン・ブラン種。

ジャスニエール　Jasnières

トゥールから北へ約50kmの丘陵地帯に畑が広がる小さなA.O.C.。品種：(白)シュナン・ブラン種。

オルレアン　Orléans

トゥールから北東に約100km、この地区の中では最もロワール川上流に位置するA.O.C.。ムニエ種から赤とロゼを、シャルドネから白を造る。資料によってはサントル・ニヴェルネ地区に分類されていることもある。A.O.C.オルレアン・クレリ(Orléans-Clery)とともに2006年に認定された比較的新しいA.O.C.である。品種：(ロゼ・赤)ムニエ種、(白)シャルドネ。

ヴァランセ　Valençay

トゥールから南東のブルジェ方面に約50kmのあたりに畑が広がる。同名の有名なシェーヴルチーズと同じ産地に2004年に認定された比較的新しいA.O.C.である。白はソーヴィニョン・ブラン種から造られる。また赤とロゼはガメイ種、ピノ・ノワール、コット種の3品種を必ずブレンドしなくてはいけない。品種：(赤・ロゼ)ガメイ種、ピノ・ノワール、コット種、(白)ソーヴィニョン・ブラン種。

………… サントル・ ニヴェルネ地区 …………

サントル・ニヴェルネ地区
Centre Nivernais

ロワール地方にある4つのワイン産地のうち最も上流、まさにフランスの中心部に位置する。主にブルジェの東側に畑が広がり大陸性気候である。ブドウ栽培面積は約0.3万ha、年間生産量は約19万hℓと他地区に比べて少ない。ほとんどがソーヴィニョン・ブラン種から生産される辛口の白ワインだが、ピノ・ノワールから赤ワインも少量生産されている。

プイイ・フュメ　Pouilly Fumé

サンセールとロワール川を挟んで反対側の右岸に畑が広がるA.O.C.。**シレックス**と呼ばれるケイ酸質のれき岩の土壌からスモーキーで火打ち石のような香りの白ワインが生産されている。サンセールとよく似たワインだが、より香り高いことが多い。品種：(白)ソーヴィニョン

・ブラン種。

プイイ・シュル・ロワール
Pouilly-sur-Loire
A.O.C.プイイ・フュメと同じ産地だが、品種がシャスラ種100%である。品種：(白)シャスラ種。

サンセール　Sancerre
ロワール川の上流、ブールジュの東に畑が広がる。サンセールは町の名前でもあり眺めのよい小高い丘の上に集落があり、周辺の傾斜地が畑となっている。ボルドー地方のグラーヴ地区と並んでフランスで最も有名なソーヴィニヨン・ブラン種の産地で、シレックス土壌からスモーキーな香りのワインが生産されている。プイイ・フュメとよく似たワインだがより力強いことが多い。ピノ・ノワールを用いた赤とロゼワインもわずかに生産されている。品種：(赤・ロゼ)ピノ・ノワール、(白)ソーヴィニヨン・ブラン種。

メヌトゥー・サロン　Menetou-Salon
ブールジュとサンセールの間にあるA.O.C.。ワインのスタイルはサンセールとほぼ同じである。品種：(赤・ロゼ)ピノ・ノワール、(白)ソーヴィニヨン・ブラン種。

カンシー　Quincy
ブールジュの西側にある小さなA.O.C.で、ルイイと並びこの地区のA.O.C.の中では最もロワール川から離れたところに畑が広がる。品種：(白)ソーヴィニヨン・ブラン種。

ルイイ　Reuilly
ブールジュの西側にあるこの地区で最も小さなA.O.C.である。カンシーと並びこの地区のA.O.C.の中では最もロワール川から離れたところに畑が広がる。品種：(赤・ロゼ)ピノ・ノワール、(白)ソーヴィニヨン・ブラン種。

コトー・デュ・ジェノワ
Coteaux du Giennois
ブールジュの北東約70km、この地区の中では最もロワール川下流に位置するA.O.C.。白はソーヴィニヨン・ブラン種使用だが、赤とロゼはガメイ種とピノ・ノワールを必ずブレンドしなくてはいけない。品種：(赤・ロゼ)ガメイ種、ピノ・ノワール、(白)ソーヴィニヨン・ブラン種。

7……フランス(ローヌ)

概要

コート・デュ・ローヌ地方
Côtes-du-Rhône

フランス南東部のワイン産地。ローヌ、ロワール、アルデッシュ、ドローム、ヴォクリューズ、ガールの6県にまたがり、リヨンの南約30kmのヴィエンヌ付近からアヴィニョン南部の地中海沿岸付近まで南北約200kmにわたってローヌ川の両岸に産地が広がる。A.O.C.ワイン用のブドウ栽培面積は約7万2,000ha、年間生産量は約330万hℓ。ボルドーに次ぐフランス第2のA.O.C.ワインの産地であり、赤ワインを主体に生産している。ここは南北2つの地域に分けられ、北部は比較的高品質で高価なワインを中心に多くは単一品種でワインを生産。一方、南部は生産量の多さが特徴でこの地方で造るワインの95%を占め、ワインは複数品種のブレンドが主体である。→**MAP-7**

―――――地理(河川)―――――

ローヌ川　Rhône

コート・デュ・ローヌ地方を南北に流れる川。スイスに源を発し、リヨンでソーヌ川と合流、そこから南に下って地中海に注ぐ。コート・デュ・ローヌ地方のワイン産地はこの川の両岸に広がっている。

―――――地理(町)―――――

ヴィエンヌ　Vienne

イゼール県に属する、コート・デュ・ローヌ地方北部の代表的な都市である。人口は約3万人。すぐ南にはコート・ロティ、コンドリューなどこの地方の有名A.O.C.がある。

ヴァランス　Valence

ドローム県に属する、コート・デュ・ローヌ地方北部の代表的な都市である。人口は約6万2,000人。すぐ北にはコルナスやエルミタージュなど、この地方の有名A.O.C.がある。

ディー　Die

ドローム県に属する小さな村で、人口約5,000人。ローヌ川の東岸から約60km離れた山中にある。付近では発酵途中のワインを瓶に詰めて密閉し、残りの発酵を瓶内で継続する**田舎方式**と呼ばれる方法で造られる発泡性ワインが生産されている。

モンテリマール　Montélimar

ドローム県に属する都市で、人口約3万5,000人。コート・デュ・ローヌ地方北部と南部をへだてる都市であり、この付近にはブドウ畑は見られない。

アヴィニョン　Avignon

ヴォクリューズ県に属するコート・デュ・ローヌ地方南部の代表的な都市である。人口は約9万人。付近にはシャトーヌフ・デュ・パプ、タヴェル、ジゴンダスといった有名A.O.C.が多数ある。14世紀にはローマ法王庁はローマからアヴィニョンに移されていた。

―――――用語―――――

ミストラル　Mistral

プロヴァンス地方、コート・デュ・ローヌ地方南部など地中海沿岸地域一帯で、ローヌ川の谷

間から地中海に向かって強く吹きつける冷たく乾いた北風のこと。この地方のブドウの生育に重要な影響を与える。

産地

コート・デュ・ローヌ　Côtes du Rhône

コート・デュ・ローヌ地方全体に認められている呼称。A.O.C.コート・デュ・ローヌだけで、コート・デュ・ローヌ地方全体のワイン生産量の約半分を占める。その範囲は3万1,926haにおよぶが、実際は大半は南部で造られている。ヴィラージュものは規制が厳しく、20のコミューン（村）がその名を併記できる。赤ワインが主体だが白ワインも産する。品種：（赤・ロゼ）グルナッシュ種、シラー種、ムールヴェードル種主体、（白）グルナッシュ・ブラン種、クレレット種主体。→MAP-7

・・・・・・・・・・・・・・・・ 北部地区 ・・・・・・・・・・・・・・・・

セプタントリオナル　Septentrional

フランス語で「北の」を意味する形容詞。ワインで用いられる時はコート・デュ・ローヌ地方北部の産地を意味する。リヨンの南約30kmのヴィエンヌからモンテリマールの北約30kmの辺りまで、南北約120kmに渡ってローヌ川沿いに細長く続く産地。赤ワインはシラー種、白ワインはヴィオニエ種、マルサンヌ種、ルーサンヌ種などを用い、南部に比べて高品質で高価なワインが生産される。

コート・ロティ　Côte-Rôtie

エルミタージュとともにこの地方を代表する銘醸ワイン。「焼けた丘」という意味で、この地方最北端に位置し、ヴィエンヌの南約5kmのローヌ川西岸の急斜面に畑が広がる。シラー種から赤ワインのみを生産し、法律上は20%まで

ヴィオニエ種をブレンドすることが可能。華やかな香りがする赤ワインとなる。土壌によって石灰質で白色がかったコート・ブロンド（Côte Blonde）と、酸化鉄の混じった粘土質で褐色のコート・ブリュンヌ（Côte Brune）の2つに分けられる。品種：（赤）シラー種。

コンドリュー　Condrieu

この地方北部を代表する白ワイン。ヴィエンヌの南約10kmのローヌ川西岸の急斜面に、畑が広がる。華やかでエキゾチックな香りを特徴とし、酸味が丸く非常に味わい豊かなワイン。ヴィオニエ種は収量が少ない品種のため、比較的高価なワインとなる。なお、ヴィオニエ種100%というA.O.C.ワインはこのコンドリューとシャトー・グリエの2つしかない。品種：（白）ヴィオニエ種。

シャトー・グリエ　Château-Grillet

コンドリューの区画内にある、単一畑だが単独のA.O.C.。非常に小さなA.O.C.で、3.8haしかない（フランス最小のA.O.C.はブルゴーニュのラ・ロマネで0.85ha）。フランソワ・ピノーが単独所有するモノポールである。品種：（白）ヴィオニエ種。

サン・ジョセフ　Saint-Joseph

コンドリューのすぐ南からコルナスの北までローヌ川西岸に畑が広がるA.O.C.。大半は赤で、力強く繊細なワインとなる。品種：（赤）シラー種（ルーサンヌ種、マルサンヌ種を10%まで使用可能）、（白）ルーサンヌ種、マルサンヌ種。

クローズ・エルミタージュ
Crozes-Hermitage

エルミタージュを取り囲むようにしてある産地で、北部では最も大きなA.O.C.。品種やワインのスタイルはエルミタージュとほぼ同一であるが、より軽めの若飲みタイプのワインである。ヴァン・ド・パイユの生産は認められていない。品種：（赤）シラー種（ルーサンヌ種、マルサンヌ種を15%まで使用可能）、（白）ルーサンヌ種、マルサンヌ種。

Ⅱ

7

フランス─ローヌ

エルミタージュ　Hermitage

この地方を代表する銘醸ワインのひとつであり、ローヌ川東岸、タン・レルミタージュ付近の大きな丘の南側急斜面に畑が広がる。赤ワインはこの地方のワインで最も男性的で力強いといわれ、スパイスの香りが強い。法律上は赤ワインに白ブドウをブレンドすることが可能だが、実際に用いられることはあまりない。藁のむしろの上で陰干しにしたブドウから甘口白ワインである**ヴァン・ド・パイユ**Vin de Paille も少量生産されている。品種：(赤)シラー種(ルーサンヌ種、マルサンヌ種を15%まで使用可)、(白・藁)ルーサンヌ種、マルサンヌ種。

コルナス　Cornas

ローヌ川西岸、サン・ペレの近くの急斜面に畑が広がる小さなA.O.C.。シラー種100%から非常にタンニンが強く、フルボディの赤ワインが生産されている。この地方でシラー種100%が義務づけられているA.O.C.はここだけで、他の赤ワインは白ブドウとのブレンドが認められている。品種：(赤)シラー種。

サン・ペレイ　Saint-Péray

サン・ジョゼフの南にある白ワインのみの産地だが、その3分の1が発泡性ワインのA.O.C.サン・ペレイ・ムスー(Saint-Péray Mousseux)となる。品種：(白)ルーセット種、マルサンヌ種。

クレレット・ド・ディー　Clairette de Die

ローヌ川東岸より約60km離れた山中のディー村付近で生産される発泡性ワイン。クレレット種100%で瓶内二次発酵方式で造られる。また発酵途中のワインを瓶に詰めて密閉し、残りの発酵を瓶内で継続する田舎方式で造られる**クレレット・ディー・メトード・ディオワーズ・アンセストラル**(Clairette de Die Méthode Dioise Ancestrale、ミュスカ種主体)もある。品種：(白の発泡)クレレット種。

クレマン・ド・ディー　Crémant de Die

クレレット・ド・ディーと同地区でクレレット種、ミュスカ種、アリゴテ種から瓶内二次発酵方式で造られる。

·········· 南部地区 ··········

メリディオナル　Méridional

フランス語で「南の」を意味する形容詞。ワインで用いられる時はコート・デュ・ローヌ地方南部の産地を意味する。モンテリマールからアヴィニョン南部の地中海沿岸付近まで、南北約80kmにわたってほぼローヌ川沿いに産地が広がる。赤・白ともにグルナッシュ種を主体とした多数の品種のブレンドでワインが生産される。北部に比べて生産量が多く、この地方のワインの95%を生産する。南フランスにおいてグルナッシュ種と表記した場合、グルナッシュ・ノワール種、グルナッシュ・グリ種、グルナッシュ・ブラン種の3つを含む場合がある。

ヴァンソーブル　Vinsobres

2006年に認定されたA.O.C.である。品種：(赤)グルナッシュ種、シラー種、ムールヴェードル種主体。

ラストー　Rasteau

かつてV.D.N.のみのA.O.C.だったが、2010年に赤のスティルワインもA.O.C.に認定された。V.D.N.の白はミュスカ・ド・ボーム・ド・ヴニーズに似たタイプ、赤ワインはブラックベリーのジャムの風味が詰まったタイプで、「ランシオ」という酸化熟成させたものもある。品種：(赤・白・ロゼ)グルナッシュ種主体。

ジゴンダス　Gigondas

ローヌ川東岸、シャトーヌフ・デュ・パプよりも東側でややローヌ川から離れたところに畑が広がる。シャトーヌフ・デュ・パプとよく似た豊かな果実味のワインだが、より安価であることが多い。品種：(赤・ロゼ)グルナッシュ種、シラー種、ムールヴェードル種主体。

ボーム・ド・ヴニーズ
Beaumes de Venise

2005年に認定された比較的新しいA.O.C.である。品種：(赤)グルナッシュ種、シラー種主体。

ミュスカ・ド・ボーム・ド・ヴニーズ
Muscat de Beaumes-de-Venise

強いマスカットのフレーヴァーを持ち、爽やかでフレッシュな天然甘口ワイン(V.D.N.)。「ミュスカの王様」の異名を持つ。品種：(白のV.D.N.)ミュスカ種。

ヴァケイラス　Vacqueyras

ジゴンダス南西に位置する産地。1990年にA.O.C.に昇格した。赤・白・ロゼを産する。品種：(赤・ロゼ)グルナッシュ種、シラー種、ムールヴェードル種主体、(白)グルナッシュ・ブラン種、クレレット種主体。

シャトーヌフ・デュ・パプ
Châteauneuf-du-Pape

アヴィニョンの北約10kmのローヌ川東岸に広がる産地で、南部で最も有名なワインを生産する。「法王の新しい城」という意味。比較的平坦な地形、ガレと呼ばれる丸い小石の多い特徴的な土壌が有名。赤・白ともに生産されているが、ほとんどが赤ワインであり、濃厚な果実味を特徴とする。白ワインは少量だが水準が高い。品種：(赤)グルナッシュ種主体のブレンドで、黒ブドウと白ブドウを合わせて13品種が認可されている、(白)ルーサンヌ種など。

リラック　Lirac

ローヌ川右岸に位置する産地。赤ワインとロゼワインが主体、白ワインは少量造られる。品種：(赤・ロゼ)グルナッシュ種、シラー種、ムールヴェードル種主体、(白)クレレット種主体。

タヴェル　Tavel

アヴィニョンの西約10km、ローヌ川西岸に畑が広がる、辛口のロゼワインのみを生産する珍しいA.O.C.。セニエ法で生産されるため色の濃いしっかりしたロゼワインとなる。18世紀に

はルイ14世のお気に入りだったといわれる。品種：(ロゼ)グルナッシュ種主体。

グリニャン・レ・ザデマール
Grignan-les-Adhémar

ローヌ川左岸の標高の高い位置にあるA.O.C.。赤が主体で、ロゼと少量の白を産する。2010年、コトー・デュ・トリカスタン(Coteaux du Tricastin)より名称変更した。品種：(赤・ロゼ)グルナッシュ種、シラー種主体、(白)グルナッシュ・ブラン種、クレレット種主体。

ヴァントゥー　Ventoux

コート・デュ・ローヌ南部の南東部、7,700haの広大な産地。2008年、コート・デュ・ヴァントー(Côtes du Ventoux)より名称変更した。赤ワインが主体でロゼ・白も造られる。品種：(赤・ロゼ)グルナッシュ種、シラー種主体、(白)クレレット種、ブールブーラン種主体。

リュベロン　Lubéron

プロヴァンスとの境にある3,700haという広大な産地。1988年にA.O.C.昇格を果たした。複数品種の使用が義務づけられている。品種：(赤・ロゼ)グルナッシュ種、シラー種、ムールヴェードル種主体、(白)グルナッシュ・ブラン種、クレレット種主体。

コート・ド・ヴィヴァレ
Côtes du Vivarais

中央高地の南東に位置するA.O.C.。爽やかなワインができる。品種：(赤・ロゼ)グルナッシュ種、シラー種主体　(白)：グルナッシュ・ブラン種主体。

デュシェ・デュゼス　Duché-d'Uzès

2013年認定された新しいA.O.C.。ローマ時代に架けられた水道橋ポン・デュ・ガールの水源があることで有名。品種：(赤・ロゼ)グルナッシュ種、シラー種主体　(白)：グルナッシュ・ブラン種、ヴィオニエ種主体。

コスティエール・ド・ニーム
Costières de Nîmes

ローヌ地方で最南に位置するA.O.C.。日照が豊かなことに加え、乾燥しがちだが、午後に流れ込む海風のため昼夜の寒暖差ができ、ブドウの成熟には最適とされる。品種：(赤・ロゼ)グルナッシュ種、シラー種、ムールヴェードル種主体 (白)：グルナッシュ・ブラン種、ヴィオニエ種。

ケランヌ　Cairanne

ローヌ地方に位置する2016年認定の新しいA.O.C.。ラストーとサン・セシルの間に位置する。品種：(赤・ロゼ)グルナッシュ種、シラー種 (白)：グルナッシュ・ブラン種、ヴィオニエ種。

8 … フランス(南仏)

プロヴァンス

概要

プロヴァンス地方　Provence

フランス南東部のワイン産地で、マルセイユからニースにいたる地中海沿岸に広がる、フランスで最もワイン生産の歴史が古い産地である。ブドウ栽培面積は3万8,100ha、年間生産量は約181万hℓで、A.O.C.およびI.G.P.ワイン用のブドウ栽培面積は約2万8,100ha、年間生産量は約127万hℓである。生産量の約70%はロゼワインが占め、この付近の陽光あふれるリゾート地の人気名産品となっている。

産地

ベレ　Bellet

ニースの北西約5kmの丘陵地帯に畑が広がる。ニース近郊にある唯一のA.O.C.である。品種:(赤・ロゼ)、ブラケット種、フエラ・ネラ種主体、(白)ヴェルメンティーノ(ロール)種主体。

コート・ド・プロヴァンス
Côtes de Provence

プロヴァンス地方のA.O.C.。この地方で最も大きなA.O.C.で全栽培面積の70%を占める。生産量の約89%はロゼワインである。品種:(赤・ロゼ)グルナッシュ種、ムールヴェードル種、サンソー種ほか、(白)クレレット種、セミヨン種、ユニ・ブラン種ほか。

コート・ド・プロヴァンス・フレジュ
Côtes de Provence Fréjus

コート・ド・プロヴァンスで最東に位置する。プロヴァンス地方の中では比較的降雨量が多い。2005年に認定されたA.O.C.。13haとこの地方で最も小さい。品種:(赤・ロゼ)グルナッシュ種、シラー種、サンソー種ほか。

コトー・ヴァロワ・アン・プロヴァンス
Coteaux Varois en Provence

1993年に認定されたA.O.C.。品種:(赤・ロゼ)グルナッシュ種、サンソー種、ムールヴェードル種、(白)クレレット種、グルナッシュ・ブラン種、セミヨン種ほか。

ピエールヴェール　Pierrevert

1998年に認定されたA.O.C.である。品種:(赤・ロゼ)グルナッシュ種、シラー種ほか、(白)グルナッシュ・ブラン種、ヴェルメンティーノ種、ユニ・ブラン種。

バンドール　Bandol

トゥーロンの西約20kmにある港町で、街の北側に畑が広がる。この地方で最良のワインを生産する。赤ワインはムールヴェードル種を50%以上用い、樽熟成は18ヵ月以上行なう。品種:(赤・ロゼ)ムールヴェードル種主体、(白)クレレット種主体。

カシス　Cassis

マルセイユ近郊に畑が広がる。生産量の約70%は白ワインで、この地方の郷土料理ブイヤベースとの相性がとくに有名である。フランス語の文法上の発音はカシだが、現地ではカシスという。品種:(赤・ロゼ)サンソー種、グルナッシュ種、ムールヴェードル種主体、(白)クレレッ

ト種、マルサンヌ種ほか。

コート・ド・プロヴァンス・サント・ヴィクトワール
Côtes de Provence Sainte-Victoire

プロヴァンス地方の有名な山サント・ヴィクトワールの名前を冠する。2005年に認定された赤とロゼのA.O.C.。生産量の約80%はロゼワインである。品種：(赤・ロゼ)グルナッシュ種、シラー種、サンソー種ほか。

パレット　Palette

プロヴァンス地方の中心都市のひとつエクス・アン・プロヴァンス近郊に位置する、約36haのA.O.C.である。シャトー・シモーヌという優れた生産者が、赤・白・ロゼともにバランスの取れたワインを生産している。品種：(赤・ロゼ)グルナッシュ種、サンソー種、ムールヴェードル種ほか、(白)クレレット種、ユニ・ブラン種ほか。

コトー・デクス・アン・プロヴァンス
Coteaux d'Aix-en-Provence

プロヴァンス地方の中心都市のひとつ、エクス・アン・プロヴァンスの周辺に広く畑が広がる。この地方ではコート・ド・プロヴァンスに次いで面積の広いA.O.C.である。生産量の84%はロゼワイン。品種：(赤・ロゼ)グルナッシュ種、ムールヴェードル種、サンソー種ほか、(白)ブールブーラン種、クレレット種、グルナッシュ・ブラン種ほか。

レ・ボー・ド・プロヴァンス
Les Baux de Provence

有名な廃墟の観光地、レ・ボーの周辺に畑が広がる。1995年に赤が、2011年に白が認定されたA.O.C.である。品種：(赤・ロゼ)グルナッシュ種、シラー種、ムールヴェードル種ほか、(白)クレレット種、グルナッシュ・ブラン種、ヴェルメンティーノ種ほか。

コート・ド・プロヴァンス・ラ・ロンド
Côtes-de-Provence La Londe

地中海に面し、日照に恵まれた場所に位置する。2008年に認定されたA.O.C.。品種：(赤・ロゼ)グルナッシュ種、ムールヴェードル種、シラー種、サンソー種ほか。

コート・ド・プロヴァンス・ピエールフー
Côtes-de-Provence Pierrefeu

南部をモール山、北部を石灰岩の大地によって区切られる。2013年に認定された、比較的新しいA.O.C.。品種：(赤)グルナッシュ種、シラー種、ムールヴェードル種ほか、(ロゼ)サンソー種ほか。

コルシカ

概要

コルシカ島　Corse

イタリアとの国境近くに位置するフランス領の島。フランスで最も南に位置し、古い伝統を持つワイン産地である。フランス本土よりも雨が少なく日照量に恵まれている。島全体が山の多い地形であり、さまざまな地勢からバラエティに富んだワインが生産されるが、大部分の畑は島の東側の平野部にある。A.O.C.ワイン用のブドウ栽培面積は0.3万ha、年間生産量は約11万hℓであり、主に赤ワインとロゼワインが生産されている。

産地

ミュスカ・デュ・カップ・コルス
Muscat du Cap Corse

カップ・コルスとはコルシカ島最北端にある岬の名前。畑は岬より南寄りに点在する。強いマ

スカットのフレーヴァーを持ち、爽やかでフレッシュな天然甘口ワイン（V.D.N.）を産する。品種：（白のV.D.N.）ミュスカ種。

パトリモニオ　Patrimonio
コルシカ島北部の都市バスティアの西約10kmに畑が広がる。ニエルキオ種から造られる赤ワインがとくに有名で、この島最良のワインとされる。品種：（赤・ロゼ）ニエルキオ種ほか、（白）ヴェルメンティーノ種ほか。

ヴァン・ド・コルス／コルス
Vin de Corse / Corse
コルシカ島で最も一般的なA.O.C.ワイン。畑は島の東側の平野部に集中している。生産量の約50%はロゼワインである。品種：（赤・ロゼ）ニエルキオ種、シャカレッロ種、グルナッシュ種ほか、（白）ヴェルメンティーノ種ほか。

アジャクシオ　Ajaccio
コルシカ島南西部にあるこの島最大の都市の名前であり、都市の周りに広く畑が広がる。シャカレッロ種から造られる赤ワインが有名である。品種：（赤・ロゼ）スキアカレロ種ほか、（白）ヴェルメンティーノ種ほか。

ラングドック＝ルーション

........................概要........................

ラングドック＝ルーション地方
Languedoc-Roussillon
地中海沿岸に広がるフランス最大のワイン産地であり、ラングドック地方とルーション地方に分かれる。フランス産ヴァン・ド・ターブルの大半とヴァン・ド・ペイの約半分がこの地方で生産されている。A.O.C.ワイン用のブドウ栽培面積は約5万0,800ha、年間生産量は約174万hℓである。

カルカッソンヌ　Carcassonne
1997年にユネスコの世界遺産に登録された内陸の町で、かつてスペインからの交通の要所であった。ヨーロッパでも最大規模といわれる城壁がある。

ボンボンヌ　Bonbonne
主にルーション地方にてV.D.N.の熟成に使われるガラス瓶。この地方のランシオ（Rancio）と呼ばれるV.D.N.などの熟成に使われる。

.... ラングドック地方 ....

ラングドック地方　Languedoc
ラングドック＝ルーション地方の中で、東側のガール県、エロー県に属する産地。ヴァン・ド・ターブルやヴァン・ド・ペイの大産地であるが、昨今はA.O.C.ワインの生産も増えている。赤・ロゼワインの生産比率が78%と高い。

フロンティニャン　Frontignan
ラングドック地方のV.D.N.とV.d.L.のA.O.C.。ヴァン・ド・フロンティニャン（Vin de Frontignan）、ミュスカ・ド・フロンティニャン（Muscat

de Frontignan)ともいう。品種：(白のV.d.L. /
V.D.N.)ミュスカ種。

ラングドック　Languedoc

ラングドックとルーションの全域をカバーする
レジョナルのA.O.C.。2007年にA.O.C.コトー
・デュ・ラングドック(Coteaux du Languedoc)
から名称変更された。ただし2012年までは古
い名称を使用することもできた。近年、ラング
ドックで推し進められているA.O.C.の階層化
の中で一番下の位に値する。品種：(赤・白・ロ
ゼ)グルナッシュ種主体のブレンド。

グラン・ヴァン・デュ・ラングドック
Grands Vins du Languedoc

近年、ラングドックで推し進められている
A.O.C.の階層化の中で上から2番目のヒエラ
ルキーに値する。認定されているA.O.C.はテ
ロワールや品種の多様性を反映し、明確な個性
を持つ。また単独で名乗れるコミューン以外
に、秀逸な12のコミューン(村)が、ラングドック
の後にそのコミューン名を付記することが認
められている。

クリュ・デュ・ラングドック
Crus du Languedoc

A.O.C.の階層化の最高位に値する。認定され
たA.O.C.はテロワールの個性が表現された味
わいであることに加え、その生産条件や収量条
件が最も厳しい。

ラ・クラープ　La Clape

ナルボンヌ近郊に位置し、フランスの中でも日
照量の多い産地のひとつとして知られる。品
種：(赤)グルナッシュ種、ムールベードル種、
シラー種ほか、(白)：ブールブラン種、グルナ
ッシュ・ブラン種ほか。

テラス・デュ・ラルザック
Terrasses du Larzac

モンペリエの北西に位置し、ラルザック台地の
麓に広がる。比較的新しいA.O.C.で2014年認
定。品種：(赤)グルナッシュ種、ムールベード

ル種、シラー種ほか(これら2品種を含む、3品
種以上のブレンドである必要がある)。

フォジェール　Faugères

ラングドック地方のA.O.C.。クリュ・ラングド
ック地中海沿いの都市ベジエの北側に畑が広が
る。以前は赤ワインとロゼワインのみのA.
O.C.だったが、2005年に白ワインが新たに認
定された。品種：(赤・ロゼ)グルナッシュ種主
体のブレンド、(白)グルナッシュ・ブラン種、
マルサンヌ種、ルーサンヌ種主体のブレンド。

サン・シニアン　Saint-Chinian

ラングドック地方のA.O.C.。クリュ・ラングド
ック地中海沿いの都市ベジエの西側に畑が広が
る。以前は赤とロゼのみのA.O.C.だったが、
2005年に白ワインが新たに認定された。品種：
(赤・ロゼ)グルナッシュ種主体のブレンド、
(白)グルナッシュ・ブラン種主体のブレンド。

ミネルヴォワ　Minervois

ラングドック地方のA.O.C.。クリュ・ラングド
ックトゥールーズの東約100kmに畑が広がり、
付近のミネルヴという村はフランスで最も美し
い村のひとつに認定されている。品種：(赤・ロ
ゼ)グルナッシュ種、シラー種、ムールヴェード
ル種主体のブレンド、(白)グルナッシュ・ブラ
ン種、ブールブラン種主体のブレンド。

カバルデス　Cabardès

ラングドック地方のA.O.C.。クリュ・ラングド
ック・カルカッソンヌの北側に畑が広がる。以
前はA.O.V.D.Q.S.コート・ド・カバルデスだ
ったが1999年にA.O.C.に昇格した。品種：
(赤・ロゼ)グルナッシュ種、シラー種で40%以
上、カベルネ・ソーヴィニヨン、カベルネ・フ
ラン、メルロで40%以上。

マルペール　Malpère

ラングドック地方のA.O.C.。ナルボンヌの西
約70km、リムーと並んでこの地方で最も西側
で内陸部に位置するA.O.C.である。2007年に
A.O.V.D.Q.S.コート・ド・ラ・マルペールから

096

A.O.C.に昇格した。品種：(赤・ロゼ)メルロ、カベルネ・フラン主体のブレンド。

クレマン・ド・リムー
Crémant de Limoux

ラングドック地方のA.O.C.。生産地区はリムーと同じだが、瓶内二次発酵方式で生産される発泡性ワイン。熟成12ヵ月以上が義務づけられている。品種：(白の発泡)シャルドネ、シュナン・ブラン種主体のブレンド。

ブランケット・ド・リムー
Blanquette de Limoux

ラングドック地方のA.O.C.。生産地区はリムーと同じだが、瓶内二次発酵方式で生産される発泡性ワイン。熟成9ヵ月以上が義務づけられている。品種：(白の発泡)モーザック種主体のブレンド。

リムー・メトード・アンセストラル／ブランケット・メトード・アンセストラル
Limoux Méthode Ancestrale / Blanquette Méthode Ancestrale

ラングドック地方のA.O.C.。生産地区はリムーと同じだが、発酵途中のワインを瓶に詰めるリュラル(田舎)方式によって生産される半甘口の発泡性ワイン。リムーはフランスで最も古い発泡性ワインの産地といわれる。品種：(白の発泡)モーザック種100％。

リムー　Limoux

ラングドック地方のA.O.C.。ナルボンヌの西約70km、この地方で最も西側で内陸部に位置する。品種：(赤)メルロ主体のブレンド、(白)モーザック種、シャルドネ主体のブレンド。

コルビエール　Corbières

ラングドック地方、ナルボンヌの西側に畑が広がるこの地方最大のA.O.C.。生産量の約93％は赤ワインである。赤・ロゼ・白ともに2品種以上をブレンドして生産される。品種：(赤・ロゼ)カリニャン種、グルナッシュ種主体のブレンド、(白)ブールブーラン種、クレレット種、

グルナッシュ・ブラン種主体のブレンド。

フィトゥー　Fitou

ラングドック地方のA.O.C.。ナルボンヌとペルピニャンの中間地点にある小さなA.O.C.。しっかりした赤ワインが生産されている。収穫翌年の4月15日まで熟成が義務づけられている。品種：(赤)カリニャン種、グルナッシュ種主体のブレンド。

········· ルーション地方 ·········

ルーション地方　Roussillon

ラングドック＝ルーション地方の中で、西側のスペイン国境付近の地中海沿岸に広がる産地。天然甘口ワイン(V.D.N.)の大産地である。

リヴザルト　Rivesaltes

ルーション地方のA.O.C.。酸化の環境で熟成させたもの、還元の環境で熟成させたものなど合計3タイプの熟成方法が存在する。品種：(赤のV.D.N.)グルナッシュ主体のブレンド、(白のV.D.N.)グルナッシュ・ブラン主体のブレンド。なおミュスカ種を使用したV.D.N.は独立したA.O.C.ミュスカ・ド・リヴザルト(Muscat de Rivesaltes)となる。

リヴザルト・ランシオ
Rivesaltes Rancio

ルーション地方のA.O.C.。リヴザルトと基本的には同じだが、樽またはガラス瓶で熟成、酸化熟成により独特の風味を持つ。品種：(赤のV.D.N.)グルナッシュ種主体のブレンド、(白のV.D.N.)グルナッシュ・ブラン種主体のブレンド、(赤)グルナッシュ種主体のブレンド。

モーリィ　Maury

ルーション地方のA.O.C.。赤・白のV.D.N.。木樽やボンボンヌと呼ぶガラス瓶で熟成され、収穫翌年の9月1日までは販売できない。2011年、赤のスティルワインもA.O.C.認定された。品種：(赤のV.D.N.)グルナッシュ種主体のブ

097

レンド、(白のV.D.N.)グルナッシュ・ブラン種主体のブレンド。

モーリィ・ランシオ　Maury Rancio

ルーション地方のA.O.C.。赤・白のV.D.N.。モーリィと基本的には同じだが、樽またはガラス瓶で熟成、酸化熟成により独特の風味を持つ。品種：(赤のV.D.N.)グルナッシュ種主体のブレンド、(白のV.D.N.)グルナッシュ・ブラン種主体のブレンド。

コート・デュ・ルーション
Côtes du Roussillon

ルーション地方のA.O.C.。品種：(赤・ロゼ)シラー種、ムールヴェードル種主体のブレンド、(白)グルナッシュ・ブラン種主体のブレンド。いずれも2種以上をブレンドしなければならない。

コリウール　Collioure

ルーション地方のA.O.C.。バニュルスと同地域で造られる辛口のスティルワイン。品種：(赤・ロゼ)グルナッシュ種、ムールヴェードル種、シラー種主体のブレンド、(白)グルナッシュ・ブラン種主体のブレンド。いずれも2種以上をブレンドしなければならない。

バニュルス　Banyuls

ルーション地方のA.O.C.。この地方で最も有名な天然甘口ワイン。樽やボンボンヌと呼ばれるガラス瓶で熟成され、収穫翌年の8月31日までは販売できない。品種：(赤・白・ロゼそれぞれのV.D.N.)グルナッシュ種主体のブレンド。

バニュルス・ランシオ
Banyuls Rancio

ルーション地方のA.O.C.。バニュルスと基本的には同じだが、樽またはガラス瓶で熟成、酸化熟成により独特の風味を持つ。品種：(赤・白・ロゼそれぞれのV.D.N.)グルナッシュ主体のブレンド。

バニュルス・グラン・クリュ
Banyuls Grand Cru

ルーション地方のA.O.C.。基本的にはバニュルスと同じだが、グルナッシュ種の比率が75%以上、また最低30ヵ月の熟成が義務づけられている。品種：(赤のV.D.N.)グルナッシュ主体のブレンド。

バニュルス・グラン・クリュ・ランシオ
Banyuls Grand Cru Rancio

ルーション地方のA.O.C.。バニュルス・グラン・クリュと基本的には同じ。樽またはガラス瓶で最低30ヵ月の熟成が義務づけられている。酸化熟成により独特の風味を持つ。品種：(赤のV.D.N.)グルナッシュ種主体のブレンド。

グラン・ルーション　Grand Roussillon

ルーション地方のA.O.C.。ルーション地方5つのV.D.N.(モーリィ、バニュルス、バニュルス・グラン・クリュ、リヴザルト、ミュスカ・ド・リヴザルト)を一括したA.O.C.である。収穫から3年後の8月31日までは販売できない。品種：(赤・白・ロゼそれぞれのV.D.N.)白はミュスカ種、赤・ロゼはグルナッシュ種主体のブレンド。

グラン・ルーション・ランシオ
Grand Roussillon Rancio

ルーション地方のA.O.C.。グラン・ルーションと基本的には同じだが、樽またはガラス瓶で熟成、酸化熟成により独特の風味を持つランシオ限定のA.O.C.。品種：(赤・白・ロゼそれぞれのV.D.N.)白はミュスカ種、赤・ロゼはグルナッシュ種主体のブレンド。

9⸺フランス（その他）

アルザス地方

⋯⋯⋯⋯⋯⋯ 概要 ⋯⋯⋯⋯⋯⋯

アルザス地方 Alsace

フランス北東部でドイツと国境を接しているワイン産地。ストラスブールからミュルーズまで南北約100kmに渡りライン川沿いに産地が広がる。北部はバ・ラン(Bas-Rhin)県、南部はオー・ラン県(Haut-Rhin)県に属し、オー・ラン県に高品質ワインが多い。A.O.C. ワイン用のブドウ栽培面積は約1.5万ha、年間生産量は約100万hℓととても小さな産地で、ほとんどが白ワインである。ブドウ品種はシェアの多い順にピノ・ブラン種、リースリング、ゲヴュルツトラミネール種、ピノ・グリ種、シルヴァネル種、ピノ・ノワール、ミュスカ・ダルザス種の7品種が栽培されている。

ヴォージュ山脈 Massif des Vosges

アルザス地方の西部にある山脈で最高峰は1,424m。晴天の多いアルザス地方の気候に重要な影響を与えている。

ライン川 Rhin

フランス、アルザス地方とドイツとの国境を南北に流れる河川。スイスに源を発しオランダで海に注ぐ。アルザス地方のワイン産地の中心部を流れる。フランス語での発音は「ラン」。

コルマール Colmar

オー・ラン県に属する都市。人口約6.8万人。ストラスブールの南約80kmに位置する。ドイツ風のかわいらしい街並みが特徴的で、アルザス地方のワイン産地の中心となっている。

ストラスブール Strasbourg

バ・ラン県に属する都市。人口約27.6万人。ドイツとの国境に位置し、交通の要所となっている。アルザス地方の代表的な都市であり、アルザスのワイン産地の最北端に位置する。

⸺⸺⸺ 用語 ⸺⸺⸺

リューディ Lieux-dits

アルザス地方ではA.O.C.アルザス・グラン・クリュの生産ができる51の小地区を指す。

上質指定4品種

アルザス地方でA.O.C.アルザス・グラン・クリュを生産することができる4つの品種、リースリング、ゲヴュルツトラミネール種、ピノ・グリ種、ミュスカ種を指す。「**高貴4品種**」と呼ぶこともある。

⋯⋯⋯⋯⋯⋯ A.O.C. ⋯⋯⋯⋯⋯⋯

アルザス Alsace

アルザス地方のA.O.C.。A.O.C.ヴァン・ダルザス(Vin d'Alsace)と表記されることもある。単一品種の場合は品種名を併記し、複数の品種をブレンドした場合にはエーデルツヴィッカー(Edelzwiker)やジャンティ(Gentil)と表記できる。品種：(赤・ロゼ)ピノ・ノワールほか、(白)リースリング、ゲヴュルツトラミネール種、ピノ・グリ種、ミュスカ種、ピノ・ブラン種、シルヴァネール種、シャスラ種ほか。

アルザス・グラン・クリュ
Alsace Grand Cru

上質指定4品種のいずれかひとつを使うことが義務づけられているワイン。また、51の指定小地区から生産され、ブドウの熟度や収穫量などの生産基準を満たすことが必要である。品種：(白)リースリング、ゲヴュルツトラミネール種、ピノ・グリ種、ミュスカ種(ただし、リューディのうち、Altenberg de Bergheim と Kaefferkopf では指定されたブレンドは可。Zotzenberg ではミュスカ種の代わりにシルヴァネル種の使用が認められている)。

クレマン・ダルザス
Crémant d'Alsace

この地方で生産されている爽やかな発泡性ワイン。ブドウ品種は単独、ブレンドの両方が存在するが、ロゼの場合はピノ・ノワールのみである。瓶内二次発酵方式により生産され、9ヵ月以上の瓶内熟成が義務づけられている。品種：(白・ロゼ・発泡)リースリング、ピノ・ブラン種、ピノ・ノワール、ピノ・グリ種、オーセロワ種、シャルドネ。

コート・デ・トゥール　Côtes de Toul

アルザスの西側ロレーヌ地方に位置する。とくにナンシーの西側、トゥールから産出される。品種：(赤)ピノ・ノワール種、(ロゼ)ガメイ種、ピノ・ノワール、(白)オーバン種、オーセロワ種。

モーゼル　Moselle

アルザスの西側ロレーヌ地方に位置する。Moselle はドイツ語 Mosel のフランス読みであり、モーゼル川の源流がヴォージュ山脈の西側でロレーヌ地方に近いところにあることに由来する。2011年に認定された比較的新しいA.O.C.。品種：(赤ロゼ)ピノ・ノワール、(白)オーセロワ種、ミュラー・トゥルガウ種、ピノ・グリ種ほか。

セレクション・ド・グラン・ノーブル
Sélection de Grains Nobles

アルザス地方で造られる甘口の貴腐ワインにつけられる名称。ブドウ品種はリースリング、ゲヴュルツトラミネール種、ピノ・グリ種、ミュスカ種の上質指定4品種に限定され、手摘みが義務である。ブドウ果汁の最低糖分含有量が定められており、ゲヴュルツトラミネール種とピノ・グリ種は1ℓあたり306g、リースリング種とミュスカ種は1ℓあたり276gである。

ヴァンダンジュ・タルディーヴ
Vendanges Tardives

アルザス地方で造られる甘口の遅摘みワインにつけられる名称。ブドウ品種はリースリング、ゲヴュルツトラミネール種、ピノ・グリ種、ミュスカ種の上質指定4品種に限定され、手摘みが義務づけられている。ブドウ果汁の最低糖分含有量が定められていて、ゲヴュルツトラミネール種とピノ・グリ種は1ℓあたり270g、リースリングとミュスカ種は1ℓあたり244g。

ジュラ・サヴォワ地方

……………… 概要 ………………

ジュラ・サヴォワ地方　Jura & Savoie

フランス東部、スイスとの国境近くにあるワイン産地であるジュラ地方とサヴォワ地方を合わせた総称。

……………… ジュラ地方 ………………

ジュラ地方　Jura

フランス東部のワイン産地で、ブルゴーニュ地方とスイス国境の間に南北約80kmに渡って産地が点在する。フランスのワイン産地としては

とても珍しい半大陸性気候である。A.O.C.ワイン用のブドウ栽培面積は約0.2万ha、年間生産量は約5.8万hℓと非常に小さな産地であり、通常の赤・白・ロゼのほかに、特殊なヴァン・ジョーヌやヴァン・ド・パイユも生産する。

────────製法────────

クラヴラン　Clevelin
ジュラ地方の特産ワインであるヴァン・ジョーヌを入れるボトル。620mℓ入り。

グー・ド・ジョーヌ　Goût de Jaune
ジュラ地方の特産ワイン「ヴァン・ジョーヌ」が持つ独特の風味のこと。クルミ、ヘーゼルナッツ、アーモンドを煎ったような香ばしい風味を指す。

フルール・デュ・ヴァン
Fleure du Vin
ヴァン・ジョーヌを造る時にワインの表面にできる酵母の皮膜のこと。シェリーに生じるフロールと同じもの。

ポ　Pots
ジュラ地方の名産ワインであるヴァン・ド・パイユを入れるためのボトル。375mℓ入り。ドゥミ・クラヴラン（Demi Clevelin）と呼ばれることもある。

ヴァン・ジョーヌ　Vin Jaune
ジュラ地方特産のワインで、サヴァニャン種から造られた白ワインを木樽に入れて60ヵ月以上熟成させて造る。熟成途中に目減り分の補充と澱引きを行なわないため、ワインの表面に産膜酵母によるフルール・デュ・ヴァンと呼ばれる皮膜が形成される。この皮膜によりワインの色が黄色くなり、グー・ド・ジョーヌと呼ばれる独特の風味が生まれる。620mℓのボトル・クラヴランに入れて販売される。「**黄ワイン**」ともいう。

ヴァン・ド・パイユ　Vin de Paille
ジュラ地方とコート・デュ・ローヌ地方特産の甘口ワイン。遅摘みブドウを麦藁（わら）などの通気性のよいものの上で乾燥させて造る。「**藁ワイン**」ともいう。

────────A.O.C.────────

アルボワ　Arbois
ジュラ地方でブドウ栽培面積、生産量ともに最大のA.O.C.。また、中心都市の名前でもあり、町の周りに畑が広がる。赤・白・ロゼ・黄（ヴァン・ジョーヌ）・藁（ヴァン・ド・パイユ）と多彩なタイプが造られている。ヴァン・ジョーヌはサヴァニャン種100%である。品種：（赤・ロゼ）プールサール種ほか、（白・黄・藁）サヴァニャン種、シャルドネほか。

アルボワ・ピュピヤン　Arbois Pupillin
アルボワの近くのピュピヤン村で生産されたワインが名乗ることのできる小さなA.O.C.。品種：（赤・ロゼ）プールサール種ほか、（白・黄・藁）サヴァニャン種、シャルドネほか。

コート・デュ・ジュラ　Côtes du Jura
ジュラ地方のほぼ全域をカバーする広域A.O.C.。ワインのタイプ、および使用品種はアルボワと同じ。

シャトー・シャロン　Château-Chalon
ヴァン・ジョーヌのみを生産する珍しいA.O.C.。シャトー・シャロンは村の名前でもあり、アルボワの南西約20kmに位置する。フランスで最も美しい村のひとつに指定されていて、小高い丘の上に集落があり、その周辺の傾斜地が畑となっている。品種：（黄）サヴァニャン種。

レトワール　L'Étoile
レトワールとはフランス語で「星」を意味するかわいらしい名前のA.O.C.。アルボワの南西約20kmに畑が広がる。通常の白ワイン、黄（ヴァン・ジョーヌ）、藁（ヴァン・ド・パイユ）の生

産が認められているが、ヴァン・ジョーヌはサヴァニャン種100%である。品種：(白・黄・藁)シャルドネ、サヴァニャン種主体。

クレマン・デュ・ジュラ
Crémant du Jura

ジュラ地方で生産されている爽やかな発泡性ワインで、1995年に認定されたA.O.C.。それまでのA.O.C.アルボワ・ムスー、レトワール・ムスー、コート・デュ・ジュラ・ムスーを統合してこの名称になった。瓶内二次発酵方式で生産され、9ヵ月以上の熟成が義務づけられている。品種：(ロゼの発泡)プールサール種、ピノ・ノワールほか、(白の発泡)シャルドネ、サヴァニャン種主体。

マックヴァン・デュ・ジュラ
Macvin du Jura

ジュラ地方で生産されている珍しいヴァン・ド・リケール。未発酵のブドウ果汁にマールを混合して熟成させる。品種：(赤・ロゼのV.d.L.)プールサール種ほか、(白のV.d.L.)シャルドネ、サヴァニャン種主体。

············ サヴォワ地方 ············

サヴォワ地方　Savoie

フランス東部のワイン産地で、レマン湖付近からアルプス山脈付近に位置する。気候は大陸性の影響を受けており、降雨量は年間1000mm以上と多い。A.O.C.ワイン用のブドウ栽培面積は約0.2万ha、年間生産量は約12万hℓの非常に小さな産地であり、主に白ワインを生産しているが、モンデューズ種、ガメイ種、ピノ・ノワールからも少量の赤ワインが生産されている。

イゼール川　Isère

フランス、サヴォワ地方を流れる河川。スイスに源を発しリヨンの南でローヌ川と合流する。サヴォワ地方のワイン産地の中心部を流れる。

——————A.O.C.——————

クレピ　Crépy

16認められているヴァン・ド・サヴォワ＋クリュ(コミューン)のひとつ。ブドウ品種がシャスラ種のみという、フランスではとても珍しいA.O.C.。フランス東部でスイスとの国境に接し、ジュネーヴの北東約20km、レマン湖の南岸沿いに畑が広がる。近くにはエヴィアン、トノン・レ・バンなどミネラルウォーターの産地がある。品種：(白)シャスラ種。

セイセル　Seyssel

セセルとも発音する。フランス東部にあり、スイスのジュネーヴの南西約40kmに畑が広がる。アルテス種100%のみという珍しいA.O.C.である。モレット種を使用した場合は**セイセル・モレット** Seyssel Molette となる。品種：(白)アルテス種。

ヴァン・ド・サヴォワ　Vin de Savoie

サヴォワ地方のほとんどのワインはこのA.O.C.として生産されている。品種：(赤・ロゼ)ガメ、モンデューズ種、ピノ・ノワールほか、(白)アリゴテ種、アルテス種、シャルドネほか。

南西地方

·················· 概要 ··················

南西地方　Sud-Ouest

フランス南西部のワイン産地で、主にボルドー地方を流れるドルドーニュ川とガロンヌ川、2つの川の上流一帯に位置する。ブドウ栽培面積は約5.7万ha、年間生産量は約268万hℓである。ベルジュラック、ガロンヌ、トゥールーズ・アヴェイロネ、ピレネーの4地区に分けられ、地区ごとに品種やワインのスタイルが少しずつ

異なる。

····················· A.O.C. ·····················

ベルジュラック　Bergerac

ベルジュラック地区のA.O.C.。ボルドー地方
の産地サン・テミリオンよりも東へ約50km、
ドルドーニュ川の上流にある都市ベルジュラック
の周辺の広いA.O.C.。この地区ではブドウ
栽培面積、生産量とも最大のA.O.C.であり、赤
白ともにボルドー地方とほぼ同様のスタイルの
ワインが生産されている。品種：(赤・ロゼ)カ
ベルネ・ソーヴィニヨン、カベルネ・フラン、
コット種主体で2種以上のブレンドが必須、
(白)ミュスカデル種、ソーヴィニヨン・ブラン
種、ソーヴィニヨン・グリ種、セミヨン種主体。

コート・ド・ベルジュラック
Côtes de Bergerac

ベルジュラック地区のA.O.C.。生産地域はA.
O.C.ベルジュラックと同じだが、赤ワインは
アルコール度数がより高くしっかりしたタイ
プ。白ワインはやや甘口である。品種：(赤)カ
ベルネ・ソーヴィニヨン、カベルネ・フラン、
コット種主体で2種以上のブレンドが必須、(白
半甘)セミヨン種、ソーヴィニヨン・ブラン種、
ミュスカデル種主体。

ペシャルマン　Pécharmant

ベルジュラック地区のA.O.C.。ボルドー地方
の産地サン・テミリオンよりも東へ約50km、
ドルドーニュ川の上流にある都市ベルジュラック
のすぐ周辺に畑が広がる。品種：(赤)カベル
ネ・ソーヴィニヨン、カベルネ・フランコット
種、メルロ主体で3種以上のブレンドが必須。

ロゼット　Rosette

ベルジュラック地区のA.O.C.。ボルドー地方
の産地サン・テミリオンよりも東へ約50km、
ドルドーニュ川の上流に畑が広がる小さな
A.O.C.である。軽く貴腐菌がつき、過熟状態の
ブドウから半甘口の白ワインのみを生産する。

品種：(白半甘口)セミヨン種、ソーヴィニヨン
・ブラン種、ソーヴィニヨン・グリ種、ミュス
カデル種主体で2種以上のブレンドが必須。

モンラヴェル　Montravel

ベルジュラック地区のA.O.C.。ボルドー地方
の産地サン・テミリオンよりも東へ約20km、
ドルドーニュ川の上流に畑が広がる。サン・テ
ミリオンとよく似たスタイルのワインを生産す
る。品種：(赤)メルロ50%以上と、カベルネ・
ソーヴィニヨン、カベルネ・フラン、コット種
のうち2種以上のブレンドが必須、(白)セミヨ
ン種、ソーヴィニヨン・ブラン種、ソーヴィニヨ
ン・グリ種、ミュスカデル種で2種以上のブ
レンドが必須。

モンバジャック　Monbazillac

ベルジュラック地区のA.O.C.。ボルドー地方
の産地サン・テミリオンよりも東へ約50km、
ドルドーニュ川の上流にある都市ベルジュラッ
クのすぐ下流に畑が広がる。一部貴腐菌がつ
き、過熟状態となったブドウから甘口ワインが
生産されている。品種：(白甘口)セミヨン種、
ソーヴィニヨン・ブラン種、ソーヴィニヨン・
グリ種、ミュスカデル種。

ソーシニャック　Saussignac

ベルジュラック地区のA.O.C.。ボルドー地方
の産地サン・テミリオンよりも東へ約40km、
ドルドーニュ川の上流に畑が広がる。貴腐菌が
ついたり自然に干しブドウ状態になったブドウ
から生産される甘口ワインである。品種：(白甘
口)セミヨン種、ソーヴィニヨン・ブラン種、ソ
ーヴィニヨン・グリ種、ミュスカデル種。

コート・ド・デュラス　Côtes de Duras

ガロンヌ地区のA.O.C.。ボルドー地方の産地
サン・テミリオンよりも南東へ約40km、やや
ドルドーニュ川から離れたところに位置する
A.O.C.である。品種：(赤・ロゼ)メルロ、カベ
ルネ・ソーヴィニヨン、カベルネ・フラン、コ
ット種主体、(白)ソーヴィニヨン・ブラン種、
ソーヴィニヨン・グリ種、セミヨン種、ミュス

II

9

フランス(その他)—南西地方

カデル種主体。

ビュゼ　Buzet

ガロンヌ地区のA.O.C.。ボルドー地方の産地ソーテルヌよりも南東へ約50km、ボルドーとトゥールーズの中間地点に畑が広がるガロンヌ川沿いの産地である。品種：(赤・ロゼ)メルロ、カベルネ・ソーヴィニヨン、カベルネ・フラン主体、(白)ソーヴィニヨン・ブラン種、セミヨン種、ミュスカデル種。

フロントン　Fronton

ガロンヌ地区のA.O.C.。トゥールーズの北約20kmに位置するA.O.C.。2005年にA.O.C.コート・デュ・フロントネから名称変更になった。品種：(赤・ロゼ)ネグレット種主体。

カオール　Cahors

トゥールーズ・アヴェイロネ地区のA.O.C.。ボルドーから東へ約170kmに位置する。マディランと並んでこの地方で最も有名なA.O.C.のひとつであり、カオールはこの地方を代表する都市の名前でもある。その都市の周辺部、ロット川沿いに美しい畑が広がっている。とても重厚な赤ワインが生産されている。品種：(赤)コット種主体。

マルシヤック　Marcillac

トゥールーズ・アヴェイロネ地区のA.O.C.。カオールの東約80km、この地方では最も東に位置するA.O.C.である。フェル・セルヴァドゥ種というこの地方の古い土着品種を主体に生産されている。品種：(赤・ロゼ)フェル・セルヴァドゥ種主体。

ガイヤック　Gaillac

トゥールーズ・アヴェイロネ地区のA.O.C.。トゥールーズの北東約60kmにある都市アルビ、そしてタルン川の周辺に畑が広がる。品種：(赤・ロゼ)デュラス種、フェル・セルヴァドゥ種、シラー種主体で2種類以上のブレンドが必須、(白)レン・ド・レル種、モーザック種、モーザック・ロゼ種、ミュスカデル種主体。

ガイヤック・ムスー　Gaillac Mousseux

トゥールーズ・アヴェイロネ地区のA.O.C.。A.O.C.ガイヤックと同じ産地だが発泡性ワインである。基本的には瓶内二次発酵方式だが、メトード・ガイヤコワーズと付記したものは発酵途中のワインを瓶に詰める田舎方式によって生産される。品種：(白の発泡)レン・ド・レル種、モーザック種、モーザック・ロゼ種、ミュスカデル種主体(ガイヤコワーズの場合はモーザック種とモーザック・ロゼ種)。

ガイヤコワーズ　Gaillaçoise

トゥールーズ・アヴェイロネ地区で造られる発泡性ワイン「ガイヤック・ムスー」の伝統的な製法の名前。発酵途中のワインを瓶に詰めて密閉し、残りの発酵を瓶内で継続する田舎方式と呼ばれる生産方法である。

ガイヤック・ヴァンダンジュ・タルティーヴ　Gaillac Vendanges Tardives

トゥールーズ・アヴェイロネ地区のA.O.C.。ガイヤックと同じ産地だが遅摘みをして果汁中の糖度を高めて造る。残糖が100g/ℓ以上であることが定められている。品種：(白)レン・ド・レル種、オンデック種。

マディラン　Madiran

ピレネー地区のA.O.C.。カオールと並んでこの地方で最も有名なA.O.C.のひとつであり、ボルドーの南約150km、ポーという都市の近くに畑が広がる。タナ種を40〜80%用いた非常に重厚な赤ワインが生産されている。品種：(赤)タナ種主体。

パシュラン・デュ・ヴィク・ビル　Pacherenc du Vic-Bilh

ピレネー地区のA.O.C.。生産地区はマディランと同じだが白ワインである。セックと表記されたものは辛口、そうでないものは甘口ワイン。品種：(白)クルビュ種、プティ・クルビュ種、プティ・マンサン種、グロ・マンサン種。主要1品種を含む2種以上のブレンドが必須。

ジュランソン　Jurançon

ピレネー地区のA.O.C.。ボルドーから南に約170km、ポーという都市の南側の丘陵地帯に畑が広がる。過熟状態になったブドウから生産される甘口ワインである。品種：(白甘口)プティ・マンサン種、グロ・マンサン種、クルビュ種主体。

ジュランソン・セック　Jurançon Sec

ピレネー地区のA.O.C.。ジュランソンと生産地区は同じだが辛口白ワインである。品種：(白)プティ・マンサン種、グロ・マンサン種、クルビュ種。

イルレギー　Irouléguy

ピレネー地区のA.O.C.。ワインでは南西地方に分類されるが、地域的にはバスク地方に属し、バイヨンヌから南東に約30km、スペインとの国境近くに畑が広がる。品種：(赤)カベルネ・フラン、タナ種主体、(ロゼ)カベルネ・フラン、カベルネ・ソーヴィニヨン、タナ種主体、(白)プティ・マンサン種、グロ・マンサン種、クルビュ種、プティ・クルビュ種のうち2種以上をブレンド。

フランスの地方料理

……… シャンパーニュ地方 ………

ユイトル・オ・シャンパーニュ
Huîtres au Champagne

エシャロットとシャンパーニュを煮詰め、魚のだし、バターなどを加えたソースを牡蠣にかけて焼いたもの。

アンドゥイエット　Andouillette

豚の胃や大腸をミンチにし、直腸に詰めたソーセージ。

プーレ・オ・シャンパーニュ
Poulet au Champagne

鶏の煮込み、シャンパーニュ風。

……… アルザス・ロレーヌ地方 ………

フォワ・グラ　Foie Gras

フランスのフォワ・グラ二大生産地はアルザス地方と南西地方。アルザスではガチョウのフォワ・グラが主流。ピノ・グリ種やゲヴュルツトラミネル種のヴァンダンジュ・タルディヴなどを合わせる。

シュークルート　Choucroute

豚、ソーセージやベーコンの煮込みにシュークルート(キャベツを塩漬けし、発酵させたもの)、ゆでたジャガイモを添えた料理。粒マスタードを添える。🍷Sylvaner

キッシュ・ロレーヌ　Quiche Lorraine

練り込みパイ生地に卵、生クリーム、チーズをベースにしたアパレイユ、ベーコン、チーズを入れてオーブンで焼いたタルト。
🍷Riesling, Pinot Blanc

ベッケオフ　Baeckeoffe（Backenoff）

肉と野菜の土鍋煮込み。水と粉で練った生地でふたの周りを密封させ、オーブンで煮込む。ベッケオフとは「パン屋の釜で煮る」の意味。
🍷Pinot Gris, Pinot Noir

クグロフ　Kouglof

マリー・アントワネットも好んだという、もともとはオーストリアの伝統菓子。ドライフルーツなどを練り込んだ生地をリング状のクグロフ型で焼いたもの。🍷Vin d'Alsace Moelleux

Ⅱ
9
フランス〈その他〉 ― 地方料理

105

ブルゴーニュ地方 & ボージョレ

エスカルゴ・ア・ラ・ブルギニョンヌ
Escargots à la Bourguignonne
ブドウの葉を食べて育つエスカルゴを、エスカルゴバター（エシャロット、ニンニク、パセリのみじん切りをバターで練り合わせたもの）とともに殻に詰めて焼いたもの。
🍷 Chablis, Mâcon Blanc

ジャンボン・ペルシエ　**Jambon Persillé**
ジャンボンは豚もも肉でつくったハムのこと。パセリのみじん切りをたっぷり加えたハムのゼリー寄せ。🍷 Mâcon Blanc, Beaujolais

ウフ・アン・ムーレット　**Œef en Meurette**
赤ワインで煮るポーチドエッグ。ムーレットはブルゴーニュ地方特有の赤ワイン煮のこと。
🍷 Côte d'Or Rouge（軽め）

コック・オ・ヴァン　**Coq au Vin**
コック（雄鶏）を赤ワインと香味野菜でマリネし、たっぷりの赤ワインで煮込んだ料理。
🍷 Gevrey-Chambertin

ブッフ・ブルギニヨン
Bœuf Bourguignon
牛肉の肩、肩ロースなどを、たっぷりの赤ワインで煮込んだ料理。🍷 Côte d'Or Rouge

クネル・ド・ブロッシェ
Quenelle de Brochet
クネルはブロッシェ（川カマス）をすり身にしてつくる団子をゆでたもの。甲殻類のソースをかけて軽く表面を焼く。クネルを肉でつくる場合もある。🍷 Pouilly-Fuissé

ジュラ・サヴォワ地方

コック・オ・ヴァン・ジョーヌ
Coq au Vin Jaune
コック（雄鶏）をヴァン・ジョーヌ（黄ワイン）で煮込んだ料理。🍷 Château-Chalon, Vin Jaune

エクルヴィス・ソース・ナンチュア
Ecrevisse Sauce Nantua
エクルヴィス（ザリガニ）のナンチュアソース。ナンチュアは湖の名前。🍷 Vin Jaune

トリュイト・オ・ブルー　**Truites au Bleu**
マスのクール・ブイヨン煮。「オ・ブルー」は酢、塩、香草を入れて沸騰させたクール・ブイヨンに短時間くぐらせると、マスの表面に青みを帯びることによる川魚の調理法。🍷 Crépy

フォンデュ・サヴォワイヤルド
Fondue Savoyarde
サヴォワ地方産のチーズとワインでつくるフォンデュのこと。ボーフォールやアボンダンスなどのチーズを使用する。🍷 Crépy

コート・デュ・ローヌ地方

ナヴァラン・ダニョー　**Navarin d'Agneau**
仔羊と野菜の煮込み。ジャガイモや季節の野菜を加えるが、とくにナヴェ（カブ）を使っていたことからその名がついた。
🍷 Châteauneuf-du-Pape Rouge

プロヴァンス地方

サラダ・ニソワーズ　**Salade Niçoise**
ニース風サラダ。インゲン、オリーブ、アンチョビー、トマト、ニンニクなどニース付近の食材を使用。🍷 Vins de Provence Blanc, Rosé

ラタトウイユ　Ratatouille
トマト、ナス、ピーマン、ズッキーニなどプロヴァンス地方の野菜をオリーブオイルで炒め、野菜の水分で煮た料理。
🍷 Vins de Provence Rosé

ジゴ・ダニョー・ロティ
Gigot d'Agneau Rôti
仔羊のもも肉のロースト。🍷 Bandol Rouge

ブイヤベース　Bouillabaisse
地中海の魚介類をたっぷり使い、サフラン、オリーブ油で風味をつけたスープ。
🍷 Cassis Blanc

.... ラングドック・ .... ルーション地方

カスレ　Cassoulet
白インゲン豆、肉類やソーセージの土鍋煮込み。🍷 Corbières Rouge, Minervois Rouge

ブランダード　Brandade
もどした干しダラの身に、ニンニク、オリーブオイル、牛乳、少量のジャガイモを加えて練りつぶしたもの。
🍷 Coteaux du Languedoc Blanc, Rosé

ブーリッド・セトワーズ　Bourride Sétoise
セート風魚介のスープ。トマトやアイヨリを加えて仕上げるのが伝統的。🍷 Piquepoul Blanc

.... 南西地方 ....

コンフィ・ド・カナール
Confit de Canard
鴨肉を80〜90℃の脂でゆっくり煮込み、その脂の中で保存する。表面を香ばしく焼いて仕上げる。コンフィル（保存する）が語源で、風味をよくし、保存性を高める。もともとはフォワ・グラをとったあとのガチョウの肉を無駄にしな

いためフランス南西部でつくられたもの。
🍷 Cahors, Madiran

フォワ・グラ・ポワレ　Foie Gras Poêlé
フォワ・グラをポワレ（フライパンでソテー）した料理。甘口のワインを煮詰めたソースが合う。南西部では鴨のフォワグラが主体。
🍷 Pacherin-du-Vic Bilh, Jurançon

サルミ・ド・パロンブ　Salmis de Palombe
オーブンで焼いたパロンブ（森鳩）にサルミソースを添えた料理。もともとサルミは狩猟で獲った野鳥をローストし、赤ワインで煮込んだ料理のこと。🍷 Madiran

シヴェ・ド・マルカサン
Civet de Marcassin
マルカサン（仔猪）を赤ワインと血で煮た料理。
🍷 Irouléguy Rouge

.... ボルドー地方 ....

アントルコート・ボルドレーズ
Entrecôte Bordelaise
アントルコート（牛リブロース）のステーキ。エシャロットとボルドーの赤ワインのソース、キノコなどとともに供する。
🍷 Médoc, Haut-Médoc, Graves

ランプロワ・ア・ラ・ボルドレーズ
Lamproie à la Bordelaise
冬に旬を迎える八つ目ウナギを、赤ワインのソースで煮込んだ料理。
🍷 Saint-Émilion, Pomerol

アニョー・ド・レ　Agneau de Lait
乳飲み仔羊。草を食べ始める前の生後3ヵ月以内の羊。ローストすることが多い。🍷 Pauillac

セープ・ア・ラ・ボルドレーズ
Cèpes à la Bordelais
セープ茸をニンニク、エシャロット、パセリで

II

9

フランス（その他）――地方料理

炒めたもの。🍷 Graves, Pessac-Léognan

········ ロワール渓谷地方 ········

ブロシェ・オ・ブール・ナンテ

Brochet au Beurre Nantais

川カマスのナンテ風バターソース添え。ブール・ナンテは炒めたエシャロットに野菜のブイヨンと生クリーム、バターを加えたソース。

🍷 Muscadet

リエット・ド・トゥール　Rillettes de Tours

豚肉を豚の脂でじっくり煮て細かくほぐしたもの。白ワインも加える。

🍷 Touraine Blanc, Rosé, Rouge

アスペルジュ・ソース・ムースリーヌ

Asperges Sauce Mousseline

ゆでたアスパラガスのソース・ムースリーヌ添え。ソース・ムースリーヌはオランデーズ・ソースに生クリームや卵白を加えたもの。

🍷 Saumur Mousseux, Vouvray Mousseux, Vouvray Moelleux

フィレ・ミニヨン・オ・プリュノー

Filet Mignon aux Pruneaux

牛フィレを焼き、プリュノー(干しプラム)を添

えた料理。🍷 Chinon Rouge, Bourgueil, Saumur Champigny

カルプ・ア・ラ・シャンボール

Carpe à la Chambord

鯉のシャンボール風。シャンボールとは、大型の魚を丸ごとブレゼ(蒸し煮)すること。

🍷 Chinon Rouge

マトロット・ダンギーユ

Matelote d'Anguille

筒切りにしたウナギをタマネギ、セロリなどの野菜と赤ワインで煮込んだ料理。

🍷 Chinon Rouge

アンドゥイエット　Andouillette

豚の内臓を詰めたソーセージのこと。グリルやソテーにしてマスタード、リンゴのピュレなどと供する。🍷 Vouvray

タルト・タタン　Tarte Tatin

型に砂糖、リンゴ、バターを入れてパイ生地をかぶせて焼いたリンゴのタルト。諸説あるが、タタン姉妹がオーブンの中でひっくり返してしまったことから生まれたといわれる。

🍷 Vouvray Moelleux

10……ドイツ

概要

ドイツ Deutschland（独） Germany（英） Allemagne（仏）
世界のワイン産地の中で北限とされる北緯50度前後に位置する。冷涼な気候のため、白ワインが多く、糖度を基準にした品質基準や交配品種の多さなどが特徴。栽培面積は約10万ha。
→MAP-11

…………………… 歴史 ……………………

トリーア Trier
モーゼル川沿いの町。1〜2世紀ころ古代ローマ人によりエルブリンク種が栽培されていた。

ノイマーゲン Neumagen
モーゼル川沿いの町。古代ローマ時代のワイン運搬船の石の彫刻が発掘された。

ヨハニスベルグ修道院 Schloss Johannisberg
1130年ころ設立されたベネディクト派の修道院。銘醸畑シュロス・ヨハニスベルグを所有し、ここで1775年に遅摘み法（シュペートレーゼ）が発見される。

エーバーバッハ修道院 Kloster Eberbach
1136年にカトリック修道会シトー派によって設立。現ヘッセン州営クロスター・エーバーバッハ醸造所。銘醸畑シュタインベルグを所有。特醸ワインを指す言葉「カビネット」が生まれ

た修道院として有名。これまで日本では「エーベルバッハ」と読まれることが多かった。

カール大帝 Karl
フランク王国の国王。カロリング朝を開いたピピン3世の子。フランス語でシャルルマーニュ、またはカール1世ともいう。

ジエチレングリコール Diethylene Glycol（英）
不凍液。強い甘味を持つが毒性があり、食用には認められない。1985年にオーストリアの業者によってワインへのジエチレングリコール混入事件が引き起こされ、世界的に甘口ワインへの不信感が蔓延した。

…………………… 用語 ……………………

ベシュテムテス・アンバウゲビート Bestimmte Anbaugebiete
Q.b.A.以上のワインの生産が許される指定栽培地域。13ヵ所ある。ベシュテムテスは「特定の」、アンバウゲビートは「地域」の意。B.A.と略す。

アンバウゲビート Anbaugebiete
地域のこと。

ベライヒ Bereiche
地区のこと。41ある。

グロースラーゲ Großlage
総合畑。重要度の低い複数の単一畑をひとつの畑に統合したもの。167ある。

109

アインツェルラーゲ Einzellage
単一畑。ワイン法で定められたブドウ畑の最小単位。およそ2700ある。

オルツタイラーゲ Ortsteillage
特別畑。ドイツではワインが畑名を名乗る場合は村名の併記が必要だが、歴史的・品質的に有名なため名乗るまでもない、と不記載を特別に許されている単一畑のこと。シュロス・ヨハニスベルク、シュロス・フォルラーツ（Schloss Vollrads）、シュロス・ライヒャルツハウゼン（Schloss Reichartshausen）、シュタインベルク（Steinberg）、シャルツホーフベルク（Scharzhofberg）の5ヵ所のみがこれにあたる。

ヤールガング Jahrgang
収穫年。

ヴァイスヴァイン Weißwein
白ワイン。

ロートヴァイン Rotwein
赤ワイン。

ロゼヴァイン Roséwein
ロゼワイン。

ゲマインデ Gemeinde
市町村。

アプフュールンク Abfüllung
瓶詰め。

アプフュラー Abfüller
瓶詰め者。

エアツォイガーアップフュルング
Erzeugerabfüllung
生産者元詰め。

シュロスアップフュルング
Schlossabfüllung
シャトー元詰め。

グーツアップフュルング
Gutsabfüllung
醸造所元詰め。

ケラー Keller
ワイン蔵。

ヴァイングート Weingut
自社畑のブドウからワインを造る醸造者のこと。フランス語の「ドメーヌ」。

ヴァインケラライ Weinkellerei
醸造所。

フェダーヴァイザー Federweisser
発酵中の濁りワイン。

フラッシェンゲールンク
Flaschengärung
瓶内二次発酵。

ブルグンダー Burgunder
「ブルゴーニュのもの」の意味。

フーダー Fuder
主にモーゼルで使用される1,000ℓの樽の名。

シュトュック Stück
主にラインガウで使用される1,200ℓの樽の名。

······················ ワイン法 ······················

ドイッチャー・ヴァイン
Deutscher Wein
ドイツ国内で生産されたブドウを100％使用して造られたワイン。これとEU内の異なる国のブドウをブレンドして造った「EUワイン」が地理的表示のないワインのカテゴリーとなる。

ラントヴァイン
Landwein
地理的表示保護ワイン（**g.g.A.**）。栽培地域は26

に限定されており、その栽培地域名を名乗れる上質なテーブルワイン。ブドウはラントヴァイン地域のものを85％以上使用。トロッケン（辛口）とハルプトロッケン（中辛口）のみ。

原産地呼称保護ワイン

地理的表示付ワインのうち、ドイツワイン法の一番上のカテゴリー。g.U.。この中でさらに最上級となるプレディカーツヴァイン（Prädikatswein）とクヴァリテーツヴァイン（Qualitätswein）に分類される。

プレディカーツヴァイン
Prädikatswein

原産地呼称保護ワインのカテゴリーのうち最上クラス。最高級のドイツワインで最も規制が厳しく、補糖は不可。ブドウの糖度や収穫方法により6段階に分類される。2008年に**Q.m.P.（クヴァリテーツヴァイン・ミット・プレディカート Qualitätswein mit Prädikat**）から名称が変更になった。

クヴァリテーツヴァイン　Qualitätswein

原産地呼称保護ワインのカテゴリーのひとつ。かつては**クヴァリテーツヴァイン・ベシュティムター・アンバウゲビーテ**（Qualitätswein bestimmter Anbaugebiete）、略して**Q.b.A.**と表記していた。指定された13地域で造られる。アルコール7度以上など、さまざまな規制や官能検査を含む厳しい品質検査がある。

エクスレ度　Oechsle（Öchsle）

糖度の単位。1830年ドイツの物理学者フェルディナント・エクスレ Ferdinand Oechsle が果汁糖度を調べる比重計を発明したことから。肩書きの基準になる。単位の略号は「°Oe」。

カビネット　Kabinett

良質ワインの意。プレディカーツヴァインの1番下の等級。通常の時期に収穫されたブドウから造られる。最低エクスレ度67〜82°Oe。アルコール度7度以上。

シュペートレーゼ　Spätlese

「遅摘み」の意味で、本来は十分に熟すまで収穫を遅らせたブドウで造るワインのこと。また、プレディカーツヴァインの下から2番目の等級。最低エクスレ度76〜90°Oe。アルコール度7度以上。

アウスレーゼ　Auslese

プレディカーツヴァインの下から3番目の等級。房選（よ）りの意。完熟し、一部貴腐で凝縮したブドウから造られる。最低エクスレ度83〜100°Oe。アルコール度7度以上。

ベーレンアウスレーゼ　Beerenauslese

プレディカーツヴァインの下から4番目の等級。粒選（よ）りの意。過熟か貴腐果を用いる。最低エクスレ度110〜128°Oe。アルコール度5.5度以上。

アイスヴァイン　Eiswein

プレディカーツヴァインの下から5番目の等級。樹になったまま凍結したブドウを収穫して造る。最低エクスレ度110〜128°Oe。アルコール度5.5度以上。

トロッケンベーレンアウスレーゼ
Trockenbeerenauslese

プレディカーツヴァインの最高位の等級。貴腐ワイン。最低エクスレ度150〜154°Oe。アルコール5.5度以上。

A.P.Nr.　アー・ペー・ヌンマー

アムトリッヒェ・プルーフングスヌマー（Amtliche Prüfungsnummer）の略。公認検査番号。Q.b.A.以上のワインを対象とした公的検査に合格すると与えられる番号のこと。ラベルへの表示義務がある。

クラシック　Classic

上級辛口ワインの名称。13の指定栽培地域で生産される。原則として単一ブドウ品種で醸造を行なう。2000年ヴィンテージから導入された品質等級。

セレクチオン Selection

クラシックより上位の上級辛口ワインの名称。13の指定栽培地域の単一畑より造られる。原則として単一ブドウ品種で醸造する。クラシックと同様に、2000年ヴィンテージから導入された品質等級。

ドイチェス・ヴァインジーゲル
Deutsches-Weinsiegel

ドイツワイン保証シール。官能検査を受け、A.P.Nr.を受ける基準より高い基準の評価を受けたワインに適用されるシール。甘口辛口が色別で表示される。黄色＝辛口、緑＝半辛口、赤＝中甘口。

トロッケン Trocken

辛口。残糖4g/ℓ以下、もしくは残糖－総酸≦2g/ℓの場合は残糖9g/ℓ以下のもの。

ハルプトロッケン Halbtrocken

中辛口。残糖9～18g/ℓ以下、または残糖－総酸≦10g/ℓの場合は残糖18g/ℓ以下のもの。

ズュースレゼルヴェ Süßreserve

収穫後、果汁の一部を発酵させずに保存したもの。ワインの甘味など味わいの調整のために最大25%まで加えることができる。

――――発泡性ワイン――――

ペルルヴァイン／パールヴァイン
Perlwein

弱発泡性ワイン。20℃で1～2.5気圧。アルコール度8.5度以上。主にガス注入方式による。

シャウムヴァイン Schaumwein

発泡性ワイン。ガス注入方式も可。20℃で3.5気圧以上、アルコール度10度以上。赤、白、国、年などが異なるワインをブレンドしたベースワインを用いることが可能。

ゼクト Sekt

クヴァリテーツシャウムヴァイン(Qualitäts-schaumwein、上級発泡性ワイン)。ガスを二次発酵で得る。20℃で3.5気圧以上。ベースワインに輸入ワインの使用が可能。

ドイッチャー・ゼクト Deutscher Sekt

ドイッチャー・クヴァリテーツシャウムヴァイン(Deutscher Qualitätsschaumwein)。ラントヴァインの基準をクリアしたドイツ国内産のワインを使い、ドイツ国内で生産されるゼクト。

ゼクト・ビー・エー
Sekt b.A.

クヴァリテーツシャウムヴァイン・ビー・エー(Qualitätsschaumwein b.A.)。13の指定栽培地域で生産されたワインで造るゼクト。A.P.Nr.がつく。ヴィンツァーゼクト Winzersekt とクレマン Crémant のカテゴリーがある。

――――ロゼワイン――――

ヴァイスヘルプスト Weißherbst

特定地域(アール、ラインガウ、バーデン、フランケン、ラインヘッセン、ファルツ、ヴュルテムベルク)で単一ブドウ品種から造られるロゼワイン。クヴァリテーツヴァイン以上。

ロートリング Rotling

白ブドウと黒ブドウの混醸で造るロゼワインのこと。赤ワインと白ワインのブレンドは不可。

シラーヴァイン Schillerwein

ヴュルテムベルク産でクヴァリテーツヴァイン以上のロートリング。

バーディッシュ・ロートゴルト
Badisch Rotgold

バーデン産でクヴァリテーツヴァイン以上のロートリング。グラウブルグンダー種(51%以上)とシュペートブルグンダー種を混醸して造る。

———その他のワイン———

デア・ノイエ　Der Neue
新酒。解禁日は毎年11月1日。等級はラントヴァインクラスとして扱われ、ヴィンテージの表示が義務付けられる。

ブイ・ディー・ピー／ファウ・デー・ペー・ディー・プレディカーツヴァインギューター
V.D.P. Die Prädikatsweingüter

フェアバント・ドイチャー・プレディカーツ・ウント・クヴァリテーツヴァインギューター（Verband Deutscher Prädikats und Qualitätsweingüter、略称V.D.P.）。プレディカーツヴァイン醸造所連盟。ドイツのブドウ畑の格付けを推進している生産者団体。独自の品質基準を設けている。

グローセ・ラーゲ　Große Lage
V.D.P.の品質基準において、グラン・クリュに相当する最上の区画。それぞれの産地で伝統的に栽培されている規定の品種を使用する。

エアステ・ラーゲ　Erste Lage
V.D.P.の品質基準において、プルミエ・クリュに相当する優れたブドウ畑。それぞれの産地を代表する品種で、交配品種や国際品種も含む。

オルツヴァイン　Ortswein
V.D.P.の品質基準において、村名入りワインに相当するカテゴリー。生産地域の典型的な品種を80%以上用いる。

グーツヴァイン　Gutswein
V.D.P.の品質基準において、エントリーレヴェルのワインに相当するカテゴリー。醸造所名入りワイン。生産地域の典型的な品種を80%以上用いる。

リースリング・ホッホゲヴェックス
Riesling-Hochgewächs
ドイツ政府が規定している1986年ヴィンテー

ジから始まったワイン。ラインラント・ファルツ州全域（アール、モーゼル、ミッテルライン、ナーエ、ラインヘッセン、ファルツ）で造られる、クラシックなスタイルのリースリング100%のワイン。

リープフラウミルヒ　Liebfraumilch
「聖母の乳」と訳される。1971年に規定されたワイン。ラインヘッセン、ファルツ、ラインガウ、ナーエで生産されるワイン。ミュラー・トゥルガウ種、リースリング、ケルナー種、シルヴァーナー種を70%以上使用。クヴァリテーツヴァイン以上の規格を持つ中甘口。

ホック　Hock
ラインガウ地域のホーホハイム村の略称が、広くライン川流域のワインを指すようになったもの。リースリング、シルヴァーナー種から造られる。栽培地域はアール、ミッテルライン、ナーエ、ラインガウ、ラインヘッセン、ヘシッシェ・ベルクシュトラーセ、ファルツ。

ローレライ　Loreley
ミッテルラインのベライヒ・ローレライで生産される、リースリング100%の高品質志向のワイン。

ナーエシュタイナー　Nahesteiner
ナーエ地域の自主基準による中辛口のワイン。使用品種はミュラー・トゥルガウ種、リースリング、シルヴァーナー種。

リースリング・エス　Riesling S
モーゼル地域の高品質辛口ワイン。使用品種はリースリングのみ。

モーゼルターラー　Moseltaler
1986年から始まった、モーゼル地域の団体が中甘口の典型的なワインに使用している名称。使用品種はリースリング、ミュラー・トゥルガウ種、エルブリング種、ケルナー種。

カルタ　Charta

1981年からラインガウの生産者がリースリングの復権をめざして造り始めたクラシカルな中辛口のワイン。1999年V.D.P.と合併。

アール・エス（ヴァイン）　R.S.（wein）

ラインヘッセン・シルヴァーナー（Rheinhessen Silvaner）。1986年から始まった、ラインヘッセンでシルヴァーナー種を使用して造る辛口のワイン。

ショッペンシュテヒャー　Schppenstecher

マインツ川流域の酒販店が中心になって造ったワイン。

セレクチオン・ラインヘッセン
Selection Rheinhessen

ラインヘッセン地域で1992年から始まった、シルヴァーナー種やリースリングなどのクラシカルな品種を使用し、高品質ワインをめざしたもの。

カシミール　Casimir

ラインヘッセン地域メッテンハイム村の辛口リースリングワイン。

ファライニグング・ゼクトギューター・ラインファルツ
Vereinigung Sektgüter Rheinpfalz

ファルツ地域のゼクト栽培醸造所協会が創設した、水準以上のゼクトb.A.をめざしたワイン。

バーデン・セレクチオン
Baden Selection

バーデン地域の辛口ワイン。

産地

──────アール──────

アール　Ahr

ラインラント・ファルツ州の産地。ライン川支流のアール川沿いの険しい急斜面にブドウ畑が広がる小規模な産地。伝統的にシュペートブルグンダー種をはじめ、赤ワイン生産量が90%弱も占めるドイツでは異色の産地。

─────ヘシッシェ・─────
ベルクシュトラーセ

ヘシッシェ・ベルクシュトラーセ
Hessische Bergstraße

ヘッセン州の産地。ハイデルベルクの北にあり、西側はライン川、東はオーデンの森に接する。小規模で零細な農家が多く、組合による生産が主流。主にリースリングを栽培。

──────ミッテルライン──────

ミッテルライン　Mittelrhein

ラインラント・ファルツ州、ノルトライン＝ヴェストファーレン州にまたがる。ナーエ川河口からジーベンゲビルゲまでのライン川沿い130kmに渡る細長い産地。ワインは地元消費が多い。ライン川沿いの古城やローレライの岩など観光名所として有名。

──────ナーエ──────

ナーエ　Nahe

ラインラント・ファルツ州、ライン川の支流ナーエ川流域の産地。ワインはモーゼルとラインヘッセンの中間的な味わい。

─────ラインガウ─────

ラインガウ　Rheingau

ヘッセン州の産地。北へ向かって流れるライン川が、マインツで西に流れを変えたことで現れる長さ30kmほどの南向きの斜面に広がる産地。リースリングの比率が高く、ドイツの中でも銘醸地として名高い。

リューデスハイム　Rüdesheim

ラインガウのヨハニスベルクにある村名。コクのある力強いワインを生み出す。観光地としてもにぎわう。

アスマンズハウゼン　Assmannshausen

ラインガウのヨハニスベルクにある村名。シュペートブルグンダー種によるエレガントな赤ワインを産出する。なかでも「アスマンスホイザー・ヘレンベルク(Höllenberg＝地獄の山)」の名の畑が有名。

ヨハニスベルク　Johannisberg

ラインガウでも最上級のリースリングを産出する村。ラインガウの地区(ベライヒ)でもある。

シュロス・ヨハニスベルク
Schloss Johannisberg

ラインガウのヨハニスベルク村にある、メッテルニヒ侯爵家が所有する醸造所。800年におよぶ歴史を誇り、重みのあるワインを産出する。醸造所名が畑名としても認められている。オルツタイルラーゲのひとつ。

シュロス・フォルラーツ
Schloss Vollrads

ラインガウのヨハニスベルク・ベライヒのヴィンケル(Winkel)村にある、14世紀初頭に設立された醸造所。シュロス・フォルラーツ(フォルラーツ城)周辺の48haの畑名でもある。オルツタイルラーゲのひとつ。

シュロス・ライヒャルツハウゼン
Schloss Reichartshausen

ラインガウのヨハニスベルクのエストリッヒ(Oestrich)村にあるオルツタイルラーゲのひとつだが、特筆すべきワインはない。

ハッテンハイム　Hattenheim

ラインガウのハッテンハイム村で最高級のワインを生み出す村のひとつ。シュタインベルクがある。

シュタインベルク　Steinberg

ラインガウのハッテンハイム村にある、ドイツで最も有名な畑のひとつで、オルツタイルラーゲ。四方を石垣で囲まれた畑はエーバーバッハ修道院が所有していた。

マルコブルン／
エアバッハー・マルコブルン
Marcobrunn / Erbacher Marcobrunn

ラインガウのエアバッハ(Erbach)村にある有名な単一畑。厚みのあるワインを生み出す。

ドームデヒャナイ／
ホーホハイマー・ドームデヒャナイ
Domdechaney /
Hochheimer Domdechaney

ラインガウのホーホハイム(Hochheim)村の香り豊かなワインを生む単一畑。

─────ラインヘッセン─────

ラインヘッセン　Rheinhessen

ラインラント・ファルツ州の産地。ライン川南岸にありラインガウと向き合う。ドイツ最大のワイン生産地で、ドイツ全体の約4分の1を産出する。

ニーアシュタイン　Nierstein

ラインヘッセンのワイン造りで中心的な町。

ヴォンネガウ　Wonnegau

ラインヘッセン南部をカバーするベライヒ。シ

ンプルな味わいのワインが多い。世界的に有名なリープフラウミルヒの起源は、この地区のヴォルムス（Worms）市の聖母慈善教会（リープフラウエン・シュティフツキルヒェ）のブドウ畑。

──────ファルツ──────

ファルツ　Pfalz
ラインラント・ファルツ州の産地。ラインヘッセンの南端、ヴォルムスからフランス国境まで広がる、ドイツでは温暖な気候の産地。

フュンフ・フロインデ　Fünf Freunde
南ファルツの醸造家グループの草分け。「5人の友達」の意味。

ズュードファルツ・コネクション
Südpfalz Connexion
ファルツの5人の醸造家グループ。

──────モーゼル──────

モーゼル　Mosel
ラインラント・ファルツ州、ザールラント州にまたがる産地。白ワインの生産量が約9割。モーゼル川とその支流であるザール川とルーヴァー川沿いの急斜面にブドウ畑が広がる、ドイツを代表する銘醸地のひとつ。川の流れに蛇行が多いため、南向きの斜面が頻繁に現れる。2007年に「モーゼル・ザール・ルーヴァー（Mosel-Saar-Ruwer）」から名称が変更された。栽培面積の40％が斜度30度以上と、急斜面が多いのも特徴。

ベルンカステル　Bernkastel
モーゼルの中心部の地区（ベライヒ）。ヴェーレン、グラーハ、ベルンカステル、ピースポート村などの高品質なワインを生む村がある。

ヴェーレン　Wehlen
モーゼルのベルンカステル地区にある村。山腹に日時計のある畑「ヴェーレナー・ゾンネンウーアー（Sonnenuhr ＝日時計）」が名高い。

ベルンカステル（村）　Bernkastel
モーゼルのベルンカステル地区にある村。この村の単一畑「ベルンカステラー・ドクトール（Doktor ＝医者）」の名は、トリアーの司教がこの地のワインを飲んだら病気が治癒したという伝説に由来する。

ピースポート　Piesport
モーゼルで最も有名な村のひとつ。偉大な単一畑の「ピースポーター・ゴルトトレプヒェン（Goldtröpfchen ＝黄金の雫）」と親しみやすいワインを産する総合畑「ピースポーター・ミヒェルスベルク（Michelsberg ＝ミカエルの山）」は、購買層は異なるものとともに有名。

シャルツホーフベルク　Scharzhofberg
モーゼルのヴィルティンゲン（Wiltingen）村にあるドイツを代表する銘醸畑で、モーゼルでは唯一のオルツタイルラーゲ。

──────フランケン──────

フランケン　Franken
バイエルン州のマイン川流域に広がる産地。旧西ドイツでは最も東側にあり、シルヴァーナー種から硬質感のある辛口ワインを産出する。「ボックスボイテル（Bocksbeutel）」と呼ばれる独特の丸型扁平瓶が有名。

ヴュルツブルク　Würzburg
フランケンにある観光地としてにぎわう村。「ヴュルツブルガー・シュタイン（Stein ＝石）」畑はシルヴァーナー種から厚みのある辛口を生む。

フランク族　Franken（独）　Franks（英）
ゲルマン人の一支族。フランクは「自由な人」「勇敢な人」を意味し、英語で率直な性格を表す「フランク」の語源ともなっている。

──────ヴュルテンベルク──────

ヴュルテンベルク　Württemberg
バーデン・ヴュルテンベルク州、バイエルン州

にまたがる産地。ネッカー川とタウバー川の間に広がる、ドイツ最大の赤ワイン生産地。協同組合のワインが多い。

バーデン　Baden

バーデン・ヴュルテンベルク州の産地。ライン川の右岸に南北に300kmと細長く広がるドイツ最南端の産地。EUワイン生産気候区分においてドイツの生産地域で唯一Bゾーンに指定されている。

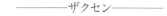

ザクセン　Sachsen

ザクセン州、ザクセン・アンハルト州にまたがるドイツで最も東の産地。旧東ドイツ、エルベ川沿いのドレスデン近郊に広がるドイツ最小の生産地域。

―― ザーレ＝ウンストルート ――

ザーレ＝ウンストルート　Saale-Unstrut

ザクセン・アンハルト州、チューリンゲン州、ブランデンブルク州にまたがる産地。旧東ドイツ、エルベ川の支流ザーレ川とウンストルート川流域の生産地域。北緯51度付近にあり、ドイツ最北の産地でもある。

II····イタリア

概要・歴史

イタリア Italy（英） Italia（伊）
アドリア海とティレニア海に挟まれ、南北に長いイタリア半島と地中海の島々からなる。あらゆる地域でワインを生産し、その量は毎年フランスと世界一を競っている。変化に富んだ地形と多様な土壌、温暖な気候、土着のブドウ品種の豊富さなどから個性豊かなさまざまなワインが産出されている。ブドウ栽培面積は約68万ha、ワイン生産量は約4,950万hℓ。→MAP-10

エノトリア・テルス Enotoria Tellus
ギリシャ時代、南イタリアにワイン造りを伝えたギリシャ人は、イタリアを「エノトリア・テルス（ワインの大地）」と呼んだ。

オデュッセイア
OΔYΣΣEIA（ギリシャ） Odyssey（英）
紀元前8世紀、ギリシャの作家ホメロスによって、歴史上初めてイタリアワインについて書かれた地中海世界の文献。

ピトイ Pithoi
古代イタリアにおいて、土の中に埋める形でワインの熟成に用いられた、底のとがったテラコッタ製の壺。ワインが染み出さないように松やになどの樹脂を塗って使っていた。

マリタータ Maritata
紀元前8世紀から1世紀ころにイタリア中部を支配していたエトルリア人が行なっていた、他の樹木にブドウの蔦を絡ませるブドウの栽培方法。20世紀の初めまでウンブリア州などで見る

ことができた。

ファレルヌム Falernum
古代ローマ時代に人気があったワイン。カンパーニア州の現在のD.O.C.ファレルノ・デル・マッシコの地域で造られていた。

カエクブム Caecubum
古代ローマ時代に人気があったワイン。現在のラツィオ州の海岸地帯で造られていた。

マメルティヌム Mamertinum
古代ローマの時代に人気があったワイン。シチリア州の現在のD.O.C.マメルティーノ・ディ・ミラッツォの地域で造られていた。

アピキウス Apicius
古代ローマの時代の美食家。また、その時代の調理法・料理のレシピを集めた書籍。

ルキウス・リキニウス・ルクッルス
Lucius Licinius Lucullus
共和制ローマの軍人で、美食家としても知られる。ヨーロッパでは食通の代名詞とされる。現在でも豪華な食事を「ルクッルス式」という。

ペトロニウス Petronius
ローマ帝国の政治家、文筆家。小説『サテュリコン』の著名なトリマルキオの饗宴のシーンの豪華な食事は、当時の絢爛かつ退廃的な食文化を描写している。

サンテ・ランチェリオ Sante Lancerio
ローマ教皇パウルス3世（1468～1549年）のワイン担当者。ソムリエの先駆け的な存在。モンテプルチャーノのワインを褒める言葉などを残

している。

アンドレア・バッチ　Andrea Bacci

16世紀末の医者、哲学者、作家。ワインの薬効を示した著作を遺している。

フランチェスコ・レーディ
Francesco Redi

17世紀末の医者、自然学者、詩人。詩集『トスカーナのバッカス』でワインについての言及を多く遺す。

トスカーナ大公コジモ3世
Cosimo III

キアンティ、ポミーノ、カルミニャーノ、ヴァル・ダルノ・ディ・ソープラなどの生産地の線引きを1716年に行なった人物。原産地呼称制度の最初の例として知られている。

ベッティーノ・リカーゾリ
Bettino Ricasoli

トスカーナの名門一族出身でリカーゾリ男爵（1809〜1880年）の名前で知られる。統一後のイタリア第2代首相。19世紀にキアンティでサンジョヴェーゼ種の荒々しいタンニンを和らげるために、カナイオーロ種（黒ブドウ）やマルヴァジア種（白ブドウ）をブレンドするリカーゾリ方式（Ricasoli Formula）を考え出した。

イタリアワイン・ルネッサンス

1970年代末から、意欲的な生産者の一団が世界に通用する高品質ワインの生産を志向しはじめ、フランス流の最新の技術を導入した。この動きにより従来の伝統の殻を破った革新的ワインが1980年代に続々とリリースされ、世界の注目を集めるようになった。

························ 地理 ························

アルプス山脈

イタリア北部で東西に延びる。フランス、スイス、オーストリアとの国境となっている。

アペニン山脈

イタリア半島の中央を貫く山脈。この山脈により、東のアドリア海側と西のティレニア海側の気候が異なるものとなっている。

アドリア海

イタリア半島の東側の海。

イオニア海

イタリア半島の南側の海。

ティレニア海

イタリア半島の西側の海。

エトナ火山

シチリア島北東部の火山。現在でも活発な活動を続けている。

························ 用語 ························

テンドーネ　Tendone

伝統的な棚仕立て。「天井仕立て」とも呼ぶ。一時期は大量生産の象徴として蔑視されていたが、近年は地球温暖化の影響からブドウを守る効果があると見直されている。

ペルゴラ　Pergora

伝統的な棚仕立ての一種。高さ約2mのところにブドウ樹でひさしのように棚を作る。テンドーネ同様、一時期は大量生産の象徴として蔑視されていたが、近年はブドウを守る効果があるとして見直されている。

ガッロ・ネーロ　Gallo Nero

キアンティ・クラシコ協会のシンボルマーク。「黒い雄鶏」の意。

ヴェンデンミア　Vendemmia

収穫。または収穫年。収穫年は同義語に**アンナータ**（Annata）がある。

カンティーナ Cantina
酒蔵。ワイン醸造所。

カーサ・ヴィニコーラ Casa Vinicola
ワイン醸造所。購入したブドウで造るワイン。

ファットリア Fattoria
ブドウ園、ワイン醸造所。中部イタリアで使う。

アツィエンダ・アグリコーラ
Azienda Agricola
農場、またはワイン醸造所。

カッシーナ Cascina
農場、または農園。北部イタリアで使う。

カンティーナ・ソチャーレ
Cantina Sociale
ワイン醸造協同組合の醸造所。同義語に**カンティ
ーナ・コーペラティーヴァ**(Cantina Co-
operativa)。カンティーナ・ソチアーレともい
う。

テヌータ Tenuta
農場、またはワイン醸造所。

ポデーレ Podere
ブドウ園、またはワイン醸造所。小規模経営。

ヴィーニャ Vigna
ブドウ園、ブドウ畑。

ウーヴァ Uva
ブドウ。

フィアスコ Fiasco
キアンティに見られる伝統的な藁包みの瓶。も
とは農夫が畑に持っていく水筒だったといわれ
ている。今では藁を編む職人が少なくなったた
め、手作業でつくったものは現地でも珍しくな
っている。

グラッパ Grappa
ヴェネト州のバッサーノ・デル・グラッパ村が
発祥とされるブドウの搾りかすを原料とした蒸
留酒。フランスのマールと同様。原料ブドウの
香りが強く、樽熟したものは豊かな香りの中に
甘味を感じさせる。イタリア国内の法規は
1997年に制定された。

ボッティリア Bottiglia
瓶、ボトル。

エティケッタ Etichetta
ラベル。フランスではエチケット。

リモンチェッロ Limoncello
レモンの果皮を純アルコールに漬けて造る南イ
タリア特産のリキュール。カンパーニア州のソ
レント半島とカプリ島が産地として有名。

·················· ワイン法··················

D.O.C.G. ディー・オー・シー・ジー
2008年ヴィンテージまでの旧分類だが、現在
も併記が認められている。統制保証原産地呼
称、Denominazione di Origine Controllata e
Garantita。イタリアのワイン法による原産地呼
称格付の最上位。出荷に際して国の検査を必要
とする。

D.O.C. ディー・オー・シー
2008年ヴィンテージまでの旧分類だが、現在
も併記が認められている。統制原産地呼称、
Denominazione di Origine Controllata。イタリ
アのワイン法により厳しく制約された上級ワイ
ンの原産地呼称格付。

I.G.T. アイ・ジー・ティー
2008年ヴィンテージまでの旧分類だが、現在
も併記が認められている。典型的産地表示付き
テーブルワイン、Indicazione Geografica Tipica。
1963年に定められた単純原産地呼称(D.O.S.)
が1992年に改定されたもの。格付上はヴィー

ノ・ダ・ターヴォラ(Vino da Tavola。略して V.d.T.)の上級品。

ヴィーノ　Vino

地理的表示のないワイン。イタリアのワイン法で最も下位の格付。2009年ヴィンテージ以降の定義で、かつては**ヴィーノ・ダ・ターヴォラ**(テーブルワイン)という呼称だった。

スーパー・ヴィーノ・ダ・ターヴォラ
Super Vino da Tavola

ワイン法のブドウ品種規定を外れて造られた高級ワインの俗称。未認可だったフランス系品種を使用するものや、キアンティ・クラシコの生産者がサンジョヴェーゼ種100%のワインを造る(1996年の法改正まではキアンティ・クラシコは白ブドウのブレンドが義務づけられていた)、2つのパターンが代表的。ワイン法上はVinoだが高品質ワイン。現在は多くがI.G.T.やD.O.C.に吸収されている。トスカーナ州に多かったので**スーパー・タスカン**という言葉も生まれた。

D.O.P.　ディー・オー・ピー

保護原産地呼称、Denominazione di Origine Protetta。以前のD.O.C.G.とD.O.C.に相応する、2009年ヴィンテージからEUで定められたワイン法による、イタリアでのカテゴリー名。

I.G.P.　アイ・ジー・ピー

保護地理表示、Indicazione Geografica Protetta。以前のI.G.T.に相応する、2009年ヴィンテージからEUで定められたワイン法による、イタリアでのカテゴリー名。「ワインの85%以上がその土地で造られたもの」と定義されている。

················醸造／製法················

ヴィーノ・スペチャーレ
Vino Speciale

ワインは一般ワイン(Vino Normale ヴィーノ・ノルマーレ)と特殊ワインに分けられ、後者のこと。発泡性ワイン、リキュールタイプのワイン、ワインに薬草などを混ぜて造る混成ワインなどがこの部類に含まれる。

スプマンテ　Spumante

イタリアの発泡性ワイン。ガス圧は20℃で3気圧以上。ワイン法上は使用される品種やクオリティにおいて5つに分類される。ブドウ品種や製法の違いからさまざまな品質や味わいに仕上がる。

ヴィーノ・フリッツァンテ
Vino Frizzante

弱発泡性ワイン。ガス圧は20℃で1〜2.5気圧。アルコール度は7度以上。

スプマンテのワイン法の分類

ワイン法で定められるスプマンテの分類は、以下の5つとなる。　①ヴィーノ・スプマンテ Vino Spumante(略してV.S.)　②ヴィーノ・スプマンテ・ディ・クワリタ Vino Spumante di Qualità(略してV.S.Q.)　③ヴィーノ・スプマンテ・ディ・クワリタ・ア・デノミナツィオーネ・ディ・オリジネ・プロテッタ Vino Spumante di Qualità a Denominazione di Origine Protetta(略してV.S.Q.O.P.)　④ヴィーノ・スプマンテ・ディ・クワリタ・デル・ティーポ・アロマティコ Vino Spumante di Qualità del Tipo Aromatico(略してV.S.Q.T.A.)　⑤ヴィーノ・スプマンテ・ディ・クワリタ・デル・ティーポ・アロマティコ・ア・デノミナツィオーネ・ディ・オリジネ・プロテッタ Vino Spumante di Qualità del Tipo Aromatico a Denominazione di Origine Protetta(略してV.S.Q.T.A.D.O.P.)

メトード・クラッシコ　Metodo Classico

直訳すると古典的方式。発泡性ワインを造る際の瓶内二次発酵方式のことで、シャンパーニュの製法と同じ。代表的なものにはD.O.C.G.フランチャコルタがある。

メトード・トラディツィオナーレ
Metodo Tradizionale

直訳すると伝統式方式。メトード・クラッシコと同義。

メトード・シャルマ　Metodo Charmat

シャルマ方式。発泡性ワインの製造法のひとつで、タンク内二次発酵方式を指す。代表的なものにD.O.C.G.アスティ・スプマンテがある。

アパッシメント　Appassimento

ブドウの水分を除去し、果実の糖分を凝縮させる工程。木になったまま干しブドウ状になるまで過熟させるか、あるいは収穫後風通しのよい場所で陰干しにするか天日干しするかは、産地や生産者によって異なる。

レチョート　Recioto

ヴェネト州において、陰干しをして糖度を高めたブドウで造る甘口ワイン。ソアヴェやヴァルポリチェッラが代表的。他州ではパッシート（Passito）と呼ぶ。

パッシート　Passito

乾燥させ糖度を高めたブドウで造る甘口ワイン。ヴェネト州ではレチョート（Recioto）と呼ぶ。

スフォルツァート／スフルサート
Sforzato / Sfursato

ロンバルディア州で陰干しにしたブドウから造られる辛口ワイン。糖分を「強化した」という意味だが、実際には糖分添加は行なわない。代表的なものにはD.O.C.G.スフォルツァート（スフルツァート）・ディ・ヴァルテッリーナがある。

アマローネ　Amarone

ヴェネト州で陰干しして糖度を高めたブドウから造られる辛口ワイン。「苦い」という意味。アマローネ・デッラ・ヴァルポリチェッラはイタリア屈指の赤ワイン。

ヴィン・サント／ヴィーノ・サント
Vin Santo / Vino Santo

陰干しして糖度を高めたブドウで造るワインで、辛口、中甘口、甘口がある。北イタリア・トスカーナ州ではVin Santo、トレンティーノ＝アルト・アディジェ州ではVino Santoと呼んでいる。

ヴェンデンミア・タルディーヴァ
Vendemmia Tardiva

遅摘みしたブドウで造るワインの表示。フランスでは**ヴァンダンジュ・タルティーヴ**（Vendanges Tardives）という。

ヴィーノ・リクオローソ
Vino liquoroso

リキュール・ワイン。ワインにそのワインで造ったアルコールを添加したもの。アルコール度数15〜22度。ヴィーノ・リクオローソと格上のヴィーノ・リクオローソ・ディ・クワリタ・プロドット・イン・レジオーネ・デテルミナータ（V.L.Q.P.R.D.）に分類される。

ヴィーノ・アロマティッツァート
Vino Aromatizzato

香味ワイン、アロマつきの混成ワイン。フレーヴァード・ワイン。ワインに薬草を混合して造るピエモンテ州のヴェルムート・ディ・トリノが有名。他にバローロにキナの樹皮を漬け込んだ強壮剤飲料のバローロ・キナート（Barolo Chinato）などがある。

ゴヴェルノ法　Governo

トスカーナ地方の伝統的な醸造方法のひとつ。赤ワインの発酵終了直前に乾燥させたブドウの果汁を加え、再発酵させる。コクとアルコールを高める効用がある。

ヴェルムート　Vermut

ベルモットのこと。白ワインを主体とし、ニガ
ヨモギなどの香草やスパイスを配合して造られ
るフレーヴァード・ワイン。主に食前酒として
飲まれるほか、カクテルの材料や料理に使われ
る。イタリア発祥のスイート・ベルモットとフ
ランス発祥のドライ・ベルモットとがある。

キナート／バローロ・キナート
Chinato / Barolo Chinato

ピエモンテ州のD.O.C.G.バローロにキナの樹
皮を漬け込んだ強壮剤飲料。

リゼルヴァ　Riserva

規定の熟成期間より一定期間(1〜2年)長く熟
成したワインにつけられる表示。

スペリオーレ　Superiore

規定のアルコール度より一定量(0.5〜1%)アル
コール度数が高いワインに付与される呼称。

クラッシコ　Classico

特定の古くからの生産地域で造られたワインの
表示。

ヴィーノ・ノヴェッロ　Vino Novello

イタリアにおける新酒の総称。バルバレスコの
アンジェロ・ガヤがネッビオーロ種で造ったも
のが最初とされている。現在は単独の立法で、
①D.O.C.G.、D.O.C.およびI.G.T.にのみ生産
許可、②醸造期間は醸造開始後10日以内、③炭
酸ガス浸漬法(MC法)で造られたワインを
40%以上含むこと、④消費に供する時の総体ア
ルコール度は11%以上。残存糖分は10g/ℓを超
えてはならない、⑤収穫年の12月31日までに
瓶詰め、⑥ラベルに収穫年を表示、⑦10月30
日の0時01分より前に消費してはならない、な
どと定められている。

……… 色、味わいの表現………

チェラスオーロ　Cerasuolo

ワインの色調。サクランボ色から赤色まで。色
の濃いロゼ、濃淡の幅のある赤などを指して用
いる。D.O.C.モンテプルチャーノ・チェラス
オーロ・ダブルッツォなど。

キアレット　Chiaretto

ワインの色調。透明な明るい色の赤。ボルドー
のクラレットにちなむ。D.O.C.バルドリーノ・
キアレットなど。

アスィット　Asciutto

辛口。「乾燥した、口中が乾いたような感じ」の
意。残糖分0〜4g/ℓ。

セッコ　Secco

辛口。アスィットと同じ残糖分0〜4g/ℓ。

アッボッカート　Abboccato

薄甘口。「口に合う」の意味。残糖分4〜12g/ℓ。

アマービレ　Amabile

中甘口。「愛らしい」という意味で、残糖分12
〜45g/ℓ。

ドルチェ　Dolce

甘口。残糖分45g/ℓ以上。

カンネッリーノ　Cannellino

甘口。ラツィオ州のD.O.C.G.カンネッリーノ
・ディ・フラスカーティだけに使う表記。ドル
チェと同じ残糖分45g/ℓ以上。

産地

───ヴァッレ・ダオスタ州───

ヴァッレ・ダオスタ州　Valle d'Aosta

最西北に位置しスイス、フランスの国境に接する州。ワインの生産量は20州中で最も少ないが、同名のD.O.C.で18品種から多様なスタイルの白・ロゼ・赤のワインを造っている。なお、ローマ帝国時代の代表的な大理石はアオスタ産とされた。

ヴァッレ・ダオスタ／
ヴァッレ・ダオステ
Valle d'Aosta / Valle d'Aoste

同州の主要D.O.C.ワイン。さまざまな品種表示、地理表示が認められている。

───────ピエモンテ州───────

ピエモンテ州　Piemonte

「山の足」と訳される、イタリアを代表する銘醸地を擁する州。生産量の約80%をD.O.P.ワインが占める高級ワインの産地である。バローロ、バルバレスコを筆頭とするネッビオーロ種の赤、コルテーゼ種、アルネイス種による辛口の白、モスカート種による甘口の白、フレーヴァード・ワインのヴェルモットなど。ピエモンテ、ランゲ、モンフェッラートなどの広域D.O.C.があるため、この州にはI.G.P.は存在しない。

ノヴァーラ県　Novara

ピエモンテ州北部の県。主要なD.O.C.G.はゲンメ。

ヴェルチェッリ県　Vercelli

ピエモンテ州中央やや北寄りの県。主要なD.O.C.G.はガッティナーラ。

トリノ県　Torino

ピエモンテ州西部の県、主要なD.O.C.はカレーマ。

アスティ県　Asti

ピエモンテ州南部の県。主要なD.O.C.G.はアスティ。

アレッサンドリア県　Alessandria

ピエモンテ州南東部の県。主要なD.O.C.G.はガヴィ。

クーネオ県　Cuneo

ピエモンテ州南部の県。主要なD.O.C.G.はバローロ、バルバレスコ。

アルタ・ランガ　Alta Langa

D.O.C.G.。瓶内二次発酵により造られるスプマンテ。通常のもので30ヵ月、リゼルヴァで36ヵ月の熟成を要する。

アスティ／アスティ・スプマンテ／
モスカート・ダスティ
Asti / Asti Spumante / Moscato d'Asti

D.O.C.G.。モスカート・ビアンコ種100%の甘口の白で、アスティ・スプマンテ（発泡性ワイン）とモスカート・ダスティ（非発泡または微発泡）に分かれる。

バルバレスコ　Barbaresco

D.O.C.G.。ネッビオーロ種によるイタリアを代表する赤ワイン。「ピエモンテの女王」「バローロの弟分」と呼ばれる。法定熟成期間は26ヵ月（うち木樽熟成9ヵ月）、50ヵ月以上でリゼルヴァ表記ができる。バルバレスコ村のものは純粋な果実味を持つ、調和のとれたスタイル。著名な畑はラバイア Rabajà、アジリ Asili、マルティネンガ Martinenga など。

ネイヴェ　Neive

D.O.C.G.バルバレスコのコムーネ(村)。柑橘類、スパイスのトーンを持つ、ミネラル分豊富なバルバレスコを生む。著名な畑はサント・ス

テファノ Santo Stefano、ガッリーナ Gallina、セッラボエッラ Serraboella、ブリッコ Bricco など。

トレイーゾ　Treiso

D.O.C.G.バルバレスコのコムーネ(村)。知名度はやや低いがミネラル分あふれるバルバレスコで、近年評価が高まっている。著名な畑はパイオレ Pajorè、リッツィ Rizzi など。

バルベーラ・ダスティ
Barbera d'Asti

D.O.C.G.。バルベーラ種主体の赤ワイン。バルベーラ種のD.O.C.G.としてはほかにバルベーラ・デル・モンフェッラート・スペリオーレがある。

バルベーラ・デル・モンフェッラート・スペリオーレ
Barbera del Monferrato Superiore

D.O.C.G.。バルベーラ種主体の赤ワイン。D.O.C.G.バルベーラ・ダスティと異なり、アルコール度数の高いスペリオーレのみがD.O.C.G.に認められている。

バローロ　Barolo

D.O.C.G.。ネッビオーロ種によるイタリアを代表する赤ワイン。クーネオ県のバローロなど11の村で造られる。「ワインの王、王のワイン」と讃えられ、20年以上の熟成に耐える偉大な赤ワインである。法定熟成期間は3年(うち木樽で2年)で、5年以上でリゼルヴァ表記ができる。キナ風味の**キナート(Chinato)**がある。バローロ村のものは、ラ・モッラ村の優美さとモンフォルテ村の力強さを備え持つといわれている。著名な畑はカンヌビ Cannubi。

ラ・モッラ　La Morra

D.O.C.G.バローロのコムーネ(村)。香り高く、優美でバランスがよい比較的若飲みのバローロを生む。著名な畑はブルナーテ Brunate、チェレクイオ Cerequio、ロッケ Rocche など。

カスティリョーネ・ファレット
Castiglione Falletto

D.O.C.G.バローロのコムーネ(村)。土っぽさを感じさせる豊かなバローロを生む。生産量は少ない。著名な畑はヴィッレーロ Villero、モンプリヴァート Monprivato、ロッケ Rocche など。

セッラルンガ・ダルバ
Serralunga d'Alba

D.O.C.G.バローロのコムーネ(村)。最も厳格で長期熟成型のバローロを生む。著名な畑はヴィーニャ・リオンダ Vigna Rionda、ラッツァリート Lazzarito、パラファーダ Parafada、ガブッティ Gabutti、オルナート Ornato、カッシーナ・フランチャ Cascina Francia など。

モンフォルテ・ダルバ
Monforte d'Alba

D.O.C.G.バローロのコムーネ(村)。パワフルで力強いバローロを生む。著名な畑はジネストラ Ginestra、モスカーニ Moscani など。

ブラケット・ダックイ／アックイ
Brachetto d'Acqui / Acqui

D.O.C.G.。ブラケット種100%。微発泡の甘口赤ワイン。

ドルチェット・ディ・ディアーノ・ダルバ／ディアーノ・ダルバ
Dolcetto di Diano d'Alba / Diano d'Alba

D.O.C.G.。ドルチェット種による赤ワイン。バローロとバルバレスコの間に位置し、ドルチェットの産地として非常に歴史が古い。

ドリアーニ　Dogliani

D.O.C.G.。ドルチェット種による赤ワイン。比較的色合いが濃く、長期熟成型のドルチェットを産する。ドルチェット種の起源の地といわれている。

ドルチェット・ディ・オヴァーダ・スペリオーレ／オヴァーダ
Dolcetto di Ovada Superiore / Ovada
D.O.C.G.。ドルチェット種による赤ワイン。D.O.C.ドルチェット・ディ・オヴァーダよりアルコール度数の高いスペリオーレのみがD.O.C.G.に認められている。

エルバルーチェ・ディ・カルーソ／カルーソ
Erbaluce di Caluso / Caluso
D.O.C.G.。ピエモンテ州北部カルーソ地区でエルバルーチェ（Erbaluce）種から造られる。フレッシュでドライなタイプからスプマンテ、甘口までさまざまなタイプがある。

ガッティナーラ　Gattinara
D.O.C.G.。ネッビオーロ種主体の赤ワイン。バローロ、バルバレスコと違い、他品種（ヴェスポリーナ種、ボナルダ・ディ・ガッティナーラ種）を10％以内でブレンドすることが許可されている。ガッティナーラにおけるネッビオーロ種は別名スパンナSpannaと呼ばれている。法定熟成期間は36ヵ月（うち木樽熟成12ヵ月）。48ヵ月熟成（うち木樽で24ヵ月）、アルコール13％以上でリゼルヴァ表記ができる。

ガヴィ／コルテーゼ・ディ・ガヴィ
Gavi / Cortese di Gavi
D.O.C.G.。コルテーゼ種による北イタリアを代表する白ワイン。「Gavi del Comune di ＋ 5つの産地名」の表記が認められている。とくにガヴィ村のものを以前はガヴィ・ディ・ガヴィ（Gavi di Gavi）と表記していたが、現在はガヴィ・デル・コムーネ・ディ・ガヴィとなった。

ゲンメ　Ghemme
D.O.C.G.。ネッビオーロ種（スパンナ種）主体の赤ワイン。バローロ、バルバレスコと違い、他品種（ヴェスポリーナ種など）を15％以内でブレンドすることが許可されている。チーズのゴルゴンゾーラと同じ産地のため、最も合う赤ワインとされている。法定熟成期間は36ヵ月

（うち木樽20ヵ月、瓶内9ヵ月）。48ヵ月（うち木樽25ヵ月、瓶内9ヵ月）でリゼルヴァ表記ができる。

ニッツァ　Nizza
バルベーラ・ダスティのサブ・ゾーンから独立したD.O.C.G.。バルベーラ種100％。2014年に認定された。30ヵ月（うち木樽12ヵ月）の熟成でリゼルヴァ表記ができる。

ロエーロ　Roero
D.O.C.G.。ネッビオーロ種主体の赤とアルネイス種100％の白と発泡性ワインがある。アルネイス種は昔はネッビオーロ・ビアンコ種とも呼ばれていた。

ルケ・ディ・カスタニョーレ・モンフェッラート
Ruchè di Castagnole Monferrato
D.O.C.G.。ピエモンテ南部アスティ周辺で造られる赤ワイン。品種はルケ。

バルベーラ・ダルバ　Barbera d'Alba
D.O.C.。熟成を必要とするバルベーラ・ダスティよりも若いうちから開いていて楽しむことができる。

ドルチェット・ダルバ　Dolcetto d'Alba
D.O.C.。ピエモンテ州におけるデイリーワインの中心的存在。

ランゲ　Langhe
ピエモンテ州のクーネオ県一帯に広がる広域D.O.C.。県が許可または推奨している品種による白または赤ワイン。シンプルなワインが多いがD.O.C.G.の枠内で造られない「スーパー・ピエモンテ」がこの呼称になる場合も多い。

モンフェッラート　Monferrato
ピエモンテ州のアレッサンドリア、アスティ県一帯に広がる広域D.O.C.。県が許可または推奨している品種による白・ロゼ・赤ワイン。

ネッビオーロ・ダルバ
Nebbiolo d'Alba

D.O.C.。バローロ、バルバレスコ以外のアルバ周辺で造られる。

ピエモンテ　Piemonte
ピエモンテ州全域のD.O.C.。ほとんどのものはこのD.O.C.に含まれるため、ピエモンテ州にはI.G.T.のカテゴリーがない。

――――リグーリア州――――

リグーリア州　Liguria
イタリア随一の貿易港ジェノヴァがある州。ワインの生産はヴァッレ・ダオスタ州に次いで20州中2番目に少ないが、ヴェルメンティーノ種やピガート種から魅力的な白ワインを造っている。

ロッセーゼ・ディ・ドルチェアックア／ドルチェアックア
Rossese di Dolceacqua / Dolceacqua

D.O.C.。かすかにスパイシーな個性を持つロッセーゼ種による、リグーリア州で最も重要な赤ワイン。

オルメアスコ・ディ・ポルナッシオ
Ormeasco di Pornassio

D.O.C.。オルメアスコはドルチェットのリグーリア州での呼び名。生産者によってはピエモンテ州のものに比肩する品質を持つ。

リヴィエーラ・リグレ・ディ・ポネンテ
Riviera Ligure di Ponente

D.O.C.。ロッセーゼ種の赤、ピガート種、ヴェルメンティーノ種の白が認められているが、とくに白の品質が優れている。

チンクエ・テッレ／チンクエ・テッレ・シャッケトラ
Cinque Terre / Cinque Terre Sciacchetrà

D.O.C.。5つの村の総称で海に迫る絶壁の段々畑の風景は唯一のもので世界遺産に認定されている。品種はボスコ、アルバローラ、ヴェルメンティーノ。シャッケトラは陰干し製法による甘口。

――――ロンバルディア州――――

ロンバルディア州　Lombardia
生産量は多くはないが、瓶内二次発酵による高品質な発泡性ワイン、フランチャコルタで有名な州。キアヴェンナスカ(ネッビオーロ)種のヴァルテッリーナ・スペリオーレなどのD.O.C.G.がある。

ヴァルテッリーナ・スペリオーレ
Valtellina Superiore

D.O.C.G.。この地でキアヴェンナスカと呼ばれるネッビオーロ種主体の赤ワイン。10%まで他品種のブレンドも可能。D.O.C.ヴァルテッリーナ・ロッソよりアルコール度の高いスペリオーレのみがD.O.C.G.に認められている。

スフォルツァート・ディ・ヴァルテッリーナ／スフルサート・ディ・ヴァルテッリーナ
Sforzato di Valtellina / Sfursato di Valtellina

D.O.C.G.。この地でキアヴェンナスカと呼ばれるネッビオーロ種主体の赤ワイン。10%まで他品種のブレンドも可能。スフォルツァート、つまり陰干しして糖度を高めたブドウを用いる。

フランチャコルタ　Franciacorta
D.O.C.G.。シャルドネ、ピノ・ネーロ種、ピノ・ビアンコ種による瓶内二次発酵のイタリアを代表する発泡性ワイン。カ・デル・ボスコ社とベッラヴィスタ社がとくに有名。原料が白ブドウのみのものは通称「サテン(Satèn)」として流通している。

II

イタリア

オルトレポ・パヴェーゼ・メトード・クラッシコ
Oltrepò Pavese Metodo Classico

D.O.C.G.。シャルドネ、ピノ・ビアンコ種、ピノ・ネーロ種、ピノ・グリージョ種による瓶内二次発酵の発泡性ワイン。

モスカート・ディ・スカンツォ／スカンツォ
Moscato di Scanzo / Scanzo

D.O.C.G.。モスカート・ディ・スカンツォ種100%使用の赤の甘口。2009年にD.O.C.G.に昇格した。

クルテフランカ　Curtefranca

D.O.C.。シャルドネ、ピノ・ビアンコ種、ピノ・ネーロ種の白ワインとカベルネ・ソーヴィニヨン、メルロ他数品種のブレンドによる赤ワイン。2008年まではテッレ・ディ・フランチャコルタという名称だった。

ガルダ・クラッシコ／ガルダ
Garda Classico / Garda

D.O.C.。ガルダ湖の西に広がる。品種、色、製法などさまざま。

ルガーナ　Lugana

D.O.C.。ガルダ湖の南に広がる。主要品種のトレッビアーノ・ディ・ルガーナの地元名はトゥルビアーナ。

オルトレポ・パヴェーゼ
Oltrepò Pavese

D.O.C.。品種、色、製法などさまざまで、バラエティに富んだワインを造る。

ヴァルカレピオ　Valcalepio

D.O.C.。赤はメルロ、カベルネ・ソーヴィニヨン。白はピノ・ビアンコ種、シャルドネ、ピノ・グリージョ種。

ヴァルテッリーナ・ロッソ
Valtellina Rosso

D.O.C.。この地でキアヴェンナスカと呼ばれるネッビオーロ種主体の赤ワイン。10%まで他品種のブレンドも認められている。

トレンティーノ＝アルト・アディジェ州

トレンティーノ＝アルト・アディジェ州
Trentino-Alto Adige

イタリア最北部に位置する州。オーストリアに接している。この地方はドイツ語も話されており、ラベル表示もイタリア語とドイツ語の両方が書かれていることがある。トラミネール・アロマティコ種とも呼ばれるゲヴュルツトラミネール種はこの地のトラミン村が原産であるといわれているが、証明はされていない。

アルト・アディジェ／デッラルト・アディジェ
Alto Adige / Dell' Alto Adige

D.O.C.。**ズートティロル／ズートティロラー**（**Sudtirol / Sudtiroler**）。アルト・アディジェ地方のほとんどを包括する。

ヴァルダディジェ　Valdadige

D.O.C.。**エッチュターラー**（**Etschtaler**）。スキアーヴァ種の他、エナンティオ（Enantio）種という地場品種を使用する赤とロゼ、白はピノ・ビアンコ種、ピノ・グリージョ種、シャルドネ、リースリングを使用する。

テロルデゴ・ロタリアーノ
Teroldego Rotaliano

D.O.C.。この地でのみ栽培されているテロルデゴ種によるロゼまたは赤ワイン。法定熟成期間24ヵ月でリゼルヴァ表記ができる。

トレンティーノ　Trentino

D.O.C.。幅広いブドウ品種を使って造られる。トレンティーノ地方のほとんどを包括する。

トレント　Trento

D.O.C.。この地を代表する発泡性ワイン。

───────ヴェネト州───────

ヴェネト州　Veneto

イタリアを代表する一大ワイン産地。とくに、州別生産量はトップになることが多い。D.O.C.Gは白、赤ともに平地らしく軽いワインが多いがアマローネ・デッラ・ヴァルポリチェッラはイタリア屈指の赤ワインのひとつ。グレラ種によるスプマンテ「**プロセッコ** Prosecco」も人気が高い。ワイン見本市「ヴィーニタリー」が毎年春に開催されており、開催地ヴェローナは「イタリアワインの首都」と考えられている。

ヴェローナ県　Verona

ヴェネト州西部の県。バルドリーノ、ヴァルポリチェッラ、ソアーヴェなど同州の代表的D.O.C.G.、D.O.C.ワインはこの県で生産されている。

ヴィチェンツァ県　Vicenza

ヴェネト州中部の県。代表的D.O.C.G.はレチョート・ディ・ガンベッラーラ。

パドヴァ県　Padova

ヴェネト州中部の県。代表的D.O.C.G.はコッリ・エウガネイ・フィオル・ダランチョ、バニョーリ・フリウラーロ。

トレヴィーゾ県　Treviso

ヴェネト州東部の県。代表的D.O.C.G.はグレラ種によるプロセッコ。

ヴェネツィア県　Venezia

ヴェネト州東部の県。代表的D.O.C.G.はリソンで、このD.O.C.G.はヴェネト州とフリウリ＝ヴェネツィア・ジューリア州の2州にまたがるように位置している。

アマローネ・デッラ・ヴァルポリチェッラ　Amarone della Valpolicella

D.O.C.G.。陰干しして糖度を高めたブドウの糖分ほぼすべてを発酵させて造るフルボディの辛口赤ワイン。ワイン名は後味に残る苦味(アマーロ Amaro)に由来。法定熟成期間はアルコール14%以上で最低2年の熟成。リゼルヴァは4年の熟成で表記できる。

バニョーリ・フリウラーロ／フリウラーロ・バニョーリ　Bagnoli Friularo / Friularo Bagnoli

D.O.C.G.。この地方で「フリウラーロ」と呼ばれるラボソ・ピアーヴェ種を主体とする赤ワイン。

バルドリーノ・スペリオーレ／バルドリーノ・クラッシコ・スペリオーレ　Bardolino Superiore / Bardolino Classico Superiore

D.O.C.G.。コルヴィーナ・ヴェロネーゼ種、ロンディネッラ種、モリナーラ種による赤ワイン。D.O.C.バルドリーノよりもアルコール度数の高いスペリオーレのみがD.O.C.G.として認められている。

コッリ・アゾラーニ・プロセッコ／アゾーロ・プロセッコ　Colli Asolani-Prosecco / Asolo-Prosecco

2009年昇格のD.O.C.G.。グレラ(旧プロセッコ)種主体の発泡性ワイン。15%以内で他品種のブレンドが認められている。瓶内二次発酵をしたものは Rifermentazione in Bottiglia と表記することができる。

コッリ・ディ・コネリアーノ　Colli di Conegliano

D.O.C.G.。白・赤からパッシートまでさまざまなタイプを造る。

II

II

イタリア

コッリ・エウガネイ・フィオル・ダランチョ／フィオル・ダランチョ・コッリ・エウガネイ
Colli Euganei Fior d'Arancio / Fior d'Arancio Colli Euganei

D.O.C.G.。モスカート・ジャッロ種を使用。白ワイン、スプマンテ、パッシートと辛口から甘口まで幅広いが、主流は甘口または中甘口。フィオル・ダランチョは「オレンジの花」の意味。

コネリアーノ・ヴァルドッビアデネ・プロセッコ／コネリアーノ・プロセッコ／ヴァルドッビアデネ・プロセッコ
Conegliano Valdobbiadene-Prosecco / Coneliano-Prosecco / Voldobbiadene-Prosecco

2009年昇格のD.O.C.G.。グレラ（旧プロセッコ）種主体の発泡性ワイン。15%以内で他品種のブレンドが認められている。瓶内二次発酵をしたものは Rifermentazione in Bottiglia と表記し、カルティッツェ地域のブドウで造るものは Superiore di Cartizze と表記できる。

リソン Lison

D.O.C.G.。主要品種であるタイ種は以前トカイ・フリウラーノと呼ばれていた品種。フリウリ＝ヴェネツィア・ジュリア州ではフリウラーノと呼ばれている。エリアはヴェネト州とフリウリ＝ヴェネツィア・ジュリア州の2つの州にまたがっている。

モンテッロ・ロッソ／モンテッロ
Montello Rosso / Montello

D.O.C.G.。カベルネ・ソーヴィニヨン、メルロ、カベルネ・フラン、プティ・ヴェルドなどボルドー系品種で造られる赤ワイン。

ピアーヴェ・マラノッテ／マラノッテ・デル・ピアーヴェ
Piave Malanotte / Malanotte del Piave

D.O.C.G.。ラボソ・ピアーヴェ種を主体に造られる赤ワイン。

レチョート・デッラ・ヴァルポリチェッラ
Recioto della Valpolicella

D.O.C.G.。アマローネ同様に陰干しブドウを原料とするが、糖分を残して甘口に仕上げたタイプ。スプマンテもある。

レチョート・ディ・ガンベッラーラ／レチョート・ディ・ガンベッラーラ・クラッシコ
Recioto di Gambellara / Recioto di Gambellara Classico

D.O.C.G.。陰干しして糖度を高めたガルガネーガ種主体の甘口の白ワイン。スプマンテも認められている。

レチョート・ディ・ソアーヴェ／レチョート・ディ・ソアーヴェ・クラッシコ
Recioto di Soave / Recioto di Soave Classico

D.O.C.G.。ガルガネーガ種主体に陰干しをして糖度を高めたブドウによる甘口の白ワイン。30%以内で他品種のブレンドも認められている。また、スプマンテもある。収穫の翌年8月31日まで消費できないという規定がある。

ソアーヴェ・スペリオーレ
Soave Superiore

D.O.C.G.。ガルガネーガ種主体の白ワイン。D.O.C.ソアーヴェよりもアルコール度の高いスペリオーレのみがD.O.C.G.として認められている。他品種のブレンドが30%以内で認められている。法定熟成期間24ヵ月でリゼルヴァ表記ができる。年平均400kℓの生産のうち、3分の2がクラッシコ地域のもの。

バルドリーノ Bardolino

D.O.C.。コルヴィーナ・ヴェロネーゼ種、ロンディネッラ種、モリナーラ種による赤ワイン・ロゼワイン。スプマンテ、ノヴェッロも認められている。バルドリーノ・スペリオーレは

D.O.C.G.である。

ヴァルポリチェッラ　Valpolicella

D.O.C.。コルヴィーナ・ヴェロネーゼ種、ロンディネッラ種、モリナーラ種による赤ワイン。クラッシコの表記とは別にヴァルパンテーナ（Valpantena）の地域名表示も認められている。陰干しブドウでつくる甘口のレチョート、辛口のアマローネ、それらの搾りかすを入れて発酵させるリパッソなどがある。レチョートとアマローネは2010年にD.O.C.G.に昇格。

ソアーヴェ　Soave

D.O.C.。ガルガネーガ種主体のイタリアで最も有名な白ワインのひとつ。クラッシコの表記とは別にコッリ・スカリエリ（Colli Scaglieri）の地域名表示も認められている。スプマンテも造っている。

フリウリ＝ヴェネツィア・ジューリア州

フリウリ＝ヴェネツィア・ジューリア州
Friuli-Venezia Giulia

イタリア北東部の隅にあり、北はオーストリア、東はスロヴェニアに隣接している。ラマンドロやコッリ・オリエンターリ・デル・フリウリ・ピコリットなどの稀少な甘口白ワインがD.O.C.G.に認定されている。イタリアでも最も雨の多いところだが、ブドウの栽培技術は非常に発達しており、ブドウ樹の美しい仕立て方は世界の注目を集めている。イタリアを代表する高級白ワイン産地として名高い。また、白ブドウの果皮や種子を醸し、発酵させて造る近年話題の**オレンジワイン**はこの州の生産者から広まった。

ラマンドロ　Ramandolo

D.O.C.G.。陰干しして糖度を高めたヴェルドゥッツォ・フリウラーノ種の甘口の白ワイン。

コッリ・オリエンターリ・デル・フリウリ・ピコリット
Colli Orientali del Friuli Picolit

D.O.C.G.。ピコリット種主体の甘口白ワイン。他品種のブレンドが15％以内で認められている。法定熟成期間4年でリゼルヴァ表記ができる。D.O.C.コッリ・オリエンターリ・デル・フリウリのうち、ピコリット種の甘口ワインのみがD.O.C.G.となり、それ以外の品種のものはD.O.C.のままである。

ロサッツォ　Rosazzo

D.O.C.G.。コッリ・オリエンターリ・デル・フリウリのサブゾーンから独立して昇格。主要品種はフリウラーノ。

フリウリ・コッリ・オリエンターリ
Friuli Colli Orientali

D.O.C.。レフォスコ種、スキオペッティーノ種などの地場品種のほか、ボルドー品種、稀少品種タッツェレンゲ種などの赤ワイン、フリウラーノ種、リボッラ・ジャッラ種の他シャルドネ、ピノ・ビアンコ種、ソーヴィニヨン・ブランなどの白ワイン。

コッリオ・ゴリツィアーノ／コッリオ
Collio Goriziano / Collio

D.O.C.。フリウリ・コッリ・オリエンターリとともに、同州で最も重要な卓越した白ワインの産地として知られている。標高は高くないがフリッシュ（flysch）と呼ばれる柔らかい泥灰土と砂岩の混じる石灰質土壌が特徴で、水はけがよい。

フリウリ・グラーヴェ　Friuli Grave

D.O.C.。認可品種多数、色、製法も幅広い。コストパフォーマンスが高いワインが大量に生産されている。

―――エミリア＝ロマーニャ州―――

エミリア＝ロマーニャ州
Emilia-Romagna

州都ボローニャはイタリア随一の美食の町として有名。ロマーニャ・アルバーナは白ワインで初めてD.O.C.G.に昇格した銘柄。サンジョヴェーゼ種の赤、トレッビアーノ種の白、ランブルスコ種の赤の弱発泡ワイン（フリッツァンテ）などD.O.C.には軽快なタイプが多く、また生産量も多い。

ロマーニャ・アルバーナ
Romagna Albana

D.O.C.G.。アルバーナ種による白ワイン。辛口から陰干しにしたブドウによる甘口まで多様なスタイルがある。白ワインでは最も早くD.O.C.G.に認可された。

コッリ・ボロニェージ・クラッシコ・ピニョレット
Colli Bolognesi Classico Pignoletto

D.O.C.G.。ピニョレット種主体の辛口白ワイン。ピニョレットはウンブリア州などではグレケットの名前で呼ばれている。

ランブルスコ・サラミーノ・ディ・サンタ・クローチェ
Lambrusco Salamino di Santa Croce

D.O.C.。同州の特産である赤いスパークリングワイン。使用品種はサラミーノ種というランブルスコの量産型亜種が主体。日常消費用が一般的。

ランブルスコ・ディ・ソルバーラ
Lambrusco di Sorbara

D.O.C.。同州の特産の赤いスパークリングワイン。使用品種はランブルスコ・ディ・ソルバーラ種という亜種が主体。色が薄く、フレッシュでエレガントでミネラルに富むスタイル。

ランブルスコ・グラスパロッサ・ディ・カステルヴェートロ
Lambrusco Grasparossa di Castelvetro

D.O.C.。同州の特産の赤いスパークリングワイン。使用品種はグラスパロッサ種というランブルスコの亜種が主体。他と比べて色が濃く、果実味豊かなスタイル。

―――トスカーナ州―――

トスカーナ州　Toscana

ピエモンテ州と並ぶ、イタリアを代表する銘醸地。キアンティ・クラッシコ、ブルネッロ・ディ・モンタルチーノなどのサンジョヴェーゼ種の赤、ヴェルナッチャ種の辛口の白などのD.O.C.G.がある。陰干しにして糖度を高めたブドウで造るヴィン・サントも有名である。1970年代からワイン法の規格外で高品質なワインが続々と生産され、それらは「**スーパータスカン**」と呼ばれ、今日に至っている。その流れもあり、D.O.C.ボルゲリでは以前はロゼ、白のみ認められていたのが現在ではカベルネ・ソーヴィニョン、メルロなどによる赤ワインも認められている。

フィレンツェ県　Firenze

トスカーナ州内陸部の県。D.O.C.G.キアンティ・クラッシコはフィレンツェとシエナの間に位置する。

シエナ県　Siena

トスカーナ州内陸部の県。D.O.C.G.ブルネッロ・ディ・モンタルチーノが代表的。

アレッツォ県　Arezzo

トスカーナ州内陸部の県。D.O.C.G.キアンティの指定地域コッリ・アレティーニが位置している。

ピサ県　Pisa

ピサの斜塔で知られるトスカーナ州海岸部の県。D.O.C.G.キアンティの指定地域コッリーネ・ピサーネが位置している。

グロッセート県　Grosseto

トスカーナ州海岸部の県。D.O.C.G.モレッリーノ・ディ・スカンサーノが代表的。

リヴォルノ県　Livorno

トスカーナ州海岸部の県。県南部にサッシカイアをはじめとするスーパータスカンの産地ボルゲリがある。

ブルネッロ・ディ・モンタルチーノ
Brunello di Montalcino

D.O.C.G.。ブルネッロ（サンジョヴェーゼ）種によるイタリアを代表する赤ワイン。70年代には70軒ほどだった生産者数は、現在300軒近く存在する。ブドウ収穫年から5年目（リゼルヴァは6年目）の12月末以前の消費不可。法定熟成期間のうち木樽熟成2年瓶内熟成4ヵ月（リゼルヴァは6ヵ月）。近年増加した、熟成に小樽（バリック）を選ぶ生産者達の要求により、法定熟成期間のうち樽熟成期間が3年から2年に短縮された。

カルミニャーノ　Carmignano

D.O.C.G.。サンジョヴェーゼ種主体の赤ワイン。トスカーナ州の伝統的な呼称としては珍しく、昔からカベルネ・ソーヴィニヨンがブレンドされるのが特徴。法定熟成期間3年でリゼルヴァ表記ができる。

キアンティ　Chianti

D.O.C.G.。サンジョヴェーゼ種主体の赤ワイン。25%以内で他品種のブレンドが認められているが、その中にはトレッビアーノ種やマルヴァジア種などの白ブドウも10%以内で含まれている。年平均生産量は8万kℓでD.O.C.、D.O.C.G.の中で最大である。法定熟成期間2年でリゼルヴァ表記ができる。7つの特定の指定地域（**ソットゾーナ** Sottozona）があり、その地域名をキアンティに併記することができる。**ルフィーナ**（Rufina）、**コッリ・アレティーニ**（Colli Aretini）、**コッリ・セネージ**（Colli Senesi）、**コッリーネ・ピサーネ**（Colline Pisane）、**モンタルバーノ**（Montalbano）、**コッリ・フィオ**

レンティーニ（Colli Fiorentini）、**モンテスペルトリ**（Montespertoli）がある。

キアンティ・クラッシコ
Chianti Classico

D.O.C.G.。サンジョヴェーゼ種主体の赤ワイン。20%以内で他品種のブレンドが認められているが、キアンティと違い、白ブドウのブレンドは認められていない（2005年までは認められていた）。もともとのキアンティの生産地域であったが、キアンティを名乗る産地が広範囲に広がったため区別するためにクラッシコをつけた。1996年にキアンティから独立し、別個のD.O.C.G.となった。

エルバ・アレアティコ・パッシート／アレアティコ・パッシート・デッレルバ
Elba Aleatico Passito /
Aleatico Passito dell'-Elba

D.O.C.G.。陰干しして糖度を高めたブドウから造られる甘口赤ワイン。主要品種はアレアティコ（Aleatico）種。

モンテクッコ・サンジョヴェーゼ
Montecucco Sangiovese

D.O.C.G.。モンタルチーノとスカンサーノの間に位置し、海洋性気候の影響を受けるためまろやかなサンジョヴェーゼが造られる。

モレッリーノ・ディ・スカンサーノ
Morellino di Scansano

D.O.C.G.。モレッリーノ（サンジョヴェーゼ）種主体の赤ワイン。15%以内で他品種のブレンドが認められているが、白ブドウのブレンドは認められていない。法定熟成期間2年で、リゼルヴァ表記ができる。

ヴァル・ディ・コルニア・ロッソ／ロッソ・デッラ・ヴァル・ディ・コルニア
Val di Cornia Rosso /
Rosso della Val di Cornia

D.O.C.G.。サンジョヴェーゼ種40%以上、カベルネ・ソーヴィニヨンとメルロを単独または

合わせて60%まで使用することができる。

スヴェレート Suvereto

D.O.C.G.。ヴァル・ディ・コルニアの特定の指定地域（ソットゾーナ）から独立して昇格した。カベルネ・ソーヴィニョン、メルロ、サンジョヴェーゼ種を単独またはブレンドで使用する。

ヴィーノ・ノービレ・ディ・モンテプルチャーノ
Vino Nobile di Montepulciano

D.O.C.G.。プルニョーロ・ジェンティーレ（サンジョヴェーゼ）種主体の赤ワイン。近くのブルネッロ・ディ・モンタルチーノと比較すると、他品種のブレンドが30%以内で認められていて、穏やかでより優雅で貴族的なワインとされている。バローロ、ブルネッロ・ディ・モンタルチーノと並び、最も早くD.O.C.G.に認可されている。法定熟成期間3年でリゼルヴァ表記ができる。

ヴェルナッチャ・ディ・サン・ジミニャーノ
Vernaccia di San Gimignano

D.O.C.G.。ヴェルナッチャ種主体の辛口白ワイン。他品種のブレンドは15%以内で認められている。1963年にD.O.C.第1号となり、その後1993年にD.O.C.G.に昇格した。法定熟成期間1年でリゼルヴァ表記ができる。

ボルゲリ Bolgheri

D.O.C.。白はトレッビアーノ種、ヴェルメンティーノ種、ソーヴィニョン・ブラン種のいずれかを主体にしたもの。赤・ロゼはカベルネ・ソーヴィニョン、メルロ、サンジョヴェーゼ種のいずれかを主体にしたもの。テヌータ・サン・グイードのサッシカイアは1994年に単独のソットゾーナとしてD.O.C.ボルゲリ・サッシカイア（Bolgheri Sassicaia）に認められた。

ポミーノ Pomino

D.O.C.。トスカーナ大公コジモ3世が1716年に線引きした地域のひとつ。赤はサンジョヴェ

ーゼ種、ピノ・ネーロ種、メルロ。白はシャルドネ、ピノ・ビアンコ種、ピノ・グリージョ種を使用する。

ロッソ・ディ・モンタルチーノ
Rosso di Montalcino

D.O.C.。D.O.C.G.ブルネッロ・ディ・モンタルチーノより短期間の熟成で出荷が可能。

ロッソ・ディ・モンテプルチャーノ
Rosso di Montepulciano

D.O.C.。D.O.C.G.ヴィーノ・ノービレ・ディ・モンテプルチャーノより短期間の熟成で出荷することができる。

─────ウンブリア州─────

ウンブリア州 Umbria

イタリア半島の中央部に位置する州。東はマルケ州、北西はトスカーナ州、南はラツィオ州と接しており、海に面していない。州の70%を占める緑の丘陵地帯は美しく、「イタリアの緑の心臓」と呼ばれている。赤ワインのトルジャーノ・ロッソ・リゼルヴァ、サグランティーノ・ディ・モンテファルコがD.O.C.G.として認められている。

トルジャーノ・ロッソ・リゼルヴァ
Torgiano Rosso Riserva

D.O.C.G.。サンジョヴェーゼ種主体の赤ワイン。30%以内で他品種のブレンドが認められている。法定熟成期間3年。

モンテファルコ・サグランティーノ／サグランティーノ・ディ・モンテファルコ
Montefalco Sagrantino / Sagrantino di Montefalco

D.O.C.G.。サグランティーノ種による赤ワイン。かつてはサグラ（Sagra 収穫祭）に飲む甘口ワインが高貴なワインとされていたが、現在の生産規定では辛口だけがD.O.C.G.として認められている。

オルヴィエート　Orvieto

D.O.C.。かつては貴腐菌の付着による黄金色の甘口白ワインが、教皇御用達として名声を博していたが、戦後には辛口ワインとして人気が定着した。

──────マルケ州──────

マルケ州　Marche

イタリア20州のひとつ。ヴェルディッキオ種の白ワインはかつて「ペッシェ」と呼ばれる魚型のユニークなボトルで一世を風靡した。現在はカステッリ・ディ・イエージとマテリカという2つのD.O.C.G.が認定されている。同州のD.O.C.G.にはほかに赤のコーネロ、赤の発泡性ワインのヴェルナッチャ・ディ・セッラペトローナがある。

カステッリ・ディ・イエージ・ヴェルディッキオ・リゼルヴァ
Castelli di Jesi Verdicchio Riserva

D.O.C.G.。同地域のD.O.C.からリゼルヴァのみD.O.C.G.に昇格。ヴェルディッキオ種主体の白ワイン。18ヵ月の熟成（うち瓶内6ヵ月）が定められている。

ヴェルナッチャ・ディ・セッラペトローナ
Vernaccia di Serrapetrona

D.O.C.G.。ヴェルナッチャ・ネーラ種主体の赤の発泡性ワイン。甘口から辛口まで存在する。

オッフィーダ　Offida

D.O.C.G.。赤はモンテプルチャーノ種、白はペコリーノ種、パッセリーナ種、それぞれ85%以上使用した3種類がある。

ヴェルディッキオ・ディ・マテリカ・リゼルヴァ
Verdicchio di Matelica Riserva

D.O.C.G.。同地域のD.O.C.からリゼルヴァのみD.O.C.G.に昇格。ヴェルディッキオ種主体

の白ワイン。18ヵ月の熟成（うち瓶内6ヵ月）が定められている。

コーネロ　Conero

D.O.C.G.。モンテプルチャーノ種主体の赤ワイン。15%以内でサンジョヴェーゼ種のブレンドが認められている。同地域のD.O.C.ロッソ・コーネロよりもアルコール度数が高く、法定熟成期間は2年。

──────ラツィオ州──────

ラツィオ州　Lazio

ローマを州都とする州。D.O.C.G.にチェザネーゼ・デル・ピリオがある。歴史的な逸話がワイン名の由来となっている白ワイン、エスト！エスト!!エスト!!!ディ・モンテフィアスコーネをはじめ、平地らしい軽快なワインが多い。

カンネッリーノ・ディ・フラスカーティ
Cannellino di Frascati

D.O.C.G.。同地のD.O.C.より甘口のみがD.O.C.G.に昇格。最低残糖分35g/ℓ以上。この地域ではドルチェではなくカンネッリーノと呼ぶ。遅摘みブドウが主原料だが、一部陰干しブドウを加えることもある。使用品種はマルヴァジア・ビアンカ・ディ・カンディア種、マルヴァジア・デル・ラツィオ種が主体。

チェザネーゼ・デル・ピリオ
Cesanese del Piglio

D.O.C.G.。チェザネーゼ種主体の赤ワイン。10%以内で他品種のブレンドが認められている。甘口から辛口まで。中世初期から周辺の修道士の手で造られ、異民族の進入時の困難に耐えて残った銘酒とされている。法定熟成期間20ヵ月でリゼルヴァ表記ができる。

フラスカーティ・スペリオーレ
Frascati Superiore

D.O.C.G.。同地のD.O.C.よりスペリオーレのみD.O.C.G.に昇格。ローマ近郊の「カステッ

リ・ロマーニのワイン」と呼ばれる一群の中で最も知られた銘柄で、詩人ゲーテも称賛していた。使用品種はマルヴァジア・ビアンカ・ディ・カンディア種、マルヴァジア・デル・ラツィオ種が主体。

エスト! エスト!! エスト!!!
ディ・モンテフィアスコーネ
Est! Est!! Est!!! di Montefiascone

D.O.C.。トレッビアーノ・トスカーノ種、マルヴァジア種主体による白ワイン。ワイン名はラテン語で「(おいしいワインが)ある! ある!! あるぞ!!!」の意味。辛口から中甘口までがある。

カステッリ・ロマーニ　Castelli Romani

D.O.C.。ローマの南一帯で造られるワインの包括的な生産地区の呼称。白・ロゼ・赤それぞれ認められている。

--------アブルッツォ州--------

アブルッツォ州　Abruzzo

イタリア20州のひとつ。D.O.C.モンテプルチャーノ・ダブルッツォには、赤とチェラスオーロと呼ばれるロゼがある。赤のコッリーネ・テラマーネがD.O.C.G.に認められている。

モンテプルチャーノ・ダブルッツォ・
コッリーネ・テラマーネ
Montepulciano d'Abruzzo Colline Teramane

D.O.C.G.。モンテプルチャーノ種主体の赤ワイン。10%以内でサンジョヴェーゼ種のブレンドが認められている。D.O.C.モンテプルチャーノ・ダブルッツォと違い、ロゼは認められていない。法定熟成期間3年でリゼルヴァ表記ができる。

モンテプルチャーノ・ダブルッツォ
Montepulciano d'Abruzzo

D.O.C.。モンテプルチャーノ種(トスカーナ州のヴィーノ・ノビレ・ディ・モンテプルチャーノとはまったく関係ない)主体で造られる中部イタリアを代表する赤ワイン。チェラスオーロの表記でロゼも認められている。

コントログエッラ　Controguerra

D.O.C.。多くの品種、さまざまな色や製法によるワインを産する。

トレッビアーノ・ダブルッツォ
Trebbiano d'Abruzzo

D.O.C.。同州を代表する白ワイン。生産地域は広範囲にわたる。

テッレ・トッレージ／トゥッルム
Terre Tollesi / Tullum

D.O.C.。多くの品種、さまざまな色や製法によるワインを産する。

--------モリーゼ州--------

モリーゼ州　Molise

生産量は少ないが、アペニン山脈とアドリア海の間の日あたりのよい丘陵が栽培地になっているため、質量ともに今後の発展が期待されている産地。

ビフェルノ　Biferno

D.O.C.。モンテプルチャーノ種とアリアニコ種による赤とロゼ、トレッビアーノ・トスカーノ種による白がある。

モリーゼ／デル・モリーゼ
Molise / del Molise

D.O.C.。多くの品種、さまざまな色や製法によるワインを産する。

ペントロ・ディ・イセルニア／ペントロ
Pentro di Isernia / Pentro

D.O.C.。モンテプルチャーノ種とサンジョヴェーゼ種による赤とロゼ、トレッビアーノ・トスカーノ種とボンビーノ・ビアンコ種による白がある。

ティンティリア・デル・モリーゼ
Tintilia del Molise

D.O.C.。稀少な土着品種ティンティリア種を95%以上使用して造られる赤ワイン。

———カンパーニア州———

カンパーニア州　Campania

ナポリを擁する州。D.O.C.G.は南イタリアを代表する赤のタウラージや白のグレーコ・ディ・トゥーフォ、フィアーノ・ディ・アヴェッリーノなど。D.O.C.ラクリマ・クリスティ・デル・ヴェズーヴィオも人気が高い。風光明媚なエリアで州全体が観光名所といっても過言ではない。

アリアニコ・デル・タブルノ
Aglianico del Taburno

D.O.C.G.。アリアニコ種による赤とロゼ。やや内陸のタブルノ丘陵にて古代ローマ以前より造られてきた非常に古い起源を持つ銘柄。

タウラージ　Taurasi

D.O.C.G.。アリアニコ種主体の南イタリアを代表する赤ワイン。15%以内で他品種のブレンドが認められている。法定熟成期間は3年、4年以上の熟成でリゼルヴァ表記ができる。

フィアーノ・ディ・アヴェッリーノ
Fiano di Avellino

D.O.C.G.。フィアーノ種主体の辛口白ワイン。15%以内で他品種のブレンドが認められている。また、タンク内発酵の発泡性ワインも認められている。

グレーコ・ディ・トゥーフォ
Greco di Tufo

D.O.C.G.。グレコ種主体の辛口白ワイン。瓶内二次発酵の発泡性ワインも認められている。また、15%以内で他品種のブレンドが認められている。

ヴェズヴィオ　Vesuvio

D.O.C.。白・ロゼ・赤・発泡性ワインがあり、アルコール度の高いものは「ラクリマ・クリスティ・デル・ヴェズヴィオ」と表示することができる。

ファレルノ・デル・マッシコ
Falerno del Massico

D.O.C.。アリアニコ種、ピエディロッソ種による赤、ファランギーナ種による白がある。古代に最も偉大なワインとされていたファレルヌムはこの地区で造られていた。

———プーリア州———

プーリア州　Puglia

半島をブーツにたとえた時のかかとの位置にあたる州。ワインの生産量は全国でもトップクラス。生産量の3分の2はネグロ・アマーロ種やプリミティーヴォ種の赤ワイン。D.O.C.G.はカステル・デル・モンテ・ボンビーノ・ネーロ、カステル・デル・モンテ・ネーロ・ディ・トロイア・リゼルヴァ、カステル・デル・モンテ・ロッソ・リゼルヴァ、プリミティーヴォ・ディ・マンドゥーリア・ドルチェ・ナトゥラーレなど。興味深い固有品種の宝庫でもある。

カステル・デル・モンテ・ボンビーノ・ネーロ
Castel del Monte Bombino Nero

D.O.C.G.。ボンビーノ・ネーロ種によるロゼ。同地のD.O.C.より独立して昇格した。

カステル・デル・モンテ・ネーロ・ディ・トロイア・リゼルヴァ
Castel del Monte Nero di Troia Riserva

D.O.C.G.。ネーロ・ディ・トロイア主体の赤ワイン。同地のD.O.C.より独立して昇格した。ネーロ・ディ・トロイア種はウヴァ・ディ・トロイア（トロイのブドウ）とも呼ばれる品種で、その起源は小アジアのトロイといわれている。

Ⅱ

イタリア

カステル・デル・モンテ・ロッソ・リゼルヴァ
Castel del Monte Rosso Riserva

D.O.C.G.。同地のD.O.C.より独立して昇格した。最低アルコール度数13％で、法定熟成期間は2年（うち1年は木樽での熟成）と定められている。

プリミティーヴォ・ディ・マンドゥーリア・ドルチェ・ナトゥラーレ
Primitivo di Manduria Dolce Naturale

D.O.C.G.。同地のD.O.C.より独立して昇格した甘口赤ワイン。元来は樹になったまま半干し状になったブドウから造られるが、現在は他の方法で乾燥させたブドウを用いてもよいとされている。ただし、モストやワインを濃縮して造ることは禁止されている。

ブリンディジ　Brindisi

D.O.C.。多くの品種、さまざまな色や製法によるワインを産する。

サリーチェ・サレンティーノ
Salice Salentino

D.O.C.。ネグロ・アマーロ種による赤とロゼ、シャルドネ、ピノ・ビアンコ種による白がある。

―――――バジリカータ州―――――

バジリカータ州　Basilicata

半島をブーツにたとえた時の土ふまずあたりに位置する州。D.O.C.G.アリアニコ・デル・ヴルトゥレ・スペリオーレが代表的な赤ワイン。

アリアニコ・デル・ヴルトゥレ・スペリオーレ
Aglianico del Vulture Superiore

D.O.C.G.。同地のD.O.C.より独立して昇格した。同じアリアニコ種で造られるカンパーニア州のタウラージと並んで南部イタリアを代表する長期熟成型の赤ワイン。

グロッティーノ・ディ・ロッカノーヴァ
Grottino di Roccanova

D.O.C.。サンジョヴェーゼ種、カベルネ・ソーヴィニョン、マルヴァジア・ネーラ種による赤とロゼ、マルヴァジア・ビアンカ・ディ・バジリカータ（Malvasia Bianca di Basilicata）種による白がある。

マテーラ　Matera

D.O.C.。多くの品種、さまざまな色や製法を含む幅広い呼称。

テッレ・デッラルタ・ヴァル・ダグリ
Terre dell'Alta Val d'Agri

D.O.C.。メルロ、カベルネ・ソーヴィニョンによる赤とロゼ。

―――――カラブリア州―――――

カラブリア州　Calabria

半島をブーツにたとえた時のつま先にあたる位置。古代からカラブリアのワインの名声は高く、ギリシャ人がイタリアを「エノトリア（ワインの大地）」と呼ぶようになったのはこの州のイオニア海岸沿いのブドウ畑を讃えてのことであったと伝えられている。代表的なワインD.O.C.チロはガリオッポ種の赤・ロゼと、グレコ種の白がある。

チロ　Cirò

D.O.C.。カラブリアで最も有名なワイン。ガリオッポ種による赤とロゼ、白はグレコ・ビアンコが主体。赤ワインが圧倒的に知名度が高い。

グレコ・ディ・ビアンコ
Greco di Bianco

D.O.C.。イオニア海側のビアンコ村で造られる甘口白ワイン。

メリッサ　Melissa

D.O.C.。ガリオッポ種による赤とグレコ・ビアンコ種による白がある。

サヴート　Savuto

D.O.C.。ガリオッポ種、グレコ・ネーロ種、ネレッロ・カップッチ種による赤とロゼ、シャルドネ、グレコ・ビアンコ種による白がある。

スカヴィーニャ　Scavigna

D.O.C.。ガリオッポ種、ネレッロ・カップッチョ種による赤とロゼ、トレッビアーノ・トスカーノ種、シャルドネ、グレコ・ビアンコ種による白がある。

テッラ・ディ・コセンツァ
Terre di Cosenza

D.O.C.。多くの品種、さまざまな色や製法によるワインを産する。

――――――シチリア州――――――

シチリア州　Sicilia

イタリア最南端、地中海に浮かぶ島の州。地中海最大の島であるシチリア島以外にいくつかの島々を含む。生産量は多く、ヴェネト州、プーリア州、エミリア＝ロマーニャ州と産出量のトップを争っている。酒精強化ワインのマルサラは世界的に有名。D.O.C.G.は赤ワインのチェラスオーロ・ディ・ヴィットリアがある。

チェラスオーロ・ディ・ヴィットリア
Cerasuolo di Vittoria

シチリア州唯一のD.O.C.G.。ネーロ・ダヴォラ主体の赤ワイン。30〜50％でフラッパート種をブレンドする。

マルサーラ　Marsala

シチリア島トラパニ県で造られる酒精強化ワイン。イギリス人ジョーン・ウッドハウス（John Woodhouse）が1773年に初めて造った。イタリア人としてはヴィンチェンツォ・フローリオ（Vincenzo Florio）が1832年に初めて生産。食前酒、食後酒、料理酒として世界中で親しまれている。

アルカモ　Alcamo

D.O.C.。さまざまな色や製法によるワインを産する。赤とロゼはネーロ・ダヴォラ種、白はカタラット種、アンソニカ種、グリッロ種主体で造られる。

エトナ　Etna

D.O.C.。赤とロゼはネレッロ・マスカレーゼ種、ネレッロ・カップッチョ種。白はカッリカンテ種とカタラット種主体で造られる。火山性土壌によりミネラル分に富むワインとなる。

ファーロ　Faro

D.O.C.。ネレッロ・マスカレーゼ種、ネレッロ・カップッチョ種による赤ワイン。

マルヴァジア・デッレ・リパリ
Malvasia delle Lipari

D.O.C.。シチリア島の北東のエオリア諸島で造られる甘口ワイン。使用品種はマルヴァジア・ディ・リパリ種。

パンテッレリア　Pantelleria

D.O.C.。この地でジビッボ（Zibibbo）と呼ばれるモスカート・ダレッサンドリア種で造られる甘口ワイン。パンテッレリア島は火山性土壌の真っ黒な島で、「地中海の黒い真珠」と呼ばれている。

――――――サルデーニャ州――――――

サルデーニャ州　Sardegna

地中海に浮かぶ島。D.O.C.G.は白ワインのヴェルメンティーノ・ディ・ガッルーラがある。すぐ北にフランスのコルシカ島がある。ワインの栓に使われるコルクの産地でもある。

ヴェルメンティーノ・ディ・ガッルーラ／サルデーニャ・ヴェルメンティーノ・ディ・ガッルーラ
Vermentino di Gallura /
Sardegna Vermentino di Gallura

D.O.C.G.。ヴェルメンティーノ種主体の辛口

II

イタリア

139

白ワイン。5%以内で他品種のブレンドが認められている。

ヴェルナッチャ・ディ・オリスターノ／サルデーニャ・ヴェルナッチャ・ディ・オリスターノ
Vernaccia di Oristano / Sardegna Vernaccia di Oristano

D.O.C.。同名のブドウ品種を使用し、シェリー同様にフロールを発生させ緩やかに酸化熟成を促す製法。酒精強化はしない。

アルゲーロ／サルデーニャ・アルゲーロ
Alghero / Sardegna Alghero

D.O.C.。多くの品種、さまざまな色や製法によるワインを産する。赤のカヌラーリ（Cagnu-lari）種、白のトルバート（Torbato）種が珍しい。

カンノナウ・ディ・サルデーニャ
Cannonau di Sardegna

D.O.C.。カンノナウ種で赤とロゼを産する。

カリニャーノ・デル・スルチス／サルデーニャ・カリニャーノ・デル・スルチス
Carignano del Sulcis / Sardegna Carignano del Sulcis

D.O.C.。カリニャーノ種による赤とロゼを産する。

マルヴァジア・ディ・ボーザ／サルデーニャ・マルヴァジア・ディ・ボーザ
Malvasia di Bosa / Sardegna Malvasia di Bosa

D.O.C.。極端に繊細、極上のシェリーに似た優美さを持つ。酸化熟成したワイン。熟成過程でフロールがつくこともある。ほとんど知られていないワインだったが映画「モンドヴィーノ」で取り上げられて一躍有名になった。

イタリアの地方料理

ヴァッレ・ダオスタ州

モチェッタ　Mocetta
カモシカの生ハム。

ポレンタ・エ・フォンティーナ
Polenta e Fontina
フォンティーナチーズをかけたポレンタ。

ズッパ・ヴァルペッリネーゼ
Zuppe Valpellinese
キャベツ、パン、フォンティーナチーズのスープ。

ニョッキ・コン・フォンティーナ
Gnocchi con Fontina
ゆでたニョッキにフォンティーナチーズをかけたもの。

シヴェット・ディ・カモーショ
Civet di Camoscio
カモシカの煮込み。

コストレッタ・アッラ・ヴァルドスターナ
Costoletta alla Valdostana
フォンティーナチーズを入れた仔牛肉でつくるカツレツ。

カルボナーデ　Carbonade
塩漬け牛肉とタマネギの煮込み。

ピエモンテ州

カルネ・クルーダ・バットゥータ
Carne Cruda Battuta
生の牛肉をきざんだタルタル。

ペペローネ・リピエーノ
Peperone Ripieno
ツナやケッパーなど詰めものをしたピーマン。ピーマンはピエモンテ名産。

ヴィテッロ・トンナート　Vitello Tonnato
仔牛の薄切りとツナのソース。

バーニャ・カウダ　Bagna Cauda
ニンニクやアンチョビーが入った熱いオリーブオイルのソースにスティック状に切った生野菜などを浸して食べる料理。

タヤリン　Tajarin
卵黄と小麦粉でつくる細切りの手打ちパスタ。肉のラグーソースやバターとチーズで食べる。

アニョロッティ・デル・プリン
Agnolotti del Plin
肉の詰めものをした小ぶりのラヴィオリ。

カルペ・イン・カルピオーネ
Carpe in Carpione
鯉のマリネ。

ブラサート　Brasato
牛肉をタマネギ、ハーブ、赤ワインとともにマリネし、煮込んだ料理。ブラザードとは、ふたをして弱火で長時間蒸し煮込みにする調理法。

―――――― リグーリア州 ――――――

パンソーティ・コン・ラ・サルサ・ディ・ノーチ
Pansoti con la Salsa di Noci
クルミのソースをかけたラヴィオーリ。

ブリッダ　Buridda
魚介のスープ。

チュッピン　Ciuppin
魚介のスープを裏ごししたもの。

カッポン・マーグロ　Cappon Magro
10種類近い魚介類と野菜を別々に調理し、酢で湿らせた丸型のパンの上にピラミッド状に積み上げたもの。クリスマスイブに食べられていた料理。

チーマ・アッラ・ジェノヴェーゼ
Cima alla Genovese
挽き肉、卵、野菜などを詰めた仔牛の冷製料理。

―――――― ロンバルディア州 ――――――

ブレザオラ　Bresaola
ロンバルディア産の牛肉の生ハム。ブレザオラ・ディ・ヴァルテッリーナとして I.G.P. の指定を受けている。

リゾット・アッラ・ミラネーゼ
Risotto alla Milanese
サフラン風味のリゾット。

ミネストローネ　Minestrone
野菜のスープ。

トルテッリ・ディ・ズッカ
Tortelli di Zucca
カボチャのトルテッリ。トルテッリは指輪型に整えたパスタ。

コストレッタ・アッラ・ミラネーゼ
Costoletta alla Milanese
仔牛のもも肉を叩いて平たくし、衣をつけて焼いたカツレツ。

オッソブーコ　Ossobuco
筒切りにした骨付き仔牛のすね肉をトマトや白ワインでじっくり煮込んだもの。

ブセッカ　Busecca
仔牛の胃袋、インゲン豆、トマトなどの煮込み。

カッソエウラ Cassoeula
豚の肉や頭とちりめんキャベツを煮込んだもの。

パネットーネ Panettone
ドライフルーツ入り発酵生地でつくる円筒型のクリスマス用パン。

トレンティーノ＝アルト・アディジェ州

フォレッレ・ブラウ Forelle Blau
クールブイヨンで煮たマスの料理。

リゾット・コン・レ・メーレ
Risotto con le Mele
リンゴ入りリゾット。

マイアーレ・アッラ・トレンティーナ
Maiale alla Trentina
豚肉とリンゴのロースト。

ストゥルーデル Strudel
薄く伸ばした生地で生のリンゴを包み焼いた菓子。国境を接するオーストリアの影響を受けたもの。

ヴェネト州

サルデ・イン・サオール Sarde in Saor
イワシとタマネギのマリネ。

ビゴリ・イン・サルサ・ディ・アッチューゲ
Bigoli in Salsa di Acciughe
ビゴリという太い手打ち麺のアンチョビソースあえ。

リーシ・エ・ビージ Risi e Bisi
米とグリーンピースをスープで煮込んだもの。

仕上げ方でリゾットのようにもスープのようにもなる。

バッカラ・アッラ・ヴィチェンティーナ
Baccalà alla Vicentina
もどした干しダラのミルク煮。ポレンタを添えるのが定番。

フェガト・アッラ・ヴェネツィアーナ
Fegato alla Veneziana
仔牛のレバーをタマネギと炒めた料理。タマネギを使うのがヴェネツィア風。

パスティッサーダ・デ・カヴァル
Pastissada di Caval
馬肉を赤ワインと香辛料でマリネし、煮込んだもの。

フリウリ＝ヴェネツィア・ジューリア州

プロシュート・ディ・サン・ダニエーレ
Prosciutto di San Daniele
サン・ダニエーレ・デル・フリウリ村産の生ハム。D.O.P.の指定を受けている。

フリーコ Frico
D.O.P.チーズ「モンタージオ」にポレンタまたはタマネギを加えて薄く広げ、カリカリに焼いたもの。

ヨータ Jota
インゲン豆、ザワークラウトなどが入った具だくさんのスープ。

ニョッキ・アッレ・プルーニェ
Gnocchi alle Prugne
プラム入りニョッキ。

エミリア・ロマーニャ州

プロシュート・エ・メローネ
Prosiutto e Melone
パルマ産の生ハムとメロン。

トルテッリーニ　Tortellini
四角いパスタに挽き肉などの詰めものをのせて指輪状に包んだもの。

タリアテッレ・アッラ・ボロニェーゼ
Tagliatelle alla Bolognese
タリアテッレ(平らなパスタ)にボローニャ風の濃厚なミートソースをかけたもの。

ラザーニャ・アル・フォルノ
Lasagna al Forno
パスタ生地、ミートソース、ベシャメルソースを重ねてオーブンで焼いた料理。

コトレッタ・アッラ・ボロニェーゼ
Cotoletta alla Bolognese
仔牛のもも肉のカツレツに生ハムとチーズをのせて焼いたもの。

ボッリート・ミスト　Bollito Misto
さまざまな牛肉や鶏肉、サラミなどを香味野菜とともにゆでた料理。

トスカーナ州

クロスティーニ　Crostini
パンに鶏レバーなどのパテを塗ったもの。

パンツァネッラ　Panzanella
トスカーナのパン、トマト、タマネギ、バジルなどのサラダ。

パッパルデッレ・コン・イル・スーゴ・ディ・レプレ
Papparedelle con il Sugo di Lepre
野ウサギでつくるソースであえた幅広の手打ちパスタ。

リボッリータ　Ribollita
インゲン豆、黒キャベツなどの野菜を入れたスープをパンにかけ、リボッリータ(煮返し)したもの。仕上げにエクストラ・ヴァージン・オリーブオイルを回しかける。

パッパ・アル・ポモドーロ
Pappa al Pomodoro
トマトとパンをやわらかく煮込んだ料理。

カッチュッコ　Cacciucco
リヴォルノ地方の魚介のスープ。

ビステッカ・アッラ・フィオレンティーナ
Bistecca alla Fiorentina
キアニーナ種の牛のTボーンを炭で焼いたステーキ。

アリスタ　Arista
豚の骨付き背肉のロースト。

ウンブリア州

スパゲッティ・コン・タルトゥーフォ・ネーロ
Spaghetti con Tartufo Nero
黒トリュフ入りスパゲッティ。

ミネストラ・ディ・ファッロ
Minestra di Farro
スペルト小麦のスープ。

ポルケッタ・アッラ・ペルジーナ
Porchetta alla Perugina
ハーブを詰めた仔豚の丸焼き。

マルケ州

オリーヴェ・アスコラーネ
Olive Ascolane
大粒のアスコラーネ種のグリーンオリーブに詰めものをして揚げたもの。

ヴィンチスグラッシ　Vincisgrassi
牛、羊などの内臓を使ったソースを使ったラザーニャ。

ブロデット・ディ・ペッシェ・アッランコネターナ
Brodetto di Pesce all'Anconetana
アンコーナ風魚介スープ。トマトを使う。

ストッカフィッソ・アッランコネターナ
Stoccafisso all'Anconetana
干しダラのトマト煮込み。

コニリオ・イン・ポルケッタ・アッラ・マルキジャーナ
Coniglio in Porchetta alla Marchigiana
詰めものをしたウサギのオーブン焼き。

ラツィオ州

スップリ・ディ・リーゾ　Suppli di Riso
ライスコロッケ。

カルチョーフィ・アッラ・ジューディア
Carciofi alla Giudia
アーティチョークのフライ。

スパゲッティ・カーチョ・エ・ペーペ
Spaghetti Cacio e Pepe
ペコリーノ・ロマーノとコショウであえたスパゲッティ。

スパゲッティ・アッラ・カルボナーラ
Spaghetti alla Carbonara
パンチェッタ、卵、ペコリーノ・ロマーノ、黒コショウのソースであえたスパゲッティ。

ブカティーニ・アッラマトリチャーナ
Buccatini all'Amatriciana
グアンチャーレやパンチェッタ、トマト、トウガラシのソースであえたブカティーニ(マカロニに似た穴あきパスタ)。

アバッキオ・アッロ・スコッタディート
Abbacchio allo Scottadito
乳飲み仔羊のオーブン焼き。

コーダ・アッラ・ヴァッチナーラ
Coda alla Vaccinara
牛尾の煮込み。

ポッロ・アッラ・ロマーナ
Pollo alla Romana
鶏肉をピーマン、トマトなどで煮込んだもの。

トルタ・ディ・リコッタ　Torta di Ricotta
リコッタチーズのタルト。

アブルッツオ州

モルタデッラ・ディ・カンポトスト
Mortadella di Campotosto
カンポトスト村のモルタデッラ(芯にラードが入ったサラミ)。

ヴェントリチーナ　Ventricina
コショウとオレンジピールで風味づけをしたサラミ。

マッケローニ・アッラ・キタッラ
Maccheroni alla Chitarra
キタッラ(手打ちロングパスタ)を羊、仔牛、豚の挽き肉のソースであえたもの。

ブロデット・ディ・ペッシェ・アッラ・ペスカレーゼ

Brodetto di Pesce alla Pescarese
ペスカーラ風魚介のスープ。

ポルケッタ　Porchetta

豚の丸焼き。

ペーコラ・アッラ・コットーラ

Pecora alla cottora
スパイスやハーブを効かせた羊の煮込み。

.... モリーゼ州 ....

タッコーニ　Tacconi

タッコーニという四角いパスタを使った料理。

マッツァレッレ・ダニェッロ

Mazzarelle d'Agnello
レタス、腸で包んだ仔羊の内臓の煮込み。

.... カンパーニア州 ....

パルミジャーナ・ディ・メランザーネ

Parmigiana di Melanzane
ナス、モッツァレッラチーズ、トマト、バジルの重ね焼き。

ピッツァ・マルゲリータ　Pizza Margherita

トマト、水牛のモッツァレッラチーズ、バジルのピッツァ。

スパゲッティ・アリオ・オーリオ・エ・ペペロンチーノ

Spaghetti Aglio Olio e Peperoncino
ニンニク、オリーブオイル、トウガラシのスパゲッティ。

スパゲッティ・アッレ・ヴォンゴレ

Spaghetti alle Vongole
アサリのスパゲッティ。

スパゲッティ・アッラ・プッタネスカ

Spaghetti alla Puttanesca
アンチョビー、ケイパー、オリーブのソースであえたスパゲッティ。プッタネスカは「娼婦風」と訳される。

ポリポ・アッラ・ルチアーナ

Polipo alla Luciana
ニンニク、唐辛子の入ったトマトソースのタコの煮込み。

ビステッカ・アッラ・ピッツァイオーラ

Bistecca alla Pizzaiola
仔牛肉をソテーしてオレガノ、ケッパー、ニンニク風味のトマトソースで味つけしたもの。

サルトゥ・ディ・リーゾ　Sartù di Riso

挽き肉、鶏レバー、モッツァレッラ、野菜などと米をタンバル(ティンバッロ)型に詰めてオーブンで焼き上げた料理。

.... プーリア州 ....

オレッキエッテ・コン・チーマ・ディ・ラーパ

Orecchiette con Cima di Rapa
オレキエッテ(小さな耳の形のパスタ)にチーマ・ディ・ラーパ(菜花の仲間)と唐辛子を添えたもの。

リーゾ・エ・パターテ　Riso e Patate

米とジャガイモをたっぷりのスープで煮込んだ料理。

アニェッロ・アル・フォルノ

Agnello al Forno
仔羊のオーブン焼き。ローズマリーで風味をつける。

II

II

イタリア

………… バジリカータ州…………

サラーメ・ペッツェンテ
Salame Pezzente
辛みのある生サラミ。

ソップレッサータ　Soppressata
豚肉のサラミ。北イタリアのソップレッサータ
は豚の頭や豚足を使ったソーセージ。

バッカラ・コン・イ・ペペローニ・クルスキ
Baccalà con i Peperoni Cruschi
ゆでた塩ダラとバジリカータ名物・乾燥パプリ
カ。

ピニャータ　Pignata
ピニャータという陶器に羊や野菜を入れ、パン
生地などで密閉して薪窯や暖炉でゆっくり加熱
した料理。

………… カラブリア州…………

ンドゥイヤ　'Nduja
カラブリア名物のトウガラシ入りサラミ。

マッケローニ・アッラ・パストラ
Maccheroni alla Pastora
リコッタチーズ、サルシッチャ、ペコリーノな
どでマカロニをあえたもの。

サルデ・アッラ・メンタ
Sarde alla Menta
ミント風味のイワシのマリネ。

トルティエーラ・ディ・アリーチ
Tortiera di Alici
イワシとパン粉を型に詰めて焼いたもの。

トンノ・ボッリート　Tonno Bollito
ゆでマグロ。オリーブオイル、パセリ、コショ
ウで食べる。

カプレット・アッロ・スピエド
Capretto allo Spiedo
仔山羊の串焼き。

………… シチリア州…………

アランチーノ・ディ・リーゾ
Arancino di Riso
ライスコロッケ。

インサラータ・ディ・アランチェ
Insalata di Arance
オレンジのサラダ。

カポナータ　Caponata
揚げたナスをトマト、オリーブ、ケイパーで甘
酸っぱく煮込み、冷やしたもの。

パスタ・コン・サルデ　Pasta con Sarde
イワシ、レーズン、松の実、フェンエルを使っ
たパスタ。

パスタ・アッラ・ノルマ
Pasta alla Norma
ナスとトマトのソースのパスタ。リコッタチー
ズをかける。

クスクス・ディ・ペッシェ
Cous cous di Pesce
クスクス（粗挽きにしたセモリナ粉）に魚介類の
スープをかけたもの

ファルスマーグル　Farsumagru
ゆで卵を豚挽き肉の生地で包み、さらに仔牛肉
で巻いたもの。ミートローフ。州北西部のパレ
ルモ近辺では仔牛を使うが、東部のカターニャ
では成牛を用いる。

カンノーリ　Cannoli
筒状に揚げた生地にリコッタチーズのクリーム

を詰めた菓子。

カッサータ・シチリアーナ
Cassata Siciliana

リコッタチーズ、ドライフルーツ、ナッツ入り
のスポンジケーキ、または冷凍したアイスクリ
ームタイプの伝統菓子。

············ サルデーニャ州 ············

マッロレデォウス　Malloreddus

サフラン入りセモリナ粉のニョッキ。

ス・ファッル　Su farru

小麦とチーズのスープ。

アラゴスタ・アッロスタ　Aragosta arrosta

伊勢海老のロースト。炭火焼きはアラゴスタ・
アッラ・グリリア Aragosta alla griglia。

ポルチェドゥ　Porceddu

仔豚の丸焼き。

ボッタルガ　Bottarga

カラスミ。ボラまたはマグロの卵巣を塩漬けに
して干したもの。

パーネ・カラサウ　Pane carasau

紙のようにごく薄いパン。別名カルタ・ダ・ム
ジカ Carta da musica。

12 ····· スペイン

概要

スペイン　Spain（英）　Espagne（西）

ブドウ栽培面積では世界1位を誇り、EU圏内の全ブドウ畑面積の約30％を占める。ワイン生産量はフランス、イタリアに次いで世界3位。17の自治州すべてでブドウ栽培が行なわれており、幅広くバラエティ豊かなワインが生み出されている。最も生産量が多いのはカスティーリャ・ラ・マンチャ州で、全体の56.6％を占めている。スティルワインでは、リオハ、リベラ・デル・ドゥエロ、プリオラート、酒精強化ワインのヘレス（シェリー）、スパークリングワインのカバが有名。→MAP-12

フェニキア人　Phoenicia

セム族に属する一民族。紀元前3000〜2000年ころ、地中海東岸中部に多数の都市国家や植民市を建設。スペイン南部のマラガ、ヘレスにてブドウ栽培、ワイン醸造を始める。

ムーア人　Moor

北西アフリカのイスラム教教徒の呼称。主にベルベル人（Berber）を指して用いられる。宗教上は飲酒しないが、果実栽培の奨励、薬用アルコールとしての一部のブドウ栽培とワイン造りは継続した。蒸溜の技術をもたらす。

レコンキスタ　Reconquista

718年〜1492年に行なわれたキリスト教徒による国土回復運動。レコンキスタ成就により、ブドウ畑が復活し、ワイン産業が再興した。

メセタ　Meseta

スペインの国の中心部に広がる中央台地。ラ・マンチャなどがある。

················ ワイン法 ················

Vino　ビノ

原産地呼称保護も地理的表示保護も名乗れないワイン全般。

Vino de la Tierra ビノ・デ・ラ・ティエラ

I.G.P.（地理的表示保護ワイン）。V.P.やD.O.、V.C.の認定産地以外で産出したブドウを使用した、その産地の特性を持つワイン。ビノ・デ・ラ・ティエラのあとに町、県や地方名が併記される。フランスのヴァン・ド・ペイに相当。

D.O.P.　ディー・オー・ピー

原産地呼称保護ワイン。スペインはD.O.P.の中にV.C./D.O./D.O.Ca/V.P.がある。

V.C.　ブイ・シー

地域名付き高級ワイン。**ビノ・デ・カリダ・コン・インディカシオン・ヘオグラフィカ**（Vino de Calidad con Indicación Geográfica）の略。このカテゴリーで5年以上実績を積んだ生産地は、D.O.ワインへの昇格を申請できる。

D.O.　ディー・オー

原産地呼称統制委員会が設置された地域において、地域内で栽培された認可品種を原料とし、厳しい基準により造られたワイン。**デノミナシオン・デ・オリヘン**（Denominación de Origen）の略。このカテゴリーに認可されてから10年

後にはD.O.Ca.ワインに昇格を申請できる。発効は1933年とフランスのA.O.C.よりも古い。

D.O.Ca. ディー・オー・シー・エー

特選原産地呼称ワイン。**デノミナシオン・デ・オリヘン・カリフィカーダ**(Denominación de Origen Calificada)の略。1988年に制定されたカテゴリー。1991年にリオハ、2009年にプリオラートが承認された。

V.P. ブイ・ピー

ビノス・デ・パゴ(Vinos de Pago)の略。単一ブドウ畑限定高級ワイン。限定された面積の単一ブドウ畑で栽培、収穫されたブドウのみから造られるワインに認められる。ブドウ畑は、D.O.やD.O.Ca.に認定されていない地域のものでもよい。

カバ Cava

トラディショナル方式で生産されるスパークリングワイン。カバとはカタルーニャ語で「洞窟」の意。二次発酵から口抜きまで最低9ヵ月の熟成が義務づけられている。複数の産地に広がるD.O.だが、生産量の95%はペネデスを中心とするカタルーニャ州が占め、なかでも、サン・サドゥルニ・デ・ノヤでその85%を生産している。一般的にカバはマカベオ種(フルーティーな味と爽やかさ)、パレリャーダ種(花のような香り)、チャレッロ種(酸味)の3種類のブドウから造られるものが多い。ロゼのカバは黒ブドウ品種のブレンドまたは単一品種から。シャルドネとピノ・ノワールも認められている。瓶詰め後15ヵ月以上の瓶熟成を経たものは**カバ・レセルバ**(Cava Reserva)、瓶詰め後30ヵ月以上の瓶熟成、なおかつボトル替えをしていないものは**カバ・グラン・レセルバ**(Cava Gran Reserva)と表示ができる。また2016年6月に新たなカテゴリー、単一畑のプレミアム・カバが認められた。**カバ・デ・パラヘ・カリフィカード**(Cava de Paraje Calificado)、36ヵ月以上の瓶熟成が定められている。

産地

·········· 北部地方 ··········

リオハ Rioja

エブロ川流域の産地。北部地方に位置するスペイン第一の銘醸地で、D.O.Ca.第一号を取った産地。赤・白・ロゼの3タイプが造られるが、約88%は赤。リオハは以下の3つの地区に分けられる。①最も西部にあり熟成向きの赤ワインの産地リオハ・アルタ(Rioja Alta)、②エブロ川左岸に位置し、若飲みタイプから熟成向きまでの赤ワインの産地リオハ・アラベサ(Rioja Alavesa)、③南に位置し、気温が高めで乾燥し、ガルナッチャ種の栽培が多いリオハ・バハ(Rioja Baja)。

ナバーラ Navarra

ナバーラ州の主要なD.O.。ロゼワインの産地として長年認知されていたが、近年テンプラニーリョ種とカベルネ・ソーヴィニヨンの「ナバーラ・ブレンド」や単一表示の赤ワインの生産が伸びている。

カンポ・デ・ボルハ Campo de Borja

アラゴン州の主要なD.O.。温暖な大陸性気候のため栽培面積の70%近くをガルナッチャ種が占め、ガルナッチャ王国と称される。

チャコリ Chacolí

スペイン北部に位置するバスク州の主要なワイン。D.O.はチャコリ・デ・ゲタリア、チャコリ・デ・ビスカイア、チャコリ・デ・アラバの3つ。中でもゲタリアのチャコリは、爽やかで軽快、若いうちに楽しむスタイルのものが多く、微発泡性ワインも産出する。バスク語ではチャコリナ(Txakolina)と呼ばれる。

⋯⋯⋯大西洋地方⋯⋯⋯

リアス・バイシャス　Rías Baixas

スペイン北西部ガリシア州の主要D.O.。年間降水量が多い地域だが、主に花崗岩土壌のため水はけがよい。ブドウ樹の樹勢の強さと多湿のため棚式栽培が中心だったが、垣根仕立ても増えている。最新の醸造方法を用い、アルバリーニョ種から高品質な白ワインを産出する。

バルデオラス　Valdeorras

ガリシア州の主要D.O.。「黄金の谷」の意。ゴデーリョ種から高品質な白ワインを産する。

⋯⋯⋯地中海地方⋯⋯⋯

プリオラート　Priorato

地中海に面するカタルーニャ州の主要D.O.。2009年にD.O.Ca.昇格。1980年代後半、醸造家「4人組」(ルネ・バルビエ、カルレス・パストラーナ、アルバロ・パラシオス、ホセ・ルイス・ペレス)によって高品質な赤ワイン産地として認められ、国際的な品質レベルの赤ワイン生産地となっている。

ペネデス　Penedés

地中海に面するカタルーニャ州の主要D.O.。カバ生産の中心地として有名。1960年代終わりからスティルワインの生産も本格的に。近代的醸造方法をいち早く取り入れたスペインワインの近代化の先駆けの産地。3つの独特な気候を持つサブゾーンがあり、適したブドウ品種を用い、多様なスタイルのワインを生み出す。

カタルーニャ　Cataluña

カタルーニャ州全域を包括するD.O.。このD.O.により、カタルーニャ州のさまざまな地区のワインをブレンドしてかなりの量のワインを造ることができるようになった。

バレンシア　Valencia

バレンシア州の主要なD.O.。広域に渡るD.O.で主にリーズナブルなワインの産地。

⋯⋯⋯内陸部地方⋯⋯⋯

リベラ・デル・ドゥエロ
Ribera del Duero

カスティーリャ・イ・レオン州中心に位置するD.O.。以前からスペイン最高のワイン、**ベガ・シシリア**の産地として知られていたが、1980年代前半の**ペスケラ**の国際的な大成功によって、国内外で知られるようになった。スペインを代表する高品質ワイン産地のひとつ。ブドウはティント・フィノ種またはティンタ・デル・パイス種と呼ばれるテンプラニーリョ種が中心、75%以上使用することが義務づけられている。赤ワインとロゼワインのみのD.O.。

ルエダ　Rueda

1970年代後半から、近代醸造技術によって、ベルデホ種とソーヴィニヨン・ブラン種から造られるフレッシュな辛口白ワインが人気となり、現在はリアス・バイシャスと並ぶスペインの2大白ワインの産地として知られている。ルエダを名乗るにはベルデホを50%以上、ルエダ・ベルデホは85%以上の使用が義務付けられいる。その他ソーヴィニヨン・ブラン種を85%以上使用しているワインはルエダ・ソーヴィニヨン・ブランを名乗ることができる。

トロ　Toro

ルエダに隣接するD.O.。テンプラニーリョと同種で独自の個性を持つようになったティンタ・デ・トロが主要品種。フルボディで濃厚な赤ワインというイメージがあったが、最近は濃厚さはそのままに、洗練された品質の赤ワインが造られるようになり、注目を浴びている。

ビエルソ　Bierzo

カスティーリャ・イ・レオン州に属すD.O.だが、ガリシア州と接し、海洋性気候の影響を受

ける。メンシア種から赤ワイン、ゴデーリョ種から白ワインが造られている。とくに高品質で冷涼感のあるメンシア種の赤ワインが人気。

ラ・マンチャ　La Mancha
カスティーリャ・ラ・マンチャ州の主なD.O.。スペインの原産地呼称のなかでも最大の栽培面積（約16万ha）と生産量を誇るワイン産地。セルバンテスが「9ヵ月の冬（インビエルノ）と3ヵ月の地獄（インフィエルノ）」と記述したように、極端な大陸性気候。主要品種はスペイン最大の栽培面積を持つアイレン種。センシベル（テンプラニーリョ）種への改植が奨励され、赤ワインの生産割合も徐々に増えている。近年、大規模な投資により、輸出市場向けにコスト・パフォーマンスのあるワインを提供する産地となっている。

バルデペーニャス　Valdepeñas
ラ・マンチャのすぐ南側に位置するD.O.。「石の谷」の意。センシベル（テンプラニーリョ）種を主体に若飲みワインから長期熟成赤ワインまでバラエティ豊か。

ドミニオ・デ・バルデプーサ　Dominio de Valdepusa
2003年、スペインで最初に認定されたビノス・デ・パゴ。カスティーリャ・ラマンチャ州トレド県マルピカ・デ・タホにある49haの産地。国際品種から赤ワインのみを生産する。

·················· 南部地方 ··················

ヘレス・ケレス・シェリー&マンサニーリャ・サンルーカル・デ・バラメーダ　Jeres-Xérès-Sherry y Manzanilla-Sanlúcar de Barrameda
イベリア半島南部カディス県、**ヘレス・デ・ラ・フロンテラ**（Jerez de la Frontera）の町を中心とし、その周辺地区から産出する酒精強化ワイン。**サンルーカル・デ・バラメーダ**（Sanlúcar de Barrameda）、**エル・プエルト・デ・サンタマリア**（El Puerto de Santa María）の3つの町を結んだ三角地帯が最高級とされている。**シェリー**（Sherry）は英語、**ケレス**（Xérèz）はフランス語、地名表記**ヘレス**（Jerez）とともに3つともD.O.として通用する。

アルバリサ　Albariza
シェリーを生み出す土壌。石灰分の含有量が多い白い土壌。水はけがよいが、地層が深く水分保持力に優れている。雨季に水分を蓄え、乾燥した夏にブドウに水分を補給する。

フロール　Flor
元来は「花」の意。ワイン用語ではシェリー醸造の際に繁殖する産膜酵母によって生じる、樽中のワインの表面に浮く白い膜のこと。シェリー独特の香りを生み出す。フロールはアルコール度数が15.5度より高いワインでは活動できない。温度は低いから中程度、湿度は高めの環境を好む。

ソレラ・システム　Solera System
熟成と品質の均一化を図るためのシェリーの熟成システム。容量600ℓの大樽を3〜4段に積み重ねる。下段からソレラ、第1クリアデラ、第2クリアデラ、第3クリアデラと呼ぶ。出荷は下の最も古いワインが入ったソレラの樽からワインを引き出す。ソレラが減ったぶんを上段のワインから順々に補充する。このシステムで熟成させるため、基本的にシェリーにはヴィンテージがない。

ベネンシア　Venencia
樽中のシェリーを試飲のため汲み出すときに使用する約1mの長い柄のついた柄杓。ベネンシアを扱う者をベネンシアドール（Venenciador）という。

フィノ　Fino
パロミノ種から造られ、淡い色合いでフロール香があるシェリー。辛口。熟成地はヘレスとプエルト・デ・サンタ・マリア。熟成期間は法的

には最低2年、伝統的には最低3年。アルコール度数15度以上。

マンサニーリャ　Manzanilla

サンルーカル・デ・バラメーダで熟成させるフィノタイプのシェリー。熟成期間は法的には最低2年、伝統的には最低3年。アルコール度数15度以上。塩気を感じる辛口。マンサニーリャ・デ・サンルーカル・デ・バラメーダという独自のD.O.を持つ。

アモンティリャード　Amontillado

フィノとオロロソの中間的な風味のシェリー。フィノの熟成途中でフロールが消失（自然消失または再度酒精強化による消失）したものをそのまま酸化熟成させて造る。琥珀色でナッツのような香りと味。アルコール度数16度以上。

パロ・コルタド　Palo Cortado

アモンティリャードの香りとオロロソのボディとコクを持つ稀少な酸化熟成タイプのシェリー。さまざまな異なる方法を用いて生産する。

オロロソ　Oloroso

アルコール度数17度までアルコールを強化し、酸化熟成させたタイプのシェリー。フロールはまったく形成されない。琥珀色からマホガニー色。豊かな香りとコク、深みがある。

ペドロ・ヒメネス　Pedro Ximénez

ペドロ・ヒメネス種で造る極甘口タイプのシェリー。

V.O.S.　ブイ・オー・エス

熟成期間認定シェリー。Vinum Optimum Signatum, Very Old Sherryの略。平均熟成期間20年以上と認められるアモンティリャード、オロロソ、パロ・コルタド、ペドロ・ヒメネス。

V.O.R.S.　ブイ・オー・アール・エス

熟成期間認定シェリー。Vinum Optimum Rare Signatum, Very Old Rare Sherryの略。平均熟成期間30年以上と認められるアモンティリャード、オロロソ、パロ・コルタド、ペドロ・ヒメネス。

マラガ　Málaga

主にモスカテル種を使用。収穫したブドウを天日干し、発酵時にアルコール度数18度に酒精強化したマラガ・スィートやソレラシステムで熟成させたマラガ・スィート・ラグリマ、ほかに、セコ、アボカド、セミスィートなど7つの異なるスタイルのワインが生産される。スティルワインもある。

モンティーリャ・モリーレス
Montilla-Moriles

シェリーの産地と同じアルバリサ土壌にペドロ・ヒメネス種が栽培。内陸にあるため乾燥した暑い夏の気候のもとで育ったペドロ・ヒメネス種が非常に高い糖度になり、酒精強化をせずとも15度となる。シェリーと同じようにさまざまなタイプのワインを生産。ペドロ・ヒメネス種もしくはモスカテル種の天日干しブドウから造る極甘口ワインも産する。

スペインの地方料理

············ リオハD.O.Ca ············

チュレティーリャス・デ・コルデロ・レチャル
Chuletillas de cordero Lechal
ラムチョップのグリル。

ポチャス　Pochas
豆とチョリソの煮込み。

ピミエントス・レリェーノス
Pimientos relleños
ピーマンの肉詰め。

############### ナバーラ州 ###############

メネストラ・デ・ベルデュラス
Menestra de Verduras
アーティチョーク、グリーンピース、アスパラ
ガス、カリフラワー、ニンジンなどの野菜を生
ハムと煮込んだ料理。

############### アラゴン州 ###############

ハモン・デ・テルエル Jamon de Teruel
テルエルのハモン・セラーノ。D.O.P.認証。

ポーリョ・アル・チリンドロン
Pollo al Chilindrón
鶏肉をタマネギ、トマト、パプリカのチリンド
ロンソースで煮込んだもの。

############### バスク州 ###############

マルミタコ Marmitako
マグロとジャガイモの煮込み

ココチャス・デ・メルルーサ・
アル・ピルピル
Cocochas de Merluza al Pil-Pil
タラのほほ肉のピルピル。ピルピルはオリーブ
オイルで素材のゼラチン質を引き出すように煮
込んだ料理。

ピンチョス Pinchos
楊枝などを刺したひと口サイズのフィンガーフ
ード。サン・セバスチャンやビルバオのバルの
名物。

############### ガリシア州 ###############

プルポ・ア・フェイラ Pulpo a Feira
ゆでたタコとジャガイモにオリーブ油、パプリ

カをかけたもの。タコはガリシアの名物。

カルド・ガジェゴ Cardo Gallego
塩漬け豚とキャベツ、ジャガイモ、カブなどを
煮込んだスープ。

エンパナーダ Empanada
挽き肉や野菜を生地で包み、揚げたスナック。

############### カタルーニャ州 ###############

サルスエラ Zarzuela
魚介類をたっぷりのスープで煮込んだ料理。

パン・コン・トマテ Pan con Tomate
パンにニンニク、トマトを塗り、オリーブオイ
ルをかけたもの。

エスカリバーダ Escalivada
焼き野菜。

フィデウワ Fideuá
パスタで作るパエリャ。

############### バレンシア州 ###############

パエリャ Paella
肉や野菜などさまざまな食材をサフランで色づ
けし、炊き込んだ米料理。

トゥロン Turrón
アーモンドたっぷりのヌガー。

############### ムルシア州 ###############

パエリャ Paella
地中海に面しているムルシアでは、魚介と野菜
を使ったパエリャが有名。

カルドソ Cardozo
だしのきいたスープでつくる、リゾットに似た
米料理。ムルシアはアロス・デ・カラスパラ
Arroz de Calasparra（D.O.P.認証のカラスパラ
の米）の産地。

ニョラ Ñora
赤パプリカのスパイス。

.... カスティーリャ・ ....
イ・レオン州

**レチャソ・デ・カスティーリャ・
イ・レオン**
Lechazo de Castilla y León
I.G.P.認証の乳飲み仔羊のかまど焼き。

コシード・マラガト Cocido Maragato
豆と豚肉の煮込み。

コシニーリョ・デ・セゴビア
Cocinillo de Segovia
セゴビアの仔豚の丸焼き。

ハモン・デ・ギフエロ
Jamon de Guijuero
ギフエロの生ハム。D.O.P.認証のハモン・イベ
リコ。

セシナ・デ・レオン Cecina de León
I.G.P.認証の牛や馬の干し肉。

ボティーリョ・デル・ビエルソ
Botillo del Bierzo
I.G.P.認証の腸詰ソーセージ。

.... マドリッド州 ....

コシード・マドリレーニョ
Cocido Madrileño
ヒヨコ豆と野菜の煮込み。

カリョス Callos
トリッパ（牛の胃袋）の煮込み。

チュロス Churros
細長い揚げ菓子。

.... カスティーリャ・ ....
ラ・マンチャ州

ピスト・マンチェゴ
Pisto Manchego
野菜の煮込み。

ガチャス Gachas
チョリソやベーコンを炒め、パプリカと豆の粉
を加えてとろみをつけた料理。

ミガス Migas
硬くなったパンを水に浸し、野菜やチョリソを
加えて水気がなくなるまで炒めたもの。

ソパ・デ・アホ Sopa de Ajo
ニンニクとパンでつくるスープ。

..... エクストレマドゥーラ .....
州

**ハモン・イベリコ／
チョリソ・デ・イベリコ**
Jamón de Ibérico / Chorizo de Ibérico
イベリコ豚の生ハム／チョリソ。

ペルディセス・ア・ラ・アルカンタラ
Perdices a la Alcántara
アルカンタラ風ヤマウズラの赤ワイン煮込み。

.... アンダルシア州 ....

ガスパチョ Gaspacho
トマト、パン、キュウリ、ニンニク、オリーブ

オイルで作る夏向けの冷たいスープ。

サルモレホ　Salmorejo
ガスパチョをさらになめらかにしたスープ。

ピンチョ・モルーノ　Pincho Moruno
モロッコ風串焼き肉

ウエボス・ア・ラ・フラメンカ
Huevos a la Framenca
ピーマン、タマネギ、トマト、チョリソなどに
卵を落として焼いたもの。

ハモン・デ・ハブーゴ
Jamón de Jabugo
ウエルバ県の指定場所で飼育するD.O.P.認証
のイベリコ豚の生ハム。

············ バレアレス諸島 ············

カルデレタ・ランゴスタ
Caldereta Langosta
ロブスターの煮込み。

ソブラサーダ　Sobrasada
なめらかなサラミ。マヨルカ島産が知られる。

コカ　Coca
ピッツアに似た生地を薄く焼いたもの。上にの
せるものでバリエーションを出す。

············ カナリア諸島 ············

パパス・アルガダス
Papas Arrugadas
皮つきでつくるベイクドポテト。モホという辛
みのあるソースで食べる。

モホ・ピコン　Mojo Picón
ニンニク、パプリカ、クミン、柑橘果汁、オリ
ーブオイルでつくる辛みのあるソース。

モホ・ヴェルデ　Mojo Verde
モホ・ピコンにハーブを加えたソース。

13 ... ポルトガル

概要

ポルトガル　Portugal
ポートやマデイラに代表されるフォーティファイド（酒精強化）・ワインの銘醸地として歴史的に名声を築いてきた。250種を超える固有品種があり、1haあたりの固有品種数では世界最多を誇る。そしてテロワールの違いにより、さまざまなスタイルのワインが産出されている。1986年EUに加盟後、ワイン産業に莫大な投資を受け、急速に近代化が進み、品質も向上している。

エンリケ航海王
Henrique o Navegador
ポルトガルの王子（1394〜1460年）、ヘンリー航海王とも呼ばれる。大航海時代におけるポルトガルの海外発展の基礎を築いた。

珍蛇酒　ちんだしゅ
南蛮貿易が栄えた日本で、織田信長が飲んでいたといわれるポルトガルの赤ワイン。赤ワインを意味するヴィーニョ・ティントが珍蛇に変わって伝わったという説もある。

.... ワイン法 ....

ポルトガルのワイン法
ポートワイン保護のため、1756年ドウロ地区の原産地呼称管理法が首相ポンバル伯爵によって成立した。これが**世界最初のワイン法**といわれる。2008年のEUのワイン法改正に伴ない、ワインは3段階に分類されることになった。

D.O.P.原産地呼称保護を最上位とし、上から順に地理的表示保護I.G.P.、地理的表示のないワイン、ヴィーニョ（Vinho）となる。

ヴィーニョ　Vinho
最もシンプルなワイン。収穫年やブドウ品種の有無に関わらず、ポルトガルのさまざまな地域のブドウのブレンドにより、ワインを生産することができる。

ヴィーニョ・レジォナル
V.R.（Vinho Regional）。I.G.P.地理的表示保護ワインのポルトガルでのカテゴリー。14に分割された地方で造られるワインの呼称。規定はD.O.C.よりも緩く、生産者にとってより自由度の高いカテゴリー。

D.O.C.　ディー・オー・シー
D.O.P.原産地呼称保護ワインのポルトガルでのカテゴリー。ブドウの最大収穫量や推奨、または認可されている品種なども制定されている。すべてのワインは官能検査等の公認認定を通過しなければならない。

レゼルヴァ　Reserva
D.O.C.ワインに使われる呼称。アルコール度数が地域の法定最低度数より0.5％以上高く、ガラス瓶に詰められている、官能検査を通過する、などの条件を満たしたワインに認められている。

産地

ヴィーニョ・ヴェルデ
Vinho Verde

D.O.C.。ポルトガル北部を流れるミーニョ川一帯に広がる比較的冷涼な産地。ヴィーニョ・ヴェルデは直訳すると緑ワインだが「若いワイン」の意。フレッシュでフルーティーなタイプのものが多いが、近年、技術の向上によってアルコール度数の高いしっかりしたワインも注目されている。白が大半を占めるが、赤やロゼも少量生産。9ヵ所のサブ・リージョンがある。

ドウロ　Douro

D.O.C.。ワイン生産の指定地域として世界で最も古いドウロ。ワイン生産はポートワインが主体だが、酒精強化されていないワインも常に生産されてきた。D.O.C.ドウロとして、白とロゼは収穫年の11月15日以降、赤は収穫翌年の5月15日以降瓶詰めが許可される。ブドウ栽培地域はポートと同じだが、使用ブドウ品種はポートより幅広い。

ダン　Dão

D.O.C.。ドウロ地域の南80kmに位置し、ダン川周辺に広がる伝統的産地。赤ワインが80%を占めるが、エンクルザード種を使った多様なスタイルの白もある。

バイラーダ　Bairrada

D.O.C.。ダン地区と大西洋の間の産地。生産量の85%は赤ワインで、果皮が厚いブドウ、バガ種が主要品種。色が濃くタンニンのしっかりしたワインが造られる。さまざまなスタイルの白ワイン、瓶内二次発酵のスパークリングワインも生産する。

＝＝＝＝＝＝＝＝＝＝ ポルト ＝＝＝＝＝＝＝＝＝＝

ポルト／ポート　Porto

D.O.C.。ドウロ川上流法定栽培地域、バイショ・コルゴ（Baixo Corgo）、シマ・コルゴ（Cima Corgo）、ドウロ・スーペリオール（Douro Superior）地区のブドウを原料とした酒精強化ワイン。発酵中の果汁に77%のグレープ・スピリッツを加えて発酵を止め、生産される。甘さの段階は、エクストラ・ドライ（40g/ℓ以下）からヴェリー・スウィート（130g/ℓ以上）まで5段階ある。アルコール度数19〜22度の白と赤が生産され、ライト・ドライ・ホワイトだけが例外的に最低16.5度まで認められている。近年、新たにフルーティーな早飲みのロゼ・ポートが認定された。

ヴィラ・ノヴァ・デ・ガイア
Vila Nova de Gaia

ドウロ川河口の町。ポルトはこの町かドウロ地区で熟成されたのち、ポルト市（オポルト）から出荷されていたが、1986年からはブドウ生産地での熟成・出荷も認められるようになった。

カダストロ　Cadastro

ポルトのブドウ畑の格付。場所、品種、密植度、仕立て方、樹齢の5項目の合計12項目に分類し、最高ランクのAからFの6段階に格付けされている。

ラガール　Lagar

花崗岩でできた伝統的な浅い発酵槽。作業員のチームが3〜4時間かけて足踏みを行ない、破砕を行なう。現在では広く採用されているわけではないが、一部の高級ワインの生産では利用されている。

I.V.D.P.　アイ・ブイ・ディー・ピー

ドウロ＆ポートワイン・インスティテュート（Instituto dos Vinhos do Douro e Porto）。1933年設立。ポルトの生産・販売管理と品質保証を主な役割とする半官半民の組織。

———ポートのタイプ———

ルビー・タイプ　Ruby Type

平均3年間の樽熟成後に瓶詰めされる若いタイプのポートワイン。ワインの色が宝石のルビー色をしていることからルビーと呼ばれる。スペシャルタイプとして、ヴィンテージ・ポート、レイト・ボトルド・ヴィンテージ・ポート、ヴィンテージ・キャラクター、クラステッド・ポート、ガラフェイラ・ポートなどがある。

ヴィンテージ・ポート　Vintage Port

ルビー・ポートのスペシャルタイプ。作柄がとくにすぐれた年にその年のブドウだけで造られ、収穫から2年目の7月初めから3年目の6月まで濾過せずに瓶詰めされ、長時間熟成させる。収穫から2年目の1月から9月までにI.V.D.P.承認を受けたもの。収穫年が明記される。飲むときは澱が混じらないようにデカンタージュが必要。

レイト・ボトルド・ヴィンテージ・ポート
Late Bottled Vintage Port / L.B.V.

ヴィンテージ・ポートに次ぐ良質のポートで、収穫から4年目の3月〜9月の間にI.V.D.P.の承認を受けたもの。L.B.V.と略す。収穫年と瓶詰め年が明記される。4年目の3月〜9月の間に申請して許可を得、4年目の7月から6年目の年末までに濾過したあとで瓶詰めが行なわれる。澱は少なくデカンタージュは一般的に必要ない。

ヴィンテージ・キャラクター
Vintage Character

樽熟成が平均4〜5年の複数の作柄のよい年をブレンド、濾過して瓶詰めしたもの。ワイン法では定められていない非公的なタイプ名。

クラステッド・ポート　Crusted Port

作柄のよい年のワインに古いワインをブレンド、さらに熟成させて造る。濾過せず瓶詰めするためにデカンタージュが必要。ワイン法では定められていない非公的なタイプ名。

ガラフェイラ・ポート　Garrafeira Port

年数表示ポート。コリェイタや樽熟5年のワインを大型瓶に入れて瓶熟、その後濾過し通常のサイズのボトルに移し替えたもの。ワイン法では定められていない非公的なタイプ名。

トウニー・タイプ　Tawny Type

トウニー(Tawny)とは黄褐色の意。小さい樽で熟成させるなどして酸化が進み、色が黄褐色に変化したことから呼ばれている。スペシャルタイプとして、熟成年数表記トウニー・ポートとコリェイタがある。

熟成年数表記トウニー・ポート
Tawny with an Indication of Age

本格的なトウニースタイルで、10年、20年、30年、40年物の4つが規定され、I.V.D.P.の承認を得たもの。この年数は平均年数で、樽熟年数の表示とともに瓶詰め年も記載する。濾過してから瓶詰めするため、デカンタージュの必要はない。

コリェイタ　Colheita

収穫年表示のポート。収穫から3年目の7月から年末までにI.V.D.P.に申請して承認を得、瓶詰めは7年目から。収穫年と共に瓶詰め年も記載する。

ホワイト・タイプ　White Type

白ブドウを原料としたポート。

ライト・ドライ・ホワイト・ポート
Light Dry White Port

低温発酵で通常のポートよりも発酵を長くしてから造られた、白ブドウ原料の比較的辛口タイプ。最低アルコール度数16.5度以上。

··········· マデイラ ···········

マデイラ　Madeira

D.O.C.。リスボンから南西に約1,000kmの大西洋上のマデイラ島で生産されるフォーティフ

ァイド・ワイン。酒精強化のタイミングはブドウ品種によって異なる。甘口のマルヴァジア種は発酵の初期に、ボアル種はまだ半分の糖分があるうちに、ヴェルデーリョ種は発酵後半、セルシアル種は発酵終了直前に添加される。添加するグレープ・スピリッツは96度。マデイラのアルコール度数は17〜22度、3年以上の樽熟成が義務づけられている。酒精強化されたワインは温めて熟成される。これは帆船時代の17世紀、新大陸への長い航海によりワインに特有のフレーヴァーを呈することが知られるようになったことから用いられる工程。島内で加熱熟成する工程を開発、同様の風味をもたらすことが可能になった。この加熱という酸化熟成がマデイラの特徴で、開栓後もそれ以上酸化が進まないため、長く風味を楽しむことができる。熟成年数5年のマデイラを**マデイラ・レゼルヴァ**（Madeira Reserva）、熟成年数10年のマデイラを**マデイラ・スペシャル・レゼルヴァ**（Madeira Special Reserva。**オールド・レゼルヴァ**［Old Reserva］ともいう）、熟成年数15年のマデイラを**マデイラ・エクストラ・レゼルヴァ**（Madeira Extra Reserva）という。

カンテイロ　Canteiro
高級マデイラワイン用の熟成庫。太陽熱により平均温度が30℃ほどになる倉庫に樽を並べ、長時間かけて加熱熟成させる。

エストゥファ　Estufa
マデイラワインの直接加熱法。タンク内部または外周に通した管の中に湯を循環させてタンク内のワインを温める方法。35〜50℃前後で最低3ヵ月加熱熟成される。簡単で比較的早く加熱熟成の効果が得られるため、ティンタ・ネグラ・モーレ種を使用した並級用に使用。加熱されたワインはその後冷却、クーバ（Cuba）と呼ぶ大樽でさらに3年熟成される。**クーバ・デ・カロール**（Cuba des Calor）と同義。

I.V.B.A.M.
アイ・ブイ・ビー・エー・エム
マデイラワイン・刺繍・芸術研究所（Insitituto

do Vinho do Bordado e do Artesanato da Madeira）。ワインに関する生産管理、品質保証が主な役割の政府組織。交配種やヴィティス・ラブルスカ種の使用禁止、ブドウ品種表示の場合は最低85％の当該品種が必要であるなど、マデイラワインに関する規定を設定している。

———マデイラのタイプ———

セルシアル　Sercial
マデイラのブドウ品種名だが、辛口のスタイル名でもある。比較的冷涼な気候の地域で栽培。

ヴェルデーリョ　Verdelho
中辛口タイプ。多くは涼しい北部で栽培。

ボアル　Boal
中甘口タイプ。多くは温かい南部で栽培。

マルヴァジア　Malvasia
甘口で凝縮感のあるリッチなタイプ。沿岸沿いの暑い地域で栽培。英語では**マルムジー**（Malmsey）という。

ティンタ・ネグラ・モーレ
Tinta Negra Mole
マデイラ島全域で栽培され、収穫量が全体の80％におよぶ黒ブドウ、ティンタ・ネグラで造る。辛口から甘口まで幅広い味わいに造られる。

テランテス　Terrantes
生産量が極めて少ない白ブドウ品種。ヴェルデーリョとボアルの中間スタイル。

フラスケイラ／ガラフェイラ
Frasqueira / Garrafeira
秀逸な単一年度、単一品種のマデイラ。最低20年の樽熟成が必要。表示される品種を100％使用していなければならない。

14 ···· ヨーロッパ(その他)

イギリス

·············· 概要 ··············

イギリス
United Kingdom of Great Britain and Northern Ireland

正式名称は「グレートブリテン及び北アイルランド連合王国」といい、イングランド、ウェールズ、スコットランド、北アイルランドの4国で構成される。国土面積は245,000km²で、日本の本州とほぼ同じ。北緯49～61度と高緯度のためワイン生産は少ないが、近年の温暖化の影響もあり徐々に増え、国際的な評価を得るワインも登場してきている。とくにイングランド南部のケント州やウエスト・サセックス州などで生産されるスパークリングワインは英国を代表するワインとして高い評価を得ている。

イングランド　England

イギリスを構成する4つの国のひとつ。人口はイギリス全体の80%以上を占め、面積はグレートブリテン島の南部の約3分の2を占める。首都はロンドン。

ウェールズ　Wales

イギリスを構成する4つの国のひとつ。イングランドの西に位置する。首都はカーディフ。

スコットランド　Scotland

イギリスを構成する4つの国のひとつ。イングランドの北に位置する。首都はエディンバラ。この国で穀類を発酵・蒸溜・製造したウィスキ

ーを「スコッチウィスキー」と呼ぶ。

北アイルランド　Northern Ireland

イギリスを構成する4つの国のひとつ。首都はベルファスト。

ミード　Mead

ハチミツで造った醸造酒。ハチミツは糖分量が多くそのままでは発酵できないため、水で薄めてから発酵させる。古代から存在している酒のひとつで、一説によるとワインやビールよりも古い時代から飲まれていたともいわれる。

セブン・シスターズ　Seven Sisters

イングランド南部イースト・サセックス州にある白亜の海食崖。フランス・シャンパーニュ地方から続く白亜の石灰質の層がここで地表に現れ、削り取られて形成された。白い崖が連なり、7人の乙女が並んでいるように見えることからその名がついた。

ドーヴァーの白い崖
White Cliffs of Dover

イングランド南部・ケント州にある白亜の海食崖。セブン・シスターズと混同されがちだが、場所が異なる。切り立った崖は最も高い所で160mあり、かつてはドーヴァーを渡り侵略を試みる他国からイギリスを守る天然の防護壁となっていた。

──────ワイン法──────

ワイン　Wine

EUにおける地理的表示のないワインのカテゴリー。イギリス産ブドウのみで生産されたワインのほか、EU加盟国産ブドウを使用してイギ

II

14

ヨーロッパ(その他)─イギリス

160

リスで生産したワインもある。

P.G.I.　ピー・ジー・アイ

Protected Geographical Indicationの略。EUにおけるI.G.P.と同じカテゴリー。イングランドもしくはウェールズのいずれかで収穫されたブドウを85％以上使用して生産されたワイン。English Regional Wine（イングリッシュ・リージョナル・ワイン）やWelsh Regional Wine（ウェルシュ・リージョナル・ワイン）などと表示される。

P.D.O.　ピー・ディー・オー

Protected Designation of Originの略。EUにおけるA.O.P.のカテゴリー。イングランドもしくはウェールズのいずれかで収穫されたブドウを100％使用して生産されたワイン。English Wine（イングリッシュ・ワイン）やWelsh Wine（ウェルシュ・ワイン）などと表示される。

D.E.F.R.A.　デフラ／ディー・イー・エフ・アール・エー

イギリスの環境・食糧・農村地域省。イギリスワイン法の文書作成を担当している機関。Department for Environment Food & Rural Affairsの略。

U.K.V.A.　ユー・ケイ・ヴイ・エー

英国ブドウ栽培協会のこと。United Kingdom Vineyards Associationの略。

イングリッシュ・ワイン・プロデューサーズ・グループ　English Wine Producer's Group

イングランドワイン生産者団体。

W.S.T.A.　ダブリュ・エス・ティー・エー

イギリスのワイン＆スピリット産業協会。Wine and Spirit Trade Associationの略。

M.A.F.F.　エム・エー・エフ・エフ

イギリスの農漁食糧省。Ministry of Agriculture Fisheries and Foodの略。1992年に高品質ワイン計画、のちに地域ワイン計画を導入した。

イングリッシュ・ワイン　English Wine

イギリスのワイン法における原産地名称保護ワインP.D.O.のうちイングランドで収穫されたブドウ100％で造られたワインのこと。

ウェルシュ・ワイン　Welsh Wine

イギリスのワイン法における原産地名称保護ワインP.D.O.のうち、ウェールズで収穫されたブドウ100％で造られたワインのこと。

ブリティッシュ・ワイン　British Wine

伝統的表現としてイギリスで認められている呼称。輸入ブドウや濃縮ブドウ果汁などを原料にし、イギリス国内で製造されたワインのこと。

·················· 産地 ··················

ケント州　Kent

ロンドン南東部にあるイングランドの州。州都はメイドストーン。ドーヴァー海峡に面し、英仏海峡（ドーヴァー海峡）トンネルはケント州のフォークストンとフランスのカレーを結ぶ。白亜の海食崖「ドーヴァーの白い壁」があり、イングランドの中でも比較的温暖で石灰質の土壌から優れたワインを産み出している。

ウエスト・サセックス州　West Sussex

イングランド南部の州。周辺の州と同様に、シャンパーニュ方式で造られる英国スパークリングワインの産地として高い評価を得ている。

ハンツ州　Hants

イングランド南部の州。ハンプシャー州ともいう。周辺の州と同様、ワイン生産が盛んになっている。

イースト・サセックス州　East Sussex

イングランド南部の州。イギリス海峡（ラマンシュ海峡）に面しており、白亜の海食崖「セブン

・シスターズ」もこの州にある。

ルクセンブルク

...................概要...................

ルクセンブルク　Luxembourg

フランス、ドイツ、ベルギーと国境を接し、国土面積は約2,600km²。日本の神奈川県とほぼ同じ面積。小国ながら1人当たりのGDPは世界トップ。経済的に世界トップクラスの国であるため、農業は同国経済の1%にしかすぎない。ただ、伝統であるワイン生産への意識は高く、政府自ら5haの畑を所有し、オリジナルワインを生産している。首都はルクセンブルク市。

O.P.V.I.　オー・ピー・ヴイ・アイ

Organisation Professionnelle des Vignerons Indépendantsの略。ルクセンブルクの独立したワイナリーのこと。同国のワイン生産の約30%のシェアを持つ。

VAT　ヴイ・エー・ティー／ヴァット

ルクセンブルクの付加価値税。日本でいう消費税のこと。この税が周辺国よりも低く設定されているため、国境を越えて買い物に来る客の消費量がルクセンブルクの消費量に反映される。ルクセンブルクは「1人当たりワイン消費量世界一」といわれるが、この税率の低さが理由であると考えられる。

メルシエ　Mercier

1858年創業のフランスのシャンパーニュメゾン。このメゾンがルクセンブルクに設けた醸造所は第二次世界大戦前まで稼働しており、同メゾンがあったルクセンブルク中央駅近くの通りは今でも「メルシエ通り」と呼ばれている。

ジャン・ベルナール＝マッサール
Jean Bernard - Massard

ルクセンブルク人醸造家。シャンパーニュで醸造を学び、1921年にルクセンブルクで自らの名を冠した醸造所を設立。ルクセンブルクを代表するワイナリーとなる。

————ワイン法————

コート・ドゥ　Côtes de

ルクセンブルクのワイン法において、調和のとれた日常ワインに与えられる名称。

コトー・ドゥ　Coteaux de

ルクセンブルクのワイン法において、グレーヴェンマッハ地区の貝殻石灰土壌か、レーミッヒ地区の粘土質泥灰岩からの特徴が反映されたワインに与えられる名称。

リューディット　Lieu-dit

ルクセンブルクのワイン法において、最上の畑のブドウから造られたワインに与えられる名称。収穫は手摘みで、最大収穫量は75hℓ/ha。プルミエ・クリュ、グランド・プルミエ・クリュの格付けも併記できる。

クレマン・ド・ルクセンブルグ
Crémant de Luxembourg

ルクセンブルクのクレマン（発泡性ワイン）。1991年に「クレマン・ド・ルクセンブルクの品質基準」が設けられ、その規定に沿って生産されている。収穫は手摘み、瓶内二次発酵、最低9ヵ月以上の瓶内熟成などが課せられる。2016年ヴィンテージからは、瓶内熟成24ヵ月以上のものに「ミレジメ」呼称を使用できるようになった。

II

14

ヨーロッパ（その他）　ルクセンブルク

スイス

························ 概要 ························

スイス　Switzerland / Suisse
ドイツ、フランス、イタリア、オーストリア、リヒテンシュタインに囲まれた内陸に位置する。年間ワイン生産量は約85万hℓで、生産量も栽培面積も赤のほうが若干多い。フランス語圏の西部スイス・ロマンドが全栽培面積の約80%を占める。EUに加盟しない永世中立国。従って、ワイン法もEUに準じずに独自のワイン法でワイン造りが行なわれている。正式名称は「スイス連邦」で、連邦首都はベルン。

カントン　Kanton（独）　Canton（仏）
スイスの州・行政区のこと。

————ワイン法————

A.O.C.　エー・オー・シー
Vins d'Appellation d'Origine Controlée。スイスの原産地呼称で、EUの原産地呼称にのっとったもの。国内のドイツ語圏では K.U.B.（Kontrollierten Ursprungsbezeichnungen）、イタリア語圏では D.O.C.（Denominazioni di Origine Controllata）となる。また A.O.C.の他に Vins de Pays、Vins de table が設けられている。

························ 産地 ························

スイス・ロマンド　Suisse Romande
スイス西部のフランス語圏。スイスワイン全体の80%を生産する最も主要な地方。この地方にヴァレーやヴォー、ジュネーヴ、ヌーシャテルなどの産地がある。

ヴァレー　Valais
スイス・ロマンド地方にある州で、スイスワインの約40%を産出する最大のワイン産地。

ドール　Dôle
スイス・ロマンド地方のヴァレー州で造られる赤ワイン。使用品種はピノ・ノワールとガメイ種合わせて85%以上（そのうちピノ・ノワールは51%以上）。

ドール・ブランシュ　Dôle Blanche
スイス・ロマンド地方、ヴァレー州で造られる白ワイン。使用品種はドールと同じくピノ・ノワールとガメイ種。

ヴォー　Vaud
スイス・ロマンド地方にある州。同地方のヴァレー州に次ぐ、スイスワイン第2位の生産地。

サルヴァニャン　Salvagnin
ヴォー州で造られる上級赤ワインのカテゴリー。ガメイ種とピノ・ノワールの混醸、または単独で造られ、評議会認定のテイスティングコミッションで20点満点中17点以上を獲得したものに与えられる。

ロリエ・ドール・テラヴァン　Lauriers d'Or Terravin
ヴォー州の上級白ワインのカテゴリー。シャスラ種で造られ、評議会認定のテイスティングコミッションで20点満点中18点以上を獲得したものに与えられる。さらに最優秀の1銘柄「**ロリエ・ド・プラチナ**（Lauriers de Platine）」も選出する。

ラ・コート　La Côte
ヴォー州のブドウ栽培地区。同州の半分以上のワインを生産する主要地域。

ラヴォー　Lavaux
ヴォー州のブドウ栽培地区。同州最良のワイン産地といわれ、高級ワインも多い。

ジュネーヴ　Genève
スイス・ロマンド地方にある州で、ジュネーヴ

の町を中心に広がる。スイスでは初めて
A.O.C.を導入した。A.O.C.は全部で23あり、
栽培はマンドゥマン（Mandement）、アルヴ・エ
・ローヌ（Arve et Rhône）、アルヴ・エ・ラック
（Arve et Lac）の3つに分かれている。

ガメイ・ド・ジュネーヴ
Gamay de Geneve
ジュネーヴで造られるガメイ種の赤ワイン。

ヌーシャテル　Neuchâtel
スイス・ロマンド地方にある州。ヌーシャテル
湖、ビエンヌ湖、ジュラの山々に囲まれている。

ウイユ・ド・ペルドリ　Œil de Perdrix
ヌーシャテル州のピノ・ノワール主体で造られ
るロゼ。直訳は「山うずらの目」。ロゼなどの色
の表現にも使われる。

スイス・アルモン　Suisse Allemande
スイス東部のドイツ語圏。ワイン生産量はスイ
ス全体の約18%程度。

トゥルガウ　Thurgau
スイス東部の中央地区にあるワイン産地。ミュ
ラー・トゥルガウ種を交配したヘルマン・ミュ
ラー博士の出身地としても知られる。

スイス・イタリエンヌ　Suisse Italienne
スイス南部、イタリア語圏。ここにある代表産
地のTicino（ティチーノ）州はメルロで有名。

ティチーノ　Ticino
スイスで最も南にある地方で、イタリアに接し
ている。ワイン生産量はスイス全体の約5%。
メルロが有名で、ティチーノの80%の栽培面
積を占める。イタリア語圏であることから、原
産地呼称はD.O.C.と表記される。

オーストリア

概要

オーストリア　Austria / Autriche
年間ワイン生産量は約227万hℓ。そのうち白ブ
ドウの栽培面積が約66%を占める。ドイツと
国境を接し、ワイン法など類似しているが、味
わいのタイプは異なり、赤は力強いスタイル、
白は繊細さだけでなくボリューム感も持ち併せ
た辛口スタイルが主である。寒い北国のような
イメージを持たれることも多いが、緯度はフラ
ンスのブルゴーニュ地方とほぼ同じ。雨の少な
い大陸性気候のため、ブドウはしっかりと成熟
する。オーストリアは1995年にEUに加盟。首
都はウィーン。

オーストリア・ハンガリー帝国
Österreichishch-Unarische Monarchie / Kaiserliche und königliche Monarchie
ハプスブルク家によって統治された連邦国家
（1867～1918年）。現在のオーストリア、ハン
ガリー、スロヴェニア、クロアチア、ボスニア
などを支配していた大国。

ヨーゼフ2世　Joseph II
神聖ローマ皇帝（在位：1765～1790年）。ブッ
シェンシャンク法を制定した人物。フランツ1
世とマリア・テレジアの子でマリー・アントワ
ネットの兄。音楽などの文化にも力を入れ、モ
ーツァルトを宮廷音楽家として雇用したのもこ
のヨーゼフ2世である。

マリア・テレジア　Maria Theresia
神聖ローマ皇帝フランツ1世の皇后。事実上の
「女帝」といわれることが多い。ヨーゼフ2世や
マリー・アントワネットの母でもある。

ブッシェンシャンク法　Buschenschank
皇帝ヨーゼフ2世が1784年に制定した法律。

外国からのワインに対して高い関税をかけ、自国のワインを保護した。

パノニア平原（パンノニア平原）
Pannonia

パノニア海が干上がってできた中央・南東ヨーロッパに広がる広大な平原。ドナウ川によって二分される。ここの気候をパノニア気候と呼び、夏に大陸から熱い風が送られることでブドウがよく熟す。

ドナウ川　Danube（英）　Donau（独）

ドイツ、オーストリア、ハンガリー、ブルガリア、ルーマニアなどを流れるヨーロッパで2番目に長い川（2,860km）。ちなみにヨーロッパ最長の川はロシアのヴォルガ川（3,690km）。

レス　Loess（英）　Löss（独）

土壌のひとつ。0.004〜0.06mmの粒子の土（＝シルト）から成る黄土のこと。

ローム　Loam（英）　Lehm（独）

土壌のひとつ。シルトや粘土（シルトよりも粒子が小さい土）が含有している割合が25〜40%程度の土壌をロームという。

K.M.W.糖度
ケイ・エム・ダブリュー糖度

クロスターノイブルガー・モストヴァーゲ（Klosterneuburger Mostwaage）の略。**アウグスト・ヴィルヘルム・フライヘル・フォン・バボ**（1827〜1894年）が1869年に開発した糖度単位。純粋な糖のみの重量%を示す。オーストリアワインの品質区分においてはこのK.M.W.糖度の高低が基準のひとつになり、高いほど格付けが高くなる。

シルヒャー　Schilcher

シュタイヤーマルク州ヴェストシュタイヤーマルクで造られる非常に酸味の強いロゼワイン。ブドウ品種はオーストリアの野生種、ブラウアー・ヴィルトバッハー種。

シュトルム　Sturm

発酵中の白濁した白ワイン。新酒の時期にのみ飲まれている。

ゲミシュター・サッツ　Gemischter Satz

オーストリア・ウィーンの伝統的なワインで、グリューナー・ヴェルトリーナー種、ヴァイスブルグンダー種、ノイブルガー種、リースリングなどを混植・混醸して造る白ワイン。

ホイリゲ　Heurige

本来はオーストリアで「新酒」を指す言葉。その新酒を出すワイン酒場が増え、現在ではホイリゲは「ワイン生産者兼ワイン酒場」という意味も持つ。

ブッシェンシャンク　Buschenschank

ホイリゲ同様、「ワイン生産者兼居酒屋」のこと。とくにシュタイヤーマルク州ではこの名称が使われる。ホイリゲでは温かい食べ物が提供できるのに対し、ブッシェンシャンクでは冷たいものしか出すことができない。

──────ワイン法──────

ヴァイン　Wein

地理的表示なしワイン。日常消費用テーブルワイン。オーストリア国内で収穫されたブドウを原料とし、K.M.W.糖度は10.6度以上。

ラントヴァイン　Landwein

地理的表示保護ワイン（g.g.A）。ブドウ栽培地方名をラベルに記載し、その地方の35認可品種ブドウを原料とする。K.M.W.糖度は14度以上で、収量制限が課せられる。

原産地呼称保護ワイン

g.U.。クヴァリテーツヴァイン、カビネット、プレディカーツヴァインの3つの品質区分がある。国家機関による検査があり、合格したボトルには検査番号（クヴァリテーツヴァイン・ミット・シュタートリッヒャー・プリュフヌマー）を貼る。

クヴァリテーツヴァイン　Qualitätswein

原産地呼称保護ワイン(g.U)のひとつ。K.M.W.糖度は15度以上、補糖が許される。

カビネット　Kabinett

原産地呼称保護ワイン(g.U)のひとつ。クヴァリテーツヴァインより格上。K.M.W.糖度17度以上、補糖は認められない。残糖は9g/ℓ以下で辛口のみ。ドイツではプレディカーツヴァインのひとつだが、オーストリアでは異なる。

プレディカーツヴァイン　Prädikatswein

原産地呼称保護ワイン(g.U)の最上級のカテゴリー。原料果汁のK.M.W.糖度により7つに区分される。補糖およびズュースレゼルヴェ添加は不可。

シュペートレーゼ　Spätlese

プレディカーツヴァインのうち、遅摘みブドウから造られるクラス。K.M.W.糖度は19度以上。収穫翌年の1月1日以降の販売が許される。

アウスレーゼ　Auslese

プレディカーツヴァインのうち、完熟および貴腐化したブドウから造られるクラス。K.M.W.糖度は21度以上。収穫翌年の5月1日以降の販売が許される。

ベーレンアウスレーゼ　Beerenauslese

プレディカーツヴァインのうち、過熟ブドウや貴腐ブドウから造られるクラス。K.M.W.糖度25度以上。

アイスヴァイン　Eiswein

プレディカーツヴァインのうち、凍結したブドウから造られるクラス。K.M.W.糖度はベーレンアウスレーゼと同じく25度以上。

シュトローヴァイン　Strohwein

プレディカーツヴァインのうち、完熟ブドウを3ヵ月陰干ししたブドウから造られるクラス。K.M.W.糖度25度以上。

トロッケンベーレンアウスレーゼ　Trockenbeerenauslese

プレディカーツヴァインのうち、貴腐ブドウのみから造られるクラス。K.M.W.糖度30度以上。

アウスブルッフ　Ausbruch

プレディカーツヴァインのうち、ノイジートラーゼー西岸にあるルストで生産されたトロッケンベーレアウスレーゼにのみ与えられる名称。ルスター・アウスブルッフとも呼ばれる。K.M.W.糖度30度以上。

D.A.C.　ディー・エー・シー／ダック

Destrietus Austriae Controllatus。2002年のヴァインフィアテルより導入されたオーストリアにおける原産地呼称制度。ワインはクヴァリテーツヴァイン以上で、各D.A.C.にふさわしいスタイルが要求される。サブカテゴリーにクラシック(Classic)、レゼルヴェ(Reserve)がある。

クヴァリテーツヴァイン・ミット・シュタートリッヒャー・プリュフヌマー　Qualitätswein mit Staatlicher Prüfnummer

オーストリアワインの国家検査番号。赤-白-赤の帯状のシール(バンデロール)に番号をプリントし、ボトルに添付して品質を保証する。

リート／リード　Ried

法的に認められた単一畑。ここで産出されたワインは畑名を表示する場合、その畑名の前にリートとつけなければならない。

オーストリアン・ゼクト　Austrian Sekt

オーストリアの発泡性ワインで、原産地保護ワイン(Sekt g.U)となる。クラシック、レゼルヴェ、最上級のグロース・レゼルヴェの3段階に分かれている。

ベルクヴァイン　Bergwein

オーストリアワインに伝統的に認められてきた名称。斜度26度以上の畑のブドウから造られたワインにこの表示が許される。

ヴィネア・ヴァッハウ・ノビリス・ディストリクテュス協会
Vinea Wachau Nobilis Districtus

1983年に設立されたオーストリア・ヴァッハウのワイン協会。ヴァッハウの3段階の格付はこの協会が基準を設定・管理している。

シュタインフェーダー　Steinfeder

ヴァッハウの3つの格付のひとつ。名前はきゃしゃな野草（スティパ・ペンナータ）に由来している。格付中、最も軽やかな白ワイン。オーストリアのワイン法ではクヴァリテーツヴァインのクラスに相当する。

フェーダーシュピール　Federspiel

ヴァッハウの3つの格付のひとつ。名前は鷹狩りの道具に由来。3つの格付中、スマラクトに次ぐクラスとなる。オーストリアのワイン法ではカビネットのクラスに相当。

スマラクト　Smaragd

ヴァッハウの3つの格付のひとつで、最高級のものに与えられる名称。その名前は「エメラルド色のとかげ」に由来する。オーストリアのワイン法ではシュペートレーゼクラス以上のものに相当。

······················ 産地 ······················

ニーダーエスタライヒ州
Niederösterreich

オーストリア東北部にある州で、オーストリアワインの約60%を生産する最も主要な産地。この州にヴァッハウ、クレムスタール、カンプタール、トライゼンタール、ヴァーグラム、ヴァインフィアテル、カルヌントゥム、テルメンレギオンの8つの栽培地域がある。

ヴァッハウ　Wachau

オーストリアを代表するドナウ渓谷に位置するワイン産地。ニーダーエスタライヒ州にあり、とくにグリューナー・ヴェルトリーナー種やリースリングからの白ワインの評価が高い。また、ワイン法とは別に独自の格付を行なっていることでも知られる。赤ワインはほとんど見られない。

クレムスタールD.A.C.
Kremstal D.A.C.

ニーダーエスタライヒ州にあるワイン産地。グリューナー・ヴェルトリーナー種、リースリングを主に栽培する。D.A.C.を名乗る場合は、このどちらかのブドウ品種を使用しなければならない。

カンプタールD.A.C.　Kamptal D.A.C.

ニーダーエスタライヒ州のワイン産地。グリューナー・ヴェルトリーナー種、リースリングを中心に栽培。D.A.C.を名乗る場合は、このどちらかのブドウ品種を使用しなければならない。

トライゼンタールD.A.C.
Traisental D.A.C.

ニーダーエスタライヒ州にあるワイン産地。グリューナー・ヴェルトリーナー種、リースリングを主に栽培する。グリューナー・ヴェルトリーナー種の栽培比率が高く、55%を占める。D.A.C.を名乗る場合は、このどちらかのブドウ品種を使用しなければならない。

ヴァーグラム　Wagram

ニーダーエスタライヒ州にあるワイン産地。グリューナー・ヴェルトリーナー種、リースリングが中心に栽培される。また、ここにはクロスターノイブルク修道院の醸造所と、世界で最も古い歴史を持つワイン学校がある。ツヴァイゲルト種を中心に赤ワインの生産も伸びている。

ヴァインフィアテルD.A.C.
Weinviertel D.A.C.

ニーダーエスタライヒ州にある、この国最大のワイン産地。2002年からD.A.C.に認定され（D.A.C.第1号）、グリューナー・ヴェルトリーナー種が中心に栽培される。

カルヌントゥム　Carnuntum

ニーダーエスタライヒ州にあるワイン産地。同州の他の産地に比べ、赤品種の方がやや多く栽培されている。赤・白ともに数多くのブドウ品種が好結果を生んでいる。

テルメンレギオン　Thermenregion

ニーダーエスタライヒ州のワイン産地。テルメンとは「温泉」の意味。ノイブルガー種とヴァイスブルグンダー種が主体。

ブルゲンラント州　Burgenland

オーストリア東部、ハンガリー国境沿いに広がる州。オーストリアワインの30%弱を生産する産地でブラウフレンキッシュ種から造る赤ワインが有名。この州にノイジードラーゼーやミッテルブルゲンラントなどの栽培地域がある。

ノイジードラーゼー D.A.C.
Neusiedlersee D.A.C.

オーストリア・ブルゲンラント州のワイン産地。ユネスコ世界遺産になった、中央ヨーロッパで2番目に大きいステップ湖（湖水が流出する河川を持たない湖）、ノイジードラーゼーの北から東を囲む広大な産地。植えられている品種は多岐にわたるが、D.A.C.認定黒ブドウ品種はツヴァイゲルト種を主体となる。

ライタベルクD.A.C.
Leithaberg D.A.C.

ノイジードラーゼー・ヒューゲルラントの西南部とルスト周辺以外をカバーする例外的なD.A.C.。このD.A.C.の認定白ブドウ品種はグリューナー・ヴェルトリーナー種、ヴァイスブルグンダー種、シャルドネ、ノイブルガー種。D.A.C.認定黒ブドウ品種はブラウフレンキッシュ種が主体となる。

ルスター・アウスブルッフ
Ruster Ausbruch

オーストリアで最高の評価を受ける貴腐ワイン。ブルゲンラント州ライタベルクD.A.C.で造られる。ヴェルシュリースリング種、ヴァイスブルグンダー種、フルミント種が使われる。

ミッテルブルゲンラントD.A.C.
Mittelburgenland D.A.C.

オーストリア・ブルゲンラント州のワイン産地。同州初の2005年からD.A.C.認定。ブラウフレンキッシュ種から造られたものだけがD.A.C.を名乗ることができる。

アイゼンベルクD.A.C.
Eisenberg D.A.C.

ブルゲンラント州で最も小さな栽培地域。2008年から、D.A.C.認定。ブラウフレンキッシュ種から造られたものだけがD.A.C.を名乗ることができる。

ウィーン／ヴィーナー・ゲミシュター・サッツD.A.C.
Wien / Wiener Gemischter Satz D.A.C.

オーストリアの首都。商業的なワイン生産を唯一行なっている大都市である。ここで混植・混醸で造られるものがヴィナー・ゲミシュター・サッツと呼ばれ、2013年からD.A.C.に認定されている。

シュタイヤーマルク州　Steiermark

オーストリアの州で、スロヴェニアと国境を接する。栽培面積の4分の3が白ブドウで、そのほとんどが国内消費用。

ズュートシュタイヤーマルク
Südsteiermark

シュタイヤーマルク州南部の地域。品種はソーヴィニョン・ブラン種、ヴェルシュリースリング種、トラミーナー種を使っている。この地域にはワイン居酒屋「ブッシェンシャンク」が点在している。

ヴェストシュタイヤーマルク
Weststeiermark

シュタイヤーマルク州のワイン産地。ブラウアー・ヴィルトバッハー種から造られるロゼワイン・シルヒャーが有名。

ヴルカンラント・シュタイヤーマルク
Vulkanland Steiermark

オーストリア・シュタイヤーマルク州南東部にあるワイン産地。以前は**ズート＝オストシュタイヤーマルク**と呼ばれていたが、2016年に現在の名称に変更された。トラミーナー種からの華やかでスパイシーな白ワインが有名。

ベルクラント　Bergland

オーストリアの3つのブドウ栽培地方のうちのひとつ。オーバーエステライヒ、ザルツブルク、ケルンテン、チロル、フォアアールベルクの5州がある。栽培面積は小さいが、近年の地球温暖化によってこの地方が再認識され、ワイン産業が急速に復活しつつある。

·····················料理·····················

─ニーダーエスタライヒ州─

マリレンクヌーデル　Marillenknödel

トプフェンというチーズを使った生地でアプリコットを包み、ゆでたものに炒めたパン粉をふったもの。

モーンヌーデルン　Mohnnudeln

粉、ジャガイモ、卵で作るパスタのような生地をゆで、バター、ケシの実、砂糖などをまぶしたもの。

──ブルゲンラント州──

グラーシュ　Gulasch

牛肉のパプリカ煮込み。もともとハンガリー料理で、オーストリア各地で食べられている。

マルティーニ・ガンスル　Martini gansl

新酒(ホイリゲ)解禁の時期に食べられるガチョウの丸焼き。

─────ウィーン州─────

ヴィーナー・シュニッツェル
Wiener schnitzel

仔牛のカツレツ。ハプスブルグ帝国時代にミラノから伝わったと言われる。

ターフェルシュピッツ　Tafelspitz

ポトフに似た柔らかく煮込んだ牛肉と野菜を、すりおろした西洋ワサビとリンゴのソースや青ネギ入りサワークリームのソースで食べる。

──シュタイヤーマルク州──

ブレットルヤウゼ　Brettljause

シャルキュトリー(食肉加工品)やチーズの盛り合わせ。木のプレートに盛り付ける。

スロヴェニア

·····················概要·····················

スロヴェニア　Slovenia / Slovénie

イタリア、スイスと国境を接しておりフランスのボルドーとほぼ同緯度。1991年にユーゴスラヴィアから独立し、2004年にEUに加盟した。年間ワイン生産量は約60万hℓで、単一品種から造るワインが主流で白ワインが多い。首都は**リュブリアナ**。

スラヴ民族　Slav

東欧・中欧に居住する民族。ロシア人、ウクライナ人、クロアチア人、ブルガリア人などはスラブ系の民族である。

ツビィチェック　Cviček

ポサウイエ地域内にあるドレニスカで生産されている代表的なロゼワイン。

──────ワイン法──────

デジェウノ・ヴィノ P.G.O.
Deželno vino P.G.O.

スロヴェニアの産地表記付きテーブルワインのカテゴリーで、プリモルスカ、ポドラウイエ、ポサウイエのいずれか1地域のブドウを85%以上使用したワイン。ワイン生産者協会の評点が14ポイント以上、16.01ポイント未満のもの。

カコヴォストノ・ヴィノ Z.G.P.
Kakovostno vino Z.G.P.

スロヴェニアの上級ワインのカテゴリー。統制保証原産地産上級ワインと訳される。プリモルスカ、ポドラウイエ、ポサウイエの3地域内の9地区のブドウを用い、規定に沿って生産されたもの。ワイン生産者協会の評点16.01ポイント以上、18.01ポイント未満のもの。

ヴルフンスコ・ヴィノ Z.G.P.
Vrhunsko vino Z.G.P.

スロヴェニアの上級ワインのカテゴリー。統制保証原産地産最上級ワインと訳される。プリモルスカ、ポドラウイエ、ポサウイエの3地域内の9地区のブドウを用い、規定に沿って生産されたもの。遅摘みや貴腐ブドウから造ったものはそれに応じた肩書き（プレディカート）を併記することができる。ワイン生産者協会の評点18.01ポイント以上のもの。

ポズナ・トゥルガテウ　Pozna Trgatev

ヴルフンスコ・ヴィノ Z.G.P. に認定されたワインで、シュペートレーゼ（エクスレ度92°Oe以上）のものに与えられる肩書き。

イズボール　Izbor

ヴルフンスコ・ヴィノ Z.G.P. に認定されたワインで、アウスレーゼ（エクスレ度105°Oe以上）のものに与えられる肩書き。

ヤゴドニ・イズボール　Jagodni Izbor

ヴルフンスコ・ヴィノ Z.G.P. に認定されたワインのうち、ベーレンアウスレーゼ（エクスレ度128°Oe以上）のものに与えられる肩書き。

スヒ・ヤゴドニ・イズボール
Suhi Jagodni Izbor

ヴルフンスコ・ヴィノ Z.G.P. に認定されたワインのうち、トロッケンベーレンアウスレーゼ（エクスレ度154°Oe以上）のものに対して与えられる肩書き。

レデノ・ヴィノ　Ledeno Vino

ヴルフンスコ・ヴィノ Z.G.P. に認定されたワインのうち、アイスワインに与えられる肩書き。

P.T.P.　ピー・ティー・ピー

Posebno Tradicionalno Poimenovanje の略。スロヴェニアの「統制保証原産地産伝統的ワイン」のカテゴリー。Z.G.P. ワインの中でも伝統的に造られており、クラスのテラン（Teran）、ドレンスカのツヴィチェック（Cviček）、ベラ・クライナのメトリシュカ・チェルニナ（Metliška črnina）とベロクラニエック（Belokranjec）の4つが認定されている。

┈┈┈┈┈┈ 産地 ┈┈┈┈┈┈

プリモルスカ　Primorska

スロヴェニアのワイン生産地域のひとつで、イタリア国境沿いからアドリア海沿岸に広がる。この地域の中にゴリシュカ・ブルダ（Goriška Brda）、ヴィパウスカ・ドリナ（Vipavska dolina）、クラス（Kras）、スロヴェンスカ・イストラ（Slovenska Istra）の4地区がある。生産されるワインの約半分が赤ワインで、スロヴェニアの中で最も赤ワインの生産量が多い地域。

ポドラウイエ　Podravje

スロヴェニアのワイン生産地域のひとつで、北東部のハンガリー平原沿いに広がっている。シュタイエルスカ・スロヴェニア（Štajerska Slovenija)、プレクムリエ(Prekmurje)の2地区がある。スロヴェニア最大の地域で、隣接するドイツやオーストリアの影響を受け、トラミネッツ(ゲヴュルツトラミネール)種やレンスキ・リーズリング(リースリング)種などから高品質な白ワインが多く生産されている。

ポサウイエ Posavje
スロヴェニアのワイン生産地域のひとつで、南東部のクロアチアと隣接している。この地域の中にドレニスカ(Dolenjska)、ビゼルスコ・スレミッチュ(Bizeljsko-Sremič)、ベラ・クライナ(Bela Krajina)の3地区がある。

クロアチア

.... 概要 ....

クロアチア Croatia / Croatie
1991年にユーゴスラビアから独立。1992年に国際的に独立国家として承認された。アドリア海側の沿岸部と、大陸西部、大陸東部の3エリアに分けられる。2013年にEU加盟。年間ワイン生産量は約94万hℓでそのうち白ワインが3分の2を占める。ワインの4分の1がヨーロッパ各地やアメリカに輸出されている。首都はザグレブ。

ドゥブロヴニク Dubrovnik
クロアチア、アドリア海沿岸ダルマチア最南部にある都市・基礎自治体。旧市街は「アドリア海の真珠」とも呼ばれる美しい街並みで、1979年にユネスコの世界遺産に登録された。アニメ「魔女の宅急便」や「紅の豚」に描かれた町のモデルとなったことでも知られる。

ヴィニストラ Vinistra
クロアチア・イストラで1995年に設立された

ワイン生産者協会。

スラヴォニア・オーク Slavonia Oak
クロアチアのスラヴォニア地方のオーク材。樽材としてイタリアワインなどによく使用されている。

——————ワイン法——————

ストルノ・ヴィノ Stolno vino
クロアチアのテーブルワインのカテゴリーで、原産地表示はなし。国内の複数地域のワインをブレンドして造る。政府の審査委員会の評点60点以上。

ストルノ・ヴィノ・ス・コントロリラニム・ポドリエトロム
Stolno vino s kontroliranim podrijetlom
クロアチアの原産地表示付きテーブルワインのカテゴリー。大陸東部、大陸西部、沿岸部のいずれかで生産したもの。政府の審査委員会の評点65点以上。

クヴァリテトノ・ヴィノ・ス・コントロリラニム・ポドリエトロム
Kvalitetno vino s kontroliranim podrijetlom
クロアチアの上級ワインのカテゴリーで原産地産上級ワインのこと。認定されている12のサブリージョンのうちの1地域でのブドウを使用。政府の審査委員会の評点75点以上。

ヴルフンスコ・ヴィノ・ス・コントロリラニム・ポドリエトロム
Vrhunsko vino s kontroliranim podrijetlom
クロアチアの上級ワインのカテゴリーで統制保証原産地産最上級ワインのこと。統制保証原産地に指定されている66地区のうちのひとつの地区のブドウを使用。遅摘みや貴腐ブドウから造ったものはそれに応じた肩書き(プレディカート)を併記することができる。政府の審査委員会の評点85点以上。補糖、補酸、減酸は禁止

されている。

カスナ・ベルバ　Kasna berba

ヴルフンスコ・ヴィノ・ス・コントロリラニム・ポドリエトロムに認定されたワインで、シュペートレーゼ（エクスレ度94℃Oe以上）のものに与えられる肩書き。

イズボルナ・ベルバ　Izborna berba

ヴルフンスコ・ヴィノ・ス・コントロリラニム・ポドリエトロムに認定されたワインで、アウスレーゼ（エクスレ度105℃Oe以上）のものに与えられる肩書き。

イズボルナ・ベルバ・ボビツァ　Izborna berba bobica

ヴルフンスコ・ヴィノ・ス・コントロリラニム・ポドリエトロムに認定されたワインで、ベーレンアウスレーゼ（エクスレ度127℃Oe以上）のものに与えられる肩書き。

イズボルナ・ベルバ・プロスス／エニー・ボビツァ　Izborna berba prosus / Enih bobica

ヴルフンスコ・ヴィノ・ス・コントロリラニム・ポドリエトロムに認定されたワインのうち、乾燥したブドウから造られるもの（エクスレ度154℃Oe以上）に与えられる肩書き。

レデノ・ヴィノ　Ledeno Vino

ヴルフンスコ・ヴィノ・ス・コントロリラニム・ポドリエトロムに認定されたワインのうち、凍ったブドウから造られるもの（エクスレ度127℃Oe以上）に与えられる肩書き。

······················ 産地 ·······················

──────大陸東部──────

ポドゥナヴリエ　Podunavlje

クロアチアの大陸東部にあるワイン生産地域。クロアチア最東部にあり、ドナウ川沿いに広が

る。この地域の中にイロック、エルドゥット、オスィエックといったワイン産地がある。

スラヴォニア　Slavonia

クロアチアの大陸東部にある、同国最大規模のワイン生産地域。この地域の中にクティエヴォ、ジャコヴォ、スラヴォーンスキ・ブロッド、ダルヴァール、パクラッツ、オラホヴィツァといったワイン産地がある。また、樽材の産地としても有名である。

──────大陸西部──────

モスラヴィーナ　Moslavina

クロアチアの大陸西部にあるワイン生産地域。

プリゴリェ・ビロゴラ　Prigorje-Bilogora

クロアチアの大陸西部に位置するワイン生産地域。首都**ザグレブ**があり、ハンガリーと国境を接する。

ザゴリエ・メジュムリエ　Zagorje-Medimurje

クロアチアの大陸西部にあるワイン生産地域。この地域の中にヴァラジュディン、クラピナ、ザボックなどのワイン産地がある。

プレシヴィツァ　Plešivica

クロアチアの大陸西部、スロヴェニア国境のジュンベルチュカ山脈の斜面に広がる指定生産地域。この地域を代表するワインはポルトギザッツ（ポルトギーザー）種の新酒で、この時期に出回る栗と一緒に楽しまれている。

ポクプリエ　Pokuplje

クロアチアの大陸西部にあるワイン生産地域。大陸部では最小のサブリージョン。

──────沿岸部──────

イストラ　Istra

クロアチアの沿岸部にあるワイン生産地域。クロアチア最大の産地のひとつ。この地域の中に

ウマグ、ノヴィグラッド、ポレッチュといった
ワイン産地がある。この産地を代表するブドウ
品種はマルヴァジアとテラン。

フルヴァツコ・プリモリエ
Hrvatsko Primorje

クロアチアの沿岸部にあるワイン生産地域。ク
ルク島のズラフティナ種、クレス島のマラシュ
ティナなどの土着品種が多い。

北部ダルマチア　Nothern Dalmatia

クロアチアの沿岸部にあるワイン生産地域。

ダルマチアン・サゴラ
Dalmatian Zagora

クロアチア内陸部にあるワイン産地。高地にあ
り、大陸性気候の影響を強く受けるため昼夜の
寒暖差が大きい。白はクユンジュシャ種、ズラ
タリツァ種、赤はトゥルニャク種、オカタツ種、
ヴラーナッツ種などの土着品種で造られるワイ
ンが代表的。

中央および南部ダルマチア
Central and Southern Dalmatia

クロアチアの沿岸部にあるワイン生産地域。ク
ロアチアワインのルーツともいえる場所。この
地域を代表する品種がプラヴァッツ・マリ種。
この品種は2001年に行われたDNA鑑定によ
ってジンファンデル（プリミティーヴォ）種の起
源となった品種であることが判明した。

```
┌─────────────────────────┐
│       ハンガリー         │
└─────────────────────────┘
```

...............概要...............

ハンガリー　Hungary / Hongrie

旧東欧圏の中でも最も古い歴史を持つワイン生
産国のひとつで、年間ワイン生産量は約280万

hℓ。そのうち約70％が白ワイン。この国のワイン
で有名なものは何といってもトカイ地方の貴
腐ワインで、なかでもとくにトカイの「エッセ
ンシア」はフランスのソーテルヌやドイツのト
ロッケンベーレンアウスレーゼと並び、**世界三
大貴腐ワイン**と呼ばれるほどの名声を得てい
る。2004年にEU加盟。

ブダペスト　Budapest

ハンガリー共和国の首都。

ユファルク　Juhfark

ハンガリー古来からの白ブドウ。「羊のしっぽ」
という意味を持つ。この品種から造られるショ
ムロー地方のワインは、ハプスブルグ家に長く
寵愛されてきた。

フルッチ　Fröccs

ハンガリーのワインの飲み方で、白ワインやロ
ゼワインをソーダで割ったもの。ワインとソー
ダの割合で、ナジ・フルッチやキシュ・フルッ
チなどの名称がある。

バラトン湖　Balaton

ハンガリーの西部にある、中央ヨーロッパ最大
の湖。

アスー　Aszú

「蜂蜜のような」、「シロップのような」の意味。
トカイ地方の甘口に使われる用語。現在、ワイ
ンとして「アスー」と呼ばれるものは、最低残
糖分120g/ℓ以上、樽熟成18ヵ月以上を経たも
のと規定されている。

プットニョシュ　Puttonyos

トカイ地方で使われる、27.1ℓ入りの背負い桶。
プットニュ（Puttony）が単数、プットニョシュ
（Puttonyos）は複数形。この量の貴腐ブドウを
何杯入れたかによって3〜6プットニョシュの
トカイ・アスーが造られていた。現在は、プッ
トニョシュを単位で使うことは廃止された。

ゲンツィ　Genci
トカイ地方で使われる、136ℓの樽。

エッセンシア　Essencia
トカイ地方で造られる極上の甘口ワイン。最低残糖分は450g/ℓ以上という非常に贅沢で稀少なもの。樽熟成18ヵ月以上を必要とする。

サモロドニ　Szamorodoni
スラブ語で「自然のままに」の意味。トカイ地方のワインでブドウの状態に応じて自然のまま甘口になったり辛口になったりしたもの。甘口は**エーデシュ**(Edes)、辛口は**サーラズ**(Száraz)と表記する。

マーシュラーシュ　Máslás
「コピー」という意味。トカイ地方のワインでアスーやフォルディターシュ用のワインの搾りかすに果汁やワインを入れて再発酵・熟成させた辛口ワイン。

フォルディターシュ　Fordítás
トカイ地方のワインでアスー用ワインの二番搾りの果汁にマストを加えて再発酵・熟成させた甘口ワイン。

---ワイン法---

アスタリ・ボル　Asztali bor
ハンガリーのテーブルワインのカテゴリー。

ターイ・ボル　Táj bor
ハンガリーの原産地表記付きテーブルワインのカテゴリー。

ミヌーシェーギ・ボル　Minőségi bor
ハンガリーの統制保証原産地表記付き高品質ワインのカテゴリー。

ヴェーデットエレデトゥ・ボル　Védett eredetű bor
ハンガリーの統制保証原産地表記付き最上級ワインのカテゴリー。

·············産地·············

北トランスダヌビア地方　Northern Transdanubia
バラトン湖の北部に広がるハンガリーの主要地方。代表的なワイン産地としてバダチョニやショムローなどがある。

バダチョニ　Badacsony
ハンガリー、北トランスダヌビア地方のワイン産地。スルケバラート種やケークニェルー種からの白ワインがある。

パンノンハルマ・ショコローアリア　Pannonhalma-Sokoróalja
ハンガリー、北トランスダヌビア地方のワイン産地。996年に設立された世界遺産でもある修道院とともに発展してきた。ハンガリーの22産地の中で最小。

ショムロー　Somló
ハンガリー、北トランスダヌビア地方のワイン産地。ハンガリーの22産地の中で2番目に小さいが、白ワインで最も有名な産地の一つ。ハンガリー古来の亜種であるJuhfark(ユファルク)から造られる白ワインは、代々ハプスブルグ家に寵愛されてきた。

北ハンガリー地方　Northern Hungary
エゲルを中心にしたハンガリーの主要地方。

エゲル　Eger
北ハンガリー地方の中心都市。ケークフランコシュ種を主体にカベルネ・ソーヴィニヨンやメルロなどをブレンドする赤ワイン、エグリ・ビカヴェールが有名。

エグリ・ビカヴェール　Egri Bikavér
エゲル地方で造られているケークフランコシュ種を主体にカベルネ・ソーヴィニヨンやメルロなどをブレンドする赤ワイン。エグリ・ビカヴェールとは「エゲルの牡牛の血」という意味を

持つ。16世紀、このワインを飲んでヒゲが真っ赤に染まった住民たちを見たトルコ軍が、雄牛の血を飲んでいたものと勘違いして恐れおののき、この地に戦をしかけるのを諦めた、といういわれから。

トカイ・ヘジャリヤ地方
Tokaji-Hegyalja

ウクライナとスロヴァキアに接した地方で、ハンガリーで最も有名な産地。とくにここで造られる貴腐ワイン（トカイワイン）はフランス王ルイ14世に「ワインの王」と称賛されるなど、世界三大貴腐ワインとして知られる。

南トランスダヌビア地方
Southern Transdanubia

バラトン湖の南部、ヴィラーニを中心にしたハンガリーの主要地方。カダルカ種やケークフランコシュ種から造られる赤ワインが多い。

ヴィラーニ・シクローシュ
Villány-Siklós

南トランスダヌビア地方を代表する産地。ここで造られる赤ワインの評価が高く、ヴィラーニ・ブルグンディーとも呼ばれる。

グレート・プレイン（大平原）地方
Great Plain

ドナウ河東岸一帯に広がるハンガリーの主要地方。ハンガリーのブドウ栽培面積の約半分を占めている。

ルーマニア

……………………概要……………………

ルーマニア　Romania

東ヨーロッパに位置する共和制国家。北にウク

ライナ、北西にハンガリー、北東にモルドヴァ、南にブルガリア、南西にセルビア、東は黒海と接している。年間ワイン生産量は約330万hℓ。大変古い歴史を持つルーマニアワインだが、1948年～1989年の共産主義時代にワインの技術は向上したものの他国への自由貿易は抑制されていた。1989年にチェウシェスク独裁政権が崩壊し、現在は徐々に国際市場での評価を獲得し向上してきている。2007年にEU加盟。首都はブカレスト。

ディオニュソス　Dionysos

ギリシャ神話に登場する豊穣とワインと酩酊の神で、現在のルーマニア南部に生まれたとされている。名前には「若いゼウス」という意味がある。ローマ神話ではバッカス（Bacchus）と呼ばれる。

ドィミトリエ・カンテミール
Dimitrie Cantemir

モルダヴィア公。学者、文人。18世紀に彼が出版した『モルダヴィア史書』には中世のワイン造りや関わった権力者の描写などがある。

---ワイン法---

D.O.C.　ディー・オー・シー

デヌミーレ・デ・オリジネ・コントロラータ
（Denumire de Origine Controlată）の略。ルーマニアのワイン法のカテゴリーで、原産地統制名称ワインのこと。EUワイン法におけるP.D.O.（A.O.P.）に相当する。

C.M.D.　シー・エム・ディー

クレス・ラ・マトゥリターテ・デプリーナ
（Cules la Maturitate Deplină）の略。ルーマニアのD.O.C.ワインに適用される表示で、ブドウは完熟期に収穫されたことを指す。

C.T.　シー・ティー

クレス・タールジウ（Cules Târziu）の略。ルーマニアのD.O.C.ワインに適用される表示で、ブドウは完熟期より遅く収穫されたことを指す。

C.I.B. シー・アイ・ビー

クレス・ラ・インノビラーレア・ボアベロール
(Cules la Înnobilarea Boabelor)の略。ルーマニアのD.O.C.ワインに適用される表示で、貴腐菌発生後に収穫されたブドウを指す。

レゼルヴァ Rezervă

ルーマニアのD.O.C.ワインに適用される熟成表示で、オーク樽熟成6ヵ月以上、瓶内熟成も6ヵ月以上の熟成を経たもの。

ヴィン・デ・ヴィノテーカ
Vin de Vinotecă

ルーマニアのD.O.C.ワインに適用される熟成表示で、オーク樽熟成1年以上、瓶内熟成も4年以上の熟成を経たもの。

ヴィン・タナル Vin Tânăr

ルーマニアのD.O.C.ワインに適用される熟成表示で、生産された年に販売される若いワイン。

I.G. アイ・ジー

インディカツィエ・ジェオグラーフィカ(Indicatie Geografică)の略。ルーマニアのワイン法のカテゴリーで、原産地名称保護ワインのこと。EUワイン法におけるP.G.I.(I.G.P.)に相当する。

-------------------- 産地 --------------------

デアルリレ・トランシルヴァニエイ
Dealurile Transilvaniei

ルーマニア、トランシルヴァニア地方にあるワイン産地(I.G.)。カルパチア山脈に囲まれている盆地で、平均標高は400〜600m。高い所は800mになる。大陸性気候。

デアルリレ・モルドヴェイ
Dealurile Moldovei

ルーマニア、モルドヴァ地方にあるワイン産地(I.G.)。ルーマニアで一番広く、歴史も古い。

ブルガリア

-------------------- 概要 --------------------

ブルガリア Bulgaria / Bulgarie

ヨーロッパの南東部、バルカン半島に位置しており、南はギリシャやトルコ、北はルーマニアと接している。首都はソフィア。年間ワイン生産量は約150万hl。東ヨーロッパの中では比較的輸出の割合が多いのも特徴。1960年代後半から1970年にかけて、カリフォルニア大学デイビス校のメイナード・アメリン教授らが醸造技術や設備の改善を行ない、東ヨーロッパ随一のワイン生産国となった。2007年にEU加盟。ワイン法はEUのワイン法に基づいてP.D.O.、P.G.I.が設けられている。

バルカン半島 Balkan

ヨーロッパの東南部にある半島地域。トルコ、ブルガリア、ギリシャ、アルバニア、マケドニア、セルビア、モンテネグロ、クロアチア、ボスニア・ヘルツェゴビナなどの国を含むエリアを指す。古来から多様な民族が混在し、民族・宗教問題などから紛争が多く、「ヨーロッパの火薬庫」とも呼ばれる。

黒海 Black Sea

ヨーロッパとアジアの境界にある内海。ブルガリア、トルコ、ウクライナ、ルーマニア、ジョージア(旧グルジア)、ロシアが接している。水が黒っぽく見えることから黒い海という名がついたとされる。

ラキア Rakia

ブルガリアの蒸溜酒。ブドウの搾りかすを蒸溜してつくるほか、スモモなどブドウ以外の果物からもつくられる。アルコール度数は40度以上と定められている。

トラキア人　Thracia

古代の東ヨーロッパ周辺に住んでいた民族で現在のブルガリア人などの祖先とされる。

ヴィンプロム　VINPROM

ブルガリア酒類取扱公団のこと。国営企業として1947年に設立された。

........................産地........................

ドナウ平原／ダヌーブ・プレイン
Danube Plain

ブルガリア北部にある同国最大のワイン産地のひとつ。畑面積はブルガリア全体の3割を占める。カベルネソーヴィニヨン、メルロ、シャルドネなどの国際品種の他、土着品種のガムザ種も多く植えられている。

黒海沿岸　Black Sea

ブルガリア東部のワイン産地。リゾート地として人気があるが、昔からブドウ栽培が盛んな地域でもある。黒海のビーチリゾートと組み合わせたワインツーリズムにも力を入れている。

中央バルカン部／ローズ・ヴァレー
Rose Valley

ブルガリアのワイン産地。バラ（ダマスク・ローズ）の産地としても有名で、「バラの谷」と呼ばれる。

トラキアヴァレー
Thracian Valley

ブルガリア南部のワイン産地。東部がボルドー系品種で知られ、西部は古くからの有名なワイン産地である。南部はこれからの発展が期待されている。

ストゥルマ渓谷
Struma River Valley

ブルガリア南西部のワイン産地。赤品種の栽培に優れ、ブルガリアで最もポピュラーなメルニック種の産地としても有名。

ギリシャ

........................概要........................

ギリシャ　Greece / Grèce

紀元前2000年ころからワインが生産されているという、ヨーロッパのワイン生産国の中でも最も長い歴史を持つ国のひとつ。年間ワイン生産量は約330万hℓ。赤や白のスティルワインのほか、「レツィーナ（Retsina）」という松やに入りのフレーヴァード・ワインも有名。また、近年は新しい世代の生産者たちによって土着品種から洗練されたワインが生産され、国際市場で高い評価を受けるワインが誕生してきている。1981年にEU加盟。首都はアテネ。

アンフォラ　Amphora

陶器の壺の一種で、紀元前からワインだけではなくオイルや果実、穀物、オリーブ、魚など、生活必需品の貯蔵・運搬容器として使用されてきた。ほとんどが両側に持ち手がついて先がとがった形をしている。

松やに　Turpentine

松脂。しょうしともいう。マツ科の植物の天然樹脂。香料としての用途のほか、粘性があるので古来から封材としても使用されてきた。アンフォラの口を封じるために使われた松やにが偶然溶け込んでできたとされるものが、ギリシャのレツィーナである。

オリエント　Orient

「東洋」のこと。対義語は「西洋（Occident）」。もともとはギリシャを中心として東洋と西洋に分けられた。中東・アジア全域を指す場合もあれば、イスラム世界である中東を除いた東南アジアから極東アジアを指す場合もある。また「古代オリエント」というと古代文明が栄えた中東をイメージするといった具合に、状況や国による認識にばらつきがある。

シンポジア　Symposia

古代ギリシャ人の文化的な会合・饗宴のこと。そこで哲学を語り合い、ワインを楽しんだ。「シンポジウム」の語源。

エノホイ　Oenochooi

古代ギリシャのシンポジア（文化的な会合・饗宴）で、ワインをサービスした役割の者。ソムリエの原型。

ヴァシペトロ　Vathypetro

ギリシャ、クレタ島にある遺跡。古代エーゲ海文明であるミノア文明のミノス王朝期（紀元前16世紀ころ）の世界最古の足踏み式ブドウ破砕機が発見された。

ビザンチン帝国　Byzantine Empire

395年に東西に分割されたままになったローマ帝国の東方地域。1453年にオスマン・トルコによって滅ぼされた。東ローマ帝国やビザンツ帝国とも呼ばれるが、その名称は後世の人々が付けた呼び名で、れっきとしたローマ帝国の一部である。

ヴァージル／ヴェルギリウス　Virgil / Vergilius

古代ローマの偉大な詩人（紀元前70年〜紀元前19年）。「アエネイス」という叙事詩がとくに有名で、古代ラテン文学の最高傑作とされる。「ギリシャのブドウ品種を数えるよりも、海岸の砂を数えるほうが容易である」とギリシャのブドウ品種の多彩さを形容した。

レツィーナ　Retsina

ギリシャのフレーヴァード・ワイン。サヴァティアノ種からの果汁に松やにを加えて香りづけし、醸造される。ほとんどが白だが、ごくわずかにロゼもあり、ロゼのレツィーナは「コッキネリ」と呼ばれる。アンフォラの口を封じるために使われた松やにが偶然溶け込んでできたとされる。松やにはワイン1ℓ中に1〜5gくらい含まれている。

チプロ　Tsipouro

ギリシャを代表する蒸溜酒。ブドウの搾りかすを発酵・蒸溜して造られる。イタリアのグラッパなどと同様のかす取りブランデー。

ウゾ　Ouzo

ギリシャを代表するアニス系のリキュール。アニスやハーブなどをグレープ・スピリッツ（ブドウ原料の蒸溜酒）に浸漬後、蒸溜して造られる。水を加えると白濁する。

———————ワイン法———————

P.G.I.　ピー・ジー・アイ

Protected Geographical Indicationの略。EUにおけるI.G.P.のカテゴリー。ギリシャでは現在120のP.G.I.が認定されている。

P.D.O.　ピー・ディー・オー

Protected Designation of Originの略。EUにおけるA.O.P.のカテゴリー。ギリシャでは現在35のP.D.O.が認定されている。

···················· 産地 ····················

ギリシャ北部（マケドニア&トラキア）　Macedonia & Thrace

ギリシャの北部のワイン生産地方。マケドニアとトラキア地方に分かれる。このギリシャ北部を代表するワイン産地として、ナウサやアミンデオンがある。クシノマヴロ種からの赤やロゼ、スパークリングワインなどが有名。

ナウサ　Naoussa

北部ギリシャ地方を代表するワイン産地。1971年に最初の原産地呼称に認定された重要な産地。クシノマヴロ種からの赤ワインが有名。

アミンデオン　Amyndeon

北部ギリシャのワイン産地。最も標高が高い場所は650mにも達し、冬には冠雪も見られるギリシャで最も寒い地域。クシノマヴロ種のみを

用い、赤ワインやロゼ、スパークリングなどが
生産されている。

グーメニサ　Goumenissa
北部ギリシャのワイン産地。マケドニア平野の
北東部にあり、ソフトでフルーティーなワイン
を産み出す。

コート・ド・メリトン　Côtes de Meliton
北部ギリシャを代表する産地。ハルキディキ半
島の中央に位置し、ボルドー大学のエミール・
ペイノー教授のコンサルティングを受けたドメ
ーヌ・カラスによって創設され、発展した地域。

ジツァ　Zitsa
ギリシャ北部のワイン産地。ギリシャで最も標
高が高い。イピロス地方で唯一のP.D.O.。軽快
なスパークリングワインで知られる。

中央ギリシャ地方　Central Greece
ギリシャのワイン生産地方。広大な産地で、テ
ッサリアやアッティカなどを含む。レッツィー
ナで有名なアッティカはギリシャ最大の産地。
P.D.O.に認定されている産地としてラプサニ
やメセニコラ、アンヒアロスがある。

ラプサニ　Rapsani
中央ギリシャ地方を代表するワイン産地。オリ
ンポス山の麓から、クシノマヴロ種主体のワイ
ンで注目されている。

ペロポネソス半島　Peloponnese
ギリシャのワイン生産地方。ギリシャ本土の最
南端にあり、同国を代表する産地。P.D.O.に認
定されている産地としてネメアやマンティニ
ア、パトラスがある。

ネメア　Nemea
ギリシャ・ペロポネソス半島のワイン産地。ミ
ケーネの近くに位置し、ヘラクレスの生誕地と
される。アギオルギティコ種から俗に「ヘラク
レスの血」と呼ばれる赤ワインを造る。ギリシ
ャ最大の、単独品種から造る赤ワインのアペ

ラシオン。

イオニア諸島　Ionian Island
アドリア海の南にあり、ギリシャの西側の国境
を形成している。ケファロニア島、ザキントス
島などでワインが生産されている。

ケファロニア　Cephalonia
ギリシャ・イオニア諸島のワイン産地。ここで
生産される白ワインのロボラ・オブ・ケファロ
ニアはこの地域唯一の辛口ワイン。また、甘口
のマブロダフネ・オブ・ケファロニア、マスカ
ット・オブ・ケファロニアはP.D.O.に認定され
ている。

キクラデス諸島　Cyclades
ギリシャのワイン生産地方。200以上の島々か
らなる。とくに有名なワイン生産地としてはサ
ントリーニ島やパロス島などがある。

サントリーニ島　Santorini
ギリシャ、エーゲ海のキクラデス諸島にあるワ
イン産地。主要品種はアシルティコ種。火山性
土壌をベースにした砂地のためフィロキセラの
害がなく、接木をしていない古樹が残る。伝統
的な甘口ワインVinsanto(ヴィンサント)も有
名。強い風が吹くため、ブドウをKouloura(ク
ールラ)と呼ばれる独特の仕立て方で栽培して
いる。

クールラ　Kouloura
Curl(カール)ともいう。サントリーニ島の独特
のブドウ樹の仕立て方で、強い風からブドウを
守るため添え木をせず、鳥の巣のような形にし
て栽培する。

ヴィンサント　Vinsanto
ギリシャのサントリーニ島で造られる甘口ワイ
ン。ブドウを麦わらの上で天日干しして糖度を
高め、発酵後に樽で2年以上熟成する。本来
「サントリーニ島のワイン」という意味だった
が、イタリアでは音が似ていることから「聖な
るワイン」という意味になった。

179

サモス島　Samos

ギリシャ・東エーゲ海の島で、マスカット種か
らサモス・スイート、サモス・グラン・クリュ、
サモス・ネクター、サモス・ヴァン・ド・リキ
ュールといった甘口ワインが生産される。

ロードス島　Rhodos

ギリシャ・ドデカネーゼ諸島にあるワイン産
地。アシリ種から造られる白ワインと、マンデ
ィラリア種から造られる赤ワインの両方が

P.D.O. に認定されている。甘口のマスカット・
オブ・ロードスという P.D.O. もある。紀元前7
世紀ころはギリシャの中心的なワイン生産地だ
った。

クレタ島　Creta

ギリシャ最大の島。ペザ(Peza)、ダフネス
(Daphnes)、アルハネス(Archanes)など7つの
アペラシオンが P.D.O. に認定されている。

15……アメリカ

概要

アメリカ　United States of America

ワインの生産量は世界第4位。消費量は世界最大を誇る。現在、ほとんどの州でワインを生産しているが、重要な産地は、カリフォルニア州、ワシントン州、オレゴン州。カリフォルニア州が生産量の約90%を占める。カリフォルニア州でのワイン造りの開始は18世紀後半と、ヨーロッパに比べるとその歴史は圧倒的に浅く、いわゆる「ニューワールド」の代表国。また、世界のワイン市場における大消費国としての重要性も高く、生産・消費の両面で世界に大きな影響を与えるワイン大国である。

禁酒法　Prohibition Act

アメリカにおいてアルコール飲料の製造、販売、運搬、輸出入を禁止した法律。1920年に施行され、1933年に廃止された。禁酒支持が根強い地域では現在でも、酒類販売に対する規制が残されており、Dry County（ドライ・カウンティ）などと呼ばれている。

ワイン・インスティテュート
Wine Institute

禁酒法の廃止後、1934年にカリフォルニア州で設立されたワイン生産者組合で組織される協会。カリフォルニアワインの普及、啓蒙活動を目的とする。

UCデイヴィス　UC Davis

カリフォルニア大学デイヴィス校。1906年に設立、アメリカにおけるワイン研究の中心となっている。

パリ・テイスティング　Paris Tasting

1976年にフランス・パリでアメリカ建国200周年に合わせて開催された、フランスとカリフォルニア州の銘醸ワインを比較するブラインド・テイスティングのこと。白ワイン、赤ワインともに、フランスをおさえてカリフォルニア州ナパ・ヴァレーのワインが1位となり、国際的にカリフォルニアワインの品質の高さを証明することになった。「パリスの審判」とも呼ばれる。2006年にリターン・マッチが開催されたが、結果はまたカリフォルニアワインが上位を占めることになった。

ブティック・ワイナリー
Boutique Winery

少量・高品質のワイン造りを志向した小規模ワイナリーのこと。家族経営であることが多い。カリフォルニア州で使用され始めた言葉。

カルト・ワイン　Cult Wine

1980年代以降、栽培、醸造技術の発達とともに著名なワインコンサルタントやワインメーカーによりごく少量生産され、きわめて高価格で取り引きされているスーパープレミアムワインのカテゴリーのこと。ヘレン・ターリーによるマーカッシン（Marcassin）、ハイジ・バレットによるスクリーミング・イーグル（Screaming Eagle）、ハーラン・エステイト（Harlan Estate）、ダラ・ヴァレ（Dalla Valle）などが代表的。

パーカー・ポイント　Parker Point

「ワイン・アドヴォケイト」誌上で評論家ロバート・パーカーJr.が各ワインにつける100点満点方式の評価のこと。パーカー・ポイントのワイン業界に対する影響力は非常に大きく、その評価によってワインの価格に大きな影響を与え

るほどとなった。

·········· ワイン法 ··········

T.T.B.
Alcohol and Tobacco Tax and Trade Bureau
アルコール・タバコ課税および商業取引管理局。A.V.A.を管轄し、品質を管理している。

ワイン法
1978年制定。産地の区分け、ブドウ品種や収穫年のラベル表示などを規制し、アメリカワインの品質を管理している。アメリカのワイン法は地理的な制限が主で、ヨーロッパのワイン法のような品種や栽培、醸造方法などの細かい規制はない(表示規定は下記コラム参照)。

A.V.A. エー・ブイ・エー／アヴァ
American Viticultural Areas
米国政府認定ブドウ栽培地域。一定の地理的・気候的なブドウ栽培条件を持つとみなされるエリアの境界線を規定するもの。A.V.A.は大小さまざまで、複数の州やカウンティ(郡)にまたがっている場合も多い。

エステイト・ボトルド Estate Bottled
生産者元詰めワインのこと。ワイナリーとそのブドウ畑がすべて同じ栽培エリア内にあることが必要。ワイン用のブドウをそのワイナリーの所有、または管理するブドウ畑で栽培し、そのワイナリー内で圧搾、発酵、熟成、瓶詰までを連続したプロセスで行なっていること。

·········· ワインのタイプ ··········

ヴァラエタル Varietal
ブドウ品種名をラベルに表示したワイン。

プロプライアタリー・ワイン
Proprietary Wine
ワイナリー独自のブランド名を冠したワイン。商標ワインともいう。

メリテージ Meritage
フランス・ボルドー地方原産の品種をブレンドしたボルドータイプの高品質な赤、白ワイン。**ボルドー・ブレンド**ともいう。

セミ・ジェネリック Semi Generic
ニューワールドで一般的だった、ヨーロッパの

アメリカワインの表示規定

●国名・州名・カウンティ(郡)名を表示する場合は、表示された産地で収穫されたブドウを75%以上(ただしカリフォルニア州では100%、オレゴン州では95%以上)使用しなくてはならない。●マルチ・ステート・アペレーション：境界内でつながっている3州まで表示可。州内で栽培されたブドウを100%使用、各州のブドウの比率をラベルに記載。●マルチ・カウンティ・アペレーション：同一州にある連続した3カウンティまでの表示可。カウンティ内で栽培されたブドウを100%使用、各カウンティのブドウ比率をラベルに記載。●A.V.A.表示はA.V.A.内産ブドウを85%

以上使用。●畑名表示は同一畑産95%以上。●ブドウ品種表示する場合は75%以上。●国名、カウンティ名、州名記載のワインでヴィンテージを表示する場合は、その年に収穫されたブドウを85%以上(A.V.A.名表示のワインは95%以上)使用が義務づけられている。

*

また、アルコール度数は以下のように規定されている(それぞれ±1.5%の許容範囲内許可)。●テーブルワインは7%以上～14%未満(14%を超える場合はその旨を明示)。●デザートワインは酒精強化により14%以上24%未満のもの。

有名産地名をタイプ名として借用したワインの名称。たとえば「カリフォルニア・シャブリ」とは「シャブリ産ワイン」ではなく、カリフォルニアで造られた「シャブリ風ワイン」のこと。シャブリは本来シャルドネ100%で造るが、シャルドネを使用するどころか“辛口の白”程度の意味で使われていた。このように誤った認識を与える恐れがあるため、現在この名称はEUとの協定で駆逐されつつある。オレゴン州ではワインにセミ・ジェネリック名称を使用することを認めていない。

アメリン&ウィンクラー博士による
ワイン産地の気候区分
Amerine & Winkler Scale

1944年にUCデイヴィス校のメイナード・アメリン教授とアルバート・ウィンクラー教授の2名が発表した、積算温度(Degree Days)による気候区分。積算温度とは、ブドウの生育期間である4月1日〜10月31日までの214日間で、一日の平均気温が50℉(＝10℃)を上まわった日のその温度差の和で表される。冷涼な順に、リージョン(Region)ⅠからリージョンⅤまでの5段階に分類されている。

産地

········ カリフォルニア州 ········

カリフォルニア州　California

アメリカワインの生産量の約90%を占める主要生産地。世界の巨大ブランドが多く造られている一方で、高品質なワインの生産に特化した小規模のブティック・ワイナリーが存在する。降水量は平均的だが、ブドウの成育期間に降水が少なく、理想的な成熟に達するまで待ってブドウを収穫できる。一方で点滴灌漑が広く行なわれている。多様な微気候(マイクロ・クライメ

ット)が存在し、温暖な気候に向くブドウ品種から、冷涼な産地で向くものまで、多様性のある産地として認められている。

ノース・コースト A.V.A.
North Coast A.V.A.

サンフランシスコ湾以北に広がるカリフォルニア州で最も主要なワイン産地。ナパ(Napa)カウンティとソノマ(Sonoma)カウンティが名産地としてとくに有名。ナパ・カウンティにはナパ・ヴァレー(Napa Valley)、スタッグス・リープ・ディストリクト(Stags Leap District)、オークヴィル(Oakville)、セント・ヘレナ(Saint Helena)、ラザフォード(Rutherford)、ロス・カーネロス／カーネロス(Los Carneros / Carneros、ナパとソノマにまたがるA.V.A.)が、ソノマ・カウンティにはアレキサンダー・ヴァレー(Alexander Valley)、ドライ・クリーク・ヴァレー(Dry Creek Valley)、ロシアン・リヴァー・ヴァレー(Russian River Valley)、ソノマ・コースト(Sonoma Coast)などのA.V.A.がある。

セントラル・コースト A.V.A.
Central Coast A.V.A.

サンフランシスコ・カウンティ南部からロサンゼルスに近いサンタ・バーバラまでの南北約400km、東西約40kmに位置する10のカウンティを包括する広大な太平洋沿岸中部地域。寒流のカリフォルニア海流の影響で沿岸部は冷涼、内陸は乾燥した温暖な気候。

シエラ・フットヒルズ A.V.A.
Sierra Foothills A.V.A.

シエラ・ネヴァダ山脈の西側斜面の裾野に広がる地域。平均気温はやや高いが、標高の高い地域は冷涼。100年を超える樹齢のジンファンデル種の産地として知られ、この地域のA.V.A.ではジンファンデル種が代表的なブドウ品種。

セントラル・ヴァレー　Central Valley

海岸山脈とシエラ・ネヴァダ山脈の中央に位置する、州中央部の内陸部に南北に広がるカリフォルニア最大のワイン産地。大手ワイナリーに

Ⅱ

15

アメリカ

183

よる日常消費用大型ブランドワインの生産地。ローダイ(Lodi)A.V.A.は州内でも最古で最良のジンファンデル種の栽培地。

サウス・コースト A.V.A.
South Coast A.V.A.
州南部のロサンゼルス・カウンティから南を包括する太平洋沿岸地域。最もワイン造りの歴史が古く、日常テーブルワインの生産地。

.... その他の州 ....

ワシントン州　Washington
ワシントン州はワイン造りの歴史は短いが急速に成長している産地。栽培地の大半は、カスケード山脈の東側、内陸中央部に広がるコロンビア・ヴァレー地域にある。カスケード山脈が雨陰となり、コロンビア・ヴァレーは寒暖差が大きく乾燥した大陸性気候で、灌漑が必要である。砂質土壌と乾燥した環境下ではフィロキセラが生息できず、ほとんどのブドウの樹は自根栽培。ワシントン州最大のA.V.A.は**コロンビア・ヴァレー(Columbia Valley)**、最初に認可された**ヤキマ・ヴァレー(Yakima Valley)**A.V.A.、そしてオレゴン州にまたがる**ワラ・ワラ・ヴァレー(Walla Walla Valley)**A.V.A.。唯一カスケード山脈の西側に位置する**ピュージェット・サウンド(Puget Sound)**A.V.A.がある。また、2016年**ルイス・クラーク・ヴァレー(Lewis-Clark Valley)**A.V.A.が新しく承認された。このA.V.A.はワシントン州とアイダホ州にまたがっており、総面積の72%はアイダホ州側。主に赤ワイン用ブドウ品種が栽培されている。

オレゴン州　Oregon
1979年パリで行なわれたピノ・ノワールのブラインド・テイスティングにおいて世界で認められて以来、オレゴンはピノ・ノワールの産地として脚光を浴びている。カスケード山脈の西側に位置し、海岸山脈越しに太平洋からの冷却効果の影響を受ける。現在では栽培面積の約60%をピノ・ノワールが占める。ピノ・グリ種

で造られる白ワインも有名。小規模な生産者が多い。品質管理が全米一厳しく、品種表示の含有量が高く(90%以上)、セミ・ジェネリックのワイン名使用を禁止している。オレゴン州最大のA.V.A.は**ウィラメット・ヴァレー(Willamette Valley)**。

ニューヨーク州　New York
アメリカ北東部、東はロングアイランドから西はペンシルヴェニア州まで、東西800kmにおよぶ産地。冷涼な大陸性気候の内陸部と、大西洋に面した海洋性気候のロング・アイランドに分かれる。栽培されるブドウは①アメリカ原産品種(ヴィティス・ラブルスカ)やその交配品種、②ヴィニフェラ系とラブルスカ系の交配品種であるフレンチ・ハイブリッド、③ヴィティス・ヴィニフェラ、の大きく3つのスタイルがある。ニューヨーク州最大のA.V.A.は内陸部の**フィンガー・レイクス(Finger Lakes)**で、近年はリースリングなどヴィニフェラ系の品種が植えられ、高品質ワインの生産拠点になっている。**ロング・アイランド(Long Island)**A.V.A.でもヴィニフェラ系ブドウの評価が高まっている。

ヴァージニア州　Virginia
アメリカ東部、大西洋岸の南部に位置する。カリフォルニア州、ワシントン州、オレゴン州、ニューヨーク州に次いで第5位の生産量を誇る。ワイン愛好家としても知られている第3代大統領トーマス・ジェファーソンの出身地でもある。ワシントンDCの西約80kmに位置する**ミドルバーグ・ヴァージニア(Middleburg Virginia)**A.V.A.をはじめ、合計7つのA.V.A.がある。ワインツーリズムも発展している。

16⋯⋯カナダ

概要

カナダ　Canada

カナダのワイン造りは1811年、**ジョン・シラー**がオンタリオ州で始めたのが最初である。1980年代頃まではヴィティス・ラブルスカ種とヴィニフェラ種の交配種を使った甘口ワイン造りが主流であった。ノバ・スコシア（ノヴァ・スコティア、Nova Scotia）州、ケベック（Quebec）州、オンタリオ州、ブリティッシュ・コロンビア州の4州と、最近ではニュー・ブランズウィック（New Brunswick）州、プリンス・エドワード・アイランド（Prince Edward Island）州でもワイン生産が始まっている。おもな産地はオンタリオ州とブリティッシュ・コロンビア州。近年では近代醸造技術を駆使し、ヴィティス・ヴィニフェラ種による国際水準のワインが生産されるようになる。耐寒性のあるヴィダル（Vidal）種（正確にはヴィダル・ブラン種、ヴィダル256種と呼ばれるユニ・ブラン種×セイベル4986種の交配種）によるアイスワイン醸造が盛ん。

⋯⋯⋯⋯⋯ワイン法⋯⋯⋯⋯⋯

V.Q.A.　ヴィ・キュー・エー

Vintners Quality Allianceの略。ブドウ醸造業者資格同盟制度。1988年カナダ最大の産地オンタリオ州でも導入、1990年にはブリティッシュ・コロンビア州でも導入された。ラベル表記に関するV.Q.A.の規定には以下の6つの項目がある。①原産州表示：100%州産ブドウ使用、②特定栽培地域（D.V.A.）の表示：オンタリオ州では該当する地域のブドウを85%（州内ナイアガ

ラ・ペニンシュラのサブ・アペレーションを名乗るワインの場合は100%）、ブリティッシュ・コロンビア州では95%使用（残りのブレンドするブドウも同州産であること）、③ブドウ畑表示：100%該当する畑産のブドウ使用、④収穫年表示：オンタリオ州、ブリティッシュ・コロンビア州ともに85%以上使用、⑤品種名表示：ラベルに明記されたブドウを85%以上使用、⑥その他：**エステート・ボトルド**（Estate Bottled）と明記するためには、ワイナリー所有畑のブドウのみを使用。その使用するブドウは収穫時に、最低限の糖分含有量に達していること。

D.V.A.　ディー・ヴイ・エー

Designated Viticultural Areasの略。特定栽培地域のこと。優良ワイン用ブドウを産出する地域として、現在オンタリオ州で3ヵ所、ブリティッシュ・コロンビア州で5ヵ所の計8ヵ所がD.V.A.に指定されている。

産地

オンタリオ州　Ontario

カナダ南東部に位置するカナダ最大のブドウ栽培地域。ナイアガラ・ペニンシュラ（Niagara Peninsula）、**レイク・エリー・ノースショア**（**Lake Erie North Shore**）、**プリンス・エドワード・カウンティ**（**Prince Edward County**）の3ヵ所のD.V.A.がある。

ナイアガラ・ペニンシュラ
Niagara Peninsula

オンタリオ州の最大の生産地。オンタリオ湖の南岸に位置、湖からの風が傾斜台地の壁にぶつかって独特な流れを形成、ブドウ栽培に最適な気候をもたらしている。リースリング、シャルドネ、ピノ・ノワールが栽培されている。リースリングやヴィダル種によるアイスワインの生産も盛ん。

ブリティッシュ・コロンビア州
British Columbia

カナダ最西端に位置する州。内陸性気候。D.V.A.はオカナガン・ヴァレー(Okanagan Valley)、**シミルカミーン・ヴァレー(Similkameen Valley)**、**フレーザー・ヴァレー(Fraser Valley)**、**バンクーバー・アイランド**(Vancouver Island)、**ガ**

ルフ・アイランズ(Gulf Islands)の5ヵ所。同州の85%以上を生産する最大のワイン産地オカナガン・ヴァレー A.V.A.は南北160kmに渡って広がり、異なる地域の特徴を有するため5つのサブ・リージョンに分割されている。そのうち、ゴールデン・マイル(Golden Mile)が初のGIとして承認された。

オカナガン・ヴァレー
Okanagan Valley

ブリティッシュ・コロンビア州のワイン生産量のうち、85%以上を占める最大の産地。南北160kmに谷に沿って細長く延びる。北部はフランス系やドイツ系の白ブドウ、南部は黒ブドウの国際品種が栽培されている。リースリングやヴィダル種によるアイスワインの生産も行なっている。

17 … 南半球

オーストラリア

························ 概要 ························

オーストラリア　Australia
世界で面積が6番目に大きい国、一番大きな島国であるオーストラリアのワインの生産量は1,191万1,930hℓ（2015年）で、そのうち輸出が6割を占める。輸出量では世界で4番目。産地は、国土の南半分に相当する南緯31度から43度の間に位置している。第二次世界大戦まではイギリス向けにシェリーやポルト風の酒精強化ワインやブランデーの生産が盛んだったが、20世紀後半に品質の大変革を遂げ、近年では、総生産量の約99%がテーブルワインである。生産者の自由な発想からユニークな品種のブレンド、産地間のブレンドなども盛んだったが、地質的に非常に多様な土壌、各産地の気候に適したブドウ品種の特徴を生かした、より高品質なワイン造りにシフトする傾向にある。

アーサー・フィリップ　Arthur Phillip
イギリスの海軍大佐（1738〜1814年）。1788年、オーストラリアに初めてブドウ樹を持ちこんだ人物。航海の途中寄港したリオデジャネイロやケープタウンでブドウの苗木を積み込ませ、入植後すぐにシドニーのファーム・コーブで栽培を開始。しかし多湿と砂地の土壌はブドウ栽培に適さなかったため、1791年にシドニー西方のパラマッタ川沿いに1haのブドウ園を設立。4年後にオーストラリアワインの第1号が生まれたとされる。

ジェームズ・バズビー　James Busby
英国移民。ブドウ栽培の研究・指導にあたる。1825年、ニュー・サウス・ウェールズ州ハンター・ヴァレーに本格的なブドウ園を開設。1831年、「王立シドニー植物園」に植樹。ブドウ栽培の礎を築き、「オーストラリアのワイン用ブドウ栽培の父」と呼ばれる。のちにニュージーランドに渡り、同国初めてとなるワインを造った。

マルチ・リージョナル・ブレンド
複数の地域や区画のブドウをブレンドする手法。収穫年による品質のばらつきを少なくし、テロワールよりもハウススタイルを重視する考え方。安価な量販品だけでなくペンフォールズ社のグランジ（Grange）のような最高級のものまでがこの方法を採用している。**マルチ・ディストリクト・ブレンド**」とも呼ばれる。

ビッグ5
1990年代のオーストラリアワイン産業を牽引していた5社。①「ペンフォールズ」「ウィンズ・クナワラ・エステート」など多数の有力ワイナリーを所有する「サウスコープ」社、②ビールメーカー「フォスターズ」の子会社で「ウルフ・ブラス」「ミルダラ」などを持つ「ミルダラ・ブラス」社、③「BRLハーディ」社、④フランスの「ペルノ・リカール」社が所有し「ジェイコブス・クリーク」の英国輸出を成功させていた「オーランド・ウィンダム」社、⑤米国への輸出で成功していた「ローズマウント」社の5社。2000年以降は業界再編が進み、グループや社名は変わっているものもある。

BYO　ビー・ワイ・オー
Bring Your Ownの略で、レストランへのワインの持ち込みのこと。アルコール販売の免許を

持たない飲食店がサービスの一環として始めた。現在では免許の有無にかかわらず広く国内外に広がっている。

WAC　ダブリュー・エー・シー
ワインオーストラリア公社

オーストラリアワインの品質を高め、国際市場における評価を向上させるために、オーストラリア連邦政府管轄のもと1929年に設立された。種々の規定を定めている。旧オーストラリア・ワイン・ブランデー公社。

AGWA　エー・ジー・ダブリュ・エー
オーストラリア・ブドウ・ワイン管理局

Australian Grape and Wine Authorityの略。ワインオーストラリア公社とワインの研究開発行政機関である「オーストラリア・ブドウ・ワイン研究開発公社(GWRDC)」が2014年に合併してできた新組織。

テラ・ロッサ　Terra Rossa

鉄分を含んだ赤い表土と白い石灰岩質土壌。クナワラ、ライムストーン・コーストなどにみられる。イタリア語で「赤い土」の意味。

ジュラシック・ドレライト
Jurassic Dolerite

ジュラ紀の粗粒玄武岩。水はけがよい。タスマニアに見られる。

アペラ　Apera

オーストラリアにおけるシェリータイプの名称。2010年からヨーロッパの有名ワイン産地名をつけるジェネリック表示が国内販売でも禁止され、この名称になった。

フォーティファイド　Fortified

オーストラリアにおけるポートタイプの名称。ジェネリック表示が2010年から国内販売でも禁止されるようになり、この名称となった。カテゴリーは「ヴィンテージ」「トウニー」の2種類がある。

トパーク　Topaque

オーストラリアにおけるマスカット種とミュスカデル種の酒精強化ワインの名称。かつてはリキュール・トカイと呼ばれていたが、ジェネリック表示が国内販売でも禁止されるようになったため、この名称となった。「ラザグレン」「クラシック」「グランド」「レア」の4等級に分かれている。

──────ワイン法──────

ヴァラエタル・ブレンド
Varietal Blend

オーストラリア独自の分類で、上質ブドウ品種のブレンドワイン。使用品種を比率の多い順にラベルに表示する。

「テーブルワイン」2つの意味

ヨーロッパとアメリカなどでは意味が異なるので注意が必要だ。ヨーロッパなどの伝統的ワイン生産国においては、「テーブルワイン」は「いつもテーブルにあるワイン」の意味で低価格でカジュアルなワインを指し、各国のワイン法上では最下位の日常消費用ワインの名称に使用される。

一方、アメリカやオーストラリアなどでは20世紀前半までフォーティファイド・ワインが一般に「ワイン」として飲まれていた。そのため、「テーブルワイン」は第二次世界大戦後急速に普及してきたスティルワインをフォーティファイド・ワインと区別するための言葉として用いられ、「テーブルで食事とともに飲まれるワイン」の意味で、高級ワインを含むスティルワイン全般を指す言葉となっている。

G.I. ジー・アイ

オーストラリアワインにおける地理的呼称制度。ジオグラフィカル・インディケーションズ（Geographical Indications）の略。産地名の保護と表示の信憑性を確保し、消費者の権利を保護するために1993年に導入された。州（State）、地域（Zone）、地区（Region）、小地区＝サブ・リージョン（Sub-region）まで、114ヵ所定められている。

産地

――西オーストラリア州――

西オーストラリア州／ウェスタン・オーストラリア
Western Australia

生産量はオーストラリア全体のわずか3％程度に過ぎないが、ファインワインの生産地としてトップクラスに位置づけられている。最も代表的な産地はマーガレット・リヴァー。

スワン・ディストリクト　Swan District

西オーストラリア州のワイン発祥の地。とくにスワン・ヴァレー（Swan Valley）という小地区が最初の産地。温暖な地中海性気候。**フリーマントルドクター**と呼ばれる海風により暑さが和らげられている。

パース・ヒルズ　Perth Hills

パース近郊に位置する。四方に広がる谷間にワイナリーが点在している。

マーガレット・リヴァー
Margaret River

カベルネ・ソーヴィニヨンとシャルドネで知られる西オーストラリア最有力のファインワイン産地。**ジョン・グラッドストーン博士（Dr.John Gladstone）** の研究でこの地の気候がボルドーに似ていると指摘され、科学的裏づけの下に産地形成が発展したが、土地の雰囲気やワインのスタイルはボルドーよりもアメリカ・ナパやイタリア・トスカーナ州産の「ボルゲリ」を連想させる。ワイナリー数は200超。多くのワイナリーが**セラードア（試飲直売所）** を持ち、レストランを併設している。

グレート・サザン　Great Southern

南北150km、東西100kmと並はずれて広大で、多様なテロワールを擁する地域。アルバニー（Albany）、デンマーク（Denmark）、フランクランド・リヴァー（Frankland River）、マウント・バーカー（Mount Barker）、ポロングラップ（Porongurup）の小地区がある。

ピール　Peel

ピール・エステート（Peel Estate）のウィル・ネイリン（Will Nairn）が1975年に植えたシラーズ種からワイン産業が始まった。主な品種はシュナン・ブラン種、シャルドネ、シラーズ種。

ジオグラフ　Geographe

ユーカリの森林や自生する灌木、花々の美しい地域。優れたシラーズ種を産する。

ブラックウッド・ヴァレー
Blackwood Valley

マーガレット・リヴァーから内陸に入った産地。寒暖差のある大陸性気候。

マンジマップ　Manjimup

ユーカリの森林の周辺部の産地。マンジマップの街を中心に4つの小さな栽培地区（非公式）に分かれている。

ペムバートン　Pemberton

ユーカリの森林の周辺部の産地。商業的なブドウ栽培が始まったのは1982年からである。シャルドネとピノ・ノワールで有名。

——南オーストラリア州——

南オーストラリア州／
サウス・オーストラリア
South Australia

オーストラリアの州名であり、同国最大のワイン生産地帯。最初の移民が入植した1836年ころからブドウ栽培は盛んに行なわれている。多様な栽培環境を持ち、ブドウの品質も高いことから州内であらゆる種類の高級ワインを見つけることができる。オーストラリアワインの生産量の大半を担う。現在もフィロキセラから完全に守られ、自根のブドウ樹も多数存在する。

マウント・ロフティー・レンジズ
Mount Lofty Ranges

カンガルー・アイランドからアデレード周域に続く山地。アデレード周域の6産地(バロッサ・ヴァレー、イーデン・ヴァレー、アデレード・ヒルズ、クレア・ヴァレー、マクラーレン・ヴェイル、ラングホーン・クリーク)はこの山地の上に位置するのか山裾に位置するのかなどで、気候や土壌に違いや共通点が見られる。

バロッサ・ヴァレー　Barossa Valley

「**シラーズの首都**」と言われることもある南オーストラリア州で最も有名な地区。ワイン産業を支える主要な大手ワイナリーが本社醸造設備を構えるほか、150以上のワイナリーがある。1世紀に渡る長寿のブドウ樹や、歴史的なワイナリーなど、価値のあるものが存在する。なかでも「**ラングメイル・ワイナリー Langmeil Winery**」が所有する1843年植栽のシラーズ種がオーストラリア最古のワイン用ブドウ樹として有名である。食文化はドイツ・シレジア地方移民の影響が色濃く残る。

バロッサ　Barossa

イーデン・ヴァレーと合わせたG.I.。ラベルに単に「バロッサ」とだけ書かれている場合はバロッサ・ヴァレーとイーデン・ヴァレー両方のブドウが使われている場合が多い。バロッサ・ヴァレーとイーデン・ヴァレーは「バロッサ・レンジ」という標高差150～200mの断崖で隔てられている。

イーデン・ヴァレー　Eden Valley

冷涼な気候でリースリングに向く地区。バロッサ・ヴァレーと同じく長い歴史を持つ。ハイ・イーデン(High Eden)という名のサブ・リージョンのほか、いくつか非公式の小地区もある。ヘンチキのヒル・オブ・グレイス、マウント・エデルストーンのシラーズ種、マウントアダムのシャルドネの畑なども有名である。

アデレード・ヒルズ　Adelaide Hills

高級スティルワインと発泡性ワインの生産において重要度の高い地区。ワイナリー数は90超を数え、レストランを併設するところが多く、都市部から週末に多数の観光客が訪れる。ナチュラルワイン・ムーヴメントを牽引する小規模生産者が多数登場し、話題性も高い。**レンズウッド**(Lenswood)、**ピカデリー・ヴァレー**(Piccadilly Valley)という小地区がある。

クレア・ヴァレー　Clare Valley

オーストラリアでは最上級のリースリングの産地。海から50km以上離れており海の影響をほとんど受けない大陸性気候。産地内のリースリングが地区によって味わいが違うことが判明、土壌や母岩の違いを突き止めて販売に活かそうという活動が「**クレア・ヴァレー・ロックス**(Clare Valley Rocks)」の名で広がっている。**ウォーターヴェイル**(Watervale)、**ポリッシュ・ヒル・リヴァー**(Polish Hill River)は非公式ながら同品種の有力地区として名高い。また、実際の栽培面積は黒ブドウの比率が65％と高く、シラーズ種が高く評価されている。

マクラーレン・ヴェイル
McLaren Vale

1838年にジョン・レイネルがシャトー・レイネラ Ch.Reynellaを起こしたのが産地の始まり。50～200mと標高の低い平坦地に大部分のブドウ畑が広がっている。シラーズ種、カベルネ・ソーヴィニヨン、グルナッシュ種などの赤ワイ

ンの生産が大部分を占める。近年はヴェルメンティーノ種、フィアーノ種、サンジョヴェーゼ種、テンプラニーリョ種などイタリア、スペイン系の品種が増えている。

ラングホーン・クリーク
Langhorne Creek

6,000haの栽培面積があり、大手ワイナリーにとっては品質の高い黒ブドウを比較的手ごろな価格で大量に得られるとして重要な産地。樹齢50年以上のカベルネ・ソーヴィニヨンが多く残っている。

ライムストーン・コースト
Limestone Coast

ヴィクトリア州との州境から南端のマウント・ガンビア、インド洋に接する海岸線を繋ぐ南東域一帯の包括的G.I.。クナワラ、パッドサウェー、ラットンブリー、ローブ、マウント・ベンソン、マウント・ガンビアが含まれる。

クナワラ　Coonawarra

テラ・ロッサ(Terra rossa)と呼ばれる赤土の表土とその下の石灰岩質のコンビネーション土壌と、ボルドーと似た気候から、主にカベルネ・ソーヴィニヨンを主体とした上質な赤ワインを生産している地区。1890年にスコットランド人**ジョン・リドック**(John Riddoch)が最初のブドウを植え、**ペノーラ**(Penola)という土地を開拓した。

パッドサウェー　Padthaway

かつては**ケポック**(Keppoch)と呼ばれていた地区。大手ワイナリーが多く量産ワインのイメージが強かったが、近年品質の向上が著しい。気候の統計からは赤ワインの生産に向いていると推測され、クナワラの代替地として期待されていたが、実際には白ワインの品質が向上し、白ワイン生産に注力している。

ラットンブリー　Wrattonbully

クナワラとパッドサウェーの間にある新興のブドウ栽培地。質量ともに今後の向上が期待され

ている。

マウント・ベンソン　Mount Benson

海沿いの冷涼産地。主にカベルネ・ソーヴィニヨンが栽培されている。

ローブ　Robe

2006年にG.I.指定。マウント・ベンソンのすぐ南に位置する。将来を大いに期待されている。

マウント・ガンビア　Mount Gambier

ライムストーン・コースト最南端の小さな冷涼産地。2010年にG.I.に指定された。

カンガルー・アイランド
Kangaroo Island

オーストラリアで3番目に大きい島。南極から直接吹き寄せる風の影響を受ける。ベト病やボトリティスなどのカビ病が比較的発生しやすいことに加え、鳥の被害も問題視されている。

リヴァーランド　Riverland

南オーストラリア州の60%のブドウ(オーストラリア全体の30%に相当)を生産する地区。生産量の多さで知られていたが、近年の気候変動による干ばつの頻発で灌漑用水が高騰、チリなど他国との厳しい価格競争にさらされている。

——————ヴィクトリア州——————

ヴィクトリア州　Victoria

1860年代、イギリス向けの輸出量が国内最多であったため「John Bull's Vineyards(イギリス国民のブドウ畑)」と呼ばれていた州。過去30年間で同州のワイン産業は見事な発展を遂げ、現在は16地区で400軒以上のワイナリーが操業。品種、並びにスタイルもさまざまだが、冷涼産地の美点を追求したワイン造りがとくに際立って見受けられる。

ヤラ・ヴァレー　Yarra Valley

オーストラリアの最高級ピノ・ノワールを産することでも知られる、ヴィクトリア州を代表す

II

17

南半球 ― オーストラリア

191

る産地。他の品種の品質も総じて高水準である。スパークリングワイン造りの重要な拠点でもある。オーストラリアの他の産地同様に変化に富んだ地形であり、同国で最も急な斜面のブドウ畑もある。

モーニントン・ペニンシュラ
Mornington Peninsula
冷涼な気候で、シャルドネ、ピノ・ノワールの重要な産地。小規模生産者が多く、個性的なワイン造りが多く見られる。

ジーロング　Geelong
海洋性気候の影響を受けるために気温は低く、日照時間が長く乾燥した冷涼な気候。シャルドネとピノ・ノワールの成熟に最適とされる地区。

ゴールバーン・ヴァレー
Goulburn Valley
歴史的なワイナリーであるタビルク(Tahbilk)、ミッチェルトン(Mitchelton)がある地区。シラーズ種で有名だが、マルサンヌ種の生産でも知られている。1860年代に植えられたブドウの木から今でも毎年何百ケースものワインが造られている。

ピラニーズ　Pyrenees
カベルネ・ソーヴィニョンとシラーズ種の重要な生産地として発展してきたが、現在は白ワインやスパークリングワインの生産も盛ん。

ビーチワース　Beechworth
1851年代に金鉱として発見されたのをきっかけに発展し、1980年代から本格的にワイナリーが設立され始めた。花崗岩質土壌が中心。個性的な生産者が集まっている。

ベンディゴ　Bendigo
郊外の緩やかに起伏した土地。土壌は酸性で肥沃度が低いため、シラーズ種やカベルネ・ソーヴィニョンの芳醇な赤ワインを産出する。

マセドン・レンジズ　Macedon Ranges
非常に痩せた山の土壌のため生産量は少ないものの、上質なスパークリングワインを生産する地区。

ヒースコート　Heathcote
南北を貫く山脈の影響で冷涼な東風が吹き、ブドウの発育期に涼しくなるのが特徴。複数の有力生産者がこの地で育つ深紫色のブラックフルーツの香味を持つブドウに惹かれ、高級なシラーズ種を生産したことで評価が高まった。

キング・ヴァレー　King Valley
オーストラリア国内最高の標高800mに畑がある地区。良質なスパークリングワインを造るのに理想的といわれている。また、多岐に渡る品種が大量に生産され、国内各地に原料として供給されている。

ラザグレン　Rutherglen
マスカット種とミュスカデル種の酒精強化ワインの産地として有名である。完全な大陸性気候で夏は非常に暑いが、夜は涼しくなる。シラーズ種やデュリフ種から造られる赤ワインも評判が高い。

グランピアンズ　Grampians
シラーズ種の栽培に適している。公式の小地区に**グレート・ウェスタン**(Great Western)がある。オーストラリア大分水嶺の裾野に位置する場所は標高差がある。

ヘンティー　Henty
オーストラリア大陸で最も冷涼なワイン産地。スパークリングワインと繊細な香りのするスティルワインを生産している。羊毛業で有名な農業地。

アルパイン・ヴァレーズ
Alpine Valleys
分岐した川からできた4つの谷からなる地域。丘陵地の風通しのよいところにブドウ畑があり、霜の被害を最小限に抑えている。

マレー・ダーリング　Murray Darling

州の東西にまたがる広大な産地。量産型ワイン用のブドウ供給地として重要な地域。

----- ニュー・サウス・ -----
ウェールズ州

ニュー・サウス・ウェールズ州
New South Wales

オーストラリアのワイン産業の起源である州。1790年代にシドニー周辺でブドウ栽培が始まり、1820年代にハンター・ヴァレー（Hunter Valley）に広がった。長らく重要なワイン産地として君臨してきたが、90年代以降大手ワイナリーが拠点を南オーストラリア州に移転したことで産地としての位置づけが変わり、現在は個性的な中小ワイナリーの存在感が増している。

ハンター　Hunter

ハンター・リヴァーを中心に、**ハンター・ヴァレー**（Hunter Valley）に広がる地区。**ローワー・ハンター**（Lower Hunter）と**アッパー・ハンター**（Upper Hunter）の2地域に分かれている。オーストラリアのワイン産業の発祥の地で、テーブルワインの生産に全面的に乗り出した最初の地域のひとつでもある。代表品種はセミヨン種で、辛口に仕上げるスタイルが伝統的。「ハンター・セミヨン」と呼ばれて親しまれている。

カウラ　Cowra

白ワインの生産に適した産地。1973年にカウラ・エステート社（Cowra Estate）が最初にブドウを植えてから大きく発展した。手ごろな価格で香味のしっかりしたシャルドネが特産。

マジー　Mudgee

原住民アボリジニの言葉で「丘のある巣」という意味。ブドウ栽培の歴史は1858年まで遡る。昼夜の寒暖差が大きく、晴天の多い夏と秋のおかげで果実が樹に実っている時間が長く、どの品種も適熟期まで収穫を待つことができる。収穫はハンター・ヴァレーより4週間遅い。

オレンジ　Orange

600〜900mという高い標高による冷涼さを持ちながら、雨量が少なく日照量が豊富なためさまざまな品種の栽培が可能な地域。

キャンベラ・ディストリクト
Canberra District

キャンベラはオーストラリアの首都。ブドウ畑はオーストラリア首都特別地域（ACT）の周辺に点在している。

ヘイスティングズ・リヴァー
Hastings River

カビ病に強いフランスの交配品種シャンブリセン（Chambourcin）種の栽培が盛んである。

タンバランバ　Tumbarumba

シャルドネとピノ・ノワールが生産量の75%を占める地区。標高が高く、きわめて冷涼で高品質なスパークリングワイン造りに使用されている。

リヴァリーナ　Riverina

量産型ワイン向けのブドウ供給地として重要な地域。非公式の小地区**グリフィス**（Griffith）と**リートン**（Leeton）では、セミヨン種で造る貴腐ワインや遅摘みのヴァラエタルワインも生産されている。

--------- タスマニア州 ---------

タスマニア州　Tasmania

1970年代半ばから注目され始めた州。オーストラリア南東の島である。冷涼な気候でピノ・ノワール、シャルドネ、リースリングが主流。ゲヴュルツトラミネール種、ピノ・グリ種の重要度も高まっている。大手ワイナリーのスパークリングワインの原料供給地としても重要とされている。島内最大の産地**テイマー・ヴァレー**（Tamer Valley）、スパークリングワイン生産者の拠点**パイパーズ・リヴァー**（Pipers River）、とくに冷涼な**コール・リヴァー**（Coal River）と**ダーウェント・ヴァレー**（Derwent Valley）、島内

II

17

南半球 ｜ オーストラリア

193

としては骨格のしっかりしたピノ・ノワールを
生む**イースト・コースト**（East Coast）などの重
要産地があるが、G.I.の取得には至っていない。
ワイナリー数は160軒ほど、5軒ほどの中規模
ワイナリー以外は個人による小さな「ドメー
ヌ」的生産者ばかりである。

——クイーンズランド州——

クイーンズランド州　Queensland
長く量産型ワイン用ブドウの供給地であった
が、近年高級ワインのブドウ栽培において急成
長を遂げている。

グラニット・ベルト　Granite Belt
かつてはイタリア人によって築かれた生食用
ブドウの産地だった。1965年に初めてシラーズ種
が植えられ、90年代後半からシャルドネ、セミ
ヨン種、シラーズ種、カベルネ・ソーヴィニヨン
の栽培も始まった。

サウス・バーネット　South Burnett
亜熱帯気候で長い夏と温暖な冬、そして多様な
土壌からなる。最初のブドウ樹は1900年代初
頭に植えられた。近代的なワイン生産は1993
年に始まった。

ニュージーランド

·········· 概要 ··········

ニュージーランド　New Zealand
美しい景観で知られるニュージーランドのブド
ウ栽培面積は1960年には40haほどしかなかっ
たが、現在では3万5,859haにおよぶ。産地は
北島と南島からなり、ブドウ生産量は32万
6,000t、ワイン生産量は234万7,000hlである。
スクリュー・キャップの普及率は99%以上と

世界で最も進んでいる。とくにソーヴィニヨン
・ブランの品質が高く、全輸出量の80%を占め
ている。また、ピノ・ノワールの品質の高さに
おいても世界と肩を並べている。ニューワール
ドの中でも新興産地であるが、アメリカやオー
ストラリアの最新の知見や栽培、醸造技術など
の蓄積をそのまま活用し、短期間に産地形成す
ることができた。日本人オーナー醸造家も複数
活躍している。日本の造り手の研修先となって
いて、間接的に「日本ワイン」の品質向上にも
つながっている。

サムエル・マースデン
Samuel Marsden
オーストラリア人の神父。1819年にニュージー
ランドに初めてブドウ樹を持ち込んだ人物。北
島のケリケリ（Kerikeri）にオーストラリアから
携えてきた100種あまりのブドウの苗を植えた
のが始まりとされる。

ジェームズ・バズビー　James Busby
スコットランド人のニュージーランド駐在弁務
官。1836年に北島のワイタンギ（Waitangi）に開
いたブドウ畑からニュージーランドで初めてワ
インを造った。オーストラリアでも「ブドウ栽
培の父」として知られている。

ミッション・ワイナリー　Mission Winery
1850年ホークス・ベイに設立されたカトリッ
ク教会系のワイナリー。

ベルナール・チェンバース
Bernard Chambers
ジョセフ・ベルナール・チェンバース（Joseph
Bernard Chambers）。1892年、ホークス・ベイ
に**テ・マタ**（Te Mata）を創設した人物。

ロメオ・ブラガート　Romeo Bragato
ブドウ栽培技師。1902年、フィロキセラ対策で
アメリカ系台木を持ち込んだ人物。

アシッド・エイブラハム・コーバン
Assid Abraham Corban

レバノン移民。ニュージーランドを代表する著名なワイナリー「コーバンズ」の創始者。1902年オークランド郊外のヘンダソン（Henderson）に土地を購入、1909年より造ったワインを販売した記録が残っている。

ジョシップ・ペトロフ・バビッチ
Josip Petrov Babich

ダルマチア地方（現在のクロアチアの一部）移民。1916年、北島アワヌイ（Awanui）北部でブドウ栽培を始める。「バビッチ」の創設者。

ヘルムート・ベッカー　Helmut Becker

ドイツのガイゼンハイム研究所の博士。1960年代にミュラー・トゥルガウ種の栽培を指導。早生・豊産でさまざまな土壌に適応する同品種の栽培がギズボーンで盛んになった。

リチャード・スマート　Richard Smart

世界的に有名なオーストラリア人ブドウ栽培研究者。1982年から90年まで政府のブドウ栽培技師を務め、「キャノピー・マネージメント」を導入した。

ディレック・ミルネ　Derek Milne

政府の研究機関所属の土壌学者。フランスやドイツの銘醸地の条件を調べ、その後、国内の気候や土壌を分析した。マーティンボロー、マールボロの栽培適正を見抜き推奨した。のちに自らマーティンボロー・ヴィンヤード（Martinborough Vineyard）を創設した。

クライヴ・パトン　Clive Paton

アタ・ランギ（Ata Rangi）創設者。ミルネ博士のレポートを読んでマーティンボローでワイン生産を始めた。

ニール・マッカラム　Neil Mccallum

ドライ・リヴァー（Dry River）創設者。ミルネ博士のレポートを読んでマーティンボローでワイン生産を始めた。

アラン・チフニー　Alan Chifney

ミルネ博士のレポートを読んでマーティンボローでワイン生産を始めた人物。

10/5　テン・バイ・ファイヴ

1960年代にスイスのヴェーデンスヴィル研究所経由でもたらされたピノ・ノワールのクローン。カリフォルニアではヴェーデンスヴィル・クローン（Wädensvil Clone）と称される。華やかさに欠け、やや地味で単調という評価を受けがち。

UCD5　ユー・ディー・シー・ファイヴ

1970年代にカリフォルニア大学デイヴィス校からもたらされたピノ・ノワールのクローン。通称「ポマール・クローン」で、ハロルド・オルモ博士が1940年代に「シャトー・ド・ポマール」の畑から採取したとされている。色調豊かでバイオレットの香り、肉厚な果実が特徴。

マルコルム・エイベル　Malcolm Abel

オークランド空港で税関職員をしていた時に、フランスから帰国した客の手荷物のロマネ・コンティのブドウ樹の枝を見つけ没収。自らの畑に植え、それが後にアタ・ランギを創設するクライヴ・パットン氏の手に渡った。現在そのクローンは「DRCエイベル」「アタランギ・クローン」などと呼ばれて流通している。

DRCエイベル

別名**アタランギ・クローン**。成熟がやや遅く、骨格がしっかりとしている。ピノ・ノワールの優れたクローンのひとつとして位置づけられている。

ディジョン・クローン

113、114、115、667、777の5種類。すべてモレ・サン・ドゥニのドメーヌ・ポンソから採取された。全体的に比較的早熟で、華やかなアロマ、明るいフルーツが特徴。温暖な栽培地では特徴が出にくい。

ピノ・ノワール・コンファレンス
Pinot Noir Conference
2001年から3年に1回、ウェリントンで3日間に渡り開催されている国際シンポジウム。著名な評論家、生産者、研究者らを招き各地のピノ・ノワールについての議論や試飲などを行なう一大イベント。アメリカ・オレゴンで開催されているインターナショナル・ピノ・ノワール・セレブレーションをヒントに始まった。

ニュージーランド・ワイン・グロワーズ
New Zealand Wine Growers
ニュージーランドワインの輸出振興、マーケティングなどを取り仕切る新興団体。独自の環境保全型農法「サステナブル・ワイン・グローイング」を推奨している。

···················· 産地 ····················

──────── 北島 ────────

北島　North Island
ニュージーランドのブドウ発祥の地ノースランドや、ボルドースタイルのブレンドの赤ワインで成功を収めているホークス・ベイなどがある。

ノースランド　Northland
ニュージーランド最北の産地で、ベイ・オブ・アイランズのケリケリがこの国のブドウ栽培発祥の地。ワイタンギが初めてワインが造られた場所。カベルネ・ソーヴィニヨン、メルロ、シャルドネが主に栽培されている。

オークランド　Auckland
カベルネ・ソーヴィニヨン、メルロ、カベルネ・フラン種からボルドースタイルのワインが造られている地区。他の産地より、気候、土壌において多様性に富む。ダルマチア地方移民によってワイン産業の礎が築かれたオークランド西部、亜熱帯の雰囲気、火山性土壌のマタカナ(Matakana)、美しい景観を持つリゾート地のワイヘケ・アイランド(Waiheke Island)など。

ワイカト／ベイ・オブ・プレンティ
Waikato / Bay of Plenty
小さなブドウ畑が点在し、貴腐ワインのほか、シャルドネ、ソーヴィニヨン・ブラン種から辛口の白ワインも造られている地区。

ギズボーン　Gisborne
かつてはニュージーランド最大のワイン産地で、ミュラー・トゥルガウ種が主流であったが、現在はこの国におけるシャルドネの首都と呼ばれている。また、素晴らしいゲヴュルツトラミネール種も造られている。現在、ニュージーランド第4位の栽培面積である。

ホークス・ベイ　Hawkes Bay
商業目的で最初にワイン生産が始まった地域。シャルドネやソーヴィニヨン・ブラン種のほか、ボルドースタイルのブレンドの赤ワインでも成功している。現在ニュージーランド第2位の栽培面積である。日本人生産者大沢ワインズ(Osawa Wines)の本拠地がある。

アルーヴィアル・プレインズ
Alluvial Plains
ホーク湾に向かって3本の川が流れ込む流域の比較的なだらかで広いエリア。ブドウ畑が集中している。この中に小地区ギンブレット・グラヴェル／ギムレット・グレーヴェル(Gimblett Gravel)がある。

ギンブレット・グラヴェル／ ギムレット・グレーヴェル
Gimblett Gravel
アルーヴィアル・プレインズの中のナルロロ川沿いにあり、沖積土壌が深く堆積し有力畑とされる小地区。

ワイララパ　Wairarapa
ニュージーランド北島のワイン産地。ウェリントン(Wellington)から名称変更。小地区のマーティンボロー(Martinborough)がよく知られている。他にマスタートン(Masterton)、グラッドストーン(Gradstone)がある。

マーティンボロー　Martinborough

ワイララパのサブ・リージョン。ニュージーランド産ピノ・ノワールの存在を国際的に知らしめた最初の地域。日本人生産者**クスダ・ワインズ**（Kusuda Wines）もここで生産している。

─────南島─────

南島　South Island

ニュージーランド最大の産地マールボロのソーヴィニョン・ブラン種、世界で最も南の産地セントラル・オタゴのピノ・ノワールなどが国際的に高い評価を得ている。

マールボロ　Marlborough

ニュージーランド最大の産地。同国の栽培面積の65％を占める。トロピカルフルーツとハーベイシャスのアロマのコンビネーションが、ニュージーランド・ソーヴィニョン・ブラン種の代名詞となり産業を大きく発展させる原動力となった。栽培面積2位のピノ・ノワールも重要な品種。日本人生産者フォリウム・ヴィンヤード（Forium Vineyard）、キムラ・セラーズ（Kimura Cellars）がある。

ネルソン　Nelson

南島の北端に位置する産地。かつては果物、ホップ、煙草の栽培で知られていた。日本人醸造家**小山浩平**氏が**アタマイ・ヴィレッジ**でワインを造っている。

カンタベリー／ワイパラ
Canterbury / Waipara

シャルドネ、ピノ・ノワール、リースリングの栽培に適している産地。地図上は広い範囲を指しているが実際はクライストチャーチから北へ車で1時間弱ほどのワイパラ・ヴァレー Waipara Valleyにブドウ畑やワイナリーが集中している。日本人生産者**コヤマ・ワインズ**（Koyama Wines）がある。

セントラル・オタゴ　Central Otago

ニュージーランドで最も標高が高く、世界で最

も南にある産地。高品質のピノ・ノワールを生産している。ほかに、シャルドネ、ピノ・グリ種、リースリング種、ソーヴィニョン・ブラン種、ゲヴュルツトラミネール種も栽培している。非常に広いエリアでサブ・リージョンは7つに分かれ、土壌や気候の違いにより、ワインのスタイルにも明確な個性の違いが生まれる。

ギブストン・ヴァレー　Gibbston Valley

セントラル・オタゴのサブ・リージョン。オタゴの中で最も標高が高く、冷涼な産地。比較的繊細なワインを産出する。

バノックバーン／クロムウェル
Bannockburn / Cromwell

セントラル・オタゴのサブ・リージョン。骨格の柔らかい、丸みのある、たっぷりとした黒系果実のワインを産み出す。セントラル・オタゴを象徴するスタイル。

ピサ・レンジ　Pisa Range

セントラル・オタゴのサブ・リージョン。バノックバーン、ローバーンと似たスタイルだが、やや繊細さがある。日本人生産者サトウ・ワインズ（Sato Wines）はこのエリアのブドウを使っている。

ローバーン　Lowburn

セントラル・オタゴのサブ・リージョン。ピサ・レンジの下流に位置する。骨格の柔らかいバノックバーンに近いスタイル。

ベンディゴ　Bendigo

セントラル・オタゴのサブ・リージョン。最も温暖な地域のひとつ。この地域のピノ・ノワールは色が濃く、スパイシーさが感じられる。

ワナカ　Wanaka

セントラル・オタゴのサブ・リージョン。比較的冷涼。ピノ・ノワール、ガメイ種、リースリングなど品種を問わず、シスト（変成片岩）土壌由来のスパイシーさが見られる。

アレクサンドラ　Alexandra

セントラル・オタゴのサブ・リージョン。シスト土壌の畑から香り高いリースリングが産み出される。

アルゼンチン

········· 概要 ·········

アルゼンチン　Argentina

アメリカ大陸最高の高さを誇るアンデス山脈の東に大きく広がる国土を有するアルゼンチン。ワイン生産量1,336万hℓで、その量は世界で5番目にあたる。1970年代までは国内市場向けの日常消費用テーブルワインの生産が主流であったが、消費者が質を志向し始めたのを背景に畑の見直し、土壌や気候に合わせた品種の採用、醸造技術の革新などが進み、海外からの資本投入も進んでいる。現在は国内外市場においての評価も高まり、国際レベルのコンクールでの受賞も多い。また降雨量が少なく、ブドウの病害も少ないため、農薬の使用量を抑えた栽培が可能であるが、その反面灌漑が欠かせない。畦、冠水、ドリップ方式による灌漑システムが整備されている。

D.O.　ディー・オー

アルゼンチンの原産地呼称制度。デノミナシオン・デ・オリヘン・コントロラーダ(Denominación de Origen Controlada)。現在メンドーサ州のルハン・デ・クージョ、サン・ラファエルの2地区が認定されている。

ゾンダ　Zonda

アルゼンチンのブドウ栽培に大きな影響のある風。太平洋からの湿った風がチリを越えると乾燥した暖かい風となる。

世界10大ワイン首都

「グレート・ワイン・キャピタルズ」というネットワークに加盟している有名都市。アルゼンチンのメンドーサ以外に南オーストラリア州のアデレード、スペイン・リオハのビルバオ、フランスのボルドー、南アフリカのケープタウン、ドイツ・ラインヘッセンのマインツ、ポルトガルのポルト、アメリカ・ナパ・ヴァレーのサンフランシスコ、チリ・カサブランカのヴァルパライソ、イタリアのヴェローナが加盟する。

アコンカグア　Aconcagua

チリとの間にまたがるアンデス山脈にある南米最高峰の山。標高6,959m。

········· 産地 ·········

———— 北部地方 ————

北部地方　North

サルタ州、トゥクマン州、カタマルカ州の3州の範囲内にエル・アレナル(El Arenal)、モリノス(Molinos)、カファジャテ(Cafayate)、コララオ・デル・バジェ(Colalao del Valle)、シウダード・サグラダ・ド・キルメ(Ciudad Sagrada de Quilmes)、アマイチャ(Amaicha)、フィアンバラ(Fiambala)の7つの産地がある。

サルタ州　Salta

冷涼な気候を生かしてトロンテス・リオハーノ種が成功している。代表的な産地はカファジャテ。標高3,000mを超えており、世界で最も高所にあるブドウ畑といわれる。

カタマルカ州　Catamarca

ブドウは棚栽培が中心だが低い垣根仕立ても導入されている。夏季の降雨量が比較的多い地域。トロンテス種が主体だがカベルネ・ソーヴィニョン、シラー種、マルベック種の栽培量も伸びている。

トゥクマン州　Tucuman

栽培面積88haの小さな産地。日照が強く、北から南にコンスタントに風が吹く。代表品種トロンテス種とカベルネ・ソーヴィニョン以外にタナ種、シラー種、マルベック種、ボナルダ種などが栽培されている。

─────クージョ地方─────

クージョ地方　Cuyo

方言で「砂漠の国」という意味。南米大陸最大のワイン産地であり、アルゼンチンのワイン生産の80%を占めるメンドーサが代表的。主にラ・リオハ州、サン・ファン州、メンドーサ州の3州の範囲に、ファマティナ(Famatina)、ゾンダ(Zonda)、トゥルン(Tulum)、ペデルナル(Pedernal)、ノルテ(Norte)、ルハン・オエステ(Lujan oeste)、ルハン／マイプ(Lujan/Maipú)、リオ・メンドーサ・スル(Rio Mendoza sur)、マイプ・エステ(Maipu este)、エステ(Este)、バジェ・デ・ウコ・オエステ(Valle de Uco oeste)、バジェ・デ・ウコ・セントロ(Valle de Uco centro)、サン・カルロス(San Carlos)、サン・ラファエル(San Rafael)の14産地がある。

メンドーサ州　Mendoza

アルゼンチンのワイン生産量全体の80%を毎年産出している。北部、メンドーサ川流域、東部、ウコ・ヴァレー、南部の5つのサブ・リージョンに分かれている。メンドーサ州のルハン・デ・クージョ県にある州都メンドーサは世界10大ワイン首都のひとつ。

メンドーサ川流域

メンドーサ州の5つのサブ・リージョンのひとつ。アルゼンチンで最初に本格的なワイン生産が始まった土地。灌漑はメンドーサ川の水を利用する。

ルハン・デ・クージョ　Luján de Cuyo

メンドーサ川流域内のD.O.。とくに栽培条件に恵まれ、高品質ワインの産地として知られる。

マイプ　Maipú

メンドーサ州の5つのサブ・リージョンのひとつ。メンドーサ川流域内の原産地呼称(D.O.)に申請中の産地。ソーヴィニョン・ブラン種、カベルネ・ソーヴィニョン、シラー種がよい結果を出している。

ウコ・ヴァレー　Valle de Uco

メンドーサ州の5つのサブ・リージョンのひとつ。トゥプンガト(Tupungato)がマルベック種の品質の高さで抜きん出ている。

トゥプンガト　Tupungato

ウコ・ヴァレー内の原産地呼称(D.O.)に申請中の産地。とくにマルベック種の品質の高さは注目に値する。

メンドーサ東部

メンドーサ州の5つのサブ・リージョンのひとつ。同州最大の産地。日常消費用、高級銘柄、濃縮果汁、生食用、干しブドウまで幅広く生産している。

メンドーサ北部

メンドーサ州の5つのサブ・リージョンのひとつ。日常消費用ワインのためのブドウが主に栽培されている。

メンドーサ南部

メンドーサ州の5つのサブ・リージョンのひとつ。サン・ラファエル(San Rafael)がD.O.に認定されている。

サン・ラファエル　San Rafael

メンドーサ南部のD.O.。シュナン・ブラン種やマルベック種の栽培が盛んな地区。

サン・ファン州　San Juan

アルゼンチン第2のブドウ・ワイン産地。とくにシラー種がこの州の重要な品種で、国際的にも高く評価されている。

II

17

南半球 — アルゼンチン

ラ・リオハ州　La Rioja

アルゼンチン北西部の生産地域。トロンテス種をはじめとする、白ワイン用ブドウの生産が盛んである。

───パタゴニア地方───

パタゴニア地方　Patagonia

アルゼンチン南部の地方。33.3〜33.8度の緯度帯に位置し、世界で最も南に位置するワイン産地のひとつでもある。ネウケン州（Neuquen）、リオ・ネグロ州（Rio Negro）、ラ・パンパ州（La Pampa）の3州からなる。マルベック種で造るワインの人気が高いが、冷涼な気候を活用してピノ・ノワールによる赤ワインや発泡性ワインも生産されている。

```
チリ
```

········· 概要 ·········

チリ　Chille

19世紀の半ばころから本格的なワイン造りを開始したチリは、現在は生産量において世界8位である。日本への輸入量はフランスを上回り1位。ヨーロッパ品種を主体に、フランスの栽培法とカリフォルニアの近代的な醸造法を取り入れながら、質のよいワインを産出している。19世紀後半にヨーロッパ全土を襲ったフィロキセラの侵入を免れたため、現在でも接ぎ木をせず自根による栽培が可能な国。

D.O.　ディー・オー

チリの原産地呼称制度。**デノミナシオン・デ・オリヘン**（Denominación de Origen）の略。ワインの原産地呼称D.O.をラベルに表示するにはその地域の該当品種を75％以上使用しなければならない。日常消費用ワインは**ビノ・デ・メ**サ（Vino de Mesa）という。

フランシスコ・デ・アギーレ
Francisco de Aguirre

スペイン人の征服者。チリに初めてブドウを植えた人物。

パブロ・モランデ　Pablo Morandé

1980年代、カサブランカ・ヴァレーのシャルドネの栽培に先鞭をつけた人物。

ピスコ　Pisco

ブドウ果汁を原料としたペルー発祥の蒸溜酒。色は無色透明、あるいは淡い琥珀色でアルコール度数は約42度。16世紀にカナリア諸島からペルーヘブドウが持ち込まれ、気候などの条件が合っていたため栽培が盛んに行なわれ、ピスコの製造が始まった。ペルーとチリの間ではピスコの定義を巡って争いがある。しかし正式には、ペルーにあるピスコ地方で栽培されたブドウを伝統製法で造られたもののみピスコと呼ぶ。マスカット・アレクサンドリア種（Muscat Alexandria）、マスカット・ローゼ種（Muscat Rose）、トロンテル種（Trrontel）などを使う。一般的にはレモン果汁を加えた飲み方「ピスコ・サワー」が知られている。

ムグロン

ブドウの増殖の仕方。成木の枝を誘引して土中に埋め、発根したら切り離して新株を得る手法。一般的には**プロヴィナージュ**（Provignage）という。

ナチュラル・イリゲーション

チリの伝統的な灌漑方法。雪解け水を貯める、もしくは川から水を引き込んで畝間に流す。

ドリップ・イリゲーション

アンデスからの水の供給量が不足している地域（カサブランカ・ヴァレーなど）で行なわれている灌漑方法。井戸を掘って水を確保し、水の浪費を防ぐ。

フンボルト寒流　Humboldt Current
大西洋を流れるペルー海流の別名。大気を冷却する寒流で、海岸山脈の斜面の涼しさの要因。ガラパゴス諸島が赤道直下であるにもかかわらず過ごしやすい気候なのは、この海流による。

ヴィーニョ　VIGNO
カリニャン種の生産者団体。2015年8月時点で15ワイナリーが加盟。製造基準はカリニャン種のヴァラエタルワイン（ブドウ品種を表示したワイン）であり、その65％以上は①樹齢30年以上のブドウ、②無灌漑の畑で株仕立て、③マウレ・ヴァレー産であること。メジャー品種のヴァラエタルワイン全盛期に放置されている間に樹齢が上がったカリニャン種からワインを造ってみたところ、素晴らしい品質だったことがきっかけ。

コスタ　Costa
南北に長いチリのテロワールを気候の特徴によって縦に3つに分けた区分のうち、西のエリア。2011年に従来の原産地呼称表記に付記する形で二次的な産地表示として使用できるようになった。最も海岸線沿いで寒流のフンボルト海流、土壌にカルシウムなど海洋性の要素を多く含む区分。

エントレ・コルディリェラス
Entre Cordilleras
南北に長いチリのテロワールを気候の特徴によって縦に3つに分けた区分のうち、中央エリア。2011年に従来の原産地呼称表記に付記する形で二次的な産地表示として使用できるようになった。区分名は「2つの山脈の間」という意味で、アンデス山脈と海岸山脈の間に位置する平坦で肥沃な地域。チリのワイン生産量の6割を占める。

アンデス　Andes
南北に長いチリのテロワールを気候の特徴によって縦に3つに分けた区分のうち、東のエリア。2011年に従来の原産地呼称表記に付記する形で二次的な産地表示として使用できるように

なった。アンデス山脈の麓の区分。チリでは最も内陸に位置する。

.... 産地 ....

アタカマ地方　Atacama
チリの地方名D.O.。主としてピスコを生産するためのモスカテル種を栽培している。サブ・リージョンにD.O.コピアポ・ヴァレーとD.O.ウアスコ・ヴァレーがある。

コキンボ地方　Coquimbo
チリの地方名D.O.。主にピスコを生産するためのブドウを栽培していた地区だが、近年冷涼地を求める栽培者が押し寄せ、ワイン用ブドウの栽培も急速に増えている。D.O.エルキ・ヴァレー、D.O.リマリ・ヴァレー、D.O.チョアパ・ヴァレーの3つのサブリージョンがある。

アコンカグア地方　Aconcagua
チリの地方名D.O.。サブ・リージョンにD.O.アコンカグア・ヴァレー、D.O.カサブランカ・ヴァレー、D.O.サン・アントニオ・ヴァレー、D.O.マルガマルガ・ヴァレーの4つがある。

アコンカグア・ヴァレー
Aconcagua Valley
アコンカグア地方のサブ・リージョンのD.O.。アンデス山脈から海に向かって、アコンカグア川沿いの渓谷。ブドウの糖度上昇には申し分のない気候で、1年のうち240〜300日は晴れる。カベルネ・ソーヴィニヨン、シラー種などが注目されている。

カサブランカ・ヴァレー
Casablanca Valley
アコンカグア地方のサブ・リージョンのD.O.。遠方に丘陵地を望む標高400mほどの緩やかな傾斜地である。シャルドネ、ソーヴィニヨン・ブラン種、ピノ・ノワール、シラー種が注目されつつある。

Ⅱ
17
南半球 ― チリ

サン・アントニオ・ヴァレー
San Antonio Valley

アコンカグア地方のサブ・リージョンのD.O.。海岸山脈の西側で太平洋に近く、冷涼な海風の影響を受ける。爽やかな酸味とミネラルの要素を伴なう白ワインを中心に頭角を現しつつある地区。サブ・ゾーンにD.O.レイダ・ヴァレーがある。

セントラル・ヴァレー　Central Valley

チリの地方名D.O.。アコンカグアからマウレ川までの南北350kmに渡る中央盆地のこと。降雨量は年間300mmと極端に少なく灌漑が必要。大規模なワイナリーから良質なワインを生み出す。サブ・リージョンにD.O.マイポ・ヴァレー、D.O.ラペル・ヴァレー、D.O.クリコ・ヴァレー、D.O.マウレ・ヴァレーがあり、それらの中にいくつかのサブ・ゾーンのD.O.がある。

マイポ・ヴァレー　Maipo Valley

セントラル・ヴァレーのサブ・リージョンのD.O.。ブドウ栽培の歴史は古く、マイポ川流域にブドウ畑が集中している。カベルネ・ソーヴィニョンが栽培面積の50%を占める。

ラペル・ヴァレー　Rapel Valley

セントラル・ヴァレーのサブ・リージョンのD.O.。D.O.カチャポアル・ヴァレー（Cachapoal Valley）とD.O.コルチャグア・ヴァレー（Colchagua Valley）に分かれている。カベルネ・ソーヴィニョンをはじめとする黒ブドウの栽培が盛んである。コルチャグアではソーヴィニヨン・ブラン種の栽培が増えている。

クリコ・ヴァレー　Curicó Valley

セントラル・ヴァレーのサブ・リージョンのD.O.。アンデス山脈と海岸山脈に挟まれ、やや湿潤な地中海性気候で太平洋高気圧の影響を受けやすい。D.O.テノ・ヴァレーとD.O.ロントゥエ・ヴァレーの2つのサブ・ゾーンがある。

マウレ・ヴァレー　Maule Valley

セントラル・ヴァレーのサブ・リージョンのD.O.。アンデス山脈と海岸山脈に挟まれ、やや湿潤な地中海性気候で太平洋高気圧の影響を受けやすい。チリ最大のワイン産地。D.O.トゥットゥベン・ヴァレーにあるカウケネス産カリニャンの評価が高い。

スール　Sur

チリの地方名D.O.。国内消費用のパイス種とマスカット種が主流だったが、徐々にヨーロッパ系の優良品種の栽培が広がりつつある。D.O.イタタ・ヴァレー、D.O.ビオビオ・ヴァレー、D.O.マジェコ・ヴァレーの3つのサブ・リージョンがある。

イタタ・ヴァレー　Itata Valley

スールのサブ・リージョンのD.O.。パイス種とモスカテル・アレハンドリア種が主だったが、近年シャルドネなどの栽培が広がっている。

ビオ・ビオ・ヴァレー　Bio Bio Valley

スールのサブ・リージョンのD.O.。海岸山脈の東側斜面を中心にピノ・ノワール、シャルドネ、ソーヴィニョン・ブラン種、リースリング種、ゲヴュルツトラミネール種などの栽培が増えている。

マジェコ・ヴァレー　Malleco Valley

スールのサブ・リージョンのD.O.。冷涼湿潤な気候。シャルドネが中心。

アウストラル　Austral

2011年に新たに認定された地方名D.O.。南を意味するスールD.O.よりさらに南に位置するため、アウストラル（南極）と名前がついている。シャルドネ、ピノ・ノワールなどの試験栽培が始まっている。

南アフリカ

.... 概要 ....

南アフリカ　South Africa

17世紀半ばにワイン造りが伝わったという、長い伝統を持つワイン生産国。ニューワールドで最初にヨーロッパ系ブドウ品種の栽培に成功したのは南アフリカのケープ州であった。アパルトヘイトが解除された1991年ころから小規模高級ワイナリーが生まれ、先進国からの投資、人気のブドウ品種への改植などが進められ、輸出も増加した。現在ワイナリー数は560以上、ブドウ栽培者数は約3,440となっている。環境と人に配慮したワイン造りを行なうニューワールドのリーディングカントリーでもある。

KWV　ケー・ダブリュ・ヴイ

南アフリカワイン醸造者協同組合連合の略。1918年に栽培農家に継続的かつ安定した収入を保証するため国により設立され、生産過剰の是正と出荷調整が行なわれるようになった。90年代半ばより徐々に統制は解除され、1997年に民間化が始まり、2002年には完全に私企業化された。

ヤン・ファン・リーベック　Jan Van Riebeeck

オランダの東インド会社のケープタウン補給基地建設の指導官。1655年南アフリカに初めてブドウの樹を植えた人物。1659年にはこの地で初めてワインを造った。しかし、実際にワイン造りの技術を向上させたのは1688年ナントの勅令廃止前後にこの地に亡命してきた、栽培技術を持つユグノー派のフランス人入植者たちであるとされている。

キャップ・クラシック　Cap Classique

南アフリカで生産される瓶内二次発酵のスパークリングワインのラベル表記名。

W.O.　ダブリュ・オー

南アフリカワインの原産地呼称(Wine of Origin)。1973年に制定。各産地の個性を明らかにするとともに、産地、品種、収穫年がもたらすさまざまな特徴を保証する。産地を大きい順から「地方=リージョン(Region)」、「地区=ディストリクト(District)」、「小地区=ワード(Ward)」と細分化している。品種名、収穫年はそれぞれのブドウを85%以上使用することで、表示が可能。

SAWSEA
エス・エー・ダブリュ・エス・イー・エー

南アフリカワイン&スピリッツ輸出協会。1990年設立。1973年に制定したW.O.を改定したもので、現在の**南アフリカワイン協会**(WOSA)の前身。

IPW　アイ・ピー・ダブリュ

1998年にSAWSEAが制定した「環境と調和したワイン生産」のガイドライン。自然環境の保護とワイン産業の共栄をコンセプトに掲げ、減農薬、減酸化防止剤、リサイクルの徹底、水源の維持などを盛り込んでいる。現在では95%以上のワイナリーがガイドラインに従ったワイン造りを行なっている。

BWI　ビー・ダブリュ・アイ

2004年、ケープ植物区が世界自然遺産に認定され、国際的な環境保護団体などと協力して提唱された。正式名は「生物多様性とワインのイニシアティヴ」。

サステイナビリティ認定保証シール

各ワインのボトルの首部分に貼られているシール。品質、産地、品種、ヴィンテージを保証し、持続可能な農業の認定を受けたことを証明するもの。認可を受けるためには①化学農薬の使用を極力抑え、農場では害虫の天敵を取り入れる、②植物区の生物多様性を保護する、③排水を浄化する、④農場で働く人の健康と安全衛生を確保する、という4項目を満たさなければならない。

WIETA
ダブリュ・アイ・イー・ティー・エー

ワイン産業倫理貿易協会。2002年設立。労働環境改善を目的とする。

アブラハム・ペロード　Abraham Perold

ステレンボッシュ大学の博士。1925年、ピノ・ノワールとサンソー種の交配品種ピノタージュ種を誕生させた。

ステレンボッシュ・ワインルート

1971年に整備されたワインツーリズムの先駆け。今では公式なワインルートは18ヵ所に広がっている。

ケープドクター　Cape Doctor

春から夏にかけて南東から吹く強い乾燥した風。これにより、防虫剤や防カビ剤の使用量が最小限に抑えられる利点がある。

ケープ・ブレンド　Cape Blend

南アフリカ固有品種シュナン・ブラン種、ピノタージュ種をそれぞれ主体に複数品種をブレンドした白ワイン・赤ワインに対する慣例的な呼称のこと。

スワートランド・インディペンデント・プロデューサーズ
Swartland Independent Producers

通称SIP。スワートランドのテロワールを反映した高品質なワイン生産を目指す、生産者の団体のこと。

―――――― 産地 ――――――

西ケープ州　Western Cape

南アフリカ国内5つの州でワインが生産されているがその9割が西ケープ州に集中している。州内は6つの地域（リージョン）に分かれ、さらに26の地区（ディストリクト）に分かれ、さらにいくつもの小地区（ワード）に分かれる。

―――― コースタル・
リージョン（沿岸地域）――――

コースタル・リージョン（沿岸地域）
Coastal Region

ステレンボッシュやパールを擁する、国内では最もワイン生産の盛んな地域。

ステレンボッシュ地区　Stellenbosch

コースタル・リージョン内の地区。国内最大の栽培面積、最高の品質を誇る。生産量より品質重視のブティック・ワイナリーも多い。ケープタウンに次いで南アフリカで2番目に古い街。7つの小地区がある。南アフリカで唯一、栽培と醸造の学位が受けられるステレンボッシュ大学がある。ワイナリーは200以上を数える。

パール地区　Paarl

コースタル・リージョン内の地区。国内最大の地区。K.W.V.の本拠地。

フランシュック地区　Franschhoek

コースタル・リージョン内の地区。かつて多くのフランス系移民が移住した地区でグルメタウンとしても有名な街。スパークリングワインの産地としても定評がある。

ダーリン地区　Darling

コースタル・リージョン内の地区。大西洋からわずか10kmに位置し、冷涼な海風に恵まれており、高品質なソーヴィニヨン・ブラン種の先駆者的な産地。

スワートランド地区　Swartland

コースタル・リージョン内の地区。西ケープ州最大の地区でもある。近年高品質なワインが続々登場し、注目を集めている。

トゥルバッハ地区　Tulbagh

コースタル・リージョン内の地区。三方を山に囲まれた盆地で、果物や小麦の生産地でもある。さまざまな土壌があり、昼夜の寒暖差が大きい。

ウェリントン地区　Wellington

コースタル・リージョン内の地区。南アフリカのブドウの苗木の95％を供給している地区でもある。

ケープ・ペニンシュラ地区
Cape Peninsula

コースタル・リージョン内の地区。喜望峰周辺。小地区（Ward）に南アフリカワイン発祥の地コンスタンシアがある。

コンスタンシア　Constantia

18～19世紀にヨーロッパの王侯貴族に愛された伝説の名醸極甘口ワインを産する小地区。ケープ・ペニンシュラ地区にある。ナポレオンが流刑地セント・ヘレナ島まで取り寄せたことでも有名。クライン・コンスタンシアが1980年代後半からオリジナル品種ミュスカ・ド・フロンティニャンの栽培を開始、1986年に「コンスタンシアワイン」を復活させた。

タイガーバーグ地区　Tygerberg

コースタル・リージョン内の地区。ケープタウンに近く、さまざまな土壌や斜面、冷涼な海風、夜の霧などのお陰で、高品質なブドウが生産されている。**ダーバンヴィル**（Durbanville）と**フィラデルフィア**（Philadelphia）の2つの小地区がある。

―― ブレード・リヴァー・ ――
ヴァレー地域

ブレード・リヴァー・ヴァレー地域
Breede River Valley

西ケープ州の地域。肥沃なブレード川沿いに広がる。ブドウ栽培面積は南アフリカ全体の3分の1を占める。

ブレードクルーフ地区　Breedekloof

ブレード・リヴァー・ヴァレー内の地区。多様な土壌に合わせてさまざまな品種への取り組みが行なわれている。

ロバートソン地区　Robertson

ブレード・リヴァー・ヴァレー内の地区。もともとは、白ワイン、とくにシャルドネで有名な地区であったが、最近はソーヴィニョン・ブラン種、シラーズ種、カベルネ・ソーヴィニョンで優秀なものを産出している。

ウスター地区　Worcester

国内総生産量の25％ほどを占める地区。そのほとんどがバルクワインとして売却される。世界最大規模を誇る「KWV」のブランデー蒸溜所がある。

―― ケープ・サウス・ ――
コースト地域

ケープ・サウス・コースト地域
Cape South Coast

西ケープ州の最南端に位置し、冷涼な気候に恵まれた地域。冷涼地の特色を生かしたワイン生産で注目を集めている。

エルギン地区　Elgin

ケープ・サウス・コースト内の地区。ピノ・ノワール、シャルドネ、ソーヴィニョン・ブラン種の産地として近年脚光を浴びている。

ウォーカー・ベイ地区　Walker Bay

ケープ・サウス・コースト内の地区。ホエールウォッチングで有名な海辺の町ハーマナス（ヘルマナス）やスタンフォードの街を含む地区。ピノ・ノワール、シャルドネの産地として近年脚光を浴びている。

ケープ・アギュラス地区
Cape Agulhas

ケープ・サウス・コースト内の地区。南アフリカ最南端に位置する。牛や羊の飼育や穀物栽培で知られていたが、1966年よりブドウの栽培が始まった。なかでもエリム小地区はミネラルに富む土壌と冷涼な気候によりアロマティックでエレガントという特徴がある。

──クライン・カルー地域──

クライン・カルー地域　Klein Karoo

西ケープ州の地域。マスカット種の甘口ワイン
が多く生産されていたが、最近ではメルロの生
産も増えている。カリッツドープでは、ポート
スタイルのワインが有名で、ティンタバロッカ
種、トゥリガナショナル種などの品種も栽培さ
れている。最近では、ポートワイン用のブドウ
で優秀な赤ワインも造られている。また、世界
的に評価の高いブランデーも生産されている。

_____オリファンツ・_____
リヴァー地域

オリファンツ・リヴァー地域
Olifants River

西ケープ州の地域。比較的暖かく乾燥したエリ
ア。近年大西洋側のバンブス・ベイでは、高品
質なソーヴィニヨン・ブラン種が造られてい
る。標高が高く冷涼なセダバーグ地区でも高品
質なワインが生産されている。

Ⅲ章 ソムリエの基礎知識

1 テイスティング
2 サービスと販売管理
3 チーズ
4 日本酒

I……テイスティング

基本の用語

テイスティング／唎き酒
Dégustation デギュスタシオン（仏）
Tasting テイスティング（英）

ワインの過去（どこで、どんなブドウから、どのように造られたか）、現在（どのような状態か、どのように楽しめるか）、未来（どのように発展し、どのくらいの保存が可能か）と同時に、ワインの品質、土地や品種の個性の有無、価格は妥当かなどを知るための手段。テイスティングでは人間の五感、なかでも視覚・嗅覚・味覚が重要で、これにより分析をして、結果的にどういうワインで、どんな楽しみ方ができるかを総合評価すること。

外観
Apparence アパランス（仏）
Appearance アピアランス（英）

清澄度・輝き・色調・濃淡・ディスク・粘性・泡立ちなどを観察する。そのワインの健全度や特徴を確認する。

清澄度／透明度
Limpidité ランピディテ／
Transparence トランスパランス（仏）
Clarity クラリティー／
Transparency トランスパレンシー（英）

澄み具合を見ることで、ワインの健康状態を確認する。醸造段階でバクテリア、タンパク質などによって混濁を生じたり、瓶詰め時、熟成中、運搬時などに何か異常が生じた時も濁って光沢を失う。瓶詰めされたワインは基本的に清澄度は良好なはずだが、健全な状態でもノンフィルターやノンコラージュで醸造されたもの、若くて豊富なタンニンを含有するものが熟成して澱が混じり、混濁するケースもある。また、透明度のほか、液面が光に反射した時の輝き具合、光沢、照り、つやも見ることで、健全度も確認できる。pH値や酸度と密接に関係し、より高いと色素が安定して輝きは強くなる。

色調
Couleur クルール／ Robe ローブ（仏）
Color カラー（英）

色調は酸化により変化していくので、ワインの年齢やどれくらいの熟成度合いなのかなどを判断する要素となる。色調はグラスを傾けて楕円形になったワインの液面から判断するとよい。

濃淡
Nuances Variées ニュアンス・ヴァリエ（仏）
Depth of Color デプス・オブ・カラー（英）

ブドウ品種の個性による違いもあるが、ほかの要素として、一般的には温暖な地域で育ったブドウから造られたワインは色濃く、冷涼な地域で育ったブドウのワインほど淡い色調になる傾向がある。これによりブドウの成熟度合いやワインの濃縮度を推測することができ、外観で最も重要なポイントとなる。

ディスク
Disque ディスク（仏）
Disk ディスク（英）

グラスに注がれたワインを真横から見ると液面が二重に見える。この厚みのことを指す。水とアルコールの表面張力の違いによるもので、ディスクが厚いほどアルコールや**グリセリン**が豊かであると観測できる。

粘性

Viscosité ヴィスコジテ（仏）

Viscosity ヴィスコシティー（英）

斜め前方に傾けたグラスを水平に戻した時にグラスの内側をたれる滴の状態を見て判断する。アルコール度が高いほど粘性も強くなり、同時にアルコール発酵によって生じるグリセリンの量も多くなるといえる。液温にも起因する。また、極甘口ワインなどの糖分の高いワインや凝縮度の高いワインも粘性は高い。ただし粘性とワインの品質は一概には結びつけられない。

泡立ち

Mousse ムース（仏）

Fizziness フィズィネス（英）

発泡性ワインだけでなく、非発泡性の若いワインに気泡が見られることがある。考えられる理由として、発酵時に発生した炭酸ガスがワインの中に溶け込んだまま瓶詰めされてしまったり、意図的にわずかな炭酸ガスを残し初期の酸化を防ぎフレッシュ感を保つ造り方をする場合もある。ボトル内で乳酸菌や何かのバクテリアが繁殖してガスを生じると、ワインが混濁するほかアロマや味わいを損なう場合もある。

泡

Mousseux ムスー（仏）

Bubbles バブルズ（英）

グラスの上から、また真横から見た泡の様子を観察し、気泡の大きさや細やかさ、持続性などを見て製法の違いや瓶内熟成期間の長さなどを推測する。たとえば瓶内二次発酵によるものは気泡・粒（Bulles）が細かく、コルドン（帯）状の気泡を形成する。

香り

Arôme アローム ／ Odeur オドゥール（仏）

Aroma アローマ ／ Odors オゥダーズ（英）

嗅覚および口から咽頭をさかのぼって捉えられる匂いによって検出されるワインの香り。グラスに注がれたあとの静止状態で確認し、次いでグラスを回して揮発しにくい香りを確認する。ブドウ品種や産地、テロワール、醸造方法、熟成度合い、ポテンシャルによってアロマの個性が現れ、変化に富む。アロマは主としてブドウ由来の「第一のアロマ」と発酵中や発酵後に出てくる「第二のアロマ」、熟成によって出てくる「第三のアロマ」に分類される。

第一のアロマ

Arômes Primaires

アローム・プリメール（仏）

Primary Aromas

プライメリー・アローマズ（英）

ブドウ品種そのものに由来する香りで、ワインの素性を知るうえで重要。果実を中心に、野菜・香草や花、スパイス・ミネラルなどの香りが挙げられる。

第二のアロマ

Arômes Secondaires

アローム・スゴンデール（仏）

Secondary Aromas

セコンデリー・アローマ（英）

主に酵母の影響により生成される香り（アルコール発酵やマラクティック発酵など）。マセラシオン・カルボニックの場合はバナナ、マロラクティック発酵の場合は杏仁豆腐・カスタードクリーム、低温発酵の場合はキャンディ・吟醸香などの香りが挙げられる。

第三のアロマ

Arômes Tertiaires

アローム・テルシエール（仏）

Tertiery Aromas

ターシエリー・アローマ（英）

ワインの成熟と熟成の間に連続して形成され、タンクや木樽内、瓶内熟成中に現れる香りのこと。ヴァニラ・ロースト・スパイスなどの木樽由来の香りに、第一のアロマ、第二のアロマの酸化から起こる変化により生じる複雑な香り。ワインがよい状態でゆっくりと熟成が進むと、香りはドライフルーツ・ドライフラワーから、キノコ・枯れ葉・腐葉土などの香りを感じられるようになる。**ブーケ**（Bouquet）ともいう。

味わい／フレーヴァー
Goût グー（仏）
Flavor フレーヴァー（英）

ワインの風味や香味の確認。ブドウ品種に由来するもの、発酵や熟成中に由来するものすべて。空気と一緒にワインを口に含み、舌の上で転がすようにワインを広げ、味わいを口中で確認する。1回に含む量は10〜15mℓ、同一のワインは3回を限度として確かめる。口中での滞留時間は10〜15秒。味覚には、甘味、酸味、苦味、塩味、旨味の5つの味わいと、冷たい・熱いなどの熱感、収斂（れん）性を含む渋味、からしなどの辛味がある。味わいから産地や気候風土、ポテンシャル、価値などが推測できる。触覚と口中に含んだ後半からの嗅覚を合わせて働かせることが重要である。

アタック
Attaque アタック（仏）
Attack アタック（英）

口に含んだ時の第一印象で、ワインの酸味による清涼感や強弱を見る。

酸味
Acidité アシディテ（仏）
Acidity アシディティー（英）

ワインの個性を表す重要な要素。ブドウ品種の個性、育った気候や土壌、標高、そして若々しさを判断できる。リンゴ酸、酒石酸、クエン酸はワインに爽やかさや余韻の長さを、乳酸、コハク酸はワインに味わいの広がりや深み、余韻の長さを与える。

甘味
Douceur ドゥスール（仏）
Sweetness スウィートネス（英）

甘味として感じられるのは、ワインの残糖分や、熟度の高いブドウ由来の果実の甘味、アルコール、グリセリンなど。

タンニン
Tanin タナン（仏）
Tannin タニン（英）

赤ワインにとって重要な感覚的要素である渋味や収斂性を与えるタンニンは、長期熟成タイプの赤ワインの味を構成する大切な要素である。一般的に赤ワインの色調の濃淡と渋味の強弱は比例すると考えられている。渋味の要因はポリフェノール類による。ポリフェノール中のタンニンには主にブドウの種子、果皮、果梗から由来するものと、樽の成分から由来するものとがある。ブドウ由来のカテキンタンニンは渋味がなめらかで、よく熟したブドウほど、よりなめらかに感じる。白ワインの場合は樽の成分由来のタンニンが木樽熟成ワインに存在する。

苦味
Amer アメール（仏）
Bitterness ビターネス（英）

苦味が多いか少ないか、強弱の確認。白・ロゼ・赤ともに、苦味は口蓋の奥や舌の奥で感じるので、味わいの後半に感じる。

アルコール
Alcool アルコール（仏）
Alcohol アルコール（英）

酸味同様、アルコールの強弱は重要な構成要素である。味わいに甘味やボリューム感、余韻、骨格を与える。

コク／ボディ
Corps コール（仏）
Body ボディ（英）

ワインが持つコクやボリューム感の大小。アルコール度数や甘さ（ワイン中の残糖度）によっても左右される。

バランス
Équilibre エキリーブル（仏）
Balance バランス（英）

それぞれの要素の調和感、釣り合い。

ミネラル
Minéral ミネラル（仏）
Mineral ミネラル（英）

ミネラルがあることで、ワインの酸味にシャープさが増し、切れ味を与える。また、ワインのバランスを引き立てる。

フィネス
Finesse フィネス（仏）
Finesse, Elegance
ファイネス、エレガンス（英）

繊細さ、優雅さ、上品さというより、そのワインのブドウ造りから、醸造熟成に至るまでのていねいさが読み取れる要素。比較的酸味のメリハリがはっきりしているものが、フィネスがあると表現される場合が多い。

切れ味
Tranchant トランシャン（仏）
Finish フィニッシュ（英）

酸味を基調とした後味の強弱。

余韻／後味
Arrière-goût アリエール・グー（仏）
Aftertaste アフターテイスト（英）

ワインを飲んだあとに残る風味のこと。余韻の持続性や強弱により、ワインの熟成度や凝縮度が判断できる。

持続性
Persistance du goût
ペルシスタンス デュ グー（仏）
Length レングス（英）

余韻を感じる感覚的な長さのこと。

飲みごろ
Épanouissement エパヌイスマン／
Apogée アポジェ（仏）
Peak ピーク（英）

すべての要素から飲みごろ、保存性などを判断するが、ワインによってそれぞれ。数ヵ月で飲みごろに達するものから、数十年におよぶものもある。外観、香り、味わいのバランスから余韻の長さまでの印象を最終的に表現する。

最終的な印象／総合印象
Conclusion コンクルジオン（仏）
Conclusion コンクルージョン（英）

ワインのキャラクター、価格、生産地や品種の個性はあるかなどの部分をふまえ、料理との相性、提供温度、抜栓時間、グラスの形状なども考える。

Ⅲ

Ⅰ

テイスティング

● テイスティング (唎き酒) 用語　対訳集

日本語			フランス語	英語
外観			Apparence　アパランス	Appearance アピアランス
	目による観察		L'œil　ロゥイユ	Sight　サイト
	清澄度		Limpidité　ランピディテ	Clarity　クラリティー
	透明度		Transparence トランスパランス	Transparency トランスパレンシー
		光沢のある	Brillant　ブリヤン	Brilliant　ブリリアント
		澄みきった	Clair　クレール	Clear　クリアー
		水晶のように清らかな	Cristallin　クリスタラン	Crystalline クリスタリン
		清澄な	Limpide　ランピッドゥ	Clear / Limpid クリアー／リンピド
		透明な	Transparent トランスパラン	Transparent トランスパレント
		輝きのある	Éclatant　エクラタン	Bright　ブライト
		くすんだ (濁った)	Trouble　トゥルブル	Hazy, Turbid ヘイジー、タービド
		かすかに濁った	Louche　ルーシュ	Dull　ダル
		ぼやけた、曇った	Voilé / Plombé ヴォワレ／プロンベ	Cloudy　クラウディー
		光沢のない	Mat　マット	Lustreless　ラストレス
		不透明な	Chargé / Opaque / Flou シャルジェ／オパク／フルー	Dim / Opaque ディム／オゥペイク
		澱がある	Dépôt　デポ	with sediment, Deposit ウィズ セディメント／デポジット
	色調		Couleur / Robe クルール／ローブ	Color　カラー
	白ワイン		Vin blanc　ヴァン ブラン	White wine ホワイト ワイン
		無色の	Incolore　アンコロール	Colorless　カラーレス
		うすく若い黄色	Jaune pâle ジョーヌ パール	Light yellow ライト イエロー

日本語		フランス語	英語
	濃い黄色	Jaune foncé ジョーヌ フォンセ	Dark yellow ダーク イエロー
	青みを帯びた、 緑がかった黄色	Jaune vert ジョーヌ ヴェール	Greenish-yellow グリーニッシュ・イエロー
	淡い黄色	Jaune associé aux mots pâle ジョーヌ アソシエ オモ パル	Pale yellow ペイル イエロー
	麦わらの黄色	Jaune paille ジョーヌ パイユ	Straw yellow ストロー・イエロー
	レモンイエロー	Jaune citron ジョーヌ シトロン	Lemon-yellow レモン・イエロー
	金色を帯びた黄色	Jaune d'or ジョーヌ ドール	Gold-tinged yellow ゴールド・ティンジド イエロー
	黄金色を帯びた黄色	Jaune doré　ジョーヌ ドレ	Buttery gold- tinged yellow バタリー ゴールド・ ティンジド イエロー
	黄色がかった	Jaunâtre　ジョーナートル	Yellowish イエローウィシュ
	淡黄色（黄色水仙の色）	Jonquille　ジョンキーユ	Daffodil-yellow ダフォディル・イエロー
	麦わら色	Paille　パイユ	Straw-colored ストロー・カラード
	きわめて薄い金色	Or blanc　オール ブラン	White gold ホワイト・ゴールド
	淡い金色	Or pâle　オール パール	Light gold ライト ゴールド
	青みを帯びた金色	Or vert　オール ヴェール	Greenish-gold グリーニッシュ・ゴールド
	純粋な金色	Or fin　オール ファン	(pure)Gold (ピュア)ゴールド
	オレンジがかった金色	Or orangé オー ロランジェ	Orangish-gold オレンジッシュ・ゴールド
	年をとった金色	Or vieil オール ヴィエイユ	Old gold オールド・ゴールド
	トパーズ	Topaze　トパーズ	Topaz　トパーズ

Ⅲ

Ⅰ

テイスティング

日本語		フランス語	英語
	琥珀色の	Ambré　アンブレ	Amber　アンバー
	褐色を帯びた	Rousseâtre　ルサートル	Russet　ラシット
	褐色	Brun　ブリュン	Brown　ブラウン
	こげ茶色	Roux　ルー	Reddish-brown レディッシュ・ブラウン
	しみのついた	Taché　タシェ	Unclean　アンクリーン
	マデイラ化した	Madérisé　マデリゼ	Maderized マディライズド
赤ワイン		Vin rouge ヴァン ルージュ	Red wine　レッド ワイン
	明るい赤	Rouge clair ルージュ クレール	Light red　ライト レッド
	濃い赤	Rouge foncé ルージュ フォンセ	Dark red　ダーク レッド
	純粋な赤	Rouge franc ルージュ フラン	(pure)Red （ピュア）レッド
	紫がかった赤	Rouge violet ルージュ ヴィオレ	Purplish-red パープリッシュ・レッド
	レンガ色がかった赤	Rouge brique ルージュ ブリック	Brick-red ブリック・レッド
	褐色がかった赤	Rouge brun ルージュ ブリュン	Brownish-red ブラウニッシュ・レッド
	オレンジがかった赤	Rouge orangé ルージュ オランジェ	Orengish-red オレンジッシュ・レッド
	牡丹色の赤	Rouge povoine ルージュ ピヴォワーヌ	Peony-red ピオニー・レッド
	グロゼイユの赤	Rouge groseille ルージュ グロゼイユ	Currant-red カラント・レッド
	チェリー色の赤	Rouge cerise ルージュ スリーズ	Cherry-red チェリー・レッド
	黄色がかった赤	Rouge jaune ルージュ ジョーヌ	Yellowish-red イエローウィッシュ・レッド
	赤みを帯びた	Rougeâtre ルージャートル	Reddish　レディッシュ
	紫色	Violet　ヴィオレ	Violet / Purple ヴァイオレット／パープル

日本語		フランス語	英語
	紫がかった	Violacé　ヴィオラセ	Purplish パープリッシュ
	紫紅色（パープル）	Pourpre　プルプル	Purple　パープル
	パープルがかった	Pourpré / Purpurin プルプレ／プルプラン	Purplish パープリッシュ
	暗紅色（ガーネット）	Grenat　グルナ	Garnet　ガーニト
	ルビー色	Rubis　リュビー	Ruby　ルビー
	紅褐色	Ocre　オークル	Ocher　オーカー
	レンガ色	Tuilé　テュイレ	Tuile　トゥイル
	マホガニー	Acajou　アカジュー	Mahogany マホガニー
	色の淡い	Paillet　パイエ	Pale / Light ペール／ライト
	栗色	Marron　マロン	Chestnut　チェスナット
	黒っぽい	Noirâtre　ノワラートル	Blackish　ブラキッシュ
	黒	Noir　ノワール	Black　ブラック
	コーヒー色	Café　カフェ	Coffee　カフィー
	タマネギ色の赤	Pelure d'onignon プリュールドニオン	Onion Peel オニオンピール
ロゼワイン		Vin Rosé　ヴァンロゼ	Rosé wine　ロゼワイン
	グレー	Gris　グリ	Grey　グレイ
	淡い赤色	Clairet　クレーレ	Light red　ライトレッド
	純粋なバラ色	Rosé franc ロゼフラン	(pure)Pink （ピュア）ピンク
	紫がかったバラ色	Rosé violet　ロゼヴィオレ	Purplish-pink パープリッシュ・ピンク
	チェリー色がかった バラ色	Rosé cerise　ロゼスリーズ	Cherry-pink チェリー・ピンク
	オレンジがかったバラ色	Rosé orangé ロゼオランジェ	Orangish-pink オレンジッシュ・ピンク
	タマネギの皮色	Pelure d'onignon プリュールドニオン	Onion skin オニオンスキン
	サーモンピンク	Rosé saumoné ロゼソーモネ	Salmon-pink サーモン・ピンク

Ⅲ

Ⅰ

テイスティング

日本語			フランス語	英語
		やまうずらの目の色	Œil de perdrix ウイユ ド ペルドリ	Partridge eye (Pale pink) パートリッジ アイ (ペール ピンク)
濃淡			Nuances Variées ニュアンス ヴァリエ	Depth of Color デプス オブ カラー
	水のような		Aqueux アクー	Watery ウォータリー
	淡い		Légères レジェ	Pale / Light ペイル／ライト
	中程度		Moyenne モワイエンヌ	Medium ミディアム
	濃い		Dense ダンス	Deep / Thick ディープ／スィック
	非常に濃い		Plus denses プリュス ダンス	Very dark / Dense ヴェリー ダーク／デンス
ディスク			Disque ディスク	Disk ディスク
粘性			Viscosité ヴィスコジテ	Viscosity ヴィスコシティー
脚／涙			Jambes / Larmes ジャンブ／ラルム	Legs / Tears レッグス／ティアーズ
	水のよう		Aqueux アクー	Watery ウォータリー
	脚		Faisant des jambes フェザン デ ジャンブ	(having)Legs (ハヴィング)レッグス
	涙		Faisant des larmes フェザン デ ラルム	(having)Tears (ハヴィング)ティアーズ
	流動性に富んだ		Fluide フリュイドゥ	Fluid フルーイド
	ねっとりした		Gras グラ	Oily / Heavy オイリー／ヘヴィー
	シロップのような		Sirupeux シリュプー	Syrupy シラピー
	グリセリンに富んだ		Glycériné グリセリネ	(high level of) Glycerine (ハイ レヴェル オブ) グリセリン
	油性の		Huileux ユイルー	Viscous / Unctuous ヴィスカス／アンクチュアス
泡立ち			Mousse ムース	Fizziness フィゼィニス
	スティル		Tranquille トランキーユ	Still スティル
	若干の泡立ち		Bullé(Perlant) ビュレ(ペルラン)	Slightly gassy スライトリー ガシー

Ⅲ

Ⅰ

テイスティング

日本語			フランス語	英語
		軽い泡立ち	Moustillant ムスティヤン	Sligtly fizzy スライトリー フィズィー
		弱い泡立ち	Pétillant ペティヤン	Lightly sparkling ライトリー スパークリング
香り			Odeur オドゥール	Odors オゥダーズ
	嗅覚による観察		Le Nez ル ネ	Smell スメル
		弱い	Faible フェーブル	Weak ウィーク
		閉じている	Fermé フェルメ	Closed クローズド
		そこそこの	Moyen モワイヤン	Medium ミディアム
		開いている	Ouvret ウヴェール	Open オープン
		軽い	Léger レジェ	Light ライト
		強い	Fort フォール	Strong ストロング
		豊かな	Riche リシュ	Rich リッチ
		複雑な	Complexité コンプレキシテ	Complex コンプレクス
		際立った	Distingué ディスタンゲ	Distinguished ディスティングウィシュト
		フルーティ	Fruité フリュイテ	Fruity フルーティー
		上品な	Fin ファン	Fine / Elegant ファイン／エレガント
		優雅	Raffiné ラフィネ	Refined リファインド
		ふくいくとした	Généreux ジェネルー	Generous ジェナラス
	植物		Végétal ヴェジェタル	Vegetal ヴェジタル
		干し草	Foin フォワン	Hay ヘイ
		草のような	Herbacé エルバセ	Herbaceous / Grassy ハーベイシャス／グラッシー
		若葉	Feuille verte フィーユ ヴェルト	Young / Green leavesz ヤング／グリーン リーヴス
		枯葉	Feuille morte フィーユ モルト	Dead leaves デッド リーヴス
		シダ（広く草の意）	Fougère フジェール	Bracken ブラッケン

Ⅲ

Ⅰ

テイスティング

217

日本語		フランス語	英語
	ピーマン	Poivron vert ポワヴロン ヴェール	Green pepper グリーン ペッパー
	アスパラガス	Asperge アスペルジュ	Asparagus アスパラガス
	茎	Tige ティージュ	Stem ステム
	タバコ	Tabac タバ	Tabacco タバコゥ
	タイム	Thym タン	Thyme タイム
	ミント	Menthe マント	Mint ミント
	アニス	Anis アニス	Anise アニス
	フヌイユ	Feunouil フヌイユ	Fennel フェンネル
	くまつづら	Verveine ヴェルヴェーヌ	Verbena ヴァービナ
	紅茶	Thé テ	Tea ティー
	茸	Champignon シャンピニョン	Mushroom マッシュルーム
	トリュフ	Truffe トリュフ	Truffle トリュフル
	森の下生え	Sous bois スー ボワ	Underbrush / Undergrowth アンダーブラッシュ／アンダーグロウス
	腐葉土	Humus ユミュス	Humus ヒューマス
花		Floral フロラル	Floral フローラル
	バラ	Rose ローズ	Rose ローズ
	野バラ	Églantine エグランティーヌ	Wild rose ワイルド ローズ
	菩提樹	Tilleul ティユル	Linden リンデン
	すいかずら	Chévrefeuille シェーヴルフィユ	Honeysuckle ハニーサクル
	すみれ	Violette ヴィオレット	Violet ヴァイオレット
	芍薬、牡丹	Pivoine ピヴォワン	Poeny ポエニー
	アイリス	Iris イリス	Iris アイリス
	アカシア	Acacia アカシヤ	Acacia アケイシア
	蜂蜜	Miel ミエル	Honey ハニー
	しおれた花	Fleurs fanées フルール ファネ	Faded flowers フェイディド フラワー

Ⅲ

Ⅰ

テイスティング

日本語			フランス語	英語
果実			Fruité フリュイテ	Fruity フルーティー
	ベリー系	イチゴ	Fraise フレーズ	Strawberry ストローベリー
		木苺、ラズベリー	Framboise フランボワーズ	Raspberry ラズベリー
		すぐり	Groseille グロゼイユ	Red currant レッド カラント
		黒すぐり、カシス	Cassis カシス	Black currant ブラック カラント
		ミルティーユ	Myrtille ミルティーユ	Blueberry / Bilberry ブルーベリー／ビルベリー
	柑橘系	グレープフルーツ	Pamplemousse パンプルムース	Grapefruit グレープフルーツ
		レモン	Citron シトロン	Lemon レモン
		ライム	Citron vert シトロン ヴェール	Lime ライム
		柑橘系	d'Agrume ダグリューム	Citrus fruit シトラス フルート
	木なり果実	さくらんぼ	Cerise / Kirsch スリーズ／キルシュ	Cherry チェリー
		あんず	Abricot アブリコ	Apricot アプリコット
		李(スモモ)プラム	Prune プリュヌ	Plum プラム
		ミラベル(黄色スモモ)	Mirabelle ミラベル	Mirabelle plum ミラベル プラム
		クエッチュ(紫スモモ)	Quetsche クエッチ	Quetsch plum クエッチュ プラム
		ざくろ	Grenade グラナードゥ	Pomegranate パムグラニト
		花梨(マルメロの実)	Coing コワン	Quince クインス
		リンゴ	Pomme ポム	Apple アップル
		洋梨	Poire ポワール	Pear ペア
		桃	Pêche ペッシュ	Peach ピーチ
	トロピカル フルーツ	パイナップル	Ananas アナナ	Pineapple パイナップル
		パッションフルーツ	Fruit de la passion フリュイ ド ラ パッシオン	Passion-fruit パッション・フルート
		バナナ	Banane バナーヌ	Banana バナーナ

日本語		フランス語	英語
	マンゴ	Mangue　マングー	Mango　マンゴー
	メロン	Melon　ムロン	Melon　メロン
	ライチ	Litchi　リーチ	Lychee / Litchi ライチー／ライチ
ドライ フルーツ	ブドウ／干しブドウ	Raisin / Raisin sec レザン／レザン セック	Grape / Raisin グレープ／レーズン
	干し李(スモモ)	Pruneau　プリュノー	Prune　プルーン
	乾燥イチジク	Figue sèche　フィグ セシュ	Dried fig ドライド フィグ
	イチゴジャム	Confiture de fraise コンフィチュール ドゥ フレーズ	Strawberry jam ストローベリー ジャム
	砂糖漬けチェリー	Cerises confites スリーズ コンフィット	Candied cherries キャンディード チェリーズ
ナッツ	くるみ	Noix　ノワ	walnut　ウォールナット
	ヘーゼルナッツ	Noisette　ノワゼット	Hazelnut ヘーゼルナット
	焼いたアーモンド	Amande grillée アマンドゥ グリエ	Toasted almond トースティド アーモンド
香辛料		Épicé　エピセ	Spicy　スパイシー
	コショウ	Poivre　ポワヴル	Pepper　ペッパー
	青コショウ	Poivre vert ポワヴル ヴェール	Green peppercorn グリーン ペッパーコーン
	シナモン	Cannelle　カネル	Cinnamon　シナモン
	丁子	Clou de girofle クルー ドゥ ジロフル	Clove　クローヴ
	ナツメグ	Muscade　ミュスカードゥ	Nutmeg　ナットメグ
	タイム	Thym　タン	Thyme　タイム
	ローズマリー	Romarin　ロマラン	Rosemary ローズマリー
	ベイリーフ	Laurier　ローリエ	Bay leaf　ベイリーフ
	コリアンダー	Coriandre　コリアンドル	Coriander コリアンダー
	バジリコ	Basilic　バジリック	Basil　バジル
	ニンニク(大蒜)	Ail　アイユ	Garlic　ガーリック
	ショウガ	Gingemble ジャンジャンブル	Ginger　ジンジャー

日本語		フランス語	英語
	タマネギ	Oignon　オニオン	Onion　オニオン
	甘草	Réglisse　レグリス	Licorice　リカリス
森林木		Forêstier　フォレスティエ	Forest(Woody) フォレスト(ウッディー)
	若い森	Bois vert　ボワ ヴェール	Green wood グリーン ウッド
	アカシアの森	Bois d'acacia ボワ ダカシヤ	Acacia wood アケイシア ウッド
	古い森	Bois vieux　ボワ ヴュー	Old / Aged wood オールド／エイジド ウッド
	木のような	Boisé　ボワゼ	Woody　ウッディー
	ヒマラヤ杉	Cèdre　セードル	Cedar　シーダー
	なら	Chêne　シェーヌ	Oak　オーク
	白檀	Santal　サンタル	Sandalwood サンドゥルウッド
芳香性		Balsamique バルサミーク	balsamic　バルサミック
	松	Pin　パン	Pine　パイン
	樹脂	Résine　レジーヌ	Resin　リジン
	杜松(ネズ)	Genévrier　ジュネヴリエ	Juniper　ジュニパー
	香(こう)	Encens　アンサン	Incense　インセンス
	ヴァニラ	Vanille　ヴァニーユ	Vanilla　ヴァニラ
焦臭性 _{しょうしゅうせい}		Empyreumatique アンピルーマティク	Empyrematic アンフィルマチック (Toasted, Charred, Smoked トースティド、チャード、 スモークド)
	タバコの煙	Fumée　フュメ	Smoke　スモーク
	煙、燻製の	Fumé　フュメ	Smoked　スモークド
	カラメル	Caramel　カラメル	Caramel　キャラメル
	焼いたパン	Pain grillé　パン グリエ	Toasted bread トースティド ブレッド
	焼いたアーモンド	Amande grillée アマンド グリエ	Toasted almond トースティド アーモンド
	コーヒー	Café　カフェ	Coffee　カフィー

III

I

テイスティング

日本語		フランス語	英語
	カカオ	Cacao　カカオ	Cocoa　ココア
	チョコレート	Chocolat　ショコラ	Chocolate　チョコレート
	グリエ	Grillé　グリエ	Toasted　トースティド
	タール	Goudron　グドロン	Tar　タール
化学物質		Chimique　シミック	Chemical　ケミカル
	アルコール	Alcool　アルコール	Alcohol　アルコール
	炭酸ガス	Gaz carbonique ガズ カルボニク	Carbon dioxide カーボン ダイオキサイド
	硫黄	Soufre　スーフル	Sulphur　サルファ
	海藻、海の香り、ヨード	Iode　ヨード	Iodine　アイオダイン
	フェノール、石灰酸	Phénol　フェノル	Phenol　フェノール
	揮発酸	Acide volatil アシッド ヴォラテイル	Volatile acid ヴォラタイル アシド
	酢酸	Acide acétique アシッド アセティック	Acetic acid アシーティク アシド
エーテル		Éthéré　エテレ	Ether　エーテル
	石鹸	Savon　サヴォン	Soap　ソープ
	ろうそく	Bougie　ブジー	Candle　キャンドル
	蜜蝋、ワックス	Cire　シール	Wax　ワックス
	アセトン	Acétone　アセトーヌ	Acetone　アシータン
	ビール	Bière　ビエール	Beer　ビア
	シードル	Cidre　シードル	Cider　サイダー
	サワークラウト	Choucroute シュークルート	Sauerkraut サウワークラウト
	ヨーグルト	Yaourt　ヤウルト	Yoghurt　ヨーグルート
	バター	Beurre　ブール	Butter　バター
	チーズ製造所	Fromagerie フロマジュリー	Cheese factory チーズ ファクトリー
動物		Animal　アニマル	Animal　アニマル
	野禽獣	Gibier　ジビエ	Game　ゲイム
	野獣の煮込み料理	Civet　シヴェ	Jugged game ジャッジド ゲイム
	毛皮	Fourrure　フールル	Fur　ファー

日本語		フランス語	英語
	濡れた犬	Chien mouillé シアン ムーイエ	Wet dog ウェットドッグ
	麝香鹿	Musc ムスク	Musk マスク
	麝香猫	Civette シヴェット	Musk-cat マスク・キャット
	汗	Sueur スエ	Sweat スウェット
	はつかねずみの尿	Urine de souris ウリヌド スーリ	Mouse urine マウス ユアリン
	猫の尿	Urine de chat / Pipi de chat ウリヌド シャ／ピピ ド シャ	Cat urine / Cat's pee キャット ユアリン／ キャッツ ピー
	鮮魚	Marée マレ	Fresh fish フレッシュ フィッシュ
	肉	Viande ヴィアンドゥ	Meat ミート
	燻製肉	Viande fumée ヴィアンドゥ フュメ	Smoked meat スモークド ミート
	なめし皮	Cuir キュイル	Leather レザー

味わい／フレーヴァー		Goût グー	Flavor フレイヴァー
口に含む		La Bouche ラブーシュ	Taste テイスト
アタック		Attaque アタック	Attack アタック
酸味		Acidité アシディテ	Acidity アシディティー
	痩せた	Maigre メーグル	Flabby フラビー
	痩せ細った	Décharné デシャルネ	Flaccid フラクシド
	貧弱な	Aride アリードゥ	Weak ウィーク
	堅い	Dur デュール	Hard ハード
	爽やかな	Frais フレ	Fresh フレッシュ
	生き生きとした	Vif ヴィフ	Livery / Nervy ライバリー／ネーヴィー
	しなやかな	Gouleyant グーレイヤン	Smooth / Agreeable スムース／アグリーアブル
	なめらかな	Souple スープル	Supple サプル
	若い	Vert ヴェール	Green グリーン
	酸味のある	Acide アシッドゥ	Acidic / Tart アシディック／タート

日本語		フランス語	英語
	酸っぱい	Acerbe アセルブ	Sour サウワー
	やや酸っぱい	Acidulé アシデュレ	Acidulous アシデュラス
	鋭い	Aigu エギュ	Sharp シャープ
	厳しい	Sévère セヴェール	Severe シヴィアー
	角が尖った	Anguleux アンギュルー	Angular アンギュラー
	攻撃的な	Agressif アグレシフ	Aggressive アグレッシヴ
	尖った	Pointu ポワンテュ	Pointed ポインティッド
甘味		Douceur ドゥスール	Sweetness スウィートネス
	極辛口	Brut ブリュット	Bone dry ボーン ドライ
	辛口	Sec セック	Dry ドライ
	やや辛口	Demi-sec ドゥミ・セック	Medium dry ミディアム ドライ
	やや甘口	Moelleux モワルー	Medium sweet ミディアム スウィート
	甘口	Doux ドゥー	Sweet スウィート
	極甘口	Liquoreux リコルー	Very sweet ヴェリー スウィート
	甘ったるい	Doucereux ドゥースルー	Sickly sweet シクリー スウィート
	甘ったるい	Douceâtre ドゥーサートル	Sickly sweetish シクリー スウィーティッシュ
	ねばねばした	Pâteux パトゥー	Sticky / Viscous スティキー／ヴィスカス
	油気のある	Onctueux オンクテュー	Unctuous アンクチュアウス
	濃厚な	Épais エペ	Thick スィック
	蜜のような	Mielleux ミエルー	Honeyed / Honey-like ハニード／ハニー・ライク
	柔らかい	Mou ムー	Soft ソフト
	重い	Lourd ルール	Heavy ヘヴィー
	なめらか	Coulant クーラン	Smooth スムース

224

日本語		フランス語	英語
	グリセリンを含む	Glycériné グリセリネ	Glycerine グリセリン
	平板な	Plat プラ	Flat フラット
	愛らしい	Aimable エマーブル	Pleasing プリージング
	女性的な	Féminin フェミナン	Feminine フェミニン
	塩味	Salé サレ	Salty ソルティー
タンニン		Tanin タナン	Tannin タニン
	渋い	Dur デゥール	Hard / Dry ハード／ドライ
	渋味を含んだ	Tannique タニック	Tannic タニック
	心地よい	Plaisant プレザン	Pleasant プリーザント
	堅く閉じた	Ferme フェルム	Firm ファーム
	粗い	Rude リュード	Coarse カース
	舌触りの悪い	Âpre アープル	Harsh ハーシュ
	苦い	Amer アメール	Bitter ビター
	ごつごつした	Rêche レッシュ	Rough ラフ
	ざらざらした	Rugueux リュグー	Gritty グリティー
	収斂性のある	Astringent アストランジャン	Astringent アストリンジェント
	不十分な	Insuffisant アンシュフィザン	Insufficient インサフィシアント
苦味		Amer アメール	Bitterness ビターネス
アルコール		Alcool アルコール	Alcohol アルコール
コク（ボディ）		Corps コール	Body ボディ
	水のような	Aqueux アクー	Watery ウォータリー
	軽い	Léger レジェ	Light ライト
	濃厚な	Puissant ピュイッサン	Powerful / Heady パワフル／ヘディー
	重い	Lourd ルール	Heavy ヘヴィー
	焼けるような	Chaud ショー	Hot ホット
	強い	Généreux ジェネルー	Generous ジェネラス
	コクのある	Corsé コルセ	Full-bodied フル・ボディード

日本語		フランス語	英語
バランス		Équilibre　エキリーブル	Balance　バランス
	釣り合いのとれた	Équilibré　エキリブレ	Balanced　バランスド
	調和を失った	Déséquilibré　デゼキリブレ	Unbalanced　アンバランスド
ミネラル		Minéral　ミネラル	Mineral　ミネラル
フィネス		Finesse　フィネス	Finesse, Elegance　ファイネス、エレガンス
切れ味		Tranchant　トランシャン	Finish　フィニッシュ
余韻／後味		Arrière-goût　アリエール・グー	Aftertaste　アフターテイスト
持続性		Persistance du goût　ペルシスタンス デュ グー	Length　レングス
	素直	Droit　ドゥロワ	Straightforward　ストレイトフォワード
	長い	Long　ロン	Long　ロング
	まずまずの	Moyen　モワイヤン	Medium　ミディアム
	のどごしがよい	Frais/Gouleyant　フレ／グーレイヤン	Pleasant/Smooth　プレザント／スムース
	のどごしが悪い	Dur　デュール	Unpreasant/Hard　アンプリーザント／ハード

最終的な印象／総合印象	Conclusion　コンクルジオン	Conclusion　コンクルージョン
円い	Rond　ロン	Round　ラウンド
円熟した	Mûr　ミュール	Ripe / Mature　ライプ／マチュア
肥えた	Plein　プラン	Full　フル
肉付きのよい	Charnu　シャルニュ	Fleshy　フレッシー
脂のようなボリューム感	Gras　グラ	Fat　ファット
調和のとれた	Harmonieux　アルモニュー	Harmonious　ハーモニアス
申し分のない	Complet　コンプレ	Complete　コンプリート
見事な	Riche　リッシュ	Rich　リッチ
豊満な	Étoffé　エトフェ	Ample / Substantial　アンプル／サブスタンシャル

日本語	フランス語	英語
しっかりした構成を持つ	Charpenté シャルパンテ	Well-Structured / Firm ウエル・ストラクチャード／ファーム
濃縮した	Concentré コンサントレ	Concentrated コンセントレイティッド
ほっそりとした	Mince マンス	Insubstantial / Thin インサブスタンシャル／スィン
流れるような	Fluide フリュイドゥ	Fluid フルイド
すべすべした	Coulant クーラン	Smooth スムース
優美な	Élégant エレガン	Elegant / Graceful エレガント／グレイスフル
ビロードのような	Velouté ヴルーテ	Velvety ヴェルヴェッティー
絹のような	Soyeux ソワイユー	Silky シルキー
繊細な	Délicat デリカ	Delicate デリケイト
柔らかな	Tendre タンドル	Soft ソフト
溶け合った	Fondu フォンデュ	(well-)Blended （ウェル）ブレンディッド
しなやかな	Souple スープル	Supple サプル
緻密な	Compact コンパクト	Compact コンパクト
高貴な	Noble ノーブル	Noble / Dignified ノーブル／ディグニファイド
男性的な	Viril ヴィリル	Masculine / Virile マスキュリン／ヴィリル
丈夫な	Solide ソリッドゥ	Solid / Robust ソリッド／ロウバスト
力強い	Puissant ピュイッサン	Powerful パワフル
大地の風味	Goût de terroir グードゥ テロワール	Flavor(s) of terroir フレイヴァー オブ テロワー
若い	Jeune ジュンヌ	Young ヤング
古い	Vieux ヴュー	Old オールド
貧弱な	Faible フェーブル	Weak / Feelble ウィーク／フィールブル
疲れた	Fatigué ファティゲ	Tired タイアード

Ⅲ

Ⅰ

テイスティング

日本語		フランス語	英語
	腐った	Croupi　クルーピ	Gone bad ゴーン バッド
	気の抜けた	Goût d'évent グー デヴァン	Stale / Flat ステイル／フラット
	カビ臭い	Moisi　モワジ	Moldy / Musty モルディー／マスティー
	コルキー	Bouchonné　ブショネ	Corky / Corkyed コーキー／コーキッド
	複雑さ	Complexité コンプレクシテ	Complex　コンプレクス

◎「(一社) 日本ソムリエ協会　教本　2017」
一般社団法人日本ソムリエ協会(飛鳥出版)より転載。一部修正。

2 サービスと販売管理

職務とサービス

ワイン従事者

ソムリエ
Sommelier(ère)（仏）　Wine Steward（英）
英語ではワインスチュワートと呼ばれる、レストランにおいてワインとすべての飲料に対してサービスする男性のスタッフ。女性はソムリエールと呼ばれる。

シェフ ソムリエ　Chef Sommelier
レストランにおけるソムリエのトップポジション。レストラン運営において重要な役割を果たす。シェフとは○○長の意味で、英語におけるチーフのこと。

A.S.I.
Assiciation de la Sommelier Internationale
国際ソムリエ協会の略。2017年に会長が田崎真也からアルゼンチンのアンドレ・ロズベルグに交代した。

A.S.I.ディプロマ
毎年1回3月ころに行なわれる、A.S.I.主催の世界共通のソムリエ試験。試験は英語、フランス語、スペイン語の三ヵ国のみで実施され、内容は筆記、論文、テイスティング、料理とのペアリング、サービス実技と多岐にわたる。難易度はアジア・オセアニア大会と同レベル。

ジョン・アルヴィッド・ローゼングレン
Jon Arvid Rosengren
スウェーデン出身のソムリエ。2016年のA.S.I.世界最優秀ソムリエ。

田崎 真也 たさきしんや
日本ソムリエ協会会長および前世界ソムリエ協会の会長。1995年のA.S.I世界最優秀ソムリエ。

ワインのサービス

空気接触　Aération
ワインが空気に触れること。デキャンターなど別の容器にワインを移し替えた時に空気接触が行なわれ、芳香がよくなる。抜栓後の瓶内の液面や、注がれたグラス内でも空気接触は行なわれている。

還元（Réduction（仏）　Reduction（英）
化学的には物質から酸素が奪われる反応を指すが、ワインにおいては空気が遮断され、取り込まれない状態を指す。

バルーン型
グラスの形状を指す。ブルゴーニュ型ともいわれる。グラスの内側が膨らんでいるため、グラスの中で空気接触が多く行なわれる。

チューリップ型
グラスの中央部分にあまり膨らみを持たない比較的スリムなグラス。ボルドー型グラスともいう。バルーン型に比べあまり空気接触が行なわれない。

リトー　Liteau（仏）　Waiter's cloth（英）
サービス用ナプキン。とくにワインのサービス時に使うものを指す。トーションともいう。

キャプシュル／キャップシール
Capsule（仏）　Capsule（英）
ワインの瓶口を覆うロウ、金属、プラスティック製などの蓋。シール。

鏡面
ワインの栓の役目を果たしている、コルクなどのワイン側にある面のことをいう。

パニエ　Panier（仏）　Wine basket（英）
ワインをサービスするために使うワイン用のかご。通常は横に寝かせて保存された赤ワインに使われる。

デカンタージュ
Décantage / Décantation（仏）
Decanting（英）
ワインを瓶からほかの器に移し替える作業のこと。「カップの縁から」を意味するラテン語が語源とされる。デカンターはその器のこと。

デカントゥール／デキャンター
Décanteur（仏）　Decanter（英）
デカンタージュを行なう際、ワインを移す容器のこと。

リンス　Rinçage（仏）
赤ワインをデカンターする前に少量のそのワインを入れてデカンター内をまんべんなく濡らすこと。イタリアワインで行なうケースが多い。

ホスト・テイスティング　Host test（英）
ワインを注文したお客や、パーティーのホストがテーブルで飲むべきワインの状態を確認するために試飲すること。

スクリューキャップ
Capsule vissée（仏）　Screwcap（英）
コルクでの代用としてアルミニウム合金でつくられたキャップ。ニューワールドワインに多く見られ、ニュージーランドでは普及率が90％を超える。気密性が高くワインの新鮮さを保つことができる。

グラン・キュヴェ　Grande Cuvée
一部のシャンパーニュやスパークリングワインの生産者が名乗る最上位クラスのカテゴリー。プレステージュとも呼ばれる。

############## アペリティフ ##############

アペリティフ　Apéritif（仏）
食前酒。食前に飲むアルコール。ほどよいアルコールが胃の粘膜を刺激し、胃液の分泌を促すことによって食欲とその後の消化を高める。

アペリーレ　Aperire（ラテン）
アペリティフ（食前酒）の語源。ラテン語で「開始する」の意。

ディジェスティフ　Digestif（仏）（英）
食後酒。食事で満たされた胃の消化促進を促す。通常強いアルコールの類を指す。語源的には「消化」を意味する。

############## 道具 ##############

ワインセラー　Cave（仏）　Celler（英）
ワインキャーブとも呼ばれる。年間通して12〜14℃ぐらいの温度管理ができ、セキュリティーや冷暗保存などにすぐれたワインセラー。

デーセラー　Cave du jour（仏）
Service celler, Day celler（英）
レストランにおける、サービス温度に準じた温度で保存するためのワインセラー。

サービス用ワゴン

Gueridon（仏）　Service wagon（英）

ワインなどをサービスするためのワゴン。

ティル・ブゥション

Tire-Bouchon（仏）　Corkscrew（英）

ワイン・オープナーのこと。コルクスクリューとも呼ばれる。

カラフェ／デカンター

Carafé（仏）　Decanter（英）

ワインの計り売りに使われることもある容器のことだが、通常は水差しを指す。

コルク栓置き皿

Sous-bouchon（仏）　Underliner（英）

スー・ド・ブゥション。ワイン用コルク栓をのせる皿。

アントノワール

Entonnoir（仏）　Funnel（英）

通常は古いヴィンテージポルトのデカンタージュにフィルターとともに用いられる。

シャンデル　Chandelle（仏）　Candle（英）

赤ワインをデカンタージュする際、下から明かりを灯すために用いられるキャンドル。

サービス用トレー

Plateau（仏）　Tray（英）

レストランにおけるトレーのこと。日本ではお盆と呼ぶこともある。

唎き酒用銀杯（タストヴァン）

Tastevin（仏）　Tastvin（英）

かつて暗いセラーの中でワインを樽からテイスティングする際に使われた銀杯。底にさざ波の模様があるものは白ワイン用、丸いくぼみが並んでいるものは赤ワイン用。

テルモメートル

Thermométre（仏）　Thamometer（英）

ワイン用温度計。

シャンパーニュ・オープナー

Pince à Champagne（仏）

Levier à Champagne（仏）

シャンパーニュを開ける際に使うペンチ。古いシャンパーニュはコルクが固くなって開けにくいのでこれを使用する。

シャンパーニュ・サーベル

Sabre（仏）　Sword（英）

シャンパーニュの瓶口を瓶ごと切るための刀。サーベルによる抜栓をサブラージュ（Sabrage）といい、ナポレオンの戦争の出征時に行なわれた行事といわれる。

クープ・キャプシュル

Coupe-capsule（仏）　Capsule cutter（英）

キャップシールを切るためだけの道具。

デカンター・ドライヤー

Séchoir a décanteur（仏）

Decanteur drying stand（英）

水洗いしたデカンターを逆さにして乾かすための器具。

コルク・リフト　Cork lift（英）

ワイン抜栓に失敗してコルクが瓶中に落ちた場合に、落ちたコルクを引き上げる道具。

バブル・カット

Petit Fouet à Champagne（仏）

Champagne cage（英）

シャンパーニュの泡を嫌う人が使う、ガスを逃がすためのマドラー。

アルコメートル

Alcomètre（仏）　Alcoholmeter（英）

アルコール度数計。

…… ワインに関する単位 ……

ヘクタール　［ha］

メートル法における面積の単位。アール（are）

Ⅲ

2

サービスと販売管理

231

の100倍(hect)。100m×100mの面積が1ha（ちなみに東京ドームのグラウンドは1.3ha）。

エーカー　Acre

ヤード・ポンド法における面積の単位。本来は牛を使役して1人が1日に耕すことのできる畑の面積を意味した。1エーカー≒64m×64m。

ウーヴレ　Ouvrée

フランスの古い面積の単位。現在でも畑の名称などで見かける。農夫が一日に耕作できる面積。ブルゴーニュでは一般的に1ウーヴレ≒4.28a(アール。10m×10m)。

ジュルナル　Journal

フランスの古い面積の単位。馬を使って一日で耕作できる面積。複数形はジュルノー(journaux)。ブルゴーニュでは1ジュルナル＝8ウーヴレ。

トノー　Tonneau

900ℓの大樽の名称。ワインではボトル1,200本分。ボルドー港から出荷される際、大樽をいく

つ積めるかで船の大きさを表したため、船舶の大きさを表す単位として「トン」が使用されるようになった。ワイン入りで約1,000Kgになるので重量の単位「トン」にもなった。

センチリットル　[cℓ]

0.01ℓ。日本では使われないが海外ではしばしば見かける。センチは百分の一の意味。

ヘクトリットル　[hℓ]

100ℓ。「ℓ」はフランスで1793年に新しい公定単位のひとつとして提案された。

ガロン　[gal]

ヤード・ポンド法における体積の単位。1米ガロンは3.785411784ℓを指す。

オンス　[oz]

ヤード・ポンド法の質量(重さ)の単位。1オンス＝28.4g。

ポンド　[lb]

ラテン語(pondo＝重さ)が語源。ヤード・ポン

●フランス・シャンパーニュ地方とボルドー地方のボトルサイズ

シャンパーニュ	容量	ボルドー
カール　Quart	200mℓ（1/4本分）	—
ドゥミ・ブテイユ　Demie-Bouteille	375mℓ（1/2本分）	ドゥミ・ブテイユ　Demi-Bouteille
ブテイユ　Bouteille	750mℓ（1本分）	ブテイユ　Bouteille
マグナム　Magnum	1500mℓ（2本分）	マグナム　Magnum
ジェロボアム　Jéroboam	3000mℓ（4本分）	ドゥブル・マグナム　Double-magnum
レオボアム　Réhoboam＊	4500mℓ（6本分）	ジェロボアム　Jéroboam
マチュザレム　Mathusalem	6000mℓ（8本分）	アンペリアル　Impérial
サルマナザール　Salmanazar	9000mℓ（12本分）	—
バルタザール　Balthazar	1万2000mℓ（16本分）	—
ナビュコドノゾール　Nabuchodonosor	1万5000mℓ（20本分）	—

＊実際にはほぼ生産されていないサイズ。

ド法などにおける重さの単位。1ポンド＝
453.6g。

·············· ワインの温度 ··············

レフリジェレ
Réfrigéré（仏）　Refrigerate（英）
液体が0℃以下の状態、凍った、凍結されたの
意。「**グラセ** Glacé（仏）Ice（英）」、「**ジュレ** Gelé
（仏）Jelly（英）」も同義。

フラッペ　Frappé（仏）　Chilled（英）
氷水で冷やすこと。4℃〜6℃。

フロワ　Froid（仏）　Cold（英）
「冷たい」、「冷えた」の意味。6℃〜12℃。

フレ／クール　Frais（仏）　Cool（英）
「涼しい」の意味。12℃〜16℃。

タンペレ
Tempéré（仏）　Temperate（英）
「温和な」、「過ごしやすい」の意味。16℃〜18℃。

シャンブレ
Chambré（仏）　Room temperature（英）
「室温の」。16℃〜18℃（日本の真夏の室温では
ない）。

ティエド　Tiède（仏）　Tepid（英）
「ぬるい」、「なま温かい」。20℃以上。人肌の温
度。

アティエディ　Attiédi（仏）　Warm（英）
「なま温かい」から「温かい」の意味。

ショー　Chaud（仏）　Hot（英）
「熱い」の意味。

ワインの購入・
管理・販売

シッパー
海外からワインを日本に輸出する輸出業者。

ペーパーカンパニー
登記だけしてあるが、実態のない会社のこと。
和製英語。

食品添加物
食品の製造・加工・保存の過程でその食品に添
加して使う物質。

残留農薬
食物に残った農薬のこと。2003年の食品衛生法
改定に伴なう農薬の残留基準が改められたが、
一定以上の残留農薬が認められた場合、その食
品の流通を禁止する制度を**ポジティブリスト**と
いう。

二酸化硫黄
p19 ワイン概論参照

ソルビン酸
ワインに用いられる添加物。天然には存在しな
いとされ、ワインの残留酵母に対して静酵母の
効果を持つ。再発酵防止のためとして甘口ワイ
ンに使用されることが多い。最大使用量はワイ
ン1kgあたり0.20g。

遊離亜硫酸
瓶の中で酸化防止の働きをする亜硫酸のこと
で、SO$_2$Free（エス・オー・ツー・フリー）とも
呼ばれる。他の物質と結合し酸化防止の役目を
果たさなくなったものは結合亜硫酸という。

ビタミンC
化学的には「V−アスコルビン酸」のことで、
ワインや飲料など食品に添加する場合、酸化防
止剤としての役目がある。

Ⅲ

2

サービスと販売管理

アスコルビン酸
有機化合物の一種。栄養素的に用いられる「ビタミンC」の別名。

EXW イー・エクス・ダブリュー
Ex Works
工場渡条件。ワイン流通上における蔵出し価格。ワイン取引に多く引用される。Ex Celler エクス・セラーとも呼ばれる。

FAS エフ・エー・エス
Freight at Shioside / Free Alongside Ship
ワイン流通上における価格。船の横までの価格を指し、Ex Celler と船の横までの輸送運賃の合計。

FCA エフ・シー・エー
Free Carrier
運送人渡条件。買主が指定した運送人(船や飛行機などの管理者)に売主の所在地または運送人の指定場所で貨物を引き渡すこと。FOBが慣例的に使われている。

FOB エフ・オー・ビー
Free on Board
本船渡条件。ワイン流通上における価格。船舶や貨車、飛行機などに荷積みされた時点で、その商品の所有権が買主に移転するという取引条件および荷積みされるまでの金額。

CFR(C&F)
シー・エフ・アール(シー・アンド・エフ)
Cost and Freight
運賃込条件。ワイン流通上における価格。蔵出し価格と船までの送料と船にのせる代金。

CIF シー・アイ・エフ
Cost, Insurance and Freight
運賃・保険料込条件。ワイン流通上における価格。「シフ」と呼ばれることがある。

20フィートサイズコンテナ
海上輸送されるコンテナの一般的なサイズ。20

フィートは約6.058m。

リーファーコンテナ
温度コントロールされたコンテナ。輸送中のワインのダメージが少ない。

ドライコンテナ
温度コントロールがされていない、通常のコンテナ。ヨーロッパからの船便では2回赤道直下の温度にさらされることになる。

海上保険
航海上の貨物の保険と船舶保険を併せたもの。主に海上危険による損害を保険対象とする。

デューティ・クローズ Duty Clause
約款(やっかん)。保険内容のこと。

インボイス Facture(仏) Invoice(英)
流通用語で送り状のこと。ワインの場合船に積まれた物の数や単価など、納品書の役割を果たすため、これがないと正式に輸入はできない。

B/L Bill of Lading
船荷証券。輸入する貨物が船に乗せられているという証明書。

分析証明書
二酸化亜硫酸やソルビン酸などの添加量が記載されている、ワイン輸入通関に必要な成分分析表のこと。

パッキングリスト
どのような梱包かを表す荷姿のこと。輸入量が少ない場合は、インボイス兼用となるケースがある。

信用状取引 Letter of Credit
輸入品の決済の方法。初めての取引や高額取引に使われる決済の方法で、銀行を介して支払いをする方法。

信用状なし取引

輸入品の決済の方法。輸入輸出者が双方に信頼関係がある場合に直接支払いをする方法。

D/P決済　Document against Payment

輸入品の決済の方法。「**手形支払い書類**」の意味。支払の意味としては、小切手とあまり変わりない。

D/A決済　Document against Acceptance

輸入品の決済の方法。「**手形引受書類渡し**」の意味。輸入品が届いてから支払いをする「料金後払い」の支払い方法。

電信送金　T/T Remittance

輸入品の決済の方法。銀行を介して支払いを行なう方法。

プリムール

ボジョーレーなどのできたてのワインに使われる「初めての」「一番目の」を意味する用語。別の意味では、主にワイン産地ボルドーでのワインの取引における用語。ワインがまだ商品化されていない、樽熟成中に売り出す商いの方法を指す。

直輸入通関

Import for consumption（IC）

輸入してすぐ通関手続きと納税を行なうこと。早飲みのワインなどがこの方法をとる。

保税倉庫倉入れ通関

Import for Storage（IS）

輸入してしばらく納税を行なわないで、保税倉庫に置いておくこと。しばし熟成を要する高級ワインに行なわれる。

保税倉庫倉出し輸入通関

Import from Storage Warehouse（IFS）

保税蔵置場に長期蔵置したワインなどの輸入品を、輸入者が関税・内国消費税等を支払い、国内に引き取る手続き。

PET　ビー・エー・ティー／ペット

プラスチックを材料にした容器。

プラマーク

容器包装材質識別のマークでコルクが合成樹脂の場合につけられる。

バッグ・イン・ボックス

Bag in box（英）

外装が段ボール箱で、内装がプラスチックなどの袋からなる液体輸送用の容器。ワイン用では一般に2〜5ℓ程度の箱入りワインを指す。オーストラリアで使用され始めた。BIBと略すこともある。**カスクワイン**とも呼ばれる。

VMIシステム

Vender Managed Inventory

買主と売り手があらかじめ取り決めした在庫量をお互いに情報共有しストックアウト（在庫切れ）などをないように補給すること。

TCA

コルク臭の原因になる物質、**トリクロロアニゾール**の略語。「**ブショネ**」や「**TCA香**」と呼ばれることが多い。

リーチイン ワインセラー

家庭用冷蔵庫のような物理的に「ドアを開けて手で取り出せるワインセラー」のこと。

ウォークイン ワインセラー

空調冷房で温度管理されている独立して部屋になっているワインセラーのこと。

原価管理

安定した営業を行なう指標として、レストランの総売上げに対しフードやドリンクの原価がどれくらいかかるかを、月ごとにパーセンテージ化すること。

POSシステム

小売業やレストランなどで採用されている。レジスター代わりになる販売時点情報管理（Point

of Sales)システム。売上げ情報などが簡単に管理でき、系列他店舗などの売上げが逐一管理できる。

酒類販売管理者制度
一般消費者に酒など酒類全般を販売する小売業において、「酒類販売管理者」を置かないといけない制度。ソムリエや一般消費者には売ることがない問屋などは当てはまらない。

3 チーズ

定義

チーズ
牛や山羊、羊などの乳を原料として乳酸菌や凝乳酵素などによって凝固させ、ホエイ(乳清)の一部を取り除いたもの。またはそれらを乳酸菌やカビなどの微生物で発酵、熟成させたもの。

乳等省令
日本の食品衛生法に基づく「乳および乳製品の成分規格等に関する省令」の略称。乳等省令ではチーズを「ナチュラルチーズおよびプロセスチーズをいう」と定義している。

ナチュラルチーズ
乳等省令の定義では「乳、バターミルク(バターをつくる際に生じた脂肪粒以外の部分)、クリームまたはこれらを混合したもののほとんどすべて、または一部のタンパク質を酵素その他の凝固剤により凝固させた凝乳から、乳清の一部を除去したものまたはこれらを熟成したもの」とされている。

プロセスチーズ
ナチュラルチーズを粉砕し、加熱溶融し、乳化したもの。

ナチュラルチーズの分類

*以下はフランス式の分類。

フレッシュタイプ
フランス語で**フロマージュ・フレ**(Fromage frais)。ミルクを乳酸菌や凝乳酵素を使って固め、ホエイ(乳清)を排出しただけのフレッシュなタイプ。原料の乳は牛、山羊、羊など。一般的に水分が多く、柔らかい。**非熟成タイプ**ともいう。

白カビタイプ
フロマージュ・ア・パート・モール・クルート・フルーリー (Fromage à pâte molle à croûte fleurie)。表面にペニシリウム・カンディダムなどの白カビ菌をつけて繁殖させ、カビの層をつくったもの。白カビがタンパク質分解酵素を分泌してアンモニアが生成され、乳の主要なタンパク質であるカゼインを分解していく。チーズの表面から中心部に向かって熟成が進む。

ウォッシュタイプ
フロマージュ・ア・パート・モール・ア・クルート・ラヴェ (Fromage à pâte molle à croûte lavée)。薄い塩水や地酒を含ませた塩水を布や柔らかいブラシに浸し、チーズの表面を洗い(ぬぐい)ながら熟成させる。この作業によって湿り気を好むリネンス菌(枯草菌の一種)がチーズの表面について優勢になり、他のカビの生育を阻害し、チーズに独特の風味をつくり出す。最近では空気中のリネンス菌に頼らず、純粋培養したリネンス菌をミルクや塩水に添加する。

シェーヴルタイプ

フロマージュ・ド・シェーヴル（Fromage de chèvre）。シェーヴル（chèvre）とはフランス語で雌ヤギの意。日本ではフランス以外の山羊乳製チーズも同様に呼ぶ。山羊乳製のチーズの特徴は、もろい組織と特有の風味。山羊は体内でカロテンをビタミンAに変換するため、乳中にカロテンが含まれない。そのためチーズも白色を呈する。

青カビタイプ

フロマージュ・ア・パート・ペルシエ（Fromage à pâte persillée）。好気性の青カビ、ペニシリウム・ロックフォルティなどをチーズの内部に繁殖させて脂肪を分解し、独特の風味をつくり出す。青カビを接種するタイミングはミルクの段階、またはカッティング後のカード（生地）の段階がある。青カビは好塩性でもあるため、ほかのタイプのチーズより塩分が強く仕上がる。

非加熱圧搾タイプ（セミハードタイプ）

フロマージュ・ア・パート・プレッセ・ノン・キュイ（Fromage à pâte pressée non cuite）。圧搾（プレス）して硬くつくるタイプのチーズの中でも、製造過程で、カード（生地）をカットして撹拌する際に温度を40℃以上に上げないでつくったチーズを非加熱圧搾タイプという。やや硬く、組織はしっとりとしていることから「セミハードタイプ」と呼ばれる。熟成により、水分が抜けて組織が締まり、固くなる。

加熱圧搾タイプ（ハードタイプ）

フロマージュ・ア・パート・プレッセ・キュイ（Fromage à pâte pressée cuite）。加熱圧搾タイプとはチーズの製造過程でカードをカットして撹拌する際に、温度を40℃以上に上げてつくるチーズ。水分の放出が促進されて硬い生地になり、保存性も高まる。コンテやボーフォールなどは53℃、パルミジャーノ・レッジャーノは55℃まで温度を上げる。

パスタフィラータ・タイプ

パスタフィラータ（Pasta filata）とは、主にイタリアのチーズづくりで行なわれる工程のこと。堆積したカードを細かく裁断し、倍量の熱湯をかける。これを棒やヘラなどで手早くかき混ぜると、カードが溶けはじめる。余分な湯を捨ててカードを練って伸ばし（イタリア語でフィラトゥーラ）、繊維状の生地（イタリア語でパスタ）に仕上げる作業。英語ではストレッチド・カード、カード・ストレッチングと呼ぶ。フレッシュなモッツァレラや、プロヴォローネ、カチョカヴァッロなどがこのタイプ。

チーズに関する法律

ストレーザ協定

第二次世界大戦後、原産地以外の偽物チーズが出回る事態を受けて、1952年に、チーズ生産8ヵ国（フランス、イタリア、スイス、オーストリア、オランダ、デンマーク、ノルウェー、スウェーデン）が結んだ協定。これにより原産地名称を保護するようになり、フランスのA.O.C.やイタリアのD.O.C.の原産地呼称統制制度が強化・整備された。これらをもとに1992年、EU（欧州連合）加盟各国は品質認証システムを創設。対象はチーズなど乳製品のほか、オリーブオイル、食肉加工品など多岐に渡る。

P.D.O. ピー・ディー・オー

原産地名称保護。英語で Protected Designation of Origin。製法や産地を保護する制度の中で、認証条件が一番厳しいもの。決められた産地で伝統的な製法で生産されたうえに、その土地の気候風土を反映した固有の品質や風味を備えていなくてはならない。認定されたものには認証マークが各国の言語で表記される。フランス語ではエー・オー・ピー（A.O.P. = Appellation d'Orine Protegée）、イタリア語ではディー・オー・ピー（D.O.P. = Denominazione di Origine Protetta）。

P.G.I. ピー・ジー・アイ

地理的表示保護。英語で Protected Geographical Indication。製品名に明記された地域でつくられた製品に認められるマーク。生産、加工、調整の過程のうち、ひとつ以上、その地域と結びついていることが条件。原材料の一部がほかの地域のものでも、ひとつ以上が指定地域内の生産であれば許可される。ただし、生産地らしい特性を備えていなくてはいけない。認定されたものは認証マークが各国の言語で表記される。フランス語はアイ・ジー・ピー(I.G.P. = Indication Géographique Protegée)、イタリア語はアイ・ジー・ピー(I.G.P.=Indicazione Geographica Protetta)。

T.S.G. ティー・エス・ジー

伝統的特産品保証。英語で Traditional Speciality Guaranteed。基準が最もゆるやかな制度。原産地の証明ではなく、生産する組織や製法が伝統的であることを認証する。条件は製品に明記された地域で生産されていること、伝統的な原材料から伝統的と認証された技術で生産されていることなど(伝統的とは30年以上を指す)。

オーガニック・ファーミング
Organic Farming

EU産有機農産物マーク。2000年に制定された制度で「有機農法は合成肥料、合成農薬、成長ホルモン、成長促進剤などを一切使用せずに農作物や家畜を育てること」と定義。遺伝子組み換えも禁止されている。

A.O.C. エー・オー・シー

フランスの原産地呼称統制制度。EU加盟国のフランスでチーズのA.O.P.を取得するには、フランス国立原産地・品質研究所(I.N.A.O.)に申請し、原産地呼称統制制度(A.O.C.)のチーズとして登録する必要がある。その後、欧州委員会の審査・承認を経てA.O.P.チーズとして登録される。A.O.C.認可チーズの条件は、①原料乳の種類、産出地域、②製造地域と製造方法、③熟成地域と熟成期間、④形、重量、外皮、乳脂肪分など、細かく規定されている。

フランスA.O.P.チーズ

……ノルマンディー地方……

カマンベール・ド・ノルマンディー
Camembert de Normandie

白カビタイプ。牛乳(無殺菌乳)製。ナポレオン3世が好んだチーズとされる。

🍷白 Bourgogne, 赤 Cru Beaujolais, その他 Cidre, Pommeau de Normandie

ヌーシャテル Neufchâtel

白カビタイプ。牛乳製。四角、ハート、樽栓などさまざまな形がある。

🍷白 Bourgogne, 赤 Cru Beaujolais, その他 Cidre, Pommeau de Normandie

ポン・レヴェック Pont-l'Evêque

ウォッシュタイプ。牛乳製。修道士によってつくられ、13世紀にはアンジェロ、その後村名(ポン・レヴェック)と呼ばれるようになる。ウォッシュタイプの中では風味が穏やか。

🍷赤 Haut-Médoc, その他 Cidre, Pommeau de Normandie

リヴァロ Livarot

ウォッシュタイプ。牛乳製。型崩れ防止に数本の水草を巻いた様子を軍服のモールに見立てたことから、「コロネル(大佐)」という愛称で呼ばれている。🍷赤 Haut-Médoc, その他 Pommeau de Normandie, Calvados

サン・タンドレ Saint-André

白カビタイプ、牛乳製。円筒型でふわふわの白カビに覆われる。固形分中乳脂肪分75%と高く、なめらかでコクのあるリッチな味わい。

🍷白 Champagne, Bourgogne, ロゼ Champagne, 赤 Beaujolais Villages

イル・ド・
フランス地方

ブリ・ド・モー　Brie de Meaux
白カビタイプ、牛乳(無殺菌乳)製。8世紀にシャルルマーニュ(カール)大帝が食したという古い歴史を持つ。🍷白Champagne, Bourgogne, 赤Côte de Beaune, St-Émilion, Pomerol

ブリ・ド・ムラン　Brie de Melun
白カビタイプ、牛乳(無殺菌乳)製。ブリ・ド・モーより形は小さいが、熟成期間が長め。モーの女性的に対しムランは男性的と表現される。

ロワール地方

サン・モール・ド・トゥーレーヌ
Sainte-Maure de Touraine
シェーヴルタイプ、山羊乳(無殺菌乳)製。型崩れ防止とよい熟成のために中央に藁が1本通っている。規定により藁にはチーズ名、生産者番号が記載されている。🍷白Touraine Mousseux, Touraine, Touraine+コミューン, Montlouis-sur Loire, ロゼTouraine Mousseux, Touraine, Touraine+コミューン, 赤Touraine, Touraine Gamay, St-Nicolas-de-Bourgueil

セル・シュール・シェール
Selles-sur-Cher
シェーヴルタイプ、山羊乳(無殺菌乳)製。木炭の粉をまぶした円錐台型で、ロワール川の支流シェール川一帯でつくられる。

🍷白Touraine Mousseux, Touraine, Touraine+コミューン, Montlouis-sur Loire, ロゼTouraine Mousseux, Touraine Gamay, St-Nicolas-de-Bourgueil

ヴァランセ　Valençay
シェーヴルタイプ、山羊乳(無殺菌乳)製。木炭の灰で覆われる。上部がないピラミッド型は、エジプト遠征で敗れたナポレオンがチーズを見

て「上部を切れ」と命じたためといわれる。
🍷白Valençay, Touraine, ロゼValençay, Touraine, 赤Valençay, Touraine

プーリニィ・サン・ピエール
Pouligny-Saint-Pierre
シェーヴルタイプ、山羊乳(無殺菌乳)製。スマートな形からエッフェル塔の愛称を持つ。やや酸味が強いがクリーミーで山羊乳特有の香りは控えめ。緑のラベルはフェルミエ(農家)製、赤はレティエ(乳製品工場)製。

🍷白Valençay, Touraine, ロゼValençay, Touraine, 赤Valençay, Touraine

シャヴィニョル　Chavignol
シェーヴルタイプ、山羊乳(無殺菌乳)製。小さな饅頭型(60g以上)で、熟成具合によって軽めのドゥミ・セックからしっかりしたセックまで楽しめる。**クロタン・ド・シャヴィニョル**Crottin de Chavignolともいう。

🍷白Sancere, Coteaux de Giennois, ロゼSancere, Coteaux de Giennois, 赤Sancere, Coteaux de Giennois

ポワトゥー＝
シャラント地方

シャビシュー・デュ・ポワトー
Chabichou du Poitou
シェーヴルタイプ、山羊乳製。「シャビシュー」はアラビア語のシェブリ(山羊)が由来、732年のトゥール・ポワティエの戦いの際に製法が残されたと言われる。ボンドン(樽栓)型をしたきめ細やかな組織を持つチーズ。

🍷白Haut-Poitou, Touraine, ロゼHaut-Poitou, Touraine, 赤Haut-Poitoo Touraine Gamay, St-Nicolas-de-Bourgueil, その他Pineau des Charentes

..... ティエラッシュ地方＆ .....
フランドル地方

マロワール　Maroilles
ウォッシュタイプ、牛乳製。古くからマロワール修道院でつくられていた。ベルギー国境に近いティエラッシュ地方では、地元のビールを合わせる。**マロル Marolles** ともいう。

🍷白Gewürztraminer, Pinot Gris, 赤St-Émilion, Pomerol, Alsace Pinot Noir, その他Bière ambrée

ミモレット　Mimolette
非加熱圧搾タイプ、元はフランドル地方、現在はノルマンディー地方産。アナトー色素で着色したオレンジ色のチーズ。熟成に応じて若い順にジュンヌ、ドゥミ・ヴィエイユ、ヴィエイユ、エクストラ・ヴィエイユと呼ばれる。A.O.C.ではないが、日本で人気の高いチーズ。

🍷白Bourgogne, 赤St-Émilion, Pomerol, その他Bière ambrée

.... アルザス地方＆ ....
ロレーヌ地方

マンステール　Munster
ウォッシュタイプ、牛乳製。「小修道院」という意味のモナステールが由来とされる。チーズの香りを和らげ、消化を助けるキャラウェイシードと食べるのが定番。**マンステール・ジェロメ Munster-Géromé** ともいう。

🍷白Gewürztraminer, Pinot Gris, 赤Alsace Pinot Noir, その他Bière ambrée

...... シャンパーニュ地方 ......

シャウルス　Chaource
白カビタイプ、牛乳製。名前になったシャウルスの町の南にはシャブリ、北にはシャンパーニュが位置する。🍷白Champagne, Bourgogne,

ロゼChampagne, Rosé des Riceys, Bourgogne, 赤Bourgogne

ラングル　Langres
ウォッシュタイプ、牛乳製。上面にフォンテーヌ（泉）と呼ばれるくぼみがあるユニークな形。フォンテーヌにマール酒を少量注いで熟成させ、強い味わいを楽しむこともある。

🍷白Champagne, Bourgogne, ロゼChampagne, 赤Côte de Beaune, その他Ratafia de Champagne, Marc de Champagne

カプリス・デ・デュー
Caprice des Dieux
白カビタイプ、牛乳製。「神様の気まぐれ」の意味。牛乳にクリームを加えて脂肪分を高めた、固形分中乳脂肪分60％のダブルクリームタイプ。A.O.C.ではないが、日本で人気が高い。

🍷白Champagne, Bourgogne, ロゼChampagne, 赤Beaujolais Villages

.... ブルゴーニュ地方 ....

エポワス　Epoisses
ウォッシュタイプ、牛乳製。ブリア・サヴァランが「チーズの王」と称賛したことで有名。表面をマール・ド・ブルゴーニュで洗い、熟成させることで芳醇な香りを生み出す。

🍷白Meursault, 赤Côtes de Nuits, その他Marc de Bourgogne

シャロレ　Charolais
シェーヴルタイプ、山羊乳（無殺菌乳）製。チーズ名でもあるシャロレ地方は肉牛の産地として名高いが、18世紀に女性を担い手として山羊の飼育とチーズづくりを開始。真ん中が少しふくらんだ円筒形。🍷白Rully, ロゼBourgogne, 赤Bourgogne, Boujolais

マコネ　Mâconnais
シェーヴルタイプ、山羊乳（無殺菌乳）製。名前は産地であるブルゴーニュ地方マコネから。ブ

241

ドウ畑が点在する草原で飼育されている、山羊の乳からつくられる。熟成段階により異なった味わいが楽しめる。

🍷白Mâcon-Villages, Pouilly-Fuissé, ロゼMâcon, 赤Mâcon, Beaujolais

ブリア・サヴァラン　Brillat-Savarin

フレッシュタイプ、牛乳製。『美味礼讃』の著書で美食家のブリア・サヴァランに由来。牛乳に生クリームを加えて乳脂肪分を高めたクリーミーなタイプ。熟成タイプもある。A.O.C.ではないが、日本で人気が高い。

🍷白Champagne, Bourgogne, ロゼChampagne

バラカ　Baraka

白カビタイプ、牛乳製。バラカ（幸運）を招くといわれる馬蹄型をしたチーズ。固形分中乳脂肪分70％のダブルクリームタイプ。

🍷白Champagne, Bourgogne, ロゼChampagne, 赤Beaujolais Villages

..... フランシュ・コンテ .....
地方（ジュラ地方）

コンテ　Comté

加熱圧搾タイプ、牛乳（無殺菌乳）製。A.O.P.チーズの最大の生産量を誇る。夏につくられたものは果実の香りが、冬づくりのものはノワゼットなど香ばしいニュアンスが感じられると言われる。🍷白Crémant du Jura, L'Étoile, Côtes du Jura, Arbois, ロゼArbois, Côtes du Jura, 赤Arbois, Côtes du Jura, その他Vin Jaune

モルビエ　Morbier

非加熱圧搾タイプ、牛乳（無殺菌乳）製。コンテをつくったあとのカードと翌日のカードを合わせてつくったことが始まり。中央部に水平に入った黒い線は、もとは虫除けの意味で銅鍋の底についた煤（すす）を塗ったものだが、現在は炭を用いる。

🍷白Côtes du Jura, Arbois, ロゼArbois, 赤Arbois

モン・ドール　Mont d'Or

ウォッシュタイプ、牛乳（無殺菌乳）製。8月15日から翌年3月15日までしか製造されない季節限定チーズ。販売期間は9月10日から翌年の5月10日まで。エピセア（モミの木の一種）の樹皮で巻き、エピセアの棚で洗いながら熟成させる。「チーズの真珠」と称賛される。

🍷白Crémant du Jura, Côtes du Jura, Arbois, ロゼArbois, 赤Arbois, Cru Beaujolais

..... コート・デュ・ .....
ローヌ地方

リゴット・ド・コンドリュー
Rigotte de Condrieu

シェーヴルタイプ、山羊乳（無殺菌乳）製。リヨン近郊のピラ山地でつくられる、30〜35gほどの小さな円盤形。小川を意味するrigole（リゴール）とコンドリューの町が名の由来。

🍷白Côtes du Rhône, ロゼTavel, 赤Beaujolais

ピコドン　Picodon

シェーヴルタイプ、山羊乳製。コインのように小さい。フェルミエ（農家）製は無殺菌乳使用が義務づけられている。

🍷白Côtes du Rhône, ロゼTavel, 赤Beaujolais

..... サヴォワ地方 .....

ルブロション・ド・サヴォワ
Reblochon de Savoie

非加熱圧搾タイプ、牛乳（無殺菌乳）製。ルブロションは「再び搾る」の意。かつて農民が牛乳を搾りきらずに、残した牛乳でつくったことがこのチーズの始まり。優しいミルクの味。

🍷白Vin de Savoie, Vin de Savoie Crépy, ロゼVin de Savoie, 赤Vin de Savoie

アボンダンス　Abondance

加熱圧搾タイプ、牛乳（無殺菌乳）製。乳量が多く、質も高いアボンダンス種の牛乳からつくら

れる。側面が内側に湾曲した形が特徴。

🍷白Roussette de Savoie, ロゼVin de Savoie, 赤Vin de Savoie

ボーフォール　Beaufort

半加熱圧搾タイプ、牛乳(無殺菌乳)製。上品なコクを持つ山のプリンス。アルプスで放牧する牛の乳から6月～9月までにつくられるチーズが最も珍重される。アボンダンス同様、側面が湾曲した形が特徴。

🍷白Roussette de Savoie, ロゼVin de Savoie, 赤Vin de Savoie, その他Vin Jaune

……… オーヴェルニュ地方 …………

ブルー・ドーヴェルニュ
Bleu d'Auvergne

青カビタイプ、牛乳製。青カビがしっかりと全体に広がり、ピリッとした刺激と軽いノワゼットの風味を持つ。

🍷白Sauternes, Jurançon, 赤Côtes du Rhône南部, その他Rasteau, Banyuls, Rivesaltes

フルム・ダンベール
Fourme d'Ambert

青カビタイプ、牛乳製。この地方でチーズを意味する「フルム」が名前の由来。外皮は薄く中身は青カビが均一に美しく入っている。青カビが多いわりにマイルドな味わい。

🍷白Sauternes, Jurançon, 赤Côtes du Rhône南部, その他Rasteau, Banyuls, Rivesaltes

カンタル　Cantal

非加熱圧搾タイプ、牛乳製。ロックフォールと並びフランス最古のチーズ。外見は石臼のようだが、木の実のような素朴で優しい味がする。熟成するごとに味わいが濃厚になる。

🍷白Graves, Bourgogne, Côtés d'Auvergne, ロゼCôtes d'Auvergne, 赤Cotes d'Auvergne, Côte Roannaise

サン・ネクテール　Saint-Nectaire

非加熱圧搾タイプ、牛乳製。シャンピニオンとノワゼットの風味を持つ。緑の品質表示マーク(カゼインマーク)が楕円形ならフェルミエ(農家)製、正方形ならレティエ(乳製品工場)製。

🍷白Bourgogne, Côtes d'Auvergne, ロゼCôtes d'Auvergne, 赤Cotes d'Auvergne, St-Émilion, Pomerol

………… ミディ・ピレネー ………… 地方

ロックフォール　Roquefort

青カビタイプ、南西地方アヴェロン県(ルエルグ地方)産。羊乳(無殺菌乳)製。フランス最古のチーズのひとつ。1925年チーズのA.O.(原産地名称)第1号。フランスの中央高地南部ルエルグ地方アヴェロン県ロックフォール・シュル・スールゾン村の洞窟で最低90日間熟成。

🍷白Sauternes, Jurançon, Pacherenc du Vin Bilh, 赤Côte du Rhône南部, その他Rasteau, Banyuls, Rivesaltes

ブルー・デ・コース　Bleu des Causses

青カビタイプ、南西地方アヴェロン県(ルエルグ地方)産。牛乳製。ロックフォールの牛乳版といわれるほど形が似ていて産地も近く、石灰岩の自然の洞窟で熟成させる方法も同じ。しっかりとしたコクを持つエレガントなチーズ。

🍷白Sauternes, Jurançon, Pacherenc du Vin Bilh, 赤Côtes du Rhône南部, その他Rasteau, Banyuls, Rivesaltes

………… バスク地方& ………… ベアルヌ地方

オッソー・イラティ(・ブルビ・ピレネー)
Ossau-Iraty (Brebis Pyrénées)

非加熱圧搾タイプ、羊乳製。ベアルン地方のオッソーの谷とバスク地方のイラティの森が名の由来。ブルビは羊乳製チーズのこと。羊乳特有

の旨味とハチミツに似たほのかな甘味が特徴。
🍷白Jurançon Sec, Pacheren du Vic Bilh,
ロゼIrouéguy, 赤Irouéguy, Madiran, Cahors,
Haut-Médoc

·············· コルシカ島 ··············

ブロッチュ　Brocciu
ホエイ(乳清)フレッシュタイプ。羊乳、山羊乳
または混乳のホエイに羊、山羊の全乳を加え
る。コルシカ出身のナポレオンが、後年パリに
移り住んだ母親のためにつくらせたチーズとし
て有名。🍷白Vin de Corse, ロゼVin de Corse,
その他Muscat du Cap Corse

イタリアD.O.P.チーズ

フォンティーナ　Fontina
半加熱圧搾タイプ、ヴァッレ・ダオスタ州産。
牛乳(無殺菌乳)製。ナッツの風味、ハチミツの
ような甘味が特徴。フォンティーナと牛乳、卵、
バターで作るフォンドゥータ(アオスタ風フォ
ンデュ)が代表料理。🍷白Valle d'Aosta, ロゼ
Valle d'Aosta, 赤Valle d'Aosta

カステルマーニョ　Castelmagno
非加熱圧搾タイプ、ピエモンテ州産。牛乳(無殺
菌乳)を中心に羊乳、山羊乳を加えることがで
きる。生産量の少ない幻のチーズ。標高の高い
カステルマーニョ村とその周辺で生産。ほのか
な酸味と独特の発酵臭、ぼそぼそとした生地、
スパイシーで濃厚な味わい。
🍷赤Barolo, Barbaresco

ブラ　Bra
非加熱圧搾タイプ、ピエモンテ州産。牛乳を中
心に山羊乳、羊乳を加えることができる。ピエ
モンテ州が誇る人気チーズで、州内最大の生産

量を誇る。熟成期間の短いソフトタイプは**ブラ
・テーネロ**、長いハードタイプは**ブラ・ドゥー
ロ**と呼ばれている。🍷白Langhe, 赤Langhe

ラスケーラ　Raschera
非加熱圧搾タイプ、ピエモンテ州産。牛乳を中
心に山羊乳、羊乳を加えることができる。角型
と丸型がある。標高900m以上の場所で製造し
たものは、ディ・アルペッジョ(高地牧場製の)
と表示できる。🍷白Langhe, 赤Langhe

ロビオラ・ディ・ロッカヴェラーノ
Robiola di Roccaverano
ソフトタイプ、ピエモンテ州産、山羊乳(無殺菌
乳)製、羊乳、牛乳を加えることができる。熟成
するにしたがって表皮が赤茶色になることか
ら、ラテン語のロビウム(赤色)が転じてロビオ
ラと呼ばれるようになったという。
🍷白Asti, Moscato d'Asti, Gavi, 赤Brachetto
d'Acqui

ゴルゴンゾーラ　Gorgonzola
青カビタイプ、ピエモンテ州、ロンバルディア
州産。牛乳製。名前はロンバルディア州ゴルゴ
ンゾーラ村から。マイルドで柔らかいドルチェ
と、強い刺激風味を持ち、硬めで組織がもろい
ピッカンテの2タイプがある。
🍷白Recioto di Soave, Asti, Moscato d'Asti, 赤
Ghemme, Brachetto d'Acqui

タレッジョ　Taleggio
ソフト(ウォッシュ)タイプ、ロンバルディア
州、ピエモンテ州の一部、ヴェネト州の一部産。
牛乳製。イタリアが誇るウォッシュタイプで起
源は10世紀ごろ。上品な風味と軽い酸味があ
り、マイルドな味わい。
🍷白Franciacorta, Oltorepò Pavese Cortese, ロ
ゼFranciacorta, 赤Oltorepò Pavese

クアルティローロ・ロンバルド
Quartirolo Lombardo
ソフトタイプ、ロンバルディア州産。牛乳製。4
度目の短い草を刈り取るころにつくられていた

ことからクアルティローロ（4度目の草）と名づけられた。外見はタレッジョに似ているが、やや酸味が強め。

🍷白Franciacorta, Oltorepò Pavese Cortese, ロゼFranciacorta, 赤Oltorepò Pavese

サルヴァ・クレマスコ
Salva Cremasco

ソフトタイプ（ウォッシュ）、ロンバルディア州産。牛乳（無殺菌乳）製。タレッジョを2つ積み重ねたようなサイズ。中の生地はホロリと崩れやすく、上品な酸味とミルクの旨味が凝縮している。🍷白Franciacorta, Oltorepò Pavese Cortese, ロゼFranciacorta, 赤Oltorepò Pavese

アジアーゴ　Asiago

半加熱圧搾タイプ、ヴェネト州、トレンティーノ・アルト・アディジェ州産。牛乳製。熟成期間が短いソフトでマイルドな「**プレッサート**」と、長期熟成で深みのある旨味を持つ「**ダッレーヴォ**」の2タイプがある。🍷白Soave Superiore, ロゼBardolino, 赤Valpolicella

モンテ・ヴェロネーゼ
Monte Veronese

加熱圧搾タイプ、ヴェネト州産。牛乳（無殺菌乳）製。ヴェローナのレッシーニ山が産地。13世紀からつくられ、現在もその製造方法が受け継がれている。🍷白Soave Superiore, ロゼBardolino, 赤Valpolicella

ピアーヴェ　Piave

加熱圧搾タイプ、ヴェネト州産。牛乳製。チーズの名前はピアーヴェ川に由来。

🍷白Piave, 赤Piave

プロヴォローネ・ヴァルパダーナ
Provolone Valpadana

パスタフィラータ、北部ポー川流域、ロンバルディア州、ヴェネト州、トレンティーノ＝アルト・アディジェ州、エミリア・ロマーニャ州産。牛乳製。昔は南イタリアが生産の中心だったが、現在はロンバルディアを中心とする広い地

域でつくられている。マイルドな味わい。

🍷白Romagna Albana, 赤Romagna Sangiovese

グラーナ・パダーノ　Grana Padano

加熱圧搾タイプ、北部一帯産。牛乳（無殺菌乳）製。「グラーナ」は生地が粒状であるハードタイプの総称。パルミジャーノ・レッジャーノが1日1回の製造に対し、グラーナは2回製造ができ、また熟成期間も短いため生産量が多く、日常使い向き。🍷白Romagna Tarebbiano, 赤Romagna Sangiovese

パルミジャーノ・レッジャーノ
Parmigiano Reggiano

加熱圧搾タイプ。エミリア・ロマーニャ州（ポー川右岸とレノ川左岸一帯）産、ロンバルディア州の一部産。牛乳（無殺菌乳）製。長い歴史を持ち、イタリアチーズの王様と賞賛される。最低1年の熟成期間が必要。

🍷白Colli di Parma, 赤Reggiano

ペコリーノ・トスカーノ
Pecorino Toscano

加熱圧搾タイプ、トスカーナ州産。羊乳製。「**ペコリーノ**」は羊乳製チーズの総称。トスカーナ地方の羊乳のチーズは塩分控えめ、マイルドな味わい。弾力があり甘味を感じるソフトタイプ「**フレスコ**」、コクと旨味が感じられる熟成タイプ「**スタジオナート**」がある。

🍷白Pomino, Vernaccia di San Gimignano, 赤Chianti Classico, Brunello di Montalcino, Vino Nobile di Montepulciano

ペコリーノ・ロマーノ
Pecorino Romano

加熱圧搾タイプ、ラツィオ州、サルデーニャ州、トスカーナ州一部産。羊乳製。イタリア最古のチーズと言われる。その名の通り、もともとはローマ近郊でつくられていたが、現在では大半がサルデーニャ島産。保存食の意味合いから塩味は強め。羊乳シーズンに合わせて生産は11月から翌年6月末までの8ヵ月間。

🍷白Frascati, 赤Cesanese del Piglio

カネストラート・プリエーゼ
Canestrato Pugliese

非加熱圧搾タイプ、プーリア州産。羊乳製。「プーリア地方の籠のチーズ」という名の通り、籠（現在では衛生的なプラスチック製）に入れて圧搾するため、外皮にその跡がつく。羊乳チーズ独特のコクと甘味のある伝統的なチーズ。

🍷白Castel del Monte, ロゼSalice Salentino, 赤Brindisi

ペコリーノ・シチリアーノ
Pecorino Siciliano

非加熱圧搾タイプ、シチーリア州産、羊乳製。生産地区はシチリア島全土。熟成は4～18ヵ月と許容範囲が広く、季節やつくり手によってさまざまな味わいのタイプが存在する。黒コショウ入りのものもある。

🍷白Sicilia, 赤Cerasuolo di Vittoria, Etona

ピアチェンティヌ・エンネーゼ
Piacentinu Ennese

非加熱圧搾タイプ、シチーリア州産。羊乳（無殺菌乳）製。鮮やかなオレンジ色と独特の風味はサフランを加える製法から。黒コショウの粒が入っている。

🍷白Sicilia, 赤Cerasuolo di Vittoria, Etona

ペコリーノ・サルド　　Pecorino Sardo

半加熱圧搾タイプ、サルデーニャ州産、羊乳製。この島で古来から生産されているチーズは総称してペコリーノと呼ばれていたが、時とともに呼び名はペコリーノ・サルド、フィオーレ・サルドと分かれた。熟成の短いドルチェタイプと長いマトゥーロタイプの2種類がある。

🍷白Vermentino di Gallura, 赤Monica di Sardegna

フィオーレ・サルド　　Fiore Sardo

非加熱圧搾タイプ、サルデーニャ州産、羊乳（無殺菌乳）製。「サルデーニャの花」という意味。原料の羊乳はムフローネ種で、その祖先は野生の羊。ラバの背中に乗せて運びやすいように上下を切り落とした切り株のような形をしてい

る。深みのある味わい。🍷白Vermentino di Gallura, 赤Monica di Sardegna

モッツァレッラ・ディ・ブーファラ・カンパーナ
Mozzarella di Bufala Campana

フレッシュ（パスタフィラータ）タイプ、カンパーニア州、ラツィオ州産。水牛製。製造中の作業、引きちぎるという意味の「モッツァーレ」が名前の由来。その後、サラモイア（塩水）に落として生地を引き締めることで、薄い表皮ができる。水牛乳は牛乳に比べて脂肪分が高く、カロテンが少ないため、真っ白な色合いになる。

🍷白Falerno del Massico, Vesuvio

カチョカヴァッロ・シラーノ
Caciocavallo Silano

パスタフィラータ、南部一帯、モリーゼ州、プーリア州、カンパーニア州、バジリカータ州、カラーブリア州産。牛乳製。カチョはチーズ、カヴァッロは馬のこと。その昔、2つひと組でつりさげて熟成させる様子が馬にまたがった姿に似ていることから。シラーノは原産地のシーラ高原のこと。🍷白Greco di Tufo, Cirò, 赤Cirò, Aglianico del Vulture

ラグザーノ　　Ragusano

パスタフィラータ、シチーリア州産。牛乳製。生産地区が極端に狭く、農家製が主流、ほとんどが現地で消費。輸送しやすい四角く長い形が特徴。若いタイプはほんのりとした甘さと酸味のマイルドな味わい、熟成が進むとしっかりした味わいに。🍷赤Cerasuolo di Vittoria

---

スペインD.O.P.チーズ

ケソ・マンチェゴ　　Queso Manchego

非加熱圧搾タイプ、カスティーリャ・ラ・マンチャ州産。羊乳製。小説『ドン・キホーテ』にも登場するスペインを代表するチーズ。特徴的

な、表面の帯状の網目模様は昔の製法の名残り。現在は同じ模様をつけたプラスチックの型を使用。🍷白La Mancha, Valdepeñas, ロゼLa Mancha, Valdepeñas, その他Sherry Fino

イディアサバル　Idliazàbal

非加熱圧搾タイプ、バスク州産、ナバラ州産。羊乳(無殺菌乳)製。スモークしたタイプとしていないものがあるが、大半はスモークしていない。仔羊のレンネット(第4胃の消化液にある凝乳酵素)を使用するためわずかな辛味がある。
🍷白Chacolí de Getaria, Rioja, Navarra, ロゼRioja, Navarra, 赤Rioja, Navarra, その他Sherry Fino

ケソ・デ・ラ・セレナ
Queso de la Serena

ソフトタイプ、エストレマドゥーラ州産。羊乳(無殺菌乳)製。スペインの中で高い人気のチーズのひとつ。メリノ種の羊乳を植物性レンネットで固めてつくる。スプレッド状でしっとり柔らかいチーズ。🍷白Ribera del Guadiana, 赤Ribera del Guadiana

トルタ・デル・カサール
Torta del Casar

ソフトタイプ、エストレマドゥーラ州産。羊乳(無殺菌乳)製。ケソ・デ・ラ・セレナと同じく植物性レンネットで固めてつくり、側面に白いレース状の帯を巻いて熟成させる。柔らかいのでスプーンですくって食べるのが一般的。
🍷白Ribera del Guadiana, 赤Ribera del Guadiana

ケソ・テティージャ　Queso Tetilla

非加熱圧搾タイプ、ガリシア州産。牛乳製。名前の由来はTeta(乳房)の形から。別名「尼さんのおっぱい」。クリーミーでマイルド、かすかな酸味がアクセント。🍷白Rías Baixas

アルスア・ウジョア　Arzúa-Ulloa

非加熱圧搾タイプ、ガリシア州産。牛乳製。お供え餅のような形で、むっちりと柔らかく、ヨ

ーグルトのような酸味とバターのコクを持つ、ほんのり甘みのあるミルキーな味わい。
🍷白Rías Baixas

サン・シモン・ダ・コスタ
San Simón da Costa

非加熱圧搾タイプ、ガリシア州産。牛乳製。大きな涙のような先のとがった円錐形。燻製処理が施され、コーヒー牛乳のような香りを持つ、マイルドで優しいチーズ。🍷赤Ribeiro

マオン・メノルカ　Mahón Menorca

非加熱圧搾タイプ、バレアレス州メノルカ島産。牛乳製。マヨネーズ発祥の地として知られる地中海に浮かぶメノルカ島で造られるチーズの総称。ソフトタイプから長期熟成タイプまでさまざま。長熟タイプには表皮にオリーブオイルとパプリカが塗ってある。
🍷白Binissalem-Mallorca, ロゼBinissalem-Mallorca, 赤Binissalem-Mallorca

ケソ・デ・ムルシア・アル・ビノ
Queso de Murcia al Vino

非加熱圧搾タイプ、ムルシア州産。山羊乳製。熟成中に表面をムルシア産の赤ワインで洗ってつくる。赤ワインの香りが入り混じった独特の味わい。🍷赤Bullas

カブラレス　Cabrales

青カビタイプ、アストゥリアス州東部産。混乳(牛・羊・山羊)製。主に牛乳からつくられるが、春と夏には羊と山羊のミルクを混ぜる。洞窟で寝かせ、ゆっくりと青カビの成長を待つ。
🍷その他Pedro Ximenéz

ケソ・デ・バルデオン
Queso de Valdéon

青カビタイプ、カスティーリャ・レオン州。混乳(牛・山羊)製。D.O.P.ではなくI.G.P.(地理的表示保護)チーズ。塩水に漬けた茶色のカエデの葉で周囲を覆ったブルーチーズ。濃厚で芳醇な味わい。🍷その他Pedro Ximenés

4……日本酒

概論

日本酒
日本で米から造られる酒の総称。2016年12月に地理的表示「日本酒」と認定された。酒税法では①米、米麹、水を原料として発酵させ、漉したもの、②米、米麹、水、清酒かす、その他政令で定める物品を原料として発酵させ、漉したもの、③清酒に清酒かすを加えて漉したもの、と定義している。

清酒 せいしゅ
漉して透明にした日本酒のこと。米、米麹、水を原料として発酵させ漉したものを指す。アルコール度数は22度未満。目の粗い漉し器を用いたにごり酒や、活性清酒（発泡性のにごり酒）も清酒に含まれる。ただし、まったく漉さない「どぶろく」は除く。

ぬる燗 ぬるかん
日本酒を40℃前後に温めて飲むこと。一般的に旨味や甘味を最も強く感じる温度ともいわれている。

熱燗 あつかん
日本酒を50℃前後に温めて飲むこと。一般的に香りがシャープに感じる温度といわれる。

冷や ひや
冷蔵庫などで冷やしたものではなく、部屋に置かれた状態、およびその部屋の温度（室温）で飲まれる日本酒の温度帯。

ひやおろし
日本酒の「新酒」とは秋に収穫した米を醸造し、年をまたいで春におろした酒を指すのに対し、ひやおろしは春から夏を蔵で熟成させ、火入れをせずに9〜11月ごろに瓶詰めして出荷する。新酒として扱われる秋に楽しむ酒。夏の間にひんやりとした蔵で熟成させることで、秋には穏やかで落ち着いた香り、なめらかな口あたり、濃密なとろみの酒になる。

秋上がり あきあがり
ひやおろしが夏を越すことで秋に酒質が向上すること。秋晴れともいう。

秋落ち あきおち
「秋上がり」のタイミングで酒質が向上・安定せずに、醸造時の味わいが低下してしまうこと。

……… 日本酒造りの用語 ………

浸漬 しんし
精米後の原料米に必要な水分を吸わせる作業。

蒸きょう じょうきょう
原料になる米を蒸す工程のこと。米を炊かずに蒸すのは、炊いた米よりも蒸したもののほうが水分含有量が38〜40%と低くなり、麹菌の繁殖に適しているからである。

米麹 こめこうじ
蒸した米に麹菌を繁殖させたもの。特定名称の清酒では、米麹の使用割合（白米の重量に対する米麹の重量の割合）が、15%以上のものに限る、とされている。

麹菌 こうじきん

麹カビとも呼ばれる。糸状菌類に属するカビの一種。日本酒造りにおいて大きな役割を担っている。米にはデンプンが含まれているが、アルコール発酵に必要な糖が最初から含まれていないので、糖を作り出す必要がある。麹菌の含む酵素がはさみのような役割を果たし、デンプンを糖分に分解していく。日本酒のほかに味噌、醤油にも使われている。

段仕込み だんじこみ

日本酒の醸造工程のひとつ。蒸米に仕込み水、麹を段階的に入れ醪を造ること。通常3回に分けて入れられ「初添(はつぞえ)」「仲添(なかぞえ)」「留添(とめぞえ)」と呼ばれる。初添と仲添の間には何もしない日をはさみ、このことを「踊り」と呼ぶ。これは酵母の繁殖を待つためである。

醪 もろみ

日本酒の最終の生産段階での半固形物が含まれる濁った液体。これを搾って日本酒となり残りが醪かすになる。まれに「諸味」と書く。

上槽 じょうそう

発酵の終わった醪を搾ること。「槽(ふね)」または「酒槽(さかぶね)」と呼ばれる細長い箱に並べて行なう。

火入れ

瓶詰前に60〜65℃で一定時間酒を加熱すること。残っている酵母の働きを止め、殺菌をして酒質の安定化を図るのが目的。まれに瓶詰め後に行なわれることもある。

生酒 なまざけ

火入れを一度も行なっていないもの。

生詰め酒 なまづめしゅ

瓶詰後に湯煎による火入れを1回だけ行なったもの。

割り水 わりみず

搾った酒に加水して、アルコール分と香りの調整を行なうこと。通常、調整後にはアルコール度数は15度前後になる。

原酒 げんしゅ

割水を行なわない日本酒。生原酒とも呼ぶ。

貴醸酒 きじょうしゅ

留添の際に水の代わりに酒で仕込んだ酒で、独特のとろみのある甘口の日本酒のこと。1974年、海外からのゲストを招き日本酒で乾杯する際の酒として、国税庁醸造試験所で開発された。

原料米 げんりょうまい

主食用の米と同じうるち米。もち米は使われない。1951年以降、正式には酒造好適米と呼ばれている。

酒造好適米 しゅぞうこうてきまい

酒造りに適した米のこと。山田錦、高嶺錦、五百万石、美山錦、雄町などが該当する。普段主食としている米とは以下の観点で異なる。①酒米は一般的に粒が大きめである。これは精米、つまり原料になる米を削る必要があるため、②心白が大きくタンパク質の含有量が少ない、③吸水性が高い。しかし、「こしいぶき」のように、飯米でも酒造りに使用されるものもある。

醸造用玄米 じょうぞうようげんまい

酒造好適米と同義。農産物規格規定での呼称。

心白 しんぱく

米の中心部分に存在する白色不透明な部分。デンプンの詰まり具合がまだらなので、麹菌の菌糸が入り込みやすい。

山田錦 やまだにしき

1923年に兵庫県立農事試験場で誕生。その後、1936年に命名された。山田穂が母、短稈渡船が父にあたる品種。晩稲で水分を多く含み、酒母や麹造りで溶けやすい特徴がある。日本酒にす

ると、奥行きのある豊潤な味わい、熟成によってふくよかな旨みが現れる。2府31県で栽培されており、酒米として生産量は全国第1位。その中でも兵庫県は質量ともにトップである。

五百万石 ごひゃくまんごく

1938年、新潟県農業試験場で交配される。菊水と新200号が親の品種である。初の試験醸造は1956年、命名は1957年に行なわれた。早稲品種で寒冷地に向く。米質はやや硬く溶けにくいが、淡麗で爽やかな味わいの酒になる。酒米における生産量は全国第2位、新潟県が総生産量のうち約50%を占める。

美山錦 みやまにしき

長野県農事試験場で、たかね錦のガンマ線照射による突然異種から選抜、育成された。1978年に命名された新しい酒造好適米。大粒で心白発現率が高い。淡麗ですっきりとした味わいの日本酒になる。酒米における生産量は全国第3位。しかし耐冷性が高いため、長野、秋田、山形が主産地となる。

雄町 おまち

1859年、岡山県高島村大字雄町で岸本甚造という農民が穂を発見、1866年に選出される。江戸期から栽培されており、現存する唯一混血のない稀少品種。山田錦など多くの子孫を生んでいる。その特徴として晩稲品種でよく熟し水分が多いことが挙げられる。ボリュームが出やすく、ふくよかな味わいになる。

宮水 みやみず

現在の兵庫県西宮市の西宮神社の南東側一帯から湧出する、日本酒造りに適していると江戸時代後期から知られている水で、「灘の『宮水』」と呼ばれる（「西宮の水」が短縮されこの呼び名になった）。カリウム、リン、マグネシウム、カルシウム、クロールなどの有効成分に富む一方で、鉄分の含有量が他と比べると少ない。硬水よりで、骨格のしっかりとした「男酒」になる。

御香水 ごこうすい

「伏見の『御香水』」の名の通り、京都市伏見区に位置する御香宮神社境内から湧き出る名水。中軟水であり、軽やかで優しい味わいの「女酒」になる。

酒母 しゅぼ

アルコール発酵を行なう前に、あらかじめ酵母を培養して大量に増殖させたもの。蒸した米・麹・水に酵母を加え、乳酸の強い酸性下で純粋培養される。酒母は「酛（もと）」とも呼ばれ、文字通り「酒のもと」を造る大切な工程。

生酛系酒母 きもとけいしゅぼ

自然界の乳酸菌を使い、雑菌を排除して酵母を育てる酒母造りの手法。時間と手間がかかるがアミノ酸を豊富に含み、濃厚で旨みのある酒になる。米をすりつぶし糖化を促進させる「山卸（おろ）し」を行なうかどうかによって、「生酛」と「山廃酛」に分かれる。

生酛 きもと

蒸米・麹・水を半切桶に入れ、小山に積み上げた蒸米と麹のかたまりを櫂（かい）ですりおろす作業を行なう。この作業を「山卸し」と呼ぶ。厳寒の深夜から早朝にかけて数時間をかけて行なわれる重労働。初期段階では硝酸還元菌、次に乳酸菌が増殖し、多量の乳酸を生成する。

山廃酛 やまはいもと

1909年に発案された手法。「山卸廃止酛」を略し「山廃酛」とも呼ばれる。名の通りこれまで重労働だった「山卸し」の作業を廃止し、はじめから酒母タンクに仕込み、麹から溶け出した酵素液を汲んで、蒸米の上に掛けて糖化作用を促進する「汲みかけ」操作を行なう。この手法が考え出された背景には、機械化により精米技術が発達し、わざわざすり潰す山卸しの作業をしなくても麹の酵素が白米に吸収されるようになったことがある。蔵人のあいだではこの心得を「櫂でつぶすな麹で溶かせ」などという。

速醸系酒母 そくじょうけいしゅぼ

醸造用乳酸を直接添加して造られた酒母。生酛系が約1ヵ月近くかかるのに対して、速醸系なら約1週間程度で済む。淡麗な酒になる。1910年に発案され、現在約90%近くの日本酒がこの手法で造られている。

清酒酵母 せいしゅこうぼ

学名サッカロミセス・セレビシエ(Saccharomyces Cerevisiae ／ラテン語)。ワイン酵母と同じものである。

並行複発酵 へいこうふくはっこう

麹菌の酵素によって米に含まれるデンプンをブドウ糖に分解する糖化のプロセスと、酵母がブドウ糖をアルコールと炭酸ガスに変えるアルコール発酵のプロセスが同時並行的に進むこと。

きょうかい6号酵母

きょうかい酵母とは公益財団法人日本醸造協会が培養・頒布している酵母菌株で、6号は秋田県の「新政」から分離培養したもの。昭和10年からと歴史が長い。穏やかな香りが特徴。

きょうかい7号酵母

公益財団法人日本醸造協会が培養・頒布している酵母菌株で、7号は長野県の「真澄」から分離培養したもの。華やかな香りで全国の蔵元に人気がある。昭和21年から実用化されている。

きょうかい9号酵母

公益財団法人日本醸造協会が培養・頒布している酵母菌株で、9号は熊本県の「香露」がルーツ。華やかな香りで、吟醸酒用として最も主力酵母となっている。昭和28年から実用化されている。

きょうかい10号酵母

公益財団法人日本醸造協会が培養・頒布している酵母菌株で、10号は東北6県の酒造現場の醪から分離された酵母菌のうち、優良な菌株のこと。吟醸香も高く、「明利小川酵母」とも呼ばれる。昭和27年から実用化されている。

きょうかい14号酵母

公益財団法人日本醸造協会が培養・頒布している酵母菌株で、14号はもともと金沢国税局管内で使われていた、いわゆる「金沢酵母」のこと。酸が少なく特定名称清酒に適す。1991年に実用化された。

┈日本酒の製法品質表示┈

特定名称酒 とくていめいしょうしゅ

酒税法において、原料、製造方法などの違いによって8種類に分類された特定名称の清酒のこと。純米大吟醸酒、大吟醸酒、純米吟醸酒、吟醸酒、特別純米酒、純米酒、特別本醸造酒、本醸造酒がある。

純米大吟醸酒 じゅんまいだいぎんじょうしゅ

米、米麹、水を原料とし精米歩合50%以下の特定名称酒フルーティーと表現されることが多く、軽やかな味わい。

大吟醸酒 だいぎんじょうしゅ

米、米麹、水、醸造アルコールを原料とし、精米歩合50%以下の特定名称酒。通常吟醸酒より低温で長期発酵を行なう。

純米吟醸酒 じゅんまいぎんじょうしゅ

米、米麹、水を原料とし、精米歩合60%以下の特定名称酒。アルコール添加されていないため、バランスがよく控えめな味わい。

吟醸酒 ぎんじょうしゅ

米、米麹、水、醸造アルコールを原料とし、精米歩合60%以下の特定名称酒。メロンやキャンディーのようないわゆる「吟醸香」が特徴で、この香りは酢酸イソアミルやカプロン酸エチルに起因する。

特別純米酒 とくべつじゅんまいしゅ

米、米麹、水を原料とし、精米歩合60%以下の特定名称酒。

純米酒 じゅんまいしゅ

米、米麹、水を原料とした特定名称酒。吟醸酒や本醸造酒に比べ、ボディが厚く重厚な味わい。

特別本醸造酒 とくべつほんじょうぞうしゅ

米、米麹、水、醸造アルコールを原料とし、精米歩合60%以下の特定名称酒。

本醸造酒 ほんじょうぞうしゅ

米、米麹、水、醸造アルコールを原料とし、精米歩合70%以下の特定名称酒。醸造アルコールの添加は比重比でおおよそ白米の10分の1程度。

醸造アルコール じょうぞうあるこーる

食品に使われるエタノールを指す。醸造アルコールを添加することを「アル添」といい、日本酒でも多く使われている。アルコール添加された日本酒はアルコールの概念上混成酒になる

が、税法上では清酒として扱われる。

精米歩合 せいまいぶあい

原料になる米をどれくらい磨いたかを表す数値。精米歩合70%と記されていたなら、30%削ったということ。米を磨けば磨くほど、華やかな酒になる。特定名称酒は、原材料名の近くにこの精米歩合を表示する義務がある。

吟醸造り ぎんじょうづくり

精米歩合の高い米を、優秀な酵母を使って低温でゆっくり発酵させること。低温でアルコール発酵することによって香り高い酒になる。吟醸や大吟醸で行なわれる。

白山 はくさん

石川県の南部に位置する市。2005年に地理的表示保護産地として「白山」が指定された。菊姫、車多酒造などの名門の蔵がある。

Ⅳ章　ブドウ品種600

●まず覚えたい、シノニム（別名）のあるブドウ品種20

黒ブドウ

	品種名	産地
1	カベルネ・フラン Cabernet Franc	フランス（ボルドー、ロワール）および世界各地
2	マルベック Malbec	フランス（ボルドー、カオール）、アルゼンチン、スペイン （リベラ・デル・デュエロ）、カナダ、オーストラリア
3	ムニエ Meunier	フランス（シャンパーニュ）、ドイツ
4	ムールヴェードル Mourvèdre	フランス南部、スペイン、オーストラリア、 アメリカ（カリフォルニア）
5	ネッビオーロ Nebbiolo	イタリア（ピエモンテ）
6	ピノ・ノワール Pinot Noir	フランス（ブルゴーニュ、シャンパーニュ）および世界各地
7	サンジョヴェーゼ Sangiovese	イタリア（トスカーナ）、アメリカ
8	シラー Syrah	フランス南部および世界各地
9	テンプラニーリョ Tempranillo	スペイン、ポルトガル、アルゼンチン
10	ジンファンデル Zinfandel	アメリカ（カリフォルニア）

シノニム(別名)	シノニムの産地(またはD.O.P.)
ブーシェ　Bouche	フランス(ボルドー)
ブルトン　Bretont	フランス(ロワール)
コット　Côt	フランス(ロワール、カオール)
オーセロワ　Auxerrois	フランス(カオール)
シュヴァルツリースリング　Schwarzriesling	ドイツ
ミュラーレーベ　Müllerrebe	ドイツ
モナストレル　Monastrell	スペイン
マタロ　Mataro	オーストラリア、アメリカ(カリフォルニア)
スパンナ　Spanna	イタリア(ピエモンテ：ガティナーラ、ゲンメ)
キアヴェンナスカ　Chiavennasca	イタリア(ロンバルディア：ヴァルテッリーナ)
グロ・ノワリアン　Gros Noirien	フランス(ジュラ)
ピノ・ネーロ　Pinot Nero	イタリア
シュペートブルグンダー　Spätburgunder	ドイツ
ブラウブルグンダー　Blauburgunder	ドイツ、オーストリア
ブラウアー・ブルグンダー　Blauer Burgunder	ドイツ、オーストリア
ニエルキオ　Nielluccio	フランス(コルス)
サンジョヴェーゼ・グロッソ　Sangiovese Grosso	イタリア(トスカーナ：ブルネッロ・ディ・モンタルチーノ)
ブルネッロ　Brunello	イタリア(トスカーナ：ブルネッロ・ディ・モンタルチーノ)
モレッリーノ　Morellino	イタリア(トスカーナ：モレッリーノ・ディ・スカンサーノ)
セリーヌ　Sérine	フランス(コート・デュ・ローヌ)
シラーズ　Shiraz	オーストラリア、南アフリカ
テンプラニーリャ　Tempranilla	アルゼンチン
ティント・フィノ　Tinto Fino	スペイン(リベラ・デル・ドゥエロ)
ティンタ・デル・パイス　Tinta del País	スペイン(リベラ・デル・ドゥエロ)
センシベル　Cencibel	スペイン(ラ・マンチャ)
ウル・デ・リェブレ　Ull de Llebre	スペイン(カタルーニャ)
ティンタ・デ・トロ　Tinta de Toro	スペイン(トロ)
ティンタ・デ・マドリッド　Tinta de Madrid	スペイン(マドリッド)
アラゴネス　Aragones	ポルトガル
ティンタ・ロリス　Tinta Roriz	ポルトガル
プリミティーヴォ　Primitivo	イタリア南部

IV

ブドウ品種

255

白ブドウ

	品種名	産地
1	シャルドネ Chardonnay	フランス(ブルゴーニュ、シャンパーニュ)および世界各地
2	シュナン・ブラン Chenin Blanc	フランス(ロワール)および世界各地
3	ゲヴュルツトラミネール Gewürztraminer	フランス(アルザス)および世界各地
4	マカブー Maccabeu / Macabeu	フランス(ラングドック・ルーション)
5	ムロン・ド・ブルゴーニュ Melon de Bourgogne	フランス(ロワール)
6	ピノ・ブラン Pinot Blanc	フランス(アルザス、ジュラ)、ドイツ、イタリア、 スイス、アメリカ
7	ピノ・グリ Pinot Gris	フランス(アルザス、サヴォワ)および世界各地
8	リースリング Riesling	ドイツ、フランス(アルザス)および世界各地
9	サヴァニャン Savagnin	フランス(ジュラ)
10	ユニ・ブラン Ugni Blanc	フランス(コニャック、アルマニャック、南部)、 イタリア、カナダ、アルゼンチン、南アフリカ

IV

ブドウ品種

シノニム（別名）	シノニムの産地（またはD.O.P.）
ムロン・ダルボワ　Melon d'Arbois	フランス（ジュラ）
ピノー・ド・ラ・ロワール　Pineau de la Loir	フランス（ロワール）
スティーン　Steen	南アフリカ
トラミナー　Traminer	イタリア（トレンティーノ＝アルト・アディジェ）、ドイツ、オーストリア
マカベオ　Macabeo	スペイン（カタルーニャ、カスティーリャ・ラ・マンチャ）
ビウラ　Viura	スペイン（リオハ、ナバーラ、アラゴン）
ミュスカデ　Muscadet	フランス（ロワール）
クレヴネル　Klevner / Clevner	フランス（アルザス）
ヴァイスブルグンダー　Weißburgunder	ドイツ、オーストリア
ヴァイサーブルグンダー　Weißerburgunder	ドイツ、オーストリア
ピノ・ビアンコ　Pinot Bianco	イタリア
ルーレンダー　Ruländer	ドイツ
グラウブルグンダー　Grauburgunder	ドイツ
ピノ・ブーロ　Pinot Beurot	フランス（ブルゴーニュ）
ピノ・グリージョ　Pinot Grigio	イタリア
スルケバラート　Szürkebarát	ハンガリー
ライン・リースリング　Rhein Riesling	ドイツ、オーストリア
ヴァイサー・リースリング　Weßier Riesling	ドイツ、オーストリア
ヨハニスベルク・リースリング　Johannisberg Riesling	ドイツ
ナチュレ　Naturé	フランス（ジュラ）
サン・テミリオン　Saint-Émilion	フランス（コニャック、アルマニャック）
トレッビアーノ・トスカーノ　Trebbiano Toscano	イタリア

IV

ブドウ品種

●ブドウ品種一覧

	品種名	主な産地	ブドウの種類	解説
1	アイダニ　Aidani	ギリシャ	白	ギリシャ・サントリーニ島で主に栽培され、辛口ワインのブレンド用として使われる。
2	アイレン　Airén	スペイン	白	近年まで世界で最も栽培面積が広い品種だった。スペイン中央部ラ・マンチャが栽培の中心。酸味が強く、主に日常消費用ワインのブレンド用か、スパニッシュ・ブランデーの原料となる。
3	アヴェッソ　Avesso	ポルトガル	白	ポルトガル原産。ヴィーニョ・ヴェルデ南部の主要品種。ポルトガル語で「田舎」の意。
4	アギオルギティコ　Agiorgitiko / Aghiorghitiko	ギリシャ	黒	ギリシャのペロポネソス半島で主に栽培されている。深い紅色を呈すワインを産し、別名「ヘラクレスの血」とも呼ばれる。主要な産地にネメアがある。
5	アコロン　Acolon	ドイツ	黒	ヴァインスベルク州立園芸教育試験場で1971年に交配された。レンベルガー種とドルンフェルダー種の交配種。栽培面積においてもドイツのトップ10入りをしている。
6	アサリオ・ブランコ　Assario Branco	ポルトガル	白	ポルトガル・ダンで栽培されている品種。スペインのパロミノ種と同一品種と考えられている。
7	アザル・ティント　Azal Tinto	ポルトガル	黒	アマラル種の別名。
8	アザル・ブランコ　Azal Branco	ポルトガル	白	ポルトガルのヴィーニョ・ヴェルデの主要品種。
9	アシリ　Athiri	ギリシャ	白	ギリシャ広域で栽培され、アシルティコ種のブレンドに用いられる。
10	アシルティコ　Assyrtiko / Assyrtico	ギリシャ	白	ギリシャ・サントリーニ島原産の品種。暑い産地でも酸が残り、高級品質のブドウとされている。
11	アジロンダック　Adirondac	日本	黒	ヴィティス・ラブルスカ種（アメリカ系）。小粒、ピンク色。樹勢が強く耐病性があるため、山梨県で広く栽培されていた。ヴィティス・ラブルスカ種特有の香りが強いことと、熟期に房からの実離れが起こりやすいため、現在栽培しているところは少ないが、根強い人気がある。
12	アマラル　Amaral	ポルトガル	黒	ポルトガル北部・ヴィーニョ・ヴェルデのD.O.C.ヴィーニョ・ヴェルデの副原料となるアザル・ティント（Azal Tinto）種の別名。

	品種名	主な産地	ブドウの種類	解説
13	アミーニュ　Amigne	スイス	白	スイス・ヴァレーの品種で、ヴェトロツの主要品種。
14	アモルヤノ／アモルギアーノ　Amorgiano / Amorghiano	ギリシャ	黒	ギリシャのロードス島の一部で栽培されている品種。マンデラリア種の別名。
15	アラゴネス　Aragonez	ポルトガル	黒	ポルトガルにおけるテンプラニーリョ種の別名。
16	アラモン　Aramon	フランス	黒	現在でこそ栽培面積は狭いが、1800年代から始まったウドンコ病、ベト病への抵抗力が強いことから広まった、ラングドック・ルーション地方の品種。スペイン原産と考えられている。
17	アラリヘ　Ararije	スペイン	白	ポルトガルに接するエクストレマドゥーラ州で多く栽培されている土着品種。
18	アリアニコ　Aglianico	イタリア	黒	カンパーニア州とバジリカータ州の赤ワインの主力品種。カンパーニア州のD.O.C.G.であるアリャーニコ・デル・タブルノやタウラージを造る品種。
19	アリカンテ・ブーシェ　Alicante Bouschet	フランス・スペイン	黒	ラングドック・ルーション地方で多く栽培されている品種。果肉まで赤い。1865～1885年の間に苗木業者のアンリ・ブーシェによって開発された。
20	アリカンテ・ブランコ　Alicante Branco	ポルトガル	白	グルナッシュ・ブラン種の別名。
21	アリゴテ　Aligoté	フランス	白	フランス・ブルゴーニュ地方において、豊かな酸を持ったカジュアルな白ワインを生み出す。クレーム・ド・カシスを混ぜるとこの地の代表的な食前酒キール（Kir）になる。
22	アリント　Arinto	ポルトガル	白	ポルトガル原産の酸味の強い品種。D.O.ブセラスの主要品種。
23	アルヴァリーニョ　Alvarinho / Albariño	ポルトガル	白	ポルトガル原産。ヴィーニョ・ヴェルデの主要品種。
24	アルヴァレリャオン　Alvarelhão	ポルトガル	黒	ポルトガル北部、ドウロ地方の品種。一時期白ブドウのアルヴァリーニョ種と同一品種と考えられていた。
25	アルテス　Altesse	フランス	白	フランスのルーセット（Roussette）種の別名。サヴォアでの名称。

	品種名	主な産地	ブドウの種類	解説
26	アルネイス　Arneis	イタリア	白	イタリア北部ピエモンテ州・ロエロ地方でネッビオーロ種のブレンド用に栽培されていた。バローロ・ビアンコとも呼ばれる、香り豊かで柔らかい酸味のワインを造る。現在はこの品種単一で白ワインを生み出している。
27	アルバーナ　Albana	イタリア	白	エミリア・ロマーニャ州で広く普及している品種で、古代ローマ人がこの地に持ち込んだとされるが、エルプリンク種の別名説もある。
28	アルバリーニョ Albariño	スペイン	白	「Alvarinho」と綴ることもある。スペインのリアス・バイシャスで有名だが、ヴィーニョ・ヴェルデを産出するポルトガルが原産。
29	アルバンヌ　Arbanne	フランス	白	フランスのシャンパーニュで認められている品種だが、その栽培面積は2005年では1haごくわずか、使用するシャンパン・ハウスも限られている。まれに「Arbane」と綴られることもある。
30	アルビーリョ　Albillo	スペイン	白	中央スペインで栽培される、優しいフレーヴァーの白ブドウ。リベラ・デル・ドゥエロの赤ワインにブレンドされることもある。
31	アルフロシェイロ Alfrocheiro	ポルトガル	黒	ポルトガル原産でダンの主要品種。品種単体の個性は少なく、ブレンド用として使われる。
32	アルボワ　Arbois	フランス	白	ロワール地方で栽培されている品種。個性が少なく、シャルドネやソーヴィニョン・ブランにブレンドされる。
33	アルモ・ノワール Harmo Noir	日本	黒	2009年に登録された品種、カベルネ・ソーヴィニヨンとツヴァイゲルトレーベ種の交配種。早熟な品種のためフルーティーで軽やかに仕上がる。
34	アレアティコ　Aleatico	イタリア	黒	近年DNA鑑定でモスカート・ネロ種と同一品種であることが判明した品種。トスカーナ州（エルバ島）、コルシカ島で栽培され主に甘口に仕上げられる。イタリアではレアティコ種、アリアーノ種とも呼ばれる。
35	アンソニカ　Ansonica	イタリア	白	イタリア・トスカーナ州におけるインツォリア種の別名。
36	アンタォン・ヴァース Antão Vaz	ポルトガル	白	ポルトガル南部の大部分を占める南アレンテージョの品種で、クセのないニュートラルなワインを造る。

IV

ブドウ品種

	品種名	主な産地	ブドウの種類	解説
37	アンフュメー Enfume	フランス	白	シャンパーニュ地方におけるピノ・グリ種の名称。別名ムニエ・フュメ種とされるが、フロモント一種と混同されている。
38	イルシャイ・オリヴェール Irsai Olivér	ハンガリー	白	1930年にポズソニー(Pozsonyi)種とペール・オブ・カサバ(Pearl of Csaba)種で交配された、マスカット・フレーバーを持つ比較的低価格帯ワイン用の品種。
39	インツォリア Inzolia	イタリア	白	イタリア・シチリア島西部で栽培されている。辛口のテーブルワインになるが、一部カタラット種のブレンド用として使われる。
40	ヴァイスブルグンダー／ヴァイサーブルグンダー Weißburgunder / Weißerburgunder	ドイツ	白	一部ドイツのほか、北イタリアでのピノ・ブラン種の別名。
41	ヴァカレーズ Vaccarèse	フランス	黒	コート・デュ・ローヌ、シャトーヌフ・デュ・パプで許可されている品種だが、ほとんどの生産者は栽培を行なっていない。
42	ヴィオジーニョ Viosinho	ポルトガル	白	ポルトガル北部、ドウロ地方とトラズ・オス・モンテス地方の品種。酸味が豊か。
43	ヴィオニエ Viognier	フランス	白	フランスのコート・デュ・ローヌ北部コンドリューで有名な白ワイン用品種。近年南フランスやカリフォルニア、オーストラリアでも注目されている。アプリコットや白桃などの華やかで豊かな香りが特徴。
44	ヴィタル Vital	ポルトガル	白	ドウロ地方のマルヴァジア・コラダ(Malvasia Corada)種の別名。
45	ヴィダル Vidal	カナダ	白	耐寒性が高く、カナダで多く栽培されている。ユニ・ブラン種とセイヴァル・ブラン種の交配種。「ヴィダル・ブラン」や「ヴィダル256」とも呼ばれている。
46	ヴィニャン Vinhão	ポルトガル	黒	ヴィーニョ・ヴェルデのミーニョ地方のオリジナル品種で、別名ソウサン(Souzão)種と呼ばれている。色の濃いブドウ。
47	ヴィラナ Vilana	ギリシャ	白	クレタ島特産の品種。爽快で青リンゴの香りを持つワインを生む。
48	ヴィルトバッハー Wildbacher	オーストリア	黒	南オーストリア・シュタイヤーマルク近辺で栽培され、この地の特産ロゼワイン「シルヒャー」の原料になる。ブラウアー・ヴィルドバッヒャー(Blauer Wildbacher)種とも呼ばれる。

IV

ブドウ品種

	品種名	主な産地	ブドウの種類	解説
49	ヴェルシュ・リースリング Welschriesling	オーストリア	白	中央ヨーロッパでは広く栽培されているが、ドイツのリースリングとは無関係。ほとんどが平凡な白ワインになるが、オーストリアのノイジードラーゼ湖付近の遅摘みワインは絶品。
50	ヴェルディッキオ Verdicchio	イタリア	白	酸味が強く、イタリア中部・アドリア海沿岸で栽培されている品種。
51	ヴェルデーリョ Verdelho	オーストラリア・ポルトガル	白	オーストラリアにおけるベルデホ種の別名。ポルトガルではマデイラの原料となる重要な品種である。
52	ヴェルドゥッツォ・フリウラーノ Verduzzo Friulano	イタリア	白	D.O.C.G.ラマンドロ（フリウリ＝ヴェネツィア・ジューリア州）に使用される品種。フリウリでは古くから栽培されている土着種でラマンドロの場合は陰干しして甘く仕上げられるが、この地では辛口に仕上げる場合も多い。
53	ヴェルトリナッツ Veltlinac	クロアチア	白	クロアチアにおけるグリューナー・ヴェルトリーナー種の別名。
54	ヴェルナッチャ Vernaccia	イタリア	白	ラテン語のVernaculum（原産地）が語源であり、本来固有の品種名ではなく、その土地のブドウという程度の意味であった。そのためイタリア中に同名だが何ら関係のない品種が存在する。主なものにヴェルナッチャ・ディ・サン・ジミニャーノ（Vernaccia di San Gimignano）やヴェルナッチャ・ディ・オリスターノ（Vernaccia di Oristano）がある。なお北イタリアのリグーリアやトスカーナでは単に白ワインを指す場合もある。
55	ヴェルナッチャ・ネーラ Vernaccia Nera	イタリア	黒	ヴェルナッチャの黒ブドウ品種。アロマの強い発泡性ワインの原料となる。
56	ヴェルメンティーノ／ヴェルマンティノ Vermentino	イタリア・フランス	白	イタリア・サルデーニャ島、リグーリアで栽培が多く見られ、酸味の豊かな爽やかな白ワインを生み出している。プロヴァンスではロール種と呼ばれている。コルシカ島では栽培が盛んで、マルヴォワジー・ド・コルス（Malvoisie de Corse）種と呼ばれている。
57	ヴォリッザ Volidza	ギリシャ	黒	ギリシャで少量しか栽培されていないが、一部の評論家から熱烈な支持を受けている。
58	ヴガーヴァ Vugava	クロアチア	白	クロアチア沿岸部、南部ダルマチアで栽培されている土着品種。

	品種名	主な産地	ブドウの種類	解説
59	ウマーニュ・ブラン Humagne Blanc	スイス	白	スイス・ヴァレー州で栽培されている品種。栽培面積も少ない。
60	ウマーニュ・ルージュ Humagne Rouge	スイス	黒	ウマーニュ・ブラン種より栽培面積が広く、やや力強い品種のため、樽熟成に耐えられるワインを生み出す。
61	ウル・デ・リェブレ Ull de Llebre	スペイン	黒	テンプラニーリョ種の別名、スペイン・カタルーニャ地方での呼び名。カタラン語で「野ウサギの目」を意味する。スペイン語ではオホ・デ・リエブレ（Ojo de Liebre）。
62	エーレンフェルザー Ehrenfelser	ドイツ	白	1929年にガイゼンハイムで開発されたリースリングとシルヴァーナ種の交配種。ドイツ以外ではカナダのオカナガン・ヴァレーやブリティッシュ・コロンビアで栽培されている。
63	エスガーナ・カォン Esgana Cão	ポルトガル	白	マデイラ島で栽培されている。セルシアル種の別名。
64	エスパデイロ Espadeiro	スペイン・ポルトガル	黒	スペイン・リアスバイシャスおよびポルトガル・ヴィーニョ・ヴェルデで少量栽培されている品種。ティンタ・アマレラ（Tinta Amarela）種の別名。
65	エゼルヨー　Ezerjó	ハンガリー	白	ハンガリー語で「千の恵み」を意味する。果皮が薄くフレッシュなワインになる。面積が減少している品種。
66	エメラルド・リースリング Emerald Riesling	アメリカ	白	カリフォルニア大学デイビス校のオルモー教授によって開発されたミュスカデル種とリースリングの交配種だが、現在は忘れられた品種。南アフリカで一部栽培されている。
67	エルバルーチェ Erbaluce	イタリア	白	ピエモンテ北部・カルーソの品種。軽口〜甘口のパッシートが造られる。
68	エルブリング　Elbling	ドイツ	白	ローマ時代より北ドイツで栽培されている古代品種。ドイツではその多くがスパークリングワインの原料に使われている。
69	エルミタージュ Ermitage	スイス	白	スイスにおけるマルサンヌ種の別名。
70	エンクルザード Encruzado	ポルトガル	白	ポルトガル・ダンで栽培されている品種。収量が少ないが高品質の白ワインを造る。
71	オーセロワ　Auxerrois	フランス	黒	一般的にはマルベック種の別名だが、オーセロワ種にはおよそ30種もの別名がある。

	品種名	主な産地	ブドウの種類	解説
72	オーセロワ・ブラン Auxerrois Blanc	フランス・ドイツ	白	黒品種の場合フランス南西地方・カオールで栽培されるマルベック種の名称でもあるが、白品種の場合はアルザス、ルクセンブルクで重要な品種。
73	オーベーヌ　Aubaine	フランス	白	ブルゴーニュ地方でまれに呼ばれるシャルドネの別名。
74	オラス・リズリング Olasz Rizling	ハンガリー	白	ハンガリーにおけるヴェルシュ・リースリング種の別名。
75	オリンピア　Olympia	日本	黒	1953年ごろに澤登晴雄がつくり出した巨峰種と巨鯨種の交配種。栽培が困難。ごく一部ではあるが、上品な香りで非常に甘口のワインがつくり出されている。
76	オルテガ　Ortega	ドイツ	白	1948年に生まれたミュラー・トゥルガウ種とジーガーレーベ種の交配種。イギリスやドイツで栽培が行なわれている。スペインの哲学者ホセ・オルテガ・イ・ガセト(José Ortega y Gasset)にちなんで命名されている。
77	オンダリビ・スリ Hondarribi Zuri	スペイン	白	バスク地方で栽培される小粒な品種。柑橘系の香りを持つ白ワインを造り、主にこの地の伝統的な微発泡ワイン「チャコリ(Chacolí / Txakolina)」の原料になる。
78	オンダリビ・ベルツァ Hondarribi Beltza	スペイン	黒	バスク地方で栽培される黒ブドウ品種。伝統的な微発泡ワイン「チャコリ(Chacolí / Txakolina)」のロゼの原料になる。
79	オンダン　Ondenc	フランス	白	フィロキセラ禍前にはボルドー地方で多く見られた品種だが、ガイヤックでは発泡ワインの原料となっている。オーストラリア・ヴィクトリアでも少量栽培されている。
80	カイェタナ・ブランカ Cayetana Blanca	スペイン	白	収量が多く多産の品種。アイレン種同様スパニッシュ・ブランデーの原料にもなる。エクストレマドゥーラ州のバダホス、カセレスで栽培されている。
81	甲斐ノワール　Kai Noir	日本	黒	1992年に山梨県果樹試験場でブラック・クイーン種とカベルネ・ソーヴィニョンを交配してつくられた日本固有の黒ブドウ品種。色調の濃いワインになる。

	品種名	主な産地	ブドウの種類	解説
82	甲斐ブラン　Kai Blanc	日本	白	甲斐ノワールと同様日本固有の品種で、1992年に山梨県果樹試験場で甲州種とピノ・ブラン種を交配してつくられた白ワイン用ブドウ。酸のしっかりしたフルーティーなワインとなる。
83	カステラン　Castelão	ポルトガル	黒	ポルト・ワインの原料に使われる優良黒ブドウ品種。
84	カタラット・ビアンコ　Catarratto Bianco	イタリア	白	イタリア・シチリア島で栽培されている、酒精強化ワイン・マルサラの主要品種。イタリア第1位の白ブドウの栽培面積を誇る。
85	カダルカ　Kadarka	ハンガリー	黒	ハンガリーのエグリ・ビカヴェールの主要品種のひとつ。このワインが「牡牛の血」と名付けられているため、ハンガリーのみならず世界的に有名な品種。
86	カダルカ　Cadarca	ルーマニア	黒	ハンガリーのカダルカ(Kadarka)種のルーマニアでの名称。
87	カトーバ　Catawba	アメリカ	白	アメリカ・ニューヨーク州で主に栽培される品種。ピンク色の果皮でラブルスカ種とヴィニフェラ種の交雑種。
88	カナイオーロ・ネーロ　Canaiolo Nero	イタリア	黒	キアンティの主要品種であったが、キアンティでサンジョヴェーゼ種のみから造ることが許されたため、近年では減少している品種。
89	カベルネ・サントリー　Cabernet Suntory	日本	黒	サントリー株式会社が1957年にブラック・クイーン種とカベルネ・ソーヴィニョンを掛け合わせてつくった品種。
90	カベルネ・ソーヴィニヨン　Cabernet Sauvignon	フランス	黒	フランス、ボルドー地方から世界に広まった最高級赤ワイン用品種。ボルドー地方・メドック地区が代表的産地。晩熟なので比較的温暖な気候を好む。実は皮が厚く濃い色合いの小粒で、色調は濃厚な赤紫となり、味わいはタンニンが豊かでフルボディ。この品種から造るワインは、オークの樽による熟成で真価を発揮する。カリフォルニア、オーストラリア、チリ、イタリアなど世界各国で高品質なワインを生み出している。
91	カベルネ・ドルサ　Cabernet Dorsa	ドイツ	黒	ヴァインスベルク州立園芸教育試験場でつくられたドルンフェルダー種とカベルネ・ソーヴィニョンの交配種。ドイツでは近年栽培面積が増えている。

	品種名	主な産地	ブドウの種類	解説
92	カベルネ・フラン Cabernet Franc	フランス	黒	フランス・ロワール川流域で重要な赤ワイン用品種。ボルドー地方左岸では、主に補助品種として栽培。カベルネ・ソーヴィニヨンと同系の赤品種で早熟種。香りは似ているが、より軽やかでピーマンを思わせる香り。味わいはカベルネ・ソーヴィニヨンに比べると軽やかで、早飲みタイプのワインとなる。
93	カベルネ・フランク Kaberne Frank	スロヴェニア・クロアチア	黒	スロヴェニア・クロアチアの一部の産地におけるカベルネ・フラン種の名称。
94	カベルネ・ミトス Cabernet Mitos	ドイツ	黒	ヴァインスベルク州立園芸教育試験場で1970年につくられたレンベルガー種とカベルネ・ソーヴィニヨンの交配種。
95	ガマレ　Gamaret	スイス	黒	ガメイ種とライヒェンシュタイナーとの交配種。ティチーノ州で栽培されている。
96	ガムザ　Gamza	ブルガリア	黒	ハンガリーのカダルカ(Kadarka)種のブルガリアでの名称。
97	ガメイ　Gamay	フランス	黒	ガメイ・ノワール・ア・ジュ・ブラン(Gamay Noir à Jus Blanc)種の通称。
98	ガメイ・ノワール・ア・ジュ・ブラン Gamay Noir à Jus Blanc	フランス	黒	フランス・ブルゴーニュ地方・ボージョレ地区の赤ワイン用品種。果実味あふれる香り、はつらつとしたフレッシュな味わいの赤ワインを生み出す。ジュ・ブランとは「果汁が白い」という意味。
99	ガメイ・ブラン Gamay Blanc	フランス	白	シャルドネの別名。
100	カユーガ　Cayuga	アメリカ	白	アメリカ・ニューヨーク州で主に栽培されている品種。スカイラー(Schuyler)種とセイヴァル ブラン(Seyval Blanc)種の交雑種。リースリングやヴィオニエ種に似た華やかな香りがある。
101	カラドック　Caladoc	フランス・ポルトガル	黒	本来ならフランス・ローヌ地方の品種だが、ポルトガル、スペインで多く栽培されている。グルナッシュ種とマルベック種の交配種で1958年に交配された。
102	ガラノワール　Garanoir	スイス	黒	1970年にガメイ種とライヒェンシュタイナー種でつくられたスイスオリジナルの交配種。
103	カラブレーゼ Calabrese	イタリア	黒	「カラブリアの」の意味を持つ、ネロ・ダヴォラ種の別名。

	品種名	主な産地	ブドウの種類	解説
104	ガリオッポ　Gaglioppo	イタリア	黒	イタリア南部・カラブリアの代表的な品種。同地で有名なD.O.C.チロに使われる。
105	カリニェナ　Cariñena	スペイン	黒	カリニャン種の別名。リオハでは「マスエロ」と呼ばれている。
106	カリニャーノ　Carignano	イタリア	黒	カリニャン種の別名。
107	カリニャン　Carignan	フランス	黒	200hℓ/haという高い生産性のため、プロヴァンス、ラングドックの主要品種だったが、この地がA.O.C.に昇格すると同時に減少した品種。原産はスペインである。
108	ガルガネーガ　Garganega	イタリア	白	イタリア・ヴェネト州のワイン、ソアーヴェの主要品種。長い歴史があるため、クローンや亜種が数多く存在する。
109	ガルナッチャ・ティンタ　Garnacha Tinta	スペイン	黒	スペインから南フランスが代表的な産地であり、スペインが原産とされる品種。収量制限すると、黒コショウやフランボワーズの香りが出る。ブレンドされ、カジュアルなワインとなることが多い。一部では長期熟成に耐えるフルボディのワインも造られる。グルナッシュ種の別名。
110	カルメネール（カルムネール）　Carménère	チリ	黒	フランス・ボルドーの品種であったが、栽培が難しく同地では次第に減少した品種。かつてチリではメルロと混同していた。今でもチリで多く栽培されている。深紅色（Carmine）が語源となっている。
111	カンノナウ　Cannonau	イタリア	黒	イタリア・サルデーニャ島で呼ばれているグルナッシュ種の別名。
112	キアヴェンナスカ　Chiavennasca	イタリア	黒	ネッビオーロ種の別名。
113	キャンベル・アーリー　Campbell Early	アメリカ	白	アメリカのキャンベルにより1892年に生み出された欧米交雑種。日本には1897年川上善兵衛により導入され、代表的な食用品種となる。黒色の強い紫黒色をし、フォキシー・フレーヴァーが強い。巨峰の親品種。日本ではキャンベル種と省略されることが多い。
114	巨峰　Kyoho	日本	黒	石原早生種とセンテニアル種の交配種。1937年、大井上康が開発。大粒で紫色。福岡県、巨峰ワインの林田伝兵衛が露地栽培に初めて成功し、全国に広まった。甘味が強く生食用に優れているが、甘口ワインも造られている。

	品種名	主な産地	ブドウの種類	解説
115	清舞　Kiyomai	日本	黒	北海道・池田町でつくられた、清見種と山ブドウ種を掛け合わせた交配種。清見種より耐寒性に優れ、盛り土をしなくても越冬することができる。
116	清見　Kiyomi	日本	黒	北海道の池田町ブドウ・ブドウ酒研究所（十勝ワイン）が開発した赤ワイン用品種。セイベル13053種をクローン選別しているため、耐寒性に優れている。
117	キラーイレアニカ　Királyleányka	ハンガリー	白	ハンガリーにおけるルーマニアのフェアテカ・レガーラ（Fetească Regală）種の名称。
118	グートエーデル　Gutedel	ドイツ・フランス	白	シャスラ種の別名。
119	グエ・ブラン　Gouais Blanc	フランス	白	品質が悪いため、フランスでは栽培が禁止されている品種。近年研究機関によってミュスカデ種、シャルドネ、ガメイ種などが、グエ・ブラン種とピノ・ノワールとの自然交配によって生まれたことが解明された。
120	クシノマヴロ　Xynomavro	ギリシャ	黒	「酸っぱい黒」と訳されるギリシャの一般的な品種。酸が強いため、ワインは熟成に耐えることができる。ピノ・ノワールとネッビオーロ種との類似性が指摘されている。
121	クジュンドジュシャ　Kujundžuša	クロアチア	白	クロアチア・ダルマチアで栽培されている土着品種。この地では品種名がワイン名になっている。
122	クノワーズ　Counoise	フランス	黒	コート・デュ・ローヌのシャトーヌフ・デュ・パプ以外では栽培されていない品種。
123	グラウアー・ブルグンダー　Grauer Burgunder	オーストリア	白	オーストリアにおけるピノ・グリ種の別名。
124	グラウブルグンダー　Grauburgunder	ドイツ・オーストリア	白	ドイツ、オーストリアにおけるピノ・グリ種、ルーレンダー種の別名。
125	クラサート　Krasato	ギリシャ	黒	ギリシャの大陸テッサリア地方で栽培されている。通常クシノマヴロ種などと混醸される。
126	グラシアノ　Graciano	スペイン	黒	スペイン北部のリオハやナバーラで栽培されている品種。晩熟ブドウで収量が低いため、多くの栽培家が敬遠しつつある品種。
127	グラシェヴィナ　Graševina	クロアチア	白	旧ユーゴスラビア時代では最大の栽培面積を誇っていた品種。クロアチアにおけるヴェルシュ・リースリング種の別名。

	品種名	主な産地	ブドウの種類	解説
128	クラリェヴィーナ Kraljevina	クロアチア	白	クロアチア大陸部最大の生産地域ザゴリエ・メディムリエで栽培されている土着品種。
129	グランジュ　Gringet	フランス	白	ジュラ・サヴォワ地方における、サヴァニャン種の別名。
130	クランポシエ Crâmpoşie	ルーマニア	白	2000年以上の歴史があるといわれ、フレッシュさを生かしたスパークリングワインにも適している。
131	クリオージャ・グランデ Criolla Grande	アルゼンチン	黒	アルゼンチンで多く栽培されるピンク色をした果粒の大きい品種。色調の濃い白ワインやロゼワインの原料になっている。
132	クリオージャ・チカ Criolla Chica	アルゼンチン	黒	アルゼンチンではそれほどメジャーではないが、スペインのラ・リオハではよく知られている。チリのパイス種、カリフォルニアのミッション種の別名。
133	グリッロ　Grillo	イタリア	白	シチリア州においてマルサラのベースワインとして使われることが多い。
134	グリニョリーノ Grignolino	イタリア	黒	ピエモンテ州・モンフェラートの土着品種。「グリニョーレ」は種を意味し、タンニンが多いが軽やかなワインが多い。
135	グリ・ムニエ Gris Meunier	フランス	黒	ムニエ種の別名。
136	グリューナー・ヴェルトリーナー Grüner Veltliner	オーストリア	白	オーストリアの重要な品種で、同国最大の栽培面積を誇る。「スパイシー・トーン」と呼ばれる香りが特徴。
137	クリュシェン　Crouchen	南アフリカ・オーストラリア	白	南アフリカとオーストラリアで栽培されている品種。南アフリカではケープ・リースリング、パール・リースリング、オーストラリアではクレア・リースリングと呼ばれている。
138	グルク　Grk	クロアチア	白	クロアチア語で苦味(Bitter)を指す。白ブドウ品種。酸が強く、プラーヴァッツ・マリ種にブレンドされることが多い。現地ではグルク・ビエリ(Grk Bijeli)種とも言われ、沿岸部ロンバルダ村が原産とされる。クロアチア語でGrkは「酸味のある」の意。
139	グルナッシュ・グリ Grenache Gris	フランス	白	グルナッシュ種の亜種。灰色の色調を持つ。グルナッシュ・ロゼとも呼ばれ、ロゼワインに使われる。

IV

ブドウ品種

269

	品種名	主な産地	ブドウの種類	解説
140	グルナッシュ・ノワール Grenache Noir	フランス	黒	南フランス、スペインを中心として地中海沿岸で広く栽培されている品種。一般に**グルナッシュ**と言われる。スペインにおけるガルナッチャ種、イタリア・サルデーニャ島のカンノナウ種の別名。
141	グルナッシュ・ブラン Grenache Blanc	フランス	白	コート・デュ・ローヌで栽培されている白い実を持つグルナッシュ種。栽培量は多くないが南フランス、とくにラングドックにおいて重要な品種。
142	クレヴナー　Clevner	スイス・フランス	白	クレヴネル(Klevner)種の名称であるが、ピノ系品種の名称に使われることも多く、スイス・チューリッヒ州ではピノ・ノワールを指す。
143	クレヴネル　Klevner	フランス	白	ピノ・ブラン種の名称。
144	グレカニコ　Grecanico	イタリア	白	イタリア・シチリア島で栽培されている品種。ギリシャ(Greca)という名前からギリシャ原産と推測されている。
145	グレケット　Grechetto	イタリア	白	イタリア中部の品種。ウンブリアではオルヴィエートやトルジャーノといったワインに使われている。
146	グレコ　Greco	イタリア	白	D.O.C.G.グレコ・ディ・トゥーフォ(カンパーニャ州)の主要品種。ギリシャ原産品種だが、イタリア南部で栽培が盛んな品種。
147	グレス　Graisse	フランス	白	アルマニャックの原料ブドウであり、この地ではマイナー品種である。まれにスティルワインに仕上げられることがある。
148	グレラ　Glera	イタリア	白	2010年より品種名のプロセッコ(Prosecco)はグレラと変更された。
149	クレレット　Clairette	フランス	白	プロヴァンス、コルス、コート・デュ・ローヌで栽培されている品種。単独でワインが造られることがない。酸味に乏しいのでユニ・ブラン種やグルナッシュ・ブラン種とブレンドされる。フランス以外に南アフリカでも栽培されている。
150	クロアティーナ Croatina	イタリア	黒	オルトレポ・パヴェーゼ(ロンバルディア州)などに使われる、主にブレンド用品種。北イタリア原産とされる。
151	グロスロ　Groslot	フランス	黒	グロロー種の別名。
152	グロ・ノワリアン Gros Noirien	フランス	黒	ジュラ・サヴォワ地方におけるピノ・ノワールの別名。

	品種名	主な産地	ブドウの種類	解説
153	グロ・プラン Gros Plant	フランス	白	ロワール地方におけるフォル・ブランシュ種の別名。
154	グロ・マンサン Gros Manseng	フランス	白	南西地方の多収量品種。プティ・マンサン種とともに甘口ワインの原料となるが、プティ・マンサン種とは異なる品種。
155	グロロー　Grolleau	フランス	黒	ロワールの黒ブドウ品種。ロゼワインなどのブレンド用に使われるが、単独で赤ワインが造られることはほとんどない。「Gloslot」と綴られることがある。グロロー・グリ（Grolleau Gris）種も少量ながら栽培されている。
156	ゲヴュルツトラミネール （ゲヴュルツトラミネル） Gewürztraminer	ドイツ・フランス	白	ドイツとフランス・アルザス地方が有名だが、北イタリアのトレンティーノ＝アルト・アディジェのトラミン村が原産とされている。強い個性を持ち、スパイシーでライチの香り、独特の苦味を持つが、まろやかでコシのしっかりとしたワインになる。ニュージランドやオーストラリアの冷涼地、オレゴンなどでも頭角を現す。貴腐ワインでも成功した品種。
157	ケークオポルト Kékoportó	ハンガリー	黒	ハンガリーではポピュラーな品種。栽培が容易で、さまざまなワインにブレンドされる。ポルトギーザー種の別名説もある。
158	ケークニェリュー Kéknyelü	ハンガリー	白	「青い果梗」の意味を持つ品種。栽培が難しいため産出量が少ない。
159	ケークフランコシュ Kékfrankos	ハンガリー	黒	ブラウフレンキッシュ種の別名。
160	ゲミシュター・サッツ Gemischter Satz	オーストリア	白・黒	オーストリアでつくられる混植・混醸のブドウ。このブドウで造るワインのことも指し、白ワインが多い。主な品種はノイブルガー種、ヴァイスブルグンダー種、ヴェルシュ・リースリング種、ロート・ギプフラー種、ジアーファンドラー種、シルヴァーナー種、トラミナー種、リースリング。
161	ケルナー　Kerner	ドイツ	白	1969年に開発され、瞬く間にドイツ第3位の栽培面積を誇るようになった白ブドウ。トロリンガー種とリースリングの交配種。発芽が遅いため霜に強い。リースリングに似た香りを持ち、しばしば熟成に耐えるワインになる。北海道で秀逸なものが造られている。

	品種名	主な産地	ブドウの種類	解説
162	ゲルバー・オルレアン Gelber Orleans	ドイツ	白	ラインガウのエーバーバッハ修道院で12世紀には栽培されていたこの品種はフランス原産と言われている。19世紀には白ブドウ品種の最大面積を誇っていたが、リースリングに取って代わられてから、今現在ではヘッシェ・ベルグシュトラーセやファルツで個性的なワイン栽培家によって細々と栽培されている。
163	ゲルバー・ムスカテラー Gelber Muskateller	オーストリア	白	オーストリアにおけるミュスカ・ア・プティ・グレン種の別名。
164	ゴウヴェイオ　Gouveio	ポルトガル	白	ドウロにおけるヴェルデホ種の別名。
165	甲州　Koshu	日本	白	日本で1000年以上の歴史を持つ伝統品種。皮は淡い紫色がかっている。生食と醸造の両方に用いられ、その名の通り山梨県での栽培が盛ん。ヨーロッパ系ブドウと同じ、ヴィティス・ヴィニフェラに属する。2010年にO.I.V.(国際ぶどう・ぶどう酒機構)のブドウ品種リストに登録され、国際的な品種として認められた。
166	コーダ・ディ・ヴォルペ Coda di Volpe	イタリア	白	カンパーニア州、とくにナポリ近郊で栽培されている歴史の古い品種。
167	コーデガ・デ・ラリーニョ Codega de Laurinho	ポルトガル	白	ポルトガルにおけるシリア種やロウペイロ種の別名。
168	コツィファリ　Kotsifali	ギリシャ	黒	ギリシャ・クレタ島の品種。軽やかなワインからしっかりとした重いワインまで、さまざまなワインを造る。
169	コット　Côt	フランス	黒	フランス南西地方カオールの主要品種。別名オーセロワ種と呼ばれる。マルベック種の別名。
170	ゴデーリョ　Godello	スペイン	白	スペイン・ガリシア地方およびポルトガル北部で栽培される品種。青リンゴの香りを放つ白ワインを生み出す。
171	コルヴィーナ・ヴェロネーゼ Corvina Veronese	イタリア	黒	イタリア北部で多く栽培されている品種。酸を多く持ち合わせ、ヴァルポリチェッラ、バルドリーノなどの主要品種となる。
172	コルテーゼ　Cortese	イタリア	白	イタリア北西部のピエモンテで栽培されている品種。ガヴィの主要品種。

	品種名	主な産地	ブドウの種類	解説
173	ゴルトブルガー Goldburger	オーストリア	白	オランゲトラウベ種とヴェルシュ・リースリング種の交配種。ブルゲンラントで多く栽培されている。
174	コルナラン Cornalin	スイス	黒	スイス・フランス語圏で栽培されている品種。現在では減少している。
175	コロンバール Colombard	フランス	白	コニャック、アルマニャックで用いられる品種だが、酸が少なく、アルコール度数が高いワインになるわりには、蒸溜酒には向かないため、フランスでは栽培が減少している品種。アメリカではフレンチ・コロンバール種と呼ばれ、カリフォルニア州ではかなりの栽培面積を誇る。
176	コンコード Concord	アメリカ	黒	アメリカ・マサチューセッツ州原産、ヴィティス・ラブルスカ系の黒ブドウ。主にジュースの原料。ニューヨーク州では主要な品種だが、フォキシー・フレーバーが強い。
177	サヴァティアーノ Savatiano	ギリシャ	白	ギリシャのレッツィーナ（松やにワイン）の主要品種。ギリシャ国内では抜群の栽培面積を誇っている。
178	サヴァニャン Savagnin	フランス	白	ジュラのヴァン・ジョーヌ（黄ワイン）の原料になるブドウ。酸味が強く、名前は「ソヴァージュ（野生の）」に由来する。サヴァニャン・ロゼ種をアルザスではクレヴネル・ド・ハイリゲンシュタイン種と呼んでいる。
179	サグランティーノ Sagrantino	イタリア	黒	中央イタリア・ウンブリアで多く栽培されている品種。爽やかながらもしっかりしたタンニン分を持つワインを生み出す。
180	サシー Sacy	フランス	白	酸が強く生産性が高いブドウだが、ブルゴーニュ地方・シャブリ近郊で細々と栽培されている品種。
181	サボリーニョ Saborinho	ポルトガル	黒	大西洋上のアソーレス諸島で栽培されている補助品種。
182	サムソ Samsó	スペイン	黒	ペネデスにおけるカリニャン種の別名。
183	サルタナ Sultana	オーストラリア	白	世界的には生食用か干しブドウに用いられる。中東が原産とされワイン産地としては中東、オーストラリア、南アフリカが挙げられる。

	品種名	主な産地	ブドウの種類	解説
184	サン・テミリオン Saint-Émilion	フランス	白	コニャックの主要品種で、サン・テミリオン・デ・シャラント（Saint-Emilion des Charentes）ともいう。トレッビアーノ種、ユニ・ブラン種の別名。
185	ザンクト・ラウレント Sankt Laurent / St.Laurent	オーストリア	黒	ピノ・ノワール系列の品種とされ、ブルゴーニュのシトー派修道士がオーストリアに持ち込んだものとされる。聖ローラン（8月10日）の日にブドウが成熟するためこの名がついた。
186	サンジョヴェーゼ Sangiovese	イタリア	黒	イタリアで最も多く栽培されている赤ワイン用品種。収量により品質の差が激しい。収量制限により酸が豊かでタンニンの強いフルボディのワインとなる。
187	サンソー　Cinsaut	フランス	黒	ラングドック地方の黒ブドウ。軽く柔らかいカジュアルな赤ワインとなる。干ばつに強く豊産性。「Cinsault」と綴られることもある。
188	サンタレーノ Santareno	ポルトガル	黒	ポルト・ワインの原料になる平凡な黒ブドウ品種。
189	ジーガーレーベ Siegerrebe	ドイツ	白	1929年にショイ博士がマドレーヌ・アンジュヴィーヌ種とゲヴュルツトラミネール種を交配した品種。イギリスやアメリカ・ワシントン、カナダなど冷涼な産地で栽培されている。
190	シヴィ・ピノ　Sivi Pinot	スロヴェニア	白	スロヴェニアにおけるピノ・グリ種の別名。
191	シデリティス　Sideritis	ギリシャ	白	パトラス周辺で栽培され、しばしばロディティス種とブレンドされる。スパイシーな風味と強い酸味が特徴。
192	信濃リースリング Shinano Riesling	日本	白	1992年に登録されたリースリングとシャルドネの交配種。マンズワイン社が開発。
193	シニアティコ　Thiniatiko	ギリシャ	黒	主にギリシャ・ケフェロニアで栽培されている、マヴロダフネ種と同種とされる品種。
194	ジビッボ　Zibibbo	イタリア	白	シチリア島でのミュスカ・ダレクサンドリ種の別名とされる。通常は生食用だが、ワインは甘口に仕上げられる。
195	シポン　Sipon	スロヴェニア	白	スロヴェニアにおけるフルミント種の別名。
196	シャールガ・ムシュコターイ Sárga Muskotály	ハンガリー	白	ハンガリーにおけるフランスのミュスカ・ア・プティ・グレン・ブラン（Muscat à Petits Grains Blanc）種の名称。
197	ジャエン　Jaén	ポルトガル	黒	ダンで栽培されている酸味の少ない品種。スペインのメンシア種の別名説もある。スペインでは「ハエン」と発音する。

	品種名	主な産地	ブドウの種類	解説
198	シャカレッロ　Sciacarello	フランス	黒	コルシカ島で栽培されている。イタリア品種のように思われるが、今のところ解明されていない。晩熟種でコルシカ島での栽培面積も減少気味。
199	ジャケール　Jacquère	フランス	白	アルプス地方・サヴォワの品種。収量が多く軽やかなワインを造る。
200	シャスラ　Chasselas	スイス・フランス	白	世界的に広がっている白ワイン用品種。スイスの主要品種で、ヴァレー州では**ファンダン**（Fendant）、ジュネーヴ州では**ペルラン**（Perlan）と呼ぶ。口当たりの爽やかなライトボディの白ワインを産む。
201	シャルドネ　Chardonnay	フランス	白	最も人気のある白ワイン用品種。フランス・ブルゴーニュのシャルドネ村が原産とされ、現在ではグーエ・ブラン種とピノ・ノワールの自然交配で生まれたことが判明している。世界のあらゆるワイン産地で生産されている。豊かなボディを持つが、とくに強い個性を持たないためさまざまなスタイルにつくり上げることができる。
202	シャルバ　Sârbă	ルーマニア	白	モルドヴァ地方の品種で2000年以上の歴史を持つ。フローラルでアロマティックな品種。
203	シュヴァルツリースリング　Schwarzriesling	ドイツ	黒	「黒いリースリング」と呼ばれるがリースリングとは無関係。フランスのムニエ種の別名。ミュラーレーベ種とも呼ばれている。
204	シュクルレット　Škrlet	クロアチア	白	クロアチア・モスラヴィーナで栽培されている土着品種。
205	シュナン・ブラン　Chenin Blanc	フランス	白	フランス・ロワール川中流域で栽培される白ワイン用の主要品種。カリフォルニアや南アフリカでも多く栽培。汎用性に富み、日常用の辛口テーブルワインからスパークリングワインや貴腐ワインまで造り出す。酸が強く、花梨やアプリコットの香りを持つ。
206	シュペートブルグンダー　Spätburgunder	ドイツ	黒	「遅いブルゴーニュ」の意を持つ、ドイツにおけるピノ・ノワールの別名。
207	シュペートロート　Spätrot	オーストリア	白	ツィアファンドラー種の別名。「遅い赤」の意。
208	ジュラフティーナ　Žlahtina	クロアチア	白	クロアチア沿岸部で栽培される土着品種。クルク島で栽培が多く見られる。

IV

ブドウ品種

	品種名		主な産地	ブドウの種類	解説
209	ジュランソン	Jurançon	フランス	黒	アルマニャックの原料品種。白ブドウ（ジュランソン・ブラン）もある。かつて南西地方では多く栽培されていたが、今は減少している。
210	ジョアン・デ・サンタレム	João de Santarém	ポルトガル	黒	カステラン種の別名。ポルトガル・リバテージョ地域で栽培されている。
211	ショイレーベ	Scheurebe	ドイツ	白	ドイツのゲオルグ・ショイ博士が交配した品種。現地ではショイ（Scheu）種、オーストリアではセムリング88（Sämling 88）種と呼ばれることもある。シルヴァーナー種とリースリングの交配種。
212	小公子	Shokoshi	日本	黒	山ブドウ研究家である澤登晴雄が開発した、中国産やヒマラヤ産、日本産の山ブドウをかけ合わせてつくられた交配種。
213	シラー	Syrah	フランス・オーストラリア	黒	フランスのコート・デュ・ローヌ地方の主力品種。挽きたての黒コショウを思わせる香りが特徴。アルコール度数が高く、タンニンもあり、濃厚な味わいのワインになる。南フランス全域のほか、オーストラリアなど世界の温暖な地域で広く栽培されている。
214	シラーズ	Shiraz	オーストラリア	黒	オーストラリアにおけるシラー種の別名。
215	シリア	Síria	ポルトガル	白	ポルト・ワインの原料になる優良白ブドウ品種。ロウペイロ（Roupeiro）種の別名。
216	シルヴァーナッツ・ゼレニ	Silvanac Zeleni	クロアチア	白	シルヴァーナー種の別名。
217	シルヴァネル／シルヴァーナー	Sylvaner	フランス・ドイツ	白	かつてはドイツで最も多く栽培されていた白ワイン用品種。リースリングより早熟で多収穫。ドイツのフランケン地方ではミネラルを感じる辛口ワインになる。ドイツのほかスイス、アルザスなど、主に中央ヨーロッパで広く普及している。
218	ジロ	Girò	イタリア	黒	スペイン原産とされるサルデーニャ島のブドウ。酒精強化ワインの原料になる。

	品種名	主な産地	ブドウの種類	解説
219	ジンファンデル Zinfandel	アメリカ	黒	カリフォルニア独自のブドウ品種と言われるが、南イタリアのプリミティーヴォ種と同一種で、ルーツはクロアチア原産のツールイェナック・カステランスキー（Crljenak Kaštelanski）種。完熟すると、アルコール度数が高く、エキゾティックでスパイシーな果実味を持つ。重厚な長期熟成型からポルト・ワインタイプ、淡いピンクのホワイト・ジンファンデルまでさまざまなスタイルのワインを生み出す。
220	スキアーヴァ　Schiava	イタリア	黒	「奴隷」という意味を持つ品種。4つの亜種があるがいずれも軽やかな赤ワインになる。トロリンガー種の別名。主に北イタリア（トレンティーノ＝アルト・アディジェ州、ロンバルディア州、ヴェネト州）での呼び名。
221	スキオペッティーノ Schioppettino	イタリア	黒	北イタリア・フリウリ州の土着品種。フィロキセラ禍以降に栽培が激減したが、フリウリで集中して栽培されている。
222	ズギハラ・デ・フシ Zghihara de Hush	ルーマニア	白	モルドヴァ地方の品種で3000年以上の歴史を持つ。酸味、ミネラル感がある。
223	スティーン　Steen	南アフリカ	白	南アフリカでのシュナン・ブラン種の別名。
224	ステューベン　Stuben	アメリカ	黒	アメリカで1947年に発表された欧米雑種で、おおむね生食用ブドウにされる。やや小粒だが多産ブドウで耐寒性・耐病性が高い。日本では青森県で生食用ブドウとして栽培されている。
225	スパンナ　Spanna	イタリア	黒	イタリアにおけるネッビオーロ種の別名。
226	スルケバラート Szürkebarát	ハンガリー	白	ハンガリーにおけるピノ・グリ種の別名。
227	セアラ・ノヴァ Seara Nova	ポルトガル	白	リスボン近郊のD.O.トーレス・ヴェドラスで使われている。
228	セイヴァル・ブラン Seyval Blanc	アメリカ	白	ヴェルティユ・セイヴとその義理の息子ヴィクトール・ヴィラールが交配してつくり出した。セイベル5656種とセイベル4986種の交雑種。ニューヨーク州やイングランドのような寒いワイン産地で重宝がられている。交配者の名前からセイヴ・ヴィラール（Sayve Villard）5276種とも呼ばれている。

Ⅳ

ブドウ品種

	品種名		主な産地	ブドウの種類	解説
229	セイベル	Seibel	フランス	白	フランスでアルバート・セイベルによって生み出されたヨーロッパ種とアメリカ種の交配種の一般的な名称。フィロキセラへの対抗策として開発された。「セイベル5455」というように育種番号で呼ばれる。赤品種はフランスで一時代流行したが、今はほとんど見られない。イギリスや日本、アメリカ・ニューヨーク州など冷涼地や湿潤地で栽培されている。
230	ゼウス	Zeus	ハンガリー	白	1951年にブーヴィエ種とエゼルヨー種の交配によってつくられた品種。早熟で酸味が強い。ゼニト(Zenit)種とも呼ばれている。
231	ゼータ	Zeta	ハンガリー	白	フルミント種とブーヴィエ種の交配種。ハンガリー・トカイ地方で栽培される。通常オレムス(Oremus)種と呼ばれる。
232	ゼームリング88 Sämling 88		オーストリア	白	オーストリアとドイツで栽培されているショイレーベ種の別名。英語圏ではシードリグ(Seedling)88種と呼ばれている。
233	セザール	César	フランス	黒	ブルゴーニュ北部イランシー地区の品種。軽い赤ワインになる。
234	ゼニット	Zenit	ハンガリー	白	1951年に開発されたブヴィエ種とエゼルヨ種の交配種。ハンガリーではゼウス種と呼ばれている。
235	セミヨン	Sémillon	フランス	白	フランス・ボルドー地方の貴腐ワインの原料品種。ソーヴィニヨン・ブラン種とブレンドされることが多い。ラノリン(羊毛から取れるオイル)香があり、まろやかでボディのあるワインになる。南アフリカ、オーストラリア、南アメリカでも栽培。コニャックでの補助品種としても知られている。
236	セリーヌ	Sérine	フランス	黒	コート・デュ・ローヌでのシラー種の別名。
237	セルシアル	Cercial	ポルトガル	白	英語では「Sercial」と綴る。ポルトガル全域で栽培され、マデイラ島のマデイラの高級品種。
238	セルシアル	Sercial	ポルトガル	白	ポルトガル現地での呼び名「Cercial」を英語化した名称。
239	セレーザ	Cereza	アルゼンチン	黒	スペイン語で「チェリー」の意味を持つ果皮がややピンク色の品種。
240	セレクト	Sélect	フランス	白	コニャックの補助品種として使われる。

	品種名	主な産地	ブドウの種類	解説
241	ゼングー Zengő	ハンガリー	白	ハンガリーのエゲル、マートラアリアで栽培される。エズルホ種とブーヴィエ種の交配種。
242	善光寺 Zenkoji	日本	白	長野県で古くから栽培されている白ワイン用ブドウ。紫紅色で大粒。日本の高温多湿の気候風土に適している。中国原産の竜眼種と同種。
243	センシベル Cencibel	スペイン	黒	テンプラニーリョ種の別名、とくにラ・マンチャでの呼び名。
244	ソウサン Souzão	ポルトガル	黒	ヴィニャン種の別名。
245	ソウザォン Sousão	ポルトガル	黒	ポルトガルのドウロ川流域で栽培されている、ポルト・ワインの原料にもなる品種。果実味がしっかりとしている。ヴィニャン種の別名。
246	ソーヴィニヨン・グリ Sauvignon Gris	フランス	白	ボルドー地方、ロワール地方で一部栽培されている。ピンク色をした皮を持つ品種。ソーヴィニヨン・ブランよりは重厚なワインに仕上がる。
247	ソーヴィニヨン・ブラン Sauvignon Blanc	フランス	白	フランスのボルドー地方およびロワール川上流地域を代表する白ワイン用品種。世界中で広く栽培されているが、近年ニュージーランドが注目されている。グリーンハーブを思わせる独特の青草の香りを持つ。引き締まった酸味を持ち一般的には辛口だが、ボルドー地方のソーテルヌでは伝統的にセミヨン種とブレンドされ、極甘口の貴腐ワインに爽やかさを与える。
248	ソラリス Solaris	ドイツ・イギリス	白	ドイツのカイゼンハイムブドウ交配研究所で生まれたメルズリング種とGm6493種の交配種。ドイツのバーデンで主に栽培されているが、イギリス、デンマークとスウェーデンでも栽培されている。
249	タイ Tai	イタリア	白	2011年にD.O.C.G.に昇格したリゾン（ヴェネト州）で使用される。土着品種と思われがちだが、実際はフリウラーノ種の別名。
250	タナ Tannat	フランス	黒	フランス南西部のマディラン地区の土着品種で、タンニンの語源となった非常に渋みの強い黒ブドウ。近年ではオーストラリアや南米のウルグアイでも栽培されるようになっている。

	品種名	主な産地	ブドウの種類	解説
251	タマイオサア・ロマネスカ Tămâioasă Românească	ルーマニア	白	「ルーマニアの聖なる香」と訳され、ブドウの糖分が上がるためルーマニアの甘口ワイン、コトナリ(Cotrari)の主要品種でもある。
252	タランゴ　Tarrango	オーストラリア	黒	オーストラリアの交配種。1960年代にA.J.アントクリフによって開発された。トウリガ種とサルタナ種の交配種。
253	タンテュリエ　Teinturier	フランス	黒	赤い果肉のブドウに対する総称。
254	チェザネーゼ Cesanese	イタリア	黒	D.O.C.G.チェザネーゼ・デル・ピリオの主要品種。ラツィオ州・ローマ近郊原産。果粒がやや大きいため、タンニンが柔らかで口当たりのよいワインになる。
255	チェルセギ・フーセレシュ Cserszegi fűszeres	ハンガリー	白	チェルセギは原産の場所を指し、フーセレシュは「スパイシー」の意味の品種。イルシャイ・オリヴェール(Irsai Olivér)種とローター・トラミナー(Roter Traminer)種の交雑種。
256	チャレッロ　Xarello	スペイン	白	スペインにおける瓶内二次発酵で造られるカバの主要品種。収量が多いが、発芽が早いので春の冷害にさらされることが多い。
257	チリエジョーロ Ciliegiolo	イタリア	黒	イタリア・トスカーナ発祥の品種。栽培面積は少ないが、果実味とスパイスのニュアンスがある。サンジョヴェーゼ種とブレンドされることがある。
258	ツァウッシ Tsaoussi	ギリシャ	白	ケファロニア島独自の品種で、通常ロボラ種とブレンドされる。
259	ツィアファンドラー Zierfandler	オーストリア	白	別名「遅い赤(Spätrot)」とも呼ばれ、その名の通りブドウの成熟が遅い。オーストリア・テルメルギオンのしっかりした白ワインを支える。
260	ツヴァイゲルト　Zweigelt	オーストリア	黒	1922年ツヴァイゲルト博士により開発された、オーストリアで広く栽培されている赤ワイン用品種。ブラウフレンキッシュ種とザンクト・ラウレント種の交配種。別名「ブラウアー・ツヴァイゲルト」。早熟なため耐寒性があり日本では北海道で普及。酸味が特徴。
261	ツヴァイゲルトレーベ Zweigeltrebe	日本	白	日本におけるツヴァイゲルト種の別名。
262	ディオリノワール Diolinoir	スイス	白	ヴァレー州、ティチーノ州で栽培されているルージュ・ド・ディオリィ種とピノ・ノワールの交配種。

	品種名	主な産地	ブドウの種類	解説
263	ティブラン Tibouren	フランス	黒	プロヴァンスで栽培され、「ガリーグ」と呼ばれる、潅木などの香りを持つ品種。ロゼワインのベースになる。
264	ディミャト Dimiat	ブルガリア	白	ブルガリアで多く栽培されている品種。高級酒よりも並酒に使われることが多い。
265	ティンタ・アマレラ Tinta Amarela	ポルトガル	黒	ポルトガルにおけるトリンカデイラ種の別名。
266	ティンタ・デ・トロ Tinta de Toro	スペイン	黒	テンプラニーリョ種の別名、サモラ地方・トロでの呼び名。
267	ティンタ・デ・マドリッド Tinta de Madrid	スペイン	黒	テンプラニーリョ種の別名、マドリッドでの呼び名。
268	ティンタ・デル・パイス Tinta del País	スペイン	黒	テンプラニーリョ種の別名。リベラ・デル・ドゥエロでの呼び名。
269	ティンタ・ネグラ Tinta Negra	ポルトガル	黒	マデイラの主要品種。島全体で多く栽培され、収量も安定して多い。スペインではネグラモル種と呼ばれている。
270	ティンタ・バロッカ Tinta Barroca	ポルトガル	黒	ポルト・ワインの原料になる優良黒ブドウ品種。
271	ティンタ・ピニェイラ Tinta Pinheira	ポルトガル	黒	バイラーダやダンで栽培されている平凡な品種。
272	ティンタ・ミウーダ Tinta Miuda	ポルトガル	黒	リスボン、テージョで使われる。スペイン・リオハのグラシアノ種の別名。
273	ティンタ・ロリス Tinta Roriz	ポルトガル	黒	ポルトガルにおけるテンプラニーリョ種の別名。
274	ティント・カン Tinto Cão	ポルトガル	黒	栽培面積は減少しているが、スパイシーさを持ち合わせ、ポルト・ワインの原料としては最優良品種とされる。
275	ティント・フィノ Tinto Fino	スペイン	黒	テンプラニーリョ種の別名。リベラ・デル・ドゥエロでの呼び名。
276	デビーナ Debina	ギリシャ	白	ギリシャとアルバニアの国境付近の高原で栽培されている。標高が高いため酸が強く、微発泡ワインに仕上げられることが多い。リンゴの香りが特徴。
277	デビット Debit	クロアチア	白	クロアチア北部・ダルマチアで栽培されている土着品種。リンゴのような香りがある。
278	デュラス Duras	フランス	黒	南西地方の品種。ガイヤックの主要品種。
279	デュリーズ Duriz	スイス	白	スイス・ロマンド圏ヴァレーで栽培されているスイス固有の品種。

	品種名	主な産地	ブドウの種類	解説
280	デュリフ　Durif	オーストラリア	黒	1880年代にフランス東南部でデュリフ教授によってつくられた品種。フランスではほとんど栽培しておらず、南アメリカとオーストラリアで若干栽培される。
281	デラウエア　Delaware	アメリカ	白	アメリカでつくられた交雑種の白ワイン用ブドウ。アメリカ・ニューヨーク州で人気があるほか、日本ではワイン用および生食用としても定番。甘口のフルーティーな若飲みタイプ。
282	テラン　Teran	クロアチア	黒	イタリア・フリウリのレフォスコ種の亜種とされ、クロアチアで栽培されている。
283	テランテス　Terrantez	ポルトガル	白	ポルトガル・マデイラ島でごくわずかに栽培され、幻の品種とも呼ばれている。スティルワインの場合はテランテス種ではなくフォルガザン（Folgasao）種と呼ばれる。
284	テレ　Terret	フランス	白	1本の樹に色違いのブドウをつける、ラングドックで最古のブドウとされる品種。
285	テレ・ノワール　Terret Noir	フランス	黒	コート・デュ・ローヌ、シャトーヌフ・デュ・パプにおいて使用が許可されている品種だが、テレ種の中でも、黒いブドウをつける品種を指す。
286	テレ・ブラン　Terret Blanc	フランス	白	白いブドウをつけるテレ種。ラングドック・セートで栽培されていた品種。今ではテレ・ノワールの変異種であるテレ・グリ種の方が認知度も高く、この地ではシャルドネとともに多く栽培されている。
287	テロルデゴ　Teroldego	イタリア	黒	正式名称を「テロルデゴ・ロタリアーノ（Teroldego Rotaliano）」といい、トレンティーノのロタリアーノ平野で広く栽培されている。フローラルな香りを持つ品種。
288	テンプラニーリョ　Tempranillo	スペイン	黒	スペインやポルトガルで広く栽培される重要な赤ワイン用品種。スペイン・リオハの主原料として有名。ワインはフルボディで深い色、長期熟成タイプとなる。アルゼンチンでは日常的な赤ワインに仕上げられる。
289	トウリガ・ナショナル　Touriga Nacional	ポルトガル	黒	低収量で生産性が悪いが凝縮したフレーヴァーのため、ポルト・ワインでは高貴品種とされている。

	品種名	主な産地	ブドウの種類	解説
289	トウリガ・フランカ Touriga Franca	ポルトガル	黒	多収量で栽培が容易なため、ポルトガル全域で栽培されている。赤い果物の香りを伴ないながらタンニンののりがよい。
291	トウリゴ　Tourigo	ポルトガル	黒	トウリガ・ナショナル種の別名。
292	トゥルソー　Trousseau	フランス	黒	フランス・ジュラ地方の主要黒ブドウ。プールサール種より濃厚で色合いが深い。亜種である淡い色合いのトゥルソー・グリ種はアメリカではグレイ・リースリング（Gray Riesling）と呼ばれている。
293	トゥルバ・デュ・ルーション Tourbat du Roussillon	フランス	白	フランス・ルーション地方におけるマルヴォワジ種の別名。サルデーニャ島のトルバート（Torbato）種の別名。
294	ドゥンケルフェルダー Dunkelfelder	ドイツ	黒	グスタフ・アドルフ・フロエリッヒ（Gustav Adolf Froelich）によってガイゼンハイムブドウ交配研究所で開発された、ファーバートラウベ種とポルトギーザー種の交配種。「Dunkel」は暗いの意味。
295	ドミナ　Domina	ドイツ	白	ブドウ栽培は1974年から始まっているが、交配はペータ・モリオによって1927年に行なわれた。ポルトギーザー種とピノ・ノワールの交配種。
296	トラサリエ　Tresalier	フランス	白	サシー種の別名。フランス・アリエ県での名称。
297	トラジャドゥーラ Trajadura	ポルトガル	白	ボディとアルコール分が豊かなワインになる品種。ヴィーニョ・ヴェルデで使われている。
298	トラミナー　Traminer	ドイツ	白	ゲヴュルツトラミネール種の別名。
299	トラミナー・アロマティコ Traminer Aromatico	イタリア	白	ゲヴュルツトラミネール種の別名。
300	トラミナッツ　Traminac	クロアチア	白	しばしゲヴュルツトラミネール種の別名とされることが多いが、正しくはゲヴュルツトラミネール種の原種で、淡い緑色の色調を持つ。イタリア・トレンティーノ＝アルト・アディジェ州のトラミン村が原産とされる説が有力。
301	トラミニ　Tramini	ハンガリー	白	ゲヴュルツトラミネール種の別名。
302	トラミネッツ　Traminec	スロヴェニア	白	ゲヴュルツトラミネール種の別名。
303	トリンカデイラ Trincadeira	ポルトガル	黒	ポルト・ワインの原料になる優良黒ブドウ品種。

IV

ブドウ品種

	品種名		主な産地	ブドウの種類	解説
304	ドルチェット	Dolcetto	イタリア	黒	北イタリア・ピエモンテの主要品種。「甘い」という意味を持ち、ネッビオーロ種の栽培に向かない高地や北向きの斜面でも栽培できる早熟なブドウ。この品種を使ったワインにD.O.C.G.ドルチェット・ディ・ドリアーニ・スペリオーレ（Dolcetto de Dogliani Superiore）、D.O.C.G.ドルチェット・ディ・オヴァーダ・スペリオーレ（Dolcetto di Ovada Superiore）がある。
305	トルブリャン	Trbljan	クロアチア	白	現地ではクッツ（Kuć）と呼ばれ、クロアチア沿岸で栽培されている。
306	ドルンフェルダー Dornfelder		ドイツ	黒	1955年、アウグスト・ヘロルドにより、ヘルフェンシュタイナー種とヘロルドレーベ種との交配で産み出された、ドイツでは近年栽培が普及している黒ブドウ。酸味がまるく、渋みも穏やかな飲みやすい風味でありながら、コシのしっかりした赤ワインとなる。
307	トレイシャドゥーラ Treixadura		スペイン・ポルトガル	白	ポルトガルではトラジャドゥーラ（Trajadura）と呼ばれている。優しい芳香成分の白ブドウ。スペイン・ガリシアでの名称。
308	トレッソ	Tressot	フランス	黒	ブルゴーニュでのトゥルソー種の別名。
309	トレッビアーノ／トレッビアーノ・トスカーノ Trebbiano / Trebbiano Toscano		イタリア	白	コニャックの主要原料ブドウ。サン・テミリオン・デ・シャラント種やユニ・ブラン種とも呼ばれる。フランスでは最大の栽培面積を誇り、イタリアでも白ブドウで第2位の栽培面積。イタリアでは偉大ではないが軽やかで酸味の効いたブドウで、ロマーニョーロ、ジャロ、アブルッツェーゼなどの亜種を含め16のクローンを持つ。
310	トレパット	Trepat	スペイン	黒	瓶内二次発酵で造られるカバ・ロゼの補助品種として使われている、果実味に優れた品種。カタルーニャで主に栽培されている。
311	トロリンガー	Trollinger	ドイツ	黒	ドイツの伝統的な赤ワイン用品種のひとつ。チロル原産と伝えられている。グローブほどにもなる大きな房と、巨峰のような大粒の実が特徴で、親しみやすい風味の赤ワインやロゼワインの原料になる。

	品種名	主な産地	ブドウの種類	解説
312	トロンテス　Torrontes	スペイン	白	スペイン発祥の品種だが、スペインより南半球のアルゼンチンで主に栽培されている。テルペン香と呼ばれるマスカット・フレーヴァーが強い。バイス種とマスカット・オブ・アレキサンドリア種の自然交配によって生まれた。
313	トロンテス・サンファニーノ　Torrontes Sanjuanino	アルゼンチン	白	トロンテスの亜種で、アルゼンチンのサン・ファン州で少量栽培されている。
314	トロンテス・リオハーノ　Torrontes Riojano	アルゼンチン	白	トロンテスの亜種で、アルゼンチンで多くの栽培面積を誇る。
315	ナイアガラ　Niagara	アメリカ	白	1872年ニューヨークのナイアガラで生み出されたコンコード種とカサディ種の交雑種。フォキシー・フレーヴァーが強い。ニューヨーク州に多く、ブラジルでは最も多く栽培され、日本では長野県で多く栽培される。
316	ナチュレ　Naturé	フランス	白	ジュラ・サヴォワ地方におけるサヴァニャン種の別名。
317	ニエルキオ　Nielluccio	フランス	黒	プロヴァンス・コルスでの栽培面積は広く、パトリモニオの主要品種。イタリア・サンジョヴェーゼ種の別名。
318	ネーロ・ダヴォラ　Nero d'Avola	イタリア	黒	イタリア・シチリアの重要品種、カラブレーゼ種の別名。
319	ネーロ・ディ・トロイア　Nero di Troia	イタリア	黒	D.O.C.G.カステル・デル・モンテ・ネロ・ディ・トロイア・リゼルヴァとカステル・デル・モンテ・ロッソ・リゼルヴァの主要品種。プーリア州北部・フォッジャ県にある町、トロイアが原産とされる。近年は単独で醸造されるが、以前はブレンド用の補助品種だった。
320	ネグラ・コリエンテ　Negra Corriente	ペルー	黒	クリオージャ・チカ種の別名。
321	ネグラ・モーレ　Negra Mole	ポルトガル	黒	ティンタ・ネグラ種の別名。
322	ネグレット　Négrette	フランス	黒	フランス南西地方フロントンの土着品種。この地ではシラーやカベルネ・ソーヴィニヨンとアッサンブラージュされる。スパイシーな香りを持つ品種。
323	ネグロ・アマーロ　Negro Amaro	イタリア	黒	南イタリアの重要な黒ブドウ品種。「黒くて苦い」の意。まれに「Negroamaro」と綴られることもある。

IV

ブドウ品種

	品種名	主な産地	ブドウの種類	解説
324	ネゴスカ　Negoska	ギリシャ	黒	ギリシャ原産の品種で、クシノマヴロ種のブレンド用ワインに用いられる。
325	ネッビオーロ　Nebbiolo	イタリア	黒	イタリア・ピエモンテ州原産のイタリアを代表する最高級の赤ワイン用品種。「旅をしない品種」で栽培される土地を選ぶ。ピエモンテ州ではバローロ、バルバレスコといった最高級からカジュアルなものまで幅広い品質のワインになる。色濃く、酸・タンニンともに強い骨格のしっかりしたワインで、樽や瓶による長期熟成により魅力を発揮する。イタリア国内での別名にスパンナ(Spanna)、キアヴェンナスカ(Chiavennnasca)がある。
326	ノイブルガー　Neuburger	オーストリア	白	オーストリア全土で栽培される品種。グリューナー・ヴェルトリーナー種よりブドウの成熟が早く栽培が容易。ローター・ヴェルトリーナー種とシルヴァーナー種の交配とされる。
327	ノートン　Norton	日本	黒	別名シンシアーナ。アメリカ・ミズーリ州原産とされ、ヴィティス・エスティバリス種に属するアメリカ系ブドウ品種。
328	ノジオーラ　Nosiola	イタリア	白	北イタリア・トレンティーノ原産の品種。甘口から辛口までアロマ豊かなワインになる。
329	バーガー　Burger	アメリカ	白	フランス原産とされ、フランスではモンバドン(Monbadon)種とされるが今ではほとんど栽培が確認されていない。この品種自身はカリフォルニアでは有名だが、造られているワインはジャグ・ワイン(安物ワイン)である。
330	ハーミテージ　Hermitage	南アフリカ	黒	南アフリカにおけるサンソー種の別名。
331	ハールシュレヴェルー　Hárslevelü	ハンガリー	白	ハンガリー語で「ライムの葉」を意味し、甘口ワインのトカイの主要品種であるフルミント種の補助品種。
332	パイエン　Païen	スイス	白	スイスでのゲヴュルツトラミネール種の別名。
333	パイス　Pais	チリ	黒	アルゼンチンのクリオージャ・チカ種、アメリカ・カリフォルニアのミッション種の別名。
334	ハイダ　Heida	スイス	白	スイスのゲヴュルツトラミネール種の別名。
335	ハエン　Jaén	スペイン	黒	スペイン西部と中部で栽培されている多収量品種。ポルトガルでの名称はジャエン(Jaén)種。

	品種名	主な産地	ブドウの種類	解説
336	バガ　Baga	ポルトガル	黒	ポルトガル・バイラーダで栽培されている品種。現地ではティンタ・バイラーダとも呼ばれる。ポルトガル語の「ベリー（赤い果物）」が語源。
337	バコ・ノワール Baco Noir	アメリカ	黒	種苗家の名前に由来する交配種。フィロキセラ禍によって壊滅状態だったフランス・アルマニャック地方でフォル・ブランシュ種にとって代わられたが、現在では栽培面積が縮小方向にある。
338	バコ22-A　Baco22-A	フランス	白	アルマニャックの原料ブドウ。バコ・ブランともいう。フィロキセラ禍後に栽培された。フォル・ブランシュ種とノア種のヴィニフェラ系交雑種のため、2010年まではアルマニャックの原料ブドウとして認められていたが、その後は認められていない。
339	パスカル・ブラン Pascal Blanc	フランス	白	ローヌ地方、プロヴァンス地方の品種で法規上では認められているが、ウドン粉病に弱いなど栽培が難しくフランスではほぼ全滅している品種。
340	バスタルド　Bastardo	ポルトガル	黒	多産で個性が少ない品種だが、ポルト・ワインの原料としては最優良黒ブドウ品種とされる。過去にはマデイラでも栽培されていた。
341	ハネプート　Hanepoot	南アフリカ	白	南アフリカにおけるマスカット・オブ・アレキサンドリア種の別名。
342	バビチェ　Babic	クロアチア	黒	北ダルマニア地方で栽培される。強いタンニンと高いアルコールを与える。
343	バフース　Bacchus	ドイツ	白	ドイツでつくられた、ショイレーベ種（シルヴァーナー種×リースリング）にミュラー・トゥルガウ種を交配したもの。早熟で主にドイツ・ラインヘッセン地区で栽培され、ベーシックなQ.b.A.ワインのブレンド用として重要。日本では「バッカス」と呼ばれている。
344	バベアスカ・グリ Băbească Gris	ルーマニア	白	「灰色の貴婦人」と訳され、主にルーマニア・モルドヴァ地方で栽培されている。キレのよい酸味と柑橘系の香りが特徴。
345	バベアスカ・ネアグラ Băbească neagră	ルーマニア・モルドバ	黒	「黒い貴婦人」と訳され、フェテアスカ・ネアグラ種ほどに評価が高く、フルーティーさがある。モルドバではララ・ネアグラと呼ばれている。

IV

ブドウ品種

	品種名	主な産地	ブドウの種類	解説
346	パミッド　Pamid	ブルガリア	黒	ブルガリアで最大の栽培面積を誇る品種。品種の個性は少ない。
347	ハリアーグ　Harriague	ウルグアイ	黒	ウルグアイの一部の産地におけるタナ(Tannat)種の名称。
348	バルサミナ　Balsamina	アルゼンチン	黒	アルゼンチンでのシラー(Syrah)種の名称。
349	パルディーナ　Pardina	スペイン	白	エクストレマドゥーラ原産の土着品種。この地以外で栽培されることは少ない。
350	バルバロサ　Barbarossa	フランス・イタリア	黒	フランスではプロヴァンス地方、コルシカ島で主に栽培される。「赤いあご鬚」に由来する。
351	バルベーラ　Barbera	イタリア	黒	ピエモンテ州原産とされる品種。イタリア全土で栽培され、近年ピエモンテ州で高品質なものが生まれている。アルゼンチン、カリフォルニアなどでも多く栽培。この品種を使ったワインにD.O.C.G.バルベーラ・デル・モンフェラート・スペリオーレ(Barbera del Monferrato Superiore)、D.O.C.G.バルベーラ・ダスティ(Barbera d'Asti)がある。
352	パレリャーダ　Parellada	スペイン	白	スペインにおける瓶内二次発酵で造られるカバの主要品種。1960年代から急速に広まり、カタルーニャ地方で多く栽培されている。
353	パロミノ　Palomino	スペイン	白	スペイン・アンダルシア地方でシェリーの原料として最も重要な白ブドウ。酸が比較的穏やか。スペインのほか、南アフリカでも栽培されている。
354	ビウラ　Viura	スペイン	白	マカベオ種の別名。主にリオハでの呼び名。
355	ピエディロッソ　Piedirosso	イタリア	黒	カンパーニャ州のカプリ島とイスキア島で細々と栽培されている。軽やかな赤ワインになる。
356	ピオーネ　Pione	日本	黒	巨峰群中最高の品質とボリュームを持ち、ジャンボブドウと称される欧米雑種。巨峰種とカノンホール・マスカット種を交配してつくられた紫黒色の生食用ブドウで、井川秀雄により開発された。
357	ビカル　Bical	ポルトガル	白	バイラーダで栽培されている品種。酸味が強く、しばしばスパークリングワインの原料になる。

	品種名	主な産地	ブドウの種類	解説
358	ピカルダン　Picardan	フランス	白	大粒なゆえに酸味が強く、個性の少ない品種。シャトーヌフ・デュ・パプで少量使われている。
359	ピクトゥネール Picoutener	イタリア	黒	ヴァッレ・ダオスタ州におけるネッビオーロ種の別名。
360	ピクプール　Picpoul	フランス	白	フランス・ラングドック=ルーションおよびコート・デュ・ローヌで栽培されている品種。「舌を刺す」という意味を持つほど酸味が強い。白ブドウが有名だが、亜種に黒とグリもある。「Piquepoul」と綴られることもある。
361	ピクプール・グリ Picpoul Gris	フランス	白	ピクプール種の亜種。
362	ピクプール・ノワール Picpoul Noir	フランス	黒	ピクプール種の亜種。
363	ピコリット　Picolit	イタリア	白	イタリア北東部・フリウリの品種。陰干しして糖度を高め甘口ワインの原料になる。この品種を使ったワインにはD.O.C.G.コッリ・オリエンターリ・デル・フリウリ・ピコリット(Colli Orientali del Friuli Picolit)がある。
364	ビジュ・ノワール Bijou Noir	日本	黒	山梨県果樹試験場が山梨27号種(甲州三尺種×メルロ)とマルベック種を交雑して開発し、2006年に品種登録された。フランス語で「黒い宝石」の意味。
365	ビデュレ　Bidure	フランス	黒	カベルネ・ソーヴィニヨンの別名。
366	ピナンク　Pinenc	フランス	黒	フランス・マディラン地区におけるフェル(Fer)種の名称。
367	ピニョレット　Pignolette	イタリア	白	D.O.C.G.コッリ・ボロニアージ・クラシコ・ピニョレット(エミリーア・ロマーニャ州)の主要品種だが、ウンブリア州のグレケット種の別名。
368	ピノー・ドーニ Pineau d'Aunis	フランス	黒	ロワール地方・ソーミュール地区の品種。現地ではシュナン・ノワール種とも呼ばれている。カベルネ・フランの栽培面積は増えているが、この品種は減少している。
369	ピノー・ド・ラ・ロワール Pineau de la Loire	フランス	白	ロワール地方におけるシュナン・ブラン種の別名。

IV

ブドウ品種

	品種名	主な産地	ブドウの種類	解説
370	ピノ・グリ Pinot Gris	フランス	白	ピノ・ノワールの変種で果皮がピンク色の白ワイン用品種。フランス・アルザス地方が代表的な産地。スパイシーな蜂蜜の香り、濃厚でオイリーな味わい。辛口から極甘口まである。ドイツではグラウブルグンダー種と称され、イタリアではピノ・グリージョの名で爽やかでカジュアルな辛口ワインとなる。
371	ピノ・グリージョ Pinot Grigio	イタリア	白	ピノ・グリ種の別名。
372	ピノ・サン・ジョルジュ Pinot St Georges	アメリカ	黒	カリフォルニアで一部栽培されている、フランス南西地方のネグレット(Négrette)種の別名。
373	ピノ・シヴィ Pinot Sivi	クロアチア	白	ピノ・グリ種の別名。
374	ピノタージュ Pinotage	南アフリカ	黒	1925年に南アフリカでピノ・ノワールとサンソー種の掛け合わせで交配された品種。一部ジンバブエなどアフリカ諸国でも栽培されている。
375	ピノ・ネーロ Pinot Nero	イタリア	黒	ピノ・ノワールの別名。
376	ピノ・ノワール Pinot Noir	フランス	黒	フランス・ブルゴーニュ地方のコート・ドールにおいて偉大な赤ワインを生み出す品種。植えられた土地の土壌により個性が変わり、栽培の難しい品種。あざやかな鮮紅色。タンニンは控えめだが酸が豊かで、繊細かつ芳醇な味わいのワインとなる。
377	ピノ・ビアンコ Pinot Bianco	イタリア	白	イタリアにおけるピノ・ブラン種の別名。
378	ピノ・ビエリ Pinot Bijeli	クロアチア	白	クロアチアにおけるピノ・ブラン種の別名。
379	ピノ・ブーロ Pinot Beurot	フランス	黒	以前ブルゴーニュでピノ・ノワールと混植されていた品種。ピノ・グリ種の古い名称。
380	ピノ・ブラン Pinot Blanc	フランス	白	ピノ・ノワールの変種で、フランスで多く栽培されている品種。アルザス地方でよく知られる他、ドイツではヴァイスブルグンダー、イタリアではピノ・ビアンコと呼ばれ、栽培される。フレッシュでさっぱりとした若飲みワインになる。

	品種名	主な産地	ブドウの種類	解説
381	ピノ・ムニエ Pinot Meunier	フランス	黒	ムニエ種のかつての名称。DNA鑑定の結果、ピノ系ではないことが判明し、ムニエと名乗るようになったため、現在では使われない品種名。
382	ピノ・リエボー Pinot Liébault	フランス	黒	1810年にシャルム・シャンベルタンで確認されたブルゴーニュ地方でかつて栽培されていたピノ・ノワールの亜種。
383	ファインブルグンダー Feinburgunder	オーストリア	白	シャルドネの別名。
384	ファバーレーベ Faberrebe	ドイツ	白	1929年にショイ博士によってつくられたピノ・ブラン種とミューラー・トゥルガウ種の交配種。リースリングでは厳しい産地でも容易に栽培ができ、ラインヘッセンでは人気の品種。現地ではファーバー(Faber)とも呼ばれている。
385	ファランギーナ Falanghina	イタリア	白	ギリシャの土着品種で一時廃れたが復活しつつある品種。ナポリ近郊で細々と栽培されている。スパークリングワインの原料にもなる。
386	フィアーノ　Fiano	イタリア	白	南イタリアのカンパーニャ地方の土着品種。酸が少なく大柄なワインに仕上がる。この品種を使ったワインにD.O.C.G.フィアーノ・ディ・アヴェッリーノ(Fiano di Arellino)がある。
387	ブーヴィエ　Bouvier	オーストリア	白	通常は生食されるが、オーストリアでは「シュトゥルム」という新酒に使われる品種。
388	ブーシェ　Bouchet	フランス	黒	ボルドー地方サン・テミリオンの品種で、カベルネ・フランの別名。
389	プールサール Poulsard	フランス	黒	フランス・ジュラ地方の伝統的な品種。粒が大きく色素が少ないため、そのほとんどは濃厚な赤ワインになるのではなく、現地で「コライユ(Corail)」と呼ばれるロゼワインのベースとなる。
390	ブールブーラン Bourboulenc	フランス	白	ギリシャ原産とされる品種。今ではコート・デュ・ローヌ、ラングドック=ルーションで多く栽培される。ラングドックではマルヴォワジエと呼ぶこともある。
391	フェテアスカ・アルバ Fetească Albă	ルーマニア・モルドバ	白	「白い乙女」と訳され、ハンガリーではレーアニカ種と呼ばれる品種。早熟のブドウでマスカット香を持つ。
392	フェテアスカ・ネアグラ Fetească Neagră	ルーマニア・モルドバ	黒	「黒い乙女」と訳され、ルーマニアでは土着の黒ブドウ品種として評価は高い。

IV

ブドウ品種

	品種名	主な産地	ブドウの種類	解説
393	フェテアスカ・レガーラ Fetească Regală	ルーマニア・モルドバ	白	「白い王家」と訳されるルーマニア独自の交配種。甘口ワインのコトナリの主要品種グラサ（Grasa）種とフェテアスカ・アルバ種の自然交配。1990年代にはルーマニアで最も多く栽培されていた。
394	フェニックス　Phoenix	ドイツ・イギリス	白	バッカス種とヴィラール・ブラン種による交配種で1992年に認可された。カビ病に耐性のある白ブドウ品種。
395	フェル・セルヴァドゥ Fer Servadou	フランス	黒	ラングドック・ルーションで栽培されている品種。樹の硬さから鉄（Fer）と名づけられ、マディランではピナンクとも呼ばれている。
396	フォリニャン　Folignan	フランス	白	コニャックの補助原料ブドウ。
397	フォル・ブランシュ Folle Blanche	フランス	白	ロワールおよびコニャック・アルマニャック地方で栽培されている品種。ロワールではグロ・プラン種と呼ばれている。酸味が強く蒸溜酒用のベースワインとなる。
398	フォンダン　Fendant	スイス	白	スイスにおける、シャスラ種の名称。
399	フォンテ・カル Fonte Cal	ポルトガル	白	ポルトガル中部のベイラ地区で栽培される。ブレンドに主に使われ、単独でワインになることはない。
400	フクセルレーベ Huxelrebe	ドイツ	白	ドイツのゲオルグ・ショイ教授が交配した品種。多収量のため20世紀初頭にはドイツとイギリスで流行したが、現在では人気が低下している。
401	ブスイアオカ・デ・ボホティン Busuioacă de Bohotin	ルーマニア	黒	ルーマニア南東部・ボホティン地区で栽培される。ブドウ果の色調が淡く軽い赤ワインかロゼワインの原料になる。
402	プティ・ヴェルド Petit Verdot	フランス・スペイン	黒	ボルドーの伝統的な補助品種であるが、地球温暖化も手伝って栽培が容易になり、現在注目されている品種。果皮が厚く、発色に優れている。スペインのビノ・デ・パゴ、ドミニオ・デ・バルデプーサでも栽培されている。
403	プティ・マンサン Petit Manseng	フランス	白	フランス南西地方で栽培されているマンサン種の亜種。「プティ」とついているように、小粒で濃厚な果汁を得ることができる。遅摘みを行なって甘口ワインに仕上げられることが多い。

	品種名	主な産地	ブドウの種類	解説
404	プティ・メリエ Petit Meslier	フランス	白	グエ・ブラン種とサヴァニャン種の自然交配によってできたとされるフランスのシャンパーニュ地方で認められている品種。デュヴァル・ルロアなど、使用するシャンパン・ハウスは限られている。
405	プティット・アルヴィン Petite Arvine	スイス	白	スイス・ヴァレー州とイタリアのヴァッレ・ダオスタ州で栽培されている。早熟で糖度が上がりやすい品種。
406	プティット・ヴィデュレ Petite Vidure	フランス	黒	カベルネ・ソーヴィニヨンの別名。
407	プティット・シラー Petite Sirah	アメリカ	黒	アメリカにおけるデュリフ種の別名。シラー種とは無関係。
408	プティット・シラー Petite Syrah	フランス	黒	ローヌ北部において、伝統的に果粒が小さく高品質なシラー種のクローン全般を指す。セリーヌ(Serine)種ともいう。大粒のクローン群はグロス・シラー(Grosse Syrah)種。
409	フュメ・ブラン Fumé Blanc	アメリカ	白	アメリカにおけるソーヴィニヨン・ブラン種の別名。アメリカのワインメーカー「ロバート・モンダヴィ」がマーケティング用に名付けたとされる。
410	プラーヴァッツ・マリ Plavac Mali	クロアチア	黒	ジンファンデル種の別名説があるクロアチアの品種。濃厚な色調で「Mali」とは「小さな」の意。
411	プラーヴィナ　Plavina	クロアチア	黒	北クロアチアの品種でプラーヴァッツ・マリ種の別名説がある。
412	ブラウアー・ヴィルトバッハー Blauer Wildbacher	オーストリア	黒	オーストリアの野生種として知られるオーストリアの代表的なロゼワイン、シルヒャーの主要品種。
413	ブラウアー・ブルグンダー Blauer Burgunder	オーストリア・ドイツ	黒	ピノ・ノワールの別名。
414	ブラウアー・ポルトギーザー Blauer Portugieser	オーストリア	黒	ポルトギーザー種の別名。
415	ブラウブルガー Blauburger	オーストリア	黒	ブラウアー・ポルトギーザー種とブラウフレンキッシュ種の交配種。ハンガリーでも栽培されているが平凡なワインを生む。
416	ブラウブルグンダー Blauburgunder	スイス・ドイツ	黒	ピノ・ノワールの別名。一部北イタリアでもこう呼ばれている。

	品種名	主な産地	ブドウの種類	解説
417	ブラウフレンキッシュ Blaufränkisch	オーストリア	黒	「青いフランク族」の意味を持つ、オーストリアでは作付面積の多い品種。果汁が多く軽やかなワインを生み出す。
418	ブラケット　Brachetto	イタリア	黒	イタリア・ピエモンテで主に栽培され、色調が淡く、D.O.C.G.ブラケット・ダックイの主要品種。語源はフランス語の「Braquet（自転車のギア）」。
419	ブラック・クイーン Black Queen	日本	黒	日本固有の赤ワイン用品種。川上善兵衛により1927年にベリー種とゴールデン・クイーン種からつくられた交配種。濃黒紫色で酸が豊かなボディのあるワインを産む。
420	ブラック・ペガール／ ホワイト・ペガール Black Pegase / White Pegase	日本	黒・白	澤登晴雄が開発。静岡県の大井上康が開発した「成功種（山ブドウ×紅アレキ）」とセイベル9110種の交配種。交配の過程で黒と白に分かれた。
421	ふらの2号 Furano 2gou	日本	黒	文字通り、北海道富良野の山ブドウとセイベル種との交配によって生まれた耐寒性の高い品種。
422	ブラン・ダム Blanc Dame	フランス	白	アルマニャックの原料ブドウ。クレイレット・ド・ガスコーニュとも呼ばれている。
423	ブラン・フュメ Blanc Fumé	フランス	白	ソーヴィニヨン・ブラン種の別名。
424	フランコウカ　Frankovka	クロアチア	黒	スロヴァキア、クロアチアのブラウフレンキッシュ種の別名。
425	フリウラーノ　Friulano	イタリア	白	イタリア北東部・フリウリ州で多く栽培されている品種。以前はトカイ・フリウラーノ（Tocai Friulano）とも呼ばれていたが、この名称はハンガリーとの交渉で使用不可となった。現在はソーヴィニヨナス（Sauvignonasse）種と呼ばれることもある。ソーヴィニヨン・ヴェール種（＝緑のソーヴィニヨン）の別名だがフランスではほとんど栽培されていない。
426	プリエト・ピクード Prieto Picudo	スペイン	黒	色は薄めだがアロマ豊かで、個性的なワインとなる。スペイン北西部のレオン県で多く栽培されている。
427	ブリシュキ・トカイ Briški Tokaj	スロヴェニア	白	スロヴェニアにおけるフリウラーノ種の別名。

	品種名	主な産地	ブドウの種類	解説
428	プリミティーヴォ Primitivo	イタリア	黒	南イタリアの品種。しっかりとした重厚な赤ワインの原料。DNA鑑定の結果、カリフォルニアのジンファンデル種と同一種と判明した。クロアチア原産。
429	フリューブルグンダー Frühburgunder	ドイツ	黒	ドイツ・ヴュルテムベルグの品種。ピノ・ノワールより早熟なブドウで、軽やかなワインに仕上がる。
430	フリューローター・ ヴェルトリーナー Frühroter Veltliner	オーストリア	白	マルヴァワジ種の別名。
431	フルヴァティツァ Hrvatica	クロアチア	黒	イタリアのオルトレポ・パヴェーゼで使われる品種。クロアティーナ種の別名。
432	プルサル　Ploussard	フランス	黒	プールサール種の別名。
433	プルサン　Persan	フランス	黒	フランス・サヴォワで栽培されている稀少な品種。稀少ながらこの品種のポテンシャルを評価している評論家もいる。
434	ブルトン　Breton	フランス	黒	17世紀にこの品種を同地に広めた、ロワールのアボット・ブルトン（Abbot Breton）の名前に由来するカベルネ・フラン種の別名。
435	プルニョーロ・ ジェンティーレ Prugnolo Gentile	イタリア	黒	トスカーナ州のモンテプルチアーノで使用されるサンジョヴェーゼ種の別名。
436	ブルネッロ　Brunello	イタリア	黒	サンジョヴェーゼ種の別名。トスカーナ州のモンタルチーノで使用される。
437	フルミント　Furmint	ハンガリー	白	ハンガリーで広く栽培される白ワイン用ブドウ。世界3大貴腐ワインのひとつであるトカイワインの主原料。また若飲みの辛口ワインも造られる。
438	フレイザ　Freisa	イタリア	黒	ピエモンテ原産。色調は淡いがしっかりとしたタンニンと酸を持つ品種。南米アルゼンチン広域で栽培されている。
439	フレンチ・ コロンバール French Colombard	アメリカ	白	コロンバール種の別名。
440	プロセッコ　Prosecco	イタリア	白	イタリア北東の軽い発泡性ワインに使われている品種。現在プロセッコはワイン名として使用され、品種名はグレラ（Glera）が正式名称となった。

IV

ブドウ品種

	品種名	主な産地	ブドウの種類	解説
441	フロモントー Fromenteau	フランス	白	シャンパーニュ地方でのピノ・グリ種の名称。シャンパーニュで認められている品種だが、栽培面積はごくわずかである。まれに「Fromonteau」と綴られることもある。
442	ベーリー・アリカントA Bailey Alicante A	日本	黒	川上善兵衛が交配した赤ワイン用品種。マスカット・ベーリーA種、ブラック・クイーン種に次ぐ第3の川上品種。耐病性が高く、栽培が比較的容易。果肉も真っ赤なブドウのため、もともとは着色用品種。ブレンド用として使われることが多い。
443	ペコリーノ Pecorino	イタリア	白	D.O.C.G.オッフィーダ（マルケ州）の主要品種。羊（ペコラ）が好んだのでペコリーノと名付けられた説がある。
444	ペドロ・ジメネス Pedro Gimenez	アルゼンチン	白	スペインのペドロ・ヒメネス種とは別品種。メンドーサで主に栽培されている。軽やかなワインを造り、まれに蒸溜酒のピスコの原料にもなる。
445	ペドロ・ヒメネス Pedro Ximénez	スペイン	白	スペイン・アンダルシア地方のシェリーの主要品種。そのほとんどが極甘口に仕上げられる。「PX」と略される。
446	ベリ・ピノ Beli Pinot	スロヴェニア	白	スロヴェニアにおけるピノ・ブラン種の別名。
447	ベルデホ Verdejo	スペイン	白	ポルトガルのマデイラ島で栽培されている品種。酒精強化ワイン、マデイラの原料。セルシアル種とボアル種の中間的な味わい。近年、スペインのD.O.ルエダで高品質の白ワインを産出している。
448	ヘロルドレーベ Heroldrebe	ドイツ	黒	ドイツのヘロルド教授によって、ポルトギーザー種とレンベルガー種が交配された品種。この品種から人気品種のドルンフェルダー種が生まれた。
449	ボアル Boal	ポルトガル	白	ポルトガル・マデイラの主要品種。「Bual」と綴られることもあるが、これはボアルを英語化されたもの。
450	ボーノワ Beaunois	フランス	白	シャルドネの別名。
451	ポシップ Pošip	クロアチア	白	クロアチアにおけるフルミント種の別名。
452	ボナルダ Bonarda	イタリア	黒	ピエモンテ原産でタンニンが少ない品種。ロンバルディーアではクロアティーナ（Croatina）種と呼ばれる。南米でも多く栽培されている品種。

	品種名	主な産地	ブドウの種類	解説
453	ボバル　Bobal	スペイン	黒	スペイン南東部・バレンシアで多く栽培されている品種。深い色調を持ち高いアルコール分を有するワインになる。
454	ボラサル　Borraçal	ポルトガル	黒	ポルトガル北部ヴィーニョ・ヴェルデの副原料となるCaiño tinto の別名。
455	ボルドー　Bordeaux	ルーマニア	黒	ルーマニアの一部の産地におけるカベルネ・ソーヴィニヨンの名称。
456	ポルトギーザー　Portugieser	ドイツ	黒	ドイツの品種。名前に「ポルト」とあるが、ポルトガル原産とは証明されていない。早熟で樹勢が強く栽培が容易なため、ドイツを中心にオーストリア、ハンガリー、ルーマニアでも栽培が増えている。
457	ポルトギザッツ　Portugizac	クロアチア	黒	北クロアチアにおけるポルトギーザー種の別名。
458	ホワイト・リースリング　White Riesling	アメリカ	白	アメリカ・ワシントン州で主に栽培されるリースリングの名称。
459	ボンビーノ・ネーロ　Bombino Nero	イタリア	黒	D.O.C.G.カステル・デル・モンテ・ボンビーノ・ネーロの主要品種。「よい葡萄」の意味を持つ品種だが、D.O.C.G.ではロサート（ロゼ）ワインで指定されている。
460	マヴルーディ　Mavroudi	ギリシャ	黒	ギリシャの品種だが、ほとんど栽培が確認されていない。
461	マヴルッド　Mavrud	ブルガリア	黒	ブルガリア中東部・バルカンで栽培されている品種。ブドウは早熟で、完熟したものは樽との相性もよい。
462	マヴロダフネ　Mavrodaphne	ギリシャ	黒	「黒い月桂樹」と名付けられているギリシャ原産のブドウ。ポルト・ワインのような甘口ワインに仕上げられることが多く、パトラスを中心に栽培されている。まれに「Mavrodafni」と綴られることもある。
463	マカブー　Maccabeu / Macabeu	フランス	白	ラングドック＝ルーションにおけるマカベオ種の別名。
464	マカベオ　Maccabéo / Maccabeo	フランス・スペイン	白	スペインではリオハやスパークリングワイン「カバ」の主要白ブドウとして使用され、フランスではラングドック・ルーションでブールブラン種やグルナッシュ・ブラン種とブレンドされる。
465	マスエロ　Mazuelo	スペイン	黒	リオハにおけるカリニャン種の別名。

IV

ブドウ品種

297

	品種名	主な産地	ブドウの種類	解説
466	マスカット・ベーリー A Muscat Bailey A	日本	黒	日本の主要な赤ワイン用品種。日本のワインの父と呼ばれる川上善兵衛が1927年に日本の風土に合わせて開発した。ベーリー種とマスカット・ハンブルグ種の交配種。色が濃く、香り高くまろやかな味わいのワインになる。2013年にO.I.V.(国際ぶどう・ぶどう酒機構)のブドウ品種リストに登録され、国際的な品種として認められた。
467	マタロ　Mataro	オーストラリア	黒	ムールヴェードル種の別名、主にオーストラリアでの呼び名。
468	マラグシア　Malagousia	ギリシャ	白	近年ギリシャで再発見された古代品種。深い色、柑橘系の香りが特徴で、フィネスのあるワインに仕上がるため注目されている。
469	マラシュティーナ Maraština	クロアチア	白	クロアチアの沿岸部で広く栽培されている土着品種。
470	マリア・ゴメス Maria Gomes	ポルトガル	白	ポルトガル・バイラーダでのフェルナン・ピレス種(Fernão pires)の別名。
471	マルヴァジア・カンディダ Malvasia Cândida	ポルトガル	白	マデイラ島における、マルヴァジア種の別名。
472	マルヴァジヤ Malvazija	クロアチア	白	マルヴァジア種のクロアチアおよび東欧での別名。
473	マルヴォワジ／マルヴァジア Malvoisie / Malvasia	フランス・イタリア	白	ギリシャ原産とされ、イタリア、スペインで広く栽培される品種。イタリアでは最も多く栽培される品種のひとつであり、ポルトガルのマデイラにおいては重要な品種。赤ワインや白ワイン、甘口や辛口、酒精強化ワインなどさまざまなスタイルのワインの原料となる。
474	マルヴォワジ・ド・コルス Malvoisie de Corse	フランス	白	ヴェルメンティーノ種の別名。
475	マルーフォ　Marufo	ポルトガル	黒	ポルトガル原産とされる、ムーリスコ・ティント(Mourisco Tinto)種の別名。
476	マルサンヌ　Marsanne	フランス	白	コート・デュ・ローヌ北部で栽培されている。ルーサンヌ種とブレンドされることが多く、この地での人気が高まっている。
477	マルベック　Malbec	フランス	黒	現在はアルゼンチンとフランスのカオールで重要な品種となっている。スパイシーで熟成に耐えるワインを造る。しばしばアルゼンチンでは「Malbek」と綴られることもある。

	品種名	主な産地	ブドウの種類	解説
478	マルムジー Malmsey	ポルトガル	白	マルヴォワジの英語読みで、ポルトガル・マデイラで栽培されている。
479	マレシャル・フォッシュ Maréchal Foch	カナダ	黒	カナダ・ブリティッシュ・コロンビア州で主に栽培される品種。フランスの第一次大戦の将軍の名前に因んで名づけられた、フランス系品種の交雑種。
480	マンテウード Manteúdo	ポルトガル	白	アレンテージョで栽培されている品種。
481	マンデラリア Mandelaria	ギリシャ	黒	ギリシャ・クレタ島をはじめ、さまざまな産地で幅広く栽培されている。ギリシャにおいて栽培面積も上位にランクされている。
482	マント・ネグロ Manto Negro	スペイン	黒	主にバレアレス諸島・マジョルカ島で栽培されている品種。香りは強いがワインは軽やかなものが多い。
483	ミッション Mission	アメリカ	黒	主にカリフォルニアで使用されるクリオージャ・チカ種、パイス種の別名。
484	ミュスカ Muscat	フランス	白	オットネル、アレクサンドリア、ハンブルグなどさまざまな変種を持ち、世界中で栽培されるマスカット種の総称。辛口から貴腐ワイン、酒精強化ワイン、スパークリングワインと幅広いタイプのワインが造られるが、どれもマスカットブドウ特有の強い香りがする。イタリアでモスカート、英語圏はマスカット、スペインではモスカテルと呼ばれる。生食用としても重要な品種。
485	ミュスカ・ア・プティ・グレン Muscat à Petits Grains	フランス	白	ラングドック・ルーションのヴァン・ドゥー・ナチュレルの主要品種。
486	ミュスカ・オットネル Muscat Ottonel	フランス	白	アルザスで栽培されているミュスカ種。東欧でも広く栽培されている。シャスラ種とミュスカ・ド・ソーミュール種から1852年にロワールで開発されたといわれる。
487	ミュスカ・ダルザス Muscat d'Alsace	フランス	白	アルザスにおける、ミュスカ・オットネル種の別名。
488	ミュスカ・ダレクサンドリ Muscat d'Alexandrie	フランス	白	エジプト原産でローマ人によって地中海周辺に広がったと考えられる、ミュスカ種の中でも非常に古い品種。「Muscat of Alexandria」と綴られることもある。

IV

ブドウ品種

	品種名	主な産地	ブドウの種類	解説
489	ミュスカ・ド・アンブール Muscat de Hambourg	フランス	黒	ブラック・マスカット(Black Muscat)種とも呼ばれ、アメリカ、カナダ、東ヨーロッパ、中国などで栽培されている。マスカットと名がついているがトロリンガー種とアレクサンドリア種の交配のため果皮は黒い。マスカット・ハンブルグ(Muscat Hamburg)種とも呼ばれる。
490	ミュスカ・ド・フロンティニャン Muscat de Frontignan	フランス	白	ラングドック・ルーションにおけるミュスカ・ア・プティ・グレン種の別名。
491	ミュスカデ Muscadet	フランス	白	ムロン・ド・ブルゴーニュ種の別名。
492	ミュスカデル Muscadelle	フランス	白	フランス・ボルドー地方および南西地方で栽培されている品種。人気があまりなく衰退気味。ミュスカ系品種とは別物。
493	ミュスカルダン Muscardin	フランス	黒	コート・デュ・ローヌ、シャトーヌフ・デュ・パプに使用が許可されている品種だが、ほとんどの生産者は栽培を行なっていない。
494	ミュラー・トゥルガウ Müller-Thurgau	ドイツ	白	ドイツで交配された白ワイン用品種。1882年、ドイツのガイゼンハイム研究所でヘルマン・ミュラー博士がリースリングとシルヴァーナー種を交配してつくったといわれていたが、近年リースリングとマドレーヌ・ロワイエ種の交配であることが判明した。リースリングと比べてエレガントさに欠けるが、早熟多産で栽培しやすい。軽やかな若飲みタイプ。北海道産は秀逸なワインとなり、近年注目されている。
495	ミュラーレーベ Müllerrebe	ドイツ	黒	ドイツにおけるムニエ種の別名。
496	ムーリスコ・ティント Mourisco Tinto	ポルトガル	黒	ポルトガル全域で栽培されている品種。高貴ではない並のワインに使われることが多い。スペインでは「Morisco」と綴られる。
497	ムールヴェードル Mourvèdre	フランス	黒	南フランス全域で栽培されている黒ブドウ。プロヴァンス地方のバンドールが優れている。スパイシーで肉付きのよい、タンニンとアルコールのしっかりとしたワインを造る。原産地とされているスペインでは、モナストレル(Monastrell)種と呼ぶ。
498	ムシュカット・ジュティ Muškat Žuti	クロアチア	白	クロアチアにおけるミュスカ・ア・プティ・グレン種の別名。

	品種名	主な産地	ブドウの種類	解説
499	ムシュコターイ Muskotály	ハンガリー	白	ハンガリーにおいてはマスカット系品種全般を指す。
500	ムスカット・オットネル Muskat-Ottonel	オーストリア	白	オーストリアにおけるミュスカ・オットネル種の別名。
501	ムスカテラー Muskateller	ドイツ	白	ドイツにおけるミュスカ・ア・プティ・グレン種の別名。
502	ムニエ Meunier	フランス	黒	伝統的なシャンパーニュの原料のひとつとして、繊細なシャルドネと重厚なピノ・ノワールにブレンドされる。若々しい果実味を補うが、グラン・クリュやプレステージのシャンパーニュには使用する頻度は少ない。
503	ムニュー・ピノー Menu Pineau	フランス	白	ロワール地方におけるアルボア種の別名。
504	ムロン・ダルボワ Melon d'Arbois	フランス	白	ジュラ・サヴォワ地方におけるシャルドネの別名。
505	ムロン・ド・ブルゴーニュ Melon de Bourgogne	フランス	白	フランス・ロワール川下流部で多くつくられ、1709年にこの地をおそった異常気象（厳冬）によってブルゴーニュ地方より導入された。柑橘系の香りを持ち、爽やかではつらつとした酸の気軽な若飲みワインになる。ミュスカデ（Musucadet）種の別名。
506	ムロン・ブラン Melon Blanc	フランス	白	シャルドネの別名。
507	メスリエ・サン・フランソワ Meslier Saint-François	フランス	白	コニャック・アルマニャックの補助原料となる品種。ロワール・エ・シェール県の特産ブドウだったが、今では減産の方向に向かっている。別名ブラン・ラメ（Blanc Ramé）種。
508	メドック・ノワール Médoc Noir	ハンガリー	黒	過去に使われていた、ハンガリーにおけるメルロの名称。
509	メルセゲラ Merseguera	スペイン	白	バレンシア州アリカンテ、イエクラ州で栽培されている早熟で小粒な品種。
510	メルニク Melnik	ブルガリア	黒	ギリシャに近いブルガリアのメルニク村に由来するブルガリアの土着品種。力強くフルボディなワインを生み出す。

Ⅳ

ブドウ品種

	品種名	主な産地	ブドウの種類	解説
511	メルロ Merlot	フランス	黒	フランス・ボルドー地方の黒ブドウ。ボルドー地方のサン・テミリオン地区やポムロール地区で偉大なワインとなる。メルル（つぐみ）が好むのでこの名前がついたとされる。カベルネ・ソーヴィニヨンと比べ早熟で育てやすく、果実味が豊かでまろやか。暑すぎる産地での栽培は不向きだが、世界的に人気がある。
512	メンシア Mencía	スペイン	黒	スペイン北西部で広く栽培されている。複雑さはないが軽やかでフレッシュなワインに仕上がる。
513	モーザック Mauzac	フランス	白	フランス南西地方で栽培され、ガイヤック、リムーでは重要な品種。ガイヤックでは甘口から微発泡ワインまでバラエティーに富んだワインが造られている。アルマニャックの原料ブドウでもある。
514	モスカート Moscato	イタリア	白	イタリアにおけるミュスカ種の別名。
515	モスカート・ディ・スカンツォ Moscato di Scanzo	イタリア	黒	ブドウの品種がそのままロンバルディア州のD.O.C.G.名になっている。モスカート種の亜種でD.O.C.G.ワインは陰干し（パッシート）して甘口に仕上げられる。
516	モスカテル Moscatel	ポルトガル	白	マスカット・オブ・アレキサンドリア種の別名。
517	モスカテル・デ・セトゥーバル Moscatel de Setúbal	ポルトガル	黒	品種と同じ名のポルト・ワインに似た酒精強化ワインの原料。マスカット・オブ・アレキサンドリア種の別名。
518	モスコフィレロ Moschophilero	ギリシャ	白	ギリシャ・ペロポネソスの品種。ピンク色のブドウ。マスカットの芳香を持つ。
519	モスラーヴァッツ Moslavac	クロアチア	白	クロアチアにおけるフルミント種の別名。
520	モドラ・フランキニャ Modra Frankinja	スロヴェニア	黒	スロヴェニアにおけるブラウフレンキッシュ種の別名。
521	モドリ・ピノ Modri Piont	スロヴェニア	黒	スロヴェニアにおけるピノ・ノワールの別名。
522	モナストレル Monastrell	スペイン	黒	スペインにおけるムールヴェードル種の別名。
523	モネムヴァシア Monemvasia	ギリシャ	白	マルヴァジア種の別名、港の名前が起源となっている。

	品種名	主な産地	ブドウの種類	解説
524	モリオ・ムスカート Morio Muskat	ドイツ	白	1928年ペーター・モリオによって交配された品種。シルヴァーナー種とピノ・ブラン（ヴァイスブルグンダー）種の交配。まれに「Morio-Muskat」と綴られることがある。
525	モリステル　Moristel	スペイン	黒	アラゴン・ソモンターノで栽培されている。控えめな個性のマイナー品種、補助品種として使われている。
526	モリナーラ　Molinara	イタリア	黒	イタリア北東部のヴァルポリチェッラの補助品種。
527	モリヨン　Morillon	オーストリア	白	オーストリアにおけるシャルドネの別名。フランスの大部分の地方ではシャルドネの古名だが、シャンパーニュではピノ・ノワールの古名。
528	モル　Moll	スペイン	白	別名プレンサル・ブラン（Prensal Blanc）といわれる。パルマ・デ・マヨルカ州の白ワインのベースとなる品種。マヨルカ島のD.O.ビニサレムで多く栽培されており、バランスのよいライトボディなワインとなる。
529	モレット　Molette	フランス	白	アルプス地方・サヴォワのセイセル・ムスーの主要品種。
530	モレト　Moreto	ポルトガル	黒	ポルトガル全域、とくにアレンテージョで栽培されている平凡な品種。
531	モンティル　Montils	フランス	白	コニャックの補助原料ブドウ。
532	モンテプルチャーノ Montepulciano	イタリア	黒	イタリア全土で栽培されている栽培面積の多い品種。タンニンが多い品種なので比較的フルボディのワインに仕上がる。トスカーナ州のワイン、モンテプルチャーノとはまったく関係がない。
533	モンデューズ Mondeuse	フランス	黒	フランス・サヴォワの古代品種。個性がありしっかりとした赤ワインに仕上がる。
534	モンデューズ・ブランシュ Mondeuse Blanche	フランス	白	フランス・サヴォワとビュゼイで少量栽培されている品種。
535	山幸　Yamasachi	日本	黒	清舞種と同じく、清見種と山ブドウ種をかけ合わせた赤ワイン用交配種で2001年登録。耐寒性に優れ、北海道・池田町の厳寒期であるマイナス25℃という環境にも耐える。

IV

ブドウ品種

303

	品種名	主な産地	ブドウの種類	解説
536	ヤマ・ソーヴィニヨン Yama Sauvignon	日本	黒	山梨大学の山川祥秀が1990年につくり出した赤ワイン用品種。山梨県内に自生していたヤマブドウ種とカベルネ・ソーヴィニヨンの交配種。小粒で紫黒色。
537	ユニ・ブラン Ugni Blanc	フランス	白	コート・デュ・ローヌ地方でのトレッビアーノ種の別名。コニャックではサン・テミリオンと呼ばれる。
538	ユビレウムスレーベ Jubiläumsrebe	オーストリア	白	1922年にツヴァイゲルト教授によって交配された。グラウアー・ポルトギーザー種とフリューローター・ヴェルトリナー種の交配種。
539	ユファルク　Juhfark	ハンガリー	白	ハンガリー・ショムローで栽培される「雌羊の尻尾」という名の品種。栽培面積は狭く、リースリングやフルミント種とブレンドされる。
540	ヨハニスベルク Johannisberg	スイス	白	スイスにおけるシルヴァーナー種の別名。
541	ヨハニスベルグ・リースリング Johannisberg Riesling	アメリカ	白	カリフォルニアにおけるリースリングの別名。
542	ラータイ　Ráthay	オーストリア	黒	ゲアトゥールド・マイヤー博士による、クロスターノイブルク1189-9-77（Seyve Villard 18-402 x Blaufränkisch）種とブラウブルガー種の交配種。栽培面積は少なく主にブレンド用に使われる。
543	ラーボ・デ・オヴェーリャ Rabo de Ovelha	ポルトガル	白	房の形状から「羊の尻尾」と名付けられたとされる。ポルトガル全域で栽培されている。
544	ライナイ・リズリング Rajnai Rizling	ハンガリー	白	ハンガリーにおけるリースリングの別名。
545	ライヒェンシュタイナー Reichensteiner	ドイツ	白	1978年にヘルムート・ベッカーによって交配された品種。イギリスやニュージーランドで栽培されている。ミュラー・トゥルガウ種×（マドレーヌ・アンジュヴァイン種×ヴァイザー・カラブレーゼ種）の交配種。
546	ラグレイン　Lagrein	イタリア	黒	イタリア北部・チロル地方の品種。さまざまなワインができるが、力強いロゼワインが有名。この地方のベネディクト派修道院に17世紀から記録が残っている。
547	ラゴルシ　Lagorthi	ギリシャ	白	ギリシャの土着品種。減少方向にあったが、香りが高いため見直されている品種。

	品種名	主な産地	ブドウの種類	解説
548	ラシュキ・リズリング Laski Rizling	スロヴェニア	白	スロヴェニアにおけるヴェルシュ・リースリング種の別名。
549	ラビガト　Rabigato	ポルトガル	白	ポルトガル・ドウロ地方で栽培される品種。単独でワインになることはなく、酸味が強いので主にブレンドにまわされる。
550	ラビレッド　Rubired	アメリカ	黒	ハロルド・オルモ教授によって交配された品種。ティント・カン種とアリカンテ・ガンザン種の交配。皮と果肉が赤いタンテュリエ種。
551	ラフィット　Lafite	ロシア・ブルガリア	黒	ロシア・ブルガリアの一部の産地におけるカベルネ・ソーヴィニヨンの名称。
552	ラボゾ　Raboso	イタリア	黒	ヴェネト州トレヴィーゾに古くから伝わる土着品種で、D.O.C.G.ピアーヴェ・マラノッテに使用される。酸味が強いワインに仕上がる。
553	ラミスコ　Ramisco	ポルトガル	黒	リスボン近郊のD.O.C.コラーレスで栽培されている珍しい品種。収斂性がありタンニンが強い。
554	ランブルスコ・ディ・ソルバーラ Lambrusco di Sorbara	イタリア	黒	イタリア中部の主要品種。亜種が数多くある多収量品種。現代では早飲みができる微発泡のフルーティーな赤ワインを指す場合が多い。「Lumbrusco」と綴ることもある。
555	リアティコ　Liatiko	ギリシャ	黒	ギリシャ・クレタ島の品種。酸味が控えめで優しいワインになる。
556	リースラナー　Rieslaner	ドイツ	黒	ドイツ・フランケン地方のヴァルツブルグで1921年に開発。シルヴァーナ種とリースリングの交配。スグリのような香りで品質はよいが晩熟で栽培地域が限られる。
557	リースリング　Riesling	フランス・ドイツ	白	ドイツのラインガウ、モーゼル地域で銘酒を生みだす最高級白ワイン用ブドウ品種。フランス・アルザス地方でも名高い。世界で広く栽培されるが冷涼地で本領を発揮する。フルーティーさと豊かな酸味を持ち、辛口から極甘口の貴腐ワインまで多様なスタイルのワインを生み出す。
558	リースリング・イタリコ Riesling Italico	ドイツ	白	ヴェルシュ・リースリング種の別名。
559	リーズリング・シルヴァーニ Rizling Szilvani	ハンガリー	白	ハンガリーにおけるドイツのミュラー・トゥルガウ（Müller-Thurgau）種の名称。

	品種名	主な産地	ブドウの種類	解説
560	リーズリング・ランスキ Rizling Ranjski	クロアチア	白	クロアチアにおけるリースリングの別名。
561	リースリング・リオン／ リースリング・フォルテ Riesling Lion / Riesling Forte	日本	白	リースリングが白ワイン用原料としてのすぐれた果実特性を持っている反面、収量が低くかつ不安定である欠点を改良する目的で生まれた交配種。前者が1975年登録。後者が1983年登録。いずれも「甲州三尺種」とリースリングとの交配種で、リースリングより成熟期が早く、やや大きい粒で裂果性が少ない。
562	リズヴァーナッツ Rizvanac	クロアチア	白	ミュラー・トゥルガウ種の別名。
563	リスタン　Listan	フランス	白	ラングドック・ルーションにおけるスペインのパロミノ種の別名。フランスでは減反されている。
564	リスタン・ネグロ Listan Negro	スペイン	黒	15世紀から栽培されているカナリア諸島原産の伝統的品種。
565	リボッラ・ジャッラ Ribolla Gialla	イタリア	白	北イタリア・フリウリで13世紀から栽培が確認されている。ギリシャのロボラ(Robola)種と混同されやすい。
566	リムニオ　Limnio	ギリシャ	黒	ギリシャ・レムノス島の古代品種。古代ギリシャの哲学者アリストテレスによって名付けられたとされる。セージや月桂樹の香りが特徴のワインとなる。
567	竜眼　Ryugan	日本	白	長野県で栽培が多く、「善光寺ブドウ」の名で知られるブドウ。中国原産の東洋系欧州種といわれており、色合いはやや灰色がかった色調。
568	ルーサンヌ　Roussanne	フランス	白	コート・デュ・ローヌ北部の品種で、ジュラ・サヴォワ原産といわれている。ブドウ病害に弱く、栽培が難しい。RoussanneのRouは「赤い」の意で、ほんのりとピンクがかったブドウで、アメリカ・カリフォルニアでも栽培が始められている。
569	ルーセット　Roussette	フランス	白	現地では「殿下(Altesse)」と呼ばれているサヴォワの高貴品種。ルーサンヌ種はこの品種の別名。
570	ルーレンダー Ruländer	オーストリア	白	ピノ・グリ種の別名。

	品種名	主な産地	ブドウの種類	解説
571	ルケ　Ruchè	イタリア	黒	2010年にD.O.C.G.昇格したピエモンテ州のルケ・ディ・カスタニョーレ・モンフェラート（Ruchè di Castagnole Monferrato）で使用される土着品種。ネッビオーロ種に似ているといわれるが、よりフローラルに仕上がる。
572	ルドネ・プリュ　Lledoner Pelut	フランス	黒	スペイン・カタルーニャ原産といわれている。一部南フランスでも植樹されていて、ブドウの樹の様子やそのワインはグルナッシュ種と似ている。
573	ルビー・カベルネ　Ruby Cabernet	アメリカ	黒	アメリカ・カリフォルニア大学デイビス校でハロルド・オルモ教授によって1949年にカベルネ・ソーヴィニヨンとカリニャン種で交配された品種。
574	ルビン　Rubin	ブルガリア	黒	1950年代につくられたシラー種とネッビオーロ種の交配種。
575	ルフェッテ　Rufete	ポルトガル	黒	ポルト・ワインを造る際にブレンドに使われる品種。ポルトのみならずポルトガル全域で栽培されている。
576	レーアニカ　Leányka	ハンガリー	白	ハンガリーにおけるルーマニアのフェアテカ・アルバ（Fetească albă）種の名称。
577	レーズ　Rèze	スイス	白	スイス・アニヴィエ渓谷で栽培される品種。市場で見つけることはまず不可能といわれるシェリーのようなワイン、「ヴァン・ド・グラシエ（Vin de Glacier＝氷河のワイン）」を造る品種。
578	レースラー　Roesler	オーストリア	黒	母方にツヴァイゲルト種を持つ1970年に交配された色の濃い黒ブドウ品種。
579	レキシア　Lexia	オーストラリア	白	オーストラリアにおけるマスカット・オブ・アレキサンドリア種の名称。
580	レゲント　Regent	ドイツ	黒	1967年に交配された黒い皮を持つ品種。（シルヴァーナー種×ミュラー・トゥルガウ種）×シャンボールサン種の交配種。英国でも一部栽培されていて成功を収めている。
581	レッド・ミスケット　Red Misket	ブルガリア	白	ブルガリア固有のブドウ品種。ブルガリアのブドウ栽培の約8%を占め、ピンク色の果皮を持つ。
582	レフォシュク　Refošk	スロヴェニア	黒	レフォスコ種の別名。

	品種名	主な産地	ブドウの種類	解説
583	レフォスコ・ダルー・ペドゥンコロ・ロッソ Refosco dal Peduncolo Rosso	イタリア	黒	イタリア北部・フリウリ原産の品種。中程度のアルコールとタンニンを持つワインになる。
584	レブラ　Rebula	スロヴェニア	白	リボッラ種の別名。
585	レンスキ・リズリング Renski Rizling	スロヴェニア	白	リースリングの別名。
586	レン・ド・レル Len de l'El	フランス	白	フランス南西地方の「視野から遠く離れて」という意味を持つ品種。スパークリングワインの原料になる。
587	レンベルガー Lemberger	ドイツ	黒	ブラウフレンキッシュ種の別名。
588	ロイシュリング Räuschling	スイス	白	スイス・ドイツ語圏のみで栽培されている品種。しっかりした酸味とフルーティーさを兼ね備えた味わいのワインを造る。
589	ロウペイロ　Roupeiro	ポルトガル	白	シリア種の別名。
590	ロウレイロ　Loureiro	ポルトガル	白	ポルトガル北部のヴィーニョ・ヴェルデやスペインのリアス・バイシャスで栽培されている品種。「月桂樹の香り」と名付けられている品種。
591	ローズ・シオタ Rose Ciotat	日本	白	川上善兵衛が1927年にベーリー種とシャスラ・シオタ種を交雑し、1932年に結実した日本のオリジナル品種。
592	ローター・ヴェルトリナー Roter Veltliner	オーストリア	白	ドナウランド地方で多く栽培されているオーストリア古来の品種。
593	ローター・トラミナー Roter Traminer	オーストリア	白	ゲヴュルツトラミネール種の別名。
594	ロートギプフラー Rotgipfler	オーストリア	白	ウイーンの南でごく少量栽培されている。晩熟ブドウのため、アルコール分に富んだスパイシーな味わいを形成する。
595	ロール　Rolle	フランス	白	ヴェルメンティーノ種の別名。
596	ロディティス　Rhoditis	ギリシャ	白	かすかにピンクがかったギリシャ・ペロポネソスの伝統的な品種。サヴァティアーノ種がメインであるレッツィーナ（松やにワイン）の補助品種。「Roditis」とも綴られる。

	品種名	主な産地	ブドウの種類	解説
597	ロボラ　Robola	ギリシャ	白	ギリシャ・イオニア海ケフェロニア島の伝統的な品種。酸がしっかりしているので洗練されたワインとの評価が高い。北イタリアのリボッラ(Ribolla)種と同一品種。
598	ロモランタン Romorantin	フランス	白	ロワール東部の伝統的な品種だが、近年作付け面積が激減した。1993年昇格のA.O.C.ワイン、クール・シュヴェルニが唯一この品種を存続の危機から救った。
599	ロワン・ド・ルイユ Loin de l'Oeil	フランス	白	ラン・ド・レル種の別名。
600	ロンディネッラ Rondinella	イタリア	黒	イタリア・ヴェネトのヴァルポリチェッラに使われている品種。多収量品種なので栽培家には喜ばれている。

Ⅳ

ブドウ品種

付録　各国の主要産地一覧

フランス

　　ボルドー …… 312
　　ブルゴーニュ …… 314
　　シャンパーニュ …… 320
　　ロワール …… 322
　　ローヌ …… 325
　　南仏 …… 326
　　その他 ── ジュラ・サヴォワ／南西 …… 331
　　主なV.D.N.／V.d.L. …… 334

ドイツ …… 336

イタリア（D.O.C.G.／D.O.C.／I.G.P.）…… 344

スペイン …… 368

オーストリア …… 372

ギリシャ …… 373

スイス …… 375

ハンガリー …… 376

アメリカ（A.V.A.）…… 377

オーストラリア …… 388

アルゼンチン …… 391

チリ …… 391

南アフリカ …… 392

付録
フランス ─ ボルドー

フランスの産地一覧

凡例

ワインのタイプ	ブドウ品種の略称[赤]	[白]
R ─ 赤	CS ── カベルネ・ソーヴィニヨン	Ch ── シャルドネ
B ─ 白	CF ── カベルネ・フラン	CB ── シュナン・ブラン
r ─ ロゼ	Mr ── メルロ	SB ── ソーヴィニヨン・ブラン
	PN ── ピノ・ノワール	SG ── ソーヴィニヨン・グリ
	PM ── ピノ・ムニエ	Sm ── セミヨン
	Gm ── ガメイ	Ms ── ミュスカデル
	Sr ── シラー	Cl ── コロンバール
	GN ── グルナッシュ	Al ── アリゴテ
	Gr ── グロロー	GB ── グルナッシュ・ブラン
	Vg ── ヴィオニエ	PB ── ピノ・ブラン

● ボルドーの産地一覧

地区	A.O.C.	タイプ	主要品種 (R・r/B)
アペラシオン・ジェネラル（広域） Appellation Génerales	ボルドー　Bordeaux	R・r・B	CS, Mr / Sm, Ms
	ボルドー・シュペリュール Bordeaux Supérieur	R・B（半甘）	CS, Mr / Sm, SB
	ボルドー・クレーレ Bordeaux Clairet	r	CS, Mr, CF
	クレマン・ド・ボルドー Crémant de Bordeaux	r・B （発泡辛）	CS, CF, Sm, SB, Ms
メドック　Médoc	メドック　Médoc	R	CS, Mr
	オー・メドック　Haut-Médoc	R	CS, Mr
	サン・テステフ Saint-Estèphe	R	Mr, CS
	ポイヤック　Pauillac	R	CS, Mr
	サン・ジュリアン　Saint-Julien	R	CS, Mr
	マルゴー　Margaux	R	CS, Mr
	ムーリス（ムーリス・アン・メドック） Moulis（Moulis-en-Médoc）	R	CS, Mr
	リストラック・メドック Listrac-Médoc	R	CS, Mr
グラーヴ　Graves	グラーヴ　Graves	R・B（辛）	CS, Mr / Sm, SB
	ペサック・レオニャン Pessac-Léognan	R・B（辛）	CS, Mr / Sm, SB

地区	A.O.C.	タイプ	主要品種 (R・r/B)
	グラーヴ・シュペリエール Graves Supérieures	B（半甘）	Sm, SB, Ms
ソーテルヌ　Sauternes	ソーテルヌ　Sauternes	B（甘）	Sm, SB, Ms
	バルサック　Barsac	B（甘）	Sm, SB, Ms
セロン　Cérons	セロン　Cérons	B（甘）	Sm, SB, Ms
サント・クロワ・デュ・モン Sainte-Croix du Mont	サント・クロワ・デュ・モン Sainte-Croix du Mont	B（甘）	Sm, SB, Ms
ルピアック　Loupiac	ルピアック　Loupiac	B（甘）	Sm, SB, Ms
カディヤック　Cadillac	カディヤック　Cadillac	B（甘）	Sm, SB, Ms
アントル・ドゥ・メール Entre-Deux-Mers	アントル・ドゥ・メール Entre-Deux-Mers	B（辛）	SB, Sm, Ms
	アントル・ドゥ・メール・ オー・ブノージュ Entre-Deux-Mers-Haut-Benauge	B（辛）	SB, Sm, Ms
	ボルドー・オー・ブノージュ Bordeaux-Haut-Benauge	B （半甘～甘）	SB, Sm, Ms
	グラーヴ・ド・ヴェイル Graves de Vayres	R・B （辛～甘）	Mr, CF / Sm, SB
ポムロール　Pomerol	ポムロール　Pomerol	R	Mr, CF
	ラランド・ド・ポムロール Lalande-de-Pomerol	R	Mr, CF
サント・フォワ・ボルドー Sainte-Foy Bordeaux	サント・フォワ・ボルドー Sainte-Foy Bordeaux	R・B （辛～甘）	Mr, CS / Sm, SB
サン・テミリオン　Saint-Émilion	サン・テミリオン・グラン・クリュ Saint-Émilion Grand Cru	R	CF, CS
	サン・テミリオン　Saint-Émilion	R	Mr, CF
	リュサック・サン・テミリオン Lussac Saint-Émilion	R	Mr, CF
	モンターニュ・サン・テミリオン Montagne Saint-Émilion	R	Mr, CF
	サン・ジョルジュ・サン・テミリオン Saint-Georges Saint-Émilion	R	Mr, CF
	ピュイスガン・サン・テミリオン Puisseguin-Saint-Émilion	R	Mr, CF
フロンサック　Fronsac	カノン・フロンサック Canon Fronsac	R	CF, CS, Mr
	フロンサック　Fronsac	R	CF, CS, Mr

付録

フランス ― ボルドー

地区	A.O.C.	タイプ	主要品種 (R・r/B)
コート・ド・ボルドー Côtes de Bordeaux	コート・ド・ボルドー Côtes de Bordeaux	R	CS, CF, Mr
	カディヤック・コート・ド・ボルドー Cadillac Côtes de Bordeaux	R	CS, CF, Mr
	カスティヨン・コート・ド・ボルドー Castillon Côtes de Bordeaux	R	CS, CF, Mr
	ブライ・コート・ド・ボルドー Blaye Côtes de Bordeaux	R・B(辛)	CS, CF, Mr / SB, SG, Sm
	フラン・コート・ド・ボルドー Francs Côtes de Bordeaux	R・B(辛・甘)	CS, CF, Mr / SB, SG, Sm
	コート・ド・ブライ　Côtes de Blaye	B(辛)	Cl
	コート・ド・ブール / ブール / ブルジェ Côtes de Bourg / Bourg / Bourgeais	R・B(辛)	Mr, CS, CF / SB, SG, Sm
	ブライ　Blaye	R	CS, CF, Mr
	プルミエール・コート・ド・ボルドー Premières Côtes de Bordeaux	B(半甘・甘)	SB, SG, Sm
	コート・ド・ボルドー・ サン・マケール Côtes de Bordeaux-Saint-Macaire	B(辛～甘)	SB, SG, Sm

● ブルゴーニュの産地一覧

生産地域	A.O.C.	タイプ	主要品種(R/B)

Bourgogneの名がつくアペラシオン・レジョナル

全域	ブルゴーニュ　Bourgogne(以下を含む。)		
	ブルゴーニュ・ラ・シャペル・ ノートル・ダム Bourgogne La Chapelle Notre Dame		
	ブルゴーニュ・モントルキュル Bourgogne Montrecul		
	ブルゴーニュ・ル・シャピートゥル Bourgogne Le Chapitre	R・r・B	PN / Ch
	ブルゴーニュ・ムスー Bourgogne Mousseux(Rのみ)		
	ブルゴーニュ・クレレ Bourgogne Clairet(rのみ)		
	ブルゴーニュ・ロゼ　Bourgogne rosé (rのみ)		
	ブルゴーニュ・パス・トゥー・グラン Bourgogne Passe-Tout-Grains	R・r	PN, Gm

生産地域	A.O.C.	タイプ	主要品種(R/B)
	コトー・ブルギニョン Coteaux Bourguignons	R・r・B	PN, Gm / Ch, Al
	ブルゴーニュ・アリゴテ Bourgogne Aligoté	B	Al
	クレマン・ド・ブルゴーニュ Crémant de Bourgogne	r・B（発泡）	PN, ピノ・グリ / PB, Ch
オーセロワ　Auxerrois	ブルゴーニュ・コート・ドーセール Bourgogne Côtes d'Auxerre	R・r・B	PN / Ch
	ブルゴーニュ・クーランジュ・ラ・ヴィヌーズ Bourgogne Coulanges-La-Vineuse	R・r・B	PN / Ch
	ブルゴーニュ・シトリィ　Bourgogne Chitry	R・r・B	PN / Ch
コート・シャロネーズ Côte Chalonnaise	ブルゴーニュ・コート・シャロネーズ Bourgogne Côte-Chalonnaise	R・r・B	PN / Ch
クショワ　Couchois	ブルゴーニュ・コート・デュ・クショワ Bourgogne Côtes du Couchois	R	PN
オート・コート・ド・ニュイ Hautes-Côtes de Nuits	ブルゴーニュ・オート・コート・ド・ニュイ Bourgogne Hautes-Côtes de Nuits	R・r・B	PN / Ch
オート・コート・ド・ボーヌ Hautes-Côtes de Beaune	ブルゴーニュ・オート・コート・ド・ボーヌ Bourgogne Hautes-Côtes de Beaune	R・r・B	PN / Ch
ジョヴィニアン　Jovinien	ブルゴーニュ・コート・サン・ジャック Bourgogne Côte-St-Jacques	R・r・B	PN / Ch
トヌロワ　Tonnerrois	ブルゴーニュ・エピヌイユ Bourgogne Epineuil	R・r	PN / Ch
ヴィズリアン　Vézelien	ブルゴーニュ・ヴェズレー Bourgogne Vézelay	B	Ch
ヨンヌ県　Yonne	ブルゴーニュ・トネル Bourgogne Tonnerre	B	Ch

アペラシオン・コミュナル（１）── ヨンヌ（Yonne）県・シャブリ（Chablis）地区

シャブリジアン　Chablisien	プティ・シャブリ　Petit Chablis	B	Ch
	シャブリ　Chablis	B	Ch
	シャブリ・プルミエ・クリュ Chablis Premier Cru	B	Ch
	シャブリ・グラン・クリュ Chablis Grand Cru	B	Ch
オーセロワ　Auxerrois	イランシー　Irancy	R	PN
	サン・ブリ　Saint-Bris	B	SB

生産地域	A.O.C.	タイプ	主要品種(R/B)

アペラシオン・コミュナル(2) ── コート・ドール県(Côte d'Or)

生産地域	A.O.C.	タイプ	主要品種(R/B)
コート・ド・ニュイ Côte de Nuits	マルサネ　Marsannay (ロゼ：Marsannay rosé)	R·r·B	PN / Ch
	フィサン　Fixin	R·B	PN / Ch
	ジュヴレ・シャンベルタン Gevrey-Chambertin	R	PN
	モレ・サン・ドゥニ　Morey-Saint-Denis	R·B	PN / Ch
	シャンボール・ミュジニー Chambolle-Musigny	R	PN
	ヴージョ　Vougeot	R·B	PN / Ch
	ヴォーヌ・ロマネ　Vosne-Romanée	R	PN
	ニュイ・サン・ジョルジュ(ニュイ) Nuits-Saint-Georges(Nuits)	R·B	PN / Ch
	コート・ド・ニュイ・ヴィラージュ Cote de Nuits-Villages	R·B	PN / Ch
コート・ド・ボーヌ Côte de Beaune	ラドワ　Ladoix	R·B	PN / Ch
	アロース・コルトン　Aloxe-Corton	R·B	PN / Ch
	ペルナン・ヴェルジュレス Pernand-Vergelesses	R·B	PN / Ch
	サヴィニィ・レ・ボーヌ Savigny-lès-Beaune(Savigny)	R·B	PN / Ch
	ショレイ・レ・ボーヌ Chorey-lès-Beaune(Chorey)	R·B	PN / Ch
	ボーヌ　Beaune	R·B	PN / Ch
	ポマール　Pommard	R	PN
	ヴォルネイ　Volnay	R	PN
	モンテリ　Monthélie	R·B	PN / Ch
	オーセイ・デュレス　Auxey-Duresses	R·B	PN / Ch
	サン・ロマン　Saint-Romain	R·B	PN / Ch
	ムルソー　Meursault	R·B	PN / Ch
	ブラニィ　Blagny	R	PN
	ピュリニィ・モンラッシェ Puligny-Montrachet	R·B	PN / Ch
	シャサーニュ・モンラッシェ Chassagne-Montrachet	R·B	PN / Ch
	サン・トーバン　Saint-Aubin	R·B	PN / Ch
	サントネイ　Santenay	R·B	PN / Ch

生産地域	A.O.C.	タイプ	主要品種(R/B)
	マランジュ　Maranges	R・B	PN / Ch
	コート・ド・ボーヌ　Côte de Beaune	R・B	PN / Ch
	コート・ド・ボーヌ・ヴィラージュ Côte de Beaune-Villages	R	PN

アペラシオン・コミュナル(3) ── ソーヌ・エ・ロワール(Saône-et-Loire)県

コート・シャロネーズ Côte Chalonnaise	ブーズロン　Bouzeron	B	Al
	リュリー　Rully	R・B	PN / Ch
	メルキュレ　Mercurey	R・B	PN / Ch
	ジヴリ　Givry	R・B	PN / Ch
	モンタニィ　Montagny	B	Ch
マコネ　Mâconnais	マコン　Mâcon	R・r・B	PN, Gm / Ch
	マコン・ヴィラージュ　Mâcon-Villages	B	Ch
	マコン　Mâcon+コミューン名	R・r・B	Gm / Ch
	ヴィレ・クレッセ　Viré-Clessé	B	Ch
	サン・ヴェラン　Saint-Véran	B	Ch
	プイイ・フュイッセ　Pouilly-Fuissé	B	Ch
	プイイ・ロッシェ　Pouilly-Loché	B	Ch
	プイイ・ヴァンゼル　Pouilly-Vinzelles	B	Ch

アペラシオン・コミュナル(4) ── ローヌ(Rhône)県

ボージョレ　Beaujolais	ボージョレ　Beaujolais	R・r・B	Gm / Ch
	ボージョレ・シュペリエール Beaujolais Supérieur	R	Gm
	ボージョレ・ヴィラージュ Beaujolais Villages ボージョレ　Beaujolais+コミューン名	R・r・B	Gm / Ch
	サン・タムール　Saint-Amour	R	Gm
	ジュリエナス　Juliénas	R	Gm
	シェナス　Chénas	R	Gm
	ムーラン・ナ・ヴァン　Moulin-à-Vent	R	Gm
	フルーリー　Fleurie	R	Gm
	シルーブル　Chiroubles	R	Gm
	モルゴン　Morgon	R	Gm
	レニエ　Régnié	R	Gm

生産地域	A.O.C.	タイプ	主要品種(R/B)
	ブルイイ　Brouilly	R	Gm
	コート・ド・ブルイイ　Côte de Brouilly	R	Gm

グラン・クリュ── コート・ドール(Côte d'Or)県

村名	Grand Cru	タイプ	主要品種(R/B)
コート・ド・ニュイ(Côte de Nuits)地区			
ジュヴレ・シャンベルタン Gevrey-Chambertin	シャンベルタン　Chambertin	R	PN
	シャンベルタン・クロ・ド・ベーズ Chambertin Clos-de-Bèze	R	PN
	シャルム・シャンベルタン Charmes-Chambertin	R	PN
	マゾワイエール・シャンベルタン Mazoyères-Chambertin	R	PN
	シャペル・シャンベルタン Chapelle-Chambertin	R	PN
	グリオット・シャンベルタン Griotte-Chambertin	R	PN
	ラトリシエール・シャンベルタン Latricières-Chambertin	R	PN
	マジ・シャンベルタン Mazis-Chambertin	R	PN
	ルショット・シャンベルタン Ruchottes-Chambertin	R	PN
モレ・サン・ドゥニ Morey-Saint-Denis	ボンヌ・マール　Bonnes-Mares(一部)	R	PN
	クロ・デ・ランブレ　Clos des Lambrays	R	PN
	クロ・サン・ドニ　Clos Saint-Denis	R	PN
	クロ・ド・ラ・ロッシュ　Clos de la Roche	R	PN
	クロ・ド・タール　Clos de Tart	R	PN
シャンボール・ミュジニィ Chambolle-Musigny	ミュジニィ　Musigny	R・B	PN / Ch
	ボンヌ・マール　Bonnes-Mares(一部)	R	PN
ヴージョ　Vougeot	クロ・ド・ヴージョ　Clos de Vougeot	R	PN
フラジェ・エシェゾー Flagey-Echézeaux	グラン・エシェゾー　Grands Echézeaux	R	PN
	エシェゾー　Echézeaux	R	PN

村名	Grand Cru	タイプ	主要品種(R/B)
ヴォーヌ・ロマネ Vosne-Romanée	ロマネ・コンティ　Romanée-Conti	R	PN
	ラ・ロマネ　La Romanée	R	PN
	ロマネ・サン・ヴィヴァン Romanée-Saint-Vivant	R	PN
	ラ・ターシュ　La Tâche	R	PN
	リシュブール　Richebourg	R	PN
	ラ・グランド・リュ　La Grande Rue	R	PN

コート・ド・ボーヌ（Côte de Beaune）地区

村名	Grand Cru	タイプ	主要品種(R/B)
ラドワ・セリニィ Ladoix-Serrigny	コルトン　Corton　（一部）	R・B	PN / Ch
	コルトン・シャルルマーニュ Corton-Charlemagne　（一部）	B	Ch
アロース・コルトン Aloxe-Corton	コルトン　Corton　（一部）	R・B	PN / Ch
	コルトン・シャルルマーニュ Corton-Charlemagne　（一部）	B	Ch
	シャルルマーニュ Charlemagne　（一部）	B	Ch
ペルナン・ヴェルジュレス Pernand-Vergelesses	コルトン　Corton　（一部）	Rのみ	PN
	コルトン・シャルルマーニュ Corton-Charlemagne　（一部）	B	Ch
	シャルルマーニュ Charlemagne　（一部）	B	Ch
ピュリニィ・モンラッシェ Puligny-Montrachet	モンラッシェ　Montrachet　（一部）	B	Ch
	シュヴァリエ・モンラッシェ Chevalier-Montrachet　（一部）	B	Ch
	バタール・モンラッシェ Bâtard-Montrachet　（一部）	B	Ch
	ビアンヴニュ・バタール・モンラッシェ Bienvenues-Bâtard-Montrachet	B	Ch
シャサーニュ・モンラッシェ Chassagne-Montrachet	モンラッシェ　Montrachet　（一部）	B	Ch
	バタール・モンラッシェ Bâtard-Montrachet　（一部）	B	Ch
	クリオ・バタール・モンラッシェ Criots-Bâtard-Montrachet	B	Ch

● シャンパーニュ　グラン・クリュ（特級）17村一覧表

地区	村名	面積(ha)	備考
モンターニュ・ド・ランス Montagne de Reims	ボーモン・シュル・ヴェスル Beaumont-sur-Vesle	28	
	ヴェルズネー　Verzenay	415	
	マイイ　Mailly	284	
	シルリ　Sillery	94	
	ヴェルジ　Verzy	406	
	ピュイジュー　Puisieulx	19	
	アンボネー　Ambonnay	380	
	ルーボワ　Louvois	42	
	ブージー　Bouzy	380	
ヴァレ・ド・ラ・マルヌ Vallée de la Marne	アイ　Aÿ	354	
	トゥール・シュル・マルヌ Tours-sur-Marne	54	白ブドウは一級格付
コート・デ・ブラン Côte des Blancs	クラマン　Cramant	345	
	アヴィズ　Avize	270	
	シュイイ　Chouilly	509	黒ブドウは一級格付
	オジェ　Oger	400	
	ル・メニル・シュル・オジェ Le Mesnil-sur-Oger	430	
	オワリー　Oiry	100	

● シャンパーニュ　プルミエ・クリュ（一級）44村一覧表

地区	村名	備考
モンターニュ・ド・ランス Montagne de Reims	ビィ・ル・グラン　Billy le Grand	
	シニィ・レ・ローズ　Chigny les Roses	
	コルモントルイユ　Cormontreuil	
	リュードゥ　Ludes	
	モンブレ　Montbré	
	リィ・ラ・モンターニュ　Rilly la Montagne	
	テッシー　Taissy	
	トクシエール・ミュトリー　Tauxieres Mutry	
	トレパイユ　Trépail	
	トロワ・ピュイ　Trois Puits	

地区	村名	備考
	ヴォードマンジュ　Vaudemange	
	ヴィエ・アルラン　Villers Allerand	
	ヴィエ・マルムリー　Villers Marmery	
	ブザンヌ　Bezannes	
	シャムリー　Chamery	
	クローム・ラ・モンターニュ　Coulommes la Montagne	
	エキュイユ　Ecueil	
	ジュイ・レ・ランス　Jouy les Reims	
	レ・メヌー　Les Mesneux	
	パルニー・レ・ランス　Pargny les Reims	
	サシー　Sacy	
	セルミエ　Sermiers	
	ヴィルドマンジュ　Villedommange	
	ヴィエ・オ・ヌー　Villers aux Nœuds	
	ヴリニー　Vrigny	
ヴァレ・ド・ラ・マルヌ Vallée de la Marne	アヴネー・ヴァル・ドール　Avenay Val d'Or	
	ピエリー　Pierry	
	ビッスイユ　Bisseuil	
	シャンピヨン　Champillon	
	キュミエール　Cumières	
	ディズィー　Dizy	
	オヴィエ　Hautvillers	
	マルイユ・シュール・アイ　Mareuil sur Aÿ	
	ミュティニー　Mutigny	
	トゥール・シュル・マルヌ　Tours-sur-Marne	黒ブドウは特級格付
コート・デ・ブラン Côte des Blancs	ヴァル・デ・マレー　Val des Marais	黒ブドウは2級格付
	エトゥルシー　Etrechy	黒ブドウは2級格付
	ベルジェール・レ・ヴェルテュ　Bergères les Vertus	
	シュイイ　Chouilly	白ブドウは特級格付
	キュイ　Cuis	
	グローヴ　Grauves	
	ヴェルテュ　Vertus	
	ヴィルヌーヴ・ランヌヴィル　Villeneuve Renneville	
	ヴォワプルー　Voipreux	

＊出典：シャンパーニュ委員会（CIVC）

● ロワールの産地一覧

A.O.C.	タイプ	主要品種

（1） ペイ・ナンテ（Pays Nantais）地区

A.O.C.	タイプ	主要品種
ミュスカデ　Muscadet	B	ムロン・ド・ブルゴーニュ＊
ミュスカデ・ド・セーヴル・エ・メーヌ Muscadet de Sèvre et Maine	B	ムロン・ド・ブルゴーニュ＊
ミュスカデ・コトー・ド・ラ・ロワール Muscadet Coteaux de la Loire	B	ムロン・ド・ブルゴーニュ＊
ミュスカデ・コート・ド・グランリュー Muscadet Côtes de Grandlieu	B	ムロン・ド・ブルゴーニュ＊
グロ・プラン・デュ・ペイ・ナンテ Gros Plant du Pays Nantais	B	フォル・ブランシュ
フィエフ・ヴァンデアン・ブレム Fiefs Vendéens Brem	R・r・B	CF, PN / CB
フィエフ・ヴァンデアン・シャントネイ Fiefs Vendéens Chantonnay	R・r・B	CF, PN / CB
フィエフ・ヴァンデアン・マルイユ Fiefs Vendéens Mareuil	R・r・B	CF, PN / CB
フィエフ・ヴァンデアン・ピソット Fiefs Vendéens Pissotte	R・r・B	CF, PN / CB
フィエフ・ヴァンデアン・ヴィックス Fiefs Vendéens Vix	R・r・B	CF, PN / CB
コトー・ダンスニ Coteaux d'Ancenis	R・r・B	Gm / PG

＊ムロン・ド・ブルゴーニュはミュスカデのこと

（2） アンジュー＝ソミュール（Anjou-Saumur）地区

A.O.C.	タイプ	主要品種（R・r/B）
アンジュー　Anjou	R・B（辛～甘）	CF, CS / CB
アンジュー・ムスー　Anjou Mousseux	r・B（発泡）	CF, CS / CB
アンジュー・ガメイ　Anjou Gamay	R	Gm
カベルネ・ダンジュー　Cabernet d'Anjou	r（半甘）	CS, CF
ロゼ・ダンジュー　Rosé d'Anjou	r（半甘）	Gr
ロゼ・ド・ロワール　Rosé de Loire	r（辛）	CF, CS
アンジュー・ヴィラージュ　Anjou Villages	R	CF, CS
アンジュー・ヴィラージュ・ブリサック　Anjou Villages Brissac	R	CF, CS
アンジュー・コトー・ド・ラ・ロワール　Anjou Coteaux de la Loire	B（半甘～貴腐／ 過熱による甘）	CB

A.O.C.	タイプ	主要品種(R·r/B)
ソミュール　Saumur	R·B(辛)	CF / CB
ソミュール・ピュイ=ノートル=ダム Saumur Puy-Notre-Dame	R	CF
ソミュール・ムスー　Saumur Mousseux	r·B(発泡)	CF, CS / CB, Ch, SB
カベルネ・ド・ソミュール　Cabernet de Saumur	r	CS, CF
ソミュール・シャンピニィ　Saumur Champigny	R	CF
コトー・ド・ソミュール　Coteaux de Saumur	B(貴腐／過熱による甘)	CB
コトー・ド・ローバンス　Coteaux de l'Aubance	B(貴腐／過熱による甘)	CB
コトー・デュ・レイヨン、またはコトー・デュ・レイヨン+ 以下の6コミューン名 Coteaux du Layon / Coteaux du Layon+Commune	B(貴腐／過熱による甘)	CB
ボーリュー・シュル・レイヨン、またはボーリュー 　　Beaulieu-sur-Layon / Beaulieu	B(貴腐／過熱による甘)	CB
フェイ・ダンジュ、またはフェイ　Faye-d'Anjou / Faye	B(貴腐／過熱による甘)	CB
ラブレ・シュル・レイヨン、またはラブレ 　　Rablay-sur-Layon / Rablay	B(貴腐／過熱による甘)	CB
ロシュフォール・シュル・ロワール、またはロシュフォール 　　Rochefort-sur-Loire / Rochefort	B(貴腐／過熱による甘)	CB
サン・トーバン・ド・リニェ、またはサン・トーバン 　　Saint-Aubin-de-Luigné / Saint-Aubin	B(貴腐／過熱による甘)	CB
サン・ランベール・ラタイ、またはサン・ランベール 　　Saint-Lambert-du-Lattay / Saint-Lambert	B(貴腐／過熱による甘)	CB
カール・ド・ショーム Quarts de Chaume	B(貴腐／過熱による甘)	CB
ボンヌゾー Bonnezeaux	B(貴腐／過熱による甘)	CB
サヴニエール/サヴニエール・ロッシュ・オー・モワンヌ/ サヴニエール・クーレ・ド・セラン Savennières / Savennières Roche-aux-Moines / Savennières Coulée-de-Serrant	B(辛〜甘)	CB
ロゼ・ド・ロワール　Rosé de Loire	r(辛)	CF, CS
クレマン・ド・ロワール　Crémant de Loire	r·B(発泡)	CF, CS / CB

(3)　トゥーレーヌ(Touraine)地区

	タイプ	主要品種
シュヴェルニイ　Cheverny	R·r·B	PN, Gm / SB
クール・シュヴェルニイ　Cour-Cheverny	B	ロモランタン
トゥーレーヌ　Touraine	R·r·B(辛)	CF / SB
トゥーレーヌ・ガメイ　Touraine Gamay	R	Gm
トゥーレーヌ・ムスー　Touraine Mousseux	r·B(発泡)	CF / CB

A.O.C.	タイプ	主要品種(R・r/B)
トゥーレーヌ・ペティヤン　Touraine Pétillant	R・r・B	Gm / CF / SB
トゥーレーヌ・アンボワズ　Touraine Amboise	R・r・B(辛〜半辛)	Gm / CB
トゥーレーヌ・アゼイ・ル・リドー　Touraine Azay-le-Rideau	r・B(辛〜半辛)	Gr / CB
トゥーレーヌ・メスラン　Touraine Mesland	R・r・B(辛〜半辛)	Gm / CB
トゥーレーヌ・シュノンソー　Touraine Chenonceaux	R・B(辛)	CF, コット / SB
トゥーレーヌ・オワズリー　Touraine Oisly	B(辛)	SB
トゥーレーヌ・ノーブル・ジュエ　Touraine Noble-Joué	r	PM
ブルグイユ　Bourgueil	R・r	CF
サン・ニコラ・ド・ブルグイユ　Saint-Nicolas-de-Bourgueil	R・r	CF
シノン　Chinon	R・r・B	CF / CB
モンルイ・シュル・ロワール　Montlouis-sur-Loire	B(辛〜甘)	CB
モンルイ・シュル・ロワール・ムスー　Montlouis-sur-Loire-mousseux	B(発泡)	CB
モンルイ・シュル・ロワール・ペティヤン　Montlouis-sur-Loire-pétillant	B(発泡)	CB
ヴーヴレ　Vouvray	B(辛〜甘)	CB
ヴーヴレ・ムスー　Vouvray Mousseux	B(発泡)	CB
ヴーヴレ・ペティヤン　Vouvray pétillant	B(発泡)	CB
コトー・デュ・ロワール　Coteaux du Loir	R・r・B	ピノー・ドニス, CF / CB
ジャスニエール　Jasnières	B	CB
コトー・デュ・ヴァンドモア　Coteaux du Vendômois	R・g(グリ)・B	ピノー・ドニス, CF / CB
ロゼ・ド・ロワール　Rosé de Loire	r(辛口)	CF, CS
クレマン・ド・ロワール　Crémant de Loire	r・B(発泡)	CF, CS / CB
オルレアン　Orléans	R・r・B	PM / Ch
オルレアン・クレリィ　Orléans-Cléry	R	CF
ヴァランセ　Valençay	R・r・B	Gm, PN, コット / SB

(4) サントル・ニヴェルネ(Centre Nivernais)地区

プイイ・フュメ、またはブラン・フュメ・ド・プイイ Pouilly Fumé / Blanc Fumé d Pouilly	B	SB
プイイ・シュル・ロワール　Pouilly sur Loire	B	シャスラ
サンセール　Sancerre	R・r・B	PN / SB
メヌトゥー・サロン　Menetou-Salon	R・r・B	PN / SB

A.O.C.	タイプ	主要品種(R・r/B)
カンシー Quincy	B	SB
ルイイ Reuilly	R・r・B	PN, PG / SB
コトー・デュ・ジェノワ Coteaux du Giennois	R・r・B	Gm, PN / SB
シャトーメイヤン Châteaumejllant	R・g (グリ)	Gm

● ローヌ産地一覧

A.O.C.	タイプ	主要品種

(1) セプタントリオナル(Septentrional)(北部地区)

A.O.C.	タイプ	主要品種
コート・ロティ Côte Rôtie	R	Sr, Vg
コンドリュー Condrieu	B	Vg
シャトー・グリエ Château Grillet	B	Vg
サン・ジョセフ Saint-Joseph	R・B	Sr ／マルサンヌ, ルーサンヌ
エルミタージュ Hermitage(Ermitage)	R・B・Paille	Sr ／マルサンヌ, ルーサンヌ
クローズ・エルミタージュ Crozes-Hermitage(Crozes-Ermitage)	RB	Sr ／マルサンヌ, ルーサンヌ
コルナス Cornas	R	Sr
サン・ペレイ Saint-Péray	B	ルーサンヌ, マルサンヌ
サン・ペレイ・ムスー Saint-Péray Mousseux	B(発泡)	ルーサンヌ, マルサンヌ
クレレット・ド・ディー／クレマン・ド・ディー Clairette de Die / Crémant de Die	B(発泡)	クレレット
コトー・ド・ディー Coteaux de Die	B	クレレット
シャティヨン・アン・ディオア Châtillon-en-Diois	R・r・B	Gm ／ Al, Ch

(2) メリディオナル(Méridional)(南部地区)

A.O.C.	タイプ	主要品種
グリニャン・レ・ザデマール Grignan-les-Adhémar	R・r・B	GN, Sr / GB
コート・デュ・ヴィヴァレ Côtes du Vivarais	R・r・B	GN, Sr / GB, クレレット
ヴァンソーブル Vinsobres	R	GN, Sr
ジゴンダス Gigondas	R・r	GN
ヴァケイラス Vacqueyras	R・r・B	GN, Sr / GB, クレレット, ブールブーラン
ボーム・ド・ヴニーズ Beaumes de Venise	R	GN, SR

A.O.C.	タイプ	主要品種
シャトーヌフ・デュ・パプ　Châteauneuf-du-pape	R·B	GN, サンソー, ムールヴェードル, Sr, ミュスカルダン, クノワーズ, クレット, ブールブーラン／ピクプール, テレ・ノワール, ヴァカレーズ, ピカルダン, ルーサンヌ
リラック　Lirac	R·r·B	GN ／クレット
タヴェル　Tavel	r	GN, Sr
ヴァントゥー　Ventoux (旧名Côtes du Ventoux '08 / 11より変更)	R·r·B	GN, Sr ／クレット
リュベロン　Lubéron	R·r·B	GN, Sr ／ GB, クレット
デュシェ・デュヤス Duché d'Uzès	R·r·B	GN ／ GB
コスティエール・ド・ニーム Costières de Nimes	R·r·B	GN, ムールヴェードル, Sr ／ GB, マルサンヌ
クレット・ド・ベルガルド Clairette de Bellegarde	B	クレット
ラストー　Rasteau	V.D.N.(R·r·B)	GN ／ GB
ミュスカ・ド・ボーム・ド・ヴニーズ Muscat de Baumes de Venise	V.D.N.(R·r·B)	ミュスカ・ア・プティ・グラン／ミュスカ・ア・プティ・グラン・ブラン
ケランヌ　Cairanne	R·B	GN ／クレット, GB

（3）　その他のA.O.C.

コート・デュ・ローヌ(Côtes du Rhône)地区

	タイプ	主要品種
コート・デュ・ローヌ　Côtes du Rhône	R·r·B	GN ／ GB, クレット, マルサンヌ, ルーサンヌ, ブールブーラン, Vg

コート・デュ・ローヌ・ヴィラージュ(Côtes du Rhône Villages)地区

	タイプ	主要品種
コート・デュ・ローヌ・ヴィラージュ Côtes du Rhône Villages	R·r·B	GN ／ GB, クレット, マルサンヌ, ルーサンヌ, ブールブーラン, Vg

● 南仏産地一覧

A.O.C.	タイプ	主要品種(R/B)

プロヴァンス(Provence)地方

	タイプ	主要品種(R/B)
カシス　Cassis	R·r·B	GN, サンソー, ムールヴェードル／クレット, マルサンヌ

A.O.C.	タイプ	主要品種(R/B)
バンドール　Bandol	R･r･B	ムールヴェードル／クレレット, ユニ・ブラン, ブールブーラン
パレット　Palette	R･r･B	GN, ムールヴェードル, サンソー／クレレット, マルサンヌ
ベレ　Bellet（Vin de Bellet）	R･r･B	ブラケットフォール・ノワール／ヴェルメンティーノ
コート・ド・プロヴァンス　Côtes de Provence	R･r･B	GN, ムールヴェードル, サンソー , ティブラン, Sr／クレレット, Sm, ユニ・ブラン, ヴェルメンティーノ
コート・ド・プロヴァンス・サント・ヴィクトワール Côtes de Provence Sainte-Victoire	R･r	GN, Sr, サンソー
コート・ド・プロヴァンス・フレジュ Côtes de Provence Fréjus	R･r	GN, ムールヴェードル, Sr
コート・ド・プロヴァンス・ラ・ロンド Côtes de Provence La Londe	R･r	GN, ムールヴェードル, Sr, サンソー
コート・ド・プロヴァンス・ピエールフー Côtes de Provence Pierrefeu	R･r	GN, ムールヴェードル, Sr, サンソー
コトー・デクス・アサン・プロヴァンス Coteaux d'Aix-en-Provence	R･r･B	サンソー , GN, ムールヴェードル, Sr／クレレット, GB, ユニ・ブラン
レ・ボー・ド・プロヴァンス　Les Baux de Provence	R･r･B	GN, ムールヴェードル, Sr／クレレット, GB, ヴェルメンティーノ
コトー・ヴァロワ・アン・プロヴァンス Coteaux Varois en Provence	R･r･B	GN, ムールヴェードル, Sr／クレレット, GB, Sm, ヴェルメンティーノ
ピエールヴェール Pierrevert	R･r･B	GN, Sr, サンソー／ GB, ヴェルメンティーノ

コルス(Corse)地方　（コルシカ島）

パトリモニオ　Patrimonio	R･r･B	ニエルキオ／ヴェルメンティーノ
アジャクシオ　Ajaccio	R･r･B	バルバロッサ, ニエルキオ, スキアカレロ／ヴェルメンティーノ
ヴァン・ド・コルス／コルス　Vin de Corse / Corse	R･r･B	ニエルキオ, スキアカレロ, GN ／ヴェルメンティーノ
ヴァン・ド・コルス・サルテーヌ／コルス・サルテーヌ Vin de Corse Sartène / Corse Sartène	R･r･B	ニエルキオ, スキアカレロ, GN ／ヴェルメンティーノ

付録

フランス — 南仏

A.O.C.	タイプ	主要品種（R/B）
ヴァン・ド・コルス・コトー・デュ・カップ・コルス／ コルス・コトー・デュ・カップ・コルス Vin de Corse Coteaux du Cap Corse / Corse Coteaux du Cap Corse	R・r・B	ニエルキオ, スキアカレロ, GN／ヴェルメンティーノ
ヴァン・ド・コルス・フィガリ／コルス・フィガリ Vin de Corse Figari / Corse Figari	R・r・B	ニエルキオ, スキアカレロ, GN／ヴェルメンティーノ
ヴァン・ド・コルス・ポルト・ヴェッキオ／ コルス・ポルト・ヴェッキオ Vin de Corse Porto-Vecchio / Corse Porto-Vecchio	R・r・B	ニエルキオ, スキアカレロ, GN／ヴェルメンティーノ
ヴァン・ド・コルス・カルヴィ／コルス・カルヴィ Vin de Corse Calvi / Corse Calvi	R・r・B	ニエルキオ, スキアカレロ, GN／ヴェルメンティーノ
ミュスカ・デュ・カップ・コルス Muscat du Cap Corse	V.D.N.（B）	ミュスカ・ア・プティ・グラン・ブラン

ラングドック＝ルーション（Languedoc-Roussillion）地方

ラングドック（Languedoc）地区

	タイプ	主要品種（R/B）
コスティエール・ド・ニーム　Costières de Nîmes	R・r・B	カリニャン, GN／クレレット, GB
クレレット・デュ・ラングドック Clairette du Languedoc	B・V.d.L.（B）・ V.d.L. Rancio （B）	クレレット
ラ・クラープ　La Clape＊	R・B	GN, ムールヴェードル, Sr／ ブールブーラン, GB, クレレット
テラス・デュ・ラルザック Terrasses du Larzac	R	GN, ムールヴェードル, Sr
ピクプール・ド・ピネ　Picpoul-de-Pinet	B	ピクプール・ブラン
ラングドック Languedoc＋以下の12コミューン名	R・r・B	カリニャン, GN／クレレット, GB, ブールブーラン
カブリエール　Cabriéres	R・r	カリニャン, GN, Sr
ラ・メジャネル La Méjanelle	R	GN, ムールヴェードル, Sr
サン・クリストル Saint-Christol	R	GN, ムールヴェードル
コトー・ド・ヴェラルグ／ヴェラルグ Coteaux de Vérargues / Vérargues	R・r	カリニャン, GN
モンペイルー　Montpeyroux	R	GN, ムールヴェードル, Sr
ピク・サン・ループ　Pic-Saint-Loup	R・r	Sr, GN, ムールヴェードル
カトゥルズ　Quatourze	R	GN, ムールヴェードル, Sr
サン・ドレゼリィ　Saint-Drézéry	R	GN, ムールヴェードル, Sr

＊2015年9月時点ではA.O.C.ラ・クラープのデクレは未発行。

A.O.C.		タイプ	主要品種(R/B)
	サン・ジョルジュ・ドルク Saint-Georges-d'Orques	R	GN, ムールヴェードル, Sr
	サン・サトゥルナン Saint-Saturnin	R	GN, ムールヴェードル, Sr
	グレ・ド・モンペリエ Grès de Montpellier	R	GN, ムールヴェードル, Sr
	ペゼナス Pézenas	R	GN, ムールヴェードル, Sr
	ソミエール Sommières	R	GN, ムールヴェードル, Sr
フォジェール Faugères		R・r・B	GN, ムールヴェードル, Sr
サン・シニアン Saint-Chinian		R・r・B	GN, ムールヴェードル, Sr ／ GB, マルサンヌ, ルーサンヌ, ヴェルメンティーノ
サン・シニアン・ベルルー Saint-Chinian Berlou		R	GN, ムールヴェードル, Sr
サン・シニアン・ロクブルン Saint-Chinian Roquebrun		R	GN, Sr
ミネルヴォワ Minervois		R・r・B	GN, ムールヴェードル, Sr ／ ブールブーラン, GB
ミネルヴォワ・ラ・リヴィニエール Minervois-La Livinière		R	GN, ムールヴェードル, Sr
コルビエール Corbières		R・r・B	カリニャン, GN, Sr, ムールヴェードル／ ブールブーラン, GB
コルビエール・ブートナック Corbières-Boutenac		R	GN, ムールヴェードル, カリニャン
フィトゥー Fitou		R	カリニャン, GN
ブランケット・ド・リムー Blanquette de Limoux		B(発泡)	モーザック
クレマン・ド・リムー Crémant de Limoux		r・B(発泡)	Ch, CB
ブランケット・メトード・アンセストラル Blanquette méthode ancestrale		B(発泡)	モーザック
リムー Limoux		R・B	Mr, CF, コット
カバルデス Cabardès		R・r	GN, Sr
マルペール Malepère		R・r	Mr, CF
ミュスカ・ド・リュネル Muscat de Lunel		V.D.N.(B)	ミュスカ・ア・プティ・グラン・ブラン
ミュスカ・ド・ミルヴァル Muscat de Mireval		V.D.N.(B)	ミュスカ・ア・プティ・グラン・ブラン
フロンティニャン／ミュスカ・ド・フロンティニャン ／ヴァン・ド・フロンティニャン Frontignan / Muscat de Frontignan / Vin de Frontignan		V.D.N.・ V.d.L.(B)	ミュスカ・ア・プティ・グラン・ブラン
ミュスカ・ド・サン・ジャン・ド・ミネルヴォワ Muscat de St Jean de Minervois		V.D.N.(B)	ミュスカ・ア・プティ・グラン・ブラン

付録 フランス ― 南仏

A.O.C.	タイプ	主要品種(R/B)
ルーション(Roussillon)地区		
コート・デュ・ルーション　Côtes du Roussillon	R・r・B	GN, カリニャン／ GB, マカブー, トゥーバット
コート・デュ・ルーション・レ・ザスプル Côtes du Roussillon Les Aspres	R	GN, Sr, ムールヴェードル, カリニャン
コート・デュ・ルーション・ヴィラージュ Côtes du Roussillon Villages	R	GN, カリニャン, Sr, ムールヴェードル
コート・デュ・ルーション・ヴィラージュ・カラマニ Côtes du Roussillon Villages Caramany	R	GN, カリニャン, Sr
コート・デュ・ルーション・ヴィラージュ・ ラトゥール・ド・フランス Côtes du Roussillon Villages Latour-de-France	R	GN, カリニャン, Sr, ムールヴェードル
コート・デュ・ルーション・ヴィラージュ・レスケルド Côtes du Roussillon Villages Lesquerde	R	GN, カリニャン, Sr
コート・デュ・ルーション・ ヴィラージュ・トータヴェル Côtes du Roussillon Villages Tautavel	R	GN, カリニャン, Sr, ムールヴェードル
コリウール　Collioure	R・r・B	カリニャン, GN, Sr, ムールヴェードル／ GB
モーリィ／モーリィ・ランシオ Maury, Maury Rancio	R・V.D.N. (R・B)	GN ／ GB, マカブー, トゥーバット
バニュルス／バニュルス・ランシオ Banyuls, Banyuls Rancio	V.D.N. (R・r・B)	GN ／ GB, マカブー, ミュスカ・ア・プティ・グラン・ブラン
バニュルス・グラン・クリュ／ バニュルス・グラン・クリュ・ランシオ Banyuls Grand Cru, Banyuls Grand Cru Rancio	V.D.N.(R)	GN
リヴザルト／リヴザルト・ランシオ Rivesaltes, Rivesaltes Rancio	V.D.N. (R・r・B)	GN ／ GB, マカブー, トゥーバット
ミュスカ・ド・リヴザルト　Muscat de Rivesaltes	V.D.N.(B)	ミュスカ・ア・プティ・グラン・ブラン
グラン・ルーション／グラン・ルーション・ランシオ Grand Roussillon, Grand Roussillon Rancio	V.D.N. (R・r・B)	GN ／ GB, マカブー, トゥーバット

● その他産地一覧

A.O.C.	タイプ	主要品種（R/B）

(1) ジュラ・サヴォワ　Jura&Savoie

ジュラ（Jura）地区

アルボワ　Arbois	R・r・B Vins Jaunes Vins de Paille	プールサール, トゥルソー, PN ／サヴァニャン, Ch
アルボワ・ピュピヤン　Arbois Pupillin	R・r・B Vins Jaunes Vins de Paille	プールサール, トゥルソー, PN ／サヴァニャン, Ch
シャトー・シャロン　Château-Chalon	Vin Jaune	サヴァニャン
レトワール　L'Étoile	B Vins Jaunes Vins de Paille	サヴァニャン, Ch
コート・デュ・ジュラ　Côtes du Jura	R・r・B Vins Jaunes Vins de Paille	プールサール, トゥルソー, PN ／サヴァニャン, Ch
クレマン・デュ・ジュラ　Crémant du Jura	発泡(r・B)	プールサール, PN ／ サヴァニャン, Ch
マックヴァン・デュ・ジュラ　Macvin du Jura	V.d.L.(R・r・B)	プールサール, トゥルソー, PN ／サヴァニャン, Ch

サヴォワ（Savoie）地区

セイセル　Seyssel	B(辛・半辛)	ルーセット（アルテス）
セイセル・ムスー　Seyssel mousseux	発泡(B)	ルーセット, シャスラ
セイセル・モレット　Seyssel Molette	B(辛)	モレット
ヴァン・ド・サヴォワ　Vin de Savoie	R・r・B	Gm, モンデューズ, PN ／ Al, アルテス, ジャケール
ヴァン・ド・サヴォワ＋以下の16のクリュ名 Vin de Savoie+cru	R・r・B	Gm, モンデューズ, PN ／ Al, アルテス, ジャケール
アビム　Abymes（Les Abymes）	B	ジャケール, Al, アルテス
アプルモン　Apremont	B	ジャケール, Al, アルテス
アルバン　Arbin	r	モンデューズ
アイズ　Ayze	発泡(B)	グランジェ
ショターニュ　Chautagne	R・B	Gm, モンデューズ, PN ／ ジャケール, Al, アルテス
シニャン　Chignin	R・B	Gm, モンデューズ, PN ／ ジャケール, Al, アルテス

A.O.C.	タイプ	主要品種(R/B)
シニャン・ベル・ジュロン Chignin-Bergeron（Bergeron）	B	ルーサンヌ
クレピ　Crépy	B	シャスラ
クリュエ　Cruet	B	ジャケール, Al, アルテス
マリニャン　Marignan	B	シャスラ
モンメリアン　Montmélian	B	ジャケール, Al, アルテス
リパイユ　Ripaille	B	シャスラ
サン・ジャン・ド・ラ・ポルト Saint-Jean-de-la-Porte	R	モンデューズ
サン・ジョワ・プリュレ　Saint-Jeoire-Prieuré	B	ジャケール, Al, アルテス
マラン　Marin	B	シャスラ
ジョンジュー　Jongieux	R・B	Gm, モンデューズ, PN ／ ジャケール, Al, アルテス
ヴァン・ド・サヴォワ・ムスー Vin de Savoie Mousseux	発泡(r・B)	Gm, モンデューズ, PN ／ Al, アルテス, Ch, ジャケール
ヴァン・ド・サヴォワ・ペティヤン Vin de Savoie Pétillants	発泡(r・B)	Gm, モンデューズ, PN ／ Al, アルテス, Ch, ジャケール
ヴァン・ド・サヴォワ・アイズ・ムスー Vin de Savoie Ayze Mousseux	発泡(B)	グランジェ, アルテス, ルーセット・ダイズ
ヴァン・ド・サヴォワ・アイズ・ペティヤン Vin de Savoie Ayze Pétillants	発泡(B)	グランジェ, アルテス, ルーセット・ダイズ
ルーセット・ド・サヴォワ　Roussette de Savoie	B	アルテス
ルーセット・ド・サヴォワ＋以下の4のクリュ名 Roussette de Savoie＋Cru	B	アルテス
フランジィ　Frangy	B	アルテス
マレステル（マレステル・アルテス） Marestel（Marestel Altesse）	B	アルテス
モンテルミノ　Monterminod	B	アルテス
モントゥー　Monthoux	B	アルテス
ビュジェイ　Bugey	R・r・B 発泡(r・B)	Gm, PN ／ Ch, ジャケール, モレット
ビュジェイ・マニクル　Bugey Manicle	R・B	PN ／ Ch
ビュジェイ・モンタニウ Bugey Montagnieu	R・発泡(B)	モンデューズ／アルテス, Ch

A.O.C.	タイプ	主要品種(R/B)
ビュジェイ・セルドン・メトード・アンセストラル Bugey Cerdon méthode ancestrale	発泡(r·甘)	Gm, プールサール
ルーセット・ド・ビュジェイ Roussette de Bugey	B	アルテス
ルーセット・ド・ビュジェイ・モンタニウ Roussette de Bugey Montagnieu	B	アルテス
ルーセット・ド・ビュジェイ・ヴィリウ・ル・グラン Roussette de Bugey Virieu Le Grand	B	アルテス

(2)南西地方　Sud-Ouest

ベルジュラック(Bergerac)地区

	タイプ	主要品種(R/B)
ベルジュラック　Bergerac	R·r·B(辛)	CS, CF, コット, Mr ／ Sm, SB, Ms
コート・ド・ベルジュラック　Côtes de Bergerac	R·B(半甘)	CS, CF, コット, Mr ／ Sm, SB, Ms
ソーシニャック　Saussignac	B(甘)	Sm, SB, Ms
ペシャルマン　Pécharmant	R	Mr, CS, CF, コット
ロゼット　Rosette	B(半甘)	Sm, SB, Ms
モンラヴェル　Montravel	R·B(辛)	Mr, CS, CF ／ Sm, SB, Ms
コート・ド・モンラヴェル　Côtes de Montravel	B(半甘〜甘)	Sm, SB, Ms
オー・モンラヴェル　Haut-Montravel	B(半甘/甘)	Sm, SB, Ms
モンバジャック　Monbazillac	B(甘)	Sm, SB, Ms

オート・ガロンヌ(Haute-Garonne)地区

	タイプ	主要品種(R/B)
コート・ド・デュラス　Côtes de Duras	R·r·B(辛・半甘)	Mr, CS, CF, コット／ Sm, SB, Ms, モーザック
ビュゼ　Buzet	R·r·B(辛)	Mr, CS, CF, コット／ Sm, SB, Ms
コート・デュ・マルマンデ　Côtes du Marmandais	R·r·B(辛)	CS, CF, Mr ／ SB
ブリュロワ　Brulhois	R·r	CF, Mr, タナ
フロントン　Fronton	R·r	ネグレット
サン・サルド　Saint-Sardos	R·r	Sr, タナ

ガイヤック(Gaillac)地区

	タイプ	主要品種(R/B)
ガイヤック　Gaillac	R·r·B(辛·甘)	デュラス, フェル, Sr ／ モーザック, レン・ド・レル

A.O.C.	タイプ	主要品種(R/B)
ガイヤック・ドゥー　Gaillac Doux	B(甘)	モーザック
ガイヤック・ムスー　Gaillac Mousseux	B(発泡)	モーザック, レン・ド・レル
ガイヤック・プルミエール・コート Gaillac Premières Côtes	B(辛)	モーザック, レン・ド・レル

カオール(Cahors)地区

カオール　Cahors	R	コット

ピレネー(Pyrénées)地区

マディラン　Madiran	R	タナ
パシュラン・デュ・ヴィク・ビル／パシュラン・デュ・ヴィク・ビル・セック Pacherenc du Vic Bilh / Pacherenc du Vic Bilh Sec	B	コーブ, プティ・マンサン
ジュランソン　Jurançon	B(甘)	プティ・マンサン, グロ・マンサン
ジュランソン・セック　Jurançon Sec	B(辛)	プティ・マンサン, グロ・マンサン
イルレギー　Irouléguy	R・r・B(辛)	CF, タナ／プティ・マンサン, グロ・マンサン, コーブ
ベアルン　Béarn	R・r・B(辛)	CF, CS, タナ／プティ・マンサン, グロ・マンサン, コーブ

アヴェイロン(Aveyron)地区

マルシャック　Marcillac	R・r	フェル・セルヴァドゥ

● その他──主なフォーティファイド・ワイン産地一覧

地方	A.O.C.	タイプ	主要品種(R/B)

フランスの天然甘口ワイン　Vins Doux Naturels (V.D.N.)

地方	A.O.C.	タイプ	主要品種(R/B)
ローヌ　Rhône	ミュスカ・ド・ボーム・ド・ヴニーズ Muscat de Beaumes de Venise	V.D.N. (R・r・B)	ミュスカ・ア・プティ・グラン
	ラストー／ラストー・ランシオ Rasteau / Rasteau Rancio	V.D.N. (R・r・B)	GN / GB
コルス　Corse	ミュスカ・デュ・カップ・コルス Muscat du Cap Corse	V.D.N. (B)	ミュスカ・ア・プティ・グラン・ブラン
ラングドック Languedoc	ミュスカ・ド・リュネル Muscat de Lunel	V.D.N. (B)	ミュスカ・ア・プティ・グラン・ブラン
	ミュスカ・ド・ミルヴァル Muscat de Mireval	V.D.N. (B)	ミュスカ・ア・プティ・グラン・ブラン

地方	A.O.C.	タイプ	主要品種(R/B)
	フロンティニャン／ ミュスカ・ド・フロンティニャン／ ヴァン・ド・フロンティニャン Frontignan / Muscat de Frontignan / Vin de Frontignan	V.D.N.(B) (V.d.L.もあり)	ミュスカ・ア・ プティ・グラン・ブラン
	ミュスカ・ド・サン・ ジャン・ド・ミネルヴォワ Muscat de St Jean de Minervois	V.D.N.(B)	ミュスカ・ア・ プティ・グラン・ブラン
ルーション Roussillon	モーリィ／モーリィ・ランシオ Maury / Maury Rancio	V.D.N.(R·B)	GN / GB, ミュスカ・ア・ プティ・グラン・ブラン
	バニュルス／バニュルス・ランシオ Banyuls / Banyuls Rancio	V.D.N. (R·r·B)	GN / GB, ミュスカ・ア・ プティ・グラン・ブラン
	バニュルス・グラン・クリュ／ バニュルス・グラン・クリュ・ランシオ Banyuls Grand Cru / Banyuls Grand Cru Rancio	V.D.N.(R)	GN, マカベオ, トゥルバット
	リヴザルト／リヴザルト・ランシオ Rivesaltes / Rivesaltes Rancio	V.D.N.(R·B)	GN / GB, ミュスカ・ア・プティ・グラン
	ミュスカ・ド・リヴザルト Muscat de Rivesaltes	V.D.N.(B)	ミュスカ・ア・ プティ・グラン
	グラン・ルーション／ グラン・ルーション・ランシオ Grand Roussillon / Grand Roussillon Rancio	V.D.N. (R·r·B)	GN / GB, ミュスカ・ア・ プティ・グラン・ブラン

フランスのリキュール・ワイン　Vins de Liqueurs(V.d.L.)

地方	A.O.C.	タイプ	主要品種(R/B)
ジュラ	マクヴァン・デュ・ジュラ Macvin du Jura	V.d.L.(R·r·B)	プールサール, トゥルソー , PN ／サヴァニャン, Ch
ラングドック	クレレット・デュ・ラングドック Clairette du Languedoc	V.d.L. / V.d.L., Rancio(B)	クレレット
	フロンティニャン／ ミュスカ・ド・フロンティニャン／ ヴァン・ド・フロンティニャン Frontignan / Muscat de Frontignan / Vin de Frontignan	V.d.L.(B) (V.D.N.もあり)	ミュスカ・ア・ プティ・グラン・ブラン
コニャック	ピノー・デ・シャラント Pineau des Charentes	V.d.L.(R·r·B)	CS, CF ／ユニ・ブラン, コロンバール
アルマニャック	フロック・ド・ガスコーニュ Floc de Gascogne	V.d.L.(r·B)	CF, CS ／ユニ・ブラン, コロンバール

付録
ドイツ

ドイツ産地一覧

地区名（ベライヒ）	村名	畑名　［意味］

1　アール（Ahr）
ベライヒ＝1　グロースラーゲ＝1、アインツェルラーゲ＝40

ヴァルポルツハイム／アールタール Walporzheim / Ahrtal	マリエンタール　Marienthal	クロスターガルテン　Klostergarten ［修道院の庭］

2　モーゼル（Mosel）
ベライヒ＝6　グロースラーゲ＝19、アインツェルラーゲ＝478

地区名	村名	畑名　［意味］
ツェル・モーゼル Zell Mosel	ヴィニンゲン　Winningen	ウーレン　Uhlen［ふくろう］
ベルンカステル Bernkastel	エルデン　Erden	トレプヒェン　Treppchen［小さな階段］
		プレラート　Prälat［大司教］
	ウルツィヒ　Ürzig	ヴュルツガルテン　Würzgarten ［薬味の庭］
	ツェルティンゲン　Zeltingen	ヒムメルライヒ　Himmelreich［天国］
		シュロスベルク　Schlossberg［城山］
		ゾンネンウーアー　Sonnenuhr［日時計］
	ヴェーレン　Wehlen	ゾンネンウーアー　Sonnenuhr［日時計］
	グラーハ　Graach	ドームプロープスト　Domprobst ［大聖堂司祭長］
		ヒムメルライヒ　Himmelreich［天国］
	ベルンカステル　Bernkastel	ドクトール　Doktor［医者］
		ライ　Lay［岩］
	リーザー　Lieser	ニーダーベルク・ヘルデン Niederberg Helden［低い山の英雄たち］
	ブラウネベルク Brauneberg	ユッファー・ゾンネンウアー Juffer-Sonnenuhr［乙女の日時計］
	ピースポート　Piesport	ゴルトトレプヒェン　Goldtröpfchen ［黄金のしずく］
	トリッテンハイム Trittenheim	アポテーケ　Apotheke［薬局］
	ライヴェン　Leiwen	クロスターガルテン　Klostergarten ［修道院の庭］
	クリュッセラート　Klüsserath	ブルーダーシャフト　Bruderschaft ［兄弟分］

地区名(ベライヒ)	村名	畑名 [意味]
	トリアー　Trier	ザンクト・マキシミナー・クロイツベルク St.Maximiner Kreuzberg [聖マキシムの十字架山]
ルーヴァータール　Ruwertal	マキシミーン・ グリューンハウス Maximin Grünhaus	アプツベルク　Abtsberg[修道院長の山]
	ガーゼル　Kasel	ニースヒェン　Nies'chen[くしゃみ]
	アイテルスバッハ Eitelsbach	カルトホイザーホーフベルク Karthäusserhofberg[カルトハウス中庭]
ザール　Saar	ヴィルティンゲン　Wiltingen	＊シャルツホーフベルク　Scharzhofberg [シャルツホーフの山]
		ブラウネ・クッペ　Braune Kupp [褐色の円頂]
	オックフェン　Ockfen	ボックシュタイン　Bockstein [雄山羊の石]
	アイル　Ayl	クッペ　Kupp[円頂]
	ゼリッヒ　Serrig	シュロス・ザールフェルザー・ シュロスベルク Schloss Saarfelser Schlossberg [シュロスベルク・ザール岩城の城山]
オーバーモーゼル Obermosel		
モーゼルトール　Moseltor		

＊印はオルツタイラーゲ(特別畑)。

3　ミッテルライン(Mittelrhein)
ベライヒ＝2　グロースラーゲ＝11、アインツェルラーゲ＝102

ローレライ　Loreley	バッハラッハ　Bacharach	ハーン　Hahn[鶏]
		ポステン　Posten[地点]
		ヴォルフスヘーレ　Wolfshöhle[狼の穴]
	シュティーグ　Steeg	ザンクトヨースト　St. Jost[聖ヨースト]
	ボッパルト　Boppard	
	オルツタイル・ ボッパルダー・ハム Ortsteil Bopparder Hamm	フォイヤーライ　Feuerlay[火の岩]
		フェッサーライ　Fässerlay[樽の岩]
ジーベンゲビルゲ Siebengebirge		

地区名（ベライヒ）	村名	畑名　[意味]

4 ラインガウ (Rheingau)

ベライヒ＝1　グロースラーゲ＝10、アインツェルラーゲ＝128

地区名（ベライヒ）	村名	畑名　[意味]
ヨハニスベルク Johannisberg	リューデスハイム Rüdesheim	ベルク・ロットラント　Berg Rottland [山・乱人の地]
		ベルク・ローゼンエック Berg Roseneck[山・バラの角]
		ベルク・シュロスベルク Berg Schloßberg[山・城山]
	アスマンズハウゼン Assmannshausen	ヘレンベルク　Höllenberg[地獄山]
	ヨハニスベルク Johannisberg	＊シュロス・ヨハニスベルク Schloss Johannisberg [ヨハニスベルク城]
	ヴィンケル　Winkel	＊シュロス・フォルラーツ Schloss Vollrads[フォルラーツ城]
		ハーゼンシュプルンク Hasensprung[ウサギ跳び]
	エストリッヒ　Oestrich	＊シュロス・ライヒャルツハウゼン Schloss Reichartshauusen [ライヒャルツハウゼン城]
		レンヒェン　Lenchen[小さなレン]
	ハッテンハイム Hattenheim	＊シュタインベルク　Steinberg[石の山]
		ヴィッセルブルンネン　Wisselbrunnen [知の泉]
		ヌスブルンネン　Nussbrunnen [くるみの泉]
	エアバッハ　Erbach	マルコブルン　Marcobrunn [マルコの泉]
		シュロスベルク　Schlossberg[城山]
	ラウエンタール　Rauenthal	バイケン　Baiken[曲がった畑]
		ノネンベルク Nonnenberg[修道女の山]
	ハルガルテン　Hallgarten	ユングファー　Jungfer[処女]
	キードリッヒ　Kiedrich	グレーフェンベルク Gräfenberg[伯爵の山]
		ヴァッサーロース　Wasserros[睡蓮]
	ホッホハイム　Hochheim	キルヒェンシュトゥック Kirchenstück[教会財物]
		ケーニギン・ヴィクトリアベルク Königin Victoriaberg[ヴィクトリア女王山]

地区名(ベライヒ)	村名	畑名　[意味]
		ドームデヒャナイ Domdechaney[大聖堂僧職]
		ヘレ　Hölle[地獄]

＊印はオルツタイラーゲ(特別畑)。

5　ナーエ(Nahe)
ベライヒ＝1　グロースラーゲ＝6、アインツェルラーゲ＝260

ナーエタール　Nahetal	ミュンスター＝ ザルムスハイム Münster-Sarmsheim	ラインベルク　Rheinberg[ラインの山]
		ダウテンプフレンツァー Dautenpflänzer[ダウテン栽培者]
	ラウベンハイム Laubenheim	カルトホイザー　Karthäuser[僧院]
	ランゲンロンスハイム Langenlonsheim	ケーニヒスシルト　Königsschild[王の盾]
	バート・クロイツナッハ Bad Kreuznach	ナレンカッペ Narrenkappe[道化師の帽子]
	ニーダハウゼン Niederhausen	ヘルマンスホーレ Hermannshöhle[ヘルマン高地]
	ドルスハイム　Dorsheim	ブルクベルク　Burgberg[城山]
	ヴァルハウゼン Wallhausen	ヨハニスベルク Johannisberg[ヨハネの山]
	モンツィンゲン　Monzingen	ハレンベルク　Halenberg[ハレの山]

6　ラインヘッセン(Rheinhessen)
ベライヒ＝3　グロースラーゲ＝23、アインツェルラーゲ＝414

ビンゲン　Bingen	インゲルハイム　Ingelheim	ホルン　Horn[角笛]
ニーアシュタイン　Nierstein	ニーアシュタイン　Nierstein	ペッテンタール　Pettenthal[ペッテン谷]
		オエルベルク　Ölberg[油山]
		パーターベルク　Paterberg[神父の山]
	オッペンハイム Oppenheim	ヘレンベルク　Herrenberg[男達の山]
		ザックトレーガー　Sackträger[袋かつぎ]
	ディーンハイム　Dienheim	ターフェルシュタイン Tafelstein[テーブル石]
	ナッケンハイム Nackenheim	ローテンベルク　Rothenberg[赤い山]
ヴォンネガウ　Wonnegau	フレースハイム・ ダルスハイム Flörsheim Dalsheim	フーバッカー　Hubacker[高い山]

339

地区名（ベライヒ）	村名	畑名　[意味]
	ウェストホーフェン Westhofen	キルヒシュピール　Kirchspiel [教会遊び]
		シュタイングルーベ　Steingrube[石抗]
	モンスハイム　Monsheim	シルバーベルク　Silberberg[銀山]

7　ファルツ（Pfalz）
ベライヒ＝2　グロースラーゲ＝25、アインツェルラーゲ＝325

地区名（ベライヒ）	村名	畑名　[意味]
ミッテルハールト＝ドイッチェ・ ヴァインシュトラーセ Mittelhaardt-Deutsche Weinstraße	フォルスト　Forst	ウンゲホイヤー　Ungeheuer[怪物]
		イェズイーテンガルテン　Jesuitengarten [イエズス会修道士の庭]
		キルヒェンシュトゥック　Kirchenstück [教会財物]
		ペヒシュタイン　Pechstein[しくじり石]
	デュルクハイム　Dürkheim	ミヒェルスベルク　Michelsberg [ミカエルの山]
	ダイデスハイム Deidesheim	ホーエンモンゲル　Hohenmorgen[昼]
		グラインヒューベル　Grainhübel [グライン丘]
ズュードリッヒ・ ヴァインシュトラーセ Südliche Weinstraße	ジーベルディンゲン Siebeldingen	ゾンネンシャイン　Sonnenschein[陽光]
	ビルクワイラー　Birkweiler	カスターニエンブッシュ　Kastanienbusch [栗の密林]
	シュヴァイゲナー Schweigener	ゾンネンベルク　Sonnenberg [太陽の山]

8　ヘシッシェ・ベルクシュトラーセ（Hessische Bergstraße）
ベライヒ＝2　グロースラーゲ＝3、アインツェルラーゲ＝23

シュタルゲンブルク Starkenburg	ヘッペンハイム Heppenheim	ツェントゲリヒト　Centgericht [中央裁判所]
ウムシュタット　Umstadt		

9　フランケン（Franken）
ベライヒ＝3　グロースラーゲ＝22、アインツェルラーゲ＝275

マインフィアエック Mainviereck	ビュルクシュタット Bürgstadt	ツェントグラフェンベルク Centgrafenberg[セント伯爵の山]

地区名（ベライヒ）	村名	畑名　[意味]
マインドライエック Maindreieck	テュンガースハイム Thüngersheim	シャルラッハベルク　Scharlachberg[深紅の山]
		ヨハニスベルク　Johannisberg [ヨハネの山]
	ヴュルツブルク　Würzburg	シュタイン　Stein[石]
		シュタイン・ハルフェ　Stein-Harfe [琴と石]
		インナ・ライステ　Inner Leiste [内部の団体]
		ファッフェンベルク　Pfaffenberg [大僧正の山]
	ゾムンマーハウゼン Sommerhausen	シュタインバッハ　Steinbach[石の沢]
	フリッケンハウゼン Frickenhausen	カペレンベルク　Kapellenberg [礼拝堂の山]
	エッシェルンドルフ Escherndorf	ルンプ　Lump[がらくた]
	ランダースアッカー Randersacker	ゾンネンシュトゥール　Sonnenstuhl [太陽の腰掛け]
シュタイガーヴァルド Steigerwald	カステル　Castell	キルヒベルク　Kirchberg[教会の山]
		クーゲルシュピール　Kugelspiel [玉遊び]
		ヘレンベルク　Herrenberg[男たちの山]
	イプホーフェン　Iphofen	カルプ　Kalb[子牛]
		ユリウス・エヒター・ベルク　Julius- Echter-Berg[ジュリアスの本当の山]

10　ヴュルテンベルク（Württemberg）
ベライヒ＝6　グロースラーゲ＝17、アインツェルラーゲ＝213

バイエリッシャー・ ボーデンゼー Bayerischer Bodensee		
レムスタール・ シュトゥットガルト Remstal-Stuttgart	ウンターチュルクハイム Untertürkheim	ヘルツォーゲンベルク　Herzogenberg [殿様の山]
ヴュルテムベルギッシュ・ ウンターラント Württembergisch-Unterland	バイルシュタイン　Beilstein	ヴァルトベルク　Wartberg[見張りの山]
	フェアレンベルク Verrenberg	フェアレンベルク　Verrenberg [走り損ないの山]
	マウルブロン　Maulbronn	アイルフィンガーベルク　Eilfingerberg [11本指の山]

341

地区名(ベライヒ)	村名	畑名　[意味]
コッハー・ヤクスト・タウバー Kocher-Jagst-Tauber		
オーバラー・ネッカー Oberer Neckar		
ヴェルテムベルギッシャー・ ボーデンゼー Württembergischer-Bodensee		

11　バーデン(Baden)
ベライヒ＝9　グロースラーゲ＝16、アインツェルラーゲ＝332

地区名	村名	畑名
ボーデンゼー　Bodensee	メールスブルク　Meersburg	ゼンガーハルデ　Sängerhalde［歌手の崖］
マークグレーフラーラント Markgräflerland	ブリツィンゲン　Britzingen	ゾンホーレ　Sonnhole［太陽の穴］
カイザーシュトゥール Kaiserstuhl	イーリンゲン　Ihringen	ヴィンクラーベルク　Winklerberg［角の山］
	ブルクハイム　Burkheim	フェイエルベルク　Feuerberg［火の山］
	ビショフィンゲン Bischoffingen	シュタインブック　Steinbuck［石のこぶ］
	オーバーロートヴァイル Oberrotweil	アイヒベルク　Eichberg［樫の山］
トゥーニベルク　Tuniberg		
ブライスガウ　Breisgau	マルターディンゲン Malterdingen	ビーネンベルク　Bienenberg［蜜蜂の山］
	ヘックリンゲン　Hecklingen	シュロスベルク　Schlossberg［城山］
	ボンバッハ　Bombach	ゾンマーハルデ　Sommerhalde［常夏］
オルテナウ　Ortenau	ドゥルバッハ　Durbach	プラウエルライン　Plauelrain［プラウエ人の畦］
	ノイワイヤー　Neuweier	アウアーベルク　Mauerberg［塀の囲いの山］
バーディッシェ・ ベルクシュトラーセ Badische Bergstraße	ハイデルベルク Heidelberg	ヘレンベルク　Herrenberg［男達の山］
クライヒガウ　Kraichgau		
タウバーフランケン Tauberfranken		

342

地区名（ベライヒ）	村名	畑名　［意味］

12　ザーレ・ウンストルート（Saale-Unstrut）
ベライヒ＝3　グロースラーゲ＝4、アインツェルラーゲ＝37

チューリンゲン　Thüringen		
シュロス・ノイエンブルク Schloss Neuenburg	カールスドルフ　Karsdorf	ホーエ・グレーテ　Hohe Gräte［山の頂］
マンスフェルダー・ゼーン Mansfelder Seen	ヘーンシュテット Höhenstedt	シュタインエック　Steineck ［シュタインエック］

13　ザクセン（Sachsen）
ベライヒ＝2　グロースラーゲ＝4、アインツェルラーゲ＝19

マイセン　Meissen	プロシュヴィッツ　Proschwitz	シュロス・プロシュヴィッツ Schloss Proshwitz［プロシュヴィッツ城］
エルスタータール　Elstertal		

◎畑がワイン名としてラベル表記される場合、村名er＋畑名となる。

　　例）　Heppenheim**er** Centgericht
　　　　　　村名　　　　畑名

イタリア産地(D.O.C.G. / D.O.C / I.G.P.)一覧

凡例

B. ── ビアンコ(白)	Cr. ── クレマン	Sc. ── シェルト
R. ── ロッソ(赤)	Lq. ── リクオローソ	Sf. ── スフォルザート
Rs. ── ロザート(ロゼ)	Ps. ── パッシート	VT. ── ヴェンデンミア・タルディーヴァ
Ce. ── チェラスオーロ	PsLq. ── パッシート・リクオローソ	VS. ── ヴィン・サント
Sp. ── スプマンテ	Rc. ── レチョート	Nv. ── ノヴェッロ
Fr. ── フリッザンテ	Sa. ── シャッケトラ	Chi. ── キアレット

☆ ヴェッキオもしくはリセルヴァ　★ スペリオーレ　(C) クラッシコ地域を含む

● D.O.P(D.O.C.G.)一覧

*第Ⅳ章「ブドウ品種」に掲載のない品種は、( )内に原語を記載した。

D.O.C.G.	ワインのタイプ	ブドウ品種

ピエモンテ州　Piemonte(17)

アルタ・ランガ　Alta Langa	Sp(B.Rs)	ピノ・ネロ、シャルドネ(ロゼ向け)、シャルドネ、ピノ・ネロ、モスカート・ビアンコ(白向け)
アスティ　Asti	B. Sp.	モスカート・ビアンコ100%
バルバレスコ　Barbaresco	R.☆	ネッビオーロ100%
バルベーラ・ダスティ　Barbera d'Asti	R.★	バルベーラ85%以上、フレイザ、グリニョリーノ、ドルチェット15%まで
バルベーラ・デル・モンフェッラート・スペリオーレ Barbera del Monferrato Superiore	R.★	バルベーラ85%以上、フレイザ、グリニョリーノ、ドルチェット15%まで
バローロ　Barolo	R.☆	ネッビオーロ100%
ブラケット・ダックイ／アックイ Brachetto d'Acqui / Acqui	B. Sp.	ブラケット100%
ドリアーニ　Dogliani	R.★	ドルチェット100%
ドルチェット・ディ・ディアーノ・ダルバ／ディアーノ・ダルバ Dolcetto di Diano d'Alba / Diano d'Alba	R.★	ドルチェット100%
ドルチェット・ディ・オヴァーダ・スペリオーレ／オヴァーダ Dolcetto di Ovada Superiore / Ovada	R.★	ドルチェット100%
エルバルーチェ・ディ・カルーソ／カルーソ Erbaluce di Caluso / Caluso	B. Ps. Sp	エルバルーチェ100%

D.O.C.G.	ワインのタイプ	ブドウ品種
ガッティナーラ　Gattinara	R.☆	ネッビオーロ（スパンナ）90％以上、ヴェスポリーナ、ボナルダ・ディ・ガッティナーラ10％まで
ガヴィ／コルテーゼ・ディ・ガヴィ Gavi / Cortese di Gavi	B. Sp. Fr.	コルテーゼ100％
ゲンメ　Ghemme	R.☆	ネッビオーロ（スパンナ）75％以上、ヴェスポリーナなど25％まで
ニッツァ　Nizza	R.☆	バルベーラ100％
ロエーロ　Roero	B. R.★ Sp（B）.	赤はネッビオーロ95％以上、この州の黒ブドウ5％まで。白、発泡（白）はアルネイス100％
ルケ・ディ・カスタニョーレ・モンフェッラート Ruchè di Castagnole Monferrato	R.	ルケ90％以上

ロンバルディア州　Lombardia（5）

フランチャコルタ　Franciacorta	Sp.（B. Rs）, Cr（B）.	シャルドネ、ピノ・ビアンコ、ピノ・ネロ。ロゼはピノ・ネロ15％以上
モスカート・ディ・スカンツォ／スカンツォ Moscato di Scanzo / Scanzo	R	モスカート・ディ・スカンツォ（Moscato di Scanzo）100％
オルトレポ・パヴェーゼ・メトード・クラッシコ Oltrepò Pavese Metodo Classico	Sp（B. Rs）. Cr（Rs）.	ピノ・ネロ70％以上、シャルドネ、ピノ・ビアンコ、ピノ・グリージョ30％まで
スフォルツァート・ディ・ヴァルテッリーナ／ スフルサート・ディ・ヴァルテッリーナ Sforzato di Valtellina / Sfursato di Valtellina	Sf（R）.	ネッビオーロ（キアヴェンナスカ）90％以上、この地域の推奨品種10％まで。
ヴァルテッリーナ・スペリオーレ Valtellina Superiore	R.★☆	ネッビオーロ（キアヴェンナスカ）90％以上、この地域の推奨品種10％まで。

ヴェネト州　Veneto（14）

アマローネ・デッラ・ヴァルポリチェッラ Amarone della Valpolicella（C）	R.	コルヴィーナ・ヴェロネーゼ、ロンディネッラ
バニョーリ・フリウラーロ／ フリウラーロ・バニョーリ Bagnoli Friularo / Friularo Bagnoli	R.☆ VT.Ps. Cl.	ラボソ・ピアーヴェ（Raboso Piave）90％以上
バルドリーノ・スペリオーレ／ バルドリーノ・クラッシコ・スペリオーレ Bardolino Superiore / Bardolino Classico Superiore	R.★	コルヴィーナ・ヴェロネーゼ35〜65％、ロンディネッラ10〜40％、モリナーラなど20％まで

D.O.C.G.	ワインのタイプ	ブドウ品種
コッリ・アゾラーニ・プロセッコ／ アゾーロ・プロセッコ Colli Asolani-Prosecco / Asolo-Prosecco	Sp (B)	グレラ85%以上、登録済みの品種 15%まで
コッリ・ディ・コネリアーノ　Colli di Conegliano	B.R.☆ Ps.	カベルネ・フラン、カベルネ・ソーヴィニヨン、マルツェミーノ、メルロ(赤向け)、インクロチオ・マンツォーニ(Incrocio Manzoni)6.0.13、ピノ・ビアンコ、シャルドネ(白向け)
コッリ・エウガネイ・フィオル・ダランチョ／ フィオル・ダランチョ・コッリ・エウガネイ Colli Euganei Fior d'Arancio / Fior d'Arancio Colli Euganei	B.Sp.Ps.	モスカート・ジャッロ
コネリアーノ・ヴァルドッビアデネ・プロセッコ ／コネリアーノ・プロセッコ／ ヴァルドッビアデネ・プロセッコ Conegliano Valdobbiadene-Prosecco / Conegliano- Prosecco / Valdobbiadene-Prosecco	Sp (B)	グレラ85%以上、登録済みの品種15%まで　＊2010年、品種名としてのプロセッコはグレラに変更された。
リソン　Lison	B.Cl.	タイ(Tai)、かつてはトカイ・フリウラーノと呼ばれていた品種
モンテッロ・ロッソ／モンテッロ Montello Rosso / Montello	R.★	カベルネ・ソーヴィニヨン、メルロ、カベルネ・フラン、カルメネーレ
ピアーヴェ・マラノッテ／ マラノッテ・デル・ピアーヴェ Piave Malanotte / Malanotte del Piave	R.	ラボソ・ピアーヴェ(Raboso Piave)、ラボソ・ヴェロネーゼ(Raboso Veronese)
レチョート・デッラ・ヴァルポリチェッラ Recioto della Valpolicella (C)	R. Sp	コルヴィーナ・ヴェロネーゼ、ロンディネッラ
レチョート・ディ・ガンベッラーラ Recioto di Gambellara (C)	B. Sp.	ガルガネーガ100%
レチョート・ディ・ソアーヴェ　Recioto di Soave	Rc (B). Sp.	ガルガネーガ70%以上、トレッビアーノ・ディ・ソアヴェ(Trebbiano di Soave)30%まで、そのほかこの地域の許可品種5%まで
ソアーヴェ・スペリオーレ　Soave Superiore	B.★ Cl.	ガルガネーガ70%以上、トレッビアーノ・ディ・ソアヴェ

フリウリ＝ヴェネツィア・ジューリア州　Friuli-Venezia Giulia (3)

コッリ・オリエンターリ・ デル・フリウリ・ピコリット Colli Orientali del Friuli Picolit	B.	ピコリット85%以上、この地域の品種15%まで
ラマンドーロ　Ramandolo	B.	ヴェルドゥッツォ・フリウラーノ(Verduzzzo Friulano)100%

D.O.C.G.	ワインのタイプ	ブドウ品種
ロサッツォ　Rosazzo	B.	フリウラーノ、ソーヴィニヨン・ブラン、ピノ・ビアンコ、シャルドネ、リボッラ・ジャッラ

エミリア＝ロマーニャ州　Emilia-Romagna(2)

ロマーニャ・アルバーナ　Romagna Albana	B.Ps.☆	アルバーナ100%
コッリ・ボロニェージ・クラッシコ・ピニョレット Colli Bolognesi Classico Pignoletto	B.	ピニョレット（Pignoletto）

トスカーナ州　Toscana(11)

ブルネッロ・ディ・モンタルチーノ Brunello di Montalcino	R.☆	ブルネッロ100%
カルミニャーノ　Carmignano	R.☆	サンジョヴェーゼ50%以上、カナイオーロ・ネーロ20%まで、カベルネ・フラン、カベルネ・ソーヴィニヨン10〜20%まで、そのほかこの地域の許可品種10%まで
キアンティ　Chianti	R.★☆	サンジョヴェーゼ70〜100%、白ブドウ10%まで、その他15%まで。7つの特定の指定地域（ソットゾーナ/Sottozo-na）が下記の通り　コッリ・アレティーニ/Colli Aretini、コッリ・フィオレンティーニ/Colli Fiorentini、コッリ・セネージ/Colli Senesi、コッリーネ・ピサーネ/Colline Pisane、モンタルバーノ/Montalbano、ルフィーナ/Rufina、モンテスペルトーリ/Montespertoli
キアンティ・クラッシコ　Chianti Classico	R.☆	サンジョヴェーゼ80%以上、この地域の許可品種20%まで。白ブドウは認められていない。
エルバ・アレアティコ・パッシート／ アレアティコ・パッシート・デッレルバ Elba Aleatico Passito / Aleatico Passito dell'Elba	R.Ps.	アレアティコ（Aleatico）
モンテクッコ・サンジョヴェーゼ Montecucco Sangiovese	R.☆	サンジョヴェーゼ90%以上
モレッリーノ・ディ・スカンサーノ Morellino di Scansano	R.☆	サンジョヴェーゼ85%以上、この地域の許可品種15%まで

D.O.C.G.	ワインのタイプ	ブドウ品種
ロッソ・デッラ・ヴァル・ディ・コルニア／ ヴァル・ディ・コルニア・ロッソ Rosso della Val di Cornia / Val di Cornia Rosso	R.☆	サンジョヴェーゼ、カベルネ・ソーヴィニョン、メルロ
スヴェレート　Suvereto	R.☆	サンジョヴェーゼ、カベルネ・ソーヴィニョン、メルロ
ヴェルナッチャ・ディ・サン・ジミニャーノ Vernaccia di San Gimignano	B.☆	ヴェルナッチャ・ディ・サン・ジミニャーノ90%以上、この地域の許可品種10%まで
ヴィーノ・ノビレ・ディ・モンテプルチアーノ Vino Nobile di Montepulciano	R.☆	プルニョーロ・ジェンティーレ（Prugnolo Gentile）70%以上、カナイオーロ・ネーロ20%まで、この地域の許可品種20%まで。ただし白ブドウは10%まで

ウンブリア州　Umbria（2）

モンテファルコ・サグランティーノ Montefalco Sagrantino	R. Ps.	サグランティーノ100%
トルジャーノ・ロッソ・リゼルヴァ Torgiano Rosso Riserva	R.☆	サンジョヴェーゼ70%以上、この地域の許可品種30%まで

マルケ州　Marche（5）

カステッリ・ディ・イェージ・ ヴェルディッキオ・リゼルヴァ Castelli di Jesi Verdicchio Riserva	B.Cl.	ヴェルディッキオ種85%以上
コーネロ　Cesanese	R.	モンテプルチアーノ85%以上、サンジョヴェーゼ15%まで
オッフィーダ　Offida	R.B.	モンテプルチアーノ85%以上（赤向け）、ペコリーノ（Pecorino）、パッセリーナ（Passerina）（白向け）
ヴェルディッキオ・ディ・マテリカ・リゼルヴァ Verdicchio di Matelica Riserva	B.	ヴェルディッキオ種85%以上
ヴェルナッチャ・ディ・セッラペトローナ Vernaccia di Serrapetrona	R. Sp.	ヴェルナッチャ・ネーラ85%以上、この地域の許可品種15%まで

D.O.C.G.	ワインのタイプ	ブドウ品種

ラツィオ州　Lazio(3)

カンネッリーノ・ディ・フラスカーティ Cannellino di Frascati	B.	マルヴァジア・ビアンカ・ディ・カンディア（Malvasia Bianca di Candia）、マルヴァジア・デル・ラツィオ（Malvasia del Lazio）、ベッローネ（Bellone）、グレコ・ビアンコ、トレッビアーノ・トスカーノ、トレッビアーノ・ジャッロ（Trebbiano Giallo）
チェザネーゼ・デル・ピーリオ／ピーリオ Cesanese del Piglio / Piglio	R.★☆	チェザネーゼ90％以上、この地域の許可品種10％まで
フラスカーティ・スペリオーレ Frascati Superiore	B.☆	マルヴァジア・ビアンカ・ディ・カンディア（Malvasia Bianca di Candia）、マルヴァジア・デル・ラツィオ（Malvasia del Lazio）、ベッローネ（Bellone）、グレコ・ビアンコ、トレッビアーノ・トスカーノ、トレッビアーノ・ジャッロ（Trebbiano Giallo）

アブルッツォ州　Abruzzo(1)

モンテプルチャーノ・ダブルッツォ・コッリーネ・テラマーネ Montepulciano d'Abruzzo Colline Teramane	R.☆	モンテプルチャーノ90％以上、サンジョヴェーゼ10％まで

カンパーニア州　Campania(4)

アリアニコ・デル・タブルノ Aglianico del Tabruno	R.☆Rs.	アリアニコ85％以上（赤、ロゼ）
フィアーノ・ディ・アヴェッリーノ Fiano di Avellino	B.	フィアーノ85％以上、グレコ・ビアンコ（Greco Bianco）、コーダ・ディ・ヴォルペ、トレビアーノ・トスカーノ合わせて15％まで
グレーコ・ディ・トゥーフォ　Greco di Tufo	B. Sp.	グレコ85％以上、コーダ・ディ・ヴォルペ15％まで
タウラージ　Taurasi	R.☆	アリアニコ85％以上、この地域の許可品種15％まで

プーリア州　Puglia(4)

カステル・デル・モンテ・ボンビーノ・ネーロ Castel del Monte Bombino Nero	Rs.	ボンビーノ・ネーロ（Bombino Nero）

D.O.C.G.	ワインのタイプ	ブドウ品種
カステル・デル・モンテ ネーロ・ディ・トロイア・リゼルヴァ Castel del Monte Nero di Troia Riserva	R.	ネーロ・ディ・トロイア（Nero di Troia）
カステル・デル・モンテ・ロッソ・リゼルヴァ Castel del Monte Rosso Riserva	R.	ネーロ・ディ・トロイア、アリアニコ、モ ンテプルチャーノ
プリミティーヴォ・ディ・マンドゥーリア ドルチェ・ナトゥラーレ Primitivo di Manduria Dolce Naturale	R.	プリミティーヴォ

バジリカータ州　Basilicata(1)

アリアニコ・デル・ヴルトゥレ・スペリオーレ Aglianico del Vulture Superiore	R.☆	アリアニコ100%

シチリア州　Sicilia(1)

チェラスオーロ・ディ・ヴィットリア Cerasuolo di Vittoria（C）	Ce（R）.	ネロ・ダーヴォラ50〜70%、フラッパー ト（Frappato）30〜50%

サルデーニャ州　Sardegna(1)

ヴェルメンティーノ・ディ・ガッルーラ Vermentino di Gallura	B.★	ヴェルメンティーノ95%以上、この地 域の許可品種5%まで

● 州別D.O.P（D.O.C.）一覧

D.O.P.（D.O.C.）	ワインのタイプ

ヴァッレ・ダオスタ州　Valle d'Aosta(1)

ヴァッレ・ダオスタ／ヴァッレ・ダオステ　Valle d'Aosta / Vallée d'Aoste	B.R.★ Rs. Sp. Ps. Nv. VT.

ピエモンテ州　Piemonte(42)

アルバ　Alba	R.☆
アルブニャーノ　Albugnano	R.★ Rs.
バルベーラ・ダルバ　Barbera d'Alba	R.★
バルベーラ・ディ・モンフェッラート　Barbera del Monferrato	R.
ボーカ　Boca	R.
ブラマテッラ　Bramaterra	R.☆
カロッソ　Calosso	R.☆

D.O.P.(D.O.C.)	ワインのタイプ
カナヴェーゼ　Canavese	B. R. Rs. Nv.
カレーマ　Carema	R.☆
チステルナ・ダスティ　Cisterna d'Asti	R.★
コッリ・トルトネージ　Colli Tortonesi	B. R.★ Chi. Sp. Fr. Nv.
コッリーナ・トリネーゼ　Collina Torinese	R.★ Ce. Sp. Fr. Nv.
コッリーネ・ノヴァレージ　Colline Novaresi	B. R. Nv.
コッリーネ・サルッツェージ　Colline Saluzzesi	R. Sp.
コルテーゼ・デッラルト・モンフェッラート　Cortese dell'Alto Monferrato	B. Sp. Fr.
コステ・デッラ・セーシア　Coste della Sesia	B. R. Rs.
ドルチェット・ダクイ　Dolcetto d'Acqui	R.★
ドルチェット・ダルバ　Dolcetto d'Alba	R.★
ドルチェット・ダスティ　Dolcetto d'Asti	R.★
ドルチェット・ディ・オヴァーダ　Dolcetto di Ovada	R.
ファーラ　Fara	R.
フレイザ・ダスティ　Freisa d'Asti	R.★ Sp. Fr.
フレイザ・ディ・キエーリ　Freisa di Chieri	R.★ Sp. Fr.
ガビアーノ　Gabiano	R.☆
グリニョリーノ・ダスティ　Grignolino d'Asti	R.
グリニョリーノ・デル・モンフェッラート・カサレーゼ Grignolino del Monferrato Casalese	R.
ランゲ　Langhe	B. R.
レッソーナ　Lessona	R.
ロアッツォーロ　Loazzolo	B.
マルヴァジア・ディ・カソルツォ・ダスティ／カソルツォ Malvasia di Casorzo d'Asti / Casorzo	R. Rs. Sp. Ps.
マルヴァジア・ディ・カステルヌオーヴォ・ドン・ボスコ Malvasia di Castelnuovo Don Bosco	R. Sp. Fr.
モンフェッラート　Monferrato	B. R. Chi. Nv.
ネッビオーロ・ダルバ　Nebbiolo d'Alba	R. Sp.
ピエモンテ　Piemonte	B. R. Sp. Fr. Ps. Nv.
ピネロレーゼ　Pinerolese	R. Rs.
ルビーノ・ディ・カンタヴェンナ　Rubino di Cantavenna	R.
シッツァーノ　Sizzano	R.
ストレーヴィ　Strevi	B. Ps.
テッレ・アルフィエーリ　Terre Alfieri	B. R.

D.O.P.(D.O.C.)	ワインのタイプ
ヴァッリ・オッソラーネ　Valli Ossolane	B. R.★
ヴァルスーザ　Valsusa	R. Nv.
ヴェルドゥーノ・ペラヴェルガ／ヴェルドゥーノ　Verduno Pelaverga / Verduno	R.

リグーリア州　Liguria(8)

チンクエ・テッレ、チンクエ・テッレ・シャケットラ Cinque Terre, Cinque Terre Sciacchetrà	B. Sa.☆ Ps.
コッリ・ディ・ルーニ　Colli di Luni	B. R.☆
コッリーネ・ディ・レヴァント　Colline di Levanto	B. R. Nv.
ゴルフォ・デル・ティグッリオ・ポルトフィーノ／ポルトフィーノ Golfo del Tigullio-Portofino / Portofino	B. R. Rs. Sp. Fr. Ps. Nv.
ポルナッシオ／オルメアスコ・ディ・ポルナッシオ Pornassio / Ormeasco di Pornassio	R.★ Ps. Ps. Lq. Sa.
リヴィエラ・リーグレ・ディ・ポネンテ　Riviera Ligure di Ponente	B. R.
ロッセーゼ・ディ・ドルチェアックア／ドルチェアックア Rossese di Dolceacqua / Dolceacqua	R.★
ヴァル・ポルチェーヴェラ　Val Polcèvera	B. R. Rs. Sp. Fr. Nv. Ps. Lq.

ロンバルディア州　Lombardia(22)

ボナルダ・デッロルトレポ・パヴェーゼ　Bonarda dell'Oltrepò Pavese	R.Fr.
ボッティチーノ　Botticino	R.☆
ブッタフオーコ・デッロルトレポ・パヴェーゼ／ブッタフオーコ Buttafuoco dell'Oltrepò Paveze / Buttafuoco	R.Fr.
カプリアーノ・デル・コッレ　Capriano del Colle	B. R.☆ Fr. Nv.
カステッジョ　Casteggio	R.☆
チェッラティカ　Cellatica	R.★
クルテフランカ　Curtefranca	B. R.
ガルダ　Garda（C）	B. R.★☆ Chi. Sp. Fr.
ガルダ・コッリ・マントヴァーニ　Garda Colli Mantovani	B. R.☆ Rs.
ランブルスコ・マントヴァーノ　Lambrusco Mantovano	Fr（R. Rs）.
ルガーナ　Lugana	B.★ Sp.
オルトレポ・パヴェーゼ　Oltrepò Pavese	B. R.☆ Rs. Sp. Fr. Ps. Lq.
オルトレポ・パヴェーゼ・ピノ・グリージョ　Oltrepò Pavese Pinot Grigio	B.Fr.
ピノ・ネーロ・デッロルトレポ・パヴェーゼ　Pinot Nero dell'Oltrepò Pavese	R.☆

D.O.P.（D.O.C.）	ワインのタイプ
リヴィエーラ・デル・ガルダ・ブレシャーノ／ガルダ・ブレシャーノ Riviera del Garda Bresciano / Garda Bresciano	B.★ R.★ Chi.★ Sp. Nv.
サン・コロンバーノ／サン・コロンバーノ・アル・ランブロ San Colombano / San Colombano al Lambro	B. R.☆
サン・マルティーノ・デッラ・バッタリア　San Martino della Battaglia	B. Lq.
サングエ・ディ・ジューダ・デッロルトレポ・パヴェーゼ／ サングエ・ディ・ジューダ Sangue di Giuda dell'Oltrepò Pavese / Sangue di Giuda	R.Sp.Fr.
テッレ・デル・コッレオーニ／コッレオーニ　Terre del Colleoni / Colleoni	B.R.Sp. Fr.Ps.Nv.
ヴァルカレピオ　Valcalepio	B. R.☆ Ps.
ヴァルテッリーナ・ロッソ／ロッソ・ディ・ヴァルテッリーナ Valtellina Rosso / Rosso di Valtellina	R.
ヴァルテネージ　Valtenèsi	R.Ch.

トレンティーノ＝アルト・アディジェ州　Trentino-Alto Adige (8)

アルト・アディジェ／デッラルト・アディジェ（ズートティロル／ズートティロラー） Alto Adige / Dell'Alto Adige（Südtirol / Südtiroler）（C）	B. R.☆ Rs. Sp. Ps.
カルダーロ（カルテラー）／ラーゴ・ディ・カルダーロ（カルテラーゼー） Caldaro（Kalterer）/ Lago di Caldaro（Kalterersee）（C）	R.★ Sc.
カステッレール　Casteller	R.
テロルデゴ・ロタリアーノ　Teroldego Rotaliano	R.★☆ Rs.
トレンティーノ　Trentino	B.★☆ R.★☆ Rs.VT. VS. Lq.
トレント　Trento	Sp（B.☆ Rs.）
ヴァルダディジェ（エッチュターラー）　Valdadige（Etschtaler）	B. R. Rs. Fr.
ヴァルダディジェ・テッラディフォルティ／テッラディフォルティ Valdadige Terradeiforti /Terradeiforti	B.★R.☆

ヴェネト州　Veneto（22）

アルコレ　Arcole	B. R.☆ VT. Sp. Fr. Ps. Nv.
バニョーリ・ディ・ソープラ／バニョーリ　Bagnoli di Sopra / Bagnoli（C）	B. R.☆ Rs. VT. Sp. Ps.
バルドリーノ　Bardolino（C）	R. Chi. Sp. Fr. Nv.
ビアンコ・ディ・クストーザ　Bianco di Custoza	B.★ Sp. Ps.
ブレガンツェ　Breganze	B.★☆ R.★☆
コッリ・ベリチ　Colli Berici	B. R.☆ Sp.
コッリ・エウガネイ　Colli Euganei	B. R.☆ Sp. Nv. Ps.

D.O.P.(D.O.C.)	ワインのタイプ
コルティ・ベネディッティーネ・デル・パドヴァーノ Corti Benedettine del Padovano	B. R.☆ Rs. Sp. Fr. Ps. Nv.
ガンベッラーラ　Gambellara(C)	B. Sp. VS.
レッシーニ・ドゥレッロ／ドゥレッロ・レッシーニ　Lessini Durello / Durello Lessini	Sp.
リソン–プラマッジョーレ　Lison-Pramaggiore (C)	B. R.☆ Rs. Sp. Fr. Nv.
メルラーラ　Merlara	B. R. Fr. Nv.
モンテッロ–コッリ・アゾラーニ　Montello-Colli Asolani	B.R.★Sp.
モンティ・レッシーニ／レッシーニ　Monti Lessini / Lessini	B.★ R.☆ Rs. Sp. Ps.
ピアーヴェ／ヴィーニ・デル・ピィアーヴェ　Piave / Vini del Piave	B. R.☆
プロセッコ　Prosecco	B. Sp (B). Fr (B).
リヴィエーラ・デル・ブレンタ　Riviera del Brenta	B. R.☆ Rs. Sp. Fr. Nv.
ソアーヴェ　Soave (C)	B. Sp.
ヴァルポリチェッラ　Valpolicella (C)	R.★☆ Rc. Sp.
ヴェネツィア　Venezia	B.R.Rs.Sp.Fr.
ヴィチェンツァ　Vicenza	B. R.☆ Rs. Sp. Fr. Ps. Nv.
ヴィニェーティ・デッラ・セレニッシマ／セレニッシマ Vigneti della Serenissima / Serenissima	Sp(B.Rs.).

フリウリ＝ヴェネツィア・ジューリア州　Friuli-Venezia Giulia(8)

カルソ　Carso	B. R.
コッリオ／コッリオ・ゴリツィアーノ　Collio / Collio Goriziano	B.☆ R.☆
フリウリ・アンニア　Friuli Annia	B. R.☆ Rs. Sp. Fr.
フリウリ・アクイレイア　Friuli Aquileia	B.★ R.★☆ Rs. Sp. Fr. Nv.
フリウリ・コッリ・オリエンターリ　Friuli Colli Orientali	B.★ R.★☆
フリウリ・グラーヴェ　Friuli Grave	B.★ R.★☆ Rs. Sp. Fr. Nv.
フリウリ・イソンツォ／イソンツォ・デル・フリウーリ Friuli Isonzo / Isonzo del Friuli	B. R. Rs. Sp. Fr. VT.
フリウーリ・ラティザーナ　Friuli Latisana	B.★ R.★☆ Rs. Sp. Fr. Nv.

エミリア＝ロマーニャ州　Emilia-Romagna(18)

ボスコ・エリチェオ　Bosco Eliceo	B. R. Fr.
コッリ・ボロニェージ　Colli Bolognesi	B.★ R.☆ Sp. Fr. Ps.
コッリ・ディ・ファエンツァ　Colli di Faenza	B. R.☆
コッリ・ディ・パルマ　Colli di Parma	B.☆ R.☆ Sp. Fr.

D.O.P.(D.O.C.)	ワインのタイプ
コッリ・ディ・リミニ　Colli di Rimini	B. R.☆ Ps.
コッリ・ディ・スカンディーノ・エ・ディ・カノッサ Colli di Scandiano e di Canossa（C）	B. P.☆ Rs. Sp. Fr. Ps. Nv.
コッリ・ディモラ　Colli d'Imola	B.★ R.☆ Sp. Fr. Nv.
コッリ・ピアンチェンティーニ　Colli Piacentini（C）	B. R.★☆ Rs. Sp. Fr. Ps. VS. Nv.
コッリ・ロマーニャ・チェントラーレ　Colli Romagna Centrale	B.☆R.☆
ゴウットゥルニオ　Gutturnio	R.★☆ Cl.Fr.
ランブルスコ・ディ・ソルバーラ　Lambrusco di Sorbara	Sp. Fr（R. Rs）.
ランブルスコ・グラスパロッサ・ディ・カステルヴェートロ Lambrusco Grasparossa di Castelvetro	Sp. Fr（R. Rs）.
ランブルスコ・サラミーノ・ディ・サンタ・クローチェ Lambrusco Salamino di Santa Croce	Sp. Fr（R. Rs）.
モデナ／ディ・モデナ　Modena / Di Modena	B. R. Rs. Sp. Fr. Nv.
オルトゥーゴ・デイ・コッリ・ピアチェンティーニ／ オルトゥーゴ・コッリ・ピアチェンティーニ Ortugo dei Colli Piacentini / Ortugo Colli Piacentini	B. Sp. Fr.
レッジャーノ　Reggiano	B. R. Rs. Sp. Fr. Nv.
レーノ　Reno	B. Fr.
ロマーニャ　Romagna	R.☆★B. Sp. Fr. Nv.

トスカーナ州　Toscana（39）

アンソニカ・コスタ・デッラルジェンタリオ　Ansonica Costa dell'Argentario	B.
バレコ・レアーレ・ディ・カルミニャーノ　Barco Reale di Carmignano	B.☆R. Rs.
ビアンコ・デッレンポレーゼ　Bianco dell'Empolese	B. VS.
ビアンコ・ディ・ピティリアーノ　Bianco di Pitigliano	B.★ Sp. VS.
ボルゲリ　Bolgheri	B. R.★ Rs.
ボルゲリ・サッシカイア　Bolgheri Sassicaia	R.
カンディア・デル・コッリ・アプアーニ　Candia dei Colli Apuani	B. Fr. VS.
カパルビオ　Capalbio	B. R.☆ Rs. VS.
コッリ・デッレトルリア・チェントラーレ　Colli dell'Etruria Centrale	B. R. Rs. VS. Nv.
コッリーネ・ルッケージ　Colline Lucchesi	B. R.☆ VS.
コルトーナ　Cortona	B. R. Rs. VS.☆
エルバ　Elba	B. R.☆ Rs. Sp. Ps. VS.
グランチェ・セネージ　Grance Senesi	B.Ps.Vt.R.☆
マレンマ・トスカーナ　Maremma Toscana	B.Rs.R.Nv.Ps.VS.Sp.

D.O.P.(D.O.C.)	ワインのタイプ
モンテカルロ Montecarlo	B. R.☆ VS.☆
モンテクッコ Montecucco	B. R.☆
モンテレージオ・ディ・マッサ・マリッティマ Monteregio di Massa Marittima	B. R.☆ Rs. VS.☆ Nv.
モンテスクダイオ Montescudaio	B. R.☆ VS.
モスカデッロ・ディ・モンタルチーノ Moscadello di Montalcino	B. Fr. VT.
オルチャ Orcia	B. R. VS. Nv.
パッリーナ Parrina	B. R.☆ Rs.
ポミーノ Pomino	B.☆ R.☆ VS. VT.
ロッソ・ディ・モンタルチーノ Rosso di Montalcino	R.
ロッソ・ディ・モンテプルチャーノ Rosso di Montepulciano	R.
サン・ジミニャーノ San Gimignano	R.☆ VS.
サン・トルペ San Torpè	B.Rs. VS.☆
サンタンティモ Sant'Antimo	B. R. VS.☆ Nv.
ソヴァーナ Sovana	R.★☆ Rs.
テッラティコ・ディ・ビッボーナ Terratico di Bibbona	B. R.★ Rs.
テッレ・ディ・カソーレ Terre di Casole	B.☆ R.★☆ Ps.
テッレ・ディ・ピサ Terre di Pisa	R.
ヴァル・ダルビア Val d'Arbia	B. VS.
ヴァル・ディ・コルニア Val di Cornia	B. R.★☆ Rs. Ps.
ヴァルディキアーナ・トスカーナ Valdichiana Toscana	B. R. Rs. Sp. Fr. VS.☆
ヴァルディニエーヴォレ Valdinievole	B.★R.★VS.
ヴィン・サント・デル・キアンティ Vin Santo del Chianti	VS（B. Rs）.☆
ヴィン・サント・デル・キアンティ・クラッシコ Vin Santo del Chianti Classico	VS（B. Rs）.☆
ヴィン・サント・ディ・カルミニャーノ Vin Santo di Carmignano	VS（B. Rs）.☆
ヴィン・サント・ディ・モンテプルチアーノ Vin Santo di Montepulciano	VS（B. Rs）.☆

ウンブリア州　Umbria（13）

アメリア Amelia	B.R.☆Rs.Nv.VS.
アッシジ Assisi	B. R.☆ Rs. Nv.
コッリ・アルティベリーニ Colli Altotiberini	B.★ R.☆ Rs. Sp. Nv.
コッリ・デル・トラジメーノ／トラジメーノ Colli del Trasimeno / Trasimeno（C）	B. R.☆ Rs. Sp. Fr. Sc（B. R）. VS. Nv.
コッリ・マルターニ Colli Martani	B. R.☆ Sp.
コッリ・ペルジーニ Colli Perugini	B. R. Rs. Sp. NS. Nv.

D.O.P.（D.O.C.）	ワインのタイプ
ラーゴ・ディ・コルバーラ　Lago di Corbara	R.
モンテファルコ　Montefalco	B. R.☆
オルヴィエート　Orvieto（C）	B.★ VT.
ロッソ・オルヴィエターノ／オルヴィエターノ・ロッソ Rosso Orvietano / Orvietano Rosso	R.
スポレート　Spoleto	B.★Ps.Sp.
トーディ　Todi	B.★R.Ps.
トルジャーノ　Torgiano	B. R. Rs. Sp.Ps.VT.VS.

マルケ州　Marche（15）

ビアンケッロ・デル・メタウロ　Bianchello del Metauro	B.
コッリ・マチェラテージ　Colli Maceratesi	B. R.☆ Sp. Ps. Nv.
コッリ・ペサレージ　Colli Pesaresi	B. R.☆ Rs. Nv.
エジーノ　Esino	B. R. Fr. Nv.
ファレリオ　Falerio	B.
イ・テッレーニ・ディ・サンセヴェリーノ　I Terreni di Sanseverino	R.★ Ps.
ラクリマ・ディ・モッロ／ラクリマ・ディ・モッロ・ダルバ Lacrima di Morro / Lacrima di Morro d'Allba	R.★ Ps.
ペルゴラ　Pergola	R. Ps. Nv.
ロッソ・コーネロ　Rosso Conero	R.
ロッソ・ピチェーノ　Rosso Piceno	R.★ Nv.
サン・ジネシオ　San Ginesio	R. Sp.
セッラペトローナ　Serrapetrona	R.
テッレ・ディ・オッフィーダ　Terre di Offida	B. Sp. Ps. VS.
ヴェルディッキオ・デイ・カステッリ・ディ・イエージ Verdicchio dei Castelli di Jesi（C）	B.★☆ Sp. Ps.
ヴェルディッキオ・ディ・マテリカ　Verdicchio di Matelica	B.☆ Sp. Ps.

ラツィオ州　Lazio（26）

アレアティコ・ディ・グラドリ　Aleatico di Gradoli	R. Lq.☆
アプリリア　Aprilia	B. R. Rs.
アティーナ　Atina	R.☆
ビアンコ・カペーナ　Bianco Capena	B.★
カステッリ・ロマーニ　Castelli Romani	B. R. Rs. Fr. Nv.

D.O.P.(D.O.C.)	ワインのタイプ
チェルヴェーテリ　Cerveteri	B. R. Rs. Fr. Nv.
チェザネーゼ・ディ・アッフィレ／アッフィレ　Cesanese di Affile / Affile	R. Sp. Fr.
チェザネーゼ・ディ・オレヴァノ・ロマーノ／オレヴァーノ・ロマーノ Cesanese di Olevano Romano / Olevano Romano	R. Sp. Fr.
チルチェオ　Circeo	B. R. Rs. Fr. Nv.
コッリ・アルバーニ　Colli Albani	B.★ Sp. Nv.
コッリ・デッラ・サビーナ　Colli della Sabina	B. R. Rs. Sp. Fr. Nv.
コッリ・エトルスキ・ヴィテルベージ　Colli Etruschi Viterbesi	B. R. Rs. Fr. Ps. Nv.
コッリ・ラヌヴィーニ　Colli Lanuvini	B.★
コーリ　Cori	B. R.
エスト! エスト!! エスト!!! ディ・モンテフィアスコーネ Est! Est! Est!!! di Montefiascone（C）	B. Sp.
フラスカーティ　Frascati	B.★ Sp. Nv.
ジェナッツァーノ　Genazzano	B. R. Nv.
マリーノ　Marino（C）	B.★ Sp. Fr. Ps. VT.
モンテコンパートリ・コロンナ／モンテコンパートリ／コロンナ Montecompatri-Colonna / Montecompatri / Colonna	B.★ Fr.
ネットゥーノ　Nettuno	B. R. Rs. Fr. Nv.
ローマ　Roma	B.R.☆Rs.Sp.Cl.
タルクイニア　Tarquinia	B. R. Rs. Fr. Nv.
テッラチーナ／モスカート・ディ・テッラチーナ　Terracina / Moscato di Terracina	B. Sp. Ps.
ヴェッレトーリ　Velletri	B.★ R.☆ Sp.
ヴィニャネッロ　Vignanello	B.★ R.☆ Rs. Sp. Nv.
ザガローロ　Zagarolo	B.★

アブルッツォ州　Abruzzo(8)

アブルッツォ　Abruzzo	B.★ Ps(B.R.).R.Sp. (B.Rs.)
チェラスオーロ・ダブルッツォ　Cerasuolo d'Abruzzo	Ce.★
コントログエッラ　Controguerra	B. R.☆ Sp. Fr. Ps. Nv.
モンテプルチアーノ・ダブルッツォ　Montepulciano d'Abruzzo	R.☆ Ce (Rs)
オルトーナ　Ortona	R.B.
テッレ・トッレージ／トゥッルム　Terre Tollesi / Tullum	B.★ R.☆ Sp. Fr. Ps. Nv.
トレッビアーノ・ダブルッツォ　Trebbiano d'Abruzzo	B.
ヴィッラマーニャ　Villamagna	R.☆

D.O.P.(D.O.C.)	ワインのタイプ

モリーゼ州　Molise（4）

ビフェルノ　Biferno	B. R.★☆ Rs.
モリーゼ／デル・モリーゼ　Molise / del Molise	B. R.☆ Sp. Fr. Ps. Nv.
ペントロ・ディセルニア／ペントロ　Pentro di Isernia / Pentro	B. R. Rs.
ティンティリア・デル・モリーゼ　Tintilia del Molise	R.☆Rs.

カンパーニア州　Campania（15）

アヴェルサ　Aversa	B. Sp.
カンピ・フレグレイ　Campi Flegrei	B. R.☆ Sp. Ps. Nv.
カプリ　Capri	B. R.
カーサヴェッキア・ディ・ポンテラトーネ　Casavecchia di Pontelatone	R.☆
カステル・サン・ロレンツォ　Castel San Lorenzo	B. R.☆ Rs. Sp.
チレント　Cilento	B. R. Rs.
コスタ・ダマルフィ　Costa d'Amalfi	B. R.☆ Rs.
ファランギーナ・デル・サンニオ　Falanghina del Sannnio	B.Sp.VT.Ps.
ファレルノ・デル・マッシコ　Falerno del Massico	B. R.☆
ガッルッチョ　Gallucio	B. R.☆ Rs.
イルピニア　Irpinia	B. R. Rs. Sp. Ps. Lq. Nv.
イスキア　Ischia	B.★ R. Sp. Ps.
ペニソラ・ソッレンティーナ　Penisola Sorrentina	B. R. Fr.
サンニオ　Sannio	B. R. Rs. Sp. Fr. Ps. Nv.
ヴェズヴィオ　Vesuvio	B. R. Rs. Sp. Lq.

プーリア州　Puglia（28）

アレアティコ・ディ・プーリア　Aleatico di Puglia	R.☆ Lq.
アレツィオ　Alezio	R.☆ Rs.
バルレッタ　Barletta	R.☆Rs.Fr.B.
ブリンディジ　Brindisi	R.☆ Rs.
カッチェ・ミッテ・ディ・ルチェーラ　Cacc'e mmitte di Lucera	R.
カステル・デル・モンテ　Castel del Monte	B. R.☆ Rs. Fr. Nv.
コッリーネ・イオニケ・タランティーネ　Colline Joniche Tarantine	B. R.★ Rs. Sp. Fr. Ps. Lq. Nv.
コペルティーノ　Copertino	R.☆ Rs.

D.O.P. (D.O.C.)	ワインのタイプ
ガラティーナ　Galatina	B. R.☆ Rs. Fr. Nv.
ジョイア・デル・コッレ　Gioia del Colle	B. R.☆ Rs. Lq.
グラヴィーナ　Gravina	B. Sp.
レヴェラーノ　Leverano	B. R.☆ Rs. VT. Ps. Nv.
リッツァーノ　Lizzano	B. R.★ Rs. Sp. Fr. Nv.
ロコロトンド　Locorotondo	B. Sp.
マルティーナ／マルティーナ・フランカ　Martina / Martina Franca	B. Sp.
マティーノ　Matino	R. Rs.
モスカート・ディ・トラーニ　Moscato di Trani	B. Lq.
ナルド　Nardò	R.☆ Rs.
ネグロアマーロ・ディ・テッラ・ドートラント　Negroamaro di Terre d'Otranto	R.☆Rs.Sp.Fr.
オルタ・ノーヴァ　Orta Nova	R. Rs.
オストゥーニ　Ostuni	B. R.
プリミティーヴォ・ディ・マンドゥーリア　Primitivo di Manduria	R. Lq.
ロッソ・ディ・チェリニョーラ　Rosso di Cerignola	R.☆
サリーチェ・サレンティーノ　Salice Salentino	B. R.☆ Rs. Sp. Lq.☆ Nv.
サン・セヴェーロ　San Severo	B. R. Rs. Sp.
スクインザーノ　Squinzano	R.☆ Rs.
タヴォリエーレ・デッレ・プーリエ／タヴォリエーレ　Tavoliere delle Puglie / Tavoliere	R.☆Rs.
テッラ・ドートラント　Terra d'Otranto	B.R.☆Rs.Sp.Fr.

バジリカータ州　Basilicata (4)

アリアニコ・デル・ヴルトゥレ　Aglianico del Vulture	R.☆ Sp.
グロッティーノ・ディ・ロッカノーヴァ　Grottino di Roccarova	B. R.☆ Rs. Nv.
マテーラ　Matera	B. R. Sp.
テッレ・デッラルタ・ヴァル・ダグリ　Terre dell'Alta Val d'Agri	R.☆ Rs.

カラブリア州　Calabria (9)

ビヴォンジ　Bivongi	B. R.☆ Rs. Nv.
チロ　Cirò（C）	B. R.★☆ Rs.
グレコ・ディ・ビアンコ　Greco di Bianco	B.
ラメツィア　Lamezia	B. R.☆ Rs. Nv.
メリッサ　Melissa	B. R.★

D.O.P.（D.O.C.）	ワインのタイプ
サンタンナ・ディ・イーゾラ・カーポ・リッツート　S. Anna di Isola Capo Rizzuto	R. Rs.
サヴート　Savuto	R.★ Rs.★
スカヴィーニア　Scavigna	B. R. Rs.
テッラ・ディ・コセンツァ　Terra di Cosenza	B.R.Rs.Sp.Ps.VT.Nv.

シチリア州　Sicilia（23）

アルカモ　Alcamo（C）	B. R.☆ Rs. Sp. VT. Nv.
コンテア・ディ・スクラファーニ　Contea di Sclafani	B. R.☆ Rs. Sp. VT. Nv.
コンテッサ・エンテッリーナ　Contessa Entellina	B. R.☆ Rs. VT.
デリア・ニヴォレッリ　Delia Nivolelli	B. R.☆ Sp. Nv.
エローロ　Eloro	R.☆ Rs.
エリチェ　Erice	B. R.☆ Rs. Sp. Rs. VT.
エトナ　Etna	B.★ R. Rs.
ファーロ　Faro	R.
マルヴァジア・デッレ・リパリ　Malvasia delle Lipari	B. Ps. Lq.
マメルティーノ・ディ・ミラッツォ／マメルティーノ Mamertino di Milazao / Mamertino	B.☆ R.☆
マルサーラ　Marsala	B.★☆ R.★☆
メンフィ　Menfi	B. R.☆ VT.
モンレアーレ　Monreale	B.★ R.☆ Rs. VT. Nv.
パンテッレリア　Pantelleria	B. Sp. Fr. Ps. Lq.
ノート　Noto	B. R. Sp. Ps. Lq.
リエージ　Riesi	B. R.★☆ Rs. VT. Sp. Nv.
サラパルータ　Salaparuta	B. R.☆ Nv.
サンブーカ・ディ・シチリア　Sambuca di Sicilia	B. R.☆ Rs. Ps.
サンタ・マルゲリータ・ディ・ベリチェ　Santa Margherita di Belice	B. R.
シャッカ　Sciacca	B.☆ R.☆ Rs.
シチリア　Sicilia	B.R.☆Rs.Sp.VT.
シラクーサ　Siracusa	B.Sp.Ps.R.
ヴィットーリア　Vittoria	B. R. Nv.

サルデーニャ州　Sardegna（17）

アルゲーロ　Alghero	B. R. Rs. Sp. Fr. Lq.☆ Nv.

D.O.P.(D.O.C.)	ワインのタイプ
アルボレア　Arborea	B. R. Rs. Fr.
カリアリ　Cagliari	B.★☆R.☆Sp.
カンピダーノ・ディ・テッラルバ／テッラルバ　Campidano di Terralba / Terralba	R.
カンノナウ・ディ・サルデーニャ　Cannonau di Sardegna	R.☆ Rs. Lq.
カリニャーノ・デル・スルチス　Carignano del Sulcis	R.★☆ Rs. Ps. Nv.
ジロ・ディ・カリアリ　Girò di Cagliari	R. Lq.☆
マルヴァジア・ディ・ボーザ　Malvasia di Bosa	B. Lq.
マンドロリサイ　Mandrolisai	R.★ Rs.
モニカ・ディ・サルデーニャ　Monica di Sardegna	R.★ Fr.
モスカート・ディ・サルデーニャ　Moscato di Sardegna	Sp（B）.
モスカート・ディ・ソルソ・センノリ　Moscato di Sorso-Sennori	B. Lq.
ナスコ・ディ・カリアリ　Nasco di Cagliari	B. Lq.☆
ヌラーグス・ディ・カリアリ　Nuragus di Cagliari	B. Fr.
サルデーニャ・セミダーノ　Sardegna Semidano	B.★ Sp. Ps.
ヴェルメンティーノ・ディ・サルデーニャ　Vermentino di Sardegna	B. Sp.
ヴェルナッチャ・ディ・オリスターノ　Vernaccia di Oristano	B.★☆ Lq.

● 州別I.G.P.(I.G.T.)一覧

I.G.P / I.G.T.	ワインのタイプ

ロンバルディア州　Lombardia(15)

アルト・ミンチョ　Alto Mincio	B. R. Rs. Nv. Fr. Ps.
ベナーコ・ブレシャーノ　Benaco Bresciano	B. R. Nv. Fr. Ps.
ベルガマスカ　Bergamasca	B. R. Rs. Nv.
コッリーナ・デル・ミラネーゼ　Collina del Milanese	B. R. Rs. Nv. Fr. Ps.
モンテネット・ディ・ブレーシャ　Montenetto di Brescia	B. R. Nv. Fr.
プロヴィンチャ・ディ・マントヴァ　Provincia di Mantova	B. R. Rs. Nv. Fr. Ps.
プロヴィンチャ・ディ・パヴィア　Provincia di Pavia	B. R. Rs. Nv. Fr.
クイステッロ　Quistello	B. R. Rs. Nv. Fr.
ロンキ・ディ・ブレーシャ　Ronchi di brescia	B. R. Nv. Fr. Ps.
サッビオネータ　Sabbioneta	B. R. Rs. Nv. Fr.
セビーノ　Sebino	B. R. Nv. Ps.
テッラッツェ・レティケ・ディ・ソンドリオ　Terrazze Retiche di Sondrio	B. R. Rs. Nv. Fr.
ヴァルカモニカ　Valcamonica	B. R. Ps.

I.G.P / I.G.T.	ワインのタイプ
ロンキ・ヴァレシーニ　Ronchi Varesini	B. R. Rs. Fr.
テッレ・ラリアーネ　Terre Lariane	B. R. Rs. Fr. Ps.

リグーリア州　Liguria (4)

コッリーネ・デル・ジェノヴェサート　Colline del Genovesato	B. R. Rs. Fr.
コッリーネ・サヴォネージ　Colline Savonesi	B. R. Rs. Nv. Fr. Ps.
リグーリア・ディ・レヴァンテ　Liguria di Levante	B. R. Rs. Nv. Fr. Ps.
テッラッツェ・デッリンペリエーゼ　Terrazze dell'Imperiese	B. R. Rs. Nv. Fr.

トレンティーノ＝アルト・アディジェ州　Trentino-Alto Adige (5)

ヴァッラガリーナ　Vallagarina	B. R. Rs. Nv. Fr.
デッレ・ヴェネツィエ　Delle Venezie	B. R. Rs. Nv. Fr.
ヴィニェティ・デル・ドロミーティ　Vigneti delle Dolomiti	B. R. Rs. Nv. Fr.
ミッテルベルグ／ミッテルベルグ・トラ・カウリア・エ・テル／ミッテルベルグ・ツワイツェン・グフリル・ウン・トル Mitterberg / Mitterberg tra Cauria e Tel / Mitterberg zwischen Gfrill und Toll	B. R. Rs. Nv. Fr.
ヴィニェティ・デッル・ドロミーティ／ヴァインベルグ・ドロミテン Vigneti delle Dolomiti / Weinberg Dolomiten	B. R. Rs. Nv. Fr.

ヴェネト州　Veneto (10)

アルト・リヴェンツァ　Alto Livenza	B. R. Rs. Nv. Fr.
コッリ・トレヴィジャーニ　Colli Trevigiani	B. R. Rs. Nv. Fr.
コンセルヴァーノ　Conselvano	B. R. Rs. Nv. Fr.
デッレ・ヴェネツィエ　Delle Venezie	B. R. Rs. Nv. Fr.
マルカ・トレヴィジャーナ　Marca Trevigiana	B. R. Rs. Nv. Fr.
ヴェローナ／プロヴィンチャ・ディ・ヴェローナ／ヴェロネーゼ Verona / Provincia di Verona / Veronese	B. R. Rs. Nv. Fr.
ヴァッラガリーナ　Vallagarina	B. R. Rs. Nv. Fr.
ヴェネト・オリエンターレ　Vaneto Orientale	B. R. Rs. Nv. Fr.
ヴィニェティ・デッル・ドロミーティ／ヴァインベルグ・ドロミテン Vigneti delle Dolomiti / Weinberg Dolomiten	B. R. Rs. Nv. Fr.
ヴェネト　Veneto	B. R. Rs. Nv. Fr. Ps.

フリウリ＝ヴェネツィア・ジューリア州　Friuli-Venezia Giulia (3)

アルト・リヴェンツァ　Alto Livenza	B. R. Rs. Nv. Fr.

I.G.P / I.G.T.	ワインのタイプ
デッレ・ヴェネツィエ　Delle Venezie	B. R. Rs. Nv. Fr.
ヴェネツィア・ジューリア　Venezia Giulia	B. R. Rs. Nv. Fr.

エミリア＝ロマーニャ州　Emilia-Romagna(9)

ビアンコ・ディ・カステルフランコ・エミリア　Bianco di Castelfranco Emilia	B. Fr.
エミリア／デッレミリア　Emilia / dell'Emilia	B. R. Rs. Nv. Fr.
フォルリ　Forlì	B. R. Rs. Nv. Fr.
フォルターナ・デル・ターロ　Fortana del Taro	R. Nv. Fr.
ラヴェンナ　Ravenna	B. R. Rs. Nv. Fr.
ルビコーネ　Rubicone	B. R. Rs. Nv. Fr.
シッラロ／ビアンコ・デル・シッラロ　Sillaro / Bianco del Sillaro	B. Nv. Fr.
ヴァル・ティドーネ　Val Tidone	B. R. Fr.
テッレ・ディ・ヴェレーヤ　Terre di Veleja	B. R. Rs. Fr.

トスカーナ州　Toscana(6)

アルタ・ヴァッレ・デッラ・グレーヴェ　Alta Valle della Greve	B. R. Rs. Nv.
コッリ・デッラ・トスカーナ・チェントラーレ　Colli della Toscana Centrale	B. R. Rs Nv. Fr.
トスカーナ／トスカーノ　Toscana / Toscano	B. R. Rs. Nv. Fr.
ヴァル・ディ・マーグラ　Val di Magra	B. R. Rs.
モンテカステッリ　Montecastelli	B. R. Nv.
コスタ・トスカーナ　Costa Toscana	B.R.Rs.Fr.Nv.Ps.

ウンブリア州　Umbria(6)

アッレローナ　Allerona	B. R. Rs. Nv. Fr. Ps.
ベットーナ　Bettona	B. R. Rs. Nv. Fr.
カンナーラ　Cannara	R. Ps.
ナルニ　Narni	B. R. Rs. Nv. Fr. Ps.
スペッロ　Spello	B. R. Rs.
ウンブリア　Umbria	B. R. Rs. Nv. Fr. Ps.

マルケ州　Marche(1)

マルケ　Marche	B. R. Rs. Nv. Fr.

I.G.P / I.G.T.	ワインのタイプ

ラツィオ州　Lazio (6)

チヴィテッラ・ダリアーノ　Civitella d'Aglano	B. R. Rs. Nv. Fr.
コッリ・チミーニ　Colli Cimini	B. R. Rs. Nv. Fr.
コスタ・エトルンスコ・ロマーナ　Costa Etrnsco Romana	?
フルシナーテ／デル・フルシナーテ　Frusinate / del Frusinate	B. R. Rs. Nv. Fr.
ラツィオ　Lazio	B. R. Rs. Nv. Ps.
アナーニ　Anagni	B.R.Nv.

アブルッツォ州　Abruzzo (8)

コッリ・アプルティーニ　Colli Aprutini	B. R. Rs. Nv. Fr. Ps.
コッリ・デル・サングロ　Colli del Sangro	B. R. Rs. Nv. Fr. Ps.
コッリーネ・フレンターネ　Colline Frentane	B. R. Rs. Nv. Fr. Ps.
コッリーネ・ペスカレージ　Colline Pescaresi	B. R. Rs. Nv. Fr. Ps.
コッリーネ・テアティーネ　Colline Teatine	B. R. Rs. Nv. Fr. Ps.
デル・ヴァステーゼ／イストニウム　Del Vastese / Historium	B. R. Rs. Nv. Fr. Ps.
テッレ・ディ・キエーティ　Terre di Chieti	B. R. Rs. Nv. Fr. Ps.
テッレ・アクイラーノ／テッレ・デッラクイラ　Terre Aquilane / Terre de L'Aquila	B. R. Rs. Nv. Fr. Ps.

モリーゼ州　Molise (2)

オスコ／テッレ・デッリ・オーシ　Osco / Terre degli Osci	B. R. Rs. Nv. Fr. Ps.
ロータエ　Rotae	B. R. Rs. Nv. Fr.

カンパーニア州　Campania (10)

ベネレント・ベネヴェンターノ　Benerento Beneventano	B. R. Rs. Nv. Ps.
カタラネスカ・デル・モンテ・ソンマ　Catalanesca del Monte Somma	B. Ps.
コッリ・ディ・サレルノ　Colli di Salerno	B. R. Rs. Nv. Fr. Ps.
ドゥジェンタ　Dugenta	B. R. Rs. Nv.
エポーメオ　Epomeo	B. R. Rs. Nv. Fr. Ps.
パエストゥム　Paestum	B. R. Rs. Nv. Fr. Ps.
ポンペイアーノ　Pompeiano	B. R. Rs. Nv. Fr. Ps.
ロッカモンフィーナ　Roccamonfina	B. R. Rs. Nv. Fr. Ps.
テッレ・デル・ヴォルトゥルノ　Terre del Volturno	B. R. Rs. Nv. Fr. Ps.
カンパーニア　Campania	B. R. Rs. Nv. Fr. Ps. Lq.

I.G.P / I.G.T.	ワインのタイプ

プーリア州　Puglia(6)

ダウニア　Daunia	B. R. Rs. Fr. Ps.
ムルジア　Murgia	B. R. Rs. Nv. Fr. Ps.
プーリア　Puglia	B. R. Rs. Nv. Fr. Ps.
サレント　Salento	B. R. Rs. Nv. Fr. Ps.
タランティーノ　Tarantino	B. R. Rs. Nv. Fr. Ps.
ヴァッレ・ディトリア　Valle d'Itria	B. R. Rs. Nv. Fr. Ps.

バジリカータ州　Basilicata(1)

バジリカータ　Basilicata	B. R. Rs. Nv. Fr. Ps.

カラブリア州　Calabria(10)

アルギッラ　Arghillà	R. Rs. Nv.
カラブリア　Calabria	B. R. Rs. Nv. Fr. Ps.
コスタ・ヴィオラ　Costa Viola	B. R. Rs. Nv.
リプーダ　Lipuda	B. R. Rs. Nv. Fr.
ロクリーデ　Locride	B. R. Rs. Nv. Ps.
パリッツィ　Palizzi	R. Rs. Nv.
ペッラーロ　Pellaro	R. Rs. Nv.
シッラ　Scilla	R. Rs. Nv.
ヴァルダマート　Valdamato	B. R. Rs. Nv. Fr. Ps.
ヴァル・ディ・ネート　Val di Neto	B. R. Rs. Nv. Fr. Ps.

シチリア州　Sicilia(7)

アヴォーラ　Avola	B. R. Rs. Nv.
カマッロ　Camarro	B. R. Rs. Nv. Fr.
フォンタナロッサ・ディ・チェルダ　Fontanarossa di Cerda	B. R. Rs. Nv. Fr.
サレーミ　Salemi	B. R. Rs. Nv. Fr.
サリーナ　Salina	B. R. Rs. Nv. Fr.
テッレ・シチリアーネ　Terre Siciliane	B.R.Rs.Sp.Ps.Nv.Fr.Lq.
ヴァッレ・ベリーチェ　Valle Belice	B. R. Rs. Nv. Fr.

I.G.P / I.G.T.	ワインのタイプ

サルデーニャ州　Sardegna（15）

バルバジア　Barbagia	B. R. Rs. Nv. Fr.
コッリ・デル・リンバーラ　Colli del Limbara	B. R. Rs. Nv. Fr.
イソラ・デイ・ヌラーギ　Isola dei Nuraghi	B. R. Rs. Nv. Fr.
マルミッラ　Marmilla	B. R. Rs. Nv. Fr.
ヌッラ　Nurra	B. R. Rs. Nv. Fr.
オリアストラ　Ogliastra	B. R. Rs. Nv. Fr.
パルテオッラ　Parteolla	B. R. Rs. Nv. Fr.
プラナルジア　Planargia	B. R. Rs. Nv. Fr.
プロヴィンチャ・ディ・ヌオーロ　Provincia di Nuoro	B. R. Rs. Nv. Fr.
ロマンジア　Romangia	B. R. Rs. Nv. Fr.
シビオーラ　Sibiola	B. R. Rs. Nv. Fr.
タッロス　Tharros	B. R. Rs. Nv. Fr.
トレクセンタ　Trexenta	B. R. Rs. Nv. Fr.
ヴァッレ・デル・ティルソ　Valle del Tirso	B. R. Rs. Nv. Fr.
ヴァッリ・ディ・ポルト・ピーノ　Valli di Porto Pino	B. R. Rs. Nv. Fr.

スペインワイン産地

(2009 年 10 月現在)

地方	D.O. / D.O.Ca. / V.P.		州
北部地方	リオハ　Rioja	(D.O.Ca. / 1991)	ラ・リオハ、ナバーラ、パイス、バスコ
	ナバーラ　Navarra	(D.O.)	ナバーラ
	パゴ・デ・アリンサノ　Pago de Arínzano	(V.P.)	
	プラド・デ・イラチェ　Prado de Irache	(V.P.)	
	パゴ・デ・オタス　Pago de Otazu	(V.P.)	
	カンポ・デ・ボルハ　Campo de Borja	(D.O.)	アラゴン
	カリニェナ　Cariñena	(D.O.)	
	カラタユド　Calatayud	(D.O.)	
	ソモンターノ　Somontano	(D.O.)	
	パゴ・アイレス　Pago Aylés	(V.P.)	
	チャコリ・デ・ゲタリア Chacolí de Getaria	(D.O.)	パイス・バスコ
	チャコリ・デ・ビスカヤ Chacolí de Bizkaia	(D.O.)	
	チャコリ・デ・アラバ　Chacolí de Álava	(D.O.)	
地中海地方	エンポルダ　Empordà	(D.O.)	カタルーニャ
	アレリャ　Alella	(D.O.)	
	コステルス・デル・セグレ Costers del Segre	(D.O.)	
	コンカ・デ・バルベラ Conca de Barberá	(D.O.)	
	タラゴナ　Tarragona	(D.O.)	
	テラ・アルタ　Terra Alta	(D.O.)	
	プリオラト　Priorato	(D.O.Ca.)	
	ペネデス　Penedés	(D.O.)	
	プラ・デ・バジェス　Pla de Bages	(D.O.)	
	カタルーニャ　Cataluña	(D.O.)	
	モンサン　Montsant	(D.O.)	
	ブリャス　Bullas	(D.O.)	ムルシア
	フミリャ　Jumilla	(D.O.)	カスティーリャ・ラ・マンチャ／ムルシア
	イエクラ　Yecla	(D.O.)	ムルシア
	アリカンテ　Alicante	(D.O.)	バレンシア

地方	D.O. / D.O.Ca. / V.P.		州
	ウティエル・レケーナ　Utiel-Requena	(D.O.)	
	バレンシア　Valencia	(D.O.)	
	ロス・バラゲセス　Los Balagueses	(V.P.)	バレンシア
	エル・テレ・ラソ　El Terre razo	(V.P.)	
内陸部地方	リベラ・デル・ドゥエロ Ribera del Duero	(D.O.)	
	シガレス　Cigales	(D.O.)	カスティーリャ・イ・レオン
	ルエダ　Rueda	(D.O.)	
	トロ　Toro	(D.O.)	
	ラ・マンチャ　La Mancha	(D.O.)	カスティーリャ・ラ・マンチャ
	バルデペーニャス　Valdepeñas	(D.O.)	
	ビノス・デ・マドリード　Vinos de Madrid	(D.O.)	マドリード
	メントリダ　Méntrida	(D.O.)	
	モンデーハル　Mondéjar	(D.O.)	
	マンチュエラ　Manchuela	(D.O.)	カスティーリャ・ラ・マンチャ
	リベラ・デル・フーカル　Ribera del Júcar	(D.O.)	
	ウクレス　Uclés	(D.O.)	
	リベラ・デル・グァディアーナ Ribera del Guadiana	(D.O.)	エストレマドゥーラ
	ビエルソ　Bierzo	(D.O.)	カスティーリャ・イ・レオン
	アルマンサ　Almansa	(D.O.)	
	ドミニオ・デ・バルデプーサ Dominio de Valdepusa	(V.P.)	
	ギホソ　Guijoso	(V.P.)	
	フィンカ・エレス　Finca Élez	(V.P.)	
	デエサ・デル・カリサル Dehesa del Carrizal	(V.P.)	
	カンポ・デ・ラ・グアルディア Campo de la Guardia	(V.P.)	カスティーリャ・ラ・マンチャ
	カサ・デル・ブランコ　Casa del Blanco	(V.P.)	
	パゴ・デル・カルサディーリャ Pago del Calzadilla	(V.P.)	
	パゴ・フロレンティーノ Pago Florentino	(V.P.)	

地方	D.O. / D.O.Ca. / V.P.		州
	アルランサ　Arlanza	(D.O.)	
	ティエラ・デル・ビーノ・デ・サモラ Tierra del Vino de Zamora	(D.O.)	カスティーリャ・イ・レオン
	ティエラ・デ・レオン　Tierra del León	(D.O.)	
	アリベス　Arribes	(D.O.)	
大西洋地方	リアス・バイシャス　Rías Baixas	(D.O.)	
	バルデオラス　Valdeorras	(D.O.)	ガリシア
	リベイラ・サクラ　Ribeira Sacra	(D.O.)	
	モンテレイ　Monterrei	(D.O.)	ガリシア
	リベイロ　Ribeiro	(D.O.)	
南部地方	コンダド・デ・ウエルバ Condado de Huelva	(D.O.)	
	ヘレス・ケレス・シェリー＆マンサニーリャ ・サンルーカル・デ・バラメーダ Jerez-Xérès-Sherry y Manzanilla-Sanlúcar de Barrameda	(D.O.)	アンダルシア
	マラガ　Málaga	(D.O.)	
	シエラス・デ・マラガ　Sierras de Málaga	(D.O.)	
	モンティーリャ・モリーレス Montilla-Moriles	(D.O.)	
バレアレス諸島 （Islas Baleares）	ビニサレムーマヨルカ Binissalem-Mallorca	(D.O.)	バレアレス諸島
	プラ・イ・リェバン　Pla i Llevant	(D.O.)	
カナリア諸島 （Islas Canarias）	ランサローテ　Lanzarote	(D.O.)	
	ラ・パルマ　La Palma	(D.O.)	
	タコロンテ・アセンテホ Tacoronte-Acentejo	(D.O.)	
	バジェ・デ・ラ・オロタバ Valle de la Orotava	(D.O.)	
	イコデン・ダウテ・イソーラ Ycoden-Daute-Isora	(D.O.)	カナリア諸島
	アボナ　Abona	(D.O.)	
	バジェ・デ・グイマール Valle de Güímar	(D.O.)	
	エル・イエロ　El Hierro	(D.O.)	
	グラン・カナリア　Gran Canaria	(D.O.)	
	ラ・ゴメラ　La Gomera	(D.O.)	

地方	D.O. / D.O.Ca. / V.P.		州
	カバ　Cava	（特別 D.O.）	カタルーニャ、アラゴン、 エストレマドゥーラ、 ナバラ、バレンシア、 ラ·リオハ、パイス·バスコ、 カスティーリャ·イ·レオン

付録

スペイン

ヨーロッパ(その他)──オーストリア

● オーストリア産地一覧

(2016年8月現在)

ブドウ栽培地方名(3)	包括的生産地域(9)	限定的生産地域(16)
ヴァインラント Weinland	ニーダーエスタライヒ州 Niederösterreich	ヴァッハウ　Wachau
		クレムスタール D.A.C. Kremstal D.A.C.
		カンプタール D.A.C.　Kamptal D.A.C.
		トライゼンタール D.A.C. Traisental D.A.C.
		ヴァーグラム　Wagram
		ヴァインフィアテル D.A.C. Weinviertel D.A.C.
		カルヌントゥム　Carnuntum
		テルメンレギオン　Thermenregion
	ブルゲンラント州　Burgenland	ノイジードラーゼー D.A.C. Neusiedlersee D.A.C.
		ライタベルク D.A.C. Leithaberg D.A.C.
		ミッテルブルゲンラント D.A.C. Mittelburgenland D.A.C.
		アイゼンベルクD.A.C. Eisenberg D.A.C.
	ウィーン州　Wien	ウィーン　Wien
シュタイヤーラント Steierland	シュタイヤーマルク州 Steiermark	ヴルカンラント・シュタイヤーマルク Vulkanland Steiermark
		ズュートシュタイヤーマルク Südsteiermark
		ヴェストシュタイヤーマルク Weststeiermark
ベルクラント Bergland＊		

＊この地方に属している5州(オーバーエスタライヒ州、ザルツブルク州、ケルンテン州、チロル州、フォアアルベルク州)で、栽培面積は169haしかない。

ヨーロッパ（その他）──ギリシャ

● 主な格付ワイン（PDO）一覧

地方	ワイン	格付	タイプ
北部ギリシャ地方 マケドニア&トラキア Macedonia & Thrace	アミンデオン	PDO	赤・辛口
	グーメニサ	PDO	赤・辛口
	ナウサ	PDO	赤・辛口
	コート・ド・メリトン	PDO	白・辛口
			赤・辛口
テッサリア地方　Thessaly	アンヒアロス	PDO	白・辛口
	ラプサニ	PDO	赤・辛口
	メセニコラ	PDO	赤・辛口
イピロス地方　Epirus	ジツァ	PDO	白・辛口
ペロポネソス半島　Peloponnese	マンティニア	PDO	白・辛口
	ネメア	PDO	赤・辛口
		PDO	赤・甘口
	モネムヴァシア–マルヴァジヤ	PDO	白・甘口
	パトラス	PDO	白・辛口
	マヴロダフネ・オブ・パトラス	PDO	赤・甘口
	マスカット・オブ・パトラス	PDO	白・甘口
	マスカット・オブ・リオ・パトラス	PDO	白・甘口
イオニア諸島　Ionian Islands	ロボラ・オブ・ケファロニア	PDO	白・辛口
	マヴロダフネ・オブ・ケファロニア	PDO	赤・甘口
	マスカット・オブ・ケファロニア	PDO	白・甘口
クレタ島　Crete Island	ハンダカス–カンディア	PDO	白・辛口
	カンディア	PDO	赤・辛口
		PDO	白・辛口
	アルカネス	PDO	赤・辛口
	ダフネス	PDO	赤・辛口
		PDO	赤・甘口
	ペザ	PDO	白・辛口
		PDO	赤・辛口
	シティア	PDO	赤・辛口
		PDO	赤・甘口
	マルヴァジア・シティア	PDO	白・辛口

キクラデス諸島 Cyclades	パロス	PDO	赤・辛口
	マルヴァシア・パロス	PDO	白・辛口
	サントリーニ	PDO	白・辛口
		PDO	白・甘口
	ヴィンサント	PDO	白・甘口
東エーゲ海諸島 East Aegean Islands	リムノス	PDO	白・辛口
	マスカット・オブ・リムノス	PDO	白・甘口
	カランバキ・リムノス	PDO	白・甘口
		PDO	赤・辛口
	サモス	PDO	白・甘口
ドデカネーゼ諸島 Dodecanese	ロードス	PDO	白・辛口
		PDO	赤・辛口
	マスカット・オブ・ロードス	PDO	白・甘口

ヨーロッパ（その他）——スイス

● ワインの産地

地方名	州名
スイス・ロマンド　Suisse Romande	ヴァレー　Valais
	ヴォー　Vaud
	ジュネーヴ　Genève
	ヌーシャテル　Neuchâtel
	フリブール　Fribourg
	ベルン・ビーレーゼー　Bern Bielersee
スイス・アルモン／西地区 Suisse Allemande	アールガウ　Aargau
	ベルン　Bern
	バーゼル・ラントシャフト　Basel-Landschaft
	バーゼル・シュタット　Basel-Stadt
	ルツェルン　Luzern
	ソロテュルン　Solothurn
	ツーク　Zug
	ニトヴァルデン　Nidwalden
	オブヴァルデン　Obwalden
	ウーリ　Uri
スイス・アルモン／中央地区　Suisse Allemande	チューリッヒ　Zürich
	シャフハウゼン　Schaffhausen
	トゥルガウ　Thurgau
	シュヴィツ　Schwyz
	グラルス　Glarus
スイス・アルモン／東地区　Suisse Allemande	グラウビュンデン　Graubünden
	ザンクト・ガレン　St.Gallen
	アペンツェル・インナーローデン Appenzell Innerrrhoden
	アペンツェル・アウサーローデン Appenzell Ausserrhoden
スイス・イタリエンヌ　Suisse Italienne	ティチーノ　Ticino

ヨーロッパ（その他）── ハンガリー

● 原産地指定地域一覧

地方名	指定地域
北トランスダヌビア地方	アーサール・ネスメーイ　Ászár-Neszmély
	バダチョニ　Badacsony
	バラトンフューレド・チョパク　Balatonfrüed-Csopak
	バラトンフェルヴィデーク　Balatonfelvidék
	バラトンメレーク　Balatonmellék
	エチェク・ブダ　Etyek-Buda
	モール　Mór
	パンノンハルマ・ショコローアリャ　Pannonhalma-Sokoróalja
	ショムロー　Somló
	ショプロン　Sopron
北ハンガリー地方	ビュックアリャ　Bükkalja
	エゲル　Eger
	マートラアリャ　Mátraalja
トカイ・ヘジャリア地方	トカイ　Tokaji
南トランスダヌビア地方	デール・バラトン　Dél-Balaton
	トルナ　Tolna
	メチェクアリャ　Mecsekalja
	セクサールド　Szekszárd
	ヴィラーニ・シクローシュ　Villány-Siklós
大平原（グレート・プレイン）地方	チョングラード　Csongrád
	ハヨーシュ・バヤ　Hjós-Baja
	クンシャーグ　Kunság

アメリカ　ワイン指定栽培地域（A.V.A.）一覧

● アメリカ　ワイン指定栽培地域（A.V.A.）一覧

地域名	郡名	A.V.A.

カリフォルニア州

ノース・コースト　North Coast（メンドシーノ、ソノマ、ナパ、ソラノ、レイク、マリン）

地域名	郡名	A.V.A.
メンドシーノ・カウンティ Mendocino County	メンドシーノ Mendocino	アンダーソン・ヴァレー　Anderson Valley
		コール・ランチ　Cole Ranch
		マックドウェル・ヴァレー　Mcdowell Valley
		メンドシーノ　Mendocino
		メンドシーノ・リッジ　Mendocino Ridge
		ポッター・ヴァレー　Potter Valley （ノース・コーストA.V.A.域外）
		レッドウッド・ヴァレー　Redwood Valley
		ヨークヴィル・ハイランズ　Yorkville Highlands
	コヴェッロ　Covelo（ノース・コーストA.V.A.域外）	
	ドス・リオス　Dos Rios（ノース・コーストA.V.A.域外）	
	イーグル・ピーク・メンドシーノ・カウンティ　Eagle Peak Mendocino County	
	パイン・マウンテン・クローヴァーデール・ピーク Pine Mountain-Cloverdale Peak（メンドシーノ、ソノマ）	
	ヨークヴィル・ハイランズ Yorkville Highlands	
ソノマ・カウンティ Sonoma County	ソノマ・コースト Sonoma Coast（＊印の一部と○印のすべてを含む）	○フォート・ロス・シーヴュー　Fort Ross-Seaview
	ノーザン・ソノマ Northern Sonoma＊	ロシアン・リヴァー・ヴァレー　Russian River Valley（アレキサンダー・ヴァレーとチョーク・ヒルの一部を含む）
		○グリーン・リヴァー・ヴァレー・オブ・ロシアン・リヴァー・ヴァレー Green River Valley of Russian River Valley
		アレキサンダー・ヴァレー Alexander Valley（下のA.V.A.のソノマ側を含む）

地域名	郡名	A.V.A.
		パイン・マウンテン・クローヴァーデール・ピーク Pine Mountain-Cloverdale Peak （ソノマ、メンドシーノ）
		チョーク・ヒル　Chalk Hill＊
		ドライ・クリーク・ヴァレー　Dry Creek Valley
		ナイツ・ヴァレー　Knights Valley
		カーネロス　Carneros ／ ロス・カーネロス　Los Carneros＊
		ロックパイル　Rockpile
	ソノマ・ヴァレー Sonoma Valley＊	ベネット・ヴァレー　Bennett Valley＊
		カーネロス　Carneros ／ ロス・カーネロス　Los Carneros＊
		ムーン・マウンテン・ディストリクト Moon Mountain District
		ソノマ・マウンテン　Sonoma Mountain
	ファウンテングローヴ・ ディストリクト Fountaingrove District	
ナパ・カウンティ Napa County	ナパ・ヴァレー Napa Valley	チャイルス・ヴァレー　Chiles Valley
		ハウエル・マウンテン　Howell Mountain
		カリストガ　Calistoga
		ダイヤモンド・マウンテン・ディストリクト Diamond Mountain District
		スプリング・マウンテン・ディストリクト Spring Mountain District
		セント・ヘレナ　St. Helena
		ラザフォード　Rutherford
		オークヴィル　Oakville
		スタッグス・リープ・ディストリクト　Stags Leap District
		ヨーントヴィル　Yountville
		オークノール・ディストリクト・オブ・ナパ・ヴァレー Oac Knoll District of Napa Valley
		マウント・ヴィーダー　Mt. Veeder
		カーネロス　Carneros ／ ロス・カーネロス　Los Carneros
		アトラス・ピーク　Atlas Peak
		クームズヴィル　Coombsville

地域名	郡名	A.V.A.
		ワイルド・ホース・ヴァレー Wild Horse Valley（ナパ、ソラノ）
ソラノ・カウンティ Solano County	ソラノ・カウンティ・ グリーン・ヴァレー Solano County Green Valley	
	スーザン・ヴァレー Suisun Valley	
	ワイルド・ホース・ヴァレ ー　Wild Horse Valley （ナパ、ソラノ）	
レイク・カウンティ Lake County	ベンモア・ヴァレー Benmore Valley	
	ビッグ・ヴァレー・ディスト リクト・レイク・カウンティ Big Valley District-Lake County	
	クリア・レイク Clear Lake	
	ゲノック・ヴァレー Guenoc Valley	
	ハイ・ヴァレー High Valley	
	ケルセイ・ベンチ・レイク ・カウンティ　Kelsey Bench-Lake County	
	レッド・ヒルズ・レイク・カ ウンティ Red Hills Lake County	
太平洋岸北部の その他のA.V.A.	インウッド・ヴァレー Inwood Valley （シャスタ）	
	マントン・ヴァレー Manton Valley （テハマ、シャスタ）	
	セイアド・ヴァレー Seiad Valley（シスキュー）	
	トリニティ・レイクス Trinity Lakes（トリニティ）	
	ウィロー・クリーク Willow Creek （フンボルト、トリニティ）	

付録

アメリカ

379

地域名	郡名	A.V.A.
セントラル・コースト	Central Coast（アラメダ、コントラ・コスタ、モントレー、サン・ベニート、サン・フランシスコ、サン・ルイス・オビスポ、サンタ・バーバラ、サンタ・クララ、サンタ・クルーズ）	
	サン・フランシスコ・ベイ San Francisco Bay （アラメダ、コントラ・コスタ、サン・ベニート、サン・フランシスコ、サン・マテオ、サンタ・クララ、サンタ・クルーズ、ソラノ）	ラモリンダ　Lamorinda（コントラ・コスタ）
		リヴァモア・ヴァレー Livermore Valley（アラメダ、コントラ・コスタ）
		パチェコ・パス　Pacheco Pass（サン・ベニート）
		サン・イシドロ・ディストリクト San Ysidro District（サンタ・クララ）
		サンタ・クララ・ヴァレー　Santa Clara Valley （アラメダ、サン・ベニート、サンタ・クララ）
サン・ベニート・カウンティ San Benito County	サン・ベニート San Benito	シエネガ・ヴァレー　Cienega Valley
		ライム・カーン・ヴァレー　Lime Kiln Valley
		ペッシヌ　Paicines
	シャローン　Chalone（モントレー、サン・ベニート）	
	マウント・ハーラン Mount Harlan	
	パチェコ・パス Pacheco Pass	
	サンタ・クララ・ヴァレー Santa Clara Valley	
モントレー・カウンティ Monterey County	アロヨ・セコ　Arroyo Seco	
	カーメル・ヴァレー Carmel Valley	
	シャローン　Chalone（モントレー、サン・ベニート）	
	ヘイムズ・ヴァレー Hames Valley	
	モントレー　Monterey	
	サン・アントニオ・ヴァレー San Antonio Valley	
	サン・ベルナーベ San Bernabe	
	サン・ルーカス San Lucas	
	サンタ・ルチア・ハイランズ Santa Lucia Highlands	

地域名	郡名	A.V.A.
サン・ルイス・オビスポ・カウンティ San Luis Obispo County	パソ・ロブレス （Paso Robles）	アデレイダ・ディストリクト　Adelaida District
		クレストン・ディストリクト　Cresston District
		エル・ポマール・ディストリクト　El Pomar District
		パソ・ロブレス・エストレッラ・ディストリクト Paso Robles Estrella District
		パソ・ロブレス・ジェネスコ・ディストリクト Paso Robles Genesco District
		パソ・ロブレス・ハイランズ・ディストリクト Paso Robles Highlands District
		パソ・ロブレス・ウィロー・クリーク・ディストリクト Paso Robles Willow Creek District
		サン・フアン・クリーク　San Juan Creek
		サン・ミギュエル・ディストリクト　San Miguel District
		サンタ・マルガリータ・ランチ Sant Margarita Ranch
		ティンプルトン・ギャップ・ディストリクト Templeton Gap District
	アロヨ・グランデ・ヴァレー Arroyo Grande Valley	
	エドナ・ヴァレー Edna Valley	
	サンタ・マリア・ヴァレー Santa Maria Valley （サンタ・バーバラ、一部 サン・ルイス・オビスポ）	
	ヨーク・マウンテン York Mountain	
サンタ・バーバラ・カウンティ Santa Barbara County	サンタ・イネズ・ヴァレー Santa Ynez Valley	バラード・キャニオン　Ballard Canyon
		ハッピー・キャニオン・オブ・サンタ・バーバラ Happy Canyon of Santa Barbara
		ロス・オリーヴォス・ディストリクト　Los Olivos District
		サンタ・リータ・ヒルズ　Sta. Rita Hills
	サンタ・マリア・ヴァレー Santa Maria Valley （サンタ・バーバラ、一部 サン・ルイス・オビスポ）	
太平洋中部のその他のA.V.A.	サンタ・クルーズ・マウンテンズ Santa Cruz Mountains （サン・マテオ、サンタ・クララ、サンタ・クルーズ）	ベン・ロモンド・マウンテン Ben Lomond Mountain（サンタ・クルーズ）

地域名	郡名	A.V.A.

シエラ・フットヒルズ Sierra Foothills
（アマドア、カラヴェラス、エル・ドラード、マリポサ、ネヴァダ、プレイサー、テュオルムネ、ユバ）

	郡名	A.V.A.
	ノース・ユバ North Yuba（ユバ）	
	エル・ドラード El Dorado	
	カリフォルニア・シェナンドー・ヴァレー California Shenandoah Valley （エル・ドラード、アマドア）	
	フェア・プレイ　Fair Play （エル・ドラード）	
	フィドルタウン Fiddletown（アマドア）	

セントラル・ヴァレー　Central Valley

	郡名	A.V.A.
	ローダイ　Lodi （サクラメント、 サン・ホアキン）	アルタ・メサ　Alta Mesa（サクラメント）
		ボーデン・ランチ　Borden Ranch （サクラメント、サン・ホアキン）
		クレメンツ・ヒルズ　Clements Hills（サン・ホアキン）
		コシュムネス・リヴァー　Cosumnes River （サクラメント、サン・ホアキン）
		ジャハント　Jahant（サクラメント、サン・ホアキン）
		マカロミー・リヴァー　Mokelumne River （サン・ホアキン）
		スローハウス　Sloughhouse（サクラメント）
	カペイ・ヴァレー Capay Valley（ヨーロー）	
	クラークスバーグ Clarksburg（ヨーロー）	
	ダニガン・ヒルズ Dunnigan Hills（ヨーロー）	
	メリット・アイランド Merritt Island（ヨーロー）	
	リヴァー・ジャンクション River Junction （サン・ホアキン）	
	トレーシー・ヒルズ Tracy Hills（サン・ホアキン、スタニスラウス）	
	ディアブロ・グランデ Diablo Grande（スタニスラウス）	

地域名	郡名	A.V.A.
	サラド・クリーク Salado Creek （スタニスラウス）	
	マデーラ　Madera （マデーラ、フレズノ）	
	スクオー・ヴァレー・ ミラモンテ（フレズノ） Squaw Valley-Miramonte	
サウス・コースト　South Coast（リヴァーサイド、オレンジ、サン・ディエゴ、サン・バーナディーノ、ロサンゼルス）		
	レオナ・ヴァレー Leona Valley （ロサンゼルス）	
	シエラ・ペローナ・ ヴァレー Sierra Pelona Valley （ロサンゼルス）	
	マリブ・コースト Malibu Coast （ロサンゼルス）	マリブ・ニュートン・キャニオン　Malibu-Newton Canyon
		サドルロック・マリブ　Saddle Rock-Malibu
	ラモナ・ヴァレー Ramona Valley （サン・ディエゴ）	
	サン・パスカル・ヴァレー San Pasqual Valley （サン・ディエゴ）	
	テメキュラ・ヴァレー Temecula Valley （リヴァーサイド）	
太平洋南部のそ の他のA.V.A.	アンテロープ・ヴァレー・ オブ・カリフォルニア・ハイ ・デザート Antelope Valley of California High Desert （ロサンゼルス、カーン）	
	クカモンガ・ヴァレー Cucamonga Valley （リヴァーサイド、 サン・バーナディーノ）	

付録

アメリカ

州名	A.V.A.

ワシントン州　◎以下（　）内は州名

コロンビア・ヴァレー　Columbia Valley （ワシントン、オレゴン）	レイク・シェラン　Lake Chelan
	エインシェント・レイクス・オブ・コロンビア・ヴァレー Ancient Lakes of Colunbia Valley
	ワルーク・スロープ　Wahluke Slope
	ワラ・ワラ・ヴァレー　Walla Walla Valley（ワシントン、オレゴン）
	ホース・ヘヴン・ヒルズ　Horse Heaven Hills
	ヤキマ・ヴァレー　Yakima Valley
	レッド・マウンテン　Red Mountain（サブ）
	ラトルスネーク・ヒルズ　Rattlesnake Hills（サブ）
	スナイプス・マウンテン　Snipes Mountain（サブ）
	ナチェス・ハイツ　Naches Hights
コロンビア・ゴージ　Columbia Gorge （ワシントン、オレゴン）	
ピュージェット・サウンド　Puget Sound	
ルイス・クラーク・ヴァレー　Lewis-Clark Valley （ワシントン、アイダホ）	

オレゴン州

ウィラメット・ヴァレー　Willamette Valley	シェヘライム・マウンテンズ　Chehalem Mountains
	ヤムヒル・カールトン・ディストリクト　Yamhill-Carlton District
	リボン・リッジ　Ribbon Ridge
	ダンディー・ヒルズ　Dundee Hills
	マクミンヴィル　McMinnville
	エオラ・アミティ・ヒルズ　Eola-Amity Hills
サザン・オレゴン　Southern Oregon	アンプクア・ヴァレー　Umpqua Valley
	エルクトン・オレゴン　Elkton Oregon（サブ）
	レッド・ヒル・ダグラス・カウンティ Red Hill Douglas County（サブ）
	ローグ・ヴァレー　Rogue Valley
	アップルゲート・ヴァレー　Applegate Valley
コロンビア・ゴージ　Columbia Gorge （ワシントン、オレゴン）	
コロンビア・ヴァレー　Columbia Valley （ワシントン、オレゴン）	ワラ・ワラ・ヴァレー　Walla Walla Valley（ワシントン、オレゴン）
	ザ・ロックス・ディストリクト・オブ・ミルトン・フリーウォーター The Rocks District of Milton-Freewater（サブ）

州名	A.V.A.
スネーク・リヴァー・ヴァレー Snake River Valley（オレゴン、アイダホ）	

ニューヨーク州

ロング・アイランド　Long Island	ノース・フォーク・オブ・ロング・アイランド North Fork of Long Island
	ザ・ハンプトンズ、ロング・アイランド The Hamptons, Long Island
ハドソン・リヴァー・リージョン Hudson River Rigion	
フィンガー・レイクス　Finger Lakes	カユガ・レイク　Cayuga Lake
	セネカ・レイク　Seneka Lake
ナイアガラ・エスカープメント Niagara Escarpment	
レイク・エリー　Lake Erie （ニューヨーク、ペンシルバニア、オハイオ）	

テキサス州

テキサス・ヒル・カントリー　Texas Hill Country	ベル・マウンテン　Bell Mountain
	フレデリックスバーグ・イン・ザ・テキサス・ヒル・カントリー Fredericksburg in the Texas Hill Country
エスコンディード・ヴァレー　Escondido Valley	
テキサス・デイヴィス・マウンテンズ Texas Davis Mountains	
テキサス・ハイ・プレインズ Texas High Plains	
テクソマ　Texoma	

ヴァージニア州

ミドルバーグ・ヴァージニア Middleburg Virginia	
ヴァージニアズ・イースタン・ショア Virginia's Eastern Shore	
ノーザン・ネック・ジョージ・ワシントン・バース プレイス Norther Neck George Washington Birthplace	
モンティチェッロ　Monticello	
シェナンドア・ヴァレー　Shenandoah Valley （ヴァージニア、ウエストヴァージニア）	

付録

アメリカ

州名	A.V.A.
ノース・フォーク・オブ・ロアノーク North Fork of Roanoke	
ロッキー・ノブ　Rocky Knob	

その他の州

ソノイタ　Sonoita（アリゾナ）	
アルタス　Altus（アーカンソー）	
アーカンソー・マウンテン　Arkansas Mountain （アーカンソー）	
オザーク・マウンテン　Ozark Mountain （アーカンソー、ミズーリ、オクラホマ）	オーガスタ　Augusta（ミズーリ）
	ハーマン　Hermann（ミズーリ）
	オザーク・ハイランズ　Ozark Highlands（ミズーリ）
グランド・ヴァレー　Grand Valley（コロラド）	
ウエスト・エルクス　West Elks（コロラド）	
ウェスタン・コネチカット・ハイランズ Western Connecticut Highlands（コネチカット）	
サウスイースタン・ニュー・イングランド Southeastern New England （コネチカット、ロードアイランド、マサチューセッツ）	マーサズ・ヴィンヤード　Martha's Vineyard （マサチューセッツ）
スネーク・リヴァー・ヴァレー Snake River Valley（アイダホ、オレゴン）	イーグル・フットヒルズ　Eagle Foothills（アイダホ）
ルイス・クラーク・ヴァレー　Lewis-Clark Valley （アイダホ、ワシントン）	
ショーニー・ヒルズ　Shawnee Hills（イリノイ）	
アッパー・ミシシッピー・リヴァー・ヴァレー Upper Mississippi River Valley （イリノイ、ミネソタ、アイオワ、ウィスコンシン）	レイク・ウィスコンシン　Lake Wisconsin（ウィスコンシン）
インディアナ・アップランズ Indiana Uplands（インディアナ）	
レス・ヒルズ・ディストリクト Loess Hills District（アイオワ、ミズーリ）	
カトクティン　Catoctin（メリーランド）	
リンガノア　Linganore（メリーランド）	
カンバーランド・ヴァレー　Cumberland Valley （メリーランド、ペンシルバニア）	
レイク・ミシガン・ショア　Lake Michigan Shore （ミシガン）	フェンヴィル　Fennville（ミシガン）
リーラノ・ペニンシュラ　Leelanau Peninsula （ミシガン）	

州名	A.V.A.
オールド・ミッション・ペニンシュラ Old Mission Peninsula（ミシガン）	
ティップ・オブ・ザ・ミット　Tip of the Mitt （ミシガン）	
アレクサンドリア・レイクス Alexandria Lakes（ミネソタ）	
ミシシッピー・デルタ　Mississippi Delta （ミシシッピ、テネシー、ルイジアナ）	
アウター・コースタル・プレイン Outer Coastal Plain（ニュージャージー）	
ウォーレン・ヒルズ　Warren Hills （ニュージャージー）	
セントラル・デラウェア・ヴァレー Central Delaware Valley （ニュージャージー、ペンシルバニア）	
ミドル・リオ・グランデ・ヴァレー Middle Rio Grande Valley（ニューメキシコ）	
ミンブレス・ヴァレー　Mimbres Valley （ニューメキシコ）	
ミシラ・ヴァレー　Mesilla Valley （ニューメキシコ、テキサス）	
ヤドキン・ヴァレー　Yadkin Valley （ノースカロライナ）	スワン・クリーク　Swan Creek（ノースカロライナ）
ホー・リヴァー・ヴァレー　Haw River Valley （ノースカロライナ）	
アッパー・ヒワジー・ハイランズ Upper Hiwassee Highlands （ジョージア、ノースカロライナ）	
レイク・エリー　Lake Erie （オハイオ、ニューヨーク、ペンシルバニア）	グランド・リヴァー・ヴァレー　Grand River Valley（オハイオ）
	アイル・セント・ジョージ　Ile St. George（オハイオ）
ロラミー・クリーク　Loramie Creek（オハイオ）	
オハイオ・リヴァー・ヴァレー　Ohio River Valley （オハイオ、ケンタッキー、インディアナ、ウェスト ヴァージニア）	カナワ・リヴァー・ヴァレー　Kanawha River Valley （ウェストバージニア）
ランカスター・ヴァレー　Lancaster Valley （ペンシルバニア）	
リーハイ・ヴァレー　Lehigh Valley （ペンシルバニア）	
ウィスコンシン・レッジ　Wisconsin Ledge （ウィスコンシン）	

南半球——オーストラリア

● 地理的呼称（G.I.）産地一覧

(2016年10月現在)

州(State)／地域(Zone)	地区 (Region)

サウス・イースタン・オーストラリア　South Eastern Australia＊1

南オーストラリア州　South Australia

アデレード　Adelaide＊2	
バロッサ　Barossa	バロッサ・ヴァレー　Barossa Valley
	イーデン・ヴァレー　Eden Valley
ファー・ノース　Far North	サザン・フリンダーズ・レーンジズ Southern Flinders Ranges
フルーイオ　Fleurieu	カレンシー・クリーク　Currency Creek
	カンガルー・アイランド　Kangaroo Island
	ラングホーン・クリーク　Langhorne Creek
	マクラーレン・ヴェイル　McLaren Vale
	サザン・フルーイオ　Southern Fleurieu
ライムストーン・コースト　Limestone Coast	クナワラ　Coonawarra
	マウント・ベンソン　Mount Benson
	マウント・ガンビア　Mount Gambier
	パッドサウェー　Padthaway
	ローブ　Robe
	ラットンブリー　Wrattonbully
ロワー・マレー　Lower Murray	リヴァーランド　Riverland
マウント・ロフティ・レンジズ Mount Lofty Ranges	アデレード・ヒルズ　Adelaide Hills
	アデレード・プレインズ　Adelaide Plains
	クレア・ヴァレー　Clare Valley
ザ・ペニンシュラズ　The Peninsulas	

ニュー・サウス・ウェールズ州　New South Wales

ビッグ・リヴァーズ　Big Rivers	マレー・ダーリング　Murray Darling＊3
	スワン・ヒル　Swan Hill＊3
	ペリクータ　Perricoota

州(State)／地域(Zone)	地区(Region)
	リヴァリーナ　Riverina
セントラル・レーンジズ　Central Ranges	カウラ　Cowra
	マジー　Mudgee
	オレンジ　Orange
ハンター・ヴァレー　Hunter Valley	ハンター　Hunter
ノーザン・リヴァーズ　Northern Rivers	ヘイスティングス・リヴァー　Hastings River
ノーザン・スロープス　Northern Slopes	ニュー・イングランド・オーストラリア New England Australia
サウス・コースト　South Coast	ショールヘイヴン・コースト　Shoalheaven Coast
	サザン・ハイランズ　Southern Highlands
サザン・ニュー・サウス・ウェールズ Southern New South Wales	キャンベラ・ディストリクト　Canberra District
	グンダゲイ　Gundagai
	ヒルトップス　Hilltops
	タンバランバ　Tumbarumba
ウェスタン・プレインズ　Western Plains	
ヴィクトリア州　Victoria	
セントラル・ヴィクトリア　Central Victoria	ベンディゴ　Bendigo
	ゴールバーン・ヴァレー　Goulburn Valley
	ヒースコート　Heathcote
	ストラスボーギ・レーンジズ　Strathbogie Ranges
	アッパー・ゴールバーン　Upper Goulburn
ギップスランド　Gippsland	
ノース・イースト・ヴィクトリア　North East Victoria	アルパイン・ヴァレーズ　Alpine Valleys
	ビーチワース　Beechworth
	グレンローワン　Glenrowan
	キング・ヴァレー　King Valley
	ラザグレン　Rutherglen
ノース・ウェスト・ヴィクトリア　North West Victoria	マレー・ダーリング　Murray Darling＊3
	スワン・ヒル　Swan Hill＊3
ポート・フィリップ　Port Phillip	ジーロング　Geelong

付録

南半球｜オーストラリア

州 (State) ／地域 (Zone)	地区 (Region)
	マセドン・レーンジズ　Macedon Ranges
	モーニントン・ペニンシュラ Mornington Peninsula
	サンブリー　Sunbury
	ヤラ・ヴァレー　Yarra Valley
ウェスタン・ヴィクトリア　Western Victoria	グランピアンズ　Grampians
	ヘンティー　Henty
	ピラニーズ　Pyrenees

西オーストラリア州　Western Australia

セントラル・ウェスタン・オーストラリア
Central Western Australia

イースタン・プレインズ、インランド・アンド・ノース・オブ・ウェスタン・オーストラリア
Eastern Plains, Inland and North of Western Australia

グレーター・パース　Greater Perth	ピール　Peel
	パース・ヒルズ　Perth Hills
	スワン・ディストリクト　Swan District
サウス・ウェスト・オーストラリア South West Australia	ブラックウッド・ヴァレー　Blackwood Valley
	ジオグラフ　Geographe
	グレート・サザン　Great Southern
	マンジマップ　Manjimup
	マーガレット・リヴァー　Margaret River
	ペムバトン　Pemberton

ウェスト・オーストラリア・サウス・イースト・コースタル
West Australia South East Coastal

クイーンズランド州　Queensland	グラニット・ベルト　Granite Belt
	サウス・バーネット　South Burnett

タスマニア州　Tasmania

ノーザン・テリトリー　Northern Territory

オーストラリアン・キャピタル・テリトリー
Australian Capital Territory

＊1　ニュー・サウス・ウェールズ州とビクトリア州全域および南オーストラリア州、
　　　クイーンズランド州の一部を含む。
＊2　マウント・ロフティ・レーンジズ、フルーイオ、バロッサのゾーンを含む大ゾーンを指す。
＊3　マレー・ダーリングとスワン・ヒルはビッグ・リヴァーズ（ニュー・サウス・ウェールズ州）と
　　　ノース・ウェスト・ビクトリア（ビクトリア州）のゾーンにまたがる地区である。

南半球——アルゼンチン

● 主要ワイン産地一覧

地方　Región	州　Provincias
北部地方　North	トゥクマン　Tucuman
	カタマルカ　Catamarca
	サルタ　Salta
クージョ地方　Cuyo	メンドーサ　Mendoza
	サン・ファン　San Juan
	ラ・リオハ　La Rioja
パタゴニア地方 Patagonia	リオ・ネグロ　Río Negro
	ネウケン　Neuquén
	ラ・パンパ　La Pampa

南半球——チリ

● ワイン生産地域

地方　Region	地区　Subregion
アタカマ　Atacama	コピアポ・ヴァレー　Copiapó Valley
	ウアスコ・ヴァレー　Huasco Valley
コキンボ　Coquimbo	エルキ・ヴァレー　Elqui Valley
	リマリ・ヴァレー　Limarí Valley
	チョアパ・ヴァレー　Choapa Valley
アコンカグア　Aconcagua	アコンカグア・ヴァレー　Aconcagua Valley
	カサブランカ・ヴァレー　Casablanca Valley
	サン・アントニオ・ヴァレー　San Antonio Valley
セントラル・ヴァレー　Central Valley	マイポ・ヴァレー　Maipo Valley
	ラペル・ヴァレー　Rapel Valley
	クリコ・ヴァレー　Curicó Valley
	マウレ・ヴァレー　Maule Valley
南部　South	イタタ・ヴァレー　Itata Valley
	ビオ・ビオ・ヴァレー　Bío Bío Valley
	マジェコ・ヴァレー　Malleco Valley

南半球──南アフリカ

● 南アフリカワイン原産地呼称認定産地

(2015年1月現在)

地方 Region	地域 District	小地区 Ward
西ケープ州 Western Cape		
ボーバーグ Boberg＊		
コースタル・リージョン(沿岸) Costal Region	ステレンボッシュ Stellenbosch	ヨンカーズフック・ヴァレー Jonkershoek Valley
		パパハイバーグ Papagaaiberg
		シモンスバーグ・ステレンボッシュ Simonsberg-Stellenbosch
		ボテラレライ Bottelary
		デヴォン・ヴァレー Devon Valley
		バンフック Banghoek
		ポルカダーイ・ヒルズ Polkadraai Hills
	パール Paarl	シモンスバーグ・パール Simonsberg-Paarl
		フール・パールダーバーグ Voor Paardeberg
	フランシュック・ヴァレー Franschhoek Valley	
	ウェリントン Wellington	
	ダーリン Darling	グルーネクルーフ Groenekloof
	スワートランド Swartland	リーベックバーグ Riebeekberg
		マルムスベリー Malmesbury
		セント・ヘレナ・ベイ St.Helena Bay
	タイガーバーグ Tygerberg	ダーバンヴィル Durbanville
		フィラデルフィア Philadelphia
	ケープ・ペニンシュラ Cape Peninsula	コンスタンシア Constantia
		オート・ベイ Hout Bay
	ティルバッハ Tulbagh	

＊「ボーバーグ」とはパールとティルバッハにおける酒精強化ワインの名称のこと。

地方　Region	地域　District	小地区　Ward
ブレード・リヴァー・ヴァレー Breede River Valley	ロバートソン　Robertson	アフテクリップフック Agterkliphoogte
		ブスマンスリフィール Boesmansrivier
		ボニーヴェイル　Bonnievale
		エランディア　Eilandia
		フープスリフィール　Hoopsrivier
		クラースフォッツ　Klaasvoogds
		ル・シャスー　Le Chasseur
		マックレガー　McGregor
		フィンクリフィール　Vinkrivier
	ウスター　Worcester	ヌイ　Nuy
		シェアペンヒーヴェル Scherpenheuvel
		ヘクス・リヴァー・ヴァレー Hex River Valley
	ブリーダクルーフ　Breedekloof	ホーディニ　Goudini
		スランフック　Slanghoek
ケープ・サウス・コースト Cape South Coast	エルギン　Elgin	
	スワレンダム　Swellendam	ブッフルヤス　Buffeljags
		ストームスフレイ　Stormsvlei
		マルガス　Malgas
	オーヴァーバーグ　Overberg	エランズクルーフ　Elandskloof
		クライン・リヴァー　Klein River
		ジーウォーター　Theewater
		グレイトン　Greyton
	ケープ・アギュラス Cape Agulhas	エリム　Elim
	ウォーカー・ベイ　Walker Bay	ヘンメル・エン・アダ・ヴァレー Hemel-en-Aarde Valley
		アッパー・ヘンメル・エン・ アダ・ヴァレー Upper Hemel-en-Aarde Valley

付録　南半球 ― 南アフリカ

地方　Region	地域　District	小地区　Ward
		サンデーズ・グレン Sunday's Glen
		ボット・リヴァー　Bot River
		ヘンメル・エン・アダ・リッジ Hemel-en-Aarde Ridge
		スタンフォード・フットヒルズ Stanford Foothills
	プラタンバーグ・ベイ Plettenberg Bay	
オリファンツ・リヴァー Olifants River	ルツヴィル・ヴァレー Lutzville Valley	クーケナップ　Koekenaap
	シトラスダル・マウンテン Citrusdal Mountain	ピケニスクルーフ　Piekenierskloof
	地域名なし　No District	バンブス・ベイ　Bamboes Bay
		スプルートドリフト　Spruitdrift
		ヴレデンダル　Vredendal
	シトラスダル・ヴァレー Citrusdal Valley	
クライン・カルー Klein Karoo	カリッツドープ　Calitsdorp	
	地域名なし　No District	モンタギュー　Montagu
		トゥラドウ　Tradouw
		トゥラドウ・ハイランズ Tradouw Highlands
		アッパー・ランクルーフ Upper Langkloof
		オテニクア　Outeniqua
	ランゲンバーク–ガルキア Langeberg-Garcia	
地方名なし　No Region	セレス・プラトー　Ceres Plateau	セレス　Ceres
	地域名なし　No District	シーダーバーグ　Cederberg
		スワートバーグ　Swartberg
		プリンス・アルバート・ヴァレー Prince Albert Valley
		ランバーツ・ベイ　Lamberts Bay

地方　Region	地域　District	小地区　Ward
北ケープ州　Northern Cape		
地方名なし　No Region	ダグラス　Douglas	
	サザーランド-カルー Sutherland-Karoo	
	地域名なし　No District	セントラル・オレンジ・リヴァー Central Orange River
		ハーツウォーター　Hartswater
		リットリフィールRS　Rietrivier RS
東ケープ州　Eastern Cape	地域名なし　No District	セント・フランシス・ベイ St Francis Bay
クワズル・ナータル州 Kwazulu-Natal		
リンポポ州　Limpopo		

付録

南半球 — 南アフリカ

395

索引

50音順／アルファベット順／略語

索引

50音順索引

あ

アーカンソー・マウンテン……386
アーサー・フィリップ……187
アーサール・ネスメーイ……376
アー・ペー・ヌンマー……111
アール……114, 336
アール・エス（ヴァイン）……114
アール・エム……082
アールガウ……375
アール・シー……082
アイ……320
アイ・ジー……176
アイ・ジー・ティー……120
アイ・ジー・ピー……044, 121
アイズ……331
アイスヴァイン……111, 166
アイゼンベルク D.A.C.……168, 372
アイダニ🍷……258
アイテルスバッハ……337
アイ・ピー・ダブリュ……203
アイ・ブイ・ディー・ピー……157
アイ・ブイ・ピー・エー・エム……159
アイリッシュウィスキー……028
アイル……337
アイル・セント・ジョージ……387
アイレン🍷……258
アインツェルラーゲ……110
アヴァ……182

アヴィズ……320
アヴィニョン……088
アヴェイロン地区……334
アヴェッソ🍷……258
アヴェルサ……359
アヴォーラ……366
アウグスト・ヴィルヘルム・フライヘル・
　フォン・バボ……165
アウストラル……202
アウスブルッフ……166
アウスレーゼ……111, 166
アウター・コースタル・プレイン……387
青カビタイプ……238
赤湯……042
赤ワイン……013
秋上がり……248
秋落ち……248
アギオルギティコ🍷……258
アコロン🍷……258
アコンカグア……198, 391
アコンカグア・ヴァレー……201, 391
アコンカグア地方……201, 391
アサリオ・ブランコ🍷……258
アザル・ティント🍷……258
アザル・ブランコ🍷……258
アサンブラージュ……045, 080
アジアーゴ🍴……245
アシッド・エイブラハム・コーバン……195
味無果……019

安心院町……043
アジャクシオ……095, 327
アシリ🍷……258
アシルティコ🍷……258
アジロンダック🍷……258
味わい……210, 223
アスィット……123
アスー……173
アスコルビン酸……234
アスタリ・ボル……174
アスティ……124, 344
アスティ県……124
アスティ・スプマンテ……124
アスペルジュ・ソース・
　　ムースリーヌ🍴……108
アスマンズハウゼン……115, 338
アセトアルデヒド……013
アゾーロ・プロセッコ……129, 346
アタカマ地方……201, 391
アタック……210, 223
アタマイ・ヴィレッジ……197
アタ・ランギ……195
アタランギ・クローン……195
アックイ……125, 344
アツィエンダ・アグリコーラ……120
熱燗……248
圧搾……022
圧搾コルク……023
アッシジ……356
アッパー・ゴールバーン……389
アッパー・ハンター……193
アッパー・ヒワジー・ハイランズ……387
アッパー・ヘンメル・エン・アダ・ヴァレー
　　……393
アッパー・ミシシッピー・リヴァー・
　　ヴァレー……386
アッパー・ランクルーフ……394
アバッキオ・アッロ・スコッタディート🍴
　　……144
アッフィレ……358
アップルゲート・ヴァレー……384
アッボッカート……123
アッレローナ……364

アティーナ……357
アティエディ……233
アデレイダ・ディストリクト……381
アデレード……388
アデレード・ヒルズ……190, 388
アデレード・プレインズ……388
後味……211, 226
アドヴォカート……035
アトラス・ピーク……378
アドリア海……119
アナーニ……365
アニェッロ・アル・フォルノ🍴……145
アニゼ……033
アニョー・ド・レ🍴……107
アニョロッティ・デル・プリン🍴……141
アパッシメント……122
アピキウス……118
アビム……331
アブサン……033
アフテクリップフック……393
アプフュールンク……110
アプフュラー……110
アブラハム・ペロード……204
アプリリア……357
アブルッツォ……358
アブルッツォ州……136, 349, 358, 365
アプルモン……331
アペニン山脈……119
アペラ……188
アペラシオン・ジェネラル……312
アペラシオン・ドリジーヌ・ヴァン・デリミテ
　　・ド・カリテ・スペリュール……044
アペラシオン・ドリジーヌ・
　　コントローレ……044
アペラシオン・ドリジーヌ・プロテジェ
　　……044
アペリーレ……230
アペリティフ……230
アペンツェル・アウサーローデン……375
アペンツェル・インナーローデン……375
アボナ……370
アボンダンス🍴……242
アマービレ……123

索引

50音順索引──あ

アマーロ……034
甘味……210, 224
アマラル 🍷……258
アマレット……035
アマローネ……122
アマローネ・デッラ・
　　ヴァルポリチェッラ……129, 345
アミーニュ 🍷……259
アミンデオン……178, 373
雨宮勘解由……039
アメリア……356
アメリカ……181
アメリカン・ホワイト・オーク……021
アメリン＆ウィンクラー博士による
　　ワイン産地の気候区分……183
アモルギアーノ 🍷……259
アモルヤノ 🍷……259
アモンティリャード……152
アラゴスタ・アッロスタ 🍴……147
アラゴネス 🍷……255, 259
アラモン 🍷……259
アラリヘ 🍷……259
アランチーノ・ディ・リーゾ 🍴……146
アラン・チフニー……195
アリアニコ 🍷……259
アリアニコ・デル・ヴルトゥレ……360
アリアニコ・デル・ヴルトゥレ・
　　スペリオーレ……138, 350
アリアニコ・デル・タブルノ……137, 349
アリエ……021
アリエノール・ダキテーヌ……046
アリカンテ……368
アリカンテ・ブーシェ 🍷……259
アリカンテ・ブランコ 🍷……259
アリゴテ 🍷……259
アリスタ 🍴……143
アリベス……370
亜硫酸……019
アリント 🍷……259
アルーヴィアル・プレインズ……196
アルヴァリーニョ 🍷……259
アルヴァレリャオン 🍷……259
アルカネス……373

アルカモ……139, 361
アルギッラ……366
アルゲーロ……140, 361
アルコール……210, 225
アルコール発酵……011
アルコメートル……231
アルコレ……353
アルザス……099
アルザス・グラン・クリュ……100
アルザス地方……099
アルサック……053
アルスア・ウジョア 🍴……247
アルゼンチン……198
アルタ・ヴァッレ・デッラ・グレーヴェ……364
アルタス……386
アルタ・メサ……382
アルタ・ランガ……124, 344
アルテス 🍷……259
アルト……026
アルト・アディジェ……128, 353
アルト・ミンチョ……362
アルト・リヴェンツァ……363
アルネイス 🍷……260
アルパ……350
アルバーナ 🍷……260
アルパイン・ヴァレーズ……192, 389
アルバリーニョ 🍷……260
アルバリサ……151
アルバンヌ 🍷……260
アルビーリョ 🍷……260
アルプス山脈……119
アルブニャーノ……350
アルフロシェイロ 🍷……260
アルボレア……362
アルボワ……101, 331
アルボワ 🍷……260
アルボワ・ピュピヤン……101, 331
アルマニャック……031
アルマニャック・テナレーズ……031
アルマンサ……369
アルモ・ノワール 🍷……260
アルランサ……370
アレアティコ 🍷……260

400

アレアティコ・ディ・グラドリ……357
アレアティコ・ディ・プーリア……359
アレアティコ・パッシート・
　デッレルバ……133, 347
アレキサンダー・ヴァレー……377
アレクサンドラ……198
アレクサンドリア・レイクス……387
アレツィオ……359
アレッサンドリア県……124
アレッツォ県……132
アレテ……044
アレリャ……368
アロース・コルトン……067, 316, 319
アロマタイズド・ワイン……014
アロヨ・グランデ・ヴァレー……381
アロヨ・セコ……380
泡……209
泡立ち……209, 216
泡盛……028
アン・カラドゥ……068
アンジェ……083
アンジェリュス……056
アンジュー……084, 322
アンジュー・ヴィラージュ……322
アンジュー・ヴィラージュ・ブリサック
　……322
アンジュー・ガメイ……322
アンジュー・コトー・ド・ラ・ロワール……322
アンジュー＝ソミュール地区……084, 322
アンジュー・ムスー……322
アンスティテュート・ナシオナル・デ・
　ザペラシオン・ドリジーヌ・デ・ヴァン・
　エ・デ・オー・ド・ヴィー……044
アンソニカ 🍇……260
アンソニカ・コスタ・
　デッラルジェンタリオ……355
アンダーソン・ヴァレー……377
アンタォン・ヴァース 🍇……260
アンデス……201
アンテロープ・ヴァレー・オブ・
　カリフォルニア・ハイ・デザート……383
アンドゥイエット 🍴……105, 108
アントルコート・ボルドレーズ 🍴……107

アントル・ドゥ・メール……048, 313
アントル・ドゥ・メール・
　オー・ブノージュ……313
アントノワール……231
アンドレア・バッチ……119
アンナータ……119
アンバウゲビート……109
アンヒアロス……373
アンフォラ……177
アンプクア・ヴァレー……384
アンフュメー 🍇……261
アンペリアル……232
アンボネー……320
アンリ4世……010

――――――― い ―――――――

イー・エクス・ダブリュー……234
イーグル・ピーク・メンドシーノ・
　カウンティ……377
イーグル・フットヒルズ……386
イースト・コースト……194
イースト・サセックス州……161
イースタン・プレインズ……390
イーデン・ヴァレー……190, 388
EU産有機農産物マーク……239
EUワイン改革……010
イーリンゲン……342
イエーガーマイスター……035
イエクラ……368
イオニア海……119
イオニア諸島……179
壱岐焼酎……027
イギリス……160
イコデン・ダウテ・イソーラ……370
イスキア……359
イストニウム……365
イストラ……172
イズボール……170
イズボルナ・ベルバ……172
イズボルナ・ベルバ・プロスス……172
イズボルナ・ベルバ・ボビツァ……172
イゼール川……102

イソブチル……021
イソラ・デイ・ヌラーギ……367
委託醸造……038
イタタ・ヴァレー……202, 391
イタリア……118
イタリアワイン・ルネッサンス……119
一次醪……027
一宮町……041
一文字短梢剪定……038
イディアサバル 🍴……247
イ・テッレーニ・ディ・
　　サンセヴェリーノ……357
イナオ……044
田舎方式……023
イピロス地方……373
イプホーフェン……341
イプロジオン水和剤……018
イランシー……063, 315
イルシャイ・オリヴェール 🍷……261
イル・デ・ヴェルジュレス……068
イルピニア……359
イルレギー……105, 334
祝村葡萄酒醸造株式会社……039
岩の原葡萄園……039
インウッド・ヴァレー……379
イングランド……160
イングリッシュ・ワイン……161
イングリッシュ・ワイン・プロデューサース・
　　グループ……161
インゲルハイム……339
インサラータ・ディ・アランチェ 🍴……146
インツォリア 🍷……261
インディアナ・アップランズ……386
インディカシオン・ゲオグラフィック・
　　プロテジェ……044
インディカツィエ・
　　ジェオグラーフィカ……176
インボイス……234
インランド・アンド・ノース・オブ・
　　ウェスタン・オーストラリア……390

─────── う ───────

ヴァーグラム……167, 372
ヴァージニア州……184, 385
ヴァージニアズ・イースタン・ショア……385
ヴァージル……178
ヴァイサーブルグンダー 🍷……257, 261
ヴァイザー・リースリング 🍷……257
ヴァイスヴァイン……013, 110
ヴァイスブルグンダー 🍷……257, 261
ヴァイスヘルプスト……112
ヴァイヨン……062
ヴァイン……165
ヴァイングート……110
ヴァインケラライ……110
ヴァインフィアテル D.A.C.……167, 372
ヴァインベルグ・ドロミテン……363
ヴァインラント……372
ヴァカレーズ 🍷……261
ヴァケイラス……091, 325
ヴァシペトロ……178
ウアスコ・ヴァレー……391
ヴァット……162
ヴァッハウ……167, 372
ヴァッラガリーナ……363
ヴァッリ・オッソラーネ……352
ヴァッリ・ディ・ポルト・ピーノ……367
ヴァッレ・ダオスタ……124, 350
ヴァッレ・ダオスタ州……124, 350
ヴァッレ・ダオステ……124, 350
ヴァッレ・ディトリア……366
ヴァッレ・デル・ティルソ……367
ヴァッレ・ベリーチェ……366
ヴァラエタル……182
ヴァラエタル・ブレンド……188
ヴァランス……088
ヴァランセ……086, 324
ヴァランセ 🍴……240
ヴァランドロー……056
ヴァルカモニカ……363
ヴァルカレピオ……128, 353
ヴァルスーザ……352
ヴァルダディジェ……128, 353

ヴァルダディジェ・
　　テッラディフォルティ ……353

ヴァルダマート ……366

ヴァル・ダルビア ……356

ヴァルディキアーナ・トスカーナ ……356

ヴァル・ディ・コルニア ……356

ヴァル・ディ・コルニア・ロッソ ……133, 348

ヴァル・ティドーネ ……364

ヴァルディニエーヴォレ ……356

ヴァル・ディ・ネート ……366

ヴァル・ディ・マーグラ ……364

ヴァルテッリーナ・スペリオーレ ……127, 345

ヴァルテッリーナ・ロッソ ……128, 353

ヴァルテネージ ……353

ヴァル・ポルチェーヴェラ ……352

ヴァル・デ・マレー ……321

ヴァルドッビアデネ・
　　プロセッコ ……130, 346

ヴァル・ド・ロワール ……083

ヴァルハウゼン ……339

ヴァルポリチェッラ ……131, 354

ヴァルポルツハイム ……336

ヴァルミュール ……062

ヴァレー ……163, 375

ヴァレ・ド・ラ・マルヌ ……080, 320, 321

ヴァン ……044

ヴァン・ジョーヌ ……101

ヴァンソーブル ……090, 325

ヴァンダンジュ・タルティヴ ……100, 122

ヴァントゥー ……091, 326

ヴァン・ドゥー・ナテュレル ……014

ヴァン・ド・コルス ……095, 327

ヴァン・ド・コルス・カルヴィ ……328

ヴァン・ド・コルス・コトー・デュ・カップ・
　　コルス ……328

ヴァン・ド・コルス・サルテーヌ ……327

ヴァン・ド・コルス・フィガリ ……328

ヴァン・ド・コルス・ポルト・
　　ヴェッキオ ……328

ヴァン・ド・サヴォワ ……102, 331

ヴァン・ド・サヴォワ・アイズ・ペティヤン
　　……332

ヴァン・ド・サヴォワ・アイズ・ムスー ……332

ヴァン・ド・サヴォワ・ペティヤン ……332

ヴァン・ド・サヴォワ・ムスー ……332

ヴァン・ド・パイユ ……090, 101

ヴァン・ド・フロンティニャン ……329, 335

ヴァン・ド・ペイ ……044

ヴァン・ド・リケール ……014

ヴァン・ブラン ……013

ヴァン・ド・レゼルヴ ……080

ヴァン・ムスー ……014

ヴァン・ルージュ ……013

ヴァン・ロゼ ……013

ヴィーナー・ゲミシュター・サッツ
　　D.A.C. ……168

ヴィーナー・シュニッツェル 🍴 ……169

ヴィーニ・デル・ピィアーヴェ ……354

ヴィーニャ ……120

ヴィーニョ ……156, 201

ヴィーニョ・ヴェルデ ……157

ヴィーニョ・レジョナル ……156

ヴィーノ ……121

ヴィーノ・アロマティッツァート ……122

ヴィーノ・サント ……122

ヴィーノ・スペチャーレ ……121

ヴィーノ・ダ・ターヴォラ ……121

ヴィーノ・ノヴェッロ ……123

ヴィーノ・ノビレ・ディ・
　　モンテプルチャーノ ……134, 348

ヴィーノ・ビアンコ ……014

ヴィーノ・フリッツァンテ ……121

ヴィーノ・リクオローソ ……122

ヴィーノ・ロザート ……013

ヴィーノ・ロッソ ……013

ウィーン ……168, 372

ウィーン州 ……372

ヴィエ・アルラン ……321

ヴィ・エー・ティー ……162

ヴィエ・オ・ヌー ……321

ヴィエ・マルムリー ……321

VMIシステム ……235

ヴィエンヌ ……088

ヴィオジーニョ 🍇 ……261

ヴィオニエ 🍇 ……261

ヴィクトリア州 ……191, 389

索引

50音順索引

う

403

ウィスキー……028
ウィスコンシン・レッジ……387
ヴィズリアン……315
ヴィタル🍷……261
ヴィダル🍷……261
ヴィットーリア……361
ヴィッラマーニャ……358
ヴィチェンツァ……354
ヴィチェンツァ県……129
ヴィティス・アムレンシス……015
ヴィティス・ヴィニフェラ……015
ヴィティス・コワニティ……015
ヴィティス・ベルランディエリ……017
ヴィティス・ラブルスカ……015
ヴィティス・リパリア……015
ヴィティス・ルペストリス……017
ヴィテッロ・トンノート🍴……141
ヴィニェーティ・デッラ・セレニッシマ……354
ヴィニェティ・デッレ・ドロミーティ……363
ヴィニストラ……171
ヴィニャネッロ……358
ヴィニャン🍷……261
ヴィニンゲン……336
ヴィネア・ヴァッハウ・ノビリス・ディストリクテュス協会……167
ウイユ・ド・ペルドリ……164
ヴィラーニ・シクローシュ……175, 376
ヴィラナ🍷……261
ヴィラ・ノヴァ・デ・ガイヤ……157
ウィラメット・ヴァレー……184, 384
ウイルス病……018
ヴィルティンゲン……337
ヴィルトバッハー🍷……261
ヴィルドマンジュ……321
ヴィルナーヴ・ドルノン……055
ヴィルヌーヴ・ランヌヴィル……321
ヴィルモリーヌ……058
ヴィレ・クレッセ……073, 317
ウィロー・クリーク……379
ヴィンケル……338
ヴィン・サント……122
ヴィンサント……179, 374

ヴィン・サント・ディ・カルミニャーノ……356
ヴィン・サント・デル・キアンティ……356
ヴィン・サント・デル・キアンティ・クラッシコ……356
ヴィン・サント・デル・モンテプルチアーノ……356
ヴィン・タナル……176
ヴィンチスグラッシ🍴……144
ヴィンテージ・キャラクター……158
ヴィンテージ・ポート……158
ヴィン・デ・ヴィノテーカ……176
ヴィンプロム……177
ウーヴァ……120
ウーヴレ……232
ヴーヴレ……086, 324
ヴーヴレ・ペティヤン……324
ヴーヴレ・ムスー……086, 324
ヴージョ……065, 316, 318
ウーリ……375
ウェールズ……160
ヴェーレン……116, 336
ヴェズヴィオ……137, 359
ウェスタン・オーストラリア……189
ウェスタン・ヴィクトリア……390
ウェスタン・プレインズ……389
ウエスト・エルクス……386
ウェスト・オーストラリア・サウス・イースト・コースタル……390
ウエスト・コネチカット・ハイランズ……386
ヴェストシュタイヤーマルク……168, 372
ウエスト・サセックス州……161
ウェストホーフェン……340
上田市……041
ヴェッレトーリ……358
ヴェニェティ・デッレ・ドロミーティ……363
ヴェネツィア……354
ヴェネツィア県……129
ヴェネツィア・ジュリーア……364
ヴェネト……363
ヴェネト・オリエンターレ……363
ヴェネト州……129, 345, 353, 363
ウエボス・ア・ラ・フラメンカ🍴……155

ヴェラルグ……328
ウェリントン地区……205, 392
ヴェルギリウス……178
ヴェルジ……320
ヴェルシュ・リースリング🍷……262
ウェルシュ・ワイン……161
ヴェルズネー……320
ヴェルチェッリ県……124
ヴェルディッキオ🍷……262
ヴェルディッキオ・ディ・カステッリ・ディ・イエージ……357
ヴェルディッキオ・ディ・マテリカ……357
ヴェルディッキオ・ディ・マテリカ・リゼルヴァ……135, 348
ヴェルデーリョ……159
ヴェルデーリョ🍷……262
ヴェルテムベルギッシャー・ボーデンゼー……342
ヴェルテムベルギッシュ・ウンターラント……341
ヴェルテュ……321
ヴェルドゥーノ……352
ヴェルドゥーノ・ペラヴェルガ……352
ヴェルドゥッツォ・フリウラーノ🍷……262
ヴェルトリナッツ🍷……262
ヴェルナッチャ・ディ・オリスターノ……140, 362
ヴェルナッチャ🍷……262
ヴェルナッチャ・ディ・サン・ジミニャーノ……134, 348
ヴェルナッチャ・ディ・セッラペトローナ……135, 348
ヴェルナッチャ・ネーラ🍷……262
ヴェルマンティノ🍷……262
ヴェルムート……123
ヴェルメンティーノ🍷……262
ヴェルメンティーノ・ディ・ガッルーラ……139, 350
ヴェルメンティーノ・ディ・サルデーニャ……362
ヴェレゾン……016
ヴェローナ……363
ヴェローナ県……129

ヴェロネーゼ……363
ヴェンデミア……119
ヴェンデミア・タルディーヴァ……122
ヴェントリチーナ🍴……144
ヴォー……163, 375
ウォーカー・ベイ(地区)……205, 393
ウォークイン　ワインセラー……235
ヴォージュ……021
ヴォージュ山脈……099
ウォーターヴェイル……190
ヴォーデジール……062
ヴォードマンジュ……321
ヴォーヌ・ロマネ……066, 316, 319
ウォーレン・ヒルズ……387
ウォッカ……032
ウォッシュタイプ……237
ヴォリッザ🍷……262
ヴォルネイ……069, 316
ヴォワブルー……321
ヴォンネガウ……115, 339
ヴガーヴァ🍷……262
ウクレス……369
ウコ・バレー……199
ウスター(地区)……205, 393
ウゾ……034, 178
ウティエル・レケーナ……369
ウドンコ病……018
ウフ・アン・ムーレット🍴……106
ウマーニュ・ブラン🍷……263
ウマーニュ・ルージュ🍷……263
ウムシュタッド……340
ヴュー・シャトー・セルタン……059
ヴュルツブルク……116, 341
ヴュルテンベルク……116, 341
浦臼町……042
ヴリニー……321
ヴルカンラント・シュタイヤーマルク……169, 372
ウルツィヒ……336
ウル・デ・リェブレ🍷……255, 263
ヴルフンスコ・ヴィノ・ス・コントロリラニノ・ポドリエトロム……171

ヴレデンダル……394
ウンターチュルクハイム……341
ウンブリア……364
ウンブリア州……134, 348, 356, 364

───── え ─────

エアステ・ラーゲ……113
エアツヴォイガーアップフェルング……110
エアバッハ……338
エアバッハー・マルコブルン……115
H字短梢剪定……038
エインシェント・レイクス・オブ・
　　コロンビア・ヴァレー……384
エー・オー・シー……044, 163, 239
エー・オー・ピー……044
エー・オー・ブイ・ディー・
　　キュー・エス……044
エー・ブイ・エー……182
エーカー……232
エーテル……222
エーバーバッハ修道院……109
エーベルバッハ……109
エーレンフェルザー🍇……263
エオラ・アミティ・ヒルズ……384
エキストラ・アニェホ……033
エキュイユ……321
エクス・セラー……234
エクストラ・セック……082
エクストラ・ブリュット……082
エクスレ度……111
エグリ・ビカヴェール……174
エクルヴィス・ソース・ナンチュア🍴……106
エゲル……174, 376
エジーノ……357
エシェゾー……067, 318
エス・アール……082
エス・エー・ダブリュ・エス・イー・エー
　　……203
エスガーナ・カォン🍇……263
エスカリバーダ🍴……153
エスカルゴ・ア・ラ・ブルギニョンヌ🍴……106
エスコンディード・ヴァレー……385

エステイト・ボトルド……182, 185
エストゥファ……159
エスト! エスト!! エスト!!!
　　ディ・モンテフィアスコーネ……136, 358
エストリッヒ……338
エスパデイロ🍇……263
エゼルヨー🍇……263
エチェク・ブダ……376
エチルアルコール……011
エックス・オー……030
X字剪定……038
エッシェルンドルフ……341
エッセンシア……174
エッチュターラー……128, 353
エティケッタ……120
エトゥルシー……321
エトナ……139, 361
エドナ・ヴァレー……381
エトナ火山……119
エニー・ボビツァ……172
エヌ・エム……082
エノトリア・テルス……118
エノホイ……178
エフ・エー・エス……234
エフ・オー・ビー……234
エフ・シー・エー……234
エペルネ……079
エポーメオ……365
エポワス🍴……241
エミール・ペイノー……011
エミリア……364
エミリア＝ロマーニャ州
　　……131, 347, 354, 364
エム・エー……082
エム・エー・エフ・エフ……161
エメラルド・リースリング🍇……263
エランズクルーフ……393
エランディア……393
エリチェ……361
エリム……393
エル・イエロ……370
エルキ・ヴァレー……391
エルギン(地区)……205, 393

エルクトン・オレゴン……384
エル・テレ・ラソ……369
エルデン……336
エルバ……355
エルバ・アレアティコ・
　　パッシート……133, 347
エルバルーチェ🍷……263
エルバルーチェ・ディ・カルーゾ……126, 344
エル・プエルト・デ・サンタマリア……151
エルブリング🍷……263
エル・ポマール・ディストリクト……381
エルミタージュ……090, 325
エルミタージュ🍷……263
エローロ……361
エンクルザード🍷……263
塩山市……041
エントレ・コルディリェラス……201
エンパナーダ🍴……153
エンポルダ……368
エンリケ航海王……156

──────お──────

オヴァーダ……126, 344
オヴィエ……321
黄土層……024
オーヴァーバーグ……393
オーヴィレール……080
大阪ワイナリー協会……042
オーガニック・ファーミング……239
オーク……020
オークヴィル……378
オーク・ノール・ディストリクト・オブ・
　　ナパ・ヴァレー……378
オークランド……196
オー・ゲット……068
オー・コンポット……064
オー・サルプ……057
オーストラリア……187
オーストラリア・ブドウ・ワイン
　　管理局……188
オーストリア……164
オーストリア・ハンガリー帝国……164

オーストラリアン・キャピタル・
　　テリトリー……390
オーストリアン・ゼクト……166
オーセイ・デュレス……070, 316
オーセール……060
オーセロワ……315
オーセロワ🍷……255, 263
オーセロワ・ブラン🍷……264
オーゾンヌ……056
オー・タルマニャック……031
オード・ヴィー・ド・フリュイ……030
オート・ガロンヌ地区……333
オート・コート・ド・ニュイ……315
オート・コート・ド・ボーヌ……315
オート・ベイ……392
オー・バージュ・リベラル……052
オーバーモーゼル……337
オーバーロートヴァイル……342
オー・バイイ……054
オー・バタイイ……052
オーバラー・ネッカー……342
オー・ピー・ヴィ・アイ……162
オー・ブード……067
オー・ブリオン……050, 054
オーベーヌ🍷……264
オー・マルコンソール……066
オー・メドック……047, 312
オー・モンラヴェル……333
オールド・ミッション・ペニンシュラ……387
オールド・レゼルヴァ……159
オカナガン・ヴァレー……186
オザーク・ハイランズ……386
オザーク・マウンテン……386
オジェ……320
オスコ……365
オストゥーニ……360
オックフェン……337
オッソー・イラティ
　　（・ブルビ・ピレネー）🍴……243
オッソブーコ🍴……141
オッフィーダ……135, 348
オッペンハイム……339
オテニクア……394

407

オデュッセイア ……118
オハイオ・リヴァー・ヴァレー ……387
オブヴァルデン ……375
雄町 ……250
オラス・リズリング🍇 ……264
澱 ……019
オリアストラ ……367
オリーヴェ・アスコラーネ🍴 ……144
オリヴィエ ……055
オリエント ……177
澱抜き ……081
澱引き ……019
オリファンツ・リヴァー(地域) ……206, 394
オリンピア🍇 ……264
オルヴィエート ……357
オルヴィエターノ・ロッソ ……357
オルタ・ノーヴァ ……360
オルチャ ……356
オルツヴァイン ……113
オルツタイラーゲ ……110
オルツタイル・ボッパルダー・ハム ……337
オルテガ🍇 ……264
オルテナウ ……342
オルトーナ ……358
オルトレポ・パヴェーゼ ……128, 352
オルトレポ・パヴェーゼ・ピノ・
　　グリージョ ……352
オルトレポ・パヴェーゼ・メトード・
　　クラッシコ ……128, 345
オルトゥーゴ・コッリ・
　　ピアチェンティーニ ……355
オルトゥーゴ・ディ・コッリ・
　　ピアチェンティーニ ……355
オルメアスコ・ディ・ポルナッシオ
　　……127, 352
オルレアン ……086, 324
オルレアン・クレリィ ……324
オルヴィエート ……135
オレヴァーノ・ロマーノ ……358
オレゴン州 ……184, 384
オレッキエッテ・コン・
　　チーマ・ディ・ラーパ🍴 ……145
オレンジ ……193, 389

オレンジ・キュラソー ……035
オレンジワイン ……131
オロロソ ……152
オワリー ……320
オンス ……232
オンタリオ州 ……185
オンダリビ・スリ🍇 ……264
オンダリビ・ベルツァ🍇 ……264
オンダン🍇 ……264

———————— か ————————

カーサ・ヴィニコーラ ……120
カーサヴェッキア・
　　ティポンテラトーネ ……359
ガーゼル ……337
カーネロス ……378
カーメル・ヴァレー ……380
カール ……232
カールスドルフ ……343
カール大帝 ……109
カール・ド・ショーム ……084, 323
カイエタナ・ブランカ🍇 ……264
開花 ……016
外観 ……208, 212
カイザーシュトゥール ……342
海上保険 ……234
開拓使葡萄酒醸造所 ……039
甲斐ノワール🍇 ……264
甲斐ブラン🍇 ……265
ガイヤコワーズ ……104
ガイヤック ……104, 333
ガイヤック・ヴァンダンジュ・
　　タルティーヴ ……104
ガイヤック地区 ……333
ガイヤック・ドゥー ……334
ガイヤック・プルミエール・コート ……334
ガイヤック・ムスー ……104, 334
カイユ ……054
カイユレ ……069
海洋性気候 ……024
ガヴィ ……126, 345
カウラ ……193, 389

カエクブム……118
カオール……104, 334
カオール地区……334
香り……209, 217
化学物質……222
夏季剪定……016
垣根仕立て……017
果梗……015
カコヴォストノ・ヴィノ ZGP……170
カサ・デル・ブランコ……369
カサブランカ・ヴァレー……201, 391
ガザン……059
火山性土壌……024
カシス……093, 326
果実……219
果実酒等の製法品質基準表示……040
果実肥大……016
カシミール……114
果汁……015
カスクワイン……235
ガスコーニュ地方……031
カスティリョーネ・ファレット……125
カスティヨン・コート・ド・ボルドー……314
カステッジョ……352
カステッリ・ディ・イエージ・
　ヴェルディッキオ・リゼルヴァ
　　……135, 348
カステッリ・ロマーニ……136, 357
カステッレール……353
カステラン 🍷……265
カステル……341
カステル・サン・ロレンツォ……359
カステル・デル・モンテ……359
カステル・デル・モンテ・ネーロ・ディ・
　トロリア・リゼルヴァ……137, 350
カステル・デル・モンテ・ボンビーノ・
　ネーロ……137, 349
カステル・デル・モンテ・ロッソ・
　リゼルヴァ……138, 350
カステルマーニョ 🍴……244
カスナ・ベルパ……172
ガスパチョ 🍴……154
カスレ 🍴……107

カソルツォ……351
カダストロ……157
カタマルカ州……198, 391
カタラット・ビアンコ 🍷……265
カタラネスカ・デル・モンテ・ソンマ……365
カタルーニャ……150, 368
カダルカ 🍷……265
ガチャス 🍴……154
カチョカヴァッロ・シラーノ 🍴……246
カッサータ・シチリアーナ 🍴……147
カッシーナ……120
カッソエウラ 🍴……142
カッチェ・ミッテ・ディ・ルチェーラ……359
カッチュッコ 🍴……143
ガッティナーラ……126, 345
勝沼町……041
カップ・ド・ムルラン……057
カッポン・マーグロ 🍴……141
ガッルッチョ……359
ガッロ・ネーロ……119
カディヤック……313
カディヤック・コート・ド・ボルドー……314
カデ・ボン……056
カトーバ 🍷……265
カドジャック……055
カトゥルズ……328
カトクティン……386
カナイオーロ・ネーロ 🍷……265
カナヴェーゼ……351
カナダ……185
カナディアンウィスキー……029
カナリア諸島……370
カナワ・リヴァー・ヴァレー……387
果肉……015
カネストラート・プリエーゼ 🍴……246
加熱圧搾タイプ……238
カノン……056
カノン・フロンサック……313
カノン・ラ・ガフリエール……056
カバ……149, 371
カバ・グラン・レセルバ……149
カバ・デ・パラへ・カリフィカード……149
カバルデス……096, 329

カパルビオ……355
カバ・レセルバ……149
果皮……015
ガビアーノ……351
カビネット……111, 166
株仕立て……017
カブラレス🍴……247
カプリ……359
カプリアーノ・デル・コッレ……352
カブリエール……328
カプリス・デ・デュー🍴……241
カプレット・アッロ・スピエド🍴……146
カペイ・ヴァレー……382
カベルネ・サントリー🍷……265
カベルネ・ソーヴィニヨン🍷……265
カベルネ・ダンジュー……084, 322
カベルネ・ド・ソミュール……323
カベルネ・ドルサ🍷……265
カベルネ・フラン🍷……254, 266
カベルネ・フランク🍷……266
カベルネ・ミトス🍷……266
果帽……022
カポナータ🍴……146
カマッロ……366
ガマレ🍷……266
カマンベール・ド・ノルマンディー🍴……239
上山市……042
かみのやまワイン特区……042
ガムザ🍷……266
ガメイ🍷……266
ガメイ・ド・ジュネーヴ……164
ガメイ・ノワール・ア・ジュ・ブラン🍷……266
ガメイ・ブラン🍷……266
下面発酵……026
醸し……021
果醪……021
カユーガ🍷……266
カユガ・レイク……385
ガラクチュロン酸……012
カラタユド……368
ガラティーナ……360
カラドック🍷……266
ガラノワール🍷……266

カラフェ……231
ガラフェイラ……159
ガラフェイラ・ポート……158
カラブリア州……138, 360, 366
カラブレーゼ🍷……266
カランバキ・リムノス……374
カリアリ……362
ガリオッポ🍷……267
カリストガ……378
カリッツドープ……394
カリニェナ……368
カリニェナ🍷……267
カリニャーノ🍷……267
カリニャーノ・デル・スルチス……140, 362
カリニャン🍷……267
カリフォルニア・シェナンドー・ヴァレー……382
カリフォルニア州……183, 377
カリョス🍴……154
カルヴァドス……029
カルヴァドス・デュ・ペイ・ドージュ……029
カルヴァドス・ドンフロンテ……029
カルーソ……126, 344
カルカッソンヌ……095
ガルガネーガ🍷……267
カルソ……354
カルタ……114
ガルダ……128, 352
ガルダ・クラッシコ……128
カルダーロ……353
ガルダ・コッリ・マントヴァーニ……352
ガルダ・ブレシャーノ……353
カルチョーフィ・アッラ・ジューディア🍴
　　……144
カルテラー……353
カルテラーゼー……353
カルデレタ・ランゴスタ🍴……155
カルド・ガジェゴ🍴……153
カルドソ🍴……154
カルト・ワイン……181
ガルナッチャ・ティンタ🍷……267
カルヌントゥム……168, 372
カルネ・クルーダ・バットゥータ🍴……140

ガルフ・アイランズ……186
カルプ・ア・ラ・シャンボール🍴……108
ガルフ湾流……046
カルペ・イン・カルピオーネ🍴……141
カルボナーデ🍴……140
カルボニュー……054, 055
カルミニャーノ……133, 347
カルムネール🍷……267
カルメネール🍷……267
カレーマ……351
カレンシー・クリーク……388
カロッソ……350
ガロン……232
カロン・セギュール……051
ガロンヌ川……045
川上善兵衛……039
カンガルー・アイランド……191, 388
還元……229
カンシー……087, 325
カンタベリー……197
カンタル🍴……243
カンディア……373
カンディア・デル・コッリ・アプアーニ……355
カンティーナ……120
カンティーナ・コーペラティーヴァ……120
カンティーナ・ソチャーレ……120
カンテイロ……159
カントナック……050, 051, 052
カントナック・ブラウン……051
カントメルル……053
カントン……163
カンナーラ……364
カンネッリーノ……123
カンネッリーノ・ディ・
　フラスカーティ……135, 349
カンノーリ🍴……146
カンノナウ🍷……267
カンノナウ・ディ・サルデーニャ……140, 362
カンパーニア……365
カンパーニア州……137, 349, 359, 365
カンバーランド・ヴァレー……386
カンパリ……034
カンピダーノ・ディ・テッラルバ……362

カンピ・フレグレイ……359
カンプタール D.A.C.……167, 372
ガンベッラーラ……354
カンポ・デ・ボルハ……149, 368
カンポ・デ・ラ・グアルディア……369

―――――― き ――――――

キアヴェンナスカ🍷……255, 267
気圧……014
キアレット……123
キアンティ……133, 347
キアンティ・クラッシコ……133, 347
キードリッヒ……338
木桶……020
唎き酒……208
唎き酒用語……212
唎き酒用銀杯……231
桔梗ケ原……041
桔梗ケ原ワインバレー……040
キクラデス諸島……179, 374
貴醸酒……249
ギズボーン……196
北アイルランド……160
北ケープ州……395
北島……196
北トランスダヌビア地方……174, 376
北ハンガリー地方……174, 376
キッシュ・ロレーヌ🍴……105
ギップスランド……389
キナート……123
キノ・ランクロ……058
貴腐ワイン……015
ギホソ……369
生酛……250
生酛系酒母……250
ギムレット・グレーヴェル……196
逆浸透膜……025
キャップ・クラシック……203
キャップシール……230
キャプシュル……230
キャンベラ・ディストリクト……193, 389
キャンベル・アーリー🍷……267

ギュアデ……057
キュイ……321
嗅覚による観察……217
休眠……016
キュミエール……321
きょうかい9号酵母……251
きょうかい10号酵母……251
きょうかい14号酵母……251
きょうかい7号酵母……251
きょうかい6号酵母……251
行基……039
鏡面……230
ギョー・サンプル……017
ギョー・ドゥーブル……017
巨峰🍇……267
清舞🍇……268
清見🍇……268
キラーイレアニカ🍇……268
ギリシャ……177
ギリシャ北部……179
キルヴァン……051
切れ味……211, 226
ギロー……053
キング・ヴァレー……192, 389
禁酒法……181
吟醸酒……251
吟醸造り……252
ギンブレット・グラヴェル……196
キンメリッジ階……060

――――――― く ―――――――

クアルティローロ・ロンバルド🍴……244
クイーンズランド州……194, 390
クイステッロ……362
クヴァリテーツヴァイン……111, 166
クヴァリテーツヴァイン・ベシュティムター・
　アンバウゲビーテ……111
クヴァリテーツヴァイン・ミット・シュタート
　リッヒャー・プリュフヌマー……166
クヴァリテーツヴァイン・ミット・プレディカ
　ート……111

クヴァリテトノ・ヴィノ・ス・
　コントロリラニム・
　ポドリエトロム……171

クーアン……055
クーアン・リュルトン……055
クーヴァン・デ・ジャコバン……057
空気接触……229
クージョ地方……199, 391
グーツアップフュルング……110
グーツヴァイン……113
クーテ……053
グートエーデル🍇……268
グー・ド・ジョーヌ……101
クーナケップ……394
クーネオ県……124
クーバ・デ・カロール……159
クープ・キャプシュル……231
クームズヴィル……378
グーメニサ……179, 373
クール……233
クール・シュヴェルニイ……085, 323
クールラ……179
グエ・ブラン🍇……268
クエン酸……012
クカモンガ・ヴァレー……383
クグロフ🍴……105
クシノマヴロ🍇……268
クジュンドジュシャ🍇……268
クショワ……315
クスクス・ディ・ペッシェ🍴……146
クスダ・ワインズ……197
口に含む……223
クナワラ……191, 388
クネル・ド・ブロシェ🍴……106
クノワーズ🍇……268
球磨焼酎……028
グラーヴ……048, 312
グラーヴ・シュペリエール……313
グラーヴ・ド・ヴェイル……313
クラークスバーグ……382
グラーシュ🍴……169
クラースフォッツ……393
グラーナ・パダーノ🍴……245

グラーハ……336
クライヴ・パトン……195
クライヒガウ……342
クライン・カルー地域……206, 394
クライン・リヴァー……393
グラウアー・ブルグンダー🍇……268
クラヴァイヨン……071
グラヴィーナ……360
クラヴォワヨン……071
クラウス・ユング……013
グラウビュンデン……375
グラウブルグンダー🍇……257, 268
クラヴラン……101
クラサート🍇……268
グラシアノ🍇……268
グラシェヴィナ🍇……268
クラシック……111
クラステッド・ポート……158
グラセ……233
クラッシコ……123
グラッパ……029, 120
グラニット・ベルト……194, 390
クラマン……320
クラリェヴィーナ🍇……269
グラルス……375
グラン・ヴァン・デュ・ラングドック……096
グラン・エシェゾー……067, 318
グラン・オーセロワ……062
グラン・カナリア……370
グラン・キュヴェ……230
グラン・クリュ……061, 081
グラン・コルバン……057
グラン・コルバン・デスパーニュ……057
グランジュ🍇……269
グランチェ・セネージ……355
グランド・ヴァレー……386
グランド・シャンパーニュ……030
グランド・リヴァー・ヴァレー……387
グランピアンズ……192, 390
グラン・ピュイ・デュカス……052
グラン・ピュイ・ラコスト……052
クランポシェ🍇……269
グラン・ポンテ……057

グラン・メーヌ……057
グラン・ルーション……098, 330, 335
グラン・ルーション・ランシオ
　　……098, 330, 335
クリア・レイク……379
グリーン・ハーベスト……016
グリーン・リヴァー・ヴァレー・オブ・
　　ロシアン・リヴァー・ヴァレー……377
グリーン・ティー……035
クリオ・エキストラクシオン……025
クリオージャ・グランデ🍇……269
クリオージャ・チカ🍇……269
グリオット・シャンベルタン……064
クリオ・バタール・モンラッシェ……072, 319
クリコ・ヴァレー……202, 391
グリセリン……208
グリッロ🍇……269
グリニャン・レ・ザデマール……091, 325
グリニョリーノ🍇……269
グリニョリーノ・ダスティ……351
グリニョリーノ・デル・モンフェッラート・
　　カサレーゼ……351
グリフィス……193
クリマ……061
クリマンス……053
グリ・ムニエ🍇……269
クリュ・アルティザン……047
グリューナー・ヴェルトリーナー🍇……269
クリュエ……332
グリュオ・ラローズ……051
クリュ・クラッセ・デュ・メドック……046
クリュシェン🍇……269
クリュッセラート……336
クリュ・デュ・ラングドック……096
クリュ・ブルジョワ……047
グリオット・シャンベルタン……064, 318
グルーネクルーフ……392
グルク🍇……269
グルコン酸……012
クルティエ……047, 060
クルテフランカ……128, 352
グルナッシュ・グリ🍇……269
グルナッシュ・ノワール🍇……270

グルナッシュ・ブラン 🍷……270
グルヌイユ……062
クレア・ヴァレー……190, 388
クレア・ヴァレー・ロックス……190
グレイトン……393
クレヴナー 🍷……270
クレヴネル 🍷……257, 270
グレーヴ・ヴィーニュ・ド・ランファン・
　　ジェジュ……069, 076
グレーコ・ディ・トゥーフォ……137, 349
グレート・ウェスタン……192
グレーター・パース……390
グレート・サザン……189, 390
グレート・プレイン地方……175, 376
クレーム・ド・カシス……035
クレール・ミロン……052
グレーンウィスキー……028
グレカニコ 🍷……270
グレケット 🍷……270
グレコ 🍷……270
グレコ・ディ・ビアンコ……138, 360
グレス 🍷……270
クレス・タールジウ……175
クレストン・ディストリクト……381
クレス・ラ・インノビラーレア・
　　ボアベロール……176
クレス・ラ・マトゥリターテ・
　　デプリーナ……175
クレタ島……180
グレ・ド・モンペリエ……329
クレピ……102, 332
クレマン・ダルザス……100
クレマン・デュ・ジュラ……102, 331
クレマン・ド・ディー……090, 325
クレマン・ド・ブルゴーニュ……075, 315
クレマン・ド・ボルドー……049, 312
クレマン・ド・リムー……097, 329
クレマン・ド・ルクセンブルク……162
クレマン・ド・ロワール……085, 323, 324
クレムスタール D.A.C. ……167, 372
クレメンツ・ヒルズ……382
グレラ 🍷……270
クレレット 🍷……270

クレレット・ディー・メトード・
　　ディオワーズ・アンセストラル……090
クレレット・デュ・ラングドック……328, 335
クレレット・ド・ディー……090, 325
クレレット・ド・ベルガルド……326
グレンローワン……389
クロアチア……171
クロアティーナ 🍷……270
グローヴ……321
クローン……016
クローン・セレクション……017
クロ・オー・ペラゲ……053
黒麹菌……028
クローズ・エルミタージュ……089, 325
グロースラーゲ……109
グローセ・ラーゲ……113
クローム・ラ・モンターニュ……321
クロ・サン・ジャック……064
クロ・サン・ジャン……072
クロ・サン・ドニ……318
クロ・サン・マルタン……058
クロ・サン・ランドリ……076
クロスターノイブルガー・
　　モストヴァーゲ……165
クロスティーニ 🍴……143
グロスロ 🍷……270
クロ・タミゾ……076
クロタン・ド・シャヴィニョル 🍴……240
グロッセート県……133
グロッティーノ・ディ・
　　ロッカノーヴァ……138, 360
クロ・デ・コルトン……076
クロ・デ・シェーヌ……069
クロ・デ・ジャコバン……057
クロ・デ・シャニョ……076
クロ・デ・ズュルシュル……076
クロ・デ・ゾスピス……076
クロ・デ・ゾルム……065
クロ・デ・ソワサント・ウーヴレ……077
クロ・デ・デュック……077
クロ・デ・ペリエール……077
クロ・デ・ポレ・サン・ジョルジュ……076
クロ・デ・ミグラン……077

クロ・デ・ムーシュ……069
クロ・デ・メ……076
クロ・デュ・フォントネ……076
クロ・デュ・ロワ……069
クロ・デ・ランブレ……065, 318
クロ・デ・ルショット……076
クロ・デ・レア……066, 076
クロ・ド・ヴージョ……065, 318
クロ・ド・サルプ……057
クロ・ド・タール……065, 076, 318
クロ・ド・ラ・ガレンヌ……077
クロ・ド・ラ・コマレーヌ……076
クロ・ド・ラ・バール……077
クロ・ド・ラ・ブース・ドール……070, 077
クロ・ド・ラ・ペリエール……063
クロ・ド・ラ・ムーシェール……077
クロ・ド・ラ・ムース……076
クロ・ド・ラ・ロッシュ……065, 318
クロ・ド・レキュ……076
クロ・ド・ロラトワール……058
クロ・ナポレオン……063
グロ・ノワリアン🍷……255, 270
クロ・ブラン……069
グロ・ブラン🍷……271
グロ・ブラン・デュ・ペイ・ナンテ……322
クロ・ブラン・ド・ヴージョ……076
クロ・フルテ……056
グロ・マンサン🍷……271
クロムウェル……197
クロ・ラ・マドレーヌ……057
グロロー🍷……271
クロワゼ・バージュ……052
クワズル・ナータル州……395
クンシャーグ……376
グンダゲイ……389

——————— け ———————

ゲヴュルツトラミネール🍷……256, 271
ケークオポルト🍷……271
ケークニェリュー🍷……271
ケークフランコシュ🍷……271
ケー・ダブリュ・ブイ……203

ケープ・アギュラス（地区）……205, 393
ケープ・サウス・コースト（地域）……205, 393
ケープドクター……204
ケープ・ブレンド……204
ケープ・ペニンシュラ……205, 392
ケソ・テティージャ🍴……247
ケソ・デ・バルデオン🍴……247
ケソ・デ・ムルシア・アル・ビノ🍴……247
ケソ・デ・ラ・セレナ🍴……247
ケソ・マンチェゴ🍴……246
結合亜硫酸……019
結実……016
結実不良……018
ゲノック・ヴァレー……379
ケファロニア……179
ゲマインデ……110
ゲミシュター・サッツ……165
ゲミシュター・サッツ🍷……271
ケラー……110
ケランヌ……092, 326
ケルセイ・ベンチ・レイク・カウンティ……379
ケルナー🍷……271
ゲルバー・オルレアン🍷……272
ゲルバー・ムスカテラー🍷……272
ケレス……151
減圧蒸溜……027
原価管理……235
原産地呼称保護ワイン……111
原産地名称保護……238
原酒……249
ゲンツィ……174
ケント州……161
ゲンメ……126, 345
原料米……249

——————— こ ———————

コイパー……024
梗……015
ゴウヴェイオ🍷……272
コヴェッロ……377
ゴヴェルノ法……122
高山性気候……024

麹菌 ……249
甲州 🍇 ……272
甲州市原産地呼称認証制度 ……040
香辛料 ……220
合成コルク ……023
硬水 ……036
硬度 ……036
ゴウットゥルニオ ……355
合同酒精 ……039
甲府市 ……041
甲府盆地東部 ……040
酵母 ……019
コーキーバーク ……018, 019
コースタル・リージョン ……204
コーダ・アッラ・ヴァッチナーラ 🍴 ……144
コーダ・ディ・ヴォルペ 🍇 ……272
コーデガ・デ・ラリーニョ 🍇 ……272
コート・シャロネーズ ……072, 315, 317
コート・デ・トゥール ……100
コート・デ・バール ……080
コート・デ・ブラン ……080, 320, 321
コート・デュ・ヴィヴァレ ……325
コート・デュ・ジュラ ……101, 331
コート・デュ・マルマンデ ……333
コート・デュ・ルーション ……098, 330
コート・デュ・ルーション・ヴィラージュ
　……330
コート・デュ・ルーション・ヴィラージュ・
　カラマニ ……330
コート・デュ・ルーション・ヴィラージュ・
　トータヴェル ……330
コート・デュ・ルーション・ヴィラージュ・
　ラトゥール・ド・フランス ……330
コート・デュ・ルーション・ヴィラージュ・
　レスケルド ……330
コート・デュ・ルーション・レ・ザスプル
　……330
コート・デュ・ローヌ ……089, 326
コート・デュ・ローヌ・ヴィラージュ ……326
コート・デュ・ローヌ地方 ……088
コート・ドゥ ……162
コート・ドール ……060, 316, 318
コート・ド・ヴィヴァレ ……091

コート・ド・セザンヌ ……080
コート・ド・デュラス ……103, 333
コート・ド・ニュイ ……063, 316
コート・ド・ニュイ・ヴィラージュ
　……063, 316
コート・ド・バロー ……057
コート・ド・ブール ……313, 314
コート・ド・ブライ ……314
コート・ド・ブルイイ ……078, 318
コート・ド・プロヴァンス ……093, 327
コート・ド・プロヴァンス・サント・
　ヴィクトワール ……094, 327
コート・ド・プロヴァンス・
　ピエールフー ……094, 327
コート・ド・プロヴァンス・ラ・ロンド
　……094, 327
コート・ド・プロヴァンス・
　フレジュ ……093, 327
コート・ド・ベルジュラック ……103, 333
コート・ド・ボーヌ ……063, 316, 317, 319
コート・ド・ボーヌ・ヴィラージュ ……317
コート・ド・ボルドー ……049, 314
コート・ド・ボルドー・サン・マケール ……314
コート・ド・メリトン ……179, 373
コート・ド・モンラヴェル ……333
コート・ロティ ……089, 325
コーネロ ……135, 348
コーペラティヴ・ド・マニピュラン ……082
コーリ ……358
ゴールバーン・ヴァレー ……192, 389
コール・ランチ ……377
コール・リヴァー ……193
コカ 🍴 ……155
コキンボ地方 ……201, 391
コク ……210, 225
国産ワイン ……040
黒糖焼酎 ……028
国内製造ワイン ……040
御香水 ……250
ココチャス・デ・メルルーサ・アル・
　ピルピル 🍴 ……153
コシード・マドリレーニョ 🍴 ……154
コシード・マラガト 🍴 ……154

コシニーリョ・デ・セゴビア ¶……154
コシュムネス・リヴァー……382
コスタ……201
コスタ・ヴィオラ……366
コスタ・エトルンスコ・ロマーナ……365
コスタ・ダマルフィ……359
コスタ・トスカーナ……364
コスティエール・ド・ニーム……092, 326, 328
コス・デストゥルネル……051
コステ・デッラ・セージア……351
コステルス・デル・セグレ……368
コストレッタ・アッラ・
　　ヴァルドスターナ ¶……140
コストレッタ・アッラ・ミラネーゼ ¶
　　……141
コス・ラボリ……053
コツィファリ 🍷……272
黒海……177
コック・オ・ヴァン ¶……106
コック・オ・ヴァン・ジョーヌ ¶……106
コット 🍷……255, 272
コッハー・ヤクスト・タウバー……342
コッリ・アゾラーニ・プロセッコ……129, 346
コッリ・アプルティーニ……365
コッリ・アルティヴェリーニ……356
コッリ・アルバーニ……358
コッリ・アレティーニ……133
コッリーナ・デル・ミラネーゼ……362
コッリーナ・トリネーゼ……351
コッリーネ・イオニケ・
　　タランティーネ……359
コッリーネ・サヴォネージ……363
コッリーネ・サルッツェージ……351
コッリーネ・テアティーネ……365
コッリーネ・ディ・レヴァント……352
コッリーネ・デル・ジェノヴェサート……363
コッリーネ・ノヴァレージ……351
コッリーネ・ピサーネ……133
コッリーネ・フレンターネ……365
コッリーネ・ペスカレージ……365
コッリーネ・ルッケージ……355
コッリ・エウガネイ……353

コッリ・エウガネイ・フィオル・
　　ダランチョ……130, 346
コッリ・エトルスキ・ヴィテルベージ……358
コッリオ……131, 354
コッリオ・ゴリツィアーノ……131, 354
コッリ・オリエンターリ・デル・フリウリ・
　　ピコリット……131, 346
コッリ・セネージ……133
コッリ・チミーニ……365
コッリ・ディモラ……355
コッリ・ディ・コネリアーノ……129, 346
コッリ・ディ・サレルノ……365
コッリ・ディ・スカンディーノ・ディ・
　　カノッサ……355
コッリ・ディ・パルマ……354
コッリ・ディ・ファエンツァ……354
コッリ・ディ・リミニ……355
コッリ・ディ・ルーニ……352
コッリ・デッラ・サビーナ……358
コッリ・デッラ・トスカーナ・
　　チェントラーレ……364
コッリ・デッレトルリア・
　　チェントラーレ……355
コッリ・デル・サングロ……365
コッリ・デル・トラジメーノ……356
コッリ・デル・リンバーラ……367
コッリ・トルトネージ……351
コッリ・トレヴィジャーニ……363
コッリ・ピアンチェンティーニ……355
コッリ・フィオレンティーニ……133
コッリ・ペサレージ……357
コッリ・ベリチ……353
コッリ・ペルジーニ……356
コッリ・ボロニェージ……354
コッリ・ボロニェージ・クラッシコ・
　　ピニョレット……132, 347
コッリ・マチェラテージ……357
コッリ・マルターニ……356
コッリ・ラヌヴィーニ……358
コッリ・ロマーニャ・チェントラーレ……355
コッレオーニ……353
ゴデーリョ 🍷……272

コトー・ヴァロワ・アン・プロヴァンス ……093, 327

コトー・ダンスニ……322

コトー・シャンプノワ……080

コトー・デクス・アン・プロヴァンス ……094, 327

コトー・デュ・ヴァンドモア……324

コトー・デュ・ジェノワ……087, 325

コトー・デュ・リヨネー……075

コトー・デュ・レイヨン……084, 323

コトー・デュ・ロワール……324

コトー・ドゥ……162

コトー・ド・ヴェラルグ……328

コトー・ド・ソミュール……323

コトー・ド・ディー……325

コトー・ド・ローバンス……323

コトー・ブルギニョン……075, 315

寿屋……039

コトレッタ・アッラ・ボロニェーゼ ¶¶……143

コニリオ・イン・ポルケッタ・アッラ・マルキジャーナ ¶¶……144

コネリアーノ・ヴァルドッビアデネ・プロセッコ……130, 346

コネリアーノ・プロセッコ……130, 346

コハク酸……012

コピアポ・ヴァレー……391

五百万石……250

コペルティーノ……359

コミューン……061

コミュナル……061

米麹……248

小諸市……041

小山浩平……197

コヤマ・ワインズ……197

コリウール……098, 330

コリェイタ……158

コルヴィーナ・ヴェロネーゼ ♣……272

コルク臭……023

コルク栓置き皿……231

コルク・リフト……231

ゴルゴンゾーラ ¶¶……244

コルシカ島……094

コルス……095

コルス・カルヴィ……328

コルス・コトー・デュ・カップ・コルス……328

コルス・サルテーヌ……327

コルス地方……327

コルス・フィガリ……328

コルス・ポルト・ヴェッキオ……328

コルティ・ベネディッティーネ・デル・パドヴァーノ……354

コルテーゼ ♣……272

コルテーゼ・ディ・ガヴィ……126, 345

コルテーゼ・デッラルト・モンフェッラート……351

コルトーナ……355

ゴルトブルガー ♣……273

コルトン……068, 319

コルドン……017

コルトン・シャルルマーニュ……068, 319

コルトン+畑名……068

コルナス……090, 325

コルナラン ♣……273

コルバン……057

コルビエール……097, 329

コルビエール・ブートナック……329

ゴルフォ・デル・ティグッリオ・ポルトフィーノ……352

コルマール……099

コルモントルイユ……320

コロンナ……358

コロンバール ♣……273

コロンビア・ヴァレー……184, 384

コロンビア・ゴージ……384

コンカ・デ・バルベラ……368

コンクリートタンク……020

コンコード ♣……273

混醸法……022

コンスタンシア……205, 392

混成酒……010

混成酒類……010

コンセルヴァーノ……363

コンダド・デ・ウエルバ……370

コンテ ¶¶……242

コンテア・ディ・スクラファーニ……361

コンテッサ・エンテッリーナ……361

コント ……030
コンドリュー……089, 325
コントログエッラ……136, 358
コンフィ・ド・カナール 🍴……107

———— さ ————

サービス用ワゴン……231
サービス用トレー……231
サーラズ……174
ザール……337
ザーレ=ウンストルート……117, 343
最終的な印象……211, 226
栽培条件……016
サヴァティアーノ 🍇……273
サヴァニャン 🍇……256, 273
サヴィニィ・レ・ボーヌ……068, 316
サヴート……139, 361
サヴォワ地区……331
サヴォワ地方……102
サウス・イースタン・オーストラリア……388
サウスイースタン・ニュー・イングランド
　　……386
サウス・ウェスト・オーストラリア……390
サウス・オーストラリア……190
サウス・コースト A.V.A.……184, 383, 389
サウス・バーネット……194, 390
サヴニエール……085, 323
サヴニエール・クーレ・ド・セラン
　　……085, 323
サヴニエール・ロッシュ・オー・
　　モワンヌ……085, 323
寒河江市……042
ザガローロ……358
酢酸……012
ザクセン……117, 343
サグランティーノ 🍇……273
サグランティーノ・ディ・
　　モンテファルコ……134
ザグレブ……172
ザゴリエ・メディムリエ……172
サザーランド–カルー……395
サザン・オレゴン……384

サザン・カンフォート ……035
サザン・ニュー・サウス・ウェールズ……389
サザン・ハイランズ……389
サザン・フリンダーズ・レーンジズ……388
サザン・フルーイオ……388
サシー……321
サシー 🍇……273
砂質土壌……024
サステイナビリティ認定保証シール……203
サッカロミセス・セレヴィシエ……019
サッピオネータ……362
薩摩焼酎……027
サドルロック・マリブ……383
ザ・ハンプトンズ……385
ザ・ペニンシュラズ……388
サポリーニョ 🍇……273
サムエル・マースデン……194
サムソ……273
サモス……374
サモス島……180
サモロドニ……174
サラーメ・ペッツェンテ 🍴……146
サラダ・ニソワーズ 🍴……106
サラド・クリーク……383
サラパルータ……361
サリーナ……366
サリーチェ・サレンティーノ……138, 360
サルヴァ・クレマスコ 🍴……245
サルヴァニャン……163
サルスエラ 🍴……153
サルタ（州）……198, 391
サルタナ 🍇……273
サルデ・アッラ・メンタ 🍴……146
サルデ・イン・サオール 🍴……142
サルデーニャ州……139, 350, 361, 367
サルデーニャ・アルゲーロ……139
サルデーニャ・ヴェルナッチャ・ディ・
　　オリスターノ……140
サルデーニャ・ヴェルメンティーノ・ディ・
　　ガッルーラ……139
サルデーニャ・カリニャーノ・デル・スルチス
　　……140
サルデーニャ・セミダーノ……362

サルデーニャ・マルヴァジア・ディ・ボーサ
　……140
サルトゥ・ディ・リーゾ ¶¶……145
サルマナザール……232
サルミ・ド・パロンプ ¶¶……107
サルモレホ ¶¶……155
サレーミ ……366
サレント ……366
ザ・ロックス・ディストリクト・オブ・
　ミルトン・フリーウォーター……384
サン・アントニオ・ヴァレー……202, 380, 391
サン・イシドロ・ディストリクト……380
サン・ヴェラン……073, 317
サングエ・ディ・ジューダ……353
サングエ・ディ・ジューダ・デッロルトレポ・
　パヴェーゼ……353
ザンクト・ガレン……375
ザンクト・ラウレント ♣……274
サングリア ……014
サン・クリストル……328
サン・コロンバーノ……353
サン・コロンバーノ・アル・ランブロ……353
サン・サトゥルナン……329
サン・サルド……333
サン・シニアン……096, 329
サン・シニアン・ベルルー……329
サン・シニアン・ロクブルン……329
サン・ジネシオ……357
サン・ジミニャーノ……356
サン・シモン・ダ・コスタ ¶¶……247
サン・ジャン・ド・ラ・ポルト……332
サン・ジュリアン……048, 051, 052, 312
サンジョヴェーゼ ♣……254, 274
サンジョヴェーゼ・グロッソ ♣……255
サン・ジョセフ……089, 325
サン・ジョルジュ・コート・パヴィ……058
サン・ジョルジュ・サン・テミリオン
　……049, 313
サン・ジョルジュ・ドルク……329
サン・ジョワ・ブリュレ……332
サン・セヴェーロ……360
サンセール……087, 324
サンソー ♣……274

サンソンネ ……058
サンタ・イネズ・ヴァレー……381
サンタ・クララ・ヴァレー……380
サンタ・クルーズ・マウンテンズ……381
サンタ・バーバラ・カウンティ ……381
サンタ・マリア・ヴァレー……381
サンタ・マルガリータ・ランチ……381
サンタ・マルゲリータ・ディ・ベリチェ……361
サン・タムール……074, 317
サンタ・リータ・ヒルズ……381
サンタ・ルチア・ハイランズ……380
サンタレーノ ♣……274
サンタンティモ……356
サン・タンドレ ¶¶……239
サンタンナ・ディ・イーゾラ・カーポ・
　リッツート……361
サンデーズ・グレン……394
サン・テステフ……047, 051, 052, 053, 312
サン・テミリオン……049, 313
サン・テミリオン ♣……257, 274
サン・テミリオン・グラン・クリュ
　……049, 313
サンテ・ランチェリオ……118
サン・トーバン……072, 316, 323
サン・トーバン・ド・リニェ……323
サント・クロワ・デュ・モン……313
サントネイ ……072, 316
サントノ ……070
サント・フォワ・ボルドー……313
サントリーニ……374
サントリーニ島……179
サントル・ニヴェルネ地区……086, 324
サン・トルペ……356
サン・ドレゼリィ……328
サンニオ……359
サン・ニコラ・ド・ブルグイユ……086, 324
サン・ネクテール ¶¶……243
サン・パスカル・ヴァレー……383
サン・ピエール……052
サン・ファン州……199, 391
サン・ファン・クリーク……381
サンブーカ ……034
サンブーカ・ディ・シチリア……361

サン・フランシスコ・ベイ……380
サン・ブリ……062, 315
サンブリー……390
サン・ベニート……380
サン・ベニート・カウンティ……380
サン・ベルナーベ……380
サン・ペレイ……090, 325
サン・ペレイ・ムスー……325
サン・マルティーノ・デッラ・
　バッタリア……353
酸味……011, 210, 223
サン・ミギュエル・ディストリクト……381
サン・モール・ド・トゥーレーヌ 🍴……240
サン・ラファエル……199
サン・ランベール……323
サン・ランベール・ラタイ……323
残留農薬……233
サン・ルイス・オビスポ・カウンティ……381
サン・ルーカス……380
サンルーカル・デ・バラメーダ……151
サン・ローラン……052, 053
サン・ロマン……070, 316

──────── し ────────

ジー・アイ……189
シー・アイ・エフ……234
シー・アイ・ビー……176
シー・アンド・エフ……234
ジーウォーター……393
シー・エフ・アール……234
シー・エム……082
シー・エム・ディー……175
ジーガーレーベ 🍇……274
シーダーバーグ……394
シー・ティー……175
シードル……029
ジーベルディンゲン……340
ジーベンゲビルグ……337
ジーロング……192, 389
試飲直販所……189
シヴィ・ピノ 🍇……274
シヴェ・ド・マルカサン 🍴……107

シヴェット・ディ・カモージョ 🍴……140
ジヴリ……073, 317
シェアペンヒーヴェル……393
シェーヴルタイプ……238
ジェームズ・バズビー……187, 194
シエナ県……132
シェナス……074, 317
ジェナッツァーノ……358
シェナンドア・ヴァレー……385
シエネガ・ヴァレー……380
シェフソムリエ……229
シェヘライム・マウンテンズ……384
シエラス・デ・マラガ……370
シエラ・フットヒルズA.V.A.……183, 382
シエラ・ペローナ・ヴァレー……383
シェリー……014, 151
ジェロボアム……232
ジオグラッフ……189, 390
塩尻市……041
シガラ・ラボー……053
シガレス……369
色調……208, 212
ジゴ・ダニョー・ロティ 🍴……107
仕込み水……012
ジゴンダス……090, 325
持続性……211, 226
シチリア……361
シチリア州……139, 350, 361, 366
ジヴァ……179, 373
シッツァーノ……351
シッパー……233
シッラ……366
シッラロ……364
シティア……373
シデリティス 🍇……274
シトラスダル・ヴァレー……394
シトラスダル・マウンテン……394
信濃リースリング 🍇……274
シニアティコ 🍇……274
シニィ・レ・ローズ……320
シニャン……331
シニャン・ベル・ジュロン……332
シノン……086, 324

索引 50音順索引──さ・し

シビオーラ ……367
ジビッボ 🍇……274
シポン 🍇……274
シミルカミーン・ヴァレー ……186
シモンスバーグ・ステレンボッシュ ……392
シモンスバーグ・パール ……392
シャールガ・ムシュコターイ 🍇……274
シャヴィニョル 🍴……240
シャウムヴァイン ……014, 112
シャウルス 🍴……241
ジャエン 🍇……274
シャカレッロ 🍇……275
弱発泡性ワイン ……014
ジャケール 🍇……275
シャサーニュ・モンラッシェ ……072, 316, 319
ジャスニエール ……086, 324
シャスラ 🍇……275
シャッカ ……361
シャティヨン・アン・ディオア ……325
シャトー ……046
シャトー・グリエ ……089, 325
シャトー・シャロン ……101, 331
シャトーヌフ・デュ・パプ ……091, 326
シャトーメイヤン ……325
ジャパニーズウィスキー ……028
ジャハント ……382
シャビシュー・デュ・ポワトー 🍴……240
シャプタリザシオン ……021
シャフハウゼン ……375
シャブリ ……061, 315
シャブリ・グラン・クリュ ……061, 315
シャブリジアン ……315
シャブリ・プルミエ・クリュ ……062, 315
シャペル・シャンベルタン ……064, 318
シャムリー ……321
シャラント県 ……030
シャルツホーフベルク ……116, 337
シャルドネ 🍇……256, 275
シャルトリューズ ……034
シャルバ 🍇……275
シャルマ方式 ……023
シャルム ……070
シャルム・シャンベルタン ……064, 318

シャルルマーニュ ……068, 319
シャローン ……380
シャロレ 🍴……241
シャン・カネ ……072
シャンデル ……231
ジャンヌ・ダルク ……079
シャンパーニュ ……079, 320
シャンパーニュ・オープナー ……231
シャンパーニュ・サーベル ……231
シャンパーニュ地方 ……079
シャンパーニュ方式 ……023
シャンパン ……070
シャンピヨン ……321
ジャン・フォール ……057
シャンブレ ……233
シャンベルタン ……063, 318
シャンベルタン・クロ・ド・ベーズ
……064, 318
ジャン・ベルナール＝マッサール ……162
シャンボール・ミュジニィ ……065, 316, 318
ジャンボン・ペルシエ 🍴……106
ジャン＝マルク・オルゴゴソ ……013
シュイイ ……320, 321
ジュイ・レ・ランス ……321
ジュートティロール ……128
ジュール・エミール・プランション ……017
ジュール・ギョ ……017
シュヴァイゲナー ……340
シュヴァリエ・モンラッシェ ……071, 319
シュヴァルツリースリング 🍇……255, 275
シュヴァル・ブラン ……056
シュヴイツ ……375
シュヴェルニイ ……085, 323
収穫 ……016
シュークルート 🍴……105
修道院 ……010
シュール・リー ……022
ジュール・エミール・プランション ……017
ジュール・ギョ ……017
ジュヴレ・シャンベルタン ……063, 316, 318
樹液の溢出 ……016
熟成年数表記トウニー・ポート ……158
シュクルレット 🍇……275

種子……015
酒税法……040
酒石……012
酒石結晶……012
酒石酸……012
酒造好適米……249
シュタイガーヴァルド……341
シュタイヤーマルク州……168, 372
シュタイヤーラント……372
シュタインフェーダー……167
シュタインヘーガー……031
シュタインベルク……115, 338
シュタルゲンブルク……340
シュティーグ……337
シュテュック……110
シュトルム……165
シュトローヴァイン……166
シュナン・ブラン🍇……256, 275
ジュニパー・ベリー……032
ジュネヴァー……031
ジュヌヴリエール……070
ジュネーヴ……163, 375
主発酵……021
シュペートブルグンダー🍇……255, 275
シュペートレーゼ……111, 166
シュペートロート🍇……275
酒母……250
ジュラ・サヴォワ（地方）……100, 331
ジュラシック・ドレイト……188
ジュラ地区……331
ジュラ地方……100
ジュラフティーナ🍇……275
ジュランソン……105, 334
ジュランソン🍇……276
ジュランソン・セック……105, 334
ジュリエナス……074, 317
酒類……010
酒類の地理的表示に関する表示基準……040
酒類販売管理者制度……236
ジュルナル……232
ジュレ……233
シュロスアップフェルング……110
シュロス・ノイエンブルグ……343

シュロス・フォルラーツ……115, 338
シュロス・ヨハニスベルク……109, 115
シュロス・ライヒャルツハウゼン……115, 338
純米吟醸酒……251
純米酒……252
純米大吟醸酒……251
ジョアン・デ・サンタレム🍇……276
ジョイア・デル・コッレ……360
ショイレーベ🍇……276
常圧蒸溜……027
ジョヴィニアン……315
常温減圧濃縮……025
蒸きょう……248
小公子🍇……276
上質指定4品種……099
焦臭性……221
上槽……249
醸造アルコール……252
醸造酒……010
醸造酒類……010
醸造用玄米……249
城の平……041
上面発酵……026
蒸溜酒……010
蒸溜酒類……010
ショー……233
ショーヴァン……057
ショーニー・ヒルズ……386
ショーム……084
ショールヘイヴン・コースト……389
食品添加物……233
除梗……021
植物……217
ジョシップ・ペトロフ・バビッチ……195
ジョセフ・ルイ・ゲイ＝リュサック……011
ショターニュ……331
ショッペンシュテヒャー……114
ショプロン……376
ショムロー……174, 376
ショレイ・レ・ボーヌ……069, 316
ジョン・アルヴィッド・
　ローゼングレン……229
ジョン・グラッドストーン博士……189

ジョンジュー……332
ジョン・ペゼット……013
ジョン・リドック……191
シラー🍇……254, 276
シラーヴァイン……112
シラーズ🍇……255, 276
シラーズの首都……190
白樺炭……032
シラクーサ……361
シリア🍇……276
後志地方……042
シルヴァーナー🍇……276
シルヴァーナッツ・ゼレニ🍇……276
シルヴァネル🍇……276
シルーブル……074, 317
シルヒャー……165
シルリ……320
ジロ🍇……276
白カビタイプ……237
ジロ・ディ・カリアリ……362
ジロパレット……080
白ワイン……013
シロン川……045
ジロンド川……045
ジロンド党(派)……046
ジン……031
浸漬……248
信州ワインバレー構想……040
心白……249
ジンファンデル🍇……254, 277
シンポジア……178
信用状取引……234
信用状なし取引……235
森林木……221

スイス……163
スイス・アルモン……164, 375
スイス・イタリエンヌ……164, 375
スイス・ロマンド……163, 375
スヴェレート……134, 348
スーザン・ヴァレー……379

スーズ……034
ズートティロラー……128, 353
ズートティロル……128, 353
スーパー・ヴィーノ・ダ・ターヴォラ……121
スーパー・タスカン……121, 132
スー・ブラニィ……071
スール……202
スー・ル・ド・ダヌ……071
スオ……054
スカヴィーニャ……139, 361
スカンツォ……128, 345
スキアーヴァ🍇……277
スキオペッティーノ🍇……277
ズギハラ・デ・フシ🍇……277
スキンコンタクト……023
スクインザーノ……360
スクオー・ヴァレー・ミラモンテ……383
スクリューキャップ……023
スコッチウィスキー……028
スコットランド……160
スゴン・ヴァン……047
スタール……058
スタウト……026
スタジオナート🍴……245
スタッグス・リープ・ディストリクト……378
スタンフォード・フットヒルズ……394
ズッパ・ヴァルペッリネーゼ🍴……140
スップリ・ディ・リーゾ🍴……144
スティーン🍇……257, 277
スティル・ワイン……013
スデュイロー……053
ステューベン🍇……277
ステレンボッシュ地区……204, 392
ステレンボッシュ・ワインルート……204
ステンレスタンク……020
ストゥルーデル🍴……142
ストゥルマ渓谷……177
ストームスフレイ……393
ストッカフィッソ・アッランコネターナ🍴……144
ストラスブール……099
ストラスボーギ・レーンジズ……389
ストルノ・ヴィノ……171

セシル・オーク ……020
石灰質土壌 ……024
セック ……082
セッコ ……123
セップ・ア・ラ・ボルドレーズ ♥♥ ……107
セッラペトローナ ……357
セッラルンガ・ダルバ ……125
セニエット塩 ……012
セニエ法 ……022, 081
ゼニット ♥ ……278
セネカ・レイク ……385
セビーノ ……363
セプタントリオナル ……089, 325
セブン・シスターズ ……160
セミ・ジェネリック ……182
セミハードタイプ ……238
セミヨン ♥ ……278
セラードア ……189
ゼラチン ……020
セリーヌ ♥ ……255, 278
ゼリッヒ ……337
セルシアル ……159
セルシアル ♥ ……278
セル・シュール・シェール ♥♥ ……240
セルタン・ド・メイ ……059
セルミエ ……321
セレーザ ♥ ……278
セレクション・ド・グラン・ノーブル ……100
セレクチオン ……112
セレクチオン・ラインヘッセン ……114
セレクト ♥ ……278
セレス ……394
セレス・プラトー ……394
セレニッシマ ……354
セロン ……313
選果 ……021
ゼングー ♥ ……279
善光寺 ♥ ……279
善光寺平 ……041
センシベル ♥ ……255, 279
センチリットル ……232
剪定(冬期剪定) ……016
セント・フランシス・ベイ ……395

セント・ヘレナ ……378
セント・ヘレナ・ベイ ……392
セントラル・ヴァレー ……183, 202, 382, 391
セントラル・ヴィクトリア ……389
セントラル・ウェスタン・
　　オーストラリア ……390
セントラル・オタゴ ……197
セントラル・オレンジリヴァー ……395
セントラル・コースト A.V.A. ……183, 380
セントラル・デラウェア・ヴァレー ……387
セントラル・レーンジズ ……389

———————— そ ————————

ソアーヴェ ……131, 354
ソアーヴェ・スペリオーレ ……130, 346
ソヴァーナ ……356
総合印象 ……211, 226
ソウサン ♥ ……279
ソウザォン ♥ ……279
ソーヴィニヨン・グリ ♥ ……279
ソーヴィニヨン・ブラン ♥ ……279
ソーシニャック ……103, 333
ソーテルヌ ……015, 048, 053, 054, 313
ソーヌ・エ・ロワール ……060, 317
速醸系酒母 ……251
ソシエテ・ド・レコルタン ……082
ソップレッサータ ♥♥ ……146
ソットゾーナ ……133
ソノイタ ……386
ソノマ・ヴァレー ……378
ソノマ・カウンティ ……377
ソノマ・コースト ……377
ソノマ・マウンテン ……378
ソプラサーダ ♥♥ ……155
ソパ・デ・アホ ♥♥ ……154
ソミエール ……329
ソミュール ……084, 323
ソミュール・シャンピニィ ……084, 323
ソミュール=ピュイ=ノートル=ダム ……323
ソミュール・ムスー ……323
ソムリエ ……229
ゾムンマーハウゼン ……341

ソモンターノ……368
空知地方……042
ソラノ・カウンティ……379
ソラノ・カウンティ・グリーン・ヴァレー
……379
ソラリス🍇……279
ソルビン酸……233
ソレラ・システム……151
ソロテュルン……375
ゾンダ……198

──────── た ────────

ターイ・ボル……174
ダーウェント・ヴァレー……193
ダーバンヴィル……205, 392
ターフェシュピッツ🍴……169
ダーリン地区……204, 392
タイ🍇……279
第一のアロマ……209
タイガーバーグ地区……205, 392
大吟醸酒……251
大黒葡萄酒株式会社……039
第三のアロマ……209
大西洋地方……370
大善寺……039
ダイデスハイム……340
第二のアロマ……209
大日本山梨葡萄酒会社……039
大平原地方……175, 376
ダイヤモンド・マウンテン・
　ディストリクト……378
タイユ……080
大陸性気候……023
タヴェル……091, 326
タヴォリエーレ……360
タヴォリエーレ・デッレ・プーリエ……360
ダウニア……366
タウバーフランケン……342
タウラージ……137, 349
高畝式……038
高野正誠……039
詫間憲久……039

ダグラス……395
タコロンテ・アセンテホ……370
田崎真也……229
タストヴァン……231
タスマニア州……193, 390
タッコーニ🍴……145
ダック……166
ダッソー……057
ダッレーヴォ🍴……245
タッロス……367
タナ🍇……279
棚仕立て……017
ダニガン・ヒルズ……382
ダヌーブ・プレイン……177
ダフネス……373
ダブリュ・アイ・イー・ティー・エー……204
ダブリュ・エー・シー……188
ダブリュ・エス・ティー・エー……161
ダブリュ・オー……203
タマイオサア・ロマネスカ🍇……280
タヤリン🍴……141
タラゴナ……368
タランゴ🍇……280
タランス……055
タランティーノ……366
タリアテッレ・アッラ・ボロニェーゼ🍴
……143
タランテュリエ🍇……280
タルクイニア……358
ダルシュ……054
樽熟成……020
タルト・タタン🍴……108
樽発酵……025
タルボ……052
ダルマイヤック……052
ダルマチアン・サゴラ……173
タレッジョ🍴……244
ダン……157
炭酸ガス注入方式……023
単式蒸溜焼酎……027
段仕込み……249
短梢……017
短梢剪定……038

索引

50音順索引——た〜て

ダンディー・ヒルズ……384
タンテュリエ🍷……280
タンニン……019, 210, 225
タンバランバ……193, 389
タンペレ……233

──────── ち ────────

チーズ……237
チーマ・アッラ・ジェノヴェーゼ🍴……141
チヴィテッラ・ダリアーノ……365
チェザネーゼ🍷……280
チェザネーゼ・ディ・アッフィレ……358
チェザネーゼ・ディ・オレヴァノ・
　　ロマーノ……358
チェザネーゼ・デル・ピーリオ……135, 349
チェッラティカ……352
チェラスオーロ……123
チェラスオーロ・ダブルッツォ……358
チェラスオーロ・ディ・
　　ヴィットリア……139, 350
チェルヴェーテリ……358
チェルセギ・フーセレシュ🍷……280
チオール……013
千曲川ワインバレー……040
チステルナ・ダスティ……351
地中海性気候……024
地中海地方……368
チナール……035
遅腐病……018
チプロ……178
チャイルス・ヴァレー……378
着色……016
チャコリ……149
チャコリ・デ・アラバ……368
チャコリ・デ・ゲタリア……368
チャコリ・デ・ビスカヤ……368
チャレッロ🍷……280
中央および南部ダルマチア……173
中央ギリシャ地方……179
中央バルカン部……177
チューリッヒ……375
チューリップ型……229

チューリンゲン……343
チュッピン🍴……141
チュレティーリャス・デ・コルデロ・
　　レチャル🍴……152
チュロス🍴……154
チョアパ・ヴァレー……391
調合……080
長梢……017
長梢剪定……038
チョーク・ヒル……378
チョリソ・デ・イベリコ🍴……154
直接圧搾法……022
直輸入通関……235
チョングラード……376
チリ……200
チリエジョーロ🍷……280
地理的表示保護……238
チルチェオ……358
チレント……359
チロ……138, 360
チロシナーゼ……019
チンクエ・テッレ……127, 352
チンクエ・テッレ・シャッケトラ……127, 352
珍陀酒……039, 156

──────── つ ────────

ツィアファンドラー🍷……280
ツヴァイゲルト🍷……280
ツヴァイゲルトレーベ🍷……280
ツーク……375
ツェルティンゲン……336
ツェル・モーゼル……089, 336
月の港……045
土屋龍憲……039
土寄せ……016
都農町……043
ツビィチェック……179
蕾……016

──────── て ────────

ディ・ノイエ……113

428

デアルリレ・トランシルヴァニエイ……176
デアルリレ・モルドヴェイ……176
ディアーノ・ダルバ……125, 344
ディアブロ・グランデ……382
ディー……088
ディー・イー・エフ・アール・エー……161
ディー・ヴイ・エー……185
D/A決済……235
ディー・エー・シー……166
ティー・エス・ジー……239
ディー・オー……148, 198, 200
ディー・オー・シー……120, 156, 175
ディー・オー・シー・エー……149
ディー・オー・シー・ジー……120
ディー・オー・ピー……121, 148, 344
D/P決済……235
ティー・ティー・ビー……182
ディーンハイム……339
ティエド……233
ティエラ・デル・ビーノ・デ・サモラ……370
ティエラ・デ・レオン……370
ディオニュソス……175
ディオリノワール🍇……280
ディケム……053
ディジェスティフ……230
ディジョン……060
ディジョン・クローン……195
ディズィー……321
ディスク……208
テイスティング……208
テイスティング用語……212
ティチーノ……164, 375
ディッサン……051
ティップ・オブ・ザ・ミット……387
ティフィン……035
ティブラン🍇……281
テイマー・ヴァレー……193
ディミャト🍇……281
ディ・モデナ……355
ティラージュ……080
ティルバッハ……392
ティル・ブション……231
ディレック・ミルネ……195

ティレニア海……119
ティンタ・アマレラ🍇……281
ティンタ・デ・トロ🍇……255, 281
ティンタ・デ・マドリッド🍇……255, 281
ティンタ・デル・パイス🍇……255, 281
ティンタ・ネグラ🍇……281
ティンタ・ネグラ・モーレ……159
ティンタ・バロッカ🍇……281
ティンタ・ピニェイラ🍇……281
ティンタ・ミウーダ🍇……281
ティンタ・ロリス🍇……255, 281
ティンティリア・デル・モリーゼ……136, 359
ティント・カン🍇……281
ティント・フィノ🍇……255, 281
ティンプルトン・ギャップ・
　ディストリクト……381
デヴォン・ヴァレー……392
デヴォン紀……024
デエサ・デル・カリサル……369
デーセラー……230
テート・ド・キュヴェ……080
テーブルワイン……188
デール・バラトン……376
手形支払い書類……235
手形引受書類渡し……235
デカンター……231
デカンタージュ……230
デカンター・ドライヤー……231
デカントゥール……230
テキーラ……032
テキーラ・アニェホ……033
テキーラ・ブランコ……032
テキーラ・レポサド……033
テキサス州……385
テキサス・ディヴィス・マウンテンズ……385
テキサス・ハイ・プレインズ……385
テキサス・ヒル・カントリー……385
摘房……016
デキャンター……230
デギュスタシオン……208
テクソマ……385
デゴルジュマン……023, 081
デジェウノ・ヴィノPGO……170

デステユー……057
デスミライユ……051
テッサリア地方……375
テッシー……320
テッラチーナ……358
テッラッツェ・レティケ・ディ・ソンドリオ……362
テッラ・ディ・コセンツァ……139, 361
テッラティコ・ディ・ビッボーナ……356
テッラディフォルティ……353
テッラ・ドートラント……360
デッラルト・アディジェ……128, 353
テッラルバ……362
テッレ・アクイラーノ……365
テッレ・アルフィエーリ……351
デッレ・ヴェネツィエ……363, 364
テッレ・シチリアーネ……366
テッレ・ディ・ヴェレーヤ……364
テッレ・ディ・オッフィーダ……357
テッレ・ディ・カソーレ……356
テッレ・ディ・キエーティ……365
テッレ・ディ・ピサ……356
テッレ・デッラクイラ……365
テッレ・デッラルタ・ヴァル・ダグリ……138, 360
テッレ・デッリ・オーシ……365
テッレ・デル・ヴォルトゥルノ……365
テッレ・デル・コッレオーニ……353
テッレ・トッレージ……136, 358
デッレミリア……364
テッレ・ラリアーネ……363
テヌータ……120
デヌミーレ・デ・オリジネ・コントロラータ……175
デノミナシオン・デ・オリヘン……148, 200
デノミナシオン・デ・オリヘン・カリフィカーダ……149
デビーナ 🍇……281
デビット 🍇……281
デプス・オブ・カラー……208
デフラ……161
デブルバージュ……022
テ・マタ……194

デスミライユ……051
テメキュラ・ヴァレー……383
デュアール・ミロン・ロッチルド……052
デューティ・クローズ……234
デュクリュ・ボーカイユ……051
デュシェ・デュゼス……091, 326
デュ・テルトル……053
デュラス 🍇……281
デュリーズ 🍇……281
デュリフ 🍇……282
デュルクハイム……340
デュルフォール・ヴィヴァンス……050
テュンガースハイム……341
テラ・アルタ……368
デラウエア 🍇……282
テラス・デュ・ラルザック……096, 328
テラ・ロッサ……188, 191
テラン 🍇……282
テランテス……159
テランテス 🍇……282
デリア・ニヴォレッリ……361
デル・ヴァステーゼ……365
テルトル・ドーゲイ……058
デル・フルシナーテ……365
テルメンレギオン……168, 372
テルモメートル……231
デル・モリーゼ……136, 359
テレ 🍇……282
テレ・ノワール 🍇……282
テレ・ブラン 🍇……282
テロルデゴ 🍇……282
テロルデゴ・ロタリアーノ……128, 353
テロワール……060
電信送金……235
天童市……042
伝統的特産品保証……239
テンドーネ……119
天然甘口ワイン……334
テン・バイ・ファイヴ（10/5）……195
テンプラニーリョ 🍇……254, 255, 282
展葉……015
天竜川ワインバレー……040

─────────── と ───────────

ドイチェス・ヴァインジーゲル……112
ドイツ……109
ドイッチャー・ヴァイン……110
ドイッチャー・ゼクト……112
ディミトリエ・カンテミール……175
ドゥー……082
トゥーニベルク……342
トゥール……083
トゥール・シュル・マルヌ……320, 321
トゥーレーヌ……085, 323
トゥーレーヌ・アゼイ・ル・リドー……324
トゥーレーヌ・アンボワズ……324
トゥーレーヌ・オワズリー……324
トゥーレーヌ・ガメイ……323
トゥーレーヌ・シュノンソー……324
トゥーレーヌ地区……085, 323
トゥーレーヌ・ノーブル・ジュエ……324
トゥーレーヌ・ペティヤン……324
トゥーレーヌ・ムスー……323
トゥーレーヌ・メスラン……324
20フィートサイズコンテナ……234
トゥクマン州……199, 391
ドゥジェム・クリュ……054
ドゥジェム・グラン・クリュ……050
ドゥジエム・フェルマンタシオン・アン・
　ブテイユ……081
ドゥジェンタ……365
トゥッルム……136, 358
トウニー・タイプ……158
動瓶……080
ドゥブル・マグナム……232
東部・黒海沿岸……177
ドゥブロヴニク……171
トゥプンガト……199
東御市……041
ドゥミ・セック……082
糖蜜……033
ドゥミ・ブティユ……232
透明度……208
トゥラドウ……394
トゥラドウ・ハイランズ……394

トゥリガ・ナショナル 🍷……282
トゥリガ・フランカ 🍷……283
トゥリゴ……283
道立中央農業試験場……042
トゥルガウ……164, 375
トゥルソー 🍷……283
トゥルバッハ地区……204
ドゥルバッハ……342
トゥルバ・デュ・ルーション 🍷……283
ドゥレッロ・レッシーニ……354
ドウロ……157
トゥロン 🍴……153
ドゥンケルフェルダー 🍷……283
ドーヴァーの白い崖……160
ドーザック……053
トーディ……357
ドームデヒャナイ……115
ドール……163
ドール・ブランシュ……163
トカイ……376
トカイ・アスー・エッセンシア……015
トカイ・ヘジャリャ地方……175, 376
十勝……042
ド・カマンザック……053
トクシエール・ミュトリー……320
特定名称酒……251
特別純米酒……251
特別本醸造酒……252
ドザージュ……081
ドザージュ・ゼロ……082
ド・サル……059
トスカーナ大公コジモ3世……119
トスカーナ州……132, 347, 355, 364
トスカーノ……364
ドス・リオス……377
ドデカネーゼ諸島……374
ドナウ川……165
ドナウ平原……177
トヌロワ……315
トノー……232
トパーク……188
ド・フェラン……057
ド・フューザル……054

ド・プレサック……058
ド・マル……054
ドミナ🍷……283
ドミニオ・デ・バルデプーサ……151, 369
登美の丘……041
ド・ミラ……054
ドメーヌ……061
ドメーヌ・ド・シュヴァリエ……055
ドメーヌ・ド・レグリーズ……059
ドライ・クリーク・ヴァレー……378
ドライコンテナ……234
トライゼンタール D.A.C.……167, 372
ドライ・リヴァー……195
トラキアヴァレー……177
トラキア人……177
トラサリエ🍷……283
トラディショナル方式……022
トラピスト……027
トラミネル🍷……257, 283
トラミナー・アロマティコ🍷……283
トラミナッツ🍷……283
トラミニ🍷……283
トラミネッツ🍷……283
トランスファー方式……023
ドランブイ……035
トリアージュ……021
ドリアーニ……125, 344
トリーア……109, 337
鳥居平……041
トリクロロアニゾール……235
トリッテンハイム……336
ドリップ・イリゲーション……200
トリニティ・レイクス……379
トリノ県……124
トリュイト・オ・ブルー🍴……106
トリンカデイラ🍷……283
トルジャーノ……357
トルジャーノ・ロッソ・リゼルヴァ
　　……134, 348
ドルスハイム……339
トルタ・ディ・リコッタ🍴……144
トルタ・デル・カサール🍴……247
ドルチェ……123

ドルチェアックア……127, 352
ドルチェット🍷……284
ドルチェット・ダックイ……351
ドルチェット・ダスティ……351
ドルチェット・ダルバ……126, 351
ドルチェット・ディ・オヴァーダ……126, 351
ドルチェット・ディ・オヴァーダ・
　　スペリオーレ……126, 344
ドルチェット・ディ・ディアーノ・
　　ダルバ……125, 344
トルティエーラ・ディ・アリーチ🍴……146
トルテッリ・ディ・ズッカ🍴……141
トルテッリーニ🍴……142
ドルドーニュ川……045
トルナ……376
トルブリャン🍷……284
ドルンフェルダー🍷……284
トレイシャドゥーラ🍷……284
トレイーゾ……125
トレヴィーゾ県……129
ド・レーヌ・ヴィニョー……053
トレーシー・ヒルズ……382
トレクセンタ……367
トレッソ🍷……284
トレッビアーノ・ダブルッツォ……136, 358
トレッビアーノ🍷……284
トレッビアーノ・トスカーノ🍷……257, 284
トレパイユ……320
トレパット🍷……284
トレンティーノ……128, 353
トレンティーノ＝アルト・アディジェ州
　　……128, 353, 363
トレント……129, 353
トロ……150, 369
トロタノワ……059
トロッケン……112
トロッケンベーレンアウスレーゼ
　　……015, 111, 166
トロットヴィエイユ……056
トロリンガー🍷……284
トロロン・モンド……056
トロワ・グラン・クリュ……051
トロワ・ピュイ……320

トロンセ ……021
トロンテス 🍇……285
トロンテス・サンファニーノ 🍇……285
トロンテス・リオハーノ 🍇……285
ドワジ・ヴェドリーヌ ……054
ドワジ・デーヌ ……054
ドワジ・デュブロカ ……054
トンノ・ボッリート 🍴……146
ドン・ペリニヨン ……079

───────── な ─────────

ナーエ ……114, 339
ナーエタール ……339
ナーエシュタイナー ……113
ナイアガラ 🍇……042, 285
ナイアガラ・エスカープメント ……385
ナイアガラ・ペニンシュラ ……185, 186
ナイツ・ヴァレー ……378
内陸部地方 ……150, 369
ナヴァラン・ダニョー 🍴……106
ナウサ ……178, 373
長野県原産地呼称管理制度 ……040
ナスコ・ディ・カリアリ ……362
ナチェス・ハイツ ……384
ナチュラル・イリゲーション ……200
ナチュラルウォーター ……036
ナチュラルチーズ ……237
ナチュラルミネラルウォーター ……036
ナチュレ 🍇……257, 285
ナッケンハイム ……339
ナバーラ ……149, 368
ナパ・ヴァレー ……378
ナパ・カウンティ ……378
ナビュコドノゾール ……232
生酒 ……249
生詰め酒 ……249
ナルド ……359
ナルニ ……364
軟水 ……036
南西地方 ……102, 333
ナント ……083
南部地方(アルゼンチン) ……391

南部地方(スペイン) ……151, 370

───────── に ─────────

ニーアシュタイン ……115, 339
新潟ワインコースト ……042
ニーダーエスタライヒ州 ……167, 372
ニーダハウゼン ……339
ニール・マッカラム ……195
ニエルキオ 🍇……255, 285
苦味 ……210
二酸化硫黄 ……019, 233
二酸化炭素 ……011
西オーストラリア州 ……189, 390
西ケープ州 ……204, 392
二次醪 ……027
二条大麦 ……028
ニッツァ ……126, 345
ニトヴァルデン ……375
日本 ……038
日本アルプスワインバレー ……040
日本酒 ……248
日本酒・ワイン振興室 ……041
日本ワイン ……038
ニュアンス・ヴァリエ ……208
ニュイ ……316
ニュイ・サン・ジョルジュ ……067, 316
ニュー・イングランド・
　　オーストラリア ……389
ニュー・サウス・ウェールズ州 ……193, 388
ニュージーランド・ワイン・
　　グロワーズ ……196
乳酸 ……012
乳酸菌 ……019
ニュージーランド ……194
乳等省令 ……237
ニューヨーク州 ……184
ニョッキ・アッレ・プルーニェ 🍴……142
ニョッキ・コン・フィオレンティーナ 🍴
　　……140
ニョラ 🍴……154

ぬ

ヌイ……393
ヌーシャテル……164, 375
ヌーシャテル 🍴……239
ヌッラ……367
ヌラーグス・ディ・カリアリ……362
ぬる燗……248

ね

ネイヴェ……124
ネウケン……391
ネーロ・ダヴォラ 🍷……286
ネーロ・ディ・トロイア 🍷……285
ネグラ・コリエンテ 🍷……285
ネグラ・モーレ 🍷……285
ネグレット 🍷……285
ネグロアマーロ・ディ・
　　テッラドートラント……360
ネグロ・アマーロ 🍷……285
ネゴシアン……047, 061
ネゴシアン・マニピュラン……082
ネゴスカ 🍷……285
ネットゥーノ……358
ネッビオーロ 🍷……254, 286
ネッビオーロ・ダルバ……127, 351
ネナン……059
ネメア……179, 373
ネラック……054
ネルソン……197
粘液酸……012
粘液酸カルシウム……012
粘性……209
粘土質土壌……024
粘板岩土壌……024

の

ノイジードラーゼー D.A.C.……168, 372
ノイブルガー 🍷……286
ノイマーゲン……109
ノイワイヤー……342

ノヴァーラ県……124
濃縮マスト……040
濃淡……208
ノーザン・スロープス……389
ノーザン・ソノマ……377
ノーザン・テリトリー……390
ノーザン・ネック・ジョージ・ワシントン・
　　バースプレイス……385
ノーザン・リヴァーズ……389
ノース・イースト・ヴィクトリア……389
ノース・ウェスト・ヴィクトリア……389
ノース・コースト A.V.A.……183, 377
ノース・フォーク・オブ・ロアノーク……386
ノース・フォーク・オブ・ロング・
　　アイランド……385
ノース・ユバ……382
ノースランド……196
ノート……361
ノートン 🍷……286
ノジオーラ 🍷……286
飲みごろ……211
ノルマンディ地方……029
ノン・コラージュ……026
ノン・フィルトラシオン……026
ノン・ミレジメ……081

は

バーガー 🍷……286
パーカー・ポイント……181
パース・ヒルズ……189, 390
バーゼル・シュタット……375
バーゼル・ラントシャフト……375
ハーツウォーター……395
バーディッシュ・ベルクシュトラーセ……342
バーディッシュ・ロートゴルト……112
バーデン……117, 342
バーデン・セレクチオン……114
バート・クロイツナッハ……339
ハードタイプ……238
バーニャ・カウダ 🍴……141
パーネ・カラサウ 🍴……147
バーボンウィスキー……029

ハーマン ……386
ハーミテージ 🍇……286
パール地区 ……204, 392
パールヴァイン ……112
ハールシュレヴェリュー 🍇……286
灰色カビ病 ……018
ハイ・ヴァレー ……379
バイエリッシャー・ボーデンゼー ……341
パイエン 🍇……286
バイオダイナミックス ……025
パイス 🍇……286
ハイダ 🍇……286
白酒 ……036
バイツェン ……027
ハイデルベルグ ……342
パイパーズ・リヴァー ……193
バイラーダ ……157
バイルシュタイン ……341
パイン・マウンテン・クローヴァーデール・ピーク ……377, 378
パヴィー ……056
パヴィー・マカン ……056
パヴィ・デュセス ……058
ハウエル・マウンテン ……378
パエストゥム ……365
パエリャ 🍴……153
ハエン 🍇……286
バガ 🍇……287
麦芽 ……026
白山 ……252
バコ 22-A 🍇……287
パゴ・アイレス ……368
パゴ・デ・アリンサノ ……368
パゴ・デ・オタス ……368
パゴ・デル・カルサディーリャ ……369
バコ・ノワール 🍇……287
パゴ・フロレンティーノ ……369
破砕 ……021
バ・ザルマニャック ……031
バジェ・デ・グイマール ……370
バジェ・デ・ラ・オロタバ ……370
パシュラン・デュ・ヴィク・ビル ……104, 334

パシュラン・デュ・ヴィク・ビル・セック ……334
バジリカータ ……366
バジリカータ州 ……138, 350, 360, 366
バス・ヴェルジュレス ……068
パスカル・ブラン 🍇……287
パスタ・アッラ・ノルマ 🍴……146
パスタ・コン・サルデ 🍴……146
バスタルド 🍇……287
パスタフィラータ・タイプ ……238
パスティス ……033
パスティッサーダ・ディ・カヴァル 🍴……142
パソ・ルイス・オビスポ・カウンティ ……381
パソ・ロブレス ……381
パソ・ロブレス・ウィロー・クリーク・ディストリクト ……381
パソ・ロブレス・エストレッラ・ディストリクト ……381
パソ・ロブレス・ジェネスコ・ディストリクト ……381
パソ・ロブレス・ハイランズ・ディストリクト ……381
バタール・モンラッシェ ……071, 072, 319
バタイイ ……052
パタゴニア地方 ……200, 391
バダチョニ ……174, 376
パチェコ・パス ……380
発芽 ……016
バッカラ・アッラ・ヴィチェンティーナ 🍴……142
バッカラ・コン・イ・ペペローニ・クルスキ 🍴……146
パッキングリスト ……234
パック・イン・ボックス ……235
発酵 ……021
パッシート ……122
ハッテンハイム ……115, 338
パッドサウェー ……191, 388
パッパ・アル・ポモドーロ 🍴……143
パッハラッハ ……337
パッパルデッレ・コン・イル・スーゴ・ディ・レプレ 🍴……143

ハッピー・キャニオン・オブ・サンタ・
　　バーバラ……381

発泡性酒類……010
発泡性ワイン……013
パッリーナ……356
パドヴァ県……129
パ・ドゼ……082
ハドソン・リヴァー・リージョン……385
バトナージュ……022
パトラス……373
パトリモニオ……095, 327
花振い……017
パニエ……230
バニュルス……098, 330, 335
バニュルス・グラン・クリュ……098, 330, 335
バニュルス・グラン・クリュ・ランシオ
　　……098, 330, 335
バニュルス・ランシオ……098, 330, 335
バニョーリ……353
バニョーリ・フリウラーロ……129, 345
バニョーリ・ディ・ソープラ……353
パネットーネ 🍴……142
ハネプート 🍷……287
バノックバーン……197
パノニア平原……165
パパス・アルガダス 🍴……155
パパハイバーグ……392
バビチェ 🍷……287
バフース 🍷……287
パブ・クレマン……054
バブル・カット……231
パブロ・モランデ……200
バベアスカ・グリ 🍷……287
バベアスカ・ネアグラ 🍷……287
ハモン・イベリコ 🍴……154
ハモン・デ・ギフエロ 🍴……154
ハモン・デ・テルエル 🍴……153
ハモン・デ・ハブーゴ 🍴……155
パミッド 🍷……288
ハヨーシュ・バヤ……376
バラード・キャニオン……381
バラカ 🍴……242
バラトン湖……173

バラトンフェルヴィデーク……376
バラトンフューレド・チョパク……376
バラトンメレーク……376
バランス……210
ハリアーグ 🍷……288
ハリスコ州……032
パリスの審判……181
パリッツィ……366
パリ・テイスティング……181
パリ万博……046
バルーン型……229
ハルガルテン……338
バルカン半島……176
バルクワイン……040
バルサック……048, 053, 054, 313
バルサミナ 🍷……288
バルタザール……232
パルディーナ 🍷……288
パルディセス・ア・ラ・アルカンタラ 🍴……154
パルテオッラ……367
バルデオラス……150, 370
バルデペーニャス……151, 369
バルド・オー……056
バルドリーノ……130, 353
バルドリーノ・クラッシコ・
　　スペリオーレ……129, 345
バルドリーノ・スペリオーレ……129, 345
パルニー・レ・ランス……321
バルバジア……367
バルバレスコ……124, 344
バルバロサ 🍷……288
ハルプトロッケン……112
バルベーラ 🍷……288
バルベーラ・ダスティ……125, 344
バルベーラ・ダルバ……126, 350
バルベーラ・ディ・モンフェッラート……350
バルベーラ・デル・モンフェッラート・
　　スペリオーレ……125, 344
パルミジャーナ・ディ・メランザーネ 🍴
　　……145
パルミジャーノ・レッジャーノ 🍴……245
バルメール……051
バルレッタ……359

バレアレス諸島……370
バレコ・レアーレ・ディ・
　　カルミニャーノ……355
バレスタール・ラ・トネル……056
パレット……094, 327
パレリャーダ🍇……288
バレンシア……150, 369
バローロ……125, 344
バローロ・キナート……123
バロ・コルダド……152
バロス……374
バロッサ……190, 388
バロッサ・ヴァレー……190, 388
パロミノ🍇……288
ハンガリー……173
バンクーバー・アイランド……186
パン・コン・トマテ🍴……153
パンソーティ・コン・ラ・サルサ・ディ・
　　ノーチ🍴……141
ハンター……193, 389
ハンター・ヴァレー……193, 389
ハンダカス‐カンディア……373
ハンツ州……161
パンツァネッラ🍴……143
バンドール……093, 327
パンテッレリア……139, 361
パンノニア平原……165
パンノンハルマ・ショコローアリア
　　……174, 376
バンフック……392
晩腐病……018
バンプス・ベイ……394

─────── ひ ───────

ピアーヴェ……354
ピアーヴェ🍴……245
ピアーヴェ・マラノッテ……130, 346
ピアス病……018
ピアチェンティヌ・エンネーゼ🍴……246
ビアンヴニュ・バタール・モンラッシェ
　　……071, 319
ビアンケッロ・デル・メタウロ……357

ビアンコ・カペーナ……357
ビアンコ・ディ・カステルフランコ・
　　エミリア……364
ビアンコ・ディ・クストーザ……353
ビアンコ・ディ・ピティリアーノ……355
ビアンコ・デッレンポレーゼ……355
ビアンコ・デル・シッラロ……364
ピー・エー・ティー……235
ピー・エル……234
ピー・ジー・アイ……161, 178, 239
ヒースコート……192, 389
ピースポート……116, 336
ピー・ダブリュ・アイ……203
ビーチワース……192, 389
ピー・ディー・オー……161, 178, 238
ピー・ティー・ビー……170
ピーリオ……349
ピール……189, 390
ビー・ワイ・オー……187
ビィ・ル・グラン……320
火入れ……249
ビヴォンジ……360
ビウラ🍇……257, 288
ピエールヴェール……093, 327
ピエス……080
ピエディロッソ🍇……288
ピエモンテ……127, 351
ピエモンテ州……124, 344, 350
ピエリー……321
ビエルソ……150, 369
ピオーネ🍇……288
ビオディナミ……025
ビオ・ビオ・ヴァレー……202, 391
東エーゲ海諸島……374
ピカデリー・ヴァレー……190
東ケープ州……395
非加熱圧搾タイプ……238
ビカル🍇……288
ピカルダン🍇……289
ピク・サン・ループ……328
ピクトゥネール🍇……289
ピクプール🍇……289
ピクプール・ド・ピネ……328

ピクプール・グリ ♣……289
ピクプール・ノワール ♣……289
ピケナスクルーフ……394
ピコドン �11……242
ビゴリ・イン・サルサ・ディ・アッチューゲ �11
　……142
ピコリット ♣……289
ピサ県……132
ピサ・レンジ……197
ビザンチン帝国……178
ピジャージュ……022
非熟成タイプ……237
ビジュ・ノワール ♣……289
ビショフィンゲン……342
ピション・ロングヴィル・コンテス・ド・
　ラランド……050
ピション・ロングヴィル・バロン……050
ピスコ……200
ビステッカ・アッラ・
　ピッツァイオーラ �11……145
ビステッカ・アッラ・
　フィオレンティーナ �11……143
ピスト・マンチェゴ �11……154
ビタミンC……233
ビッグ5……187
ビッグ・ヴァレー・ディストリクト・レイク・
　カウンティ……379
ビッグ・リヴァーズ……388
ビッスイユ……321
ピッツァ・マルゲリータ �11……145
ビデュレ ♣……289
ピトイ……118
ビナンク ♣……289
ビニサレム－マヨルカ……370
ピニャータ �11……146
ピニョレット ♣……289
ピネロレーゼ……351
ピノ……148
ピノー・デ・シャラント……014, 031, 335
ピノー・ドーニ ♣……289
ピノー・ド・ラ・ロワール ♣……257, 289
ピノ・グリ ♣……256, 290
ピノ・グリージョ ♣……257, 290

ピノ・サン・ジョルジュ ♣……290
ピノ・シヴィ ♣……290
ビノス・デ・パゴ……149
ビノス・デ・マドリード……369
ピノタージュ ♣……291
ビノ・デ・カリダ・コン・インディカシオン・
　ヘオグラフィカ……148
ビノ・デ・メサ……200
ビノ・デ・ラ・ティエラ……148
ピノ・ネーロ ♣……255, 290
ピノ・ネーロ・デッロルトレポ・
　パヴェーゼ……352
ピノ・ノワール ♣……254, 290
ピノ・ノワール・コンファレンス……195
ピノ・ビアンコ ♣……257, 290
ピノ・ビエリ ♣……290
ピノ・ブーロ ♣……257, 290
ピノ・ブラン ♣……256, 290
ピノ・ムニエ ♣……291
ピノ・リエボー ♣……291
ビフェルノ……136, 359
ピミエントス・レリェーノス �11……152
冷や……248
ひやおろし……248
ピュイジュー……320
ピュイスガン・サン・テミリオン……049, 313
ピュージェット・サウンド……184, 384
ビュジェイ……332
ビュジェイ・セルドン・メトード・
　アンセストラル……333
ビュジェイ・マニクル……332
ビュジェイ・モンタニウ……332
ビュゼ……103, 333
ビュックアリャ……376
ピュピトル……081
ピュリニィ・モンラッシェ……071, 316, 319
ビュルクシュタット……340
ピラニーズ……192, 390
ビルクワイラー……340
ピルスナー……026
ヒルトップス……389
ピレネー地区……334
ビンゲン……339

ピンチョス……153
ピンチョ・モルーノ……155
瓶内二次発酵……081
瓶詰め……080

ふ

ファー・ノース……388
ファーラ……351
ファーロ……139, 361
ファインブルグンダー……291
ファウ・デー・ペー・ディー・プレディカーツヴァインギューター……113
ファウンテングローヴ・ディストリクト……378
ファットリア……120
ファバーレーベ……291
ファライニグング・ゼクトギューター・ラインファルツ……114
ファランギーナ……291
ファランギーナ・デル・サンニオ……359
ファルグ……053, 054
ファルスマーグル……146
ファルツ……116, 340
ファレリオ……357
ファレルヌム……118
ファレルノ・デル・マッシコ……118, 137, 359
ファン・ボワ……030
フィアーノ……291
フィアーノ・ディ・アヴェッリーノ……137, 349
フィアスコ……120
プイイ・ヴァンゼル……073, 317
プイイ・シュル・ロワール……087, 324
フィーヌ・シャンパーニュ……030
プイイ・フュイッセ……073, 317
プイイ・フュメ……086, 324
プイイ・ロッシェ……073, 317
フィエフ・ヴァン・デアン・ヴィックス……322
フィエフ・ヴァン・デアン・シャントネイ……322
フィエフ・ヴァン・デアン・ピソット……322
フィエフ・ヴァン・デアン・ブレム……322
フィエフ・ヴァン・デアン・マルイユ……322
ブイ・オー・アール・エス……152
ブイ・オー・エス……152
フィオーレ・サルド……246
フィオル・ダランチョ・コッリ・エウガネイ……130, 346
ブイ・キュー・エー……185
フィサン……063, 316
ブイ・シー……148
フィジャック……056
ブイ・ディー・ピー……113
フィデウワ……153
フィトゥー……097, 329
フィドルタウン……382
フィニッシュ……211
フィネス……211
フィノ……151
ブイ・ピー……149
ブイヤベース……107
フィラデルフィア……205, 392
フィレンツェ県……132
フィレ・ミニヨン・オ・プリュノー……108
フィロ……054
フィロキセラ……019
フィンガー・レイクス……184, 385
フィンカ・エレス……369
フィンクリフィール……393
ブーヴィエ……291
ブーケ……209
ブーグロ……061
ブージー……320
ブーシェ……255, 291
プージェ……052
ブーズロン……073, 317
フーダー……110
フープスリフィール……393
プーリア……366
プーリア州……137, 349, 359, 366
ブーリッド・セトワーズ……107
プーリニィ・サン・ピエール……240
ブール……314
プールサール……291

フール・パールダーバーグ……392
ブールブラン 🍴……291
プーレ・オ・シャンパーニュ 🍴……105
フェアバント・ドイチャー・プレディカーツ・ウント・クヴァリテーツヴァインギューター……113
フェア・プレイ……382
フェアレンベルク……341
フェイ……323
フェイ・ダンジュ……323
フェーダーシュピール……167
フェガト・アッラ・ヴェネツィアーナ 🍴……142
フェダーヴァイザー……110
フェテアスカ・アルバ 🍷……291
フェテアスカ・ネアグラ 🍷……291
フェテアスカ・レガーラ 🍷……292
フェニキア人……148
フェニックス 🍷……292
フェリエール……051
フェル・セルヴァドゥ 🍷……292
フェンヴィル……386
フォーティファイド……188
フォーティファイド・ワイン……014, 334
フォート・ロス・シーヴュー……377
フォキシー・フレーヴァー……015
フォジェール……057, 096, 329
フォリ・ド・スシャール……057
フォリニャン 🍷……292
フォルスト……340
フォルターナ・デル・ターロ……364
フォルディターシュ……174
フォル・ブランシュ 🍷……292
フォルリ……364
フォレッレ・ブラウ 🍴……142
フォワ・グラ 🍴……105
フォワ・グラ・ポワレ 🍴……107
フォンタナロッサ・ディ・チェルダ……366
フォンダン 🍷……292
フォンティーナ 🍴……244
フォンテ・カル 🍷……292
フォンデュ・サヴォワイヤルド 🍴……106
フォンプレガード……057

フォンブロージュ……057
フォンロック……057
ブカティーニ・アッラマトリチャーナ 🍴……144
フクセルレーベ 🍷……292
ブザンヌ……231
藤田嗣治……079
ブシャージュ……081
ブショネ……023, 235
ブスイアオカ・デ・ボホティン 🍷……292
ブスコー……055
ブスマンスリフィール……393
ブセッカ 🍴……141
ブダペスト……173
ブッシェンシャンク……165
ブッシェンシャンク法……164
ブッタフオーコ……352
ブッタフオーコ・デッロルトレポ・パヴェーゼ……352
プットニョシュ……173
ブッフ・ブルギニョン 🍴……106
ブッフルヤス……393
プティ・ヴィラージュ……059
プティ・ヴェルド 🍷……292
プティ・シャブリ……062, 315
プティ・フォリ・ド・スタール……058
プティ・マンサン 🍷……292
プティ・メリエ 🍷……293
ブティック・ワイナリー……181
プティット・アルヴィン 🍷……293
プティット・ヴィデュレ 🍷……293
プティット・シャンパーニュ……030
プティット・シラー 🍷……293
プティ・フォリ・ド・スタール……058
ブテイユ……232
ブドウ……014
ブドウ科……014
ぶどう酒共同醸造所……039
ブドウ糖……011
ブドウネアブラムシ……019
ブドウ葉巻病……018
ブドウリーフロール……018
フミリヤ……368

フュメ・ブラン 🍷……293
フュンフ・フロインデ……116
ブラ 🍴……244
ブラ・テーネロ……244
ブラ・ドゥーロ……244
プラーヴァッツ・マリ 🍷……293
プラーヴィナ 🍷……293
ブラーヌ・カントナック……050
ブライ……314
ブライ・コート・ド・ボルドー……314
ブライスガウ……342
プラ・イ・リェバン……370
ブラウアー・ヴィルトバッハー 🍷……293
ブラウアー・ブルグンダー 🍷……255, 293
ブラウアー・ポルトギーザー 🍷……293
ブラウネベルク……336
ブラウブルガー 🍷……293
ブラウブルグンダー 🍷……255, 293
ブラウフレンキッシュ 🍷……294
ブラケット 🍷……294
ブラケット・ダックイ……125, 344
ブラザート 🍴……141
フラジェ・エシェゾー……067, 318
フラスカーティ……358
フラスカーティ・スペリオーレ……135, 349
フラスケイラ……159
プラタンバーク・ベイ……394
ブラックウッド・ヴァレー……189, 390
ブラック・クイーン 🍷……294
ブラック・ペガール 🍷……294
フラッシェンゲールンク……110
ブラッシュワイン……022
フラッペ……233
プラ・デ・バジェス……368
プラド・デ・イラチェ……368
ブラナルジア……367
ブラニィ……070, 316
ブラーヌ・カントナック……050
ブラネール・デュクリュ……052
富良野市……042
ふらの2号 🍷……294
フラボノイド……013
プラマーク……235

ブラマテッラ……350
フランク族……116
ブランケット・ド・リムー……097, 329
ブランケット・メトード・
　アンセストラル……097, 329
フランケン……116, 340
フランコウカ 🍷……294
フラン・コート・ド・ボルドー……314
フランジェリコ……035
フランジィ……332
フランシスコ・デ・アギーレ……200
ブランシュ・アルマニャック……031
フランシュック地区……204
フランシュック・ヴァレー……392
ブランショ……061
フランス……044
フランス・アグリ・メール……044
ブランダード 🍴……107
ブラン・ダム 🍷……294
フランチェスコ・レーディ……119
フランチャコルタ……127, 345
ブランデー……029
ブラン・ド・ノワール……082
ブラン・ド・ブラン……082
ブラン・フュメ 🍷……294
ブラン・フュメ・ド・ブイイ……324
フラン・メーヌ……057
ブリア・サヴァラン 🍴……242
フリーコ 🍴……142
ブリーダクルーフ……393
フリーデンダール……313
フリーマントルドクター……189
フリウラーノ 🍷……294
フリウラーロ・バニョーリ……129, 345
フリウリ・アクイレイア……354
フリウリ・アンニア……354
フリウリ・イソンツォ……354
フリウリ＝ヴェネツィア・ジューリア州
　……131, 346, 354, 363
フリウリ・コッリ・オリエンターリ
　……131, 354
フリウリ・グラーヴェ……131, 354
フリウリ・ラティザーナ……354

プリウレ・リシーヌ……052
プリエト・ピクード🍷……294
プリオラート……150, 368
プリゴリェ・ビロゴラ……172
プリシュキ・トカイ🍷……294
プリツィンゲン……342
フリッケンハウゼン……341
ブリッダ🍴……141
フリッツァンテ……014
ブリティッシュ・コロンビア州……186
ブリティッシュ・ワイン……161
ブリ・ド・ムラン🍴……240
ブリ・ド・モー🍴……240
フリブール……375
プリミティーヴォ🍷……255, 295
プリミティーヴォ・ディ・マンドゥーリア
……360
プリミティーヴォ・ディ・
マンドゥーリア・ドルチェ・
ナトゥラーレ……138, 350
プリムール……235
プリモルスカ……170
ブリャス……368
フリューブルグンダー🍷……295
フリューローター・ヴェルトリーナー🍷
……295
ブリュット……082
ブリュット・ナチュール……082
ブリュロワ……333
プリンス・アルバート・ヴァレー……394
プリンス・エドワード・カウンティ……185
ブリンディジ……138, 359
ブルイイ……074, 318
フルヴァツコ・プリモリエ……173
フルヴァティツァ🍷……295
ブルー・アガベ……032
フルーイオ……388
ブルースト……054
ブルー・デ・コース🍴……243
ブルー・ドーヴェルニュ🍴……243
フルーリー……074, 317
フルール・カルディナル……057
フルール・デュ・ヴァン……101

ブルガリア……176
ブルグイユ……085, 324
ブルゲンラント州……168, 372
ブルクハイム……342
ブルグンダー……110
ブルゲンラント州……168, 372
ブルゴーニュ……060, 074, 314
ブルゴーニュ・アリゴテ……075, 315
ブルゴーニュ・ヴェズレー……315
ブルゴーニュ・エピヌイユ……315
ブルゴーニュ・オート・コート・ド・
ニュイ……063, 315
ブルゴーニュ・オート・コート・ド・
ボーヌ……067, 315
ブルゴーニュ・ガメイ……075
ブルゴーニュ・クーランジュ・ラ・
ヴィヌーズ……315
ブルゴーニュ・クレレ……314
ブルゴーニュ・コート・サン・ジャック……315
ブルゴーニュ・コート・シャロネーズ
……072, 315
ブルゴーニュ・コート・デュ・クショワ
……073, 315
ブルゴーニュ・コート・ドーセール……315
ブルゴーニュ・シトリィ……315
ブルゴーニュ・トネル……315
ブルゴーニュ・パス・トゥー・グラン
……075, 314
ブルゴーニュ・ムスー……314
ブルゴーニュ・モントルキュル……314
ブルゴーニュ・ラ・シャペル・ノートル・
ダム……314
ブルゴーニュ・ル・シャピートゥル
……075, 314
ブルゴーニュ・ロゼ……314
プルサル🍷……295
プルサン🍷……295
ブルジェ……314
フルシナーテ……365
フルショム……062
フルッチ……173
ブルトン🍷……255, 295
プルニョーロ・ジェンティーレ🍷……295

ブルネッロ ♣……255, 295
ブルネッロ・ディ・モンタルチーノ
　　……133, 347
ブルポ・ア・フェイラ ♟……153
プルミエール・コート・ド・ボルドー……314
プルミエール・フェルマンタシオン……080
プルミエ・グラン・クリュ……050
プルミエ・グラン・クリュ・クラッセ……056
プルミエ・クリュ……053, 062, 082
プルミエ・クリュ・シュペリュール……053
フルミエ・クロ・ド・ラ・ルージョット……077
フルミント ♣……295
フルム・ダンベール ♟……243
フレ……233
フレイザ ♣……295
フレイザ・ダスティ……351
フレイザ・ディ・キエーリ……351
フレーヴァー……210
フレーヴァード・ウォッカ……032
フレーヴァード・ワイン……014
フレーザー・ヴァレー……186
フレースハイム・ダルスハイム……339
ブレード・リヴァー・ヴァレー地域
　　……205, 393
ブレードクルーフ地区……205
ブレガンツェ……353
ブレザオラ ♟……141
プレシヴィツァ……172
フレスコ ♟……245
プレスティージュ……082
プレスュラージュ……022, 080
フレック……018
プレッサート ♟……245
フレッシュタイプ……237
ブレットルヤウゼ ♟……169
プレディカーツヴァイン……111, 166
プレディカーツヴァイン醸造所連盟……113
フレデリックスバーグ・イン・ザ・テキサス・
　　ヒル・カントリー……385
プレニャック……053, 054
プレファーメンテーション・コールド・
　　マセラシオン……025
フレンチ・コロンバール ♣……295

フレンチ・パラドックス……013
ブレンディッドウィスキー……028
ブレンド法……081
プロヴァンス地方……093, 326
プロヴィナージュ……200
プロヴィンチャ・ディ・ヴェローナ……363
プロヴィンチャ・ディ・ヌオーロ……367
プロヴィンチャ・ディ・パヴィア……362
プロヴィンチャ・ディ・マントヴァ……362
プロヴォローネ・ヴァルパダーナ ♟……245
フロール……151
プロシェ・オ・ブール・ナンテ ♟……108
プロシュヴィッツ……343
プロシュート・ディ・
　　サン・ダニエーレ ♟……142
プロシュート・エ・メローネ ♟……143
プロセスチーズ……237
プロセッコ……354
プロセッコ ♣……295
フロック・ド・ガスコーニュ……031, 335
ブロッチュ ♟……244
ブロデッド・ディ・ペッシェ・アッラ・
　　ペスカレーゼ ♟……145
ブロデッド・ディ・ペッシェ・
　　アッランコネターナ ♟……144
プロプライアタリー・ワイン……182
フロマージュ・ア・パート・プレッセ・キュイ
　　……238
フロマージュ・ア・パート・プレッセ・ノン・
　　キュイ……238
フロマージュ・ア・パート・ペルシエ……238
フロマージュ・ア・パート・モール・ア・
　　クルート・ラヴェ……237
フロマージュ・ア・パート・モール・
　　クルート・フルーリー……237
フロマージュ・ド・シェーヴル……238
フロマージュ・フレ……237
フロモントー ♣……296
フロワ……233
フロンサック……313
フロンティニャン……095, 329, 335
フロントン……104, 333
分析証明書……234

索引

50音順索引 ― ふ・へ

フンボルト寒流……200

――――――― へ ―――――――

ベアルン……334
ベイ・オブ・プレンティ……196
ベイシュヴェル……052
ヘイスティングス・リヴァー……193, 389
ペイ・ナンテ地区……083, 322
ヘイムズ・ヴァレー……380
並行複発酵……251
ペーコラ・アッラ・コットーラ……145
ペー・ハー……012
ペーパーカンパニー……233
ベーリー・アリカントA……296
ペール・ヴァイン……014
ベーレンアウスレーゼ……111, 166
ヘーンシュテット……343
ベガ・シシリア……150
ヘクス・リヴァー・ヴァレー……393
ヘクタール……231
ヘクトリットル……232
ペコリーノ……245
ペコリーノ……296
ペコリーノ・サルド……246
ペコリーノ・シチリアーノ……246
ペコリーノ・トスカーノ……245
ペコリーノ・ロマーノ……245
ペザ……373
ペサック……050, 054
ペサック・レオニャン……048, 312
ヘシッシェ・ベルクシュトラーセ……114, 340
ペシャルマン……103, 333
ベシュテムス・アンバウゲビート……109
ペスケラ……150
ペゼナス……329
ヘックリンゲン……342
ベッケオフ……105
ベッシヌ……380
ベッティーノ・リカーゾリ……119
ペット……235
ベットーナ……364
ヘッペンハイム……340

ペッラーロ……366
ペティヤン……014
ペデスクロー……052
ベト病……018
ペトリュス……059
ペドロ・ジメネス……296
ペトロニウス……118
ペドロ・ヒメネス……152
ペドロ・ヒメネス……296
ペドンキュラータ・オーク……020
ベナーコ・ブレシャーノ……362
ペニソラ・ソッレンティーナ……359
ベネット・ヴァレー……378
ベネディクティン……034
ペネデス……150, 368
ベネレント・ベネヴェンターノ……365
ベネンシア……151
ペノーラ……191
ペピ・フォジェール……058
ペペローネ・リピエーノ……141
ペムバートン……189, 390
ベライヒ……109
ペリエール……070
ペリクータ……388
ベリ・ピノ……296
ベルヴュ……056
ベルガマスカ……362
ベルクヴァイン……166
ベルグラーヴ……053
ベルクラント……169, 372
ペルゴラ……017, 119, 357
ベルジェール・レ・ヴェルテュ……321
ベルジェ・ブラン……034
ベルジュラック……103, 333
ベルデホ……296
ベルナール・チェンバース……194
ペルナン・ヴェルジュレス……068, 316, 319
ペルノ……034
ベルフォン・ベルシェ……056
ベル・マウンテン……385
ヘルムート・ベッカー……195
ベルリケ……056
ペルルヴァイン……112

ベルン……375
ベルンカステル……116, 336
ベルン・ビーレーゼー……375
ベレ……093, 327
ベレール・モナンジュ……056
ヘレス……151
ヘレス・ケレス・シェリー＆マンサニーリャ・
　サンルーカル・デ・バラメーラ
　　……151, 370
ヘレス・デ・ラ・フロンテラ……151
ペロポネソス半島……179, 373
ヘロルドレーベ🍇……296
ヘンティー……192, 390
ベンディゴ……192, 197, 389
ベントナイト……020
ペントロ……136, 359
ペントロ・ディ・イセルニア……136, 359
ヘンメル・エン・アダ・ヴァレー……393
ヘンメル・エン・アダ・リッジ……394
ベンモア・ヴァレー……379
ヘンリー2世……046
ベンレート……018
ベン・ロモンド・マウンテン……381

———————— ほ ————————

ポ……101
ボアル……159
ボアル🍇……296
ボイド・カントナック……051
ポイヤック……047, 050, 052, 312
ホイリゲ……165
萌芽……016
棒仕立て……017
ボーカ……350
ホークス・ベイ……196
ボーゲン……017
ボージョレ……074, 317
ボージョレ・ヴィラージュ……074, 317
ボージョレ・シュペリエール……074, 317
ホース・ヘヴン・ヒルズ……384
ボーセジュール・デュフォ・ラゴロス……056
ボー・セジュール・ベコ……056

ホーディニ……393
ボーデンゼー……342
ボーデン・ランチ……382
ポート……157
ポート・フィリップ……389
ポート・ワイン……014
ボーヌ……069, 316
ボーノワ🍇……296
ボーバーグ……392
ボーフォール🍴……243
ホーベン……033
ホーホハイマー・ドームデヒャナイ……115
ボーム・ド・ヴニーズ……091, 325
ボーモン・シュル・ヴェスル……320
ホー・リヴァー・ヴァレー……387
ボーリュー……323
ボーリュー・シュル・レイヨン……323
ボーリョ・アル・チリンドロン🍴……153
ポクプリエ……172
北部ギリシア地方……373
北部ダルマチア……173
北部地方（アルゼンチン）……198, 391
北部地方（スペイン）……149, 368
ポサウイエ……171
ポシップ🍇……296
ボスコ・エリチェオ……354
POSシステム……235
ホスト・テイスティング……230
ポズナ・トゥルガテウ……170
保税倉庫倉入れ通関……235
保税倉庫出し輸入通関……235
ボタニカル……031
ポチャス🍴……152
ホック……113
ボック……026
ボックスボイテル……116
ポッター・ヴァレー……377
ボッタルガ🍴……147
ボッティチーノ……352
ボッティッリア……120
ポット・リヴァー……394
ボッパルト……337
ホップ……026

ホッホハイム……338
ボッリート・ミスト🍴……143
ポッロ・アッラ・ロマーナ🍴……144
ボディ……210, 225
ボティーリョ・デル・ビエルソ🍴……154
ポデーレ……120
ボテラレライ……392
補糖……021
ポドゥナヴリェ……172
ポドラウイエ……170
ボナルダ🍷……296
ボナルダ・デッロルトレポ・パヴェーゼ
　　……352
ボニーヴェイル……393
ボバル🍷……297
ポマール……069, 316
ポミーノ……134, 356
ポムロール……048, 059, 313
ポモー……029
ポモー・ド・ノルマンディ……029
ボラサル🍷……297
ポリッシュ・ヒル・リヴァー……190
ポリフェノール……013
ポリポ・アッラ・ルチアーナ🍴……145
ポリュゾ……070
ポルカダーイ・ヒルズ……392
ポルケッタ🍴……145
ポルケッタ・アッラ・ペルジーナ🍴……143
ボルゲリ……134, 355
ボルゲリ・サッシカイア……355
ポルチェッドゥ🍴……147
ポルト……157
ボルドー……045, 312
ボルドー🍷……297
ボルドー液……018
ボルドー・オー・ブノージュ……313
ボルドー・クレーレ……049, 312
ボルドー・シュペリュール……312
ボルドー大学……046
ボルドー・ブレンド……182
ボルドー・ロゼ……049
ポルトガル……156
ポルトガルのワイン法……156

ポルトギーザー🍷……297
ポルトギザッツ🍷……297
ポルトフィーノ……352
ポルドリー……030
ポルト・ワイン……014
ポレンタ・エ・フィオレンティーナ🍴……140
ポルナッシオ……352
ホワイト・キュラソー……035
ホワイト・タイプ……158
ホワイト・ペガール🍷……294
ホワイト・リースリング🍷……297
ポワ・オルディネール……030
ポワトゥー＝シャラント地域圏……030
ポワレ……030
黄酒……036
本醸造酒……252
ポンテ・カネ……052
ポンド……233
ボンヌゾー……084, 323
ボンヌ・マール……064, 065, 318
ボンバッハ……342
ポンパドール夫人……079
ボンビーノ・ネーロ🍷……297
ボンペイアーノ……365
ポン・ボワ……030
ボンボンヌ……095
ボンム……053
ポン・レヴェック🍴……239

──────────── ま ────────────

マーガレット・リヴァー……189, 390
マークグレーフラーラント……342
マーサズ・ヴィンヤード……386
マースラーシュ……174
マーティンボロー……196
マートラアリャ……376
マール……029
マールボロ……197
マイアーレ・アッラ・トレンティーナ🍴
　　……142
マイイ……320
マイセン……343

マイプ……199
マイポ・ヴァレー……202, 391
マインドライエック……341
マインフィアエック……340
マヴルーディ 🍇……297
マヴルッド 🍇……297
マウルブロン……341
マウレ・ヴァレー……202, 391
マヴロダフネ 🍇……297
マヴロダフネ・オブ・ケファロニア……373
マヴロダフネ・オブ・パトラス……373
マウント・ヴィーダー……378
マウント・ガンビア……191, 388
マウント・ハーラン……380
マウント・ベンソン……191, 388
マウント・ロフティ・レンジズ
　　……190, 388
マオン・メノルカ 🍴……247
マカブー 🍇……256, 297
マカベオ 🍇……257, 297
マカロミー・リヴァー……382
マキシミーン・グリューンハウス……337
マクヴァン・デュ・ジュラ……079, 264, 335
マグナム……232
マクミンヴィル……384
マクラーレン・ヴェイル……190, 388
マケドニア＆トラキア……179, 373
マコー……053
マコネ……073, 317
マコネ 🍴……241
マコン……073, 317
マコン・ヴィラージュ……073, 317
マサル・セレクション……016
マジー……193, 389
マジェコ・ヴァレー……202, 311
マジ・シャンベルタン……064, 318
マスエロ 🍇……297
マスカット・オブ・ケファロニア……373
マスカット・オブ・パトラス……373
マスカット・オブ・リオ・パトラス……373
マスカット・オブ・リムノス……374
マスカット・オブ・ロードス……374
マスカット・ベーリーA 🍇……298

マセドン・レンジズ……192, 390
マセラシオン……021
マセラシオン・ア・ショー……025
マセラシオン・カルボニック……022
マゾワイエール・シャンベルタン……064, 318
マダム・クリコ……079
マタロ 🍇……255, 298
マチュザレム……232
マチュラシオン・シュール・リー……081
マックヴァン・デュ・ジュラ……102, 331
マックドウェル・ヴァレー……377
マックレガー……393
マッケローニ・アッラ・キタッラ 🍴……144
マッケローニ・アッラ・パストラ 🍴……146
マッツァレッレ・ダニェッロ 🍴……145
松やに……177
マッロレドォウス 🍴……147
マティーノ……359
マデイラ……014, 158
マデイラ・エクストラ・レゼルヴァ……159
マデイラ・スペシャル・レゼルヴァ……159
マデイラ・レゼルヴァ……159
マディラン……104, 334
マテーラ……138, 360
マデーラ……383
マトロット・ダンギーユ 🍴……108
マメルティーノ……361
マメルティーノ・ディ・ミラッツォ
　　……118, 361
マメルティヌム……118
マラガ……152, 370
マラグシア 🍇……298
マラシュティーナ 🍇……298
マラスキーノ……035
マラノッテ・デル・ピアーヴェ……130, 346
マラルティック・ラグラヴィエール……055
マラン……332
マランジュ……072, 317
マリア・ゴメス 🍇……298
マリア・テレジア……164
マリーノ……358
マリー・ブリザール……033
マリエンタール……336

マリタータ……118
マリニャン……332
マリブ・コースト……383
マリレンクヌーデル🍴……169
マリブ・ニュートン・キャニオン……383
マルイユ・シュール・アイ……321
マルヴァジア……159
マルヴァジア🍷……298
マルヴァジア・カンディダ🍷……298
マルヴァジア・シティア……373
マルヴァジア・ディ・カステルヌオーヴォ・ドン・ボスコ……351
マルヴァジア・ディ・カソルツォ・ダスティ……351
マルヴァジア・ディ・ボーサ……140, 362
マルヴァジア・デッレ・リパリ……139, 361
マルヴァジア・パロス……374
マルヴァジヤ🍷……298
マルヴォワジ🍷……298
マルヴォワジ・ド・コルス🍷……298
マルーフォ🍷……299
マルガス……393
マルカ・トレヴィジャーナ……363
マルキ・ダレーム・ベッケール……051
マルキ・ド・テルム……052
マルク・ダシュトゥール……082
マルケ……364
マルケ州……135, 348, 357, 364
マルゴー……048, 050, 051, 052, 312
マルコルム・エイベル……195
マルコブルン……115
マルサーラ……139, 361
マルサネ……063, 316
マルサネ・ロゼ……063, 316
マルサーラ……139
マルサンヌ🍷……299
マルシャック……104, 334
マルターディンゲン……342
マルチ・リージョナル・ブレンド……187
マルチ・ディストリクト・ブレンド……187
マルティーナ……360
マルティーナ・フランカ……360
マルティーニ・ガンスル🍴……169

マルティニーク……033
マルティニーク・ヴュー……033
マルティニーク・ブラン……033
マルティヤック……055
マルヌ県……079
マルペール……096, 329
マルベック🍷……254, 298
マルミタコ🍴……153
マルミッラ……367
マルムジー……159
マルムジー🍷……299
マルムスベリー……392
マレー・ダーリング……193, 388, 389
マレシャル・フォッシュ🍷……299
マレスコ・サン・テグジュペリ……051
マレステル……332
マレステル・アルテス……332
マレンマ・トスカーナ……355
マロラクティック発酵……012, 019
マロル🍴……241
マロワール🍴……241
マンサニーリャ……152
マンジマップ……189, 390
マンステール🍴……241
マンステール・ジェロメ🍴……241
マンスフェルダー・ゼーン……343
マンチュエラ……369
マンティニア……373
マンテウド🍷……299
マンデラリア🍷……299
マント・ネグロ🍷……299
マンドロリサイ……362
マントン・ヴァレー……379

─── み ───

ミード……160
ミガス🍴……154
ミクロ・オキシジェナシオン……025
ミクロ・ピュラージュ……025
ミシシッピー・デルタ……387
ミシラ・ヴァレー……387
ミストラル……088

ミッション🍷……299
ミッション・ワイナリー……194
ミッテルハールト＝ドイッチェ・
　ヴァインシュトラーセ……340
ミッテルブルゲンラント D.A.C.……168, 372
ミッテルベルグ……363
ミッテルベルグ・ツヴァイツェン・グフリル・
　ウン・トル……363
ミッテルベルグ・トラ・カウリア・エ・
　テル……363
ミッテルライン……114, 337
ミドルバーグ・ヴァージニア……184, 385
ミドル・リオ・グランデ・ヴァレー……387
南アフリカ……203
南アフリカワイン醸造者協同組合連合……203
南オーストラリア州……189, 388
南島……197
南トランスダヌビア地方……175, 376
ミヌーシェーギ・ボル……174
ミネストラ・ディ・ファッロ🍴……143
ミネストローネ🍴……141
ミネラル……211
ミネルヴォワ……096, 329
ミネルヴォワ・ラ・リヴィニエール……329
ミモレット🍴……241
美山錦……250
宮水……250
ミュジニィ……065, 318
ミュスカ🍷……299
ミュスカ・ア・プティ・グレン🍷……299
ミュスカ・オットネル🍷……299
ミュスカ・ダルザス🍷……299
ミュスカ・ダレクサンドリ🍷……299
ミュスカデ……083, 322
ミュスカデ🍷……257, 300
ミュスカデ・コート・ド・グランリュー
　……084, 322
ミュスカデ・コトー・ド・ラ・ロワール
　……084, 322
ミュスカデ・ド・セーヴル・エ・メーヌ
　……083, 322
ミュスカ・デュ・カップ・コルス
　……095, 328, 334

ミュスカデル🍷……300
ミュスカ・ド・アンブール🍷……300
ミュスカ・ド・サン・ジャン・ド・
　ミネルヴォワ……329, 335
ミュスカ・ド・フロンティニャン……329, 335
ミュスカ・ド・フロンティニャン🍷
　……233, 300
ミュスカ・ド・ボーム・ド・ヴニーズ
　……091, 326, 334
ミュスカ・ド・ミルヴァル……329, 334
ミュスカ・ド・リヴザルト……330, 335
ミュスカ・ド・リュネル……329, 334
ミュスカルダン🍷……300
ミュズレ……081
ミュティニー……321
ミュラー・トゥルガウ🍷……300
ミュラーレーベ🍷……255, 300
ミュンスター・ザルムスハイム……339
ミルランダージュ……018
ミレジメ……081
ミンブレス・ヴァレー……387

————— む —————

ムーア人……148
ムートンヌ……062
ムートン・ロッチルド……050
ムーラン・ア・ヴァン……074, 317
ムーラン・デュ・カデ……058
ムーリス……312
ムーリス・アン・メドック……312
ムーリスコ・ティント🍷……300
ムールヴェードル🍷……254, 300
ムーン・マウンテン・ディストリクト……378
ムグロン……200
ムシュカット・ジュティ🍷……300
ムシュコターイ🍷……301
ムスカット・オットネル🍷……301
ムスカテラー🍷……301
ムニエ🍷……254, 301
ムニュー・ピノ🍷……301
ムルジア……366
ムルソー……070, 316

ムロン・ダルボワ 🍇……257, 301
ムロン・ド・ブルゴーニュ 🍇……256, 301
ムロン・ブラン 🍇……301

──────── め ────────

メールスブルク……342
メスカル……032
メスリエ・サン・フランソワ 🍇……301
メセタ……148
メセニコラ……373
メゾン……082
メチェクアリャ……376
メトード・クラッシコ……122
メトード・シャルマ……122
メトード・トラディツィオナーレ……122
メトキシピラジン……021
メドック……047, 312
メドック・ノワール 🍇……301
メヌトゥー・サロン……087, 324
メネストラ・デ・ベルデュラス 🍴……153
メリッサ……138, 360
メリット・アイランド……382
メリディオナル……090, 325
メリテージ……182
メルキュレ……073, 317
メルシエ……162
メルセゲラ 🍇……301
メルニク 🍇……301
メルラーラ……354
メルロ 🍇……302
メンシア 🍇……302
メンドーサ州……199, 391
メンドーサ川流域……199
メンドーサ東部……199
メンドーサ南部……199
メンドーサ北部……199
メンドシーノ……377
メンドシーノ・カウンティ……377
メンドシーノ・リッジ……377
メントリダ……369
メンフィ……361

──────── も ────────

モーザック 🍇……302
モーゼル……100, 116, 336
モーゼルターラー……113
モーゼルトール……337
モーニントン・ペニンシュラ……192, 390
モーリィ……097, 330, 335
モーリィ・ランシオ……098, 330, 335
モール……376
モーンヌーデルン 🍴……169
モスカート 🍇……302
モスカート・ダスティ……124
モスカート・ディ・サルデーニャ……362
モスカート・ディ・スカンツォ……128, 345
モスカート・ディ・スカンツォ 🍇……302
モスカート・ディ・ソルソ・センノリ……362
モスカート・ディ・テッラチーナ……358
モスカート・ディ・トラーニ……360
モスカデッロ・ディ・モンタルチーノ……356
モスカテル 🍇……302
モスカテル・デ・セトゥーバル 🍇……302
モスコフィレロ 🍇……302
モスラーヴァッツ 🍇……302
モスラヴィーナ……172
モチェッタ 🍴……140
モッツアレッラ・ディ・ブーファラ・
　　カンパーナ 🍴……246
モデナ……355
モドラ・フランキニャ 🍇……302
モドリ・ピノ 🍇……302
モナストレル 🍇……255, 302
モニカ・ディ・サルデーニャ……362
モネムヴァシア 🍇……302
モネムヴァシア-マルヴァジヤ……373
モノポール……061, 076, 078
モホ・ヴェルデ 🍴……155
モホ・ピコン 🍴……155
モリーゼ……136, 359
モリーゼ州……136, 359, 365
モリオ・ムスカート 🍇……303
モリステル 🍇……303
モリナーラ 🍇……303

モリヨン ♣……303
モル ♣……303
モルゴン……074, 317
モルジョ……072
モルジョ・クロ・ド・ラ・シャペル……077
モルトウィスキー……028
モルビエ 🍴……242
モレ・サン・ドニ……064, 316, 318
モレット ♣……303
モレッリーノ ♣……255
モレッリーノ・ディ・スカンサーノ
　　……133, 347
モレト ♣……303
醪……249
モンサン……368
モンスハイム……340
モンターニュ・サン・テミリオン……049, 313
モンターニュ・ド・ランス……080, 320
モンタギュー……394
モンタニィ……073, 317
モルタデッラ・ディ・カンポトスト 🍴……144
モンタルバーノ……133
モンツィンゲン……339
モンティーリャ・モリーレス……152, 370
モンティチェッロ……385
モンティル ♣……303
モンティ・レッシーニ……354
モンテ・ヴェロネーゼ 🍴……245
モンテーニュ……046
モンデーハル……369
モンテカステッリ……364
モンテカルロ……356
モンテクッコ……356
モンテクッコ・サンジョヴェーゼ……133, 347
モンテコンパートリ……358
モンテコンパートリ・コロンナ……358
モンテスキュー……046
モンテスクダイオ……356
モンテスペルトリ……133
モンテッロ……130, 346
モンテッロ－コッリ・アゾラーニ……354
モンテッロ・ロッソ……130, 346
モンテ・ド・トネール……062

モンテネット・ディ・ブレーシャ……362
モンテファルコ……357
モンテファルコ・サグランティーノ
　　……134, 348
モンテプルチャーノ ♣……303
モンテプルチャーノ・ダブルッツォ
　　……136, 358
モンテプルチャーノ・ダブルッツォ・
　　コッリーネ・テラマーネ……136, 349
モンデューズ ♣……303
モンデューズ・ブランシュ ♣……303
モンテリ……070, 316
モンテリマール……088
モンテルミノ……332
モンテレイ……370
モンテレージオ・ディ・マッサ・
　　マリッティマ……356
モン・ドール 🍴……242
モン・ド・ミリュ……062
モントゥー……332
モントレー……380
モントレー・カウンティ……380
モンバジャック……103, 333
モンフェッラート……126, 351
モンフォルテ・ダルバ……125
モンブスケ……058
モンブレ……320
モンペイルー……328
モンマン……062
モンメリアン……332
モンラヴェル……103, 333
モンラッシェ……071, 072, 319
モン・リュイザン……065
モンルイ・シュル・ロワール・
　　ペティヤン……324
モンルイ・シュル・ロワール・ムスー……324
モンルイ・シュル・ロワール……086, 324
モンレアーレ……361
モンローズ……051

─────── や ───────

ヤールガング……110

ヤキマ・ヴァレー……184, 384
ヤゴドニ・イズボール……170
ヤドキン・ヴァレー……387
山幸 🍇……303
ヤマ・ソーヴィニョン 🍇……304
山田宥教……039
山田錦……249
山梨……040
山梨専修学校……040
山廃酛……250
ヤムヒル・カールトン・
　　ディストリクト……384
ヤラ・ヴァレー……191, 390
ヤン・ファン・リーベック……203

———————— ゆ ————————

ユイトル・オ・シャンパーニュ 🍴……105
有機農法……025
有機ワイン……025
UCデイヴィス……181
UCD5……195
ユー・ケイ・ヴイ・エー……161
遊離亜硫酸……019, 233
ユニ・ブラン 🍇……256, 304
ユビレウムスレーベ 🍇……304
ユファルク……173
ユファルク 🍇……304

———————— よ ————————

余市町……042
余韻……211
陽イオン交換容量……016
ヨークヴィル・ハイランズ……377
ヨーク・マウンテン……381
ヨーゼフ2世……164
ヨータ 🍴……142
ヨーントヴィル……378
ヨハニスベルク……115, 338
ヨハニスベルク 🍇……304
ヨハニスベルグ修道院……109
ヨハニスベルグ・リースリング 🍇……257, 304

ヨンカーズフック・ヴァレー……392
ヨンヌ……060
ヨンヌ県……315
ヨン・フィジャック……058

———————— ら ————————

ラーゴ・ディ・カルダーロ……353
ラーゴ・ディ・コルバーラ……357
ラータイ 🍇……304
ラーボ・デ・オヴェーリャ 🍇……304
ライヴェン……336
ライタベルクD.A.C.……168, 372
ライト・ドライ・ホワイト・ポート……158
ライナイ・リズリング 🍇……304
ライヒェンシュタイナー 🍇……304
ライム・カーン・ヴァレー……380
ライムストーン・コースト……191, 388
ラインガウ……115, 338
ライン川……099
ラインヘッセン……115, 339
ライン・リースリング 🍇……257
ラヴィユ・オー・ブリオン……055
ラウエンタール……338
ラヴェンナ……364
ラヴォー……163
ラウベンハイム……339
ラガービール……026
ラガール……157
ラ・ガフリエール……056
ラキア……176
ラ・キュヴェ……080
ラ・クスポード……057
ラグザーノ 🍴……246
ラ・クラープ……096, 328
ラグランジュ……051
ラ・グランド・リュ……066, 076, 319
ラクリマ・ディ・モッロ……357
ラクリマ・ディ・モッロ・ダルバ……357
ラグレイン 🍇……304
ラ・クロット……057
ラ・コート……163
ラ・コマンドリー……057

ラ・ゴメラ ……370
ラ・コルヴェ ……069
ラゴルシ ♣ ……304
ラ・コンセイヤント ……059
ラザーニャ・アル・フォルノ 🍴 ……143
ラザグレン ……192, 389
ラザフォード ……378
ラシュキ・リズリング ♣ ……305
ラスケーラ 🍴 ……244
ラスコンブ ……050
ラストー ……090, 326, 334
ラストー・ランシオ ……334
ラ・セール ……058
ラ・ターシュ ……066, 076, 319
ラタトゥイユ 🍴 ……107
ラツィオ ……365
ラツィオ州 ……135, 349, 357, 365
ラッカーゼ ……019
ラットンブリー ……191, 388
ラトゥール ……050
ラトゥール・ア・ポムロール ……059
ラ・トゥール・オー・ブリオン ……055
ラ・トゥール・カルネ ……052
ラ・トゥール・フィジャック ……058
ラ・トゥール・ブランシュ ……053
ラトゥール・マルティヤック ……055
ラ・ドミニク ……057
ラトリシエール・シャンベルタン ……064, 318
ラトルスネーク・ヒルズ ……384
ラドワ ……316
ラドワ・セリニィ ……067, 319
ラニオット ……058
ラバルド ……051, 053
ラ・パルマ ……370
ラ・パンパ ……391
ラビガト ♣ ……305
ラビレッド ♣ ……305
ラフィット ♣ ……305
ラフィット・ロッチルド ……050
ラフォリィ・ペラゲ ……053
ラフォン・ロッシェ ……052
ラプサニ ……179, 373
ラブレ ……323

ラブレ・シュル・レイヨン ……323
ラフルール ……059
ラ・フルール・ペトリュス ……059
ラ・フルール・モランジュ ……057
ラペル・ヴァレー ……202, 391
ラボー・プロミ ……053
ラボゾ ♣ ……305
ラ・マルゼル ……058
ラ・マルトロワ ……072
ラ・マンチャ ……151, 369
ラマンドロ ……131, 346
ラミスコ ♣ ……305
ラ・ミッション・オー・ブリオン ……055
ラム ……033
ラム・アグリコール ……033
ラ・メジャネル ……328
ラメツィア ……360
ラモット ……054
ラモット・ギニャール ……054
ラモナ・ヴァレー ……383
ラ・モッラ ……125
ラモリンダ ……380
ラ・モンドット ……056
ラ・ラギュンヌ ……051
ラランド・ド・ポムロール ……313
ラ・リオハ州 ……200, 391
ラルシス・デュカス ……056
ラルマンド ……058
ラローズ ……058
ラロゼ ……056
ラロック ……056
ラ・ロマネ ……066, 076, 319
ランカスター・ヴァレー ……387
ラングドック ……096, 328
ラングドック地区 ……328
ラングドック地方 ……095
ラングドック=ルーション地方 ……095, 328
ラングホーン・クリーク ……191, 388
ラングメイル・ワイナリー ……190
ラングル 🍴 ……241
ランゲ ……126, 351
ランゲンバーク－ガルキア ……394
ランゲンロンスハイム ……339

ランゴア・バルトン ……051
ランサローテ ……370
ランシュ・バージュ ……052
ランシュ・ムーサ ……052
ランス ……079
ランダースアッカー ……341
ラントヴァイン ……110, 165
ランバーツ・ベイ ……394
ランビック ……027
ランブルスコ・グラスパロッサ・ディ・
　カステルヴェートロ ……132, 355
ランブルスコ・サラミーノ・ディ・サンタ・
　クローチェ ……132, 355
ランブルスコ・ディ・ソルバーラ ……132, 355
ランブルスコ・ディ・ソルバーラ 🍷 ……305
ランブルスコ・マントヴァーノ ……352
ランプロワ・ア・ラ・ボルドレーズ 🍴 ……107

―――――― り ――――――

リアス・バイシャス ……150, 370
リアティコ 🍷 ……305
リーザー ……336
リーシ・エ・ビージ 🍴 ……142
リースラナー 🍷 ……305
リースリング 🍷 ……256, 305
リースリング・イタリコ 🍷 ……305
リースリング・エス ……113
リーズリング・シルヴァーニ 🍷 ……305
リースリング・フォルテ 🍷 ……306
リースリング・ホッホゲヴェックス ……113
リーズリング・ランスキ 🍷 ……306
リースリング・リオン 🍷 ……306
リーズ・エ・パターテ 🍴 ……145
リーチイン ワインセラー ……235
リート ……166
リード ……166
リートン ……193
リーハイ・ヴァレー ……387
リーファーコンテナ ……234
リープフラウミルヒ ……113
リーフロール ……018
リーベックバーグ ……392

リーラノ・ペニンシュラ ……386
リィ・ラ・モンターニュ ……320
リヴァー・ジャンクション ……382
リヴァーランド ……191, 388
リヴァモア・ヴァレー ……380
リヴァリーナ ……193, 389
リヴァロ 🍴 ……239
リヴィエーラ・デル・ガルダ・
　ブレシャーノ ……353
リヴィエーラ・デル・ブレンタ ……354
リヴィエーラ・リグレ・ディ・ポネンテ
　……127, 352
リヴォルノ県 ……132
リヴザルト ……097, 330, 335
リヴザルト・ランシオ ……097, 330, 335
リエージ ……361
リエット・ド・トゥール 🍴 ……108
リオ・ネグロ ……391
リオハ ……149, 368
リカール ……034
リキュール ……033
リキュール・デクスペディシオン ……081
リキュール・ド・ティラージュ ……081
リキュール・ワイン ……335
リグーリア州 ……127, 352, 363
リグーリア・ディ・レヴァンテ ……363
リゴット・ド・コンドリュー 🍴 ……242
リシュブール ……066, 319
リズヴァーナッツ 🍷 ……306
リスタン 🍷 ……306
リスタン・ネグロ 🍷 ……306
リストラック・メドック ……312
リスベラトロール ……013
リゼルヴァ ……123
リゾット・アッラ・ミラネーゼ 🍴 ……141
リゾット・コン・レ・メーレ 🍴 ……142
リソン ……130, 346
リソン-プラマッジョーレ ……354
リチャード・スマート ……195
リッツァーノ ……360
リットリフィールRS ……395
リトー ……230
リパイユ ……332

リプーダ……366
リブルヌ……045
リベイラ・サクラ……370
リベイロ……370
リベラ・デル・グァディアーナ……369
リベラ・デル・ドゥエロ……150, 369
リベラ・デル・フーカル……369
リポー……058
リボッラ・ジャッラ🍷……306
リボッリータ🍴……143
リボン・リッジ……384
リマリ・ヴァレー……391
リムー……097, 329
リムーザン……020
リムー・メトード・アンセストラル……097
リムニオ🍷……306
リムノス……374
リモンチェッロ……035, 120
竜眼🍷……306
琉球泡盛……027
リューセック……053
リューディ……099
リューディット……162
リューデスハイム……115, 338
リュードゥ……320
リュサック・サン・テミリオン……049, 313
リュショット・シャンベルタン……064
リュドン……051
リュブリアナ……169
リュブリアーナ国際ワインコンクール……041
リュベロン……091, 326
リュラル方式……023
リュリー……073, 317
リヨン……060
リラック……091, 326
リレ……014
リンガノア……386
リンゴ酸……012
リンス……230
リンポポ州……395

────────── る ──────────

ルイイ……087, 325
ルイス・クラーク・ヴァレー……184, 384, 386
ルイ・パストゥール……011
ルーヴァータール……337
ルーサンヌ🍷……306
ルーション地区……330
ルーション地方……097
ルーセット🍷……306
ルーセット・ド・サヴォワ……332
ルーセット・ド・ビュジェイ……333
ルーセット・ド・ビュジェイ・ヴィリウ・ル・グラン……333
ルーセット・ド・ビュジェイ・モンタニウ……333
ルーボワ……320
ルーマニア……175
ルーレンダー🍷……257, 306
ルエダ……150, 369
ルガーナ……128, 352
ルキウス・リキニウス・ルクッルス……118
ルクセンブルク……162
ル・クロ・ブラン……066
ルケ🍷……307
ルケ・ディ・カスタニョーレ・モンフェッラート……126, 345
ルゴースウッド……019
ル・シャスー……393
ル・シャトレ……057
ルショット・シャンベルタン……045, 318
ルスター・アウスブルッフ……168
ルツヴィル・ヴァレー……394
ルツェルン……375
ルドネ・プリュ🍷……307
ルドルフ・シュタイナー……025
ル・パン……059
ルハン・デ・クージョ……199
ルピアック……313
ルビー・カベルネ🍷……307
ルビー・タイプ……158
ルビーノ・ディ・カンタヴェンナ……351
ルビコーネ……364

455

ルビン 🍇……307
ルフィーナ……133
ルフェッテ 🍇……307
ル・プリウレ……058
ルプリン……026
ルブロション・ド・サヴォワ 🍴……242
ルミュアージュ……023, 081
ル・メニル・シュル・オジェ……320
ルモンタージュ……021

───── れ ─────

レイク・ウィスコンシン……386
レイク・エリー……385, 387
レイク・エリー・ノースショア……185
レイク・カウンティ……379
レイク・シェラン……384
レイク・ミシガン・ショア……386
レイト・ボトルド・ヴィンテージ・
　ポート……158
レ・ヴァロジェール……068
レヴァンジル……059
レヴェラーノ……360
レ・ヴォークラン……067
レーアニカ 🍇……307
レーズ 🍇……307
レースラー 🍇……307
レーノ……355
レオヴィル・バルトン……051
レオヴィル・ポワフェレ……051
レオヴィル・ラス・カーズ……051
レオナ・ヴァレー……383
レオニャン……054
レオボアム……232
レ・カイユレ……071
レ・カズティエ……064
レキシア 🍇……307
レ・グート・ドール……070
レ・グラン・ゼプノ……069
レ・グランド・ミュレイユ……057
レ・グレーヴ……069
レ・クロ……062
レゲント 🍇……307

レコルタン・コーペラトゥール……082
レコルタン・マニピュラン……082
レコンキスタ……148
レ・コンベット……071
レ・ザムルーズ……065
レ・サン・ジョルジュ……067
レ・ショーム……066
レジョナル……061
レス……165
レ・スショ……066
レス・ヒルズ・ディストリクト……386
レ・ゼプノ……069
レゼルヴァ……156, 176
レチャソ・デ・カスティーリャ・イ・レオン 🍴
　……154
レチョート……122
レチョート・ディ・ガンベッラーラ
　……130, 346
レチョート・ディ・ガンベッラーラ・
　クラッシコ……130
レチョート・ディ・ソアーヴェ……130, 346
レチョート・ディ・ソアーヴェ・
　クラッシコ……130
レチョート・デッラ・
　ヴァルポリチェッラ……130, 346
レッシーニ……354
レッシーニ・ドゥレッロ……354
レッジャーノ……355
レッソーナ……351
レッツィーナ……178
レッドウッド・ヴァレー……377
レッド・ヒルズ・レイク・カウンティ……379
レッドヒル・ダグラス・カウンティ……384
レッド・マウンテン……384
レッド・ミスケット 🍇……307
レデノ・ヴィノ……170, 172
レトワール……101, 331
レニエ……074, 317
レ・ピュセル……071
レ・プーシェール……070
レフォシュク 🍇……307
レフォスコ・ダルー・ペドゥンコロ・
　ロッソ 🍇……308

レ・フォラティエール……071
レ・プティ・ゼプノ……069
レブラ🍷……308
レフリジェレ……233
レ・プリューズ……062
レ・ボー・ド・プロヴァンス……094, 327
レ・ボーモン……066
レ・ポレ……067
レムスタール・シュトゥットガルト……341
レ・メヌー……321
レ・リュジアン……069
レンズウッド……190
レンスキ・リズリング🍷……308
連続式蒸溜焼酎……027
レン・ド・レル🍷……308
レンベルガー🍷……308

──────── ろ ────────

ロアッツォーロ……351
ロイシュリング🍷……308
蠟質……015
ロウペイロ🍷……308
ロウレイロ🍷……308
ロエーロ……126, 345
ローグ・ヴァレー……384
ローザン・ガシー……050
ローザン・セグラ……050
ローズ・ヴァレー……177
ローズ・シオタ🍷……308
ローター・ヴェルトリーナー🍷……308
ローター・トラミナー🍷……308
ローダイ……382
ロータエ……365
ロートヴァイン……013, 110
ロートギブフラー🍷……308
ロードス……374
ロードス島……180
ロートリング……112
ローバーン……197
ローヌ……060, 088, 317, 325
ローヌ川……088
ローブ……191, 388

ローマ……358
ローマ帝国……010
ローム……165
ロール🍷……308
ローレライ……113, 337
ローワー・ハンター……193
濾過……020
ロクリーデ……366
ロコロトンド……360
ロサッツォ……131, 347
ロシアン・リヴァー・ヴァレー……377
ロシュフォール……323
ロシュフォール・シュル・ロワール……323
ロシュベル……058
ロス・オリーヴォス・ディストリクト……381
ロス・カーネロス……378
ロス・バラゲセス……369
ロゼヴァイン……013, 110
ロゼ・ダンジュー……084, 322
ロゼワイン……013
ロゼット……103, 333
ロゼ・デ・リセー……080
ロゼ・ド・ロワール……085, 322, 323, 324
ロッカモンフィーナ……365
ロッキー・ノブ……386
ロックパイル……378
ロックフォール🍴……243
ロッシェル塩……012
ロッセーゼ・ディ・ドルチェアックア
　　……127, 352
ロッソ・オルヴィエターノ……357
ロッソ・コーネロ……357
ロッソ・ディ・ヴァルテッリーナ……353
ロッソ・ディ・チェリニョーラ……360
ロッソ・ディ・モンタルチーノ……134, 356
ロッソ・ディ・モンテプルチャーノ
　　……134, 356
ロッソ・デッラ・ヴァル・ディ・コルニア
　　……133, 348
ロッソ・ピチェーノ……357
ロディティス🍷……308
ロバートソン地区……205, 393
ロバート・パーカー Jr.……181

ロビオーラ・ディ・ロッカヴェラーノ 🍴 ……244

ロボラ ♣ ……309

ロボラ・オブ・ケファロニア ……373

ロマーニャ ……355

ロマーニャ・アルバーナ ……132, 347

ロマネ・コンティ ……066, 076, 319

ロマネ・サン・ヴィヴァン ……066, 319

ロマンジア ……367

ロメール ……054

ロメール・デュ・アヨ ……054

ロリエ・ドール・テラヴァン ……163

ロリエ・ド・プラチナ ……163

ロメオ・ブラガード ……194

ロモランタン ♣ ……309

ロラミー・クリーク ……387

ロワー・マレー ……388

ロワール川流域 ……083

ロワール ……083, 322

ロワン・ド・ルイユ ♣ ……309

ロンキ・ヴァレシーニ ……363

ロンキ・ディ・ブレーシャ ……362

ロング・アイランド ……184, 385

ロンディネッラ ♣ ……309

ロンドン・ドライ・ジン ……032

ロンバルディア州 ……127, 345, 352, 362

─────── わ ───────

ワイカト ……196

ワイパラ ……197

ワイララパ ……196

ワイルド・ホース・ヴァレー ……379

ワイン ……010, 160

ワイン・インスティテュート ……181

ワインオーストラリア公社 ……188

ワインセラー ……230

ワイン法 ……182

ワシントン州 ……184, 384

ワナカ ……197

藁ワイン ……101

ワラ・ワラ・ヴァレー ……184, 384

割り水 ……249

ワルーク・スロープ ……384

─────── ん ───────

ンドゥイヤ 🍴 ……146

アルファベット順索引

A

A.O.C. ……011, 044, 163, 239
A.O.P. ……011, 044
A.O.V.D.Q.S. ……044
A.P.Nr. ……111
A.S.I. ……229
A.V.A. ……182, 377
Aargau ……375
Abbacchio allo Scottadito ❢❢ ……144
Abboccato ……123
Abfüller ……110
Abfüllung ……110
Abona ……370
Abondance ❢❢ ……242
Abraham Perold ……204
Abruzzo ……136, 349, 358, 365
Absinthe ……033
Acetaldehyde ……013
Acétaldéhyde ……013
Acetic Acid ……012
Acidité ……012, 210
Acidity ……012, 210
Acolon ♥ ……258
Aconcagua ……198, 201, 391
Aconcagua Valley ……201, 391
Acqui ……125, 344
Acre ……232
Adelaida District ……381
Adelaide ……388
Adelaide Hills ……190, 388
Adelaide Plains ……388
Adirondac ♥ ……258
Advocaat ……035
Aération ……229
Affile ……358
Aftertaste ……211

Aghiorghitiko ♥ ……258
Agiorgitiko ♥ ……258
Aglianico ♥ ……259
Aglianico del Bulture Superiore ……350
Aglianico del Tabruno ……137, 349
Aglianico del Vulture ……360
Aglianico del Vulture Superiore ……138
Agneau de Lait ❢❢ ……107
Agnello al Forno ❢❢ ……145
Agnolotti del Plin ❢❢ ……141
Agriculture Biologique ……025
Agterkliphoogte ……393
AGWA ……188
Ahr ……114, 336
Ahrtal ……336
Aidani ♥ ……258
Airén ♥ ……258
Ajaccio ……095, 327
Alba ……350
Albana ♥ ……260
Albariño ♥ ……259, 260
Albariza ……151
Albillo ♥ ……260
Albugnano ……350
Alcamo ……139, 361
Alcohol ……210
Alcohol and Tobacco Tax and Trade
　　Bureau ……182
Alcoholic Fermantation ……021
Alcoholmeter ……231
Alcomètre ……231
Alcool ……210
Aleatico ♥ ……260
Aleatico di Gradoli ……357
Aleatico di Puglia ……359
Aleatico Passito dell'Elba ……347
Aleatico Passito dell'-Elba ……133

索引
アルファベット順索引 | A

Alella ······368
Alessandria ······124
Alexander Valley ······377
Alexandra ······198
Alexandria Lakes ······387
Alezio ······359
Alfrocheiro ♥ ······260
Alghero ······140, 361
Alicante ······368
Alicante Bouschet ♥ ······259
Alicante Branco ♥ ······259
Aliénor d'Aquitaine ······046
Aligoté ♥ ······259
Allemagne ······109
Allerona ······364
Allier ······021
Alluvial Plains ······196
Almansa ······369
Aloxe-Corton ······067, 076, 316, 319
Alpine Climate ······024
Alpine Valleys ······192
Alpine Valleys ······389
Alsace ······099
Alsace Grand Cru ······100
Alt ······026
Alta Langa ······124, 344
Alta Mesa ······382
Alta Valle della Greve ······364
Altesse ♥ ······259
Alto Adige ······128, 353
Alto Livenza ······363
Alto Mincio ······362
Altus ······386
Alvarelhão ♥ ······259
Alvarinho ♥ ······259
Amabile ······123
Amaral ♥ ······258
Amaretto ······035
Amaro ······034
Amarone ······122
Amarone della Valpolicella ······129, 345
Ambonnay ······320
Amelia ······356

Amer ······210
American Viticultural Areas ······182
Amerine & Winkler Scale ······183
Amigne ♥ ······259
Amontillado ······152
Amorghiano ♥ ······259
Amorgiano ♥ ······259
Amphora ······177
Amyndeon ······178
Anagni ······365
Anbaugebiete ······109
Ancient Lakes of Colunbia Valley ······384
Anderson Valley ······377
Andes ······201
Andouillette ¶¶ ······105, 108
Andrea Bacci ······119
Angers ······083
Anhydride Sulfureux ······019
Anisés ······033
Anjou ······084, 322
Anjou Coteaux de la Loire ······322
Anjou Gamay ······322
Anjou Mousseux ······322
Anjou Villages ······322
Anjou Villages Brissac ······322
Anjou-Saumur ······084, 322
Ansonica ♥ ······260
Ansonica Costa dell'Argentario ······355
Antão Vaz ♥ ······260
Antelope Valley of California High Desert ······383
Apera ······188
Aperire ······230
Apéritif ······230
Apicius ······118
Apogée ······211
Apparence ······208
Appassimento ······122
Appearance ······208
Appellation d'Origine Contrôlée ······044
Appellation d'Origine Protégée ······011, 044
Appellation d'Origine Vin Délimité de Qualité Supérieure ······044

Appellation Génerales ……312

Appenzell Ausserrhoden ……375

Appenzell Innerrrhoden ……375

Applegate Valley ……384

Aprilia ……357

Aragones 🍇 ……255

Aragonez 🍇 ……259

Aragosta arrosta 🍴 ……147

Aramon 🍇 ……259

Arancino di Riso 🍴 ……146

Ararije 🍇 ……259

Arbanne 🍇 ……260

Arbois ……101, 331

Arbois 🍇 ……260

Arbois Pupillin ……101, 331

Arborea ……362

Arcole ……353

Arezzo ……132

Argentina ……198

Arghillà ……366

Arinto 🍇 ……259

Arista 🍴 ……143

Arkansas Mountain ……386

Arlanza ……370

Armagnac ……031

Armagnac-Ténarèze ……031

Arneis 🍇 ……260

Aroma ……209

Arôme ……209

Arômes Primaires ……209

Arômes Secondaires ……209

Arômes Tertiaires ……209

Arrêté ……044

Arribes ……370

Arrière-goût ……211

Arroyo Grande Valley ……381

Arroyo Seco ……380

Arsac ……053

Arthur Phillip ……187

Arzúa-Ulloa 🍴 ……247

Asciutto ……123

Asiago 🍴 ……245

Asolo-Prosecco ……129, 346

Asperges Sauce Mousseline 🍴 ……108

Assario Branco 🍇 ……258

Assemblage ……045, 080

Assiciation de la Sommelier Internationale ……229

Assid Abraham Corban ……195

Assisi ……356

Assmannshausen ……115, 338

Assyrtico 🍇 ……258

Assyrtiko 🍇 ……258

Asti ……124, 344

Asti Spumante ……124

Ászár-Neszmély ……376

Asztali bor ……174

Aszú ……173

Ata Rangi ……195

Atacama ……201, 391

Athiri 🍇 ……258

Atina ……357

Atlas Peak ……378

Atomosphenic Pressure ……014

Attack ……210

Attaque ……210

Attiédi ……233

Aubaine 🍇 ……264

Auckland ……196

Augusta ……386

Ausbruch ……166

Auslese ……111, 166

Austral ……202

Australia ……187

Australian Capital Territory ……390

Austria ……164

Austrian Sekt ……166

Autriche ……164

Aux Boudots ……067

Aux Combottes ……064

Aux Guettes ……068

Aux Malconsorts ……066

Auxerre ……060

Auxerrois ……315

Auxerrois 🍇 ……255, 263

Auxerrois Blanc 🍇 ……264

461

索引　アルファベット順索引　｜　A・B

Auxey-Duresses ······070, 316
Avenay Val d'Or ······321
Aversa ······359
Avesso 🍇 ······258
Aveyron ······334
Avignon ······088
Avize ······320
Avola ······366
Aÿ ······320
Ayl ······337
Azal Branco 🍇 ······258
Azal Tinto 🍇 ······258
Azienda Agricola ······120

──────── B ────────

B.A. ······109
B/L ······234
Băbească Gris 🍇 ······287
Băbească neagră 🍇 ······287
Babic 🍇 ······287
Baccalà alla Vicentina 🍴······142
Baccalà con i Peperoni Cruschi 🍴······146
Bacchus 🍇 ······287
Bacharach ······337
Backenoff 🍴······105
Baco Noir 🍇 ······287
Baco22-A 🍇 ······287
Bad Kreuznach ······339
Badacsony ······174, 376
Baden ······117, 342
Baden Selection ······114
Badisch Rotgold ······112
Badische Bergstraße ······342
Baeckeoffe 🍴······105
Bag in box ······235
Baga 🍇 ······287
Bagna Cauda 🍴······141
Bagnoli ······353
Bagnoli di Sopra ······353
Bagnoli Friularo ······129, 345
Bailey Alicante A 🍇 ······296
Bairrada ······157

Balance ······210
Balaton ······173
Balatonfelvidék ······376
Balatonfrüed-Csopak ······376
Balatonmellék ······376
Balkan ······176
Ballard Canyon ······381
Balsamina 🍇 ······288
Balthazar ······232
Bamboes Bay ······394
Bandol ······093, 327
Banghoek ······392
Bannockburn ······197
Banyuls ······098, 330, 335
Banyuls Grand Cru ······098, 330, 335
Banyuls Grand Cru Rancio ······098, 330, 335
Banyuls Rancio ······098, 330, 335
Baraka 🍴······242
Barbagia ······367
Barbaresco ······124, 344
Barbarossa 🍇 ······288
Barbera 🍇 ······288
Barbera d'Alba ······126, 350
Barbera d'Asti ······125, 344
Barbera del Monferrato ······350
Barbera del Monferrato Superiore ······125, 344
Barco Reale di Carmignano ······355
Bardolino ······130, 353
Bardolino Classico Superiore ······129, 345
Bardolino Superiore ······129, 345
Barletta ······359
Barolo ······125, 344
Barolo Chinato ······123
Barossa ······190, 388
Barossa Valley ······190, 388
Barrel Aged ······020
Barrel Fermantation ······025
Barsac ······048, 053, 054, 313
Bas-Armagnac ······031
Basel-Landschaft ······375
Basel-Stadt ······375
Basilicata ······138, 350, 360, 366
Basses Vergelesses ······068

Bastardo ♥ ······287
Bâtard-Montrachet ······071, 072, 319
Bâtonnage ······022
Bay of Plenty ······196
Bayerischer Bodensee ······341
Béarn ······334
Beaufort ¶¶······243
Beaujolais ······074, 317
Beaujolais Supérieur ······074, 317
Beaujolais Villages ······074, 317
Beaujolais + Commune ······074
Beaulieu ······323
Beaulieu-sur-Layon ······323
Beaumes de Venise ······091, 325
Beaumont-sur-Vesle ······320
Beaune ······069, 076, 316
Beaunois ♥ ······296
Beechworth ······192, 389
Beerenauslese ······111, 166
Beilstein ······341
Beli Pinot ♥ ······296
Bell Mountain ······385
Bellet ······093, 327
Ben Lomond Mountain ······381
Benaco Bresciano ······362
Bendigo ······192, 197, 389
Bénédictine ······034
Benerento Beneventano ······365
Benlate ······018
Benmore Valley ······379
Bennett Valley ······378
Benomyl ······018
Bentonite ······020
Bereiche ······109
Bergamasca ······362
Berger Blanc ······034
Bergerac ······103, 333
Bergères les Vertus ······321
Bergeron ······332
Bergland ······169, 372
Bergwein ······166
Bern ······375
Bern Bielersee ······375

Bernard Chambers ······194
Bernkastel ······116, 336
Berry set ······016
Bestimmte Anbaugebiete ······109
Bettino Ricasoli ······119
Bettona ······364
Bezannes ······321
Bianchello del Metauro ······357
Bianco Capena ······357
Bianco del Sillaro ······364
Bianco dell'Empolese ······355
Bianco di Castelfranco Emilia ······364
Bianco di Custoza ······353
Bianco di Pitigliano ······355
Bical ♥ ······288
Bidure ♥ ······289
Bienvenues-Bâtard-Montrachet ······071, 319
Bierzo ······150, 369
Biferno ······136, 359
Big Rivers ······388
Big Valley District-Lake County ······379
Bigoli in Salsa di Acciughe ¶¶······142
Bijou Noir ♥ ······289
Bill of Lading ······234
Billy le Grand ······320
Bingen ······339
Binissalem-Mallorca ······370
Bio Bio Valley ······202
Bío Bío Valley ······391
Biodynamics ······025
Biodynamie ······025
Birkweiler ······340
Bischoffingen ······342
Bisseuil ······321
Bistecca alla Fiorentina ¶¶······143
Bistecca alla Pizzaiola ¶¶······145
Bitterness ······210
Bivongi ······360
Black Pegase ♥ ······294
Black Queen ♥ ······294
Black Sea ······176, 177
Blackwood Valley ······189, 390
Blagny ······070, 316

索引
アルファベット順索引
│
B

索引 アルファベット順索引 | B

Blanc Dame 🍷 ······294
Blanc de Blancs ······082
Blanc de Noirs ······082
Blanc Fumé 🍷 ······294
Blanc Fumé d Pouilly ······324
Blanche Armagnac ······031
Blanchot ······062
Blanquette de Limoux ······097, 329
Blanquette Méthode Ancestrale ······097
Blanquette méthode ancestrale ······329
Blauburger 🍷 ······293
Blauburgunder 🍷 ······255, 293
Blauer Burgunder 🍷 ······255, 293
Blauer Portugieser 🍷 ······293
Blauer Wildbacher 🍷 ······293
Blaufränkisch 🍷 ······294
Blaye ······314
Blaye Côtes de Bordeaux ······314
Bleeding ······022
Bleu d'Auvergne 🍴 ······243
Bleu des Causses 🍴 ······243
Bloom ······015
Blue Agave ······032
Boal ······159
Boal 🍷 ······296
Bobal 🍷 ······297
Boberg ······392
Boca ······350
Bock ······026
Bocksbeutel ······117
Bodensee ······342
Body ······210
Boesmansrivier ······393
Bœuf Bourguignon 🍴 ······106
Bogen ······017
Bois Ordinaires ······030
Bolgheri ······134, 355
Bolgheri Sassicaia ······355
Bollito Misto 🍴 ······143
Bombach ······342
Bombino Nero 🍷 ······297
Bommes ······053
Bonarda 🍷 ······296

Bonarda dell'Oltrepò Pavese ······352
Bonbonne ······095
Bonnes-Mares ······064, 065, 318
Bonnezeaux ······084, 323
Bonnievale ······393
Bons Bois ······030
Boppard ······337
Bordeaux ······045, 312
Bordeaux 🍷 ······297
Bordeaux Clairet ······049, 312
Bordeaux Mixture ······018
Bordeaux Rosé ······049
Bordeaux Supérieur ······312
Bordeaux-Haut-Benauge ······313
Borden Ranch ······382
Borderies ······030
Borraçal 🍷 ······297
Bosco Eliceo ······354
Bot River ······394
Botanical ······032
Botillo del Bierzo 🍴 ······154
Bottarga 🍴 ······147
Bottelary ······392
Botticino ······352
Bottiglia ······120
Bouchage ······081
Bouche 🍷 ······255
Bouchet 🍷 ······291
Bouchon Aggloméré ······023
Bouchon Syntétique ······023
Bouchonné ······023
Bougros ······062
Bouillabaisse 🍴 ······107
Bouillie Bordelaise ······018
Bourbon whiskey ······029
Bourboulenc 🍷 ······291
Bourg ······314
Bourgeais ······314
Bourgogne ······060, 074, 314
Bourgogne Aligoté ······075, 315
Bourgogne Chitry ······315
Bourgogne Clairet ······314
Bourgogne Côte du Couchois ······073, 315

Bourgogne Côte-Chalonnaise ⋯⋯072, 315
Bourgogne Côte-St-Jacques ⋯⋯315
Bourgogne Côtes d'Auxerre ⋯⋯315
Bourgogne Côtes du Couchois ⋯⋯315
Bourgogne Coulanges-La-Vineuse ⋯⋯315
Bourgogne Epineuil ⋯⋯315
Bourgogne Gamay ⋯⋯075
Bourgogne Hautes-Côtes de
　Beaune ⋯⋯067, 315
Bourgogne Hautes-Côtes de Nuits ⋯⋯063, 315
Bourgogne La Chapelle Notre Dame ⋯⋯314
Bourgogne Le Chapitre ⋯⋯075, 314
Bourgogne Montrecul ⋯⋯314
Bourgogne Mousseux ⋯⋯314
Bourgogne Passe-Tout-Grains ⋯⋯075, 314
Bourgogne rosé ⋯⋯314
Bourgogne Tonnerre ⋯⋯315
Bourgogne Vézelay ⋯⋯315
Bourgueil ⋯⋯085, 324
Bourride Sétoise ❦ ⋯⋯107
Bouteille ⋯⋯232
Boutique Winery ⋯⋯181
Bouton ⋯⋯016
Bouvier ❦ ⋯⋯291
Bouzeron ⋯⋯073, 317
Bouzy ⋯⋯320
Bra ❦ ⋯⋯244
Brachetto ❦ ⋯⋯294
Brachetto d'Acqui ⋯⋯125, 344
Bramaterra ⋯⋯350
Brandade ❦ ⋯⋯107
Brandy ⋯⋯029
Brasato ❦ ⋯⋯141
Brauneberg ⋯⋯336
Breaujolais-Villages ⋯⋯074
Breede River Valley ⋯⋯205, 393
Breedekloof ⋯⋯205, 393
Breganze ⋯⋯353
Breisgau ⋯⋯342
Bresaola ❦ ⋯⋯141
Breton ❦ ⋯⋯295
Bretont ❦ ⋯⋯255
Brettljause ❦ ⋯⋯169

Brie de Meaux ❦ ⋯⋯240
Brie de Melun ❦ ⋯⋯240
Brillat-Savarin ❦ ⋯⋯242
Brindisi ⋯⋯138, 359
Briški Tokaj ❦ ⋯⋯294
British Columbia ⋯⋯186
British Wine ⋯⋯161
Britzingen ⋯⋯342
Brocciu ❦ ⋯⋯244
Brochet au Beurre Nantais ❦ ⋯⋯108
Brodetto di Pesce all'Anconetana ❦ ⋯⋯144
Brodetto di Pesce alla Pescarese ❦ ⋯⋯145
Brouilly ⋯⋯074, 318
Brulhois ⋯⋯333
Brunello ❦ ⋯⋯255, 295
Brunello di Montalcino ⋯⋯133, 347
Brut ⋯⋯082
Brut Nature ⋯⋯082
Bubbles ⋯⋯209
Buccatini all'Amatriciana ❦ ⋯⋯144
Bud ⋯⋯016
Bud-Break ⋯⋯016
Budapest ⋯⋯173
Buffeljags ⋯⋯393
Bugey ⋯⋯332
Bugey Cerdon méthode ancestrale ⋯⋯333
Bugey Manicle ⋯⋯332
Bugey Montagnieu ⋯⋯332
Bükkalja ⋯⋯376
Bulgaria ⋯⋯176
Bulgarie ⋯⋯176
Bullas ⋯⋯368
Burgenland ⋯⋯168, 372
Burger ❦ ⋯⋯286
Bürgstadt ⋯⋯340
Burgunder ⋯⋯110
Buridda ❦ ⋯⋯141
Burkheim ⋯⋯342
Buschenschank ⋯⋯164, 165
Busecca ❦ ⋯⋯141
Busuioacă de Bohotin ❦ ⋯⋯292
Buttafuoco ⋯⋯352
Buttafuoco dell'Oltrepò Paveze ⋯⋯352

索引 アルファベット順索引 | B・C

Buttage……016
Buzet……104, 333
BWI……203
Byzantine Empire……178

─────C─────

C.I.B.……176
C.M.……082
C.M.D.……175
C.T.……175
Cabardès……096, 329
Cabernet d'Anjou……084, 322
Cabernet de Saumur……323
Cabernet Dorsa ♥……265
Cabernet Franc ♥……254, 266
Cabernet Mitos ♥……266
Cabernet Sauvignon ♥……265
Cabernet Suntory ♥……265
Cabrales ¶¶……247
Cacc'e mmitte di Lucera……359
Cacciucco ¶¶……143
Caciocavallo Silano ¶¶……246
Cadarca ♥……265
Cadastro……157
Cadaujac……055
Cadillac……313
Cadillac Côtes de Bordeaux……314
Caecubum……118
Cagliari……362
Cahors……104, 334
Caillerets……069
Cairanne……092, 326
Calabrese ♥……266
Calabria……138, 360, 366
Caladoc ♥……266
Calatayud……368
Caldaro……353
Caldereta Langosta ¶¶……155
California……183
California Shenandoah Valley……382
Calistoga……378
Calitsdorp……394

Callos ¶¶……154
Calosso……350
Caluso……344
Calvados……029
Calvados Domfrontais……029
Calvados du Pays d'auge……029
Camarro……366
Camembert de Normandie ¶¶……239
Campania……137, 349, 359, 365
Campari……034
Campbell Early ♥……267
Campi Flegrei……359
Campidano di Terralba……362
Campo de Borja……149, 368
Campo de la Guardia……369
Canada……185
Canadian whisky……029
Canaiolo Nero ♥……265
Canavese……351
Canberra District……193, 389
Candia dei Colli Apuani……355
Candle……231
Canestrato Pugliese ¶¶……246
Cannara……364
Cannellino……123
Cannellino di Frascati……135, 349
Cannoli ¶¶……146
Cannonau ♥……267
Cannonau di Sardegna……140, 362
Canon Fronsac……313
Cantal ¶¶……243
Canteiro……159
Cantenac……050, 052
Canterbury……197
Cantina……120
Cantina Sociale……120
Canton……163
Cap……022
Cap Classique……023, 203
Capalbio……355
Capay Valley……382
Cape Agulhas……205, 393
Cape Blend……204

466

Cape Doctor ……204

Cape Peninsula ……205, 392

Cape South Coast ……205, 393

Caponata ‖……146

Cappon Magro ‖……141

Capretto allo Spiedo ‖……146

Capri ……359

Capriano del Colle ……352

Caprice des Dieux ‖……241

Capsule ……230

Capsule à Vis ……023

Capsule cutter ……231

Capsule vissée ……230

Carafé ……231

Carbon dioxide ……011

Carbonade ‖……140

Carbonated Sparklingwine
　　Gazeification ……023

Carbonic Maceration ……022

Carcassonne ……095

Carciofi alla Giudia ‖……144

Cardo Gallego ‖……153

Cardozo ‖……154

Carema ……351

Carignan ♥……267

Carignano ♥……267

Carignano del Sulcis ……140, 362

Cariñena ♥……267

Cariñena ……368

Carmel Valley ……380

Carménère ♥……267

Carmignano ……133, 347

Carne Cruda Battuta ‖……140

Carneros ……378

Carnuntum ……168, 372

Carpe à la Chambord ‖……108

Carpe in Carpione ‖……141

Carso ……354

Casa del Blanco ……369

Casa Vinicola ……120

Casablanca Valley ……201, 391

Casavecchia di Pontelatone ……359

Cascina ……120

Casimir ……114

Cask Aging ……020

Casorzo ……351

Cassata Siciliana ‖……147

Cassis ……093, 326

Cassoeula ‖……142

Cassoulet ‖……107

Casteggio ……352

Castel del Monte ……359

Castel del Monte Bombino Nero ……137, 349

Castel del Monte Nero di Troia
　　Riserva ……137, 350

Castel del Monte Rosso Riserva ……138, 350

Castel San Lorenzo ……359

Castelão ♥……265

Castell ……341

Casteller ……353

Castelli di Jesi Verdicchio Riserva ……135, 348

Castelli Romani ……136, 357

Castelmagno ‖……244

Castiglione Falletto ……125

Castillon Côtes de Bordeaux ……314

Catalanesca del Monte Somma ……365

Cataluña ……150, 368

Catamarca ……198, 391

Catarratto Bianco ♥……265

Catawba ♥……265

Catoctin ……386

Cava ……149, 371

Cava de Paraje Calificado ……149

Cava Gran Reserva ……149

Cava Reserva ……149

Cave ……230

Cave du jour ……230

Cayetana Blanca ♥……264

Cayuga ♥……266

Cayuga Lake ……385

Cecina de León ‖……154

Cederberg ……394

Cellatica ……352

Celler ……230

Cencibel ♥……255, 279

Central and Southern Dalmatia ……173

467

索引 アルファベット順索引 | C

Central Coast ······380
Central Coast A.V.A. ······183
Central Delaware Valley ······387
Central Greece ······179
Central Orange River ······395
Central Otago ······197
Central Ranges ······389
Central Valley ······183, 202, 382, 391
Central Victoria ······389
Central Western Australia ······390
Centre Nivernais ······086, 324
Cèpes à la Bordelais 🍴 ······107
Cephalonia ······179
Cerasuolo ······123
Cerasuolo d'Abruzzo ······358
Cerasuolo di Vittoria ······139, 350
Cercial 🍇 ······278
Ceres ······394
Ceres Plateau ······394
Cereza 🍇 ······278
Cérons ······313
Cerveteri ······358
Cesanese 🍇 ······280
Cesanese del Piglio ······135, 349
Cesanese di Affile ······358
Cesanese di Olevano Romano ······358
César 🍇 ······278
CFR(C&F) ······234
Ch. Angélus ······056
Ch. Ausone ······056
Ch. Balestard La Tonnelle ······056
Ch. Barde-Haut ······056
Ch. Batailley ······052
Ch. Beau-Séjour-Bécot ······056
Ch. Beauséjour-Duffau-Lagarrosse ······056
Ch. Bélair-Monange ······056
Ch. Belgrave ······053
Ch. Bellefont-Belcier ······056
Ch. Bellevue ······056
Ch. Berliquet ······056
Ch. Beychevelle ······052
Ch. Bouscaut ······055
Ch. Boyd-Cantenac ······051

Ch. Branaire-Ducru ······052
Ch. Brane-Cantenac ······050
Ch. Broustet ······054
Ch. Cadet-Bon ······056
Ch. Caillou ······054
Ch. Calon-Ségur ······051
Ch. Canon ······056
Ch. Canon-la-Gaffelière ······056
Ch. Cantemerle ······053
Ch. Cantenac Brown ······051
Ch. Cap de Mourlin ······057
Ch. Carbonnieux ······054, 055
Ch. Certan-de-May ······059
Ch. Chauvin ······057
Ch. Cheval Blanc ······056
Ch. Clerc-Milon ······052
Ch. Climens ······053
Ch. Clos de Sarpe ······057
Ch. Clos des Jacobins ······057
Ch. Clos Haut-Peyraguey ······053
Ch. Corbin ······057
Ch. Cos d'Estournel ······051
Ch. Cos-Labory ······053
Ch. Côte de Baleau ······057
Ch. Couhins ······055
Ch. Couhins-Lurton ······055
Ch. Coutet ······053
Ch. Couvent des Jacobins ······057
Ch. Croizet-Bages ······052
Ch. d'Arche ······054
Ch. d'Armailhac ······052
Ch. d'Issan ······051
Ch. d'Yquem ······053
Ch. Dassault ······057
Ch. Dauzac ······053
Ch. de Camensac ······053
Ch. De Ferrand ······057
Ch. de Fieuzal ······054
Ch. de Malle ······054
Ch. de Myrat ······054
Ch. de Pressac ······058
Ch. de Rayne-Vigneau ······053
Ch. de Sales ······059

Ch. Desmirail ······051

Ch. Destieux ······057

Ch. Doisy-Daëne ······054

Ch. Doisy-Dubroca ······054

Ch. Doisy-Védrines ······054

Ch. du Tertre ······053

Ch. Ducru-Beaucaillou ······051

Ch. Duhart-Milon-Rothschild ······052

Ch. Durfort-Vivens ······050

Ch. Faugères ······057

Ch. Faurie de Souchard ······057

Ch. Ferrière ······051

Ch. Figeac ······056

Ch. Filhot ······054

Ch. Fleur Cardinale ······057

Ch. Fombrauge ······057

Ch. Fonplégade ······057

Ch. Fonroque ······057

Ch. Foutet ······056

Ch. Franc-Mayne ······057

Ch. Gazin ······059

Ch. Giscours ······051

Ch. Grand Corban ······057

Ch. Grand Corban-Despagne ······057

Ch. Grand-Mayne ······057

Ch. Grand-Pontet ······057

Ch. Grand-Puy-Ducasse ······052

Ch. Grand-Puy-Lacoste ······052

Ch. Gruaud-Larose ······051

Ch. Guadet ······057

Ch. Guiraud ······053

Ch. Haut-Bages-Libéral ······052

Ch. Haut-Bailly ······054

Ch. Haut-Batailley ······052

Ch. Haut-Brion ······050, 054

Ch. Haut-Sarpe ······057

Ch. Jean Faure ······057

Ch. Kirwan ······051

Ch. L'Arrosée ······056

Ch. L'Évangile ······059

Ch. La Clotte ······057

Ch. La Commanderie ······057

Ch. La Conseillante ······059

Ch. La Couspaude ······057

Ch. La Dominique ······057

Ch. La Fleur Morange ······057

Ch. La Fleur-Pétrus ······059

Ch. La Gaffelière ······056

Ch. La Lagune ······051

Ch. la Marzelle ······058

Ch. La Mission Haut-Brion ······055

Ch. La Mondotte ······056

Ch. La Serre ······058

Ch. La Tour Blanche ······053

Ch. La Tour Carnet ······052

Ch. La Tour Figeac ······058

Ch. La Tour Haut-Brion ······055

Ch. Lafaurie-Peyraguey ······053

Ch. Lafite-Rothchild ······050

Ch. Lafleur ······059

Ch. Lafon-Rochet ······052

Ch. Lagrange ······051

Ch. Lamothe ······054

Ch. Lamothe-Guignard ······054

Ch. Langoa Barton ······051

Ch. Laniote ······058

Ch. Larcis Ducasse ······056

Ch. Larmande ······058

Ch. Laroque ······058

Ch. Laroze ······058

Ch. Lascombes ······050

Ch. Latour ······050

Ch. Latour à Pomerol ······059

Ch. Latour-Martillac ······055

Ch. Laville Haut-Brion ······055

Ch. Le Chatelet ······057

Ch. Le Prieuré ······058

Ch. Léoville-Barton ······051

Ch. Léoville-Las-Cases ······051

Ch. Léoville-Poyferré ······051

Ch. Les Grandes Murailles ······057

Ch. Lynch-Bages ······052

Ch. Lynch-Moussas ······052

Ch. Malartic-Lagravière ······055

Ch. Malescot Saint-Exupéry ······051

Ch. Margaux ······050

Ch. Marquis d'Alesme-Becker ······051
Ch. Marquis de Terme ······052
Ch. Monbousquet ······058
Ch. Montrose ······051
Ch. Moulin du Cadet ······058
Ch. Mouton-Rothschild ······050
Ch. Nairac ······054
Ch. Nénin ······059
Ch. Olivier ······055
Ch. Palmer ······051
Ch. Pape Clément ······054
Ch. Pavie ······056
Ch. Pavie Macquin ······056
Ch. Pavie-Decesse ······058
Ch. Peby Faugères ······058
Ch. Pédesclaux ······052
Ch. Petit-Faurie-de-Soutard ······058
Ch. Petit-Village ······059
Ch. Pétrus ······059
Ch. Pichon-Longueville Comtesse de
  Lalande ······050
Ch. Pichon-Longueville Baron ······050
Ch. Pontet-Canet ······052
Ch. Pouget ······052
Ch. Prieuré-Lichine ······052
Ch. Quinault l'Enclos ······058
Ch. Rabaud-Promis ······053
Ch. Rauzan-Gassies ······050
Ch. Rauzan-Ségla ······050
Ch. Rieussec ······053
Ch. Ripeau ······058
Ch. Rochebelle ······058
Ch. Romer ······054
Ch. Romer du Hayot ······054
Ch. Saint-Georges Côte Pavie ······058
Ch. Saint-Pierre ······052
Ch. Sansonnet ······058
Ch. Sigalas Rabaud ······053
Ch. Smith Haut-Lafitte ······055
Ch. Soutard ······058
Ch. Suau ······054
Ch. Suduiraut ······053
Ch. Talbot ······052

Ch. Tertre Daugay ······058
Ch. Troplong Mondot ······056
Ch. Trotanoy ······059
Ch. Trottevieille ······056
Ch. Valandraud ······056
Ch. Villemaurine ······058
Ch. Yon Figeac ······058
Chabichou du Poitou ¶······240
Chablis ······061, 076, 315
Chablis Grand Crus ······061, 315
Chablis Premier Crus ······062, 315
Chablisien ······315
Chacolí ······149
Chacolí de Álava ······368
Chacolí de Bizkaia ······368
Chacolí de Getaria ······368
Chalk Hill ······378
Chalone ······380
Chambertin ······063, 318
Chambertin Clos-de-Bèze ······064, 318
Chambolle-Musigny ······065, 316, 318
Chambré ······233
Chamery ······321
Champ Canet ······072
Champagne ······079
Champagne cage ······231
Champans ······070
Champillon ······321
Chandelle ······231
Chaource ¶······241
Chapeau ······022
Chapelle-Chambertin ······064, 318
Chaptalisation ······021
Chaptalization ······021
Chardonnay ♥······256, 275
Charentes ······030
Charlemagne ······068, 319
Charles-Louis de Montesquieu ······046
Charmes ······070
Charmes-Chambertin ······064, 318
Charolais ¶······241
Charta ······114
Chartreuse ······034

Chassagne-Montrachet ······072, 077, 316, 319

Chasselas 🍇 ······275

Château ······046

Château-Chalon ······101, 331

Château-Grillet ······089, 325

Châteaumejllant ······325

Châteauneuf-du-Pape ······091, 326

Châtillon-en-Diois ······325

Chaud ······233

Chaume ······084

Chavignol 🍴······240

Chef Sommelier ······229

Chehalem Mountains ······384

Chénas ······074, 317

Chêne ······020

Chenin Blanc 🍇 ······256, 275

Chevalier-Montrachet ······071, 319

Cheverny ······085, 323

Chianti ······133, 347

Chianti Classico ······133, 347

Chiaretto ······123

Chiavennasca 🍇 ······255, 267

Chigny les Roses ······320

Chiles Valley ······378

Chille ······200

Chilled ······233

Chinato ······123, 125

Chinon ······086, 324

Chiroubles ······074, 317

Choapa Valley ······391

Chorey ······316

Chorey-lès-Beaune ······069, 316

Chorizo de Ibérico 🍴······154

Choucroute 🍴······105

Chouilly ······320, 321

Chuletillas de cordero Lechal 🍴······152

Churros 🍴······154

Cider ······029

Cidre ······029

Cienega Valley ······380

CIF ······234

Cigales ······369

Cilento ······359

Ciliegiolo 🍇 ······280

Cima alla Genovese 🍴······141

Cinque Terre ······127, 352

Cinque Terre Sciacchetrà ······127, 352

Cinquièmes Grands Crus ······052

Cinsaut 🍇 ······274

Circeo ······358

Cirò ······138, 360

Ciron ······045

Cisterna d'Asti ······351

Citric Acid ······012

Citrusdal Mountain ······394

Citrusdal Valley ······394

Ciuppin 🍴······141

Civet de Marcassin 🍴······107

Civet di Camoscio 🍴······140

Civitella d'Aglano ······365

Clairette 🍇 ······270

Clairette de Bellegarde ······326

Clairette de Die ······090, 325

Clairette de Die Méthode Dioise
    Ancestrale ······090

Clairette du Languedoc ······328, 335

Clare Valley ······190, 388

Clare Valley Rocks ······190

Clarity ······208

Clarksburg ······382

Classic ······111

Classico ······123

Clavaillon ······071

Clavoillon ······071

Clear Lake ······379

Clements Hills ······382

Clevelin ······101

Clevner 🍇 ······257, 270

Climat ······061

Climat Continental ······023

Climat des Montagnes ······024

Climat Maritime ······024

Climat Méditerranéen ······024

Clive Paton ······195

Clone ······016

Clos Blanc ······069

索引　アルファベット順索引　|　C

Clos Blanc de Vougeot ……076
Clos de l'Ecu ……076
Clos de l'Oratoire ……058
Clos de la Barre ……077
Clos de la Bousse d'Or ……070, 077
Clos de la Commaraine ……076
Clos de la Garenne ……077
Clos de la Mouchère ……077
Clos de la Mousse ……076
Clos de la Perrière ……063
Clos de la Roche ……065, 318
Clos de Tart ……065, 076, 318
Clos de Vougeot ……065, 318
Clos des 60 Ouvrées ……077
Clos des Chagnots ……076
Clos des Chênes ……069
Clos des Cortons ……076
Clos des Ducs ……077
Clos des Hospices ……076
Clos des Lambrays ……065, 318
Clos des Meix ……076
Clos des Mouches ……069
Clos des Mygland ……077
Clos des Ormes ……065
Clos des Perrières ……077
Clos des Porrets Saint-Georges ……076
Clos des Réas ……066, 076
Clos des Ruchottes ……076
Clos des Ursules ……076
Clos du Fonteny ……076
Clos du Roi ……069
Clos Fourtet ……056
Clos la Madeleine ……058
Clos Napoléon ……063
Clos Saint-Denis ……318
Clos Saint-Jacques ……064
Clos Saint-Jean ……072
Clos Saint-Landry ……076
Clos Saint-Martin ……058
Clos Tamisot ……076
Coal River ……193
Coastal Region ……204
Coca ¶¶……155

Cocido Madrileño ¶¶……154
Cocido Maragato ¶¶……154
Cocinillo de Segovia ¶¶……154
Cocochas de Merluza al Pil-Pil ¶¶……153
Coda alla Vaccinara ¶¶……144
Coda di Volpe ♥……272
Codega de Laurinho ♥……272
Cold ……233
Cole Ranch ……377
Colheita ……158
Collage ……020
Colleoni ……353
Colli Albani ……358
Colli Altotiberini ……356
Colli Aprutini ……365
Colli Aretini ……133
Colli Asolani-Prosecco ……129, 346
Colli Berici ……353
Colli Bolognesi ……354
Colli Bolognesi Classico Pignoletto ……132, 347
Colli Cimini ……365
Colli d'Imola ……355
Colli del Limbara ……367
Colli del Sangro ……365
Colli del Trasimeno ……356
Colli dell'Etruria Centrale ……355
Colli della Sabina ……358
Colli della Toscana Centrale ……364
Colli di Conegliano ……129, 346
Colli di Faenza ……354
Colli di Luni ……352
Colli di Parma ……354
Colli di Rimini ……355
Colli di Salerno ……365
Colli di Scandiano e di Canossa ……355
Colli Etruschi Viterbesi ……358
Colli Euganei ……353
Colli Euganei Fior d'Arancio ……346
Colli Euganei Fior d'Arancio ……130
Colli Fiorentini ……133
Colli Lanuvini ……358
Colli Maceratesi ……357

472

Colli Martani……356
Colli Orientali del Friuli Picolit……131, 346
Colli Perugini……356
Colli Pesaresi……357
Colli Piacentini……355
Colli Romagna Centrale……355
Colli Se-nesi……133
Colli Tortonesi……351
Colli Trevigiani……363
Collina del Milanese……362
Collina Torinese……351
Colline del Genovesato……363
Colline di Levanto……352
Colline Frentane……365
Colline Joniche Tarantine……359
Colline Lucchesi……355
Colline Novaresi……351
Colline Pescaresi……365
Colline Pisane……133
Colline Saluzzesi……351
Colline Savonesi……363
Colline Teatine……365
Collio……131, 354
Collio Goriziano……131, 354
Collioure……098, 330
Colmar……099
Colombard 🍇……273
Colonna……358
Color……208
Colouring……016
Columbia Gorge……384
Columbia Valley……184, 384
Communales……061
Commune……061
Compte……030
Comté 🍴……242
Conca de Barberá……368
Concentration sous Vide à Basse Température……025
Conclusion……211
Concord 🍇……273
Condado de Huelva……370
Condrieu……089, 325
Conegliano Valdobbiadene-Prosecco……130, 346
Conegliano- Prosecco……130, 346
Conero……135, 348
Confit de Canard 🍴……107
Coniglio in Porchetta alla Marchigiana 🍴……144
Conselvano……363
Constantia……205, 392
Contea di Sclafani……361
Contessa Entellina……361
Continental Climate……023
Controguerra……136, 358
Coo-pérative de Manipulant……082
Cool……233
Coombsville……378
Coonawarra……191, 388
Copertino……359
Copiapó Valley……391
Coq au Vin 🍴……106
Coq au Vin Jaune 🍴……106
Coquimbo……201, 391
Corbières……097, 329
Corbières-Boutenac……329
Cordon……017
Cori……358
Cork lift……231
Corkey Bark……019
Corkscrew……231
Cormontreuil……320
Cornalin 🍇……273
Cornas……090, 325
Corps……210
Corse……094, 095, 327, 334
Corse Calvi……328
Corse Coteaux du Cap Corse……328
Corse Figari……328
Corse Porto-Vecchio……328
Corse Sartène……327
Cortese 🍇……272
Cortese dell'Alto Monferrato……351
Cortese di Gavi……126, 345
Corti Benedettine del Padovano……354

Corton ······068, 319
Corton-Charlemagne ······068, 319
Corton+Climat ······068
Cortona ······355
Corvina Veronese 🍇 ······272
Cosimo III ······119
Cost ······234
Cost and Freight ······234
Costa ······201
Costa d'Amalfi ······359
Costa Etrnsco Romana ······365
Costa Toscana ······364
Costa Viola ······366
Costal Region ······392
Coste della Sesia ······351
Costers del Segre ······368
Costières de Nîmes ······092, 326, 328
Costoletta alla Milanese 🍴 ······141
Costoletta alla Valdostana 🍴 ······140
Cosumnes River ······382
Côt 🍇 ······255, 272
Côte Chalonnaise ······072, 315, 317
Côte d'Or ······060, 316, 318
Côte de Beaune ······067, 316, 317, 319
Côte de Beaune-Villages ······317
Côte de Brouilly ······074, 318
Côte de Nuits ······063, 316, 318
Cote de Nuits-Villages ······316
Côte de Sézanne ······080
Côte des Bar ······080
Côte des Blancs ······080, 320, 321
Côte Rôtie ······325
Côte-Rôtie ······089
Coteaux Bourguignons ······075, 315
Coteaux Champenois ······080
Coteaux d'Aix-en-Provence ······094, 327
Coteaux d'Ancenis ······322
Coteaux de ······162
Coteaux de Die ······325
Coteaux de l'Aubance ······323
Coteaux de Saumur ······323
Coteaux du Giennois ······087, 325
Coteaux du Layon ······084, 323

Coteaux du Loir ······324
Coteaux du Lyonnais ······075
Coteaux du Vendômois ······324
Coteaux Varois en Provence ······093, 327
Côtes de ······162
Côtes de Bergerac ······103, 333
Côtes de Blaye ······314
Côtes de Bordeaux ······049, 314
Côtes de Bordeaux-Saint-Macaire ······314
Côtes de Bourg ······314
Côtes de Duras ······103, 333
Côtes de Meliton ······179
Côtes de Montravel ······333
Côtes de Nuits-Villages ······063
Côtes de Provence ······093, 327
Côtes de Provence Fréjus ······093, 327
Côtes de Provence La Londe ······327
Côtes de Provence Pierrefeu ······327
Côtes de Provence Sainte-Victoire ······094, 327
Côtes de Toul ······100
Côtes du Jura ······101, 331
Côtes du Marmandais ······333
Côtes du Rhône ······088, 089, 326
Côtes du Rhône Villages ······326
Côtes du Roussillon ······098, 330
Côtes du Roussillon Les Aspres ······330
Côtes du Roussillon Villages ······330
Côtes du Roussillon Villages Caramany ······330
Côtes du Roussillon Villages Latour-de-
    France ······330
Côtes du Roussillon Villages Lesquerde ······330
Côtes du Roussillon Villages Tautavel ······330
Côtes du Ventoux ······326
Côtes du Vivarais ······091, 325
Côtes-de-Provence La Londe ······094
Côtes-de-Provence Pierrefeu ······094
Cotoletta alla Bolognese 🍴 ······143
Couchois ······315
Couleur ······208
Coulommes la Montagne ······321
Coulure ······018
Counoise 🍇 ······268
Coupage ······081

Coupe-capsule ······231
Cour-Cheverny ······085, 323
Courtier ······047, 061
Cous cous di Pesce 🍴······146
Covelo ······377
Cowra ······193, 389
Cramant ······320
Crâmpoșie 🍇······269
Crémant d'Alsace ······100
Crémant de Bordeaux ······049, 312
Crémant de Bourgogne ······075, 315
Crémant de Die ······090, 325
Crémant de Limoux ······097, 329
Crémant de Loire ······085, 323, 324
Crémant de Luxembourg ······162
Crémant du Jura ······102, 331
Crème de Cassis ······035
Crépy ······102
Cresston District ······381
Creta ······180
Crete Island ······373
Crio-Extraction ······025
Criolla Chica 🍇······269
Criolla Grande 🍇······269
Criots-Bâtard-Montrachet ······072, 319
Croatia ······171
Croatie ······171
Croatina 🍇······270
Cromwell ······197
Crostini 🍴······143
Crottin de Chavignol 🍴······240
Crouchen 🍇······269
Crozes-Ermitage ······325
Crozes-Hermitage ······089, 325
Cruet ······332
Crus Artisans ······047
Crus Bourgeois ······047
Crus Classés de Graves ······054
Crus Classés de St-Émilion ······056
Crus Classés du Médoc ······046, 050
Crus de Sauternes et de Barsac ······053
Crus du Languedoc ······096
Crushing ······021

Crusted Port ······158
Cserszegi fűszeres 🍇······280
Csongrád ······376
Cuba des Calor ······159
Cucamonga Valley ······383
Cuis ······321
Cules la Înnobilarea Boabelor ······176
Cules Târziu ······175
Cult Wine ······181
Cumberland Valley ······386
Cumières ······321
Cuneo ······124
Curicó Valley ······202, 391
Currency Creek ······388
Curtefranca ······128, 352
Cuyo ······199, 391
Cviček ······169
Cyclades ······179, 374
Cynar ······035

---D---

D.A.C. ······166
D.E.F.R.A. ······161
D.O. ······148, 198, 200
D.O.C. ······120, 156, 163, 175
D.O.C.G. ······120
D.O.Ca. ······149
D.O.P. ······121, 148
D.V.A. ······185
Dalmatian Zagora ······173
Danube ······165
Danube Plain ······177
Dão ······157
Darling ······204, 392
Daunia ······366
Day celler ······230
Dealurile Moldovei ······176
Dealurile Transilvaniei ······176
Debina 🍇······281
Debit 🍇······281
Débourbage ······022
Débourrement ······016

索引 アルファベット順索引 | D

Décantage ·····230
Décantation ·····230
Decanter ·····230, 231
Décanteur ·····230
Decanteur drying stand ·····231
Decanting ·····230
Dégorgement ·····081
Dégustation ·····208
Dehesa del Carrizal ·····369
Deidesheim ·····340
del Frusinate ·····365
del Molise ·····136, 359
Del Vastese ·····365
Dél-Balaton ·····376
Delaware ♥ ·····282
Delia Nivolelli ·····361
Dell'Alto Adige ·····128, 353
dell'Emilia ·····364
Delle Venezie ·····363, 364
Demi-Bouteille ·····232
Demi-Sec ·····082
Demie-Bouteille ·····232
Denominación de Origen ·····148, 200
Denominación de Origen Calificada ·····149
Denominazioni di Origine Controllata ·····163
Denumire de Origine Controlată ·····175
Depth of Color ·····208
Der Neue ·····113
Derek Milne ·····195
Derwent Valley ·····193
Destemming ·····021
Deutscher Sekt ·····112
Deutscher Wein ·····110
Deutsches-Weinsiegel ·····112
Deutschland ·····109
Deuxième Fermentation en Bouteille ·····081
Deuxième Grands Crus ·····050
Deuxièmes Crus ·····054
Devon Valley ·····392
Devonian Period ·····024
Deželno vino P.G.O. ·····170
Di Modena ·····355
Diablo Grande ·····382

Diamond Mountain District ·····378
Diano d'Alba ·····125, 344
Die ·····088
Dienheim ·····339
Diethylene Glycol ·····109
Digestif ·····230
Dijon ·····060
Dimiat ♥ ·····281
Dimitrie Cantemir ·····175
Diolinoir ♥ ·····280
Dionysos ·····175
Dioxyde de Carbone ·····011
Dioxyde de Soufre ·····019
Direct Pressing ·····022
Disk ·····208
Disque ·····208
Dizy ·····321
Document against Acceptance ·····235
Document against Payment ·····235
Dodecanese ·····374
Dogliani ·····125, 344
Dolce ·····123
Dolceacqua ·····127, 352
Dolcetto ♥ ·····284
Dolcetto d'Acqui ·····351
Dolcetto d'Alba ·····126, 351
Dolcetto d'Asti ·····351
Dolcetto di Diano d'Alba ·····125, 344
Dolcetto di Ovada ·····351
Dolcetto di Ovada Superiore ·····126, 344
Dôle ·····163
Dôle Blanche ·····163
Dom Pérignon ·····079
Domaine ·····061
Domaine de Chevalier ·····055
Domaine de l'Eglise ·····059
Domdechaney ·····115
Domina ♥ ·····283
Dominio de Valdepusa ·····151, 369
Donau ·····165
Dordogne ·····045
Dormance ·····016
Dormancy ·····016

Dornfelder ♥ ······284
Dorsheim ······339
Dos Rios ······377
Dosage ······081
Dosage Zero ······082
Double-magnum ······232
Douceur ······210
Douglas ······395
Douro ······157
Doux ······082
Downy Mildew ······018
Dr.John Gladstone ······189
Drambuie ······035
Dry Creek Valley ······378
Dry River ······195
Dubrovnik ······171
Duché d'Uzès ······091, 326
Dugenta ······365
Dundee Hills ······384
Dunkelfelder ♥ ······283
Duras ♥ ······281
Durbach ······342
Durbanville ······205, 392
Durello Lessini ······354
Durif ♥ ······282
Duriz ♥ ······281
Dürkheim ······340
Duty Clause ······234

——————— E ———————

Eagle Foothills ······386
Eagle Peak Mendocino County ······377
East Aegean Islands ······374
East Coast ······194
East Sussex ······161
Eastern Cape ······395
Eastern Plains ······390
Eau ······012
Eaux de Vie de Fruits ······030
Echézeaux ······067, 318
Éclaircissafe ······016
Ecrevisse Sauce Nantua �11 ······106

Ecueil ······321
Eden Valley ······190, 388
Edna Valley ······381
Eger ······174, 376
Égrappage ······021
Egri Bikavér ······174
Ehrenfelser ♥ ······263
Eilandia ······393
Einzellage ······110
Eisenberg D.A.C. ······168, 372
Eiswein ······111, 166
Eitelsbach ······337
El Dorado ······382
El Hierro ······370
El Pomar District ······381
El Puerto de Santa María ······151
El Terre razo ······369
Elandskloof ······393
Elba ······355
Elba Aleatico Passito ······133, 347
Elbling ♥ ······263
Elegance ······211
Élevage en Fût ······020
Elgin ······205, 393
Elim ······393
Elkton Oregon ······384
Eloro ······361
Elqui Valley ······391
Elstertal ······343
Emerald Riesling ♥ ······263
Émile Peynaud ······011
Emilia ······364
Emilia-Romagna ······132, 347, 354, 364
Empanada �11 ······153
Empordà ······368
En Caradeux ······068
Encruzado ♥ ······263
Enfume ♥ ······261
England ······160
English Wine ······161
English Wine Producer's Group ······161
Enih bobica ······172
Enotoria Tellus ······118

477

Entonnoir ……231
Entre Cordilleras ……201
Entre-Deux-Mers ……048, 313
Entre-Deux-Mers-Haut-Benauge ……313
Entrecôte Bordelaise 🍴……107
Entropy Evaporation ……025
Eola-Amity Hills ……384
Épanouissement ……211
Épernay ……079
Epirus ……373
Epoisses 🍴……241
Epomeo ……365
Équilibre ……210
Erbach ……338
Erbacher Marcobrunn ……115
Erbaluce 🍇……263
Erbaluce di Caluso ……126, 344
Erden ……336
Erice ……361
Ermitage 🍇……263, 325
Erste Lage ……113
Erzeugerabfüllung ……110
Escalivada 🍴……153
Escargots à la Bourguignonne 🍴……106
Escherndorf ……341
Escondido Valley ……385
Esgana Cão 🍇……263
Esino ……357
Espadeiro 🍇……263
Espagne ……148
Essencia ……174
Est! Est!! Est!!! di Montefiascone ……136, 358
Estate Bottled ……182
Estuaire de la Gironde ……045
Estufa ……159
Ethanol ……011
Ethylalcohol ……011
Etichetta ……120
Etna ……139, 361
Etrechy ……321
Etschtaler ……128, 353
Etyek-Buda ……376
Ex Works ……234

Exposition Universelle de Paris ……046
Extra Anejo ……033
Extra Brut ……082
Extra Sec ……082
EXW ……234
Ezerjó 🍇……263

———————— F ————————

Faberrebe 🍇……291
Facture ……234
Fair Play ……382
Falanghina 🍇……291
Falanghina del Sannnio ……359
Falerio ……357
Falerno del Massico ……137, 359
Falernum ……118
Far North ……388
Fara ……351
Fargues ……053, 054
Faro ……139, 361
Farsumagru 🍴……146
FAS ……234
Fattoria ……120
Faugères ……096, 329
Faye ……323
Faye-d'Anjou ……323
FCA ……234
Federspiel ……167
Federweisser ……110
Fegato alla Veneziana 🍴……142
Feinburgunder 🍇……291
Fendant 🍇……292
Fennville ……386
Fer Servadou 🍇……292
Fermentation Alcoolique ……021
Fermentation en Fût ……025
Fermentation Malo-lactique ……019
Fetească Albă 🍇……291
Fetească Neagră 🍇……291
Fetească Regală 🍇……292
Feuillaison ……016
Fiano 🍇……291

Fiano di Avellino ······137, 349
Fiasco ······120
Fiddletown ······382
Fideuá 🍴······153
Fiefs Vendéens Brem ······322
Fiefs Vendéens Chantonnay ······322
Fiefs Vendéens Mareuil ······322
Fiefs Vendéens Pissotte ······322
Fiefs Vendéens Vix ······322
Filet Mignon aux Pruneaux 🍴······108
Filtrage ······020
Filtration ······020
Finca Élez ······369
Fine Champagne ······030
Finesse ······211
Finger Lakes ······184, 385
Fining ······020
Finish ······211
Fino ······151
Fins Bois ······030
Fior d'Arancio Colli Euganei ······130, 346
Fiore Sardo 🍴······246
Firenze ······132
Fitou ······097, 329
Fixin ······063, 316
Fizziness ······209
Flagey-Echézeaux ······067, 318
Flasehengärung ······023, 110
Flash Heating ······025
Flavonoids ······013
Flavor ······210
Flavored Vodka ······032
Flavored Wine ······014
Fleck ······019
Fleure du Vin ······101
Fleurie ······074, 317
Fleurieu ······388
Floc de Gascogne ······335
Flor ······151
Floraison ······016
Flörsheim Dalsheim ······339
Flowering ······016
FOB ······234

Foie Gras 🍴······105
Foie Gras Poêlé 🍴······107
Folignan 🍷······292
Folle Blanche 🍷······292
Fondue Savoyarde 🍴······106
Fontanarossa di Cerda ······366
Fonte Cal 🍷······292
Fontina 🍴······244
Fordítás ······174
Forelle Blau 🍴······142
Forlì ······364
Forst ······340
Fort Ross-Seaview ······377
Fortana del Taro ······364
Fortified ······188
Fortified Wine ······014
Foulage ······021
Fountaingrove District ······378
Fourchaume ······062
Fourme d'Ambert 🍴······243
Frais ······233
France ······044
Francesco Redi ······119
Franciacorta ······127, 345
Francisco de Aguirre ······200
Francs Côtes de Bordeaux ······314
Frangelico ······035
Frangy ······332
Franken ······116, 340
Frankovka 🍷······294
Franks ······116
Franschhoek ······204
Franschhoek Valley ······392
Frappé ······233
Frascati ······358
Frascati Superiore ······135, 349
Fraser Valley ······186
Frasqueira ······159
Fredericksburg in the Texas Hill
 Country ······385
Free Carrier ······234
Free on Board ······234
Freisa 🍷······295

Freisa d'Asti ······351
Freisa di Chieri ······351
Fremiets Clos de la Rougeotte ······077
French Colombard 🍷 ······295
French Paradox ······013
Fribourg ······375
Frickenhausen ······341
Frico 🍴······142
Friulano 🍷 ······294
Friularo Bagnoli ······129, 345
Friuli Annia ······354
Friuli Aquileia ······354
Friuli Colli Orientali ······131, 354
Friuli Grave ······131, 354
Friuli Isonzo ······354
Friuli Latisana ······354
Friuli-Venezia Giulia ······131, 346, 354, 363
Frizzante ······014
Froc de Gascogne ······031
Fröccs ······173
Froid ······233
Fromage à pâte molle à croûte fleurie 🍴······237
Fromage à pâte molle à croûte lavée 🍴······237
Fromage à pâte persillée 🍴······238
Fromage à pâte pressée cuite 🍴······238
Fromage à pâte pressée non cuite 🍴······238
Fromage de chèvre 🍴······238
Fromage frais 🍴······237
Fromenteau 🍷 ······296
Fronsac ······313
Frontignan ······095, 329, 335
Fronton ······104, 333
Frühburgunder 🍷 ······295
Frühroter Veltliner 🍷 ······295
Fuder ······110
Fumé Blanc 🍷 ······293
Fünf Freunde ······116
Funnel ······231
Furano 2gou 🍷 ······294
Furmint 🍷 ·····295

―――――― G ――――――

g.g.A. ······110
G.I. ······189
g.U. ······111
Gabiano ······351
Gachas 🍴······154
Gaglioppo 🍷 ······267
Gaillac ······104, 333
Gaillac Doux ······334
Gaillac Mousseux ······104, 334
Gaillac Premières Côtes ······334
Gaillac Vendanges Tardives ······104
Gaillaçoise ······104
Galacturonic Acid ······012
Galatina ······360
Gallo Nero ······119
Gallucio ······359
Gamaret 🍷 ······266
Gamay 🍷 ······266
Gamay Blanc 🍷 ······266
Gamay de Geneve ······164
Gamay Noir à Jus Blanc 🍷 ······266
Gambellara ······354
Gamza 🍷 ······266
Garanoir 🍷 ······266
Garda ······128, 352
Garda Bresciano ······353
Garda Classico ······128
Garda Colli Mantovani ······352
Garganega 🍷 ······267
Garnacha Tinta 🍷 ······267
Garonne ······045
Garrafeira ······159
Garrafeira Port ······158
Gascogne ······031
Gasification ······023
Gaspacho 🍴······154
Gattinara ······126, 345
Gavi ······126, 345
Gazeification ······023
Gazéifié ······023
Geelong ······192, 389

Gelatin ······020
Gélatine ······020
Gelber Muskateller 🍇 ······272
Gelber Orleans 🍇 ······272
Gelé ······233
Gemeinde ······110
Gemischter Satz 🍇 ······165, 271
Genazzano ······358
Genci ······174
Genève ······163, 375
Genever ······031
Genevrières ······070
Geographe ······189, 390
Germany ······109
Gevrey-Chambertin ······063, 076, 316, 318
Gewürztraminer 🍇 ······256, 271
Ghemme ······126, 345
Gibbston Valley ······197
Gigondas ······090, 325
Gigot d'Agneau Rôti 🍴 ······107
Gimblett Gravel ······196
Gin ······031
Gioia del Colle ······360
Gippsland ······389
Girò 🍇 ······276
Girò di Cagliari ······362
Girondins ······046
Gisborne ······196
Givry ······073, 317
Glacé ······233
Glarus ······375
Glenrowan ······389
Glera 🍇 ······270
Gluconic Acid ······012
Glucose ······011
Gnocchi alle Prugne 🍴 ······142
Gnocchi con Fontina 🍴 ······140
Goblet ······018
Godello 🍇 ······272
Goldburger 🍇 ······273
Golfo del Tigullio-Portofino ······352
Gorgonzola 🍴 ······244
Gouais Blanc 🍇 ······268

Goudini ······393
Goulburn Valley ······192, 389
Goumenissa ······179
Goût ······210
Goût de Jaune ······101
Gouveio 🍇 ······272
Governo ······122
Graach ······336
Graciano 🍇 ······268
Graisse 🍇 ······270
Grampians ······192, 390
Gran Canaria ······370
Grana Padano 🍴 ······245
Grance Senesi ······355
Grand Auxerrois ······062
Grand Cru ······081
Grand River Valley ······387
Grand Roussillon ······098, 330, 335
Grand Roussillon Rancio ······098, 330, 335
Grand Valley ······386
Grande Champagne ······030
Grande Cuvée ······230
Grands Crus ······061
Grands Crus Classés ······056
Grands Echézeaux ······067, 318
Grands Vins du Languedoc ······096
Granite Belt ······194, 390
Grape harvest ······016
Grappa ······029, 120
Graševina 🍇 ······268
Graubünden ······375
Grauburgunder 🍇 ······257, 268
Grauer Burgunder 🍇 ······268
Grauves ······321
Graves ······048, 312
Graves de Vayres ······313
Graves Supérieures ······313
Gravina ······360
Great Plain ······175
Great Southern ······189, 390
Great Western ······192
Greater Perth ······390
Grecanico 🍇 ······270

索引 アルファベット順索引 | G・H

Grèce ……177
Grechetto ♥ ……270
Greco ♥ ……270
Greco di Bianco ……138, 360
Greco di Tufo ……137, 349
Greece ……177
Green harvest ……016
Green River Valley of Russian River Valley ……377
Green Tea ……035
Grenache Blanc ♥ ……270
Grenache Gris ♥ ……269
Grenache Noir ♥ ……270
Grenouilles ……062
Grèves Vigne de l'Enfant Jésus ……069, 076
Grey Mold ……018
Greyton ……393
Griffith ……193
Grignan-les-Adhémar ……091, 325
Grignolino ♥ ……269
Grignolino d'Asti ……351
Grignolino del Monferrato Casalese ……351
Grillo ♥ ……269
Gringet ♥ ……269
Griotte-Chambertin ……064, 318
Gris Meunier ♥ ……269
Grk ♥ ……269
Groenekloof ……392
Grolleau ♥ ……271
Gros Manseng ♥ ……271
Gros Noirien ♥ ……255, 270
Gros Plant ♥ ……271
Gros Plant du Pays Nantais ……322
Groslot ♥ ……270
Große Lage ……113
Grosseto ……133
Grosßlage ……109
Grottino di Roccanova ……138
Grottino di Roccarova ……360
Grüner Veltliner ♥ ……269
Guenoc Valley ……379
Gueridon ……231
Guijoso ……369

Gulasch ❙❙ ……169
Gulf Islands ……186
Gulf Stream ……046
Gundagai ……389
Gutedel ♥ ……268
Gutsabfüllung ……110
Gutswein ……113
Gutturnio ……355
Guyot ……017
Guyot Double ……017
Guyot Simple ……017

──────── H ────────

Halbtrocken ……112
Hallgarten ……338
Hames Valley ……380
Hanepoot ♥ ……287
Hants ……161
Happy Canyon of Santa Barbara ……381
Harmo Noir ♥ ……260
Harriague ♥ ……288
Hárslevelü ♥ ……286
Hartswater ……395
Hastings River ……193, 389
Hat ……022
Hattenheim ……115, 338
Haut-Armagnac ……031
Haut-Médoc ……047, 312
Haut-Montravel ……333
Haute-Garonne ……333
Hautes-Côtes de Beaune ……315
Hautes-Côtes de Nuits ……315
Hautvillers ……080, 321
Haw River Valley ……387
Hawkes Bay ……196
Heathcote ……192, 389
Hecklingen ……342
Heida ♥ ……286
Heidelberg ……342
Helmut Becker ……195
Hemel-en-Aarde Ridge ……394
Hemel-en-Aarde Valley ……393

Henri IV ······010
Henrique o Navegador ······156
Henry II ······046
Henty ······192, 390
Heppenheim ······340
Hermann ······386
Hermitage ······090, 325
Hermitage ♥ ······286
Heroldrebe ♥ ······296
Hessische Bergstraße ······114, 340
Heurige ······165
Hex River Valley ······393
High Density Lipoprotein ······013
High Valley ······379
Hilltops ······389
Histonium ······365
Hjós-Baja ······376
Hochheim ······338
Hochheimer Domdechaney ······115
Hock ······113
Höhenstedt ······343
Hondarribi Beltza ♥ ······264
Hondarribi Zuri ♥ ······264
Hongrie ······173
Hoopsrivier ······393
Horse Heaven Hills ······384
Host test ······230
Hot ······233
Hout Bay ······392
Howell Mountain ······378
Hrvatica ♥ ······295
Hrvatsko Primorje ······173
Huasco Valley ······391
Hudson River Rigion ······385
Huevos à la Framenca �11 ······155
Huîtres au Champagne �11 ······105
Humagne Blanc ♥ ······263
Humagne Rouge ♥ ······263
Humboldt Current ······201
Hungary ······173
Hunter ······193, 389
Hunter Valley ······193, 389
Huxelrebe ♥ ······292

─────────── I ───────────

I Terreni di Sanseverino ······357
I.G. ······176
I.G.P. ······011, 044, 121
I.G.T. ······120
I.N.A.O. ······044
I.V.B.A.M. ······159
I.V.D.P. ······157
Ice ······233
Idliazàbal �11 ······247
Ihringen ······342
Ile des Vergelesses ······068
Ile St. George ······387
Impérial ······232
Import for consumption ······235
Import for Storage ······235
Import from Storage Warehouse ······235
Indiana Uplands ······386
Indicatie Geograficǎ ······176
Indication Géographique Protégée ······011, 044
Ingelheim ······339
Inland and North of Western Australia ······390
Insalata di Arance �11 ······146
Institut National des Appellations d'Origine des
        Vins et des Eaux-de-Vie ······044
Insurance and Freight ······234
Invoice ······234
Inwood Valley ······379
Inzolia ♥ ······261
Ionian Islands ······179, 373
Iphofen ······341
IPW ······203
Irancy ······063, 315
Irish whiskey ······028
Irouléguy ······105, 334
Irpinia ······359
Irsai Olivér ♥ ······261
Ischia ······359
Isère ······102
Isola dei Nuraghi ······367
Isonzo del Friuli ······354
Istra ······172

Italia ……118
Italy ……118
Itata Valley ……202, 391
Izbor ……170
Izborna berba ……172
Izborna berba bobica ……172
Izborna berba prosus ……172

——————— J ———————

Jacquère ♥ ……275
Jaén ♥ ……274, 286
Jägermeister ……035
Jagodni Izbor ……170
Jahant ……382
Jahrgang ……110
Jambon Persillé ❙❙ ……106
James Busby ……187, 194
Jamon de Guijuero ❙❙ ……154
Jamón de Ibérico ❙❙ ……154
Jamón de Jabugo ❙❙ ……155
Jamon de Teruel ❙❙ ……153
Jan Van Riebeeck ……203
Japanese whisky ……029
Jasnières ……086, 324
Jean Bernard − Massard ……162
Jean=Marc Orgogozo ……013
Jeanne d'Arc ……079
Jelly ……233
Jeres-Xérès-Sherry y Manzanilla ……151
Jerez ……014
Jerez de la Frontera ……151
Jerez-Xérès-Sherry y Manzanilla-Sanlúcar de
    Barrameda ……370
Jéroboam ……232
Joâo de Santarém ♥ ……276
Johannisberg ……115, 338
Johannisberg ♥ ……304
Johannisberg Riesling ♥ ……257, 304
John Pezzuto ……013
Jon Arvid Rosengren ……229
Jongieux ……332
Jonkershoek Valley ……392

Joseph II ……164
Joseph Louis Gay-Lussac ……011
Josip Petrov Babich ……195
Jota ❙❙ ……142
Journal ……232
Jouy les Reims ……321
Joven ……033
Jovinien ……315
Jubiläumsrebe ♥ ……304
Juhfark ……173
Juhfark ♥ ……304
Juice ……015
Jules Emile Planchon ……017
Jules Guyot ……017
Juliénas ……074, 317
Jumilla ……368
Juniper Berry ……032
Jura ……100, 331
Jura & Savoie ……100, 331
Jurançon ……105, 334
Jurançon ♥ ……276
Jurançon Sec ……105, 334
Jurassic Dolerite ……188
Jus ……015

——————— K ———————

K.U.B. ……163
Kaberne Frank ♥ ……266
Kabinett ……111, 166
Kadarka ♥ ……265
Kai Blanc ♥ ……265
Kai Noir ♥ ……264
Kaiserliche und königliche Monarchie ……164
Kaiserstuhl ……342
Kakovostno vino Z.G.P. ……170
Kalterer ……353
Kalterersee ……353
Kamptal D.A.C. ……167, 372
Kanawha River Valley ……387
Kangaroo Island ……191, 388
Kanton ……163
Karl ……109

Karsdorf ······343
Kasel ······337
Kasna berba ······172
Kékfrankos ♥ ······271
Kéknyelü ♥ ······271
Kékoportó ♥ ······271
Keller ······110
Kelsey Bench-Lake County ······379
Kent ······161
Keppoch ······191
Kerner ♥ ······271
Keuper ······024
Kiedrich ······338
Kimméridgien ······060
King Valley ······192, 389
Királyleányka ♥ ······268
Kiyomai ♥ ······268
Kiyomi ♥ ······268
Klaasvoogds ······393
Klaus Jung ······013
Klein Karoo ······206, 394
Klein River ······393
Klevner ♥ ······257, 270
Kloster Eberbach ······109
Klosterneuburger Mostwaage ······165
Klüsserath ······336
Knights Valley ······378
Kocher-Jagst-Tauber ······342
Koekenaap ······394
Kontro llierten
     Ursprungsbezeichnungen ······163
Koshu ♥ ······272
Kotsifali ♥ ······272
Kouglof ¶¶ ······105
Kouloura ······179
Koyama Wines ······197
Kraichgau ······342
Kraljevina ♥ ······269
Krasato ♥ ······268
Kremstal D.A.C. ······167, 372
Kujundžuša ♥ ······268
Kunság ······376
Kusuda Wines ······197

Kvalitetno vino s kontroliranim
     podrijetlom ······171
Kwazulu-Natal ······395
KWV ······203
Kyoho ♥ ······267

———————— L ————————

L.B.V. ······158
L'Étoile ······331
L'Étoire ······101
La Clape ······096, 328
La Corvée ······068
La Côte ······163
La Cuvée ······080
La Gomera ······370
La Grande Rue ······066, 076, 319
La Maltroie ······072
La Mancha ······151, 369
La Mondotte ······056
La Morra ······125
La Palma ······370
La Pampa ······391
La Rioja ······200, 391
La Romanée ······066, 076, 319
La Tâche ······066, 076, 319
Labarde ······051, 053
Lacrima di Morro ······357
Lacrima di Morro d'Allba ······357
Lactic Acid ······012
Ladoix ······316
Ladoix-Serrigny ······067, 076, 319
Lafite ♥ ······305
Lagar ······157
Lager Beer ······026
Lago di Caldaro ······353
Lago di Corbara ······357
Lagorthi ♥ ······304
Lagrein ♥ ······304
Lake Chelan ······384
Lake County ······379
Lake Erie ······385, 387
Lake Erie North Shore ······185

Lake Michigan Shore ······386
Lake Wisconsin ······386
Lalande-de-Pomerol ······313
Lamberts Bay ······394
Lambic ······027
Lambrusco di Sorbara ······132
Lambrusco di Sorbara 🍷 ······305, 355
Lambrusco Grasparossa di Castelvetro ······132, 355
Lambrusco Mantovano ······352
Lambrusco Salamino di Santa Croce ······132, 355
Lamezia ······360
Lamorinda ······380
Lamproie à la Bordelaise 🍴 ······107
Lancaster Valley ······387
Landwein ······110, 165
Langeberg-Garcia ······394
Langenlonsheim ······339
Langhe ······126, 351
Langhorne Creek ······191, 388
Langmeil Winery ······190
Langres 🍴 ······241
Languedoc ······095, 096, 328
Languedoc Cabriéres ······328
Languedoc Coteaux de Verargues ······328
Languedoc Grès de Montpellier ······328
Languedoc La Méjanelle ······328
Languedoc Montpeyroux ······328
Languedoc Pézenas ······328
Languedoc Pic-Saint-Loup ······328
Languedoc Quatouze ······328
Languedoc Saint-Christoi ······328
Languedoc Saint-Georges-d'Orques ······328
Languedoc Saint-Saturnin ······328
Languedoc Sommerìeres ······328
Languedoc Vérargues ······328
Lanzarote ······370
Lasagna al Forno 🍴 ······143
Laski Rizling 🍷 ······305
Late Bottled Vintage Port ······158
Latricières-Chambertin ······064, 318
Laubenheim ······339

Lauriers d'Or Terravin ······163
Lauriers de Platine ······163
Lavaux ······163
Lazio ······135, 349, 357, 365
Le Chasseur ······393
Le Clos Blanc ······066
Le Mesnil-sur-Oger ······320
Le Pin ······059
Leafroll Disease ······018
Leányka 🍷 ······307
Lechazo de Castilla y León 🍴 ······154
Ledeno Vino ······170, 172
Leelanau Peninsula ······386
Lees Stirring ······022
Leeton ······193
Lehigh Valley ······387
Lehm ······165
Leithaberg D.A.C. ······168, 372
Leiwen ······336
Lemberger 🍷 ······308
Len de l'El 🍷 ······308
Lenchen ······338
Length ······211
Lenswood ······190
Léognan ······054
Leona Valley ······383
Les Abymes ······331
Les Amoureuses ······065
Les Baux de Provence ······094, 327
Les Beaux-Monts ······066
Les Bouchères ······070
Les Cailleret ······071
Les Cazetiers ······064
Les Chaumes ······066
Les Clos ······062
Les Combettes ······071
Les Epenots ······069
Les Folatières ······071
Les Gouttes d'Or ······070
Les Grands Epenots ······069
Les Grèves ······069
Les Mesneux ······321
Les Petits Epenots ······069

Les Porrets ······067
Les Preuses ······062
Les Pucelles ······071
Les Rugiens ······069
Les Saint-Georges ······067
Les Suchots ······066
Les Valozières ······068
Les Vaucrains ······067
Lessini ······354
Lessini Durello ······354
Lessona ······351
Letter of Credit ······234
Leverano ······360
Levier à Champagne ······231
Levure ······019
Lewis-Clark Valley ······184
Lewis-Clark Valley ······384, 386
Lexia ♥ ······307
Liatiko ♥ ······305
Libourne ······045
Liebfraumilch ······113
Lieser ······336
Lieux-dits ······099, 162
Light Dry White Port ······158
Liguria ······127, 352, 363
Liguria di Levante ······363
Lillet ······014
Limarí Valley ······391
Lime Kiln Valley ······380
Limestone Coast ······191, 388
Limnio ♥ ······306
Limoncello ······035, 120
Limousin ······021
Limoux ······097, 329
Limoux Méthode Ancestrale ······097
Limpidité ······208
Limpopo ······395
Linganore ······386
Lipuda ······366
Liqueur ······033
Liqueur d'Expédition ······081
Liqueur de Tirage ······081
Lirac ······091, 326

Lison ······130, 346
Lison-Pramaggiore ······354
Listan ♥ ······306
Listan Negro ♥ ······306
Listrac-Médoc ······312
Liteau ······230
Livarot ¶¶ ······239
Livermore Valley ······380
Livorno ······133
Lizzano ······360
Lledoner Pelut ♥ ······307
Loam ······165
Loazzolo ······351
Locorotondo ······360
Locride ······366
Lodi ······382
Loess ······165
Loess Hills District ······386
Loin de l'Oeil ♥ ······309
Lombardia ······127, 345, 362
London Dry Gin ······032
Long Island ······184, 385
Loramie Creek ······387
Loreley ······113, 337
Los Balagueses ······369
Los Carneros ······378
Los Olivos District ······381
Löss ······165
Louis Pasteur ······011
Loupiac ······313
Loureiro ♥ ······308
Louvois ······320
Low Density Lipoprotein ······013
Lowburn ······197
Lower Hunter ······193
Lower Murray ······388
Lubéron ······091, 326
Lucius Licinius Lucullus ······118
Ludes ······320
Ludon ······051
Lugana ······128, 352
Lussac Saint-Émilion ······049, 313
Lutzville Valley ······394

索引 アルファベット順索引 | L・M

Luxembourg ……162
Luzern ……375
Lyon ……060

———— M ————

M.A. ……082
M.A.F.F. ……161
Macabeo 🍇 ……257
Macabeu 🍇 ……256, 297
Macau ……053
Maccabeo 🍇 ……297
Maccabéo 🍇 ……297
Maccabeu 🍇 ……256, 297
Maccheroni alla Chitarra 🍴 ……144
Maccheroni alla Pastora 🍴 ……146
Macedon Ranges ……192, 390
Macedonia ……373
Macedonia & Thrace ……178
Maceration ……021, 022
Macération ……021, 022
Macération à Chaud ……025
Macération Carbonique ……022
Macération Pelliculaire ……023
Mâcon ……073, 317
Mâcon-Villages ……073, 317
Mâcon+Commune ……073
Mâconnais ……073, 317
Mâconnais 🍴 ……241
Macvin du Jura ……102, 331, 335
Madame Clicquot ……079
Madame de Pompadour ……079
Madeira ……014, 158
Madeira Extra Reserva ……159
Madeira Reserva ……159
Madeira Special Reserva ……159
Madera ……383
Madère ……014
Madiran ……104, 334
Magnum ……232
Maguey ……032
Mahón Menorca 🍴 ……247
Maiale alla Trentina 🍴 ……142

Mailly ……320
Maindreieck ……341
Mainviereck ……340
Maipo Valley ……202, 391
Maipú ……199
Maison ……082
Málaga ……152, 370
Malagousia 🍇 ……298
Malanotte del Piave ……130, 346
Malbec 🍇 ……254, 298
Malcolm Abel ……195
Malepère ……329
Malgas ……393
Malibu Coast ……383
Malibu-Newton Canyon ……383
Malic Acid ……012
Malleco Valley ……202, 391
Malloreddus 🍴 ……147
Malmesbury ……392
Malmesey ……159
Malmsey 🍇 ……299
Malo-lactic Fermentation ……019
Malpère ……096
Malterdingen ……342
Malvasia ……159
Malvasia 🍇 ……298
Malvasia Cândida 🍇 ……298
Malvasia delle Lipari ……139, 361
Malvasia di Bosa ……140, 362
Malvasia di Casorzo d'Asti ……351
Malvasia di Castelnuovo Don Bosco ……351
Malvazija 🍇 ……298
Malvoisie 🍇 ……298
Malvoisie de Corse 🍇 ……298
Mamertino ……361
Mamertino di Milazao ……361
Mamertinum ……118
Manchuela ……369
Mandelaria 🍇 ……299
Mandrolisai ……362
Manjimup ……189, 390
Mansfelder Seen ……343
Manteúdo 🍇 ……299

Manto Negro ♟ ······299
Manton Valley ······379
Manzanilla ······152
Maranges ······072, 317
Maraschino ······035
Maraština ♟ ······298
Marc ······029
Marc Brandy ······029
Marca Trevigiana ······363
Marche ······135, 348, 357
Marcillac ······104, 334
Marcobrunn ······115
Maréchal Foch ♟ ······299
Maremma Toscana ······355
Mareuil sur Aÿ ······321
Margaret River ······189, 390
Margaux ······048, 050, 051, 052, 312
Maria Gomes ♟ ······298
Maria Theresia ······164
Marie Brizard ······034
Marienthal ······336
Marillenknödel ¶¶ ······169
Marine Climate ······024
Marino ······358
Maritata ······118
Markgräflerland ······342
Marlborough ······197
Marmilla ······367
Marmitako ¶¶ ······153
Marne ······079
Maroilles ¶¶ ······241
Marolles ¶¶ ······241
Marque d'Acheteur ······082
Marsala ······139, 361
Marsannay ······063, 316
Marsannay Rosé ······063, 316
Marsanne ♟ ······298
Martha's Vineyard ······386
Martillac ······055
Martina ······360
Martina Franca ······360
Martinborough ······197
Martini gansl ¶¶ ······169

Martinique ······033
Martinique Blanc ······033
Martinique Vieux ······033
Marufo ♟ ······298
Máslás ······174
Massif des Vosges ······099
Mataro ♟ ······255, 298
Matelote d'Anguille ¶¶ ······108
Matera ······138, 360
Mathusalem ······232
Matino ······360
Mátraalja ······376
Maturation ······016
Maturation sur Lie ······081
Maturité ······016
Maulbronn ······341
Maule Valley ······202, 391
Maury ······097, 330, 335
Maury Rancio ······098, 330, 335
Mauzac ♟ ······302
Mavrodaphne ♟ ······297
Mavroudi ♟ ······297
Mavrud ♟ ······297
Maximin Grünhaus ······337
Mazis-Chambertin ······064, 318
Mazoyères-Chambertin ······064, 318
Mazuelo ♟ ······297
Mazzarelle d'Agnello ¶¶ ······145
Mcdowell Valley ······377
McGregor ······393
McLaren Vale ······190, 388
McMinnville ······384
Mead ······160
Mecsekalja ······376
Mediterranean Climate ······024
Médoc ······047, 312
Médoc Noir ♟ ······301
Meersburg ······342
Meissen ······343
Melissa ······138, 360
Melnik ♟ ······301
Melon Blanc ♟ ······301
Melon d'Arbois ♟ ······257, 301

Melon de Bourgogne 🍇 ······256, 301
Mencía 🍇 ······302
Mendocino ······377
Mendocino County ······377
Mendocino Ridge ······377
Mendoza ······199, 391
Menestra de Verduras 🍴 ······153
Menetou-Salon ······087, 324
Menfi ······361
Méntrida ······369
Menu Pineau 🍇 ······301
Mercier ······162
Mercurey ······073, 077, 317
Méridional ······090, 325
Meritage ······182
Merlara ······354
Merlot 🍇 ······302
Merritt Island ······382
Merseguera 🍇 ······301
Meseta ······148
Mesilla Valley ······387
Meslier Saint-François 🍇 ······301
Méthode Ancestrale ······023
Méthode champnoise ······023
Méthode Charmat ······023
Méthode Classique ······023
Méthode Cuvée Close ······023
Méthode Rurale ······023
Méthode Traditionnelle ······023
Metodo Charmat ······122
Metodo Classico ······023, 122
Metodo Tradizionale ······122
Meunier 🍇 ······254, 301
Meursault ······070, 077, 316
Mezcal ······032
Michel Eyquem de Montaigne ······046
Micro-Bullage ······025
Micro-Oxygenation ······025
Micro-Oxygénation ······025
Middle Rio Grande Valley ······387
Middleburg Virginia ······184, 385
Migas 🍴 ······154
Mildiou ······018

Millerandage ······018
Millésimé ······081
Mimbres Valley ······387
Mimolette 🍴 ······241
Mineral ······211
Minéral ······211
Minervois ······096, 329
Minervois-La Livinière ······329
Minestra di Farro 🍴 ······143
Minestrone 🍴 ······141
Minőségi bor ······174
Mission 🍇 ······299
Mission Winery ······194
Mississippi Delta ······387
Mistral ······088
Mittelburgenland D.A.C. ······168, 372
Mittelhaardt-Deutsche Weinstraße ······340
Mittelrhein ······114, 337
Mitterberg ······363
Mitterberg tra Cauria e Tel ······363
Mitterberg zwischen Gfrill und Toll ······363
Mixed Crop ······022
Mocetta 🍴 ······140
Modena ······355
Modra Frankinja 🍇 ······302
Modri Piont 🍇 ······302
Mohnnudeln 🍴 ······169
Mojo Picón 🍴 ······155
Mojo Verde 🍴 ······155
Mokelumne River ······382
Molette 🍇 ······303
Molinara 🍇 ······303
Molise ······136, 359, 365
Moll 🍇 ······303
Monastrell 🍇 ······255, 302
Monbazillac ······103, 333
Mondéjar ······369
Mondeuse 🍇 ······303
Mondeuse Blanche 🍇 ······303
Monemvasia 🍇 ······302
Monferrato ······126, 351
Monforte d'Alba ······125
Monica di Sardegna ······362

Monopole ……061, 078

Monreale ……361

Monsheim ……340

Mont d'Or ¶……242

Mont de Milieu ……062

Mont-Luisants ……065

Montagne de Reims ……080, 320

Montagne Saint-Émilion ……049, 313

Montagny ……073, 317

Montagu ……394

Montalbano ……133

Montbré ……320

Monte Veronese ¶……245

Montecarlo ……356

Montecastelli ……364

Montecompatri ……358

Montecompatri-Colonna ……358

Montecucco ……356

Montecucco Sangiovese ……133, 347

Montée de Tonnerre ……062

Montefalco ……357

Montefalco Sagrantino ……134, 348

Montélimar ……088

Montello ……130, 346

Montello Rosso ……130, 346

Montello-Colli Asolani ……354

Montenetto di Brescia ……362

Montepulciano ♥……303

Montepulciano d'Abruzzo ……136, 358

Montepulciano d'Abruzzo Colline Teramane ……136, 349

Monteregio di Massa Marittima ……356

Monterey ……380

Monterey County ……380

Monterrei ……370

Montescudaio ……356

Montespertoli ……133

Monthélie ……070, 316

Monti Lessini ……354

Monticello ……385

Montilla-Moriles ……152, 370

Montils ♥……303

Montlouis-sur-Loire ……086, 324

Montlouis-sur-Loire-mousseux ……324

Montlouis-sur-Loire-pétillant ……324

Montmains ……062

Montmélian ……332

Montrachet ……071, 072, 319

Montravel ……103, 333

Montre ……016

Montsant ……368

Monzingen ……339

Moon Mountain District ……378

Moor ……148

Mór ……376

Morbier ¶……242

Morellino ♥……255

Morellino di Scansano ……133, 347

Moreto ♥……303

Morey-Saint-Denis ……064, 076, 316, 318

Morgeot ……072

Morgeot-Clos de la Chapelle ……077

Morgon ……074, 317

Morillon ♥……303

Morio Muskat ♥……303

Moristel ♥……303

Mornington Peninsula ……192, 390

Mortadella di Campotosto ¶……144

Moscadello di Montalcino ……356

Moscatel ♥……302

Moscatel de Setúbal ♥……302

Moscato ♥……302

Moscato d'Asti ……124

Moscato di Sardegna ……362

Moscato di Scanzo ……128, 345

Moscato di Scanzo ♥……302

Moscato di Sorso-Sennori ……362

Moscato di Terracina ……358

Moscato di Trani ……360

Moschophilero ♥……302

Mosel ……018, 116, 336

Moselle ……100

Moseltaler ……113

Moseltor ……337

Moslavac ♥……302

Moslavina ……172

Moulin-à-Vent ……074, 317
Moulis ……312
Moulis-en-Médoc ……312
Mount Benson ……191, 388
Mount Gambier ……191, 388
Mount Harlan ……380
Mount Lofty Ranges ……190, 388
Mourisco Tinto 🍷……300
Mourvèdre 🍷……254, 300
Mousse ……209
Mousseux ……209
Moût ……021
Moutonne ……062
Mozzarella di Bufala Campana 🍴……246
Mt. Veeder ……378
Mucic Acid ……012
Mudgee ……193, 389
Müller-Thurgau 🍷……300
Müllerrebe 🍷……255, 300
Munster 🍴……241
Munster-Géromé 🍴……241
Münster-Sarmsheim ……339
Murgia ……366
Murray Darling ……193, 388, 389
Muscadelle 🍷……300
Muscadet ……083
Muscadet 🍷……257, 300, 322
Muscadet Coteaux de la Loire ……084, 322
Muscadet Côtes de Grandlieu ……084, 322
Muscadet de Sèvre et Maine ……083, 322
Muscardin 🍷……300
Muscat 🍷……299
Muscat à Petits Grains 🍷……299
Muscat Bailey A 🍷……298
Muscat d'Alexandrie 🍷……299
Muscat d'Alsace 🍷……299
Muscat de Beaumes de Venise ……091, 326,
    334
Muscat de Frontignan 🍷……300, 329, 335
Muscat de Hambourg 🍷……300
Muscat de Lunel ……329, 334
Muscat de Mireval ……329, 334
Muscat de Rivesaltes ……330, 335

Muscat de St Jean de Minervois ……329, 335
Muscat du Cap Corse ……094, 328, 334
Muscat Ottonel 🍷……299
Muselet ……081
Musigny ……065, 318
Muškat Žuti 🍷……300
Muskat-Ottonel 🍷……301
Muskateller 🍷……301
Muskotály 🍷……301
Must ……021
Must Settling ……022
Mutigny ……321

———————— N ————————

N.M. ……082
Nabuchodonosor ……232
Naches Hights ……384
Nackenheim ……339
Nahe ……114, 339
Nahesteiner ……113
Nahetal ……339
Nantes ……083
Naoussa ……178
Napa County ……378
Napa Valley ……378
Nardò ……360
Narni ……364
Nasco di Cagliari ……362
Naturé 🍷……257, 285
Navarin d'Agneau 🍴……106
Navarra ……149, 368
'Nduja 🍴……146
Nebbiolo 🍷……254, 286
Nebbiolo d'Alba ……127, 351
Négociant ……047, 061
Négociant-Manipulant ……082
Negoska 🍷……286
Negra Corriente 🍷……285
Negra Mole 🍷……285
Négrette 🍷……285
Negro Amaro 🍷……285
Negroamaro di Terre d'Otranto ……360

Neil Mccallum ······195
Neive ······124
Nelson ······197
Nemea ······179
Nero d'Avola 🍇 ······285
Nero di Troia 🍇 ······285
Nettuno ······358
Neuburger 🍇 ······286
Neuchâtel ······164, 375
Neufchâtel 🍴 ······239
Neumagen ······109
Neuquén ······391
Neusiedlersee D.A.C. ······168, 372
Neuweier ······342
New England Australia ······389
New South Wales ······193, 388
New York ······184
New Zealand ······194
New Zealand Wine Growers ······196
Niagara 🍇 ······285
Niagara Escarpment ······385
Niagara Peninsula ······186
Nidwalden ······375
Niederhausen ······339
Niederösterreich ······167, 372
Nielluccio 🍇 ······255, 285
Nierstein ······115, 339
Nizza ······126, 345
Noble-rotted wine ······015
Non Collage ······026
Non Filtration ······026
Non Filtré ······026
Non Millésimé ······081
Ñora 🍴 ······154
Normandie ······029
Normandy ······029
North ······198, 391
North Coast A.V.A. ······183
North East Victoria ······389
North Fork of Long Island ······385
North Fork of Roanoke ······386
North Island ······196
North West Victoria ······389

North Yuba ······382
Norther Neck George Washington
　　Birthplace ······385
Northern Cape ······395
Northern Hungary ······174
Northern Ireland ······160
Northern Rivers ······389
Northern Slopes ······389
Northern Sonoma ······377
Northern Territory ······390
Northern Transdanubia ······174
Northland ······196
Norton 🍇 ······286
Nosiola 🍇 ······286
Nothern Dalmatia ······173
Noto ······361
Nouaison ······016
Novara ······124
Nuances Variées ······208
Nuits ······316
Nuits-Saint-Georges ······067, 076, 316
Nuragus di Cagliari ······362
Nurra ······367
Nuy ······393

────────── O ──────────

O.P.V.I. ······162
Oac Knoll District of Napa Valley ······378
Oak ······020
Oakville ······378
Oberer Neckar ······342
Obermosel ······337
Oberrotweil ······342
Obwalden ······375
Öchsle ······111
Ockfen ······337
Odeur ······209
Odors ······209
Odyssey ······118
Oechsle ······111
Œef en Meurette 🍴 ······106
Œil de Perdrix ······164

索引 アルファベット順索引 | O・P

Oenochooi ……178
Oestrich ……338
Offida ……135, 348
Oger ……320
Ogliastra ……367
Ohio River Valley ……387
Oidium ……018
Oiry ……320
Okanagan Valley ……186
Olasz Rizling ♥ ……264
Old Mission Peninsula ……387
Old Reserva ……159
Olevano Romano ……358
Olifants River ……206, 394
Olive Ascolane ¶¶ ……144
Oloroso ……152
Oltrepò Pavese ……128, 352
Oltrepò Pavese Metodo Classico ……128, 345
Oltrepò Pavese Pinot Grigio ……352
Olympia ♥ ……264
On the Lees ……022
Ondenc ♥ ……264
Ontario ……185
Oppenheim ……339
Orange ……193, 389
Orange Curaçao ……035
Orcia ……356
Orecchiette con Cima di Rapa ¶¶ ……145
Oregon ……184
Organic Farming ……025
Organic Viticulture ……025
Organic Wine ……025
Orient ……177
Orléans ……086, 324
Orléans-Cléry ……324
Ormeasco di Pornassio ……127, 352
Orta Nova ……360
Ortega ♥ ……264
Ortenau ……342
Ortona ……358
Ortsteil Bopparder Hamm ……337
Ortsteillage ……110
Ortswein ……113

Ortugo Colli Piacentini ……355
Ortugo dei Colli Piacentini ……355
Orvietano Rosso ……357
Orvieto ……135, 357
Osco ……365
Osmose Inverse ……025
Ossau-Iraty (Brebis Pyrénées) ¶¶ ……243
Ossobuco ¶¶ ……141
Österreichishch-Unarische Monarchie ……164
Ostuni ……360
Outeniqua ……394
Outer Coastal Plain ……387
Ouvrée ……232
Ouzo ……034, 178
Ovada ……126, 344
Overberg ……393
Ozark Highlands ……386
Ozark Mountain ……386
Ο Δ Υ Σ Σ ΕΙΑ ……118

————— P —————

P.D.O. ……161, 178, 238
P.G.I. ……161, 178, 239
P.T.P. ……170
Paarl ……204, 392
Pablo Morandé ……200
Pacheco Pass ……380
Pacherenc du Vic Bilh ……104, 334
Pacherenc du Vic Bilh Sec ……334
Padova ……129
Padthaway ……388
Paella ¶¶ ……153
Paestum ……365
Pago Aylés ……368
Pago de Arínzano ……368
Pago de Otazu ……368
Pago del Calzadilla ……369
Pago Florentino ……369
Paicines ……380
Païen ♥ ……286
Pais ♥ ……286
Palette ……094, 327

Palizzi ……366
Palo Cortado ……152
Palomino ♟ ……288
Pamid ♟ ……288
Pan con Tomate ¶¶ ……153
Pane carasau ¶¶ ……147
Panettone ¶¶ ……142
Panier ……230
Pannonhalma-Sokoróalja ……174, 376
Pannonia ……165
Pansoti con la Salsa di Noci ¶¶ ……141
Pantelleria ……139, 361
Panzanella ¶¶ ……143
Papagaaiberg ……392
Papas Arrugadas ¶¶ ……155
Pappa al Pomodoro ¶¶ ……143
Papparedelle con il Sugo di Lepre ¶¶ ……143
Pardina ♟ ……288
Parellada ♟ ……288
Pargny les Reims ……321
Paris Tasting ……181
Parker Point ……181
Parmigiana di Melanzane ¶¶ ……145
Parmigiano Reggiano ¶¶ ……245
Parrina ……356
Parteolla ……367
Pas Dosé ……082
Pascal Blanc ♟ ……287
Paso Robles ……381
Paso Robles Estrella District ……381
Paso Robles Genesco District ……381
Paso Robles Highlands District ……381
Paso Robles Willow Creek District ……381
Passito ……122
Pasta alla Norma ¶¶ ……146
Pasta con Sarde ¶¶ ……146
Pasta filata ……238
Pastis ……034
Pastissada di Caval ¶¶ ……142
Patagonia ……200, 391
Patrimonio ……095, 327
Pauillac ……047, 050, 052, 312
Pays Nantais ……083, 322

PDO ……373
Peak ……211
Pécharmant ……103, 333
Pecora alla cottora ¶¶ ……145
Pecorino ♟ ……296
Pecorino Romano ¶¶ ……245
Pecorino Sardo ¶¶ ……246
Pecorino Siciliano ¶¶ ……246
Pecorino Toscano ¶¶ ……245
Pédicelle ……015
Pedro Gimenez ♟ ……296
Pedro Ximénez ♟ ……296
Peel ……189, 390
Pellaro ……366
Pellicule ……015
Peloponnese ……179, 373
Pemberton ……189, 390
Penedés ……150, 368
Penisola Sorrentina ……359
Pentro ……136, 359
Pentro di Isernia ……136, 359
Peperone Ripieno ¶¶ ……141
Pépin ……015
Perdices a la Alcántara ¶¶ ……154
Pergola ……018, 357
Pergora ……119
Perlwein ……014, 112
Pernand-Vergelesses ……068, 316, 319
Pernod ……034
Perricoota ……388
Perrières ……070
Persan ♟ ……295
Persistance du goût ……211
Perth Hills ……189, 390
Pessac ……050, 054
Pessac-Léognan ……048, 312
PET ……235
Pétillant ……014
Petit Chablis ……062, 315
Petit Champagne ……030
Petit Fouet à Champagne ……231
Petit Manseng ♟ ……292
Petit Meslier ♟ ……293

索引
アルファベット順索引
|
P

495

Petit Verdot 🍇……292
Petite Arvine 🍇……293
Petite Sirah 🍇……293
Petite Syrah 🍇……293
Petite Vidure 🍇……293
Petronius……118
Pfalz……116, 340
Philadelphia……205, 392
Phoenicia……148
Phoenix 🍇……292
Phylloxéra Vastatrix……019
Piacentinu Ennese 🍴……246
Piave……354
Piave 🍴……245
Piave Malanotte……130, 346
Picardan 🍇……289
Piccadilly Valley……190
Picodon 🍴……242
Picolit 🍇……289
Picoutener 🍇……289
Picpoul 🍇……289
Picpoul Gris 🍇……289
Picpoul Noir 🍇……289
Picpoul-de-Pinet……328
Pièce……080
Piedirosso 🍇……288
Piekenierskloof……394
Piemonte……124, 127, 344, 350, 351
Pierce's Disease……019
Pierrevert……093, 327
Pierry……321
Piesport……116, 336
Pigeage……022
Piglio……349
Pignata 🍴……146
Pignolette 🍇……289
Pilsner……026
Pimientos rellenos 🍴……152
Pince à Champagne……231
Pincho Moruno 🍴……155
Pinchos 🍴……153
Pine Mountain-Cloverdale Peak……377, 378
Pineau d'Aunis 🍇……289
Pineau de la Loire 🍇……257, 289
Pineau des Charentes……014, 031, 335
Pinenc 🍇……289
Pinerolese……351
Pinot Beurot 🍇……257, 290
Pinot Bianco 🍇……257, 290
Pinot Bijeli 🍇……290
Pinot Blanc 🍇……256, 290
Pinot Grigio 🍇……257, 290
Pinot Gris 🍇……256, 290
Pinot Liébault 🍇……291
Pinot Meunier 🍇……291
Pinot Nero 🍇……255, 290
Pinot Nero dell'Oltrepò Pavese……352
Pinot Noir 🍇……254, 290
Pinot Noir Conference……196
Pinot Sivi 🍇……290
Pinot St Georges 🍇……290
Pinotage 🍇……290
Pione 🍇……288
Pipers River……193
Pisa……132
Pisa Range……197
Pisco……200
Pisto Manchego 🍴……154
Pithoi……118
Pizza Margherita 🍴……145
Pla de Bages……368
Pla i Llevant……370
Planargia……367
Plateau……231
Plavac Mali 🍇……293
Plavina 🍇……293
Plešivica……172
Plettenberg Bay……394
Pleurs……016
Ploussard 🍇……295
Pochas 🍴……152
Podere……120
Podravje……170
Podunavlje……172
Poiré……030
Poitou-Charentes……030

Pokuplje ······172
Polenta e Fontina ¶¶······140
Polipo alla Luciana ¶¶······145
Polish Hill River ······190
Polkadraai Hills ······392
Pollo al Chilindrón ¶¶······153
Pollo alla Romana ¶¶······144
Polyphenols ······013
Pomerol ······048, 059, 313
Pomino ······134, 356
Pommard ······069, 076, 316
Pommeau ······029
Pommeau de Normandie ······029
Pompeiano ······365
Pont-l'Evêque ¶¶······239
Porceddu ¶¶······147
Porchetta ¶¶······145
Porchetta alla Perugina ¶¶······143
Pornassio ······352
Port de la Lune ······045
Port Phillip ······389
Port wine ······014
Porto ······157
Portofino ······352
Portugal ······156
Portugieser ♥······297
Portugizac ♥······297
Poruzot ······070
Posavje ······171
Pošip ♥······296
Potential Hydrogen ······012
Pots ······101
Potter Valley ······377
Pouilly Fumé ······086, 324
Pouilly sur Loire ······324
Pouilly-Fuissé ······073, 317
Pouilly-Loché ······073, 317
Pouilly-sur-Loire ······087
Pouilly-Vinzelles ······073, 317
Poulet au Champagne ¶¶······105
Pouligny-Saint-Pierre ¶¶······240
Poulsard ♥······291
Pourriture Grise ······018

Powdery Mildew ······018
Pozna Trgatev ······170
Prädikatswein ······111, 166
Prado de Irache ······368
Prefermentation Cold Maceration ······025
Preignac ······053, 054
Premier Cru ······082
Premier Cru Supérieur ······053
Premiere Fermentation ······080
Premières Côtes de Bordeaux ······314
Premiers Crus ······053, 061
Premiers Grands Crus ······050
Premiers Grands Crus Classés ······056
Pressing ······022
Pressurage ······022, 080
Pressurage Direct ······022
Prestige ······082
Prieto Picudo ♥······294
Prigorje-Bilogora ······172
Primary Aromas ······209
Primitivo ♥······255, 295
Primitivo di Manduria ······360
Primitivo di Manduria Dolce Naturale ······138, 350
Primorska ······170
Prince Albert Valley ······394
Prince Edward County ······185
Priorato ······150, 368
Prohibition Act ······181
Proprietary Wine ······182
Proschwitz ······343
Prosciutto di San Daniele ¶¶······142
Prosecco ······129, 354
Prosecco ♥······295
Prosiutto e Melone ¶¶······143
Provence ······093, 326
Provignage ······200
Provincia di Mantova ······362
Provincia di Nuoro ······367
Provincia di Pavia ······362
Provincia di Verona ······363
Provolone Valpadana ¶¶······245
Prugnolo Gentile ♥······295

Pruine ⋯⋯015
Pruning ⋯⋯016
Puget Sound ⋯⋯384
Puglia ⋯⋯137, 349, 359, 366
Puisieulx ⋯⋯320
Puisseguin Saint-Émilion ⋯⋯049, 313
Puligny-Montrachet ⋯⋯071, 077, 316, 319
Pulp ⋯⋯015
Pulpe ⋯⋯015
Pulpo a Feira 🍴⋯⋯153
Pumping Over ⋯⋯022
Punching the Cap ⋯⋯022
Pupitre ⋯⋯081
Puttonyos ⋯⋯173
Pyrenees ⋯⋯192, 390
Pyrénées ⋯⋯334

―――――――Q―――――――

Q.b.A. ⋯⋯111
Q.m.P. ⋯⋯111
Qualitätswein ⋯⋯111, 166
Qualitätswein bestimmter
　Anbaugebiete ⋯⋯111
Qualitätswein mit Staatlicher
　Prüfnummer ⋯⋯166
Qualitätswein mit Prädikat ⋯⋯111
Quart ⋯⋯232
Quartirolo Lombardo 🍴⋯⋯244
Quarts de Chaume ⋯⋯084, 323
Quatrièmes Grands Crus ⋯⋯052
Queensland ⋯⋯194, 390
Quenelle de Brochet 🍴⋯⋯106
Quercus Alba ⋯⋯021
Quercus Petraea ⋯⋯020
Quercus Robur ⋯⋯020
Queso de la Serena 🍴⋯⋯247
Queso de Murcia al Vino 🍴⋯⋯247
Queso de Valdéon 🍴⋯⋯247
Queso Manchego 🍴⋯⋯246
Queso Tetilla 🍴⋯⋯247
Quiche Lorraine 🍴⋯⋯105
Quincy ⋯⋯087, 325

Quistello ⋯⋯362

―――――――R―――――――

R.C. ⋯⋯082
R.M. ⋯⋯082
R.S.(wein) ⋯⋯114
Rabigato 🍇⋯⋯305
Rablay ⋯⋯323
Rablay-sur-Layon ⋯⋯323
Rabo de Ovelha 🍇⋯⋯304
Raboso 🍇⋯⋯305
Racking ⋯⋯020
Ragusano 🍴⋯⋯246
Rajnai Rizling 🍇⋯⋯304
Rakia ⋯⋯176
Ramandolo ⋯⋯131, 346
Ramisco 🍇⋯⋯305
Ramona Valley ⋯⋯383
Randersacker ⋯⋯341
Rapel Valley ⋯⋯202, 391
Rapsani ⋯⋯179
Raschera 🍴⋯⋯244
Rasteau ⋯⋯090, 326, 334
Rasteau Rancio ⋯⋯334
Ratatouille 🍴⋯⋯107
Ráthay 🍇⋯⋯304
Rattlesnake Hills ⋯⋯384
Rauenthal ⋯⋯338
Räuschling 🍇⋯⋯308
Ravenna ⋯⋯364
Reblochon de Savoie 🍴⋯⋯242
Rebula 🍇⋯⋯308
Recioto ⋯⋯122
Recioto della Valpolicella ⋯⋯130, 346
Recioto di Gambellara ⋯⋯130, 346
Recioto di Gambellara Classico ⋯⋯130
Recioto di Soave ⋯⋯130, 346
Recioto di Soave Classico ⋯⋯130
Récoltant-Coopérateur ⋯⋯082
Récoltant-Manipulant ⋯⋯082
Reconquista ⋯⋯148
Red Hill Douglas County ⋯⋯384

Red Hills Lake County ······379
Red Misket 🍇 ······307
Red Mountain ······384
Red Wine ······013
Reduction ······229
Réduction ······229
Redwood Valley ······377
Refosco dal Peduncolo Rosso 🍇 ······308
Refošk 🍇 ······307
Refrigerate ······233
Réfrigéré ······233
Regent 🍇 ······307
Reggiano ······355
Régionales ······061
Régnié ······074, 317
Réhoboam ······232
Reichensteiner 🍇 ······304
Reims ······079
Remontage ······022
Remstal-Stuttgart ······341
Remuage ······081
Reno ······355
Renski Rizling 🍇 ······308
Reserva ······156
Resveratrol ······013
Retsina ······178
Reuilly ······087, 325
Reverse Osmosis ······025
Rèze 🍇 ······307
Rezervă ······176
Rhein Riesling 🍇 ······257
Rheingau ······115, 338
Rheinhessen ······115, 339
Rhin ······099
Rhoditis 🍇 ······308
Rhodos ······180
Rhône ······060, 088, 317
Rhum ······033
Rhum Agricole ······033
Rías Baixas ······150, 370
Ribbon Ridge ······384
Ribeira Sacra ······370
Ribeiro ······370

Ribera del Duero ······150, 369
Ribera del Guadiana ······369
Ribera del Júcar ······369
Ribolla Gialla 🍇 ······306
Ribollita 🍴 ······143
Ricard ······034
Richard Smart ······195
Richebourg ······066, 319
Riebeekberg ······392
Ried ······166
Riesi ······361
Rieslaner 🍇 ······305
Riesling 🍇 ······256, 305
Riesling Forte 🍇 ······306
Riesling Italico 🍇 ······305
Riesling Lion 🍇 ······306
Riesling S ······113
Riesling-Hochgewächs ······113
Rietrivier RS ······395
Rigotte de Condrieu 🍴 ······242
Rillettes de Tours 🍴 ······108
Rilly la Montagne ······320
Rinçage ······230
Río Negro ······391
Rioja ······149, 368
Ripaille ······332
Ripe Rot ······018
Riserva ······123
Risi e Bisi 🍴 ······142
Riso e Patate 🍴 ······145
Risotto alla Milanese 🍴 ······141
Risotto con le Mele 🍴 ······142
River Junction ······382
Riverina ······193, 389
Riverland ······191, 388
Rivesaltes ······097, 330, 335
Rivesaltes Rancio ······097, 330, 335
Riviera del Brenta ······354
Riviera del Garda Bresciano ······353
Riviera Ligure di Ponente ······127, 352
Rizling Ranjski 🍇 ······306
Rizling Szilvani 🍇 ······305
Rizvanac 🍇 ······306

索引
アルファベット順索引
|
R

Robe ……191, 208, 388
Robertson ……205, 393
Robiola di Roccaverano ¶¶……244
Robola ☙……309
Roccamonfina ……365
Rochefort ……323
Rochefort-sur-Loire ……323
Rockpile ……378
Rocky Knob ……386
Roero ……126, 345
Roesler ☙……307
Rognage ……016
Rogue Valley ……384
Rolle ☙……308
Roma ……358
Romagna ……355
Romagna Albana ……132, 347
Romanée-Conti ……066, 076, 319
Romanée-Saint-Vivant ……066, 319
Romangia ……367
Romania ……175
Romeo Bragato ……194
Romorantin ☙……309
Ronchi di brescia ……362
Ronchi Varesini ……363
Rondinella ☙……309
Room temperature ……233
Roquefort ¶¶……243
Rosazzo ……131, 347
Rose Ciotat ☙……308
Rosé d'Anjou ……084, 322
Rosé de Loire ……085, 322, 323, 324
Rosé des Riceys ……080
Rose Valley ……177
Rose Wine ……013
Rosette ……103, 333
Roséwein ……013, 110
Rossese di Dolceacqua ……127, 352
Rosso Conero ……357
Rosso della Val di Cornia ……133, 348
Rosso di Cerignola ……360
Rosso di Montalcino ……134, 356
Rosso di Montepulciano ……134, 356

Rosso di Valtellina ……353
Rosso Orvietano ……357
Rosso Piceno ……357
Rotae ……365
Roter Traminer ☙……308
Roter Veltliner ☙……308
Rotgipfler ☙……308
Rotling ……112
Rotwein ……013, 110
Roupeiro ☙……308
Roussanne ☙……306
Roussette ☙……306
Roussette de Bugey ……333
Roussette de Bugey Montagnieu ……333
Roussette de Bugey Virieu Le Grand ……333
Roussette de Savoie ……332
Roussette de Savoie Frangy ……332
Roussette de Savoie Marestel ……332
Roussette de Savoie Marestel Altesse ……332
Roussette de Savoie Monterminod ……332
Roussette de Savoie Monthoux ……332
Roussillon ……097, 330
Rubicone ……364
Rubin ☙……307
Rubino di Cantavenna ……351
Rubired ☙……305
Ruby Cabernet ☙……307
Ruby Type ……158
Ruchè ☙……307
Ruchè di Castagnole Monferrato ……126, 345
Ruchottes-Chambertin ……064, 318
Rüdesheim ……115, 338
Rueda ……150, 369
Rufete ☙……307
Rufina ……133
Ruländer ☙……257, 306
Rully ……073, 317
Rum ……033
Russian River Valley ……377
Ruster Ausbruch ……168
Rutherford ……378
Rutherglen ……192, 389
Ruwertal ……337

500

Ryugan 🍷 ⋯⋯306

─────── S ───────

S. Anna di Isola Capo Rizzuto ⋯⋯361

S.R. ⋯⋯082

Saale-Unstrut ⋯⋯117, 343

Saar ⋯⋯337

Sabbioneta ⋯⋯362

Saborinho 🍷 ⋯⋯273

Sabre ⋯⋯231

Saccharomyces Cerevisiae ⋯⋯019

Sachsen ⋯⋯117, 343

Sacy 🍷 ⋯⋯273, 321

Saddle Rock-Malibu ⋯⋯383

Sagrantino 🍷 ⋯⋯273

Sagrantino di Montefalco ⋯⋯134

Saignée ⋯⋯022, 081

Saint-Amour ⋯⋯074, 317

Saint-André 🍴 ⋯⋯239

Saint-Aubin ⋯⋯072, 316, 323

Saint-Aubin-de-Luigné ⋯⋯323

Saint-Bris ⋯⋯062, 315

Saint-Chinian ⋯⋯096, 329

Saint-Chinian Berlou ⋯⋯329

Saint-Chinian Roquebrun ⋯⋯329

Saint-Drézéry ⋯⋯328

Saint-Émilion ⋯⋯049, 313

Saint-Émilion 🍷 ⋯⋯257, 274

Saint-Émilion Grand Cru ⋯⋯049, 313

Saint-Estèphe ⋯⋯047, 051, 052, 053, 312

Saint-Georges Saint-Émilion ⋯⋯049, 313

Saint-Joseph ⋯⋯089, 325

Saint-Julien ⋯⋯048, 051, 052, 312

Saint-Lambert ⋯⋯323

Saint-Lambert-du-Lattay ⋯⋯323

Saint-Laurent ⋯⋯052, 053

Saint-Nectaire 🍴 ⋯⋯243

Saint-Nicolas-de-Bourgueil ⋯⋯086, 324

Saint-Péray ⋯⋯090, 325

Saint-Péray Mousseux ⋯⋯325

Saint-Romain ⋯⋯070, 316

Saint-Sardos ⋯⋯333

Saint-Véran ⋯⋯073, 317

Sainte-Croix du Mont ⋯⋯313

Sainte-Foy Bordeaux ⋯⋯313

Sainte-Maure de Touraine 🍴 ⋯⋯240

Salade Niçoise 🍴 ⋯⋯106

Salado Creek ⋯⋯383

Salame Pezzente 🍴 ⋯⋯146

Salaparuta ⋯⋯361

Salemi ⋯⋯366

Salento ⋯⋯366

Salice Salentino ⋯⋯138, 360

Salina ⋯⋯366

Salmanazar ⋯⋯232

Salmis de Palombe 🍴 ⋯⋯107

Salmorejo 🍴 ⋯⋯155

Salta ⋯⋯198, 391

Salva Cremasco 🍴 ⋯⋯245

Salvagnin ⋯⋯163

Sambuca ⋯⋯034

Sambuca di Sicilia ⋯⋯361

Sämling 88 🍷 ⋯⋯278

Samos ⋯⋯180

Samsó 🍷 ⋯⋯273

Samuel Marsden ⋯⋯194

San Antonio Valley ⋯⋯202, 380, 391

San Benito ⋯⋯380

San Benito County ⋯⋯380

San Bernabe ⋯⋯380

San Colombano ⋯⋯353

San Colombano al Lambro ⋯⋯353

San Francisco Bay ⋯⋯380

San Gimignano ⋯⋯356

San Ginesio ⋯⋯357

San Juan ⋯⋯199, 391

San Juan Creek ⋯⋯381

San Louis Obispo County ⋯⋯381

San Lucas ⋯⋯380

San Martino della Battaglia ⋯⋯353

San Miguel District ⋯⋯381

San Pasqual Valley ⋯⋯383

San Rafael ⋯⋯199

San Severo ⋯⋯360

San Simón da Costa 🍴 ⋯⋯247

San Torpè ⋯⋯356
San Ysidro District ⋯⋯380
Sancerre ⋯⋯087, 324
Sangiovese ♥ ⋯⋯254, 274
Sangiovese Grosso ♥ ⋯⋯255
Sangria ⋯⋯015
Sangue di Giuda ⋯⋯353
Sangue di Giuda dell'Oltrepò Paveze ⋯⋯353
Sankt Laurent ♥ ⋯⋯274
Sanlúcar de Barrameda ⋯⋯151
Sannio ⋯⋯359
Sant Margarita Ranch ⋯⋯381
Sant'Antimo ⋯⋯356
Santa Barbara County ⋯⋯381
Santa Clara Valley ⋯⋯380
Santa Cruz Mountains ⋯⋯381
Santa Lucia Highlands ⋯⋯380
Santa Margherita di Belice ⋯⋯361
Santa Maria Valley ⋯⋯381
Santa Ynez Valley ⋯⋯381
Santareno ♥ ⋯⋯274
Sante Lancerio ⋯⋯118
Santenay ⋯⋯072, 316
Santenots ⋯⋯070
Santorini ⋯⋯179
Sâone et Loire ⋯⋯060, 317
Sârbǎ ♣ ⋯⋯275
Sarde alla Menta ¶¶ ⋯⋯146
Sarde in Saor ¶¶ ⋯⋯142
Sardegna ⋯⋯139, 350, 361, 367
Sardegna Alghero ⋯⋯140
Sardegna Carignano del Sulcis ⋯⋯140
Sardegna Malvasia di Bosa ⋯⋯140
Sardegna Semidano ⋯⋯362
Sardegna Vermentino di Gallura ⋯⋯139
Sardegna Vernaccia di Oristano ⋯⋯140
Sárga Muskotály ♥ ⋯⋯274
Sartù di Riso ¶¶ ⋯⋯145
Saumur ⋯⋯084, 323
Saumur Champigny ⋯⋯084, 323
Saumur Mousseux ⋯⋯323
Saumur Puy-Notre-Dame ⋯⋯323
Saussignac ⋯⋯103, 333

Sauternes ⋯⋯048, 053, 313
Sauvignon Blanc ♥ ⋯⋯279
Sauvignon Gris ♥ ⋯⋯279
Savagnin ♥ ⋯⋯256, 273
Savatiano ♥ ⋯⋯273
Savennières ⋯⋯085, 323
Savennières Coulée-de-Serrant ⋯⋯085, 323
Savennières Roche-aux-Moines ⋯⋯085, 323
Savigny ⋯⋯316
Savigny-lès-Beaune ⋯⋯068, 316
Savoie ⋯⋯102, 331
Savuto ⋯⋯139, 361
SAWSEA ⋯⋯203
Scanzo ⋯⋯128, 345
Scavigna ⋯⋯139, 361
Schaffhausen ⋯⋯375
Scharzhofberg ⋯⋯116
Schaumwein ⋯⋯014, 112
Scherpenheuvel ⋯⋯393
Scheurebe ♥ ⋯⋯276
Schiava ♥ ⋯⋯277
Schilcher ⋯⋯165
Schillerwein ⋯⋯112
Schioppettino ♥ ⋯⋯277
Schloss Johannisberg ⋯⋯109, 115, 338
Schloss Neuenburg ⋯⋯343
Schloss Reichartshausen ⋯⋯115, 338
Schloss Vollrads ⋯⋯115, 338
Schlossabfüllung ⋯⋯110
Schppenstecher ⋯⋯114
Schwarzriesling ♥ ⋯⋯255, 275
Schweigener ⋯⋯340
Schwyz ⋯⋯375
Sciacarello ♥ ⋯⋯275
Sciacca ⋯⋯361
Scilla ⋯⋯366
Scotch whisky ⋯⋯028
Scotland ⋯⋯160
Screwcap ⋯⋯230
Seara Nova ♥ ⋯⋯277
Sebino ⋯⋯362
Sec ⋯⋯082
Secco ⋯⋯123

Séchoir a décanteur ⋯⋯231
Second Vin ⋯⋯047
Second Wine ⋯⋯047
Secondary Aromas ⋯⋯209
Seed ⋯⋯015
Seiad Valley ⋯⋯379
Seibel 🍷 ⋯⋯278
Sekt ⋯⋯112
Sekt b.A. ⋯⋯112
Sélect 🍷 ⋯⋯278
Selection ⋯⋯112
Sélection Clonale ⋯⋯017
Sélection de Grains Nobles ⋯⋯100
Sélection Massale ⋯⋯017
Selection Rheinhessen ⋯⋯114
Selles-sur-Cher 🍴 ⋯⋯240
Semi Generic ⋯⋯182
Sémillon 🍷 ⋯⋯278
Seneka Lake ⋯⋯385
Septentrional ⋯⋯089, 325
Sercial ⋯⋯159
Sercial 🍷 ⋯⋯278
Serenissima ⋯⋯354
Sérine 🍷 ⋯⋯255, 278
Sermiers ⋯⋯321
Serralunga d'Alba ⋯⋯125
Serrapetrona ⋯⋯357
Serrig ⋯⋯337
Service celler ⋯⋯230
Service wagon ⋯⋯231
Seven Sisters ⋯⋯160
Seyssel ⋯⋯102, 331
Seyssel Molette ⋯⋯102, 331
Seyssel mousseux ⋯⋯331
Seyval Blanc 🍷 ⋯⋯277
Sforzato ⋯⋯122
Sforzato di Valtellina ⋯⋯127, 345
Sfursato ⋯⋯122
Sfursato di Valtellina ⋯⋯127, 345
Shawnee Hills ⋯⋯386
Shenandoah Valley ⋯⋯385
Sherry ⋯⋯014
Shinano Riesling 🍷 ⋯⋯274

Shiraz 🍷 ⋯⋯255, 276
Shoalhaven Coast ⋯⋯389
Shokoshi 🍷 ⋯⋯276
Sibiola ⋯⋯367
Sicilia ⋯⋯139, 350, 361, 366
Sideritis 🍷 ⋯⋯274
Siebeldingen ⋯⋯340
Siebengebirge ⋯⋯337
Siegerrebe 🍷 ⋯⋯274
Siena ⋯⋯132
Sierra Foothills ⋯⋯382
Sierra Foothills A.V.A. ⋯⋯183
Sierra Pelona Valley ⋯⋯383
Sierras de Málaga ⋯⋯370
Sillaro ⋯⋯364
Sillery ⋯⋯320
Silvanac Zeleni 🍷 ⋯⋯276
Similkameen Valley ⋯⋯186
Simonsberg-Paarl ⋯⋯392
Simonsberg-Stellenbosch ⋯⋯392
Sipon 🍷 ⋯⋯274
Siracusa ⋯⋯361
Síria 🍷 ⋯⋯276
Sivi Pinot 🍷 ⋯⋯274
Sizzano ⋯⋯351
Skin ⋯⋯015
Skin Contact ⋯⋯023
Škrlet 🍷 ⋯⋯275
Slanghoek ⋯⋯393
Slav ⋯⋯169
Slavonia ⋯⋯172
Slavonia Oak ⋯⋯171
Sloughhouse ⋯⋯382
Slovenia ⋯⋯169
Slovénie ⋯⋯169
Smaragd ⋯⋯167
Snake River Valley ⋯⋯385, 386
Snipes Mountain ⋯⋯384
Soave ⋯⋯131, 354
Soave Superiore ⋯⋯130, 346
Sobrasada 🍴 ⋯⋯155
Société de Récoltant ⋯⋯082
Solano County ⋯⋯379

Solano County Green Valley ……379
Solaris ♥ ……279
Solera System ……151
Solothurn ……375
Somló ……174, 376
Sommelier(ère) ……229
Sommerhausen ……341
Somontano ……368
Sonoita ……386
Sonoma Coast ……377
Sonoma County ……377
Sonoma Mountain ……378
Sonoma Valley ……378
Sopa de Ajo ¶¶ ……154
Soppressata ¶¶ ……146
Sopron ……376
Sottozona ……133
Sous Blagny ……071
Sous le Dos d'Ane ……071
Sous-bouchon ……231
Sousão ♥ ……279
South ……391
South Africa ……203
South Australia ……190, 388
South Burnett ……194, 390
South Coast ……383, 389
South Coast A.V.A. ……184
South Eastern Australia ……388
South Island ……197
South West Australia ……390
Southeastern New England ……386
Southern Comfort ……035
Southern Fleurieu ……388
Southern Flinders Ranges ……388
Southern Highlands ……389
Southern New South Wales ……389
Southern Oregon ……384
Southern Transdanubia ……175
Soutirage ……020
Souzão ♥ ……279
Sovana ……356
Spaghetti Aglio Olio e Peperoncino ¶¶ ……145
Spaghetti alla Carbonara ¶¶ ……144

Spaghetti alla Puttanesca ¶¶ ……145
Spaghetti alle Vongole ¶¶ ……145
Spaghetti Cacio e Pepe ¶¶ ……144
Spaghetti con Tartufo Nero ¶¶ ……143
Spain ……148
Spanna ♥ ……255, 277
Sparkring Wine ……014
Spätburgunder ♥ ……255, 275
Spätlese ……111, 166
Spätrot ♥ ……275
Spello ……364
Spirit ……031
Spoleto ……357
Spring Mountain District ……378
Spruitdrift ……394
Spumante ……014, 121
Squaw Valley-Miramonte ……383
Squinzano ……360
St Francis Bay ……395
St. Helena ……378
St.Gallen ……375
St.Helena Bay ……392
St.Laurent ♥ ……274
Sta. Rita Hills ……381
Stags Leap District ……378
Stalk ……015
Stanford Foothills ……394
Starkenburg ……340
Steeg ……337
Steen ♥ ……257, 277
Steierland ……372
Steiermark ……168, 372
Steigerwald ……341
Steinberg ……115, 338
Steinfeder ……167
Steinhäger ……031
Stellenbosch ……204, 392
Still Wine ……013
Stoccafisso all'Anconetana ¶¶ ……144
Stolno vino ……171
Stolno vino s kontroliranim
      podrijetlom ……171
Stormsvlei ……393

Stout ······027
Strasbourg ······099
Strathbogie Ranges ······389
Strevi ······351
Strohwein ······166
Strudel ¶¶······142
Struma River Valley ······177
Stuben 🍇······277
Stück ······110
Sturm ······165
Su farru ¶¶······147
Succinic Acid ······012
Sud-Ouest ······102, 333
Südliche Weinstraße ······340
Südpfalz Connexion ······116
Südsteiermark ······168, 372
Sudtirol ······128, 353
Sudtiroler ······128, 353
Suhi Jagodni Izbor ······170
Suisse ······163
Suisse Allemande ······164, 375
Suisse Italienne ······164, 375
Suisse Romande ······163, 375
Suisun Valley ······379
Sulfur Dioxide ······019
Sultana 🍇······273
Sunbury ······390
Sunday's Glen ······394
Super Vino da Tavola ······121
Superiore ······123
Suppli di Riso ¶¶······144
Sur ······202
Sur Lie ······022
Süßreserve ······112
Sutherland-Karoo ······395
Suvereto ······134, 348
Suze ······034
Swan Creek ······387
Swan District ······189, 390
Swan Hill ······388, 389
Swartberg ······394
Swartland ······204, 392
Swartland Independent Producers ······204

Sweetness ······210
Swellendam ······393
Switzerland ······163
Sword ······231
Sylvaner 🍇······276
Symposia ······178
Syrah 🍇······254, 276
Szamorodoni ······174
Szekszárd ······376
Szürkebarát 🍇······257, 277

───────── T ─────────

T.T.B. ······182
T/T Remittance ······235
Tacconi ¶¶······145
Tacoronte-Acentejo ······370
Tafelspitz ¶¶······169
Tagliatelle alla Bolognese ¶¶······143
Tai 🍇······279
Taille ······016, 080
Taissy ······320
Tãj bor ······174
Tajarin ¶¶······141
Taleggio ¶¶······244
Talence ······055
Tămâioasă Românească 🍇······280
Tamer Valley ······193
Tanin ······210
Tanins ······020
Tannat 🍇······279
Tannin ······020, 210
Tarantino ······366
Tarquinia ······358
Tarragona ······368
Tarrango 🍇······280
Tartar ······012
Tartaric Acid ······012
Tarte Tatin ¶¶······108
Tartre ······012
Tasmania ······193, 390
Tastevin ······231
Tasting ······208

索引 アルファベット順索引 ｜ T

Tastvin ……231
Tauberfranken ……342
Taurasi ……137, 349
Tauxieres Mutry ……320
Tavel ……091, 326
Tavoliere ……360
Tavoliere delle Puglie ……360
Tawny Type ……158
Tawny with an Indication of Age ……158
TCA ……235
Te Mata ……194
Teinturier ♦ ……280
Temecula Valley ……383
Temperate ……233
Tempéré ……233
Templeton Gap District ……381
Tempranilla ♦ ……255
Tempranillo ♦ ……254, 282
Tendone ……119
Tenuta ……120
Tepid ……233
Tequila ……032
Tequila Anejo ……033
Tequila Blanco ……032
Tequila Reposado ……033
Teran ♦ ……282
Teroldego ♦ ……282
Teroldego Rotaliano ……128, 353
Terra Alta ……368
Terra d'Otranto ……360
Terra di Cosenza ……361
Terra Rossa ……188, 191
Terracina ……358
Terradeiforti ……353
Terralba ……362
Terrantez ♦ ……159, 282
Terrasses du Larzac ……096
Terrasses du Larzac ♦ ……328
Terratico di Bibbona ……356
Terrazze dell'Imperiese ……363
Terrazze Retiche di Sondrio ……362
Terre Alfieri ……351
Terre Aquilane ……365

Terre de L'Aquila ……365
Terre degli Osci ……365
Terre del Colleoni ……353
Terre del Volturno ……365
Terre dell'Alta Val d'Agri ……138, 360
Terre di Casole ……356
Terre di Chieti ……365
Terre di Cosenza ……139
Terre di Offida ……357
Terre di Pisa ……356
Terre di Veleja ……364
Terre Lariane ……363
Terre Siciliane ……366
Terre Tollesi ……136, 358
Terret ♦ ……282
Terret Blanc ♦ ……282
Terret Noir ♦ ……282
Terroir ……060
Tertiery Aromas ……209
Tête de Cuvée ……080
Texas Davis Mountains ……385
Texas High Plains ……385
Texas Hill Country ……385
Texoma ……385
Thamometer ……231
Tharros ……367
The Hamptons ……385
The Peninsulas ……388
The Rocks District of Milton-Freewater ……384
Theewater ……393
Thermenregion ……168, 372
Thermométre ……231
Thessaly ……373
Thiniatiko ♦ ……274
Thrace ……373
Thracia ……177
Thracian Valley ……177
Thüngersheim ……341
Thurgau ……164, 375
Thüringen ……343
Tibouren ♦ ……281
Ticino ……164, 375
Tiède ……233

Tierra del León ……370
Tierra del Vino de Zamora ……370
Tiffin ……035
Tinta Amarela ♥ ……281
Tinta Barroca ♥ ……281
Tinta de Madrid ♥ ……255, 281
Tinta de Toro ♥ ……255, 281
Tinta del País ♥ ……255, 281
Tinta Miuda ♥ ……281
Tinta Negra ♥ ……281
Tinta Negra Mole ……159
Tinta Pinheira ♥ ……281
Tinta Roriz ♥ ……255, 281
Tintilia del Molise ……137, 359
Tinto Cão ♥ ……281
Tinto Fino ♥ ……255, 281
Tip of the Mitt ……387
Tirage ……080
Tire-Bouchon ……231
Todi ……357
Tokaji ……376
Tokaji-Hegyalja ……175
Tolna ……376
Tonneau ……232
Tonnerrois ……315
Tonno Bollito �11 ……146
Topaque ……188
Torgiano ……357
Torgiano Rosso Riserva ……134, 348
Torino ……124
Toro ……150, 369
Torrontes ♥ ……285
Torrontes Riojano ♥ ……285
Torrontes Sanjuanino ♥ ……285
Torta del Casar �11 ……247
Torta di Ricotta �11 ……144
Tortelli di Zucca �11 ……141
Tortellini �11 ……143
Tortiera di Alici �11 ……146
Toscana ……132, 347, 355, 364
Toscano ……364
Touraine ……085, 323
Touraine Amboise ……324

Touraine Azay-le-Rideau ……324
Touraine Chenonceaux ……324
Touraine Gamay ……323
Touraine Mesland ……324
Touraine Mousseux ……323
Touraine Noble-Joué ……324
Touraine Oisly ……324
Touraine Pétillant ……324
Tourbat du Roussillon ♥ ……283
Touriga Franca ♥ ……283
Touriga Nacional ♥ ……282
Tourigo ♥ ……283
Tours ……083
Tours-sur-Marne ……320, 321
Tracy Hills ……382
Traditional Method ……023
Tradouw ……394
Tradouw Highland s ……394
Traisental D.A.C. ……167, 372
Trajadura ♥ ……283
Traminac ♥ ……283
Traminec ♥ ……283
Traminer ♥ ……257, 283
Traminer Aromatico ♥ ……283
Tramini ♥ ……283
Tranchant ……211
Transfer ……023
Transfert ……023
Transparence ……208
Transparency ……208
Trappist ……027
Trasimeno ……356
Tray ……231
Trbljan ♥ ……284
Trebbiano ♥ ……284
Trebbiano d'Abruzzo ……136, 358
Trebbiano Toscano ♥ ……257, 284
Treille ……018
Treiso ……125
Treixadura ♥ ……284
Trentino ……128, 353
Trentino-Alto Adige ……128, 353, 363
Trento ……129, 353

507

索引　アルファベット順索引 ｜ T〜V

Trépail ⋯⋯320
Trepat ⋯⋯284
Tresalier ⋯⋯283
Tressot ⋯⋯284
Treviso ⋯⋯129
Trexenta ⋯⋯367
Triage ⋯⋯021
Trier ⋯⋯109, 337
Trincadeira ⋯⋯283
Trinity Lakes ⋯⋯379
Trittenheim ⋯⋯336
Trocken ⋯⋯112
Trockenbeerenauslese ⋯⋯111, 166
Trois Puits ⋯⋯320
Troisièmes Grands Crus ⋯⋯051
Trollinger ⋯⋯284
Tronçais ⋯⋯021
Trousseau ⋯⋯283
Truites au Bleu ⋯⋯106
Tsaoussi ⋯⋯280
Tsipouro ⋯⋯178
Tucuman ⋯⋯199, 391
Tulbagh ⋯⋯392
Tullum ⋯⋯136, 358
Tumbarumba ⋯⋯193, 389
Tuniberg ⋯⋯342
Tupungato ⋯⋯199
Turpentine ⋯⋯177
Turrón ⋯⋯153
Tygerberg ⋯⋯205, 392

――――――― U ―――――――

U.K.V.A. ⋯⋯161
UC Davis ⋯⋯181
Uclés ⋯⋯369
Ugni Blanc ⋯⋯256, 304
Ull de Llebre ⋯⋯255, 263
Umbria ⋯⋯134, 348, 356, 364
Umpqua Valley ⋯⋯384
Umstadt ⋯⋯340
Underliner ⋯⋯231
Unfiltered ⋯⋯026

Unfining ⋯⋯026
United Kingdom of Great Britain and Northern Ireland ⋯⋯160
United States of America ⋯⋯181
Université de Bordeaux ⋯⋯046
Untertürkheim ⋯⋯341
Upper Goulburn ⋯⋯389
Upper Hemel-en-Aarde Valley ⋯⋯393
Upper Hiwassee Highlands ⋯⋯387
Upper Hunter ⋯⋯193
Upper Langkloof ⋯⋯394
Upper Mississippi River Valley ⋯⋯386
Uri ⋯⋯375
Ürzig ⋯⋯336
Utiel-Requena ⋯⋯369
Uva ⋯⋯120

――――――― V ―――――――

V.C. ⋯⋯148
V.d.L. ⋯⋯014
V.D.N. ⋯⋯014
V.D.P. ⋯⋯113
V.D.P. Die Prädikatsweingüter ⋯⋯113
V.O.R.S. ⋯⋯152
V.O.S. ⋯⋯152
V.P. ⋯⋯149
V.Q.A. ⋯⋯185
V.R. ⋯⋯156
Vaccarèse ⋯⋯261
Vacqueyras ⋯⋯091, 325
Vaillons ⋯⋯062
Val d'Arbia ⋯⋯356
Val de Loire ⋯⋯083
Val des Marais ⋯⋯321
Val di Cornia ⋯⋯356
Val di Cornia Rosso ⋯⋯133, 348
Val di Magra ⋯⋯364
Val di Neto ⋯⋯366
Val Polcèvera ⋯⋯352
Val Tidone ⋯⋯364
Valais ⋯⋯163, 375
Valcalepio ⋯⋯128, 353

Valcamonica ……362
Valdadige ……128, 353
Valdadige Terradeiforti ……353
Valdamato ……366
Valdeorras ……150, 370
Valdepeñas ……151, 369
Valdichiana Toscana ……356
Valdinievole ……356
Valdobbiadene-Prosecco ……346
Valençay ……086, 324
Valençay ¶¶……240
Valence ……088
Valencia ……150, 369
Vallagarina ……363
Valle Belice ……366
Valle d'Aosta ……124, 350
Valle d'Aoste ……124
Valle d'Itria ……366
Valle de Güímar ……370
Valle de la Orotava ……370
Valle de Uco ……199
Valle del Tirso ……367
Vallée d'Aoste ……350
Vallée de la Marne ……080, 320, 321
Valli di Porto Pino ……367
Valli Ossolane ……352
Valmur ……062
Valpolicella ……131, 354
Valsusa ……352
Valtellina Rosso ……128, 353
Valtellina Superiore ……127, 345
Valtenèsi ……353
Vancouver Island ……186
Vaneto Orientale ……363
Varietal ……182
Varietal Blend ……188
VAT ……162
Vathypetro ……178
Vaud ……163, 375
Vaudemange ……321
Vaudésir ……062
Védett Eredetű Bor ……174
Velletri ……358

Veltlinac ♥……262
Vendange ……016
Vendange Mixte ……022
Vendanges Tardives ……100, 122
Vendemmia ……119
Venencia ……151
Veneto ……129, 345, 353, 363
Venezia ……129, 354
Venezia Giulia ……364
Ventoux ……091, 326
Ventricina ¶¶……144
Véraison ……016
Verband Deutscher Prädikats und
    Qualitätsweingüter ……113
Vercelli ……124
Verdejo ♥……296
Verdelho ……159
Verdelho ♥……262
Verdicchio ♥……262
Verdicchio dei Castelli di Jesi ……357
Verdicchio di Matelica ……357
Verdicchio di Matelica Riserva ……135, 348
Verduno ……352
Verduno Pelaverga ……352
Verduzzo Friulano ♥……262
Vereinigung Sektgüter Rheinpfalz ……114
Vergilius ……178
Vermentino ♥……262
Vermentino di Gallura ……139, 350
Vermentino di Sardegna ……362
Vermut ……123
Vernaccia ♥……262
Vernaccia di Oristano ……140, 362
Vernaccia di San Gimignano ……134, 348
Vernaccia di Serrapetrona ……135, 348
Vernaccia Nera ♥……262
Verona ……129, 363
Veronese ……363
Verrenberg ……341
Vertus ……321
Very Old Rare Sherry ……152
Very Old Sherry ……152
Verzenay ……320

索引
アルファベット順索引
|
V

Verzy ……320

Vesuvio ……137, 359

Vézelien ……315

Vicenza ……129, 354

Victoria ……191, 389

Vidal ♟ ……261

Vienne ……088

Vieux Château Certan ……059

Vigna ……120

Vignanello ……358

Vigneti della Serenissima ……354

Vigneti delle Dolomiti ……363

VIGNO ……201

Vila Nova de Gaia ……157

Vilana ♟ ……261

Villamagna ……358

Villány-Siklós ……175, 376

Villedommange ……321

Villenave-d'Ornon ……055

Villeneuve Renneville ……321

Villers Allerand ……321

Villers aux Nœuds ……321

Villers Marmery ……321

Vin ……044

Vin Biologique ……025

Vin Blanc ……013

Vin d'Alsace ……099

Vin de Bellet ……327

Vin de Corse ……095, 327

Vin de Corse Calvi ……328

Vin de Corse Coteaux du Cap Corse ……328

Vin de Corse Figari ……328

Vin de Corse Porto-Vecchio ……328

Vin de Corse Sartène ……327

Vin de Frontignan ……329, 335

Vin de Liqueur ……014

Vin de liquoreux ……015

Vin de Paille ……101

Vin de Savoie ……102, 331

Vin de Savoie Abymes ……331

Vin de Savoie Apremont ……331

Vin de Savoie Arbin ……331

Vin de Savoie Ayzes ……331

Vin de Savoie Crepy ……332

Vin de Savoie Cruet ……332

Vin de Savoie Ayze Mousseux ……332

Vin de Savoie Ayze Pétillants ……332

Vin de Savoie Chautagne ……331

Vin de Savoie Chignin ……331

Vin de Savoie Chignin-Bergeron ……332

Vin de Savoie Cruet ……332

Vin de Savoie Jongieux ……332

Vin de Savoie Marignan ……332

Vin de Savoie Marin ……332

Vin de Savoie Montmélian ……332

Vin de Savoie Mousseux ……332

Vin de Savoie Pétillants ……332

Vin de Savoie Ripaille ……332

Vin de Savoie Saint-Jean-de-la-Porte ……332

Vin de Savoie Saint-Jeoire-Prieuré ……332

Vin de Vinotecă ……176

Vin Doux Naturel ……014

Vin Jaune ……101

Vin Mousseux ……014

Vin Rosé ……013

Vin Rouge ……013

Vin Santo ……122

Vin Santo del Chianti ……356

Vin Santo del Chianti Classico ……356

Vin Santo di Carmignano ……356

Vin Santo di Montepulciano ……356

Vin Tânăr ……176

Vincisgrassi ♟♟ ……144

Vinea Wachau Nobilis Districtus ……167

Vinhão ♟ ……261

Vinho ……156

Vinho Regional ……156

Vinho Verde ……157

Vini del Piave ……354

Vinistra ……171

Vinkrivier ……393

Vino ……121, 148

Vino Aromatizzato ……122

Vino Bianco ……014

Vino de Calidad con Indicatión
　　Geográfica ……148

Vino de la Tierra……148
Vino de Mesa……200
Vino Frizzante……121
Vino liquoroso……122
Vino Nobile di Montepulciano……134, 348
Vino Novello……123
Vino Rosato……013
Vino Rosso……013
Vino Santo……122
Vino Speciale……121
Vinos de Madrid……369
Vinos de Pago……149
VINPROM……177
Vins de Pays……044
Vins de Réserve……080
Vins Doux Naturels……334
Vinsanto……179
Vinsobres……090, 325
Vintage Character……158
Vintage Port……158
Vinum Optimum Rare Signatum……152
Vinum Optimum Signatum……152
Viognier 🍇……261
Viosinho 🍇……261
Viré-Clessé……073, 317
Virgil……178
Virginia……184
Virginia's Eastern Shore……385
Virus Disease……018
Viscosité……209
Viscosity……209
Vital 🍇……261
Vitello Tonnato 🍴……141
Viticulture Biologique……025
Vitis Amurensis……015
Vitis Berlandieri……017
Vitis Coignetiae……015
Vitis Labrusca……015
Vitis Riparia……015
Vitis Rupestris……017
Vitis Vinifera……015
Vittoria……361
Viura 🍇……257, 288
Vodka……032
Voipreux……321
Voldobbiadene-Prosecco……130
Volidza 🍇……262
Volnay……069, 077, 316
Voor Paardeberg……392
Vosges……021
Vosne-Romanée……066, 076, 316, 319
Vougeot……065, 076, 316, 318
Vouvray……086, 324
Vouvray Mousseux……086, 324
Vouvray pétillant……324
Vredendal……394
Vrhunsko vino s kontroliranim podrijetlom……171
Vrhunsko vino Z.G.P.……170
Vrigny……321
Vugava 🍇……262
Vulkanland Steiermark……169, 372

W

W.O.……203
W.S.T.A.……161
WAC……188
Wachau……167, 372
Wagram……167, 372
Wahluke Slope……384
Waikato……196
Waipara……197
Wairarapa……196
Waiter's cloth……230
Wales……160
Walker Bay……205, 393
Walla Walla Valley……184, 384
Wallhausen……339
Walporzheim……336
Wanaka……197
Warm……233
Warren Hills……387
Washington……184
Water……012
Watervale……190

Wehlen ⋯⋯ 116, 336
Wein ⋯⋯ 165
Weinberg Dolomiten ⋯⋯ 363
Weingut ⋯⋯ 110
Weinkellerei ⋯⋯ 110
Weinland ⋯⋯ 372
Weinviertel D.A.C. ⋯⋯ 167, 372
Weißburgunder 🍇 ⋯⋯ 257, 261
Weißerburgunder 🍇 ⋯⋯ 257, 261
Weißherbst ⋯⋯ 112
Weißwein ⋯⋯ 014, 110
Weizen ⋯⋯ 027
Wellington ⋯⋯ 205, 392
Welschriesling 🍇 ⋯⋯ 262
Welsh Wine ⋯⋯ 161
Weßier Riesling 🍇 ⋯⋯ 257
West Australia South East Coastal ⋯⋯ 390
West Elks ⋯⋯ 386
West Sussex ⋯⋯ 161
Western Australia ⋯⋯ 189, 390
Western Cape ⋯⋯ 204, 392
Western Connecticut Highlands ⋯⋯ 386
Western Plains ⋯⋯ 389
Western Victoria ⋯⋯ 390
Westhofen ⋯⋯ 340
Weststeiermark ⋯⋯ 168, 372
Whiskey ⋯⋯ 028
Whisky ⋯⋯ 028
White Cliffs of Dover ⋯⋯ 160
White Curaçao ⋯⋯ 035
White Pegase 🍇 ⋯⋯ 294
White Riesling 🍇 ⋯⋯ 297
White Type ⋯⋯ 158
White Wine ⋯⋯ 013
Wien ⋯⋯ 168, 372
Wiener Gemischter Satz D.A.C. ⋯⋯ 168
Wiener schnitzel 🍴 ⋯⋯ 169
WIETA ⋯⋯ 204
Wild Horse Valley ⋯⋯ 379
Wildbacher 🍇 ⋯⋯ 261
Willamette Valley ⋯⋯ 184, 384
Willow Creek ⋯⋯ 379
Wiltingen ⋯⋯ 337

Wine ⋯⋯ 160
Wine Basket ⋯⋯ 230
Wine Institute ⋯⋯ 181
Wine Steward ⋯⋯ 229
Winkel ⋯⋯ 338
Winningen ⋯⋯ 336
Wisconsin Ledge ⋯⋯ 387
Wonnegau ⋯⋯ 115, 339
Worcester ⋯⋯ 205, 393
Wrattonbully ⋯⋯ 191, 388
Württemberg ⋯⋯ 116, 341
Württembergisch-Unterland ⋯⋯ 341
Württembergischer-Bodensee ⋯⋯ 342
Würzburg ⋯⋯ 116, 341

──────── X ────────

Xarello 🍇 ⋯⋯ 280
Xérèz ⋯⋯ 014
Xynomavro 🍇 ⋯⋯ 268

──────── Y ────────

Yadkin Valley ⋯⋯ 387
Yakima Valley ⋯⋯ 184, 384
Yama Sauvignon 🍇 ⋯⋯ 304
Yamasachi 🍇 ⋯⋯ 303
Yamhill-Carlton District ⋯⋯ 384
Yarra Valley ⋯⋯ 191, 390
Ycoden-Daute-Isora ⋯⋯ 370
Yeast ⋯⋯ 019
Yecla ⋯⋯ 368
Yonne ⋯⋯ 060, 315
York Mountain ⋯⋯ 381
Yorkville Highlands ⋯⋯ 377
Yountville ⋯⋯ 378

──────── Z ────────

Zagarolo ⋯⋯ 358
Zagorje-Medimurje ⋯⋯ 172
Zarzuela 🍴 ⋯⋯ 153
Zell Mosel ⋯⋯ 336

Zeltingen ······336
Zengő ······279
Zenit ······278
Zenkoji ······279
Zeta ······278
Zeus ······278
Zghihara de Hush ······277
Zibibbo ······274
Zierfandler ······280

Zinfandel ······254, 277
Zitsa ······179
Žlahtina ······275
Zonda ······198
Zug ······375
Zuppe Valpellinese ······140
Zürich ······375
Zweigelt ······280
Zweigeltrebe ······280

略語索引

――――――略語――――――

AGWA ······188
A.O.C. ······011, 044, 163, 239
A.O.P. ······011, 044
A.O.V.D.Q.S. ······044
A.P.Nr. ······111
A.S.I. ······229
A.S.I. ディプロマ ······229
A.V.A. ······182, 377
AXR-1 ······017
B/L ······234
BWI ······203
BYO ······187
CEC ······016
CFR（C&F）······234
C.I.B. ······176
CIF ······234
cℓ ······232
C.M. ······082
C.M.D. ······175
C.T. ······175
D/A決済 ······235

D.A.C. ······166
D.E.F.R.A. ······161
D.O. ······011, 148, 200
D.O.C. ······011, 120, 156, 163, 175, 350
D.O.Ca. ······011, 149
D.O.C.G. ······011, 344
D.O.P ······011, 121, 148, 344, 350
D/P決済 ······235
DRCエイベル ······195
D.V.A. ······185
EXW ······234
FAS ······234
FCA ······234
FOB ······234
gal ······232
g.g.A. ······011
G.I. ······189, 388
g.U. ······011, 165
ha ······231
HDL ······013
hℓ ······232
IBMP ······021
IC ······235

513

索引

略語索引

IFS ……235
I.G. ……176
I.G.P. ……011, 044, 121, 362
I.G.T. ……011, 120, 362
I.N.A.O. ……044
IPW ……203
IS ……235
I.V.B.A.M. ……159
I.V.D.P. ……157
K.M.W.糖度 ……165
K.U.B. ……163
KWV ……203
lb ……232
LDL ……013
M.A. ……082
M.A.F.F. ……161
M.L.F. ……019
N.M. ……082
O.I.V. ……040
O.P.V.I. ……162
oz ……232
P.D.O. ……161, 178, 238
PDO ……373
PET ……235
P.G.I. ……161, 178, 239
pH ……012
P.T.P. ……170
R.C. ……082
R.M. ……082
R.S. ……114
SAWSEA ……203

SO4 ……017
S.R. ……082
TCA香 ……023, 235
TCA ……235
T.S.G. ……239
T.T.B. ……182
UCD5 ……195
U.K.V.A. ……161
VAT ……162
V.C. ……148
V.d.L. ……014
V.D.N. ……014, 334
VMIシステム ……235
V.O.R.S. ……152
V.O.S. ……152
V.P. ……011, 149
V.P.Ca. ……011
V.Q.A. ……185
V.R. ……011
WIETA ……204
W.O. ……203
W.S.T.A. ……161
XO ……030

──────── 番号 ────────

101-14 ……017
20フィートサイズコンテナ ……234
3309 ……017
10/5 ……195

主要参考文献・インターネットサイト

「日本ソムリエ協会教本　2017」社団法人日本ソムリエ協会(飛鳥出版)

「田辺由美のWINE　BOOK」(飛鳥出版)

「アカデミー・デュ・ヴァン　ワイン総合コース公式テキストStep I、II、III」(アカデミー・デュ・ヴァン)

「フランスAOCワイン事典」小阪田嘉昭監修(三省堂)

「世界のワイン事典」(講談社)

「ポケット・ワイン・ブック」ヒュー・ジョンソン著(早川書房)

「日・仏・英・伊　4カ国ワイン用語集」三谷太著(飛鳥出版)

「ワイン6カ国語辞典」モエ・エ・シャンドン、アシェット編著(柴田書店)

「新版　ワインの事典」大塚謙一、山本博他監修・執筆(柴田書店)

「ワイン味わいのコツ」田崎真也著(柴田書店)

「ワイン用葡萄ガイド」ジャンシス・ロビンソン著(ウォンズ パブリッシング リミテッド)

「シャンパーニュ・データブック」遠藤誠・小林史高共著(ワイン王国)

「ロマネコンティ──神話になったワインの物語」リチャード・オルニー著・山本博訳(阪急コミュニケーションズ)

「ブルゴーニュ──生産者・アペラシオン・ワインに関する総合的ガイド」ロバート・パーカー Jr.著(飛鳥出版)

「イタリアワイン」塩田正志監修(ワイン王国)

「チーズプロフェッショナル教本」藤野成爾編(飛鳥出版)

「新フランス料理用語辞典」(白水社)

「イタリア料理用語辞典」(白水社)

「グルメのためのトゥール・ド・フランス」フランス料理文化センター編(六甲出版)

「フランス料理のソースのすべて──ソース」上柿元勝著(柴田書店)

「受験のプロに教わる　ソムリエ試験対策講座　ワイン地図帳付き〈2017年度版〉」杉山明日香著(リトルモア)

「The Oxford Companion to WINE」Jancis Robinson著(Oxford University Press)

「Jancis Robinson's Guide to Wine Grapes」Jancis Robinson著(Oxford University Press)

「Encyclopedie des vins & des Alcools」(Alexis Lichine著)

「Guide Des Cépages - 300 Cépages Et Leurs Vins」
(Ambrosi, Dettweiler-Mü nch, Rühl, Schmid et Schuman著)(ULMER)

日本ワインを愛する会 ホームページ　http://www.jp-wine.com/index.html

新版 ワイン基礎用語集

ワイン講師陣がセレクト。
試験、仕事に役立つ3000語。

初版印刷／2017年10月10日
初版発行／2017年10月25日

監修© 　遠藤　誠（えんどう・まこと）

発行者　　土肥大介
発行所　　株式会社 柴田書店
　　　　　東京都文京区湯島 3-26-9
　　　　　イヤサカビル　〒113-8477
　　　　　電話　書籍編集部　03-5816-8260
　　　　　　　　営業部　　　03-5816-8282（注文・問合せ）
URL　　　www.shibatashoten.co.jp
印刷・製本　株式会社文化カラー印刷

ISBN 978-4-388-35351-4
本書収録内容の無断掲載・複写（コピー）・引用・データ配信等の行為は
固く禁じます。落丁・乱丁本はお取り替えいたします。
Printed in Japan
©Makoto Endo, 2017

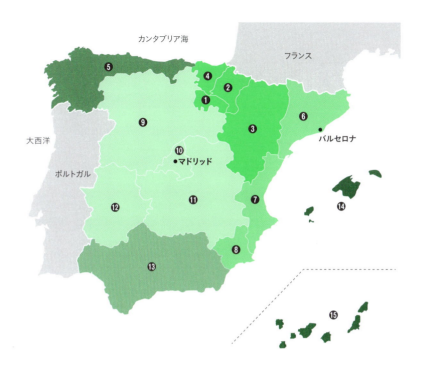

スペイン

北部地方
❶ リオハ D.O.Ca.　Rioja
❷ ナバーラ州　Navarra
❸ アラゴン州　Aragón
❹ バスク州　País Vasco

大西洋地方
❺ ガリシア州　Galicia

地中海地方
❻ カタルーニャ州　Cataliña
❼ バレンシア州　Valencia
❽ ムルシア州　Murcia

内陸部地方
❾ カスティーリャ・イ・レオン州
　 Castilla y León
❿ マドリッド州　Madrid
⓫ カスティーリャ・ラ・マンチャ州
　 Castilla La Mancha
⓬ エクストレマドゥーラ州　Extremadura

南部地方
⓭ アンダルシア州　Andalucia

諸島
⓮ バレアレス諸島　Islas Baleares
⓯ カナリア諸島　Islas Vanarias

MAP-**12**

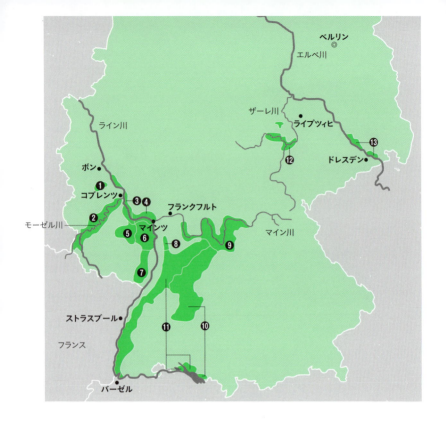

ドイツ

- ❶アール　Ahr
- ❷モーゼル　Mosel
- ❸ミッテルライン　Mittelrhein
- ❹ラインガウ　Rheingau
- ❺ナーエ　Nahe
- ❻ラインヘッセン　Rheinhessen
- ❼ファルツ　Pfalz
- ❽ヘシッシェ・ベルクシュトラーセ　Hessische Bergstraße
- ❾フランケン　Franken
- ❿ヴュルテンベルク　Württemberg
- ⓫バーデン　Baden
- ⓬ザーレ＝ウンストルート　Saale-Unstrut
- ⓭ザクセン　Sachsen

MAP-**11**

イタリア

北部
❶ヴァッレ・ダオスタ州　Valle d´Aosta
❷ピエモンテ州　Piemonte
❸リグーリア州　Liguria
❹ロンバルディア州　Lombardia
❺トレンティーノ＝アルト・アディジェ州
　Trentino-Alto Adige
❻ヴェネト州　Veneto
❼フリウリ＝ヴェネツィア・ジューリア州
　Friuli-Venezia Giulia
❽エミリア・ロマーニャ州
　Emilia Romagna

中部
❾トスカーナ州　Toscana
❿ウンブリア州　Umbria
⓫マルケ州　Marche
⓬ラツィオ州　Lazio
⓭アブルッツォ州　Abruzzo
⓮モリーゼ州　molise

南部
⓯カンパーニア州　Campania
⓰プーリア州　Puglia
⓱バジリカータ州　Basilicata
⓲カラブリア州　Calabria
⓳シチリア州　Sicilia
⓴サルデーニャ州　Sardegna

MAP-**10**

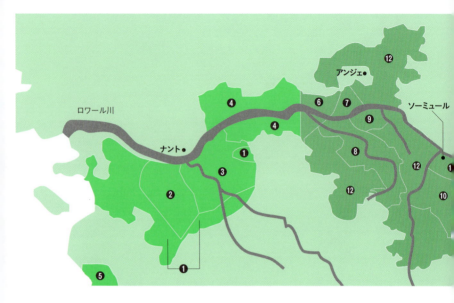

ロワール渓谷地方 Val de Loire

ペイ・ナンテ地区　Pays Nantais

❶グロ・ブラン・デュ・ペイ・ナンテ
　Gros Plant du Pays Nantais
❷ミュスカデ・コート・ド・グランリュー
　Muscadet-Côtes de Grandlieu
❸ミュスカデ・ド・セーヴル・エ・メーヌ
　Muscadet-de Sèvre et Maine
❹ミュスカデ・コトー・ド・ラ・ロワール
　Muscadet-Coteaux de la Loire
　コトー・ダンスニ　Coteaux d'Ancenis
❶〜❹ミュスカデ　Muscadet
❺フィエフ・ヴァンデアン　Fiefs Vendéens

アンジュー&ソミュール地区　Anjou & Saumur

❻アンジュー・コトー・ド・ラ・ロワール
　Anjou Coteaux de la Loire
❼サヴニエール　Savennières
❽コトー・デュ・レイヨン　Coteaux du Layon
❾アンジュー・ヴィラージュ・ブリサック
　Anjou Villages Brissac
　コトー・ド・ローバンス
　Coteaux de l'Aubance
❿ソミュール　Saumur
⓫ソミュール・シャンピニィ
　Saumur Champigny
❻〜⓬アンジュー　Anjou

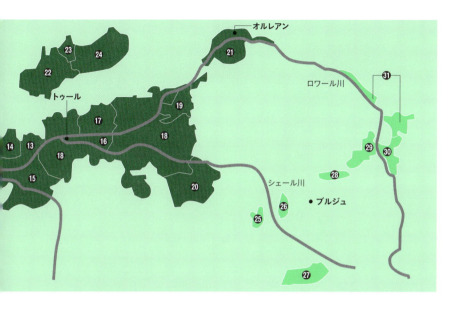

トゥーレーヌ地区　Touraine

- ⑬ブルグイユ　Bourgueil
- ⑭サン・ニコラ・ド・ブルグイユ　Saint-Nicolas-de-Bourgueil
- ⑮シノン　Chinon
- ⑯モンルイ・シュール・ロワール　Montlouis-sur-Loire
- ⑰ヴーブレ　Vouvray
- ⑬〜⑱トゥーレーヌ　Touraine
- ⑲シュヴェルニィ　Cheverny
  クール・シュヴェルニィ　Cour-Cheverny
- ⑳ヴァランセ　Valençay
- ㉑オルレアン　Orléans
- ㉒コトー・デュ・ロワール　Coteaux du Loire
- ㉓ジャスニエール　Jasnières
- ㉔コトー・デュ・ヴァンドモワ　Coteaux du Vendômois

サントル・ニヴェルネ地区　Centre Nivernais

- ㉕ルイイ　Reuilly
- ㉖カンシー　Quincy
- ㉗シャトーメイヤン　Châteaumeillant
- ㉘ムヌトゥー・サロン　Menetou-Salon
- ㉙サンセール　Sancerre
- ㉚プイイ・フュメ　Pouilly Fumé
  プイイ・シュール・ロワール　Pouilly-sur-Loire
- ㉛コトー・デュ・ジェノワ　Coteaux du Giennois

MAP-**9**

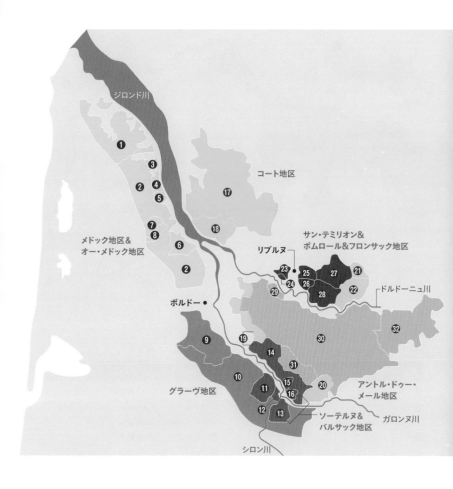

ボルドー Bordeaux

メドック地区&オー・メドック地区　Médoc & Haut-Médoc

- ❶ メドック　Médoc
- ❷ オー・メドック　Haut-Médoc
- ❸ サン・テステフ　Saint-Estèphe
- ❹ ポイヤック　Pauillac
- ❺ サン・ジュリアン　Saint-Julien
- ❻ マルゴー　Margaux
- ❼ リストラック　Listrac
- ❽ ムーリス　Moulis

グラーヴ地区　Grave

⑨ ペサック・レオニャン　Pessac-Léognan
⑩ グラーヴ　Graves

ソーテルヌ&バルサック地区　Sauternes & Barsac

⑪ セロン　Cèrons
⑫ バルサック　Barsac
⑬ ソーテルヌ　Sauternes
⑭ カディヤック　Cadillac

⑮ ルーピアック　Loupiac
⑯ サント・クロワ・デュ・モン
Sainte-Croix du Mont

コート地区　Côte

⑰ ブライ・コート・ド・ボルドー
Blaye Côtes de Bordeaux
⑱ コート・ド・ブール　Côtes de Bourg
⑲ カディヤック・コート・ド・ボルドー
Cadillac Côtes de Bordeaux
プルミエール・コート・ド・ボルドー
Premières Côtes de Bordeaux

⑳ コート・ド・ボルドー・サン・マケール
Côtes de Bordeaux-Saint-Macaire
㉑ フラン・コート・ド・ボルドー
Francs Côtes de Bordeaux
㉒ カスティヨン・コート・ド・ボルドー
Castillon Côtes de Bordeaux

サン・テミリオン&ポムロール&フロンサック地区　Saint-Émilion & Pomerol, Fronsac

㉓ フロンサック　Fronsac
㉔ カノン・フロンサック　Canon Fronsac
㉕ ラランド・ド・ポムロール
Lalande-de-Pomerol
㉖ ポムロール　Pomerol

㉗ サン・テミリオン衛星地区
Satellites de Saint-Émilion
サン・ジョルジュ・サン・テミリオン、
モンターニュ・サン・テミリオン、
リュサック・サン・テミリオン、
ピュイスガン・サン・テミリオン
㉘ サン・テミリオン　Saint-Émilion

アントル・ドゥー・メール地区　Entre-Deux-Mers

㉙ グラーヴ・ド・ヴェイル　Graves de Vayres
㉚ アントル・ドゥー・メール
Entre-Deux-Mers

㉛ ボルドー・オー・ブノージュ
Bordeaux Haut-Benauge
㉜ サント・フォワ・ボルドー
Sainte-Foy Bordeaux

MAP-**8**

コート・デュ・ローヌ　Côte du Rhône

セプタントリオナル（北部）地区

❶ コート・ロティ　Côte-Rôtie
❷ コンドリュー　Condrieu
❸ シャトー・グリエ　Château-Grillet
❹ サン・ジョゼフ　Saint-Joseph
❺ クローズ・エルミタージュ
　　Crozes-Hermitage
❻ エルミタージュ　Hermitage
❼ コルナス　Cornas
❽ サン・ペレイ　Saint-Péray

メリディオナル（南部）地区

⑨ ヴァンソーブル　Vinsobres
⑩ ケランヌ　Cairanne
⑪ ラストー　Rasteau
⑫ ジゴンダス　Gigondas
⑬ ボーム・ド・ヴニーズ
　　Beaumes de Venise
⑭ ヴァケイラス　Vacqueyras
⑮ シャトーヌフ・デュ・パプ
　　Châteauneuf-du-Pape
⑯ リラック　Lirac
⑰ タヴェル　Tavel

MAP-**7**

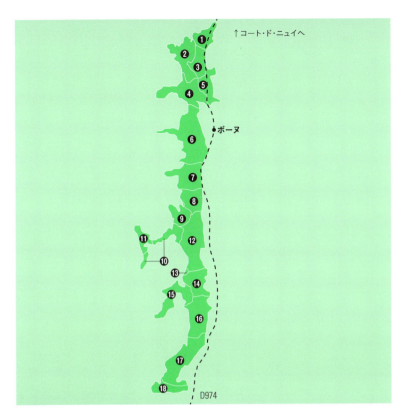

ブルゴーニュ
コート・ド・ボーヌ   ＊コート・ド・ボーヌのA.O.C.

❶ラドワ・セリニィ　Ladoix-Serrigny
❷ペルナン・ヴェルジュレス
　Pernand-Vergelesses
❸アロース・コルトン　Aloxe-Corton
❹サヴィニィ・レ・ボーヌ
　Savigny-lès-Beaune
❺ショレイ・レ・ボーヌ　Chorey-lès-Beaune
❻ボーヌ　Beaune
❼ポマール　Pommard
❽ヴォルネイ　Volnay
❾モンテリ　Monthélie
❿オーセイ・デュレス　Auxey-Duresses
⓫サン・ロマン　Saint-Romain
⓬ムルソー　Meursault
⓭ブラニィ　Blagny
⓮ピュリニィ・モンラッシェ
　Puligny-Montrachet
⓯サン・トーバン　Saint-Aubin
⓰シャサーニュ・モンラッシェ
　Chassagne-Montrachet
⓱サントネイ　Santenay
⓲マランジュ　Maranges

MAP-**6**

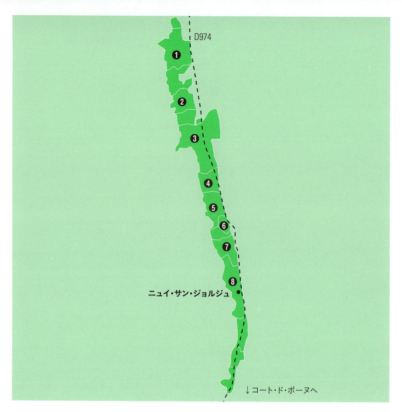

ブルゴーニュ
コート・ド・ニュイ　＊コート・ド・ニュイのA.O.C.

❶マルサネ　Marsannay
❷フィサン　Fixin
❸ジュヴレ・シャンベルタン
　Gevrey-Chambertin
❹モレ・サン・ドニ　Morey-Saint-Denis
❺シャンボール・ミュジニィ
　Chambolle-Musigny
❻ヴージョ　Vougeot
❼ヴォーヌ・ロマネ　Vosne-Romanée
❽ニュイ・サン・ジョルジュ
　Nuits-Saint-Geotges

MAP-**5**

ブルゴーニュ全域

❶ シャブリ　Chablis
❷ コート・ド・ニュイ　Côte de Nuits
❸ コート・ド・ボーヌ　Côte de Beaune
❹ コート・シャロネーズ　Côte Chalonnaise
❺ マコネ　Mâconnais
❻ ボージョレ　Beaujolais

＊コート・ド・ニュイとコート・ド・ボーヌを合わせて「コート・ドール Côte d'Or」と呼ぶ。

MAP-**4**

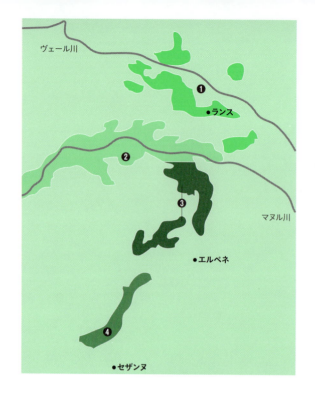

シャンパーニュ

*シャンパーニュの主要地区とグランクリュ

❶モンターニュ・ド・ランス地区
　Montagne de Reims
　　○アンボネー　Ambonnay
　　○ボーモン・シュール・ヴェール
　　　Beaumont-sur-Vesle
　　○ブージー　Bouzy
　　○ルーボワ　Louvois
　　○マイイ　Mailly
　　○ピュイジュー　Puisieux
　　○シルリ　Sillery
　　○ヴェルズネー　Verzenay
　　○ヴェルジ　Verzy

❷ヴァレ・ド・ラ・マルヌ地区
　Vallée de la Marne
　　○アイ　Ay
　　○トゥール・シュール・マルヌ
　　　Tours-sur-Marne
❸コート・デ・ブラン地区　Côte des Blancs
　　○アヴィーズ　Avize
　　○シュイイ　Chouilly
　　○クラマン　Cramant
　　○ル・メニル・シュール・オジェ
　　　Le Mesnil-sur-Oger
　　○オジェ　Oger
　　○オワリー　Oiry
❹コート・ド・セザンヌ地区
　Côte de Sézanne

MAP-**3**

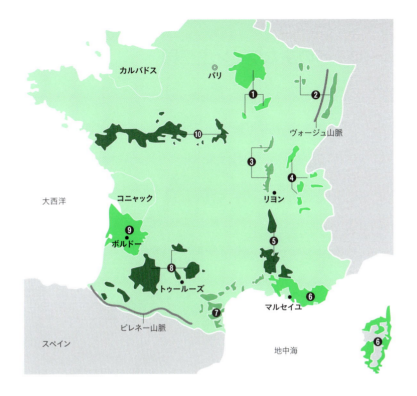

フランス

❶シャンパーニュ地方　Champagne
❷アルザス・ロレーヌ地方　Alsace-Lorraine
❸ブルゴーニュ地方&ボージョレ地区
　Bourgogne & Beaujolais
❹ジュラ・サヴォワ地方　Jura-Savoie
❺コート・デュ・ローヌ地方
　Côtes du Rhône
❻プロヴァンス地方／コルシカ島
　Provence-Corse
❼ラングドック・ルーシヨン地方
　Languedoc-Roussillon
❽南西地方　Sud-Ouest
❾ボルドー地方　Bordeaux
❿ロワール渓谷地方　Val de Loire

MAP-**2**

ヨーロッパの主なワイン生産国

北海

アイルランド

イギリス

オランダ

ドイツ

ルクセンブルク

大西洋

スイス

フランス

ポルトガル

スペイン

MAP-**1**

エストニア

ラトビア

リトアニア

ベラルーシ

ポーランド

チェコ

スロヴァキア

ウクライナ

オーストリア　ハンガリー　モルドヴァ

スロヴェニア
クロアチア　ルーマニア

セルビア

ブルガリア

イタリア　マケドニア

黒海

ギリシャ

トルコ

地中海

地図で覚えるワイン産地

ヨーロッパの主なワイン生産国

フランス

    シャンパーニュ
    ブルゴーニュ
      コート・ド・ニュイ
      コート・ド・ボーヌ
    コート・デュ・ローヌ
    ボルドー
    ロワール渓谷地方

ドイツ

イタリア

スペイン